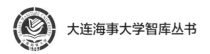大连海事大学智库丛书

中国海洋法治发展报告
China's Ocean Governance Development Report
(2024)

大　连
海事大学 **海洋法治发展报告编写组**

社会科学文献出版社
SOCIAL SCIENCES ACADEMIC PRESS (CHINA)

《中国海洋法治发展报告》
编委会

序

21 世纪是海洋世纪，人类进入了大规模开发利用海洋的时期。海洋在维护国家主权、安全、发展利益中的地位更加突出。当前世界面临百年未有之大变局，全球海洋治理体系变革加速演进。党的十八大、十九大、二十大确定了"坚决维护海洋权益，建设海洋强国""坚持陆海统筹，加快建设海洋强国""发展海洋经济，保护海洋生态环境，加快建设海洋强国"的重大战略部署，走向海洋、经略海洋、维护海洋权益、建设海洋强国已经成为实现中华民族伟大复兴进程中需要重点关注和解决的问题。

法治具有固根本、稳预期、利长远的保障作用。中国从海洋大国走向海洋强国，全面推进依法治国，共建"一带一路"特别是 21 世纪海上丝绸之路，构建海洋命运共同体，都离不开良好的海洋法治环境，需要运用法治思维和法治方式维护和实现国家的战略利益、核心利益和长远利益。在习近平总书记涉海系列重要指示和党的二十届三中全会精神指引下，我国建设海洋强国的步伐加快，海洋权益日益稳固，海洋经济蓬勃发展，海洋环境不断向好。海洋治理体系不断完善、海洋治理效能不断提高，运用国际海洋法律制度、参与国际海洋规则制定的能力进一步提升。中国特色海洋法治建设基本走向科学化、合理化、体系化的道路。

在新的历史条件下，立足加快建设海洋强国的新任务，应对复杂海洋安全和发展的新形势和新问题的挑战，需要系统回顾并总结中国海洋法治发展经验，深入研究和厘清海洋法治同海洋强国建设、共建"一带一路"倡议、构建海洋命运共同体等重要理念的逻辑关系和内在联系，分析和研判国际海洋法、国际海洋秩序的发展趋势和方向，做好国内海洋立法和国际海洋法律制度衔接等方面的工作。为此，加强新型智库建设和研究，推动编纂权威的海洋法治发展报告，显得尤为重要。

大国需要大智，强国必先强智。大连海事大学坚持以习近平新时代中国特色社会主义思想特别是习近平法治思想为指导，始终心怀"国之大者"，聚焦海洋强国、交通强国建设的结合点，举全校之力全方位打造涉海高端智库，致力于推动中国特色海洋法治体系和中国海洋文化理论体系创新发展，服务支撑党中央涉海重大决策和中国特色大国外交布局。编纂和出版中国海洋法治发展系列报告是大连海事大学智库的一项重要工作，旨在全面系统介绍中国海洋法治建设的新进展、新实践和新成就。

《中国海洋法治发展报告（2024）》是继《中国海洋法治发展报告（2023）》后，中国海洋法治发展系列研究报告的第二部。本书紧扣服务海洋强国建设的研究宗旨，将统筹推进国内法治和涉外法治作为研究特色：既面向国内，客观评述中国海洋事业发展和建设，发挥中国海洋法治国情咨文报告的功能，又面向国际，为全面参与全球海洋治理、建立国际海洋新秩序贡献中国智慧和方案，发挥国际海洋法治发展国情咨文报告功能。本书从海洋法、海商法、航运法、海洋环境法、海上行政法等复合视角，勾勒出中国海洋法治发展的全景视图；同时，将关注焦点延伸至《海洋环境保护法》最新修订、美国对我国航运造船业发起301调查等年度热点议题，促进了中国海洋法治理论研究的继承与发展。

进一步关心海洋、认识海洋、经略海洋，需要统筹国内与涉外海洋法治，将海洋法治建设进行到底。大连海事大学立时代之潮头、发思想之先声，以智库公共产品输出服务社会发展与进步，将继续开展好中国特色海洋法治理论研究和宣传阐释工作，培养和输送优秀海洋法治人才，加强全社会海洋法治观念，为建设海洋强国提供更坚实的智力支撑，为实现中华民族伟大复兴的中国梦作出新的更大贡献。

《中国海洋法治发展报告（2024）》编写组

2024 年 9 月

编写说明

　　《中国海洋法治发展报告（2024）》由大连海事大学组织智库专家团队共同编写，秉承《中国海洋法治发展报告（2023）》所确定的编写理念，继续立足国内与涉外海洋法治，用翔实事例系统总结中国海洋法治建设的理论成果与具体实践，客观反映中国海洋法治发展成就、发展现状和发展趋势。针对本年度海洋法治领域发生的重大事件，如《海洋环境保护法》修订、《北京船舶司法出售公约》签署等，本书给予了深度关注与跟踪。报告内容丰富、重点突出、特色鲜明，对涉海部门、科研院所、高等院校、媒体、关注中国海洋事业发展的各界人士全面了解和掌握中国海洋法治建设与发展情况具有重要参考价值。

　　《中国海洋法治发展报告（2024）》共十五章。绪论对中国海洋法治发展进行概述；第一、二章对海洋法治的政策与管理、海洋权益的法治发展进行分述；第三、四、五章分别对应海洋经济、海洋科技、海洋环境的法治发展；第六章对《海洋环境保护法》的修订历程进行了详细介绍；第七、八、九章对海洋资源利用、海洋渔业、海洋安全的法治发展展开论述；第十章综合论述了航运法治的发展；第十一、十二章研究防治船源污染、海商海事的法治问题；第十三、十四、十五章则重点突出涉外海洋法治，前瞻性思考海洋国际合作、国际海洋治理、海洋法治发展的前沿问题并提出建议。

　　《中国海洋法治发展报告（2024）》各章执笔人如下："绪论"部分

由田慧敏、刘晨虹撰写，第一章"海洋法治的政策与管理"由马明飞撰写，第二章"海洋权益的法治发展"由张晏瑲撰写，第三章"海洋经济的法治发展"由李焱、片峰、张婧飞、顾荣新撰写，第四章"海洋科技的法治发展"由曾庆成、姜瀛、曲晨蕊撰写，第五章"海洋环境的法治发展"由韩立新、高晓露、樊威撰写，第六章"《海洋环境保护法》修订"由韩立新、樊威撰写，第七章"海洋资源利用的法治发展"由李国强撰写，第八章"海洋渔业的法治发展"由张晏瑲撰写，第九章"海洋安全的法治发展"由潘晓琳、宋美娴撰写，第十章"航运法治的发展"由朱作贤、蒋跃川、曹兴国、邢厚群撰写，第十一章"防治船源污染的法治发展"由韩立新撰写，第十二章"海商海事的法治发展"由夏元军撰写，第十三章"海洋国际合作的法治发展"由李振福、王大鹏、李桢撰写，第十四章"国际海洋治理的法治发展"由王淑敏、廖博宇撰写，第十五章"海洋法治发展的前沿问题：美国对中国海运、物流和造船行业提起301调查"由樊威、廖博宇撰写。

《中国海洋法治发展报告（2024）》是在上级有关部门的关心和指导下，学校智库汇聚众多涉海学科资源和智库专家力量完成的，是中国海洋法治发展系列报告的第二部。今后将在此基础上每年持续发布，不断扩大其决策影响力、社会影响力、国际影响力。由于报告所涉内容广，专业性强，难免有不足之处，敬请广大读者批评指正。

《中国海洋法治发展报告（2024）》编写组
2024 年 8 月

目　录

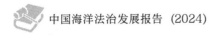

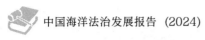

绪论　中国海洋法治发展概述

海洋法治是国家治理体系和治理能力现代化的重要组成部分。随着全球化进程的加快，海洋已成为连接各国的重要纽带，同时也是资源利用和地缘政治博弈的焦点。中国作为一个拥有广阔海域的国家，海域自然环境优美、资源富饶。海洋是经济发展的重要增长点，也是融入经济全球化的重要通道。海洋法治的发展对于维护国家海洋权益、保障海洋安全、促进海洋经济发展以及参与全球海洋治理具有重要意义。

一　海洋法治的思想基础及内涵

（一）海洋法治的思想基础

自 1978 年中国共产党第十一届三中全会召开，伴随着改革开放的不断推进与深化，中国的法治建设也以前所未有的态势与步伐全面展开。中国海洋法治的发展，遵循习近平法治思想引领下的海洋法治建设路径，体现了"海洋强国建设"的战略要求。

2012 年，中国共产党第十八次全国代表大会首次将海洋事业发展提升到国家战略高度，并将"海洋强国建设"作为战略目标，要求"提高海洋资源开发能力，发展海洋经济，保护海洋生态环境，坚决维护国家海洋权益，建设海洋强国"。2017 年 10 月，在中国共产党第十九次全国代表大会上，习近平总书记代表十八届中央委员会向大会作报告《决胜全面建成小康社会　夺取新时代中国特色社会主义伟大胜利》，提出"坚持陆海统筹，加快建设海洋强国"①。

---

① 《决胜全面建成小康社会　夺取新时代中国特色社会主义伟大胜利——在中国共产党第十九次全国代表大会上的报告》，《人民日报》2017 年 10 月 28 日，第 1 版。

从实施海洋开发，到发展海洋产业，再到建设海洋强国，进而加快建设海洋强国，在中国共产党的文件中，中国海洋发展战略的内涵日渐丰富和完善①。实现"海洋强国建设"战略任务，主要涉及领域包括：大力发展海洋经济、保护海洋生态环境、大力发展海洋科技、建设强大海上力量等②。这当中的每一项任务都离不开海洋法治的保驾护航。

海洋法治的理论基础蕴含在习近平法治思想中。海洋法治以维护国家海洋权益为基础。习近平总书记在2022年10月党的第二十次全国代表大会上再次强调了维护海洋权益的重要性③。中国在维护海洋权益的过程中，无论是维权行为还是争端解决手段，都建立在独立平等的国家海洋主权观之上。面对不断变化的复杂安全形势，为实现总体国家安全观的要求，在国家海洋安全观上强调统筹维权与维稳，在海洋资源的开发与利用、海洋环境的保护方面秉承人海和谐的海洋可持续发展观。面对国家管辖范围外海域出现的极地治理、海洋生物多样性养护、公海渔业资源养护与可持续利用、国际海底区域矿产资源开发、海洋塑料垃圾等全球海洋治理新兴问题，中国提倡新的"共商共建共享"全球海洋治理观④。这些重要的理论观构成了中国海洋法治的基石，并为海洋强国建设提供指引。

（二）海洋法治的内涵

海洋法治内涵的早期形成阶段主要围绕国内海洋治理与法治内容展开，涉及海洋经济、安全、生态、科技、文化等各领域。在发展阶段，海洋法治内涵不仅包括国内海洋治理与法治，还包括地区海洋发展、安全、生态、法治等领域合作。在中国式现代化发展新阶段，海洋法治内涵继续拓展，在建立健全国家海洋治理体系和治理能力基础上，统筹国内海洋法

① 贾宇：《关于海洋强国战略的思考》，《太平洋学报》2018年第1期，第5页。
② 贾宇：《关于海洋强国战略的思考》，《太平洋学报》2018年第1期，第6页。
③ 《高举中国特色社会主义伟大旗帜　为全面建设社会主义现代化国家而团结奋斗——在中国共产党第二十次全国代表大会上的报告》，《人民日报》2022年10月26日，第1版。
④ 白佳玉、李晓玉：《习近平法治思想中的海洋法治要义》，《河北法学》2024年第2期，第20~24页；白佳玉：《国家管辖范围外海域的国际法治演进与中国机遇》，《学习与探索》2023年第2期，第73~84页。

治与涉外海洋法治，协调国内海洋法治与国际海洋法治的关系，从而促进中国深度参与国际海洋法治建设，并引领形成全球海洋治理变革完整系统的内涵体系①。

二　中国海洋法治的特点

海洋法律体系是中国特色社会主义法律体系的重要组成部分，在维护海洋主权和海洋权益、开发海洋资源、发展蓝色经济、保护海洋环境和建设海洋强国中发挥了重要作用，对全球海洋治理和海上丝绸之路建设的法制保障具有重要意义②。当今中国的海洋法治主要体现为如下特点。

（一）涉外性强

中国海洋法治不仅关注国内法律的制定和执行，还积极参与国际海洋规则的制定和全球海洋治理。与其他领域的国内法律制度相比，中国的海洋法律制度受国际法尤其是国际海洋法的深刻影响。一方面，中国批准和加入了以《联合国海洋法公约》为代表的大量涉海国际条约，中国作为缔约方，有义务履行条约，这就对通过国内海洋法治明确义务履行的具体方式提出了要求；另一方面，中国参与和推动国际海洋法治进程，应立足国内海洋法治的理念和方案，向世界贡献中国智慧，并不断加深对国际海洋法规则制定和完善的参与程度，提升规则制定话语权。因此，中国海洋法治的发展进程中伴随着国际法规则的约束、国际关系的考量、参与国际规则制定的需求和准备，这都决定了中国的海洋法治进路具有很强的涉外性。

中国海洋法治的涉外性也是"坚持统筹推进国内法治和涉外法治"的必然要求。习近平总书记在2020年11月举行的中央全面依法治国工作会议上系统阐述了新时代推进全面依法治国的重要思想，其中凝练的"十一

---

① 白佳玉、李晓玉：《习近平法治思想中的海洋法治要义》，《河北法学》2024年第2期，第20页。
② 贾宇：《改革开放40年中国海洋法治的发展》，《边界与海洋研究》2019年第4期，第31页。

个坚持"之一即为"坚持统筹推进国内法治和涉外法治"①。涉外海洋法治是涉外法治的重要构成部分，也是法治中国建设的重要组成部分。根据学者的分析，涉外海洋法治主要包括两个层面的内容：一方面是中国海洋法治的涉外部分，即涉外但并未以国际法方式确立的海洋法治领域；另一方面是国际海洋法治的中国方案，即中国参与和推动的国际海洋法治的体系和进程②。

（二）地域性特征明显

习近平总书记早期海洋治理体系的相关论述即以地方层面的"海洋经济发展"为起点，重视海洋对沿海省市经济发展的拉动作用，进而推动沿海与海洋经济高质量发展③。这样的发展脉络源于中国海洋法治的地域性特征明显。首先，中国海岸线长，沿海省份的海洋地理条件、发展方向、政策重点各不相同。其次，根据海域位置不同，中国海洋法律制度需要调整的海域范围多种多样，性质依内水、领海、毗连区、专属经济区和大陆架而各不相同。参与全球海洋治理还涉及国家管辖范围以外的海域。最后，中国的海域多为半闭海，与周边国家在管理和利用海洋上需要合作与协调。不同海域由于周边国家不同，区域形势不同，在维护海洋权益、保护海洋安全、海洋开发利用、环境保护与保全等方面采用的方式与强度均有差别。针对不同海域的特殊情况，国家和地方层面制定相应的法律和管理措施。遵循统筹推进国内法治与涉外法治的要求，中国的海洋法治自然也包括国家与地方层面的法治，体现地域性特征。

（三）体现时代性发展

随着国际涉海法律和全球海洋治理理念的更新，中国海洋法治也不断

---

① 参见《为千秋伟业夯基固本——习近平法治思想引领新时代全面依法治国纪实》，http://www.xinhuanet.com/politics/leaders/2020-11/18/c_1126756747.htm。

② 姚莹：《涉外海洋法治：生成背景、基本内涵与实践路径》，《武大国际法评论》2022年第4期，第23页。

③ 白佳玉、李晓玉：《习近平法治思想中的海洋法治要义》，《河北法学》2024年第2期，第18~19页。

发展和完善。海洋法治思想作为习近平法治思想的重要组成部分，是新时代中国面对新的发展机遇与环境作出的重要抉择，也是新中国成立以来历代领导人海洋治理思想的历史性延续和突破性发展。从"建设强大的海军"① 到"加快建设海洋强国"②，从"搁置争议、共同开发"③ 到共同建设"21 世纪海上丝绸之路"④，从可持续发展到"构建蓝色伙伴关系"⑤，从发展海洋经济到构建"海洋命运共同体"⑥，这些思想和实践在新时代焕发光彩，并汇聚形成了具有中国特色的海洋法治思想体系。

"海洋命运共同体"理念为完善与发展国际海洋法提供了理念创新的中国方案。2019 年 4 月 23 日，习近平主席在青岛集体会见应邀出席中国人民解放军海军成立 70 周年多国海军活动外方代表团团长时讲道："我们人类居住的这个蓝色星球，不是被海洋分割成了各个孤岛，而是被海洋连结成了命运共同体，各国人民安危与共。"⑦ "海洋命运共同体"理念的提出，为海洋法治建设指明了方向，而海洋法治建设则为"海洋命运共同体"的实现提供了重要保障⑧。

"海洋命运共同体"意味着各国共同承担海洋治理责任的同时，共享良好海洋秩序带来的利益，公平正义的权责关系蕴含深刻的法治内涵。"海洋命运共同体"理念的内涵包括"海洋安全共同体""海洋利益共同体""海洋生态共同体""海洋和平与和谐共同体"。这一理念指引推动国

① 《毛泽东军事文集》第 6 卷，军事科学出版社、中央文献出版社，1993，第 463 页。

② 《决胜全面建成小康社会　夺取新时代中国特色社会主义伟大胜利——在中国共产党第十九次全国代表大会上的报告》，《人民日报》2017 年 10 月 28 日，第 1 版。

③ 《搁置争议，共同开发》，外交部官网，https://www.mfa.gov.cn/web/ziliao_674904/wjs_674919/200011/t20001107_10403098.shtml。

④ 《习主席的"丝路新路"》，《人民日报》2014 年 7 月 2 日，第 5 版。

⑤ 《习近平在葡萄牙媒体发表署名文章：跨越时空的友谊　面向未来的伙伴》，《人民日报》2018 年 12 月 4 日，第 1 版。

⑥ 《习近平集体会见出席海军成立 70 周年多国海军活动外方代表团团长》，《人民日报》2019 年 4 月 24 日，第 1 版。

⑦ 《习近平集体会见出席海军成立 70 周年多国海军活动外方代表团团长》，《人民日报》2019 年 4 月 24 日，第 1 版。

⑧ 吴蔚：《构建海洋命运共同体的法治路径》，《国际问题研究》2021 年第 2 期，第 102 页。

际海洋法治向更加公正合理的方向发展，包括明确海上安全制度、制定国家管辖外海域开发规则、完善国家管辖外海洋生态环境保护制度以及丰富和平解决海洋争端的方式①。这是中国海洋法治理念对全球海洋治理的重要贡献。

2019 年 10 月 31 日，党的十九届四中全会通过的《中共中央关于坚持和完善中国特色社会主义制度　推进国家治理体系和治理能力现代化若干重大问题的决定》指明，"加强涉外法治工作，建立涉外工作法务制度，加强国际法研究和运用，提高涉外工作法治化水平"②。法治化是推进全球治理体制变革、构建世界新秩序的必然要求，建设国际法治和全球法治是推进全球治理现代化和世界秩序法治化的必由之路③。中国向来重视国际海洋法规则的制定与发展，在建言献策、落实执行、人才培养等诸多方面积极作为。"海洋命运共同体"理念与"提高涉外工作法治化水平"要求的提出，标志着中国海洋法治思想不断成熟，中国海洋法治建设在这些时代理念指引下提升到一个新的高度。

三　中国海洋法治的基本内容

在法治的内涵中，"良法"是"善治"的基础和保障。由于"善治"涉及的层面众多，环节复杂，且围绕各层级的立法展开，本部分仅通过概括中国的海洋立法以梳理海洋法治的框架。

中国海洋法治的发展在立法层面表现显著。20 世纪 80 年代以来，以《海洋环境保护法》为开端，海洋法治建设蓬勃发展，立法体系日趋完备。十八大以来，中国海洋立法进入快速发展时期。海洋立法工作依照功能不同逐渐细化，形成了海洋权益保护、海洋环境保护、海洋经济可持续发

---

① 参见姚莹《"海洋命运共同体"的国际法意涵：理念创新与制度构建》，《当代法学》2019 年第 5 期，第 138~147 页。
② 《中共中央关于坚持和完善中国特色社会主义制度　推进国家治理体系和治理能力现代化若干重大问题的决定》，《人民日报》2019 年 11 月 6 日，第 1 版。
③ 张文显：《推进全球治理变革，构建世界新秩序——习近平治国理政的全球思维》，《环球法律评论》2017 年第 4 期，第 16 页。

展、海洋管理四大类，以及与海洋活动密切相关的海商海事类立法。立法内容也朝着更广泛、更细致、更深层次不断发展，为海洋相关活动有法可依、违法必究提供了强大的制度保障。

（一）海洋权益保护类

海洋权益与国家主权密切相关，是国家主权向海洋延伸形成的权利。海洋权益保护类立法明确了中国海洋主权及主权权利的边界，规定了维护海洋权益的执法机关，部分法律文件针对特定区域内的海洋权益争端阐明了中国的立场。海洋权益保护类立法是中国海洋法治发展的基础和根本。

1958年，《中华人民共和国政府关于领海的声明》是中华人民共和国对外宣布海洋主权范围的纲领性文件。

1992年，为行使中华人民共和国对领海的主权和对毗连区的管制权，维护国家安全和海洋权益，《领海及毗连区法》正式颁布。《领海及毗连区法》的颁布施行，对于中国维护国家安全和海洋权益具有重要意义，标志着中国的法治水平有了显著提升①。

1996年，中华人民共和国政府根据1992年颁布的《领海及毗连区法》，发布了《中华人民共和国政府关于中华人民共和国领海基线的声明》（以下简称《领海基线声明》），宣布了中国大陆领海的部分基线和西沙群岛的领海基线。

1998年，中国通过了《专属经济区和大陆架法》。该法明确了中国在领海之外所享有的主权权利和管辖权，这是中国海洋权益扩展的重要标志。《专属经济区和大陆架法》标志着中国完成了对海洋主权及主权权利的布局，奠定了海洋法治发展的基石②。

2010年，全国人大常委会颁布《海岛保护法》。该法以维护中国的海岛权益为中心，是中国海洋权益保护类立法的重要发展。《海岛保护法》是一部专业水平较高的法律，进一步体现了中国海洋法治水平的提升。

---

① 倪轩、赵恩波编著《领海及毗连区法知识》，海洋出版社，1993，第6页。
② 陈滨生：《〈中华人民共和国专属经济区和大陆架法〉生效的现实意义——兼谈我国与周边相关国家大陆架划界争端的解决方式》，《当代法学》2000年第3期。

2012 年，中国政府发布了《中华人民共和国政府关于钓鱼岛及其附属岛屿领海基线的声明》，宣布了钓鱼岛及其附属岛屿的领海基线，为维护我国的领土主权提供了更为明确的依据。

近年来，南海的领土主权和海洋权益问题备受关注。2016 年发布的《中华人民共和国政府关于在南海的领土主权和海洋权益的声明》表明了中国立场，是中国解决南海问题、维护海洋权益的重要法律文件。该声明基于南海诸岛的历史，梳理了中国维护领土主权和海洋权益的相关立法及声明，强调了中国对南海诸岛的主权及在南海拥有历史性权利。同时，该声明还阐明了中国对南海有关争议解决方式的立场，通过国际合作化解矛盾。这份声明是中国海洋法治进步的重要体现，为维护海洋权益打下了坚实的基础。

2021 年颁布的《海警法》是为规范和保障海警机构履行职责，维护国家主权、安全和海洋权益，保护公民、法人和其他组织的合法权益而制定的法律。该法的诸多内容是对海洋权益法治发展的有益补充。

（二）海洋环境保护类

改革开放以来，中国持续关注海洋环境保护，形成了以《海洋环境保护法》为中心的海洋环境保护机制。

《海洋环境保护法》经历了两次修订（1999 年和 2023 年）和三次修正（2013 年、2016 年、2017 年），内容逐渐丰富，体系趋于完善。1982 年，为保护和改善海洋环境，保护海洋资源，防治污染损害，维护生态平衡，保障人体健康，第五届全国人民代表大会常务委员会令第九号公布《海洋环境保护法》。该部法律主要针对五大污染源即海岸工程、海洋石油勘探开发、陆源污染物、船舶、倾倒废弃物，对海洋环境的污染损害问题制定相关法律制度及处罚措施。总体而言，由于立法经验不足，该法在性质上属于污染防治法，只是搭建了应对五大来源污染物损害海洋环境的大致法律框架，其所确立的法律制度和处罚措施尚显单薄。1999 年，《海洋环境保护法》经历了重大修订，在此次修订中，将"防止"具体污染源对海洋环境的污染损害修改为"防治"，实现了从防止海洋污染到采取措施积极防治海洋环境污染损害，取得了从片面海洋环境污染治理到兼顾海洋生态保护的发展进步。此次修订标志着中国海洋生态环境保护的法律制度框架基本建成。其后，2013 年、2016 年和 2017 年的三次修正中，《海洋环境保护法》增加了更多的制度内容，如重点海洋污染物总量控制制度、海洋污染事故应急制度、船舶油污损害民事赔偿制度和船舶油污保险制度、"三同时"制度、环境影响评价制度等①。此外，在信息公开、处罚措施、制度衔接、简化程序等方面也有不同程度提升。三次修正工作的完成标志着中国海洋生态环境保护法治的重要发展。

2023 年修订的《海洋环境保护法》立足当前我国海洋生态环境保护现状和需求，对我国海洋环境保护制度进行全方位调整，体现我国生态文明建设的基本原理和核心要义，对我国加快建设海洋强国、维护海洋权益、推动生态文明建设以及人与自然和谐共生具有重要意义②。该次修订一是深入贯彻落实以习近平同志为核心的党中央关于海洋环境保护决策部署的重要举措；二是持续改善海洋生态环境质量、建设美丽中国的迫切需要，也是贯彻落实海洋环境保护机构改革的需要；三是厘清海洋环境保护各方主体责任，进而以法律形式巩固体制改革成果，为实现海洋环境保护领域治理体系和治理能力现代化奠定坚实的法律基础③。《海洋环境保护法》的发展是对国际社会新趋势的积极响应，也满足了维持中国经济高速发展与生态环境保护平衡的需求，是中国海洋法治发展的有力证明。

在以《海洋环境保护法》为中心的海洋环境保护体系下，中国出台海洋自然资源及生态环境保护相关法律法规 100 余部，其中有很多原则和制度也适用于海洋生态环境管理与保护，为海洋生态环境保护工作提供了重要法律依据。2012 年，由国家发展改革委印发的《温室气体自愿减排交

---

① 张海文：《〈中华人民共和国海洋坏境保护法〉发展历程回顾及展望》，《环境与可持续发展》2020 年第 4 期。

② 苗振华、刘洪岩：《新修订〈中华人民共和国海洋环境保护法〉述评》，《海洋开发与管理》2023 年第 12 期。

③ 孙佑海：《2023 年〈海洋环境保护法〉的主要修改和内容解读》，《环境保护》2023 年第 21 期。

易管理暂行办法》积极响应了"十二五"规划，对于培育碳减排市场意识、探索和验证碳排放交易程序和规范具有积极意义；配合此前颁布的《防治陆源污染物污染损害海洋环境管理条例》，强化对陆地污染源的监督管理，有效防治了陆源污染对海洋环境的破坏。由生态环境部发布、2021年2月1日起施行的《碳排放权交易管理办法（试行）》，由生态环境部与国家市场监督管理总局联合制定公布、2023年10月19日起施行的《温室气体自愿减排交易管理办法（试行）》，两个文件为落实国家建设全国碳排放权交易市场及温室气体自愿减排交易市场的决策、推动实现中国碳达峰碳中和目标作出了具体安排。1988年通过的《野生动物保护法》几经修订，其中涉及海洋生物保护，对于维持海洋生物资源的开发和保护起到了重要作用。此外，在入海排污清理、实施海洋生态红线制度、严肃查处违法围填海、非法倾倒垃圾和改变自然岸线等方面，一系列法律法规的制定为中国海洋生态环境状况整体稳中向好作出重要贡献。

（三）海洋经济可持续发展类

海洋经济可持续发展是海洋法治的重要组成部分。海洋环境保护、海洋管理、海事海商立法都涉及海洋经济可持续发展的精神和内容。

专门的海洋经济可持续发展类立法，主要体现为针对地方情况制定的关于海洋经济可持续发展的法律法规。2012年经国务院批准，福建省发展改革委发布的《福建海峡蓝色经济试验区发展规划》、广东省政府颁布的《广东省海洋特别保护区管理规定》，2015年福建省海洋与渔业厅出台的《中国（福建）自由贸易试验区招标拍卖挂牌出让海域使用权管理办法》，2016年出台的《辽宁省海洋与渔业发展"十三五"规划》，以及早在2011年出台的《浙江省海洋新兴产业发展规划（2010~2015年）》等地方性法律法规，为海洋经济的可持续发展提供了制度保障[1]。

2016年施行的《深海海底区域资源勘探开发法》是海洋经济可持续

---

[1] 曲亚图：《海洋经济可持续发展的法律保障研究》，《山东农业工程学院学报》2018年第9期。

发展类立法中的典型范例。《深海海底区域资源勘探开发法》规范了深海海底区域资源勘探、开发活动，推进了深海科学技术研究、资源调查，为保护海洋环境、促进深海海底区域资源可持续利用、维护人类共同利益发挥了重要作用。海底区域资源的勘探开发是近年来国际社会为促进海洋经济发展重点关注的领域。随着时代发展和科技进步，各国对海底资源开发更加重视，国际社会也不断尝试推进该领域法律制度的国际化①。《深海海底区域资源勘探开发法》的出台，为中国参与深海海底资源开发作出了良好的制度性规范，对提升海洋经济效率和加强海洋生态保护作了适当平衡。在海底资源勘探和开发领域的立法尝试，为未来该领域法律制度的国际化积累了经验。

海洋经济的可持续发展立法，还体现在依托临海的便利条件，促进贸易可持续发展的法律法规。《海南自由贸易港法》为海南建设高水平的中国特色自由贸易港，推动形成更高层次改革开放的新格局，建立开放型海洋经济新体制，促进社会主义市场经济平稳健康可持续发展作出了贡献②。

渔业作为重要的海洋经济领域，实现可持续发展意义重大。《渔业法》对促进渔业经济可持续发展起到了重要作用。但在执法层面，对于违反《渔业法》相关规定的处罚力度不足，对渔业可持续发展有一定影响，非法捕捞、过度捕捞等问题依然严重。《农业农村部办公厅关于开展 2022 年海洋伏季休渔联合交叉执法行动的通知》在渔业执法方面作出了重大调整，加强了执法力度，完善渔业执法体系，是渔业可持续发展立法的有益补充。

（四）海洋管理类

海洋管理是涉海组织依法通过获取、处理和分析有关海洋信息，对海洋事务决策、计划、组织、领导、控制等的职能活动，是社会管理中的重要领域，也是海洋法治建设的重要组成部分。

---

① 刘画洁：《国际海底区域国家担保义务的履行研究——兼评我国〈深海海底区域资源勘探开发法〉》，《社会科学家》2019 年第 6 期。
② 韩岩杉、张云阁：《海南自由贸易港建设的世界历史理论意义初探》，《南海学刊》2022 年第 3 期。

1987 年颁布的《海关法》前后经历六次修正，是一部集公法与私法、实体法与程序法于一体的法律，是海关部门的执法依据，为加强海关监督管理、促进对外经济贸易和科技文化交往作出了重要贡献[①]。由于海关负责进出境货物和物品监管，市场经济活动中商品的跨境流动需要通过海关，海关对国内国际两个市场的经济活动较为敏感。随着中国成为世界第二大经济体、第一大贸易出口国，改革开放中市场经济发展出现的很多前沿问题首先影响海关部门。如何从法律制度上应对和解决这些问题，也是《海关法》需要面对的。《海关法》的制度创新十分突出，贡献较为独特[②]。《海关法》经历四个不同的历史发展阶段，并表现出不同特点。从诞生时期主权的象征到改革开放时期加强对外开放，从世纪之交加入世贸组织迎接机遇与挑战到全面深化改革时期强化内容和体系的完善，这部法律逐渐成熟，不断改革创新；尤其是海关特殊监管区域法律的兴起，开拓了一般法中特别法新领域。在几十年的发展历程中，海关法律体系的完善提升了中国海关部门执法水平，促进了海洋管理法治的发展。

《海上交通安全法》是加强海上交通管理，保障船舶、设施和生命财产安全，维护国家权益的法律，也是海事部门海上执法、展开工作的依据。2021 年，全国人大常委会第二十八次会议对《海上交通安全法》作出最新修订。新修订的《海上交通安全法》将海上交通安全管理与维护海洋安全权益统筹结合，代表着中国海上交通安全管理观念朝着科学、发展、进步的方向转变。海上交通安全管理制度体现了海洋维权的新理念，表明中国在逐渐完善海上交通安全管理内容的同时，对海洋安全权益的考量也逐步深入推进。此次修订全面推进中国海洋安全权益的法治化建设，有效维护国家海洋权益，是海洋法治进步的重要标志[③]。

---

① 李育霆：《从应然视角看我国新〈海关法〉修改的法典化构想》，《黑龙江人力资源和社会保障》2022 年第 1 期。

② 陈晖：《我国海关法的历史发展、贡献和展望——纪念〈中华人民共和国海关法〉颁布三十周年》，载陈晖主编《海关法评论》第 7 卷，法律出版社，2017。

③ 左婧、周希铭：《从新〈海上交通安全法〉谈我国海洋安全权益维护》，《中国海事》2022 年第 2 期。

《海警法》是中国海警部门的执法依据，是海警部门履行职责的规范，也是中国海洋管理立法的重要组成部分。在经历了海警、渔政、海监、海上缉私警察的合并重组后，中国海警局的职能得到强化，立法的调整和统一势在必行。海警队伍及其相关职能划归武警部队以后，海警立法进入快车道。2021 年 1 月通过的《海警法》为海警机构开展海上维权执法提供了较为全面、明确的准则和依据，极具特色、富有创新，在海警法律体系中具有支柱性地位。2021 年《海警法》的出台是解决分散执法、统一海警立法的重要举措①。

2014 年颁布并于 2016 年修订的《航道法》，对规范和加强航道规划、建设、养护、保护，保障航道畅通和通航安全，促进水路运输发展发挥了积极作用。《航道法》的公布实施，对于促进航道科学发展、安全发展，保障航道畅通和航行安全发挥了重要作用，对维护社会各界依法使用航道的权益，充分发挥航道在构建综合交通运输体系中的基础性作用，促进国民经济全面协调可持续发展，谋划由东向西、由沿海向内地、沿大江大河和陆路交通干线梯度推进的区域发展新局面具有重要意义②。

(五)海商海事类

海商海事类立法是海洋法治的重要组成部分，是推进建设海运强国、海洋强国战略的制度基础。

《海商法》为中国海运市场提供行为准则，为国际贸易提供制度保障，促进了中国海上运输和海上贸易的发展。作为国际性较强的法律部门，海商法的发展充分体现了中国的法治进步同国际接轨的特点，同时《海商法》的自身特点决定了其发展要兼顾国际条约的本土化和国内法规的国际化，为中国海洋法治发展提供了经验借鉴③。随着中国海洋事业的发展和海洋实践的进步，《海商法》的修改提上日程。《海商法》的修改要求统

---

① 张保平：《〈海警法〉的制定及其特色与创新》，《边界与海洋研究》2021 年第 2 期。
② 《〈航道法〉解读——访交通运输部法制司副司长魏东》，交通运输部，2016 年 4 月。
③ 胡正良：《论我国〈海商法〉修改应遵循的从我国实际出发原则》，载上海海丰大学海商法研究中心编《海大法律评论 2018～2019》，上海浦江教育出版社，2020。

筹考虑各方的实际需求，综合平衡学术与实务、国际与国内、个体与体系的关系，以最大限度回应业界诉求、服务贸易与航运发展。《海商法》修改的专业性强、国际性强、难度较大，完成这一目标必将推进中国海洋法治提升至新高度。

《海事诉讼特别程序法》是迄今为止中国在《民事诉讼法》基础上制定的唯一一部调整专业诉讼的特别法。作为《民事诉讼法》的特别法，《海事诉讼特别程序法》针对专业性较强的海事、海商案件，充分考虑了海事诉讼的专业特点，规定了一些不同于《民事诉讼法》的规则和特殊的诉讼程序，如海事强制令制度、船舶优先权催告程序等，弥补了《民事诉讼法》在调整海事诉讼上的不足①。《海事诉讼特别程序法》的颁布施行，对中国海事审判方式的改革和发展产生了积极影响，对有效保护海事诉讼当事人的合法权益起到了不可低估的作用。

《港口法》是调整中国港口行政管理关系、加强政府对港口实施宏观管理的重要法律。《港口法》的制定对中国港口建设以及对外贸易和进出口发展发挥了重要作用。近年来，关于《港口法》中港口经营人法律地位的讨论较多，提升其法律地位成为学界讨论的热点话题，港口经营人地位的调整涉及《港口法》和《海商法》的衔接，这一问题的解决意味着中国海洋法治发展一直关注现实问题，也表明立法水平的进一步提升。

此外，《全国人民代表大会常务委员会关于批准〈2006年海事劳工公约〉的决定》将国际社会对船员等海事劳工的保护和要求纳入中国的法律体系，体现了中国海洋法治的国际化。随着经济全球化的发展，法律制度国际化对于迎接新时代的机遇和挑战具有重要意义。对于国际公约中较为先进的部分，中国秉持兼容并包、促进发展、同国际接轨的理念，进一步推进海洋法治国际化。

---

① 张江艳：《〈海事诉讼特别程序法〉的实施现状及其完善》，载上海海事大学海商法研究中心编《海大法律评论2006》，上海社会科学院出版社，2006。

第一章　海洋法治的政策与管理

海洋政策与管理作为国家海洋法治事业的重要组成部分，体现了国家推进海洋开发、利用和管理的意志，而海洋法治的实践最先体现在一国海洋政策的变化。海洋秩序的维护需要国家法律和政策的支持，经过长期的发展实践，中国已初步构建形成海洋法治管理体系，出台了多项政策性管理制度。不断完善国内海洋管理体系，积极推进全球海洋治理秩序变革。

第一节　海洋法治政策与管理的内容

新中国成立以来，中国按照《联合国宪章》所载的宗旨和原则，依据国际海洋法规则，在现代海洋法体系下不断充实国内海洋法治，推进了多项政策制定与管理工作，初步构建了中国海洋法治体系和政策管理制度，为中国海洋事业发展作出了重要贡献、提供了制度保障。本节对中国海洋法治的政策与管理内容进行梳理。

一　制定综合性海洋政策

囿于特定的历史背景和条件，新中国成立之初的海洋政策侧重于维护国家领土安全，保障河海交通运输通道的畅通，为国民经济恢复创造良好的条件。例如，通过颁布规范航务港务工作、外籍船舶进出管理以及船舶登记检查的政策法律[1]，加强国家对海关、海洋运输和港口等事务的管理，逐步恢复对海洋的管理、开发和利用工作。随着中国政府批准加入《联合国海洋法公约》，促进海洋的和平用途和海洋资源的可持续发展成为各项海洋政策制定的基本遵循，以国家政策形式保障海洋资源公平惠及国内人民。而且海洋作为国家的重要战略资源，需要国家政策进行保障，实现海洋资源的可持续开发利用，以满足当代和未来的发展需要。

可持续发展是国民经济健康运转的重要保障，而海洋资源的可持续利用关乎国民经济命脉。原国家海洋局编制的《中国海洋21世纪议程》，阐明了我国海洋可持续发展的基本战略、目标、对策和主要行动领域，明确21世纪是人类全面认识、开发利用和保护海洋的新世纪[2]。该文件是我国在未来一定时期内海洋开发和保护工作的基本政策指导，通过建立良性循环的海洋生态系统和科学合理的海洋开发体系，保证海洋资源和海洋环境的可持续开发利用。它明确将海洋可持续利用和海洋事业协调发展作为21世纪中国海洋工作的指导思想，是我国海洋可持续开发利用的基本政策指南，文件提出的发展海洋经济为中心、海陆一体化开发、科教兴海和协调发展理念成为我国海洋工作的重要原则。

海洋事业的健康发展依赖国家制定科学合理的海洋政策，协调各方主体在海洋开发、利用过程中产生的利益矛盾，以国家政策谋划未来一个时期的海洋发展蓝图。2008年我国政府制定《国家海洋事业发展规划纲要》，该纲要是我国首次发布的针对海洋领域的总体规划，明确了国内海洋事业发展的指导思想、基本原则、发展规划目标等，要求以科学政策规范国内海洋资源的开发秩序、保护海洋生态环境和强化海洋科技服务，力图通过政策手段遏制过去一个时期近岸海域污染恶化和生态破坏

---

[1] 如《关于一九五〇年航务工作的决定》《关于统一航务港务管理的指示》《外籍轮船进出口管理暂行办法》《进出口船舶联合检查通则》等。

[2] 《中国海洋21世纪议程》，中国人大网，http://www.npc.gov.cn/zgrdw/huiyi/lfzt/hdbhf/2009-10/31/content_1525058.htm，最后访问日期：2023年10月23日。

的趋势，提高海洋经济对国民经济和社会发展的贡献度①。党的二十大报告也同样强调，"发展海洋经济，保护海洋生态环境，加强建设海洋强国"。海洋经济和海洋生态环境保护成为我国各项海洋政策重点关注的领域。

促进海洋经济发展和保护海洋生态环境逐渐成为中国各项海洋政策的主旋律。2021年发布的《国民经济和社会发展第十四个五年规划和2035年远景目标纲要》专门制定海洋专章"积极拓展海洋经济发展空间"，明确坚持陆海统筹、人海和谐、合作共赢，协调推进海洋生态保护、海洋经济发展和海洋权益维护，加强海洋强国建设等政策方针②。2022年生态环境部等6部门联合印发《"十四五"海洋生态环境保护规划》，进一步细化海洋生态环境保护工作，重点围绕我国海洋环境污染和生态退化等突出问题，实施近岸海域污染防治、"蓝色海湾"整治、海岸带保护修复工程等措施，切实提升国内海洋生态环境治理能力③。保持海洋生态环境清洁美丽是我国各项海洋开发工作的出发点和目的，持续性的国家政策在某种程度上推动了涉海法律制度的健全。我国各类海洋政策的制定实施，推动了我国海洋法制的健全，逐步构建了权责明晰、共同治理和协调高效的海洋治理体系，在我国海洋法治事业发展中发挥了重要作用④。通过适时制定各项综合性海洋政策，既可以聚焦一定时期内海洋产业经济发展与海洋环境保护的突出矛盾，重点解决面临的突出海洋问题，又可以根据海洋科技手段的进步，优化和提升海洋生态环境治理能力。

---

① 《国务院批准并印发〈国家海洋事业发展规划纲要〉》，中国政府网，http://www.gov.cn/gzdt/2008-02/22/content_897673.htm，最后访问日期：2023年11月2日。

② 《国民经济和社会发展第十四个五年规划和2035年远景目标纲要》第33章"积极拓展海洋经济发展空间"。

③ 《生态环境部等6部门联合印发〈"十四五"海洋生态环境保护规划〉》，生态环境部官网，https://www.mee.gov.cn/ywdt/hjywnews/202201/t20220117_967330.shtml，最后访问日期：2023年11月5日。

④ 金永明：《新中国在海洋法制与政策上的成就和贡献》，《毛泽东邓小平理论研究》2009年第12期，第66~87页。

二　规划全国性海洋开发

人类社会的发展依赖于海洋资源开发。中国作为发展中的海洋大国，一直高度重视海洋开发和保护工作。海洋生态资源的可持续利用是实现国家海洋事业协调发展的前提，海洋经济的发展不能以牺牲海洋生态环境为代价，所以制定科学合理的全国性海洋开发规划是必要的。我国统筹规划海洋开发和整治工作，实行开发与保护并重的方针，制定全国海洋开发蓝图。1995 年国务院批准《全国海洋开发规划》，统筹各海区以及各类资源的综合开发，推动国内人口、资源和环境的协调发展。海洋划区是我国海洋空间开发、利用和综合管理的重要步骤。2012 年国家公布《全国海洋功能区划（2011～2020 年）》，将我国管辖的内水、领海、毗连区、专属经济区等海域划分为农渔区、港口航运、工业与城镇用海、矿产与能源、海洋保护等海洋功能区，确定我国渤海、黄海、东海等海区的总体管控要求，明确了重点海域的主要功能和开发保护方向①。海洋划区保障了海洋资源开发的有序进行，避免海域开发过度、严重污染海洋环境等的出现，是我国海洋开发管理的基础，有助于海洋经济发展和生态环境保护。

同样，全国性的海洋开发规划需要国家适时优化，围绕全国海洋经济发展和海域使用作出统筹安排，逐步构建陆海协调、人海和谐的海洋空间开发格局。我国政府定期出台海洋经济发展有关规划，如《全国海洋经济发展"十二五"规划》《全国海洋经济发展"十三五"规划》《全国海洋经济发展"十四五"规划》，总结一个时期海洋经济发展的成就，并指出海洋经济发展面临的机遇和挑战，继续统筹陆海资源配置，重点围绕产业结构优化和海洋科技自主创新能力提升等制定全国海洋经济发展规划。

---

① 《海洋局公布〈全国海洋功能区划（2011～2020 年）〉》，中国政府网，https://www.gov.cn/jrzg/2012-04/25/content_2123467.htm，最后访问日期：2023 年 11 月 5 日。

同时，为进一步优化我国海洋空间开发格局，2015 年国务院印发《全国海洋主体功能区规划》，再次强调海洋是国家战略资源的重要基地，要提高海洋资源开发能力，发展海洋经济，保护海洋生态环境，规划全国性的海域资源开发对实现中华民族伟大复兴具有重要意义。该规划要求，各级政府遵循自然规律，解决我国海洋发展面临的突出问题，根据不同海域资源环境承载能力、现有开发强度和发展潜力，合理确定不同海域主体功能，实现可持续开发利用，逐步构建陆海协调、人海和谐的海洋空间开发格局①。海洋法治政策制定的关键在于科学谋划全国性海洋开发蓝图，统筹海洋利用、海洋保护、海洋治理步骤，推动海洋空间规划全面融入陆海统筹、多规合一的国土空间规划体系，为建设美丽中国提供蓝色动力。

三 完善海洋基础设施建设

海洋基础设施是国家开发和利用海洋空间、海洋资源的重要支撑，完善的海洋基础设施为我国海洋法治建设提供保障。我国海洋基础设施建设的历史演进反映了中国海洋事业由近海走向远洋、由科技落后迈入先进高端的进程，中国逐步迈入世界海洋大国行列。我国拥有西太平洋最长的海岸线，海堤保护建设是防灾减灾工程的重要组成部分，而且海岸线的保护与利用管理事关海洋经济的绿色发展。加强海岸基础设施建设可以有效增强应对海洋风险的韧性，减少因台风等海洋灾害给沿海居民带来的损失。2016 年国务院印发《海岸线保护与利用管理办法》，聚焦海岸线的生态功能和资源价值，以海岸线管理为抓手遏制海洋生态环境恶化问题，要求建立自然岸线保有率控制制度。该办法严格限制建设项目占用自然岸线，统筹陆域和海域协调，构建海岸线整治修复制度，有效维护海岸的生态功能②。海岸基础工程建设是一国向海而兴、向海而强的起点，我国漫长的

---

① 《国务院关于印发全国海洋主体功能区规划的通知》（国发〔2015〕42 号）。
② 《加强海岸线保护与利用管理，构筑国家海洋生态安全屏障》，人民网，http://politics.people.com.cn/n1/2017/0410/c1001-29198043.html，最后访问日期：2023 年 11 月 6 日。

海岸线需要政府部门加强管理，不因追求国民经济快速发展而忽视海岸生态功能保护。

港口建设是一个国家海洋贸易的重要支撑，港口货物贸易吞吐量在某种程度上反映某个国家的海洋经济发展水平。我国当前港口设施总量位居世界前列，港口服务正在向智能化、数字化发展。数据显示，全球港口货物吞吐量和集装箱吞吐量前十名港口中，我国分别占据 8 个和 7 个，我国港口基础设施建设已取得瞩目成就①。2019 年我国交通运输部等九部门联合发布的《关于建设世界一流港口的指导意见》明确，港口作为综合性的交通运输枢纽是国内经济社会发展的重要战略资源和重要支撑，力争到 2050 年全面建成世界一流港口，并形成若干个世界级港口群。该意见明确了当前港口基础设施建设的重点任务，包括提升港口综合服务能力、加快绿色港口建设、加快智慧港口建设等，通过一系列政策以支持逐步建立港口安全、绿色和智能发展机制②。港口是海洋经济发展的核心战略资源，我国智慧港口和世界一流港口建设成效明显，国家港口设施的完善有力促进了海上大宗货物贸易、陆上产业经济以及对外人文交流的快速发展。

同时，海上航道的畅通串联起世界各国的海上贸易线，为各国船舶海上运输安全提供保障。据交通运输部发布的数据，我国国内现已建成 10 万吨级及以上深水航道超 90 条，深海航道规模位居世界前列③。深水航道的发展成为我国海洋事业建设的重要成就，航道建设促进了国内国际双循

① 《2023 年百大港口》（One hundred ports 2023），劳氏日报网（Lloyd's list），https：//lloydslist.com/one-hundred-container-ports-2023，最后访问日期：2024 年 5 月 18 日；谢文卿：《多因素冲击 全球港口吞吐量增速放缓——2022 年第一季度全球港口发展综述》，《中国航务周刊》2022 年第 27 期，第 32～34 页。
② 《九部门关于建设世界一流港口的指导意见》，交通运输部网站，https：//www.mot.gov.cn/zhengcejiedu/gyjssjylgk_zdyj/meitibaodao/201911/t20191113_3430362.html，最后访问日期：2023 年 11 月 6 日。
③ 《我国深水航道总体规模已居世界首位》，中国日报中文网，https：//cn.chinadaily.com.cn/a/202210/04/WS633ba094a310817f312f0f34.html，最后访问日期：2023 年 11 月 6 日。

环经济发展。针对海上航道建设，我国交通运输部门系统谋划，确定了加快构建"开放型、智能型、综合型、效能型、国际性"的现代航保发展格局、加快构筑"安全、便捷、高效、绿色、经济"的航保现代化供给体系和加快形成"多方联动、多元协同"的航保现代化服务模式，为我国海上航道安全提供切实可靠的保障①。随着北极航道的逐步开放，我国作为近北极国家，应秉持共同体理念积极参与涉北极事务协商，保障我国根据国际法规则应享有的权利②。构建安全便利的海上航道也是中国海洋法治事业的重要体现，各国船舶在我国航域内按照有关航道管理条例、航区划分规则、船舶避碰规则等有序运输，海上航运事业的繁荣也促进了各国人民的经济文化和友好往来。因此，海洋基础设施的完善是我国海洋事业发展的重要体现，海岸线的生态保护增强了抵御海上自然灾害的能力，而港口、航道等设施建设便利了国际海上贸易畅通，绿色、智慧型的海洋设施建设正在逐步提高我国海洋开发和利用能力。

四 加强海洋外宣工作

海洋宣传工作的目的在于对外介绍中国海洋事业的发展成就，对内凝聚全民海洋保护意识，弘扬中华民族灿烂悠长的海洋文明，驳斥西方有关国家对中国海洋事业建设的污蔑，维护我国在国际社会负责任的形象。世界海洋日的确定让我们认识到人类社会的发展已经对海洋环境造成伤害，呼吁我们保护海洋，认真管理海洋资源，正如首个世界海洋日确定的主题"我们的海洋，我们的责任"。我国政府一直重视世界海洋日和全国海洋宣传日主题的宣传工作。2021 年自然资源部专门发布关于海洋日的宣传活动通知，将全国海洋日活动主题定为"保护海洋生物多样性、人与自然和谐共生"，要求通过举办自然保护公益沙龙、知识竞赛等活动普及海洋知

---

① 《全力建设人民满意"一流航保"》，中国交通新闻网，https://www.mot.gov.cn/jiaotongyaowen/202105/t20210513_3590274.html，最后访问日期：2023 年 11 月 6 日。

② 李天生、伍方凌：《论北极航道航行权的争议与未来》，《政法论丛》2023 年第 1 期，第 135~148 页。

识和传播海洋文化①。多样化的海洋主题宣传活动有利于形成海洋环境保护的氛围，培养群众的海洋保护意识，传承中华优秀海洋文明，厚植经略海洋的使命感和责任感。

同时，开展海洋宣传工作可以让国际社会更好地了解中国海洋事业的发展，提高我国在全球海洋治理领域的影响力和感召力。1998 年中国政府对外发布《中国海洋事业的发展》白皮书，围绕海洋可持续发展战略、合理开发利用海洋资源、保护和保全海洋环境、发展海洋科学技术和教育、实施海洋综合管理、海洋事务的国际合作等方面，全面、系统阐述了中国海洋事业的发展成就。我国始终坚持和维护《联合国海洋法公约》确立的海洋法原则参加国际海洋事务，保护海洋生态环境、确保海洋资源可持续发展和海洋安全一直是中国海洋事业的重要内容，而且我国一贯主张和平利用海洋，公平解决海洋争端，为国际海洋事业的发展作出了重要贡献②。为维护南海地区的和平与稳定，我国与东盟相关国家通过友好协商谈判，联合签署《南海各方行为宣言》，强调各方保持克制，以和平方式解决南海有关争议。

第二节　国内海洋管理体制的实践演进

我国海洋法治政策与管理工作的国内实践主要表现为：对海洋管理体制进行变革，对原国家海洋局职能进行整合，组建中华人民共和国自然资源部统一行使海洋空间的用途管制和海洋生态保护修复职责，而海警机构单独行使海上维权执法职责。总体上说，中国海洋管理体制变革经历了从分散到整合、由行业管理走向综合管理，海洋管理体制的调整反映了我国

---

① 《自然资源部办公厅关于组织开展 2021 年世界海洋日暨全国海洋宣传日主题宣传活动的通知》，自然资源部网站，https://www.gov.cn/xinwen/2021-05/25/content_5611681.htm，最后访问日期：2023 年 11 月 7 日。

② 《中国海洋事业的发展》，中国政府网，http://www.gov.cn/zhengce/2005-05-26/content_2615749.htm，最后访问日期：2023 年 9 月 25 日。

海洋法治事业的优化方向，更加注重海洋治理体系和治理能力的现代化。

一 国家海洋管理机构的演变

海洋管理是一国政府对海洋事务进行的各种管理工作，组建专门的海洋机构行使国家海洋管理职权。

作为国家海洋事务管理的专门机构，原国家海洋局组建于 1964 年，其成立之初的职能侧重于海洋调查科研领域，且由海军代管。鉴于海洋事务的综合性和复杂性，根据《中央科学研究协调委员会会议纪要》的建议，1980 年国家海洋局调整为由国家科委代管，主要负责海洋科研调查的组织实施。1983 年国家海洋局作为海洋管理的行政职能部门，负责实施海洋调查、海洋科研、海洋管理和海洋公益服务工作。在 1993 年国务院机构调整方案中，国家海洋局重新由国家科委管理。但在 1998 年国务院各部门职权调整中，国家海洋局被定位为组织海洋科研研究的行政机关，成为国土资源部的部管国家局。2013 年重新组建国家海洋局，整合原先国家海洋局及中国海监、公安部边防海警、农业部中国渔政、海关总署海上缉私警察的队伍，并以中国海警局的名义开展工作，维护国家海洋权益。这种机构设置一直延续至 2018 年。

在中国海洋法治政策形成与管理过程中，原国家海洋局参与了一系列海洋法律法规及相关政策制定工作，包括《海洋环境保护法》《海域使用管理法》《海岛保护法》《渔业法》《矿产资源法》等。在行政方面，原国家海洋局对涉海行政许可项目实施审查与审批，具体包括海域使用权审核、海底电缆管道路由调查勘测、铺设施工审批、海洋工程建设项目环境影响报告书核准、国家级海洋自然保护区内相关活动审批、涉海海洋科学研究审批、海洋石油勘探含油钻井泥浆南北极考察活动审批、海域使用论证单位资质审批等①。总之，在 2018 年国务院机构改革前，国家海洋局主

---

① 《国家海洋局行政许可》，中国政府网，http://www.gov.cn/govweb/fwxx/bw/gjhyj/jxss. htm，http://www.gov.cn/govweb/fwxx/bw/gjhyj/412ling.htm，最后访问日期：2023 年 7 月 1 日。

管海洋事务管理工作，推动一系列涉海法律政策的出台和实施，对外行使海上执法权，维护海上航道和运输安全，对我国海洋法治事业发展起了重要作用。但原国家海洋局管理体制也存在诸多问题，包括海洋行政管理体制运行不畅、管理范畴与职能定位不清、"双头领导"下的中国海警局，在实际运行中较难发挥作用等①。因此，国家海洋管理体制变革逐渐被提上日程。

原国家海洋局曾是中国进行海洋管理的重要机构，但随着国务院机构职能的优化调整，2018年组建自然资源部，由其统一行使所有国土空间用途管制和生态保护修复职权，不再保留国家海洋局。我国海洋管理机构的演变主要体现在国家海洋局职能的调整，其职能由单一到综合，最后统一划归自然资源部行使国家海洋空间利用和规划职能。

二 新的国家海洋管理机制

2018年新一轮国务院机构改革方案将原国家海洋局的职权整合，组建自然资源部；将原国家海洋局的海洋环境保护职责划归生态环境部；原国家海洋局的自然保护区、风景名胜区、自然遗产、地质公园等管理职责交由新组建的国家林业和草原局，由自然资源部管理②。同时，根据《深化党和国家机构改革方案》和《武警部队改革实施方案》，原国家海洋局的海上维权执法职权由中国海警局统一履行，由中国人民武装警察部队领导指挥③。此次国家海洋管理机构的变革体现在海洋资源开发规划、海洋生态保护和海上执法职能的分离，海洋空间规划利用纳入自然资源部职权

---

① 滕晓键：《浅谈中国海洋管理体制改革》，《中国管理信息化》2020年第16期，第201页。

② 《国务院机构改革方案》，中国政府网，http://www.gov.cn/xinwen/2018-03/17/content_5275116.htm，最后访问日期：2023年7月1日。

③ 《全国人民代表大会常务委员会关于中国海警局行使海上维权执法职能的决定》，中国政府网，https://www.gov.cn/xinwen/2018-06/23/content_5300665.htm，最后访问日期：2023年11月7日。

范围，海洋生态环境保护职权由生态环境部行使，而海上执法职能由更能代表国家意志的海警队伍执掌。新组建的自然资源部侧重海洋空间的统一规划和海洋生态的保护修复职责。海上执法机构由原国家海洋局转交中国海警局，后者逐渐独立行使海上维权执法职能，成为维护我国管辖海域海上治安和安全保障的重要执法力量。

自然资源部主管的海洋事务侧重海洋资源管理，履行海洋自然资源资产所有者职责和海洋空间用途管制职责。自然资源部是国务院组成部门，为正部级，对外保留国家海洋局牌子，贯彻落实党中央关于自然资源工作的方针政策和决策部署①。自然资源部内设机构中与海洋管理直接相关的司局有：海洋战略规划与经济司、海域海岛管理司、海洋预警监测司和国际合作司（海洋权益司），另外在北海、东海、南海3个海区分别设立派出机构。海洋战略规划与经济司侧重于谋划和实施重大海洋战略，统筹海洋经济安排，如拟订海洋发展、深海、极地等海洋强国建设重大战略并监督实施；拟订海洋经济发展、海岸带综合保护利用、海域海岛保护利用、海洋军民融合发展等规划并监督实施。海域海岛管理司侧重海上地物、海底电缆管道等事务的管理工作，如拟订海域使用和海岛保护利用政策与技术规范，监督管理海域海岛开发利用活动；组织开展海域海岛监视监测和评估，管理无居民海岛、海域、海底地形、地名及海底电缆管道敷设；承担报国务院用海、用岛的审核、报批工作。而海洋预警监测司负责拟订海洋观测预报和海洋科学调查政策和制度并监督实施，开展海洋生态预警监测、灾害预防、风险评估和隐患排查治理等；建设和管理国家全球海洋立体观测网，组织开展海洋科学调查与勘测等。而国际合作司（海洋权益司）负责拟订自然资源领域国际合作战略、计划并组织实施；具体负责外事管理工作，开展相关海洋权益维护工作，参与资源勘探开发争议、岛屿争端、海域划界等谈判与磋商；指导极地、公海和国际海底相关事务。

---

① 《自然资源部职能配置、内设机构和人员编制规定》第2条。

自然资源部的海洋管理职责包括用途管制、空间规划、生态修复、监督实施海洋战略规划和发展海洋经济、海洋开发利用和保护的监督管理工作等，具体包括如下方面。①履行全民所有海洋自然资产所有者职责和海洋空间用途管制职责。拟订深海等法律法规草案，制定部门规章并监督检查执行情况①。②负责监督实施海洋战略规划和发展海洋经济。研究提出海洋强国建设重大战略建议，组织制定海洋发展、深海、极地等战略并监督实施，会同有关部门拟订海洋经济发展、海岸带综合保护利用等规划和政策并监督实施，负责海洋经济运行监测评估工作②。③负责海域使用和海岛保护利用管理。制定海域海岛保护利用规划并监督实施；负责无居民海岛、海域、海底地形地名管理工作，制定领海基点等特殊用途海岛保护管理办法并监督实施；负责海洋观测预报、预警监测和减灾工作，参与重大海洋灾害应急的处置③。④牵头组织编制海洋空间生态修复规划和实施有关生态修复重大工程，具体负责海洋空间综合整治，海洋生态、海域海岸线和海岛修复等工作④。⑤组织开展海洋资源领域的对外交流合作，组织履行有关国际公约、条约和协定，配合开展维护国家海洋权益工作，参与相关谈判与磋商；负责极地、公海和国际海底相关事务⑤。

机构改革之后，人民武装警察部队即海警机构统一履行海上维权执法职责，在我国管辖海域及其上空开展海上维权执法活动，具体开展海上安全保卫、维护海上治安秩序等事项。海警机构的海上执法权限来自《全国人民代表大会常务委员会关于中国海警局行使海上维权执法职权的决定》《海警法》《刑事诉讼法》（2018年修正）等的明确赋予，我国海警队伍的权限、地位与执法范围在此轮机构改革中得到大幅增长，成为海上执法中最为核心的主体，而且这种趋势正在向地方纵深推进，这是海洋管理集

①《自然资源部职能配置、内设机构和人员编制规定》第3条第1款。
②《自然资源部职能配置、内设机构和人员编制规定》第3条第12款。
③《自然资源部职能配置、内设机构和人员编制规定》第3条第13款。
④《自然资源部职能配置、内设机构和人员编制规定》第3条第7款。
⑤《自然资源部职能配置、内设机构和人员编制规定》第3条第16款。

中的一面。海警机构具体履行在我国管辖海域开展巡航、警戒，值守重要岛礁，管护海上界线，预防、制止、排除危害我国国家主权、安全和海洋权益的行为，并可以实施海上治安管制，查处海上违反治安管理、出入境管理的行为，具体维护海上治安秩序①。我国海警局成为海上维权执法的重要力量，其虽属于军事力量，但纳入行政主体体系，重新组建后的中国海警局执法职权继承了原国家海洋局及其海监、公安边防海警、海关总署、渔政局四部门承担的执法职权②。中国海警机构作为一支有力的海上综合执法力量已经形成，其应在海洋秩序维护、渔业管理、海洋环境保护、海上执法合作等海洋治理重点问题上发挥更多、更重要的作用，有效维护国家主权、安全和海洋权益③。

中国的海洋管理体制大致沿着由"管理职能相对集中，执法职能相对分散"向"管理职能相对分散，执法职能相对集中"这一脉络演进，集中与分散两种模式以不同形式交替呈现④。此次机构改革调整了海洋资源、海洋环境主管机构的设置与海上维权执法权限的配置，优化了中国的海洋管理体制。但我国海洋管理体制仍存在诸多问题，在部门职能划分上，部分涉海机构的职能重叠现象依旧存在，而中国海警局作为军事主体，如何合法、高效地行使行政职权等仍有待进一步研究。海洋管理职能的交叉重叠主要体现为以下四点：一是生态环境部门与自然资源部门在围填海管控、海洋生态修复工程上的职能划分，二是生态环境部门与林业和草原部门在海洋自然保护地管理上的职能划分，三是生态环境部门与渔政部门、海事部门在渔业污染、船舶污染上的职能划分，四是生态环境、自然资源

---

① 《海警法》第 12 条。

② 杨丽美、郝洁：《〈中华人民共和国海警法〉视野下中国海警局法律制度释评》，《中国海商法研究》2021 年第 4 期，第 71~79 页。

③ 李卫海：《论中国海警的组织目标及其建设路径》，《中国海商法研究》2023 年第 1 期，第 69~76 页。

④ 王琪、崔野：《面向全球海洋治理的中国海洋管理：挑战与优化》，《中国行政管理》2020 年第 9 期，第 8 页。

等涉海行政部门与海警队伍在海洋环境执法上的职能划分①。可以说，中国海洋管理体制仍处于不断优化调整阶段，海洋事务的复杂性、广泛性和发展性决定了国家需要适时调整海洋管理体制，以适应海洋治理的现实需要。

第三节　中国参与国际海洋法治的实践

全球海洋治理需要国际社会的共同努力。中国作为发展中的海洋大国，积极参与国际海洋法治实践，以海洋命运共同体理念推动各国海洋领域的合作与交流，促进国际海洋秩序的变革与发展。

一　大陆架界限委员会

大陆架界限委员会（以下简称"委员会"）是根据《联合国海洋法公约》设立的条约机构，委员会的主要职责是审议沿海国提交的 200 海里以外大陆架外部界限的数据资料并提出建议，沿海国在这些建议基础上划定的大陆架外部界限具有确定性和拘束力②。中国作为《联合国海洋法公约》的缔约国，及时提交外大陆架外部界限的初步信息和部分划界案；同时，针对其他国家侵占中国海域的不合法划界案以及其他国家提出的侵犯全人类共同利益的划界案作出反对声明。

（一）提交外大陆架外部界限的初步信息和部分划界案

沿海国的大陆架包括其领海以外依其陆地领土的全部自然延伸，扩展到大陆边外缘的海底区域的海床和底土，如果从测算领海宽度的基线起到大陆边的外缘的距离不到 200 海里，则扩展到 200 海里的距离；若沿海国能够向委员会证明其海底陆块向大陆边外缘的自然延伸超过 200 海里的距

---

① 崔野：《新时代推进海洋环境治理的难点与应对》，《海洋环境科学》2021 年第 2 期，第 260 页。

② 《联合国海洋法公约》第 76 条第 8 款。

离标准，则有义务向委员会提交关于大陆架外部界限的资料①。我国于1996 年 5 月 15 日批准加入《联合国海洋法公约》，并于 1998 年颁行《中华人民共和国专属经济区和大陆架法》，明确对附属我国陆地领土的大陆架享有主权权利和管辖权，与周边相邻或相向国家关于大陆架主张重叠的，在国际法的基础上按照公平原则以协议划定界线。根据《联合国海洋法公约》第 76 条第 8 款、《联合国海洋法公约》附件二第 4 条、《大陆架界限委员会议事规则》附件一第 3 条等规定，2009 年 5 月中国政府向联合国秘书长提交了《中华人民共和国关于确定二百海里以外大陆架外部界限的初步信息》，满足了《联合国海洋法公约》附件二第 4 条和 SPLOS/72号文件（a）段关于外大陆架外部界限信息提交的时间要求。我国采用"坡脚+60 海里"公式，通过一系列科学数据和资料，充分、详细地证明了我国东海 200 海里以外大陆架外部界限位于冲绳海槽轴部，没有超过从测算领海宽度的基线量起 350 海里②。该文件表明，中国在东海的大陆架自然延伸超过 200 海里，而且依据从大陆坡脚起 60 海里确定的外部界限点没有超过从测算领海宽度的基线起 350 海里。

2012 年 12 月 14 日，中国政府向联合国秘书处提交了"中国东海部分海域 200 海里以外大陆架外部界限划界案"。该划界案指出，地貌与地质特征表明东海大陆架是中国陆地领土的自然延伸，冲绳海槽是具有显著隔断特点的重要地理单元，是中国东海大陆架延伸的终止，我国东海大陆架宽度从测算领海宽度的基线量起超过 200 海里③。我国在东海冲绳海槽内选择了 10 个最大水深点，以直线连线作为中国东海部分海域 200 海里以外大陆架的外部界限，这些定点既没有超过限制线，也没有超过公式线，完全符合《联合国海洋法公约》第 76 条的规定④。这 10 个定点全部位于冲绳海槽内，符合中国关于东海大陆架向东延伸到冲绳海槽的一贯主

---

① 《联合国海洋法公约》第 76 条第 1 款和《大陆架界限委员会科学会技术准则》第 2 条。
② 《中华人民共和国关于确定二百海里以外大陆架外部界限的初步信息》，第 3~4 页。
③ 《中华人民共和国东海部分海域二百海里以外大陆架外部界限划界案执行摘要》，第 1 页。
④ 《中华人民共和国东海部分海域二百海里以外大陆架外部界限划界案执行摘要》，第 6 页。

张，从科学角度进一步强化了东海大陆架自然延伸的事实。2013年8月15日，中国政府代表团就中国东海部分海域200海里以外大陆架外部界限划界案向委员会作了陈述，重申中国东海大陆架向东延伸至冲绳海槽的一贯主张。

（二）对周边国家划界案作出立场声明

根据《大陆架界限委员会议事规则》，如果相向或相邻国家存在大陆架划界争端，或其他未解决的陆地或海洋争端，提出划界案的沿海国应当将这些争端告知委员会，并尽可能向委员会保证，划界案不会妨害国家间划定的事项①。国际社会成员可以通过外交途径对相邻或相向国家提交的外大陆架划界表明立场，对侵犯或可能侵犯本国合法海洋权利的行为表示反对。2009年5月6日，马来西亚和越南向委员会提交200海里以外大陆架划界案，5月7日越南单独向委员会提交涉及南海部分海域的200海里以外大陆架划界案，对此中国常驻联合国代表团于7日分别向联合国秘书长提交了关于马来西亚和越南联合大陆架划界案声明（CML/17/2009）和关于越南大陆架划界案声明（CML/18/2009）。反对声明指出，中国对南海诸岛及其附近海域拥有无可争辩的主权，对相关海域及其海床和底土享有主权权利和管辖权。上述划界案严重侵害了中国在南海的主权、主权权利和管辖权，中国政府要求委员会对上述划界案不予审理②。越南与马来西亚联合提交和越南单独提交的划界案，所涉区域位于中国南海断续线以内海域，侵犯了中国的海洋权益，我国政府以外交照会的形式向委员会表达了中国立场。

马来西亚2019年12月12日向委员会提交涉南海200海里以外大陆架

---

① 《大陆架界限委员会议事规则》附件一"在存在海岸相向或相邻国家间的争端或其他未解决的陆地或海洋争端的情况下提出划界案"。

② 《中国对马来西亚和越南联合提交外大陆架申请之声明》，联合国网站，https://www.un.org/depts/los/clcs_new/submissions_files/mysvnm33_09/chn_2009re_mys_vnm.pdf，最后访问日期：2023年11月11日；《中国对越南提交外大陆架申请之声明》，联合国网站，https://www.un.org/depts/los/clcs_new/submissions_files/vnm37_09/chn_2009re_vnm_c.pdf，最后访问日期：2023年11月11日。

案，中国政府再次以外交照会的形式重申中国对南海诸岛包括东沙群岛、西沙群岛、中沙群岛和南沙诸岛享有主权，中国在南海拥有的历史性权利。日本在 2008 年 11 月 12 日向委员会提交了包括以"冲之鸟礁"为基点的 200 海里外大陆架划界案①，应当指出"冲之鸟礁"是孤立于太平洋中的两块总面积不足 10 平方米大小的岩礁，日本将其作为等同于大陆的领土，主张专属经济区、大陆架乃至 200 海里外大陆架是违反国际法的。中国政府于 2009 年 2 月 6 日向联合国秘书长提交了立场声明（CML/2/2009），指出"冲之鸟礁"是不能维持人类居住或其本身经济生活的岩礁，不应有大陆架和外大陆架，委员会无权审议以"冲之鸟礁"为基点的外大陆架相关资料②。"冲之鸟礁"既无法满足维持人类居住的基本条件，同时也无法维持其自身经济生活，属于《联合国海洋法公约》第 121 条第 3 款规定的岩礁，无法拥有专属经济区和大陆架以及外大陆架。以"冲之鸟礁"为基点主张外大陆架，既不符合国际法规定，同时侵犯了作为人类共同继承财产的国际海底区域。同样，在日本提出划界案后，韩国就其涉及"冲之鸟礁"的问题提出评论照会，指出"冲之鸟礁"不具备拥有任何范围大陆架的权利基础，建议委员会不对日本划界案涉及"冲之鸟礁"的部分采取任何行动③。2012 年 6 月 3 日，委员会公布了对日本划界案"建议"摘要，委员会认为，在中国、韩国、帕劳和美国等国家的照会中所提及的问题得到解决之前，无法就建议草案中关于南九州帕劳洋脊区块的内容采取行动④。在国际海底管理局第 14 届会议、《联合国海洋法公

---

① Japan's Submission to the Commission on the Limits of the Continental Shelf pursuant to Article 76, paragraph 8 of the United Nations Convention on the Law of the Sea EXECUTIVE SUMMARY, https：//www. un. org/Depts/los/clcs_new/submissions_files/jpn08/jpn_execsummary. pdf, 最后访问日期：2022 年 7 月 20 日。

② 中国常驻联合国代表团就日本划界案向联合国秘书长提交的普通照会，联合国网站，https：//www. un. org/Depts/los/clcs_new/submissions_files/jpn08/chn_6feb09_c. pdf，最后访问日期：2022 年 7 月 20 日。

③ 2009 年 2 月 27 日，韩国政府提出评论照会（MUN/04//09），联合国网站，https：//www. un. org/Depts/los/clcs_new/submissions_files/jpn08/kor_27feb09. pdf，最后访问日期：2022 年 7 月 20 日。

④ 《大陆架界限委员会工作的进展，主席的说明》（CLCS/74），第 4~5 页。

约》缔约国大会第 19 次会议等场合，来自国际组织、观察员和一些国家的专家学者热烈讨论，指出日本利用"冲之鸟礁"主张专属经济区和大陆架不具合法性①。沿海国 200 海里外大陆架外部界限的划定需要建立在科学数据基础上，委员会的目的在于审查沿海国划定的 200 海里外大陆架界限是否符合《联合国海洋法公约》的规定，而且大陆架外部界限的确定与相邻或相向国家的权利主张、"区域"全人类共同利益发生冲突，因此需要委员会根据《联合国海洋法公约》《大陆架界限委员会科学和技术准则》等文件进行审查。

二 国际海底管理局

国际海底管理局（以下简称"管理局"）是依据《联合国海洋法公约》第 11 部分以及 1994 年《关于执行〈联合国海洋法公约〉第十一部分的协定》所成立的政府间国际组织，具体负责管理国际海底区域（以下简称"区域"）及其资源的开发和管理。"区域"及其资源是人类共同继承财产，管理局按照《联合国海洋法公约》及管理局有关的规则、规章等安排、管理"区域"内的活动②。我国历来注重加强与管理局的合作，遵照有关规则进行"区域"矿产资源开发合作，推动区域内矿产资源开发规章的完善。

（一）参与"区域"内矿产资源的开发

"区域"蕴藏大量矿产资源和生物资源，是各国未来发展的战略空间和资源来源，逐渐成为世界各国竞逐的重要领域。作为工业产值位居世界第一的全球工业强国，我国对"区域"矿产资源开发有巨大需求③。中国大洋矿产资源研究开发协会（以下简称"大洋协会"）作为支撑我国自

---

① Seabed Authority Organizes Briefing for Members and Observers Attending its Fifteenth Session （Council SB/15/10），https://ran-s3.s3.amazonaws.com/isa.org.jm/s3fs-public/files/documents/sb-15-10.pdf，最后访问日期：2022 年 7 月 20 日。
② 《联合国海洋法公约》第 137 条和第 153 条。
③ 杨震、刘丹：《中国国际海底区域开发的现状、特征与未来战略构想》，《东北亚论坛》2019 年第 3 期，第 114~128 页。

然资源部履行公海和国际海底管理职能的机构，在中国政府的担保下，与管理局签订了多个金属结核勘探合同，是"区域"内资源开发的重要承包者。

大洋协会积极参与国际海底资源研究与开发活动，为我国经济发展注入新的矿产资源来源，为我国开发利用国际海底资源作出重要贡献。1991年，大洋协会在管理局和国际海洋法法庭筹备委员会登记注册为国际海底开发先驱者，在"区域"分配到 15 万平方千米的开辟区。1997 年管理局批准了大洋协会在其多金属结核矿区 15 年的勘探工作计划，并于 2001 年签订了勘探合同，标志着中国大洋协会正式从国际海底开发活动的先驱投资者成为国际海底资源勘探的承包者，获得 7.5 万平方千米多金属结核合同开发区。其于 2011 年 11 月、2014 年 4 月与管理局签订西南印度洋 1 万平方千米的多金属硫化物矿区和东北太平洋 3000 平方千米的富钴结壳矿区的勘探合同，使中国成为世界上第一个在"区域"拥有"三种资源、三块矿区"的国家①。除大洋协会外，中国五矿集团有限公司、北京先驱高技术开发公司先后在"区域"再获两块多金属结核勘探矿区。我国矿区数量达到 5 个，矿区面积达 23.5 万平方千米，是世界上在国际海底区域拥有矿区数量最多、矿种最全的国家②。除矿产资源开发外，我国也重视深海生物基因的研究工作，建立国家微生物资源库，加快"区域"生物基因资源采集、测定工作。但我国对深海生物资源的研究仍处于起步阶段。

中国作为管理局理事会成员，为国际海底区域治理体系建设、资源开发与可持续利用、环境保护等方面作出重要贡献。2020 年 11 月 9 日与管理局联合设立中国—国际海底管理局联合培训与研究中心，主要面向发展中国家、欠发达国家和小岛屿国家的学员，为其提供深海科学、技术、政策方面的业务培训，开展深海环境与深海生态、深海采矿与深海技术等领

① 中国大洋矿产资源研究开发协会，http://www.comra.org/2013-09/23/content_6322477.htm，最后访问日期：2022 年 9 月 26 日。

② 刘峰等：《中国深海大洋事业跨越发展三十年》，《中国有色金属学报》2021 年第 10 期，第 2613～2623 页。

域的合作①。同年 11 月 11 日中国常驻管理局代表、驻牙买加大使田琦与管理局秘书长迈克·洛奇签署《中华人民共和国政府与国际海底管理局关于共同推进丝绸之路经济带和 21 世纪海上丝绸之路建设的谅解备忘录》。秘书长表示，共建"一带一路"倡议顺应时代潮流，管理局愿与中国高质量共建"一带一路"，深化在深海矿产资源勘探开发、海洋环境保护和提升发展中国家能力建设等领域合作，推动国际海底事务取得更大发展②。我国对"区域"资源开发活动的总体定位是一个开放的发展中大国。这一定位决定了我国在"区域"各项活动中必须坚持有所作为，担负起大国责任，做多边合作机制的维护者和促进者。

（二）推动"区域"内矿产资源开发规章的制定

"区域"及其资源是人类共同继承财产，但如何实现为全人类共同利益进行资源开发需要国际规则加以保障。当前"区域"矿产资源开发的国际规则正在加速制定中，管理局已发布四版《"区域"内矿产资源开发规章（草案）》，要求利益相关方提供意见，以规范"区域"内的开发活动。中国自成为管理局理事会成员国后，始终秉持"区域"及其资源是人类财产属性的理念，"区域"资源的开发和利用应由各国共同商量解决，共同制定"区域"内的矿产资源开发制度。在国际社会的共同努力下，以管理局为核心的多边区域治理体系在落实"人类共同继承财产原则"、促进人类对"区域"资源的开发利用、增进人类对"区域"环境的认知和保护，以及加强发展中国家海洋能力建设等方面取得了诸多成绩。

中国是国际海底各类管理事务的积极参与者和贡献者，在参与"区域"治理和国际规则制定方面继续发挥重要作用，我国政府继续就开发规章制定提交书面意见，促进"区域"内矿产资源开发制度更加合理。2017

---

① 《中国—国际海底管理局联合培训和研究中心启动》，中国政府网，https：//www. gov. cn/xinwen/2020-11/09/content_5560068. htm，最后访问日期：2023 年 11 月 15 日。

② 《中国政府与国际海底管理局签署共建"一带一路"谅解备忘录》，中华人民共和国常驻国际海底管理局代表处网站，http：//isa. china-mission. gov. cn/xwdt/202011/t20201112_8200983. htm，最后访问日期：2023 年 11 月 12 日。

年管理局审议并公布了《"区域"内矿产资源开发规章（草案）》。相较于此前发布的三个勘探规章，该草案明确了"区域"内海洋环境的基本原则，发展了环境影响评价和监测制度，进一步明确承包者在开发活动中的海洋环境保护义务和担保国应承担的担保责任，但该草案仍存在有关环境保护标准模糊、预防措施和环境影响评价启动门槛较低、监管机制稍显严苛等问题①。2019 年我国政府发表关于《"区域"内矿产资源开发规章（草案）》的评论意见。该意见是在我国政府 2017 年 12 月 20 日和 2018 年9 月 28 日所提意见基础上形成的，明确肯定开发规章是规范"区域"内活动的法律文件，对落实人类共同继承财产原则至关重要，而且该规章应当忠实于《联合国海洋法公约》和《关于执行 1982 年 12 月 10 日〈联合国海洋法公约〉第十一部分的协定》的规定和精神，公平对待管理局和承包者，确保双方权利和义务的平衡。

针对该草案中的相关规定，我国政府提出如下建议：①关于企业部分，需要澄清"健全的商业原则"的含义和标准，尽快制定成立联合企业的标准和程序，并对联合企业安排的股份作出规定；②关于缴费机制，该草案在落实《联合国海洋法公约》和执行协定有关缴费机制的规定和要求方面尚有差距，需要进一步落实缴费机制的公平性问题、与陆上采矿的可比性问题以及缴费模式的多样性问题等；③关于检查机制，建议管理局各机构及检查员行使检查权和职能时要严格按照《联合国海洋法公约》的规定，同时，检查机制应当制定配套的规则和程序，注重检查机制的经济性和效率，以符合深海资源开发本身的复杂性和独特性；④关于独立专家，因为深海活动的复杂性，管理局相关机构根据自身履职需要，斟酌决定"邀请"独立专家就特定事项提供咨询确有必要，但独立专家参与相关工作应符合《联合国海洋法公约》的规定，且独立专家的遴选和任命应当坚持包容和透明，明确独立专家的意见应不具有任何法律效力，也不应妨碍

---

① 王超：《国际海底区域资源开发与海洋环境保护制度的新发展——〈"区域"内矿产资源开发规章草案〉评析》，《外交评论》（外交学院学报）2018 年第 4 期，第 81~105 页。

或取代管理局相关机构作出决定。我国政府除对上述规章草案的重点问题发表意见外，还针对草案的特定条款提出具体修改建议。例如，针对草案第 2 条规定的深海开发基本原则，建议在现有基础上再增加确保勘探和开发"区域"内资源与保护和保全海洋环境的合理平衡和确保"区域"内活动和其他海洋活动相互顾及原则；第 5 条的"主管机构"指示不清，如主管机构为管理局，则会出现其向自身提交申请书情形，显失合理，建议明确"主管机构"或将其删去，由企业部直接提交申请等①。"区域"内的开发活动需要国际规则进行规范，以保障实现"区域"及其资源为全人类所共享，我国政府积极推动《"区域"内矿产资源开发规章（草案）》的完善，以实现全人类的利益和担保国及其承包者利益、矿产资源开发和海洋环境保护的平衡。

三 国际海洋法法庭

国际海洋法法庭是依据《联合国海洋法公约》设立的独立司法机构，目的在于裁决因解释或适用《联合国海洋法公约》产生的争端，法庭的管辖范围包括按照《联合国海洋法公约》规定提交给它的所有争端和授予法庭管辖权的任何其他协定中明确规定的事项。同时，除非争端各方另有约定，根据《联合国海洋法公约》迅速释放船只和船员有关的案件，以及根据《联合国海洋法公约》第 290 条第 5 款在仲裁庭组成以前采取临时措施有关的案件，法庭具有强制性的管辖权。法庭法官由 21 名享有公平和正直声誉、在海洋法领域有公认资格的人士担任，先后在法庭任职的中国籍法官有赵理海（任期 1996~2000 年）、许光建（任期 2001~2007 年）和高之国（任期 2008~2020 年）。2020 年 8 月 24 日，我国段洁龙当选国际海洋法法庭法官。

---

① 《中华人民共和国政府关于〈"区域"内矿产资源开发规章草案〉的评论意见》，https://www.isa.org.jm/wp-content/uploads/2023/08/Comments_of_China_Chinese.pdf，最后访问日期：2023 年 11 月 15 日。

（一）国际海洋法法庭的司法实践

自国际海洋法法庭 1997 年受理 M/V"塞加"号（圣文森特和格林纳丁斯诉几内亚）迅速释放案开始，现已有 32 起案件提交到法庭，对《联合国海洋法公约》项下的争端解决和海洋法的发展作出重要贡献。例如，在新加坡在柔佛海峡及其周围填海造地案（马来西亚诉新加坡）中，国际海洋法法庭通过临时措施促进双方采取和平的建设性方案开展合作，要求双方成立一个独立专家组来评估新加坡填海造地的后果，并提出应对任何不利影响的措施，促使双方在此基础上达成协议，结束关于案情的实质性诉讼①。在其他一些案件裁决中，国际海洋法法庭阐释了一些《联合国海洋法公约》未作明确特别说明的领域，包括"以船舶为整体""真正联系""求偿的国籍"等，进一步明确船旗国的义务等。在海洋划界案中，国际海洋法法庭针对沿海国享有 200 海里以外大陆架权利和自然延伸概念作了新发展②。国际海洋法法庭设立的初衷在于和平解决成员国关于解释或适用《联合国海洋法公约》而产生的争端，以和平方式解决当事国之间的矛盾或冲突，维持国际海洋秩序的稳定和平。

咨询管辖权作为诉讼管辖权的补充，目的在于对《联合国海洋法公约》及与《联合国海洋法公约》目的有关的国际协定的解释和适用等相关问题发表指导性的意见，促进国际法律制度的发展③。需要指出的是，我国对国际海洋法法庭补充咨询管辖权持反对和保留意见。目前，国际海洋法法庭已就赞助个人和实体的国家对"区域"内活动的责任和义务、次区域渔业委员会提交的咨询意见请求发表咨询意见。前者明确了担保国的义

① Case concerning Land Reclamation by Singapore in and around the Straits of Johor（Malaysia v. Singapore），Provisional Measures https：//itlos. org/en/main/cases/list-of-cases/case-no-12/，最后访问日期：2023 年 11 月 17 日。

② 《庆祝国际海洋法法庭成立二十五周年》，联合国网站，https：//www. un. org/zh/154794，最后访问日期：2023 年 11 月 17 日。

③ 刘雪飞：《国际海洋法法庭与国际法院的咨询管辖比较》，《中国海洋大学学报》（社会科学版）2006 年第 4 期，第 87~88 页。

务以及担保国需要承担赔偿责任的情况等①，后者则阐明船旗国与沿海国关于渔业资源养护的权利义务和责任问题，解释了国际组织与其成员国关于非法、未报告和无管制的捕捞的连带责任等②。上述两个咨询意见都以阐明特定法律问题的方式强调了海洋环境保护的重要性，不管"区域"矿产资源开发活动过程，还是开展渔业资源捕捞过程，都需要注重海洋生态环境保护。

（二）国际海洋法法庭涉气候变化咨询意见案

申请国际海洋法法庭就气候变化的国家义务发表咨询意见已成为现实。小岛屿国家气候变化与国际法委员会于2022年12月12日要求国际海洋法法庭就缔约国根据《联合国海洋法公约》在防止、减少和控制气候变化对海洋的污染及在气候变化影响下保护和保全海洋环境的特定义务发表咨询意见。国际海洋法法庭已将该案列为31号案，并要求缔约国家和有关国际组织提交书面意见③。根据国际海洋法法庭咨询程序，任何一个咨询意见的请求都会通知所有缔约国，并且缔约国有权对请求咨询问题作出书面陈述，表达观点、见解和主张；我国应当重视国际海洋法法庭咨询管辖权，通过书面陈述等途径表达中国对重大海洋问题的立场和态度④。

2023年6月15日，中国政府向国际海洋法法庭提交书面意见，认为

① Responsibilities and Obligations of States Sponsoring Persons and Entities with Respect to Activities in the Area（Request for Advisory Opinion Submitted to the Seabed Disputes Chamber），itlos. org/en/main/cases/list-of-cases/case-no-17/，最后访问日期：2023年11月20日。

② Request for an Advisory Opinion Submitted by the Sub-Regional Fisheries Commission（SRFC）（Request for Advisory Opinion Submitted to the Tribunal），https：//itlos. org/en/main/cases/list-of-cases/case-no-21/，最后访问日期：2023年11月20日。

③ Request for an Advisory Opinion Submitted by the Commission of Small Island States on Climate Change and International Law（Request for Advisory Opinion Submitted to the Tribunal），https：//itlos. org/en/main/cases/list-of-cases/request-for-an-advisory-opinion-submitted-by-the-commission-of-small-island-states-on-climate-change-and-international-law-request-for-advisory-opinion-submitted-to-the-tribunal/，最后访问日期：2023年12月20日。

④ 张丽娜、王崇敏：《国际海洋法法庭咨询管辖权及其对中国的启示》，《学习与探索》2013年第12期，第82~86页。

该咨询意见涉及国际海洋法法庭整个法庭是否具有咨询管辖权以及气候变化与海洋的关系问题。该意见第一部分阐明，法庭全庭不具有咨询管辖权，第二部分介绍中国政府应对气候变化的政策、立场和主张，以及加强气候与海洋治理协同的相关措施等①。2023 年 9 月 15 日，我国外交部条约法律司司长马新民代表中国政府在国际海洋法法庭涉气候变化咨询意见案口头程序中作出陈述，阐明中国关于管辖权、国际气候变化以及国际海洋法问题的立场和主张，是我国政府首次参与国际海洋法法庭口头程序。口头陈述主要内容包括三部分。①重申我国在书面意见中的立场，反对法庭全庭具有咨询管辖权。指出法庭权力源于国家同意，体现为组织文件授权，《联合国海洋法公约》未赋予法庭全庭咨询管辖权。强调《联合国海洋法公约》第 288 条和《国际海洋法法庭规约》第 21 条均没有为法庭全庭咨询管辖权提供依据；《联合国海洋法公约》第 159 条、第 191 条和《国际海洋法法庭规约》第 40 条仅涉及法庭海底争端分庭咨询管辖权，与全庭咨询管辖权无关等。②把人为温室气体排放对海洋环境的有害影响定性为首先是气候变化法问题，其次是国际海洋法问题。国际气候变化法在处理气候变化及其对海洋的不利影响问题上处于基础和首要地位，而国际社会应当充分尊重气候变化法的原则、规则及立法精神，《联合国海洋法公约》在保护保全海洋环境免受气候变化不利影响方面发挥辅助作用。《联合国海洋法公约》的解释和适用应与《联合国气候变化框架公约》体系保持一致，人为温室气体排放对海洋的影响自成一类，不应将其定性为"海洋环境污染"，而且气候变化问题所具有的特殊性决定了其不能适用《联合国海洋法公约》有关国家责任制度等。③重点阐述了中国作为负责任发展中大国，在习近平生态文明思想指引下，为全球气候治理所作重要

---

① Written Statement of the People's Republic of China (Case No. 31 Request for an Advisory Opinion Submitted by the Commission of Small Island States on Climate Change and International Law) https://itlos.org/fileadmin/itlos/documents/cases/31/written_statements/1/C31-WS-1-8-China__transmission_ltr._.pdf，最后访问日期：2023 年 12 月 20 日。

贡献[①]。该咨询意见案是国际司法机构首次处理气候变化案件，涉及全球气候变化、《联合国海洋法公约》框架下海洋环境保护规则的解释和适用问题等，能够对现有全球海洋治理和秩序产生重要影响。我国政府积极参与此次涉气候变化咨询案件过程，推动全球海洋治理朝着公平公正的方向发展。

第四节　海洋法治政策与管理展望

我国海洋法治政策与管理处于不断优化调整过程中。作为发展中的海洋大国，我国对内一直完善海洋政策与管理体制，推动涉海法律法规制定修订工作，进一步优化涉海机构职权配置，增强自身海洋法治建设能力。同时，积极统筹国内法治与涉外法治，参与重大海洋议题的讨论与解决，提高全方位参与全球海洋治理能力。

一　完善国内海洋政策与管理体制

海洋法治的发展需要国家政策与国内法律制度的协调配合，国家政策方针引导国家法律的完善，制度规则进一步保障海洋政策的落实。要推动中国海洋法治事业发展，海洋法律体系可从如下三个层面予以完善。一是适时修订部分涉海法律法规，逐步消减各部门法条款存在的矛盾或冲突，适应新时代海洋事业发展需要。一方面，要结合国务院政府机构改革后的机构设置、职能配置及权责关系，及时修订《海洋环境保护法》《渔业法》《海域使用管理法》等相关法律。《海洋环境保护法》已于2023年10月23日修订通过，于2024年1月1日正式实施，进一步明确了国务院生态环境主管部门、自然资源主管部门、交通运输主管部门、渔业主管部门、海警机构等在海洋生态环境保护方面的职权。另一方面，要重点解决部分法律条款矛盾和冲突的问题，强化海洋环境保护与《环境保护法》

---

① 《中国首次参与国际海洋法法庭口头程序》，《法治日报》2023年10月16日。

《水污染防治法》等法律的衔接，处理好《海洋环境保护法》与《海域使用管理法》的矛盾或模糊规定，避免在海洋生态环境损害赔偿案件中出现法律不明确问题①。二是推动"海洋基本法"立法，有序搭建海洋法律体系的总体框架，形成覆盖近海、远海、深海、极地等多层次的法律法规。构建新时代中国特色海洋法律体系是我国海洋法治不断完善的结果，是在海洋领域全面贯彻依法治国的制度要求，通过对海洋特定领域法律的查漏补缺，实现以法律方式服务国家改革发展的政策目标②。三是兼顾国际国内两个大局，推进国内海洋法治和涉外海洋法治协调发展，强化我国涉外海洋法律的制定或修订工作。例如，落实《国家管辖外海域生物多样性养护与可持续利用国际协定》，积极参与国际海底区域采矿规章、全球海洋塑料垃圾管控公约等新兴国际海洋立法进程，将新兴国际海洋立法转化为国内海洋法规③。

海洋法治的建设成就体现为涉海法律体系的完备程度和实施效果，我国关于海洋基本问题的制度性规范仍处于不断发展过程中。例如，《深海海底区域资源勘探开发法》《海警法》等专门立法填补了我国特定海洋领域的法律空白，《海洋环境保护法》《港口法》等法律的修订带有明显的问题导向，统筹推进国内涉海法律制度完善成为我国海洋法治建设的重要内容。我国海洋管理体制历经数次机构调整和职权优化，已经建立跨部门的海洋议事和协调机制，海洋资源管理、海洋生态保护、海上维权执法等海洋事务成为海洋法治建设的重要内容，主管部门职权厘定、协调机制构建和地方基层改革将会成为我国海洋管理机制革新的重要内容。当前我国海警机构海上维权执法职权仍与生态环境主管部门、渔政部门、海事部门

---

① 梅宏、殷悦：《涉海环境司法的难题与应对》，《贵州大学学报》（社会科学版）2019 年第 3 期，第 79~89 页。

② 初北平、郭文娟：《构建新时代中国特色海洋法律体系：任务、现状和路径》，《太平洋学报》2023 年第 1 期，第 14~24 页。

③ 王琪、崔野：《面向全球海洋治理的中国海洋管理：挑战与优化》，《中国行政管理》2020 年第 9 期，第 10~11 页。

存在交叉重叠部分，但要明确海警机构的执法行为应聚焦外国组织和个人侵犯我国海洋权益的行为，如外国非法占据我国海洋岛礁行为、外国非法情报侦查行为和相关挑衅行为等，推动我国海洋维权从政策依据向法律依据转型①。

海洋科技创新为海洋强国建设提供战略支撑。我国海洋政策的制定需要向海洋科技领域倾斜，推进我国参与"区域"矿产资源开发、海洋生物基因序列认定等。大航海时代以来西方海洋强国的历史经验表明，海洋科技的发展是建设海洋强国的先决条件，新兴海洋科学技术能够改变人类征服和利用海洋的方式，影响海洋强国的延续与更迭②。我国海洋法治事业要发展海洋高新技术产业，突破制约海洋开发利用、海洋生态保护的技术壁垒，在海洋基础研究、应用研究和高精尖等领域加强政策扶持，通过制度规则形成海洋知识产权、海洋人才培养机制，并加强与国际社会在海洋科技领域的交流合作。持续优化海洋空间利用，通过财税政策、投资政策、产业政策、海域政策和环境政策协调海洋资源开发管理，以政策推动形成适于海洋主体功能区发展的利益导向机制。通过国家财政扶持，加大对海域海岛的环境整治、保护和管控力度，明确在专属经济区和大陆架开采油气的企业可按国家规定享受税收优惠政策。加强海洋监测、预警等基础设施建设，加大海洋科研投入，扶持海洋重点实验室建设，逐步提高国家海洋开发和治理能力。严格控制高耗能、高污染项目，合理布局海洋产业经济发展，重点培育海洋主题公园、海岛旅游等新业态项目，推动海洋经济向绿色、环保、可持续发展方向转变。

二 全方位参与全球海洋治理

新中国成立 70 多年来的涉海法治表明，海洋法治并不是陆上法治向

---

① 陈惠珍、白续辉：《涉外海上维权执法的理论探析：内涵、特征与趋势》，《政法学刊》2023 年第 5 期，第 105~113 页。

② 朱锋：《海洋强国的历史镜鉴及中国的现实选择》，《人民论坛·学术前沿》2022 年第 17 期，第 29~41 页。

海洋的简单延伸，涉海法治具有基于海洋属性的独特规律。我国应当积极提出新时期海洋秩序的重要议题、敢于创新海洋实践、重视海洋秩序规则的发展，为人类命运共同体理念的传播和发展提供鲜明的实践与经验①。新时期中国要积极参与全球海洋治理，跟踪国际司法机构关于外大陆架外部界限划定的裁决，在涉气候变化咨询意见案问题上表明中国观点和立场，以蓝色伙伴关系构建推动全球海洋秩序革新。

其一，跟踪大陆架界限委员会的工作进展，加强战略布局。外大陆架外部界限的划定是当前海洋法领域的重要问题，日益成为主权国家角逐海洋权益的场域。目前，大陆架界限委员会共收到 92 份大陆架划界案材料及 49 份外大陆架初步信息，这些划界案主张的外大陆架总面积约合 2600 万平方千米②。大陆架界限委员会审议沿海国提交的关于外大陆架外部界限的科学数据和信息，根据委员会建议划定的外部界限具有确定性和约束力，相邻或相向国家应当尊重沿海国根据委员会建议确定的外部界限。《联合国海洋法公约》和《大陆架界限委员会议事规则》明确规定，委员会的行动不应妨害国家间划定边界的事项，如果已存在陆地或海洋争端，委员会不应审议或认定争端任一当事国提出的划界案，除非得到争端所有当事国同意③。

其二，在外大陆架外部界限划界、涉气候变化咨询意见等问题上加强学术研究与合作，提升中国国际话语权。例如，国内举办的大陆架划界国际高峰论坛，实现了联合国划界相关三大机构及国际著名科学家和法律专家的跨领域对话，围绕国家海洋划界和权益维护的重大科学技术、法律和

① 马得懿：《新中国涉海法治 70 年的发展、特点与应然取向》，《暨南学报》（哲学社会科学版）2019 年第 11 期，第 27~39 页。

② 《大陆架界限委员会》，联合国网站，https：//www.un.org/Depts/los/clcs_new/commission_submissions.htm，数据最后更新于 2022 年 6 月 1 日；https：//www.un.org/Depts/los/clcs_new/commission_preliminary.htm，数据最后更新于 2022 年 3 月 11 日，最后访问日期：2022 年 7 月 24 日。

③ 《联合国海洋法公约》附件二第 9 条和《大陆架界限委员会议事规则》附件一 "在存在海岸相向或相邻国家间的争端或其他未解决的陆地或海洋争端的情况下提出划界案"。

政策问题进行深度研讨，为我国大陆架划界、海洋权益维护、参与国际海洋事务等提供科技和法律支撑①。同时，我国需要实时跟进研究国际司法机构相关大陆架外部界限划定的判例，国际司法机构对《联合国海洋法公约》关于外大陆架问题的解释和适用应当引起我们重视。例如，2023 年国际法院关于尼加拉瓜和哥伦比亚距离尼加拉瓜海岸 200 海里以内大陆架划界问题的判决认为，根据习惯国际法，一国对距离其测量领海宽度的基线 200 海里外大陆架的权利，不得延伸至距另一国测量领海宽度的基线 200 海里以内②。我国要重视相关观点及发展，适时调整我国在划定大陆架外部界限上的主张，维护我国依据《联合国海洋法公约》享有的正当海洋权益。

其三，重视"蓝色伙伴关系"的构建，为全球海洋治理贡献中国智慧。构建"蓝色伙伴关系"是我国参与全球海洋生态治理的重要路径，有利于充分关照各方共同利益，妥善处理和协调各国在海洋权益问题上的利益和政策分歧。"蓝色伙伴关系"要想行稳致远，必须重视与"21 世纪海上丝绸之路"等的适配性和互补性③。"21 世纪海上丝绸之路"是我国在海洋领域开展国际合作的重要契机，中国与一些共建国家有不同形式的友好合作。当前我国与东盟国家、欧盟国家、太平洋岛国等蓝色伙伴关系构建已初见成效。2021 年 11 月，在中国—东盟建立对话关系 30 周年纪念峰会上，中国与东盟通过发表联合声明的形式，再次强调要致力于"蓝色经济伙伴关系"构建④。气候变化国际义务的咨询意见作为小岛屿国家联合提出的重要海洋事项，已经引发国际理论和实务

---

① 《赢得大陆架划界的国际话语权》，《中国海洋报》2016 年 1 月 19 日。

② Question of the Delimitation of the Continental Shelf Between Nicaragua and Colombia Beyond 200 Nautical Miles from the Nicaraguan Coast(Nicaragua V. Colombia)，paragraph 79.

③ 程保志：《全球海洋治理语境下的"蓝色伙伴关系"倡议：理念特色与外交实践》，《边界与海洋研究》2022 年第 4 期，第 26~45 页。

④ 《中国—东盟建立对话关系 30 周年纪念峰会联合声明——面向和平、安全、繁荣和可持续发展的全面战略伙伴关系》，中国政府网，https：//www. gov. cn/xinwen/2021-11/23/content_5652616. htm，最后访问日期：2023 年 12 月 3 日。

界的高度关注，而国际海洋法法庭对涉气候变化问题发表咨询意见的正
当性和可行性仍在探讨中①。我国应当在重大海洋事项上积极开展国际交
流合作，在国际舞台上发表中国看法和见解，共同推动全球海洋治理朝着
法治化、规范化方向发展。

---

① 龚微：《国际海洋法法庭对气候变化国家义务的咨询意见：依据、效力与可能影响》，
《太平洋学报》2023 年第 9 期，第 69~81 页。

第二章　海洋权益的法治发展

自大航海时代以来，海洋成为大国崛起的必经之路。从 15 世纪后期到 17 世纪中期，葡萄牙、西班牙、荷兰、英国等，都是依靠海洋成为称霸一时的大国[1]。到近代，法国、美国甚至日本也是通过走向海洋、建立海权，在世界上立足。21 世纪更是高度利用海洋实现自身发展的时代。习近平总书记宏观把控世界发展大局势，洞察海洋发展规律，指出："纵观世界经济发展的历史，一个明显的轨迹，就是由内陆走向海洋，由海洋走向世界，走向强盛。"[2] 海洋发展对于国家发展的重要性，昭示了维护与发展海洋权益的重要性。国家经济发展大局与对外开放的政策方针需要海洋，维护国家主权、安全、发展利益需要海洋，提升国家政治、经济、军事、科技竞争能力需要海洋。

第一节　海洋权益相关立法

自 20 世纪中后期以来，世界上多数沿海国家通过确立本国海洋权益法律规范，建立海洋权益基本制度。1982 年《联合国海洋法公约》的正式通过，更是开启了全球范围内海洋权益形式的制度化、规范化发展。中国也逐步意识到以立法保障海洋权益的重要性，开始在《联合国海洋法公

---

① 《从海洋大国到海洋强国》，人民网，2015 年 4 月 7 日，http://military.people.com.cn/n/2015/0407/c172467-26804344.html，最后访问日期：2024 年 6 月 20 日。

② 参见习近平《干在实处　走在前列——推进浙江新发展的思考与实践》，中共中央党校出版社，2014。

约》条约精神指导下，逐步完善海洋权益法律规范，实现中国海洋权益立法的规范化、体系化发展。

一 海洋权益内涵

海洋权益的发展演化是一个漫长的过程。由于发展程度、发展状况、参与国际社会的态度以及程度不同，各国对海洋权益这一概念的关注程度以及关注领域都有所差异。21 世纪以来，受益于海洋在国家发展中地位的提高，海洋权益也逐渐受到各国的重视。

海洋权益作为海洋发展语境下的一个重要概念，目前并没有明确统一的定义。关于海洋权益内涵的界定，学界主要存在以下观点。①海洋权益即代表国家主权。海洋权益包括海洋资源开发权、岛屿主权、海域司法管辖权、海洋科学研究权、领海主权、海洋空间利用权、海洋污染管辖权[1]。②海洋权益即为权力利益。人们从事海洋活动对海洋所拥有的权力以及在此基础上所产生的利益统称为海洋权益[2]。③海洋权益即为权利利益。各种法律、条约、协定所界定的国家对海洋所享有的权利与利益的总称为海洋权益[3]。

对于主权国家而言，海洋权益范围广泛，遍及内水、领海、毗连区、专属经济区、大陆架甚至是国际海底区域。内容也十分丰富，涉及岛屿保护、海洋环境保护、渔业资源养护以及海洋维权执法。同时，沿海国利用海洋空间的权利、利用海洋进行科研活动的权利以及一国管辖海域内的行政、司法管辖权等也被包含在广义的海洋权益概念中。

二 维护海洋权益的国际法依据

《联合国海洋法公约》的诞生是人类海洋文明进步的重要标志。《联

---

① 于宜法、王殿昌等编著《中国海洋事业发展政策研究》，中国海洋大学出版社，2008，第107 页。
② 陈可文：《中国海洋经济学》，海洋出版社，2003，第 38 页。
③ 李明春：《海洋权益与中国崛起》，海洋出版社，2007，第 15 页。

合国海洋法公约》为各国维护海洋权益提供国际法支撑，同时，也是各国制定本国涉海法律规范的主要参照对象。《联合国海洋法公约》基于地理地貌，以海域与陆地领土的距离为参考将海域划分为内水、领海、毗连区、专属经济区、大陆架、公海等。其中，在内水领海及其海床、底土上空，国家享有完全的主权。在毗连区范围内，沿岸国对海关、财政、卫生和移民等事项行使立法和执法管辖权。在专属经济区范围内，沿海国享有勘探、开发、养护和管理生物资源和非生物资源的主权权利。在 200 海里以内大陆架上享有勘探、开发自然资源的主权权利。同时，在符合公约规定的前提下，宽大陆架国家可以开采 200 海里外大陆架的自然资源。对于公海和国际海底区域，各国平等地享有各项自由和权利。

从内容观之，海洋权益是国家主权的一部分，是国家领土向海洋方向延伸而形成的权力，包括领土主权、司法管辖权等。海洋权益的内容以及程度因离陆地岸线的远近不同而有所差异。国际法允许国家制定相应的本国法律规范以维护海洋权益，因此，对海洋权益可以进行扩大化理解，拓展到海洋政治、海洋经济、海上安全等多方面[①]。

《联合国海洋法公约》作为现代国际海洋法的核心，是各国维护海洋权益的主要国际法依据，通过国家间的多边或者双边条约以及协定，对各国海洋权益的维护起到法律规制作用。

三 维护海洋权益的国内法依据

自 20 世纪 80 年代以来，我国高度重视海洋法治建设，涉海法律体系建设取得长足进步。以《联合国海洋法公约》为基本框架，以国际法为依据，结合中国实际情况，逐步建设形成中国特色海洋法律体系。

以国家领海主权原则为基准，总结中国海域管辖的理论发展和实践应用，依据国际实践及国际法相关理论准则，中国形成一系列海域管理制

---

① 杨俊敏：《国际公约国内化下中国海事维权法律问题研究》，《黑龙江省政法管理干部学院学报》2016 年第 6 期，第 131~133 页。

度。1958 年颁布的《中华人民共和国关于领海的声明》，正式确立了新中国的领海制度，开启中国捍卫领海主权、保护海洋权益、发展海上事业的新篇章。该领海声明明确了中国领海宽度、领海基线设置、内海海域范围、领海通行规定等问题。根据《中华人民共和国关于领海的声明》，我国采用直线基线划定领海范围①，领海宽度为 12 海里②，包括渤海湾、琼州海峡在内的基线以内的水域，皆为我国内海③，在领海和领海上空范围内，未经我国政府允许，一切外国飞机和军用船舶不得进入。任何外国船舶在我国领海航行，必须遵守我国有关法令④。

1992 年，以《联合国海洋法公约》为依据，中国颁布《领海及毗连区法》。该法第 1 条明确规定："为行使中华人民共和国对领海的主权和对毗连区的管制权，维护国家安全和海洋权益，制定本法。"该法全文共 17 条对我国领海以及毗连区的宽度、法律地位、领海内的航行制度、科学研究和海上作业制度等作了系统规定。同时，岛屿的领土地位得到再次重申。根据《领海及毗连区法》第 2 条第 2 款，台湾岛及其包括钓鱼岛在内的附属各岛、东沙群岛、西沙群岛、中沙群岛、南沙群岛及其他一切属于我国的岛屿都是我国的陆地领土。该规定对于我国领土主权的宣示与维护具有重要意义。2024 年 3 月 1 日，中国政府发布《中华人民共和国政府关于北部湾北部领海基线的声明》，填补中国最西端领海基线的空白⑤。北部湾北部领海基线的确立明确了北部湾北部的海域性质，有助于中国深入推进海洋强国战略，同周边国家开展涉海合作，更好地参与全球海洋治理。同时，北部湾北部领海基线的划定，充分遵循《中华人民共和国和越

① 《中华人民共和国政府关于领海的声明》（二）："中国大陆及其沿海岛屿的领海以连接大陆岸上和沿海岸外缘岛屿上各基点之间的各直线为基线，从基线向外延伸十二海里（浬）的水域是中国的领海。"
② 《中华人民共和国政府关于领海的声明》（一）。
③ 《中华人民共和国政府关于领海的声明》（二）。
④ 《中华人民共和国政府关于领海的声明》（三）。
⑤ 《中华人民共和国政府关于北部湾北部领海基线的声明》，中国外交部网站，2024 年 3 月 1 日，https://www.mfa.gov.cn/web/ziliao_674904/1179_674909/202403/t20240301_11252543.shtml，最后访问日期：2024 年 2 月 13 日。

南社会主义共和国关于两国在北部湾领海、专属经济区和大陆架的划界协定》以及《联合国海洋法公约》，展现了中国维护海洋和平、安宁、发展秩序的责任与担当。

1996年，《中华人民共和国政府关于中华人民共和国领海基线的声明》颁布。该声明沿用《联合国海洋法公约》有关直线基线法的规定，公布中华人民共和国大陆领海的部分基线和西沙群岛的领海基线，对我国领海作出明确划分。1998年6月26日颁布的《专属经济区和大陆架法》对我国在专属经济区和大陆架的主权权利以及管辖权进行规定。《专属经济区和大陆架法》规定了我国在专属经济区和大陆架对渔业、矿产和其他自然资源享有调查、开发、养护和管理的权利，以及涉海科学研究、环境保护的相应权利。《专属经济区和大陆架法》第12条明确规定了中国所享有的登临权、紧追权等，为我国海域管辖权的实施提供法律支撑。

2002年1月1日，《海域使用管理法》正式施行，明确海域所有权即海域使用权。《海域使用管理法》规定了有关方在海域使用及管理中享有的权利和义务，是政府层面依法加强海洋综合管理的法律依据，在我国海洋法制建设以及发展史上具有里程碑意义。2009年12月26日，《海岛保护法》表决通过，并于2010年3月1日起开始施行。《海岛保护法》是中国首次以立法形式对海岛资源利用、管理与保护进行综合性规定，填补了我国海岛法规体系的立法空白。《海岛保护法》对海岛资源开发利用、海岛生态保护作出相关规定，实现了对海岛发展多方位的行政监管，有助于促进海岛的资源、经济、生态可持续发展，进而维护国家海洋权益和海洋安全。

针对海上交通管理，20世纪80年代通过的《海上交通安全法》，经过2016年第十二届全国人民代表大会常务委员会第二十四次会议的修正，又经2021年第十三届全国人民代表大会常务委员会第二十八次会议修订，为我国海上交通的规范发展提供立法支持。《海上交通安全法》从事前预防、事后加强监督、强化应急处置等多角度，设置了优化海上交通状况、规范海上交通行为并严格控制行政许可事项、完善海上搜救机制等多方面内容，对于建设我国海上交通安全管理的全新体系、提高海上安全保卫能力、资源渠道安全保障能力意义重大，为我国维护国家海洋权益、促进国民经济发展提供了动力保障。

针对海洋资源，中国以海洋渔业发展为重点形成专门法律规范。1986年7月1日施行的《渔业法》，旨加强保护、增殖、开发和合理利用渔业资源，发展人工养殖，保障渔业从业人员特别是生产者的合法权益，促进渔业生产发展，最终促进社会主义建设和满足人民群众的美好生活需要。《渔业法》于2000年、2004年、2009年和2013年历经四次修正，其不断修改完善也标志着我国依法开发和管理渔业进入新阶段。

中国高度重视海洋环境保护问题。1982年8月23日第五届全国人民代表大会常务委员会第二十四次会议通过的《海洋环境保护法》从保护和改善海洋环境的目的出发，为保护海洋资源、防治污染损害、维护生态平衡、保障人体健康、促进经济和社会可持续发展等提供了法律依据。党的十八大以来，维护海洋权益、建设海洋强国已上升为国家战略，保护海洋生态环境作为国家海洋权益的重要环节，也为国家所重点关注[1]。面对加强海洋环境保护的紧迫需要，2023年新修订的《海洋环境保护法》获得通过，为中国海洋环境权益保护提供了更为完备的法律保障。致力于"维护国家海洋权益，建设海洋强国，推进生态文明建设，促进经济社会可持续发展，实现人与自然和谐共生"[2]，新《海洋环境保护法》推进海洋环境监督管理制度建设、加强海洋生物多样性保护、严格海域排污许可管理、强化海洋垃圾污染防治，以陆海统筹、区域联动方式强化海洋环境监督管理，推进海洋环境保护法律域外适用。

当今时代，国际海洋治理整体呈现规范化、组织化发展趋势，国家在国际海洋规则制定中的话语权是国家海洋实力的直接体现。海洋领域的立法是广泛的，涉及海洋治理多方面，海洋维权法律体系只是海洋法律的一部分。就我国现有海洋权益维护法律规范而言，已经具有相对成熟的体系

---

① 《海洋环境保护法》第1条。
② 《海洋环境保护法》第1条。

和规模，是我国维护海洋权益的基础和保障。但在周边海洋安全环境日益复杂的今天，仍然需要以不断完善符合当今海洋发展的法律体系为最优先事项。

第二节　海洋权益与行政执法

海上行政执法作为海洋权益维护法治系统中的重要一环，是国家对海上管辖权在现实中的实践和应用，也是我国维护海洋权益、保障海域安全最重要的手段。以维护海洋权益为中心，我国形成了以中国海警为主体、以海上行政执法为主要内容的海洋权益维护机制。海警具有特殊的涉外性质，能够以国内外法律规范为指导，同各国开展国际合作，共同严厉打击海上违法犯罪行为，在保障我国海洋权益的同时，实现海洋资源环境的可持续发展，维护国际海洋公共安全和秩序。

一　海洋维权执法的概念

执法是指国家行政机关及得到授权的机构在法定职权和程序的指引下，贯彻实施法律的活动①。海洋维权执法作为中国海洋法治的主要任务，目的在于执行海洋领域的基本法律，解决海洋治理的矛盾和未决问题。

加强海洋维权执法是维护我国海洋权益、实现海洋强国战略、有效加强海洋权益保障的题中应有之义。"维权执法"一词最早由国家海洋局发布的《2002年中国海洋行政执法公报》提出，并被应用于海上执法领域②。

---

① 《法治中国建设规划（2020～2025年）》，人民网，http://politics.people.com.cn/n1/2021/0111/c1001-31995033html，2021年1月11日，最后访问日期：2022年5月30日。

② "海上维权执法工作成效显著。对在我国管辖海域内从事海底电缆管道作业、海洋科研活动的外籍船舶实行有效监控，进一步强化了监督检查；加大对管辖海域内突发性侵权事件的维权执法工作力度，对日本在我国东海打捞不明国籍沉船活动实施了海上监管，对未经批准擅自从事海上测量、调查的外籍船舶进行跟踪监视和驱逐，有效维护了国家海洋权益。"《2002年中国海洋行政执法公报》，中国海监网，http://haijian.ah.hostadm.net/News.aspx?kindCode=10&id=122&page=1，最后访问日期：2022年6月20日。

中国一直十分重视海洋权益保护问题。随着与周边国家的海洋权益纠纷激化，中国更加深刻地认识到海洋权益维护与海上执法的密切关联。为维护我国在东海的权益，经国务院批准，国家海洋局自 2006 年 7 月起依照《东海定期维权巡航执法实施方案》在我国东海管辖海域开展定期维权巡航执法工作。2007 年，国家海洋局颁布《黄海、南海试行定期维权巡航执法实施方案》，要求在我国管辖海域全面开展定期维权巡航执法工作，以维护我国在黄海、南海区域的权益。我国管辖海域维权执法开启了发展新局面①。

二　海洋维权执法体系

（一）海洋维权执法主体

海洋维权执法主体是一国完成海上执行任务，保护国家主权安全的重要支柱②。国际上海洋国家普遍设有海洋维权执法机构，虽然名称不同，但其职能都是保护本国的海洋权益不受他国侵犯。当前，我国采用同一主体统筹涉外海洋维权以及国内海域执法的管理模式，避免多部门职能重叠，以更加高效地处理管辖海域出现的所有问题，这也是我国海上执法体制改革的主要目标。

2013 年，我国重组国家海洋局，扩大国家海洋局的职权以及所承担的职责。重组后的国家海洋局在海洋维权执法领域引入中国海警这一主体。中国海警，集中整合了原中国海警、中国渔政、中国海监、中国海上缉私警察等力量，改善了原来分散管理的局面，实现了资源优化配置，形成海上维权执法集中统一的强大力量，是中国海洋管理和执法史上的一个重大转折。在此基础上，中国逐步打造形成职能明确、权力集中、协调高

---

① 《中国涉外海洋执法机制的发展历程及"管辖海域"范围》，中国海洋发展研究中心网站，https://aoc.ouc.edu.cn/2022/0222/c9821a362769/page.htm，最后访问日期：2024 年 2 月 12 日。

② 《依法管海治海进入新时代》，中国海警局网站，2021 年 2 月 10 日，http://www.ccg.gov.cn/2021/hjyw_0210/395.html，最后访问日期：2022 年 6 月 20 日。

效、科学合理的新型海洋管理以及执法体系，为切实保障我国海洋权益和实现海洋强国目标提供了重要组织保障。

2018年，国务院机构改革后，自然资源部建立，成为国务院的重要部门之一。与此同时，原国家海洋局的职责被整合并入自然资源部，对内不再保留国家海洋局建制，对外保留国家海洋局牌子。在海域执法方面，自然资源部下设海洋战略规划与经济司、海域海岛管理司和海洋预警监测司，就海洋治理形成较为完备的治理网络。海洋战略规划与经济司主要任务是制定和监督海洋发展战略及实施，如海洋开发、深海和极地科研。制定海洋经济发展计划、海岸带综合保护与利用、海洋岛屿保护与利用、海洋军民发展一体化计划并监督实施。推动新的海洋产业发展，如海水淡化、海水综合利用和海洋可再生能源。对海上经济作业进行综合监测、统计核算、调查评价和信息传播。海域海岛管理司负责制定海域使用和海岛保护与利用的政策与技术规范，以及监督和监管海岛开发利用活动。组织海洋岛屿的监测和评估，管理无人居住岛屿、海洋和海底地形的地名，以及海底电缆和管道的敷设。对海洋和岛屿的使用进行审查和批准。组织制定和监督特别用途岛屿（如领海基点）的养护和管理政策。海洋预警监测司负责制定和监督海洋观测和预报政策和制度以及海洋科学调查的执行情况。开展海洋生态监测、灾害预防、风险评估和隐藏危害清单管理活动，并发布警报和公告。建立和管理全球国家海洋立体观测网络，组织海洋科学调查和研究。在发生重大海上灾难时，协助紧急疏散。海洋生态环境问题由生态环境部下设海洋生态环境司负责。具体职能包括全国海洋生态环境监测。监督陆基污染物的排放，监督和指导向海洋排放的污水装置设置问题，承担海洋排放许可以及重点海域排污总量控制。负责海岸防治和海洋工程建设项目、海洋可利用油气资源勘探开发和废物倾倒造成的海洋污染治理工作。授权批准与海岸和海洋工程建设项目环境影响评估有关的文件。组织划定倾倒区，监督协调国家深海大洋、极地生态环境保护工作，负责有关国际公约国内履约工作，承担湾长制相关工作。

2021年2月1日，《海警法》正式施行，赋予中国海警海上执法维权职能，包括在职责范围内对海上维权执法等活动进行监督检查，预防、制止海上非法活动，为我国海洋权益维护提供了新视角①。《海警法》不仅规定了海警机构的职责，还对相关的组织以及个人作出规定。《海警法》详细规定了海警机构的职责和任务及其相关手段和措施，确保相关主体的权益得到维护。同时，《海警法》还明确了海警在我国管辖水域开展国防和执法行动的指导原则。《海警法》将海警作为法律关系的主体，整合了维护海警权力所涉及以及实际需要的各种实体和程序法律关系，将来自不同法律关系的法律规范汇集在一个单一法律框架内，突出了《海警法》的全面性。尽管海警海上维权执法涉及多种法规，但其主要法律关系大都围绕"海警机构"和"维权执法"两个基本点。《海警法》围绕这两个基本点形成了极具特色的法律规范体系。但需要注意，尽管《海警法》对海上执法的相关规则进行了明确和系统的规定，但对于海上维权行动的指导仍停留在宏观层面。

（二）海洋维权执法业务

依据《全国人民代表大会常务委员会关于中国海警局行使海上维权执法职权的决定》，我国建立了科学有效的陆海协调、劳动分工、海上互助的海上维权执法合作机制。中国海上维权执法的相关职责主要由中国海警局负责。中国海警局及其海区分局主要负责协调和指导沿海地方政府的海事执法队伍开展海域使用、海岛保护开发、海洋生态环境保护以及海洋渔业管理等相关执法工作，根据海上维权执法工作需要，对地区工作船舶和执行队伍进行统一组织与协调，落实海上维权执法业务。

根据《海警法》第5条，海警机构主要担负海上安全保卫、海上行政执法和海上犯罪侦查三类任务，确保海上执法安全，打击海上走私、偷渡等违法犯罪活动，促进海洋生态保护等。

一是海上安全保卫。根据《海警法》第3章的规定，海警机构有权在

---

① 《关于〈中华人民共和国海警法（草案）〉的说明》，中国人大网，2021年1月25日，http://www.npc.gov.cn/npc/c30834/202101/e496ce89079c4565aefceeca6ef8b97c.shtml，最后访问日期：2022年6月20日。

我国管辖海域开展海上巡航，对重点岛屿和礁石进行值守，对海洋边界进行管护，维护国家主权、安全和海洋权益。例如，采取必要措施保护重点岛礁；控制敏感海域标准化巡逻；定期在黄海、东海、南海进行防卫性维权巡航；实施海上重大事件保卫、海上临时警卫、海上重要目标防御；对外国军警舰船及时作出反应，执行打击犯罪、反击侵权和其他任务。

二是海上行政执法。根据《海警法》第4章的规定，海警机构主要任务是开展维护海上安全、海洋资源开发和利用、海洋生态环境保护、海洋渔业管理、打击海上走私等方面的执法工作。海警机构有权依照有关立法和行政法规，对海上生产现场进行执法检查，规制应当依法受到行政处罚的行为，对于违反法律和行政法规的行为依法实施行政处罚，加强海上治安、海关缉私、海洋资源开发和利用、海洋生态环境保护和海洋渔业管理等执行工作。

三是海上犯罪侦查。根据《海警法》第5章的规定，海警机构对海上发生的刑事案件，依照《刑事诉讼法》和《海警法》的规定行使侦查权，采取相关措施，包括侦查和刑事强制措施等。

综上所述，我国海警机构的职能可以定位为"维权""执法""服务""防卫"[1]。首先，维权为海警的首要职能，海警要维护国家的领土主权安全、维护海洋权益，依法管控国家所管辖海域。其次，中国海警作为海上综合执法队伍，统一行使海上行政执法权以及刑事执法权，始终坚持基本任务属性，坚持我国在涉海问题上的原则和立场。再次，中国海警作为我国政府海洋管控行政机构，依法履行政府服务职能，保障并服务于国家经济建设。最后，虽然中国海警队伍已经归属武警部队管辖，相关指挥体系也作出新的调整，但其基本任务属性并未改变，中国海警将始终坚持中国涉海问题的基本立场，维护国家主权、安全和发展利益。

（三）海洋维权执法实践

1. 《海警法》的实践

近年来，经过不断发展，中国海洋维权执法队伍面向全球各大洲建立

---

① 王金堂：《中国海警发展战略构想》，《公安海警学院学报》2015年第2期，第48~52页。

了国际交流合作机制，围绕海事执法信息、联合海上巡逻、检查、演习和训练、联合打击海上非法和犯罪活动、海上人道主义救援、国际海上执法教育和培训交流、与其他主权国家交换海上执法和国际合作联络官等，开展了一系列海上执法合作。《海警法》施行以来，我国与韩国、越南、菲律宾、巴基斯坦、俄罗斯等 5 国海上执法机构建立合作机制，与美国、日本、澳大利亚、柬埔寨等 19 国海上执法机构保持联系，参与 6 个多边合作机制，年均开展国际合作项目 33 个、对外联络 1000 余次，为维护地区海上安全稳定发挥了积极作用①。

2021 年，虽然全球新冠疫情蔓延，但中国海警局始终坚守海上维权执法，积极展开国际合作，为维护地区海上安全秩序、推进构建海洋命运共同体作出积极努力。中国海警局认真落实相关双边协定与国际公约，组织中韩暂定措施水域联合巡航、中越北部湾联合检查、北太平洋公海渔业执法巡航共 4 航次，累计航时 1780 小时、航程 17317 海里，观察、记录并检查各类船舶 404 艘次②。为推动双边海上执法务实合作、共同维护北部湾渔业生产秩序，中越北部湾共同渔区渔业联合检查自 2006 年启动以来，累计开展了超过 20 次联合巡航行动，在促进两国海上执法机构交流合作、维护北部湾渔业生产秩序方面发挥了重要作用。同时，代表国家有效履行国际义务，维护海上安全和生产作业的正常进行③。

2022 年 4 月 21 日至 27 日，中国海警 6307 舰与韩国海洋水产部无穷花 35 船组成编队，在中韩渔业协定临时措施所规定的水域进行了 2022 年首次联合巡航。编队累计巡航 139 小时、航程 1120 海里，观察记录作业

① 《三周年，〈海警法〉贯彻实施成效明显！》，中国海警局网站，2024 年 2 月 1 日，https：//www.ccg.gov.cn//2024/hjyw_0201/2406.html，最后访问日期：2024 年 2 月 13 日。

② 《见证 2021：远程国际合作迈开新步伐》，中国海警局网站，2021 年 12 月 30 日，http://www.ccg.gov.cn//2021/gjhz_1230/1053.html，最后访问日期：2022 年 6 月 20 日。

③ 《见证 2021｜远程国际合作迈开新步伐》，"中国海警"公众号 2021 年 12 月 30 日发布，最后访问日期：2022 年 6 月 10 日。

渔船 69 艘次，喊话宣传 50 次，海上作业秩序总体良好①。在此期间，中韩双方通过无线电台开展工作交流，回顾此次巡航行动的同时，也就进一步深化合作交换了意见。此次联合巡航对双方在海上行动中维护秩序、增进相互了解、深化合作意义重大。

2023 年 4 月 24 日至 25 日，中国海警局与俄罗斯联邦安全总局在摩尔曼斯克举行高级别工作会晤，共同签署《中华人民共和国海警局和俄罗斯联邦安全总局关于加强海上执法合作的谅解备忘录》。其间，双方回顾了中俄海警合作的友好历程，探讨了下一步的合作意向，就共同关心的话题交换了意见，双方将本着睦邻友好、合作共赢原则，积极推进海上执法合作，携手构建海洋命运共同体，全力服务中俄新时代全面战略协作伙伴关系②。2023 年，菲律宾多次强闯仁爱礁，执意向仁爱礁"坐滩"军舰运送用于维修加固的建筑物资，严重损害中国海洋权益。中国海警对此类违法行为依法采取必要执法措施，这也是《海警法》颁布以来运用该法维护主权与海洋权益的重要实践。2023 年 12 月 4 日至 8 日，中国海警局与越南海警司令部在中国广州成功举行第七次高级别工作会晤，双方对年内合作成果进行积极评价，并决定建立政治工作交流机制、继续挖掘北部湾海域联合巡航合作潜力、打造"青年警官交流"合作品牌、开通海区级联络窗口、协同打击海上违法犯罪，以进一步巩固两国传统友谊、深化海上务实合作，稳妥处置海上突发事件、共同维护海上安全稳定③。

---

① 《中韩海上执法部门开展中韩渔业协定暂定措施水域联合巡航》，中国海警局网站，2022 年 6 月 22 日，https://www.ccg.gov.cn//2022/gjhz_0622/1826.html，最后访问日期：2022 年 6 月 24 日。

② 《中国海警局和俄罗斯联邦安全总局签署海上执法合作文件》，中国海警局网站，2023 年 4 月 27 日，https://www.ccg.gov.cn//2023/gjhz_0427/2252.html，最后访问日期：2024 年 2 月 13 日。

③ 《中越海警举行第七次高级别工作会晤暨越南海警 8002 舰来访活动》，中国海警局网站，2023 年 12 月 8 日，https://www.ccg.gov.cn//2023/gjhz_1208/2374.html，最后访问日期：2024 年 2 月 13 日。

2. 南海海域的渔业执法

目前，涉外渔业风险不断加大，阻碍南海渔业平稳发展①。一方面，以禁渔区捕捞、非法捕捞珍稀野生动物等违法行为，非授权区域捕鱼以及使用毁灭性捕鱼设备捕鱼、无许可证捕鱼为代表的非法行为严重破坏了南海生态系统，影响南海渔业资源的可持续利用。另一方面，相邻海域冲突更加激烈，影响海洋渔业发展的正常秩序。由于近海渔业资源的持续衰退，南海周边国家的渔业生产纷纷向外海延伸，引发越来越多的渔民越界捕鱼纠纷。我国南海海域发现的外国侵渔渔船艘次不断增加，不利于海洋的和平稳定发展②。

面向国际，中国始终坚持和平友好解决渔业争端。在南海海域，我国从未放弃采用友好协商机制解决因海域划界争议引起的渔业纠纷。以我国与越南在中越北部湾地区的渔业合作为例，2000 年，围绕共同渔区、过渡性安排水域、小型渔船缓冲区设置等内容，中越双方共同订立《中越北部湾渔业合作协定》。自协定生效以来，中越双方共同努力，协定执行情况总体良好，北部湾渔业涉外事件逐年减少，作业秩序保持相对稳定③。

面向国内，中国以《海警法》为抓手，积极推动渔业执法监管机制的设置与完善，在南海渔业执法成果显著。截至 2024 年 2 月，我国持续强化海洋渔业执法监管，加大伏季休渔执法力度，查获各类渔业案件 3676 起，没收渔船 251 艘、渔具 1.28 万件、渔获物 303 万公斤，行政罚款 4733 万元人民币④。

---

① 潘兴蕾、章丽萍、艾红、于文明、张鹏：《海洋执法机构整合背景下南海渔业的发展》，《农业现代化研究》2016 年第 2 期，第 345~351 页。

② 车斌、熊涛：《南海争端对我国南海渔业的影响和对策》，《农业现代化研究》2009 年第 4 期，第 414~418 页。

③ 潘澎、罗家聪、胡译匀：《中越北部湾渔业合作协定综述》，《中国渔业经济》2016 年第 6 期，第 22~26 页。

④ 《中国海警局和俄罗斯联邦安全总局签署海上执法合作文件》，中国海警局网站，2024 年 2 月 1 日，https://www.ccg.gov.cn/2024/hjyw_0201/2406.html，最后访问日期：2024 年 2 月 13 日。

3. 海上安全保卫

领土安全是国家主权的重要组成部分。中国始终坚决维护海上主权安全，强力打击任何有损中国国家主权的不法行为。钓鱼岛及其附属岛屿是中国固有领土，中国海警舰艇依法在本国管辖海域开展海上维权执法活动。2012 年 9 月 11 日，日本政府宣布"购买"钓鱼岛，严重侵犯我国领土主权，国家海洋局组织中国海监持续开展钓鱼岛海域维权巡航执法，以实际行动宣示了主权，到 2013 年 9 月已实现了在钓鱼岛海域的常态巡航。2023 年 12 月 9 日，日"鹤丸"号渔船和数艘巡视船非法进入我钓鱼岛领海，中国海警舰艇依法对其采取必要管控措施并警告驱离①。

中国对黄岩岛拥有无可争辩的主权，对其周边海域享有主权权利和管辖权。2023 年 12 月 9 日，菲律宾 3 艘渔业和水产资源局公务船不顾中方一再劝阻和警告，执意侵闯中国黄岩岛邻近海域。中国海警船在多次喊话警告无效的情况下，依法对菲船采取跟监外逼、航路管制等必要措施予以驱离，现场操作专业规范、正当合法②。2024 年 1 月 21 日，菲律宾 1 架小型飞机向非法"坐滩"军舰空投补给，中国海警实时跟监掌握，依法依规管控处置，对菲方补给必要生活物资作出了临时性特殊安排。2024 年 2 月 22 日至 23 日，菲律宾渔业和水产资源局 3002 船不顾中方一再劝阻和警告，执意侵闯中国黄岩岛邻近海域。中国海警船在多次喊话警告无效的情况下，依法对菲船采取跟监外逼、航路管制等必要措施予以驱离③。

---

① 《中国海警依法驱离日非法进入我钓鱼岛领海船只》，中国海警局网站，2024 年 1 月 27 日，https://www.ccg.gov.cn//2024/hjyw_0127/2402.html，最后访问日期：2024 年 2 月 14 日。

② 《中国海警局新闻发言人甘羽就菲律宾非法侵闯黄岩岛发表谈话》，中国海警局，2023 年 12 月 10 日，https://www.ccg.gov.cn/2023/wqzf_1210/2388.html，最后访问日期：2024 年 2 月 14 日。

③ 《中国海警局新闻发言人就菲律宾侵闯黄岩岛发表谈话》，中国海警局网站，2024 年 2 月 23 日，https://www.ccg.gov.cn//2024/wqzf_0223/2420.html。

第三节 海洋权益与司法实践

司法管辖权是维护我国海洋权益的重要手段之一。充分利用司法管辖权，由我国法院对海洋权益争端案件进行审理，能够切实保障依法依规解决海洋争端，维护我国海洋相关权益。

一 海洋维权司法实践概述

新中国成立后，我国越来越重视海洋资源保护，将海洋权益维护作为促进经济发展的重要环节。此前，我国海洋维权主要依赖外交机构对外的博弈和对内的维权协调能力建设①，"南海仲裁案"凸显了我国过去数十年争端解决方式的局限性。面对我国与周边沿海国家海域划界问题争议，如何更坚定有力地回应海洋争议问题，更好地维护国家主权和领土完整、保护海洋权益和海洋资源，是我国当下面临的核心议题。在维权司法领域，中国需要充分认识到国际争端解决司法化的发展趋势，提升法律意识和运用海洋法进行博弈的能力。

2016 年发布的司法解释《最高人民法院关于审理发生在我国管辖海域相关案件若干问题的规定》，对我国管辖海域的司法管辖和法律适用等问题作出详细规定。除颁布法律法规和相关政策，近年来，各地海事法院发布了部分海洋维权的典型案例②，无不彰显中国在海洋维权司法实践中做出的努力。

二 海洋环境保护类案件的司法实践

船舶溢油是海洋环境面临的重大威胁之一。随着海上石油运输需求不

---

① 江河：《国际法框架下的现代海权与中国的海洋维权》，《法学评论》2014 年第 1 期，第 92~99 页。

② 唐瑭、孙誉清：《我国司法管辖权的海洋司法维权功能的障碍及其实现——从近三年海事法院典型案例说起》，《法律适用》（司法案例）2018 年第 18 期，第 66~77 页。

断加大、海上石油运输的频次和运量的增长，船舶溢油事故风险也随之增加，加剧海洋环境污染问题的严重性。党的十八大报告指出，要"提高海洋资源开发能力，发展海洋经济，保护海洋生态环境，坚决维护国家海洋权益，建设海洋强国"①。面对船舶溢油带来的海洋环境损害，完善船舶溢油污染损害赔偿司法机制以维护中国海洋环境权益，是中国海洋权益司法的重要任务。

（一）"塔斯曼海号"案

2002 年 11 月 23 日凌晨，马耳他籍油轮"塔斯曼海号"泄漏的原油污染了天津海域和唐山地区的部分海域，对海洋生态环境造成了巨大的不可逆的损伤。天津市海洋局、市渔政渔港监督管理处、渔民协会和沿岸渔民、养殖户等受害方均提出索赔要求。天津海事法院一审判决判令被告英费尼特航运公司和伦敦汽船船东互保协会对原告的损害及渔业资源损失承担连带赔偿责任，并赔偿因此而受到损失的渔民 1490 名共计 4209 万余元人民币。然而，历时 7 年，历经两次审判和最高人民法院再审，最终各原告所得赔偿额大幅缩水，其中天津市海洋局仅获得 300 万元人民币作为和解补偿。被告最终仅支付约 330 万美元赔偿金②。

"塔斯曼海号"案是 1999 年修订的《海洋环境保护法》实施后，首例由沿海地方人民政府的海洋行政管理部门提起的涉外海洋生态侵权损害民事索赔案，以司法判例的形式直接划定了责任人赔偿的范围。在"塔斯曼海号"案中，天津市海事局作为中国海洋行政管理部门提起境外索赔，是首次由官方利用民事司法程序维护中国海洋生态权益。该案唤起了海事部门对于境外侵权的维权意识，为司法和行政部门今后在环境索赔方面的工作奠定了基础。

（二）"金盛"轮案

2007 年 5 月 12 日，圣文森特籍"金盛"轮和韩国籍"金玫瑰"轮在

---

① 《坚定不移沿着中国特色社会主义道路前进　为全面建成小康社会而奋斗——在中国共产党第十八次全国代表大会上的报告》，《人民日报》2012 年 11 月 18 日，第 1 版。

② 《海上溢油事故考验中国环境法律》，中外对话网，2011 年 7 月 28 日，https://chinadialogue.org.cn/zh/7/40864/，最后访问日期：2022 年 6 月 27 日。

烟台水域发生了碰撞，造成了严重船舶溢油事故，对海洋生态造成的损害达 898.1644 万元人民币，其中 722.32 万元人民币是该次船舶碰撞溢油事故对天然渔业资源造成的损害①。青岛海事法院在此基础上，判决"金盛"轮船东对此有责任支付相应的损害赔偿，并全部支持了由国家有关部门和检测中心出具的评估报告认定的海洋生态和渔业资源损失费用。

"金盛"轮案发生在"塔斯曼海号"案审判之后。有了"塔斯曼海号"案作为先例，加之丰富的案件索赔资源以及技术基础和权威技术机构提供的有力支持，该案件进展过程较为顺利，可以称得上是中国海洋生态环境索赔的标准成功案例。

（三）大连"阿提哥"油轮污染案

2005 年 4 月 3 日上午，载有 12 万吨原油的葡萄牙籍"阿提哥"油轮在大连新港到岸卸货时在暗礁搁浅，造成原油泄漏。泄漏后的原油于海面上漂浮覆盖大量的海域以及海岸线，污染大片可用养殖海域。大连市政府第一时间帮助受到损害的渔民收集证据，并为渔民提供专业的技术咨询支持。辽宁省高级人民法院判令被告昂迪玛公司赔偿原告大连市海洋与渔业局评估监测损失 50 万元人民币，并对原告的其他诉讼请求不予支持，采取驳回处理。大连市海洋与渔业局向最高人民法院申请再审，最高人民法院对该再审申请予以驳回②。

本案属于"一带一路"沿线地区发生的海上环境污染损害赔偿纠纷③，充分展现了中国作为海事大国的担当。尽管原告系中国国家机关，本案中法院坚持以事实为依据，以法律为准绳，体现了中国作为一个负责任的海事大国，审理案件能够站在公平公正的立场维护本国的实际海洋权益，严格落实中外平等保护原则。

---

① （2007）青岛法海事初字第 405 号。

② （2015）民申字第 1637 号。

③ 《生态一带一路案例 002：葡萄牙籍油轮在大连险礁岩搁浅事件》，中国绿发会，2017 年 9 月 15 日，https://mp.weixin.qq.com/s/FMAAY－31Kf4c3Dn2BTEGlg，最后访问日期：2022 年 6 月 27 日。

（四）"义海"轮与"交响乐"轮碰撞案

2021 年 4 月 27 日，马某某驾驶的巴拿马籍杂货船"义海"轮途经青岛东南水域时，在海面大雾、能见度不良的情况下，与锚泊中的利比里亚籍油船"交响乐"轮发生碰撞，导致两轮船体破损。碰撞发生后，马某某采取应急措施不当，导致"交响乐"轮溢油污染扩大。青岛海事法院审理认为，我国为《1992 年国际油污损害民事责任公约》缔约国，本次事故泄漏油类属于公约规定的油类，本案应优先适用公约。公约第 3 条第 1 款规定，在事故发生时船舶所有人须对船舶因事故而造成的任何污染损害负责。案涉漏油事故系"交响乐"轮与"义海"轮互有过失碰撞而引起，交响乐公司作为漏油船舶所有人应当对油污损害承担赔偿责任。容海公司主张的清污费用属于公约第 1 条第 6 款规定的"污染损害"，交响乐公司应当承担赔偿责任，但有权依据公约规定限制赔偿责任。据此，判决容海公司对交响乐公司、北英公司享有海事债权 42987210 元人民币及清污费利息，上述债权自北英公司设立的"交响乐"轮油污损害赔偿责任限制基金中分配①。该案一方面保障了清污费用的受偿，另一方面也将船舶所有人的责任依法限制在合理范围内，充分体现了公约鼓励清污、适当赔偿、兼顾其他污染损害实际受偿等多重价值目标，对保护海洋环境、促进海上运输业发展具有重要意义。

（五）海洋环境保护的司法实践展望

核污染水排海存在跨境海洋环境损害风险，给中国海洋权益带来严重威胁。《外国国家豁免法》② 和新修订的《海洋环境保护法》的通过为中国法院受理针对日本行为的相关诉讼、全方位保障我国海洋环境权益提供了可能。

在中国法院提起核污染水排海侵权诉讼具有法律依据。我国可以依据新《海洋环境保护法》就核污染水排海提起诉讼。新修订的《海洋环境

---

① 青岛海事法院（2021）鲁 72 民初 1984 号。

② 中华人民共和国主席令第 10 号。

保护法》第 2 条第 3 款规定："在中华人民共和国管辖海域以外，造成中华人民共和国管辖海域环境污染、生态破坏的，适用本法相关规定。"结合《海洋环境保护法》第 114 条，我国民众、海洋监督管理部门及检察院针对核污染水排海提起的诉讼属于国内法院可受理的案件范围。同时，《外国国家豁免法》也为我国对日本提起诉讼提供可操作空间。《外国国家豁免法》于 2023 年 9 月 1 日通过后，我国对国家豁免的态度由"绝对豁免主义"转为"限制豁免主义"。《外国国家豁免法》第 9 条规定，对于外国国家在中华人民共和国领域内的相关行为造成人身伤害、死亡或者造成动产、不动产损失引起的赔偿诉讼，该外国国家在中华人民共和国的法院不享有管辖豁免。我国法院可以基于"中国属于日本核污染水排放侵权结果地"这一判断获得对以外国国家为诉讼当事人的案件的诉讼管辖权。第一，核污染水进入我国领域并产生损害结果后，我国作为结果发生地，落入属于侵权行为地的范畴［这一点在布鲁塞尔一号法规第 5（3）条的解释中被广泛接受］。第二，国际上其他确立"限制豁免主义"的国家也采取以上解释。美国《外国主权豁免法》与加拿大《国家豁免法》均将"侵权结果地"作为判断"领土联系"的标准。第三，国际法中存在更加宽泛的做法，如国际法协会起草的《蒙特利尔国家豁免条约（草案)》更是强调，"造成伤亡或损害的作为或不作为全部或部分发生于法院国"或"对法院国产生直接影响"即可满足豁免例外。

在中国法院提起核污染水排海侵权诉讼具有实体法依据。随着《海洋环境保护法》的修订完成，我国构建了完整的"海洋污染损害责任"法律体系。《海洋环境保护法》第 114 条第 1 款规定："对污染海洋环境、破坏海洋生态，造成他人损害的，依照《中华人民共和国民法典》等法律的规定承担民事责任。"《民法典》第 1229 条规定："因污染环境、破坏生态造成他人损害的，侵权人应当承担侵权责任"；第 1230 条规定："因污染环境、破坏生态发生纠纷，行为人应当就法律规定的不承担责任或者减轻责任的情形及其行为与损害之间不存在因果关系承担举证责任"；第 1237 条规定："民用核设施或者运入运出核设施的核材料发生核事故造成他人损害的，民用核设施的营运单位应当承担侵权责任。"据此，《民法典》第七编"侵权责任编"规定了污染环境的严格责任制度，为在我国起诉日本排放核污染水损害纠纷提供了实体法的诉讼依据。同时，2023年6月5日通过、2023年9月1日起施行的《最高人民法院关于审理生态环境侵权责任纠纷案件适用法律若干问题的解释》（以下简称《生态环境侵权责任解释》）第1条①明确规定，若排放废水导致环境污染、破坏生态，导致他人人身或财产损害，被侵权人请求侵权人承担生态环境侵权责任的，人民法院应当予以支持；第4条②再次明确了对此类侵权行为的严格追责。综上所述，基于《民法典》《生态环境侵权责任解释》等实体法规范，我国有权提出核污染水侵权诉讼主张。

三　渔业执法类案件的司法实践

海洋资源为国家发展提供大量的经济支持，是我国经济发展的重要支撑。渔业资源作为海洋资源中不可分割的重要组成部分，也是我国重要的海洋权益。近年来，外籍渔船在我国管辖海域多次从事非法捕捞活动，不仅违反了我国渔业法相关规定，还可能存在对我国与邻国的海洋界线、领海主权以及我国在海上的关切等诸多权益侵犯问题。

由于地理因素，我国与多个邻国主张的专属经济区或大陆架存在交叉重叠③，这也引发较多海洋渔业资源纠纷。在东海海域，日本渔船时常非法进入我国钓鱼岛附近海域捕捞。在南海海域，虽然我国一直与周边国家进行友好合作，通过签订渔业协议和合作协定规范渔业行为，但仍然有外

---

① 《生态环境侵权责任解释》第1条规定："侵权人因实施下列污染环境、破坏生态行为造成他人人身、财产损害，被侵权人请求侵权人承担生态环境侵权责任的，人民法院应予支持：（一）排放废气、废水、废渣、医疗废物、粉尘、恶臭气体、放射性物质等污染环境的；……"
② 《生态环境侵权责任解释》第4条第1款规定："污染环境、破坏生态造成他人损害，行为人不论有无过错，都应当承担侵权责任。"
③ 刘畅：《论外籍渔船在我国管辖海域非法捕捞犯罪的刑法规制》，《黑龙江社会科学》2020年第6期，第122~128页。

籍渔船在南海海域从事非法捕捞的情况。我国并不常采用刑事管辖权应对外籍渔船的非法捕捞行为，但就维护海洋权益而言，启动海上刑事司法程序，对非法侵入我国领海捕鱼的船只采取刑事制裁手段是必要的①。

四　海上交通安全类案件的司法实践

海上交通安全案件情况复杂，需要考虑相关管辖海域、当事人户籍所在地、相关船舶船籍等多种因素。但同时，海上交通安全案件对海洋司法维权的实现具有特定可延伸性，在我国海洋司法维权案件中占据首要地位。

（一）钓鱼岛海域船舶碰撞案

2014 年 9 月 24 日 13 点 30 分左右，我国三沙籍闽霞渔 01971 渔船在我国钓鱼岛以北海域附近遭遇巴拿马籍日本货轮"YUSHO HARUNA"撞击，船体受损严重，闽霞渔 01971 渔船的船东向厦门海事法院提起诉讼，该法院以调解方式解决纠纷②。

最高人民法院在工作报告中指出，厦门海事法院依法审理闽霞渔 01971 船舶碰撞案，彰显中国政府对钓鱼岛海域的司法管辖权③。钓鱼岛海域船舶碰撞案是我国对钓鱼岛海域行使司法管辖权的一个典型案例。

（二）艾伦·门多萨·塔布雷海上交通肇事案

艾伦·门多萨·塔布雷海上交通肇事案由宁波海事法院审理，是中国法院首次审理的海事刑事案件。艾伦·门多萨·塔布雷是马耳他籍货轮"卡塔利娜"轮的驾驶员，2016 年 5 月 7 日，因受天气影响，在海上操作面临较大风险的情况下，违反《海上交通安全法》以及《1972 年国际海上避碰规则》等相关规定，导致马耳他籍货轮"卡塔利娜"轮与中国籍船舶"鲁荣渔 58398"轮发生碰撞。最终导致"鲁荣渔 58398"轮沉没，造成 14 人死

---

① 赵微：《赋予海事法院刑事审判权之正当性分析》，《法治研究》2015 年第 1 期，第 29~38 页。

② （2014）厦海法事初字第 61 号。

③ 《"闽霞渔轮"案彰显中国对钓鱼岛管辖权》，央广网，2016 年 3 月 13 日，http://news.cnr.cn/native/gd/20160313/t20160313_521596252.shtml#，最后访问日期：2022 年 6 月 27 日。

亡，5 人失踪，财产损失高达 507.88 万元人民币。宁波海事法院以交通肇事罪判处艾伦·门多萨·塔布雷有期徒刑三年六个月①。

艾伦·门多萨·塔布雷海上交通肇事案本质为刑事案件。2017 年 2 月，宁波海事法院被指定试点管辖海事刑事案件。此案是继最高人民法院将相关海事行政案件纳入海事法院的管辖范围后，由全国海事法院审理的首件刑事案，有助于充分发挥海事法院的专业优势，对维护我国海洋权益起到积极促进作用。

海洋作为对外开放与国家经济发展大局中的重要一环，在当今世界扮演着越来越重要的角色。维护国家主权、安全、发展利益，在国际政治、经济、军事、科技竞争中取得领先地位无不涉及海洋权益的维护。行政执法是国家海上管辖权在现实中的实践和应用，而司法管辖权的充分应用能够依法依规切实维护我国相关海洋权益，解决海洋争端。综观中国海洋权益执法以及司法建设，都取得了较为显著的成效。在行政执法方面，《海警法》的实践及南海海域的渔业执法等在维护海上安全秩序、解决涉海纠纷等方面取得了不菲成果。在司法实践方面，我国在海洋环境保护、海洋维权、渔业执法及海上交通安全领域都已积累了运用司法手段维护海洋权益的经验，能够为海上权益保护司法工作提供一定经验借鉴。

---

① （2017）浙 72 刑初 1 号。

第三章 海洋经济的法治发展

改革开放以来，中国传统海洋产业稳步发展，新兴海洋技术产业迅速崛起，海洋经济已成为国民经济发展中重要的、强劲的、新的增长点。开发和保护海洋，建设 21 世纪海上丝绸之路，对建立全球发展新秩序、构建人类命运共同体、促进中国经济发展和社会进步等具有重大意义。海洋经济发展与海洋权益维护、海洋资源开发利用和海洋环境保护等联系紧密。而海洋权益维护、海洋资源开发利用和海洋环境保护无一例外都需要完善的法治作为保障。因此，系统梳理总结中国海洋经济及其法治发展，对未来中国海洋经济高质量发展有重要意义和价值。

第一节 海洋经济发展概述

一 海洋经济概念与产业分类

1. 海洋经济概念

中国 1998 年出版的《海洋大辞典》将海洋经济界定为：人类在开发利用海洋资源、空间过程中生产、经营、管理等经济活动的总称①。

原国家海洋局于 1999 年发布的国家标准《海洋经济统计分类与代码》认为，"海洋产业是涉海性的人类经济活动"，并指出了"涉海性"的五

---

① 国家海洋局科技司、辽宁省海洋局《海洋大辞典》编辑委员会编《海洋大辞典》，辽宁人民出版社，1998，第 301 页。

个方面：①直接从海洋中获取产品的生产和服务；②直接从海洋中获取的产品的一次加工生产和服务；③直接应用于海洋和海洋开发活动的产品的生产和服务；④利用水或海洋空间作为生产过程的基本要素所进行的生产和服务；⑤与海洋密切相关的科学研究、教育、社会服务和管理。

2003年5月，《国务院关于印发全国海洋经济发展规划纲要的通知》（国发〔2003〕13号）印发。《全国海洋经济发展规划纲要》对海洋经济的定义是："海洋经济是开发利用海洋的各类产业及相关经济活动的总和"，海洋产业主要包括海洋渔业、海洋交通运输业、海洋石油天然气业、滨海旅游业、海洋船舶业、海盐及海洋化工业、海水淡化及综合利用业和海洋生物医药业等。

2006年发布的《海洋及相关产业分类》（GB/T20794-2006）将海洋经济定义为：开发、利用和保护海洋及相关联的全部活动的总和。按海洋经济活动性质不同，将海洋经济划分为海洋产业及海洋相关产业两个部分。海洋产业指以开发利用和保护海洋资源及海洋空间为对象的产业主体部门，主要包括直接从海洋中获取产品的生产和服务活动，直接从海洋中获取的产品的一次加工生产和服务活动，直接应用于海洋和海洋开发活动的产品生产和服务活动，利用海水或海洋空间作为生产过程的基本要素所进行的生产和服务活动，海洋科学研究、教育、管理和服务活动共五类经济活动行为①。

2022年7月1日开始实施的《海洋及相关产业分类》（GB/T20794-2021）将海洋产业概念修订为：开发、利用和保护海洋的各类产业活动，以及与之相关联活动的总和。

2. 海洋经济产业分类

1999年12月，为规范海洋统计的基本定义和行业分类，国家海洋局从基本定义和行业分类角度发布了我国海洋统计领域的首个行业标准《海洋经济统计分类与代码》（HY/T 052-1999）。该标准以 GB/T 4754-1994

---

① 朱坚真主编《海洋经济学》（第2版），高等教育出版社，2016，第1~7页。

《国民经济行业分类与代码》为依据，以涉海性为原则，首次从整个国民经济体系中划分出与海洋有关的产业分类和产业活动的统计范围。该标准的发布与实施，统一了海洋行业分类口径，规范了海洋行业分类，是海洋经济统计工作走向标准化的一个重要起点。

2006 年 12 月，为全面综合统计海洋经济总量状况，反映海洋经济内部组成部分的有机联系，首版国家标准《海洋及相关产业分类》（GB/T 20794-2006）正式发布（以下简称"现行标准"）。该标准首次将海洋经济划分为两类三个层次：海洋产业（海洋核心层、海洋经济支持层）和海洋相关产业（海洋经济外围层），包括 2 个类别 29 个大类 107 个中类。可与 GB/T 4754-2002《国民经济行业分类》配套使用，是海洋经济领域最基础、应用最为广泛的标准之一。

2012 年 12 月，为全面、系统掌握我国海洋经济基本情况，完善我国海洋经济基础信息，国务院批准同意开展第一次全国海洋经济调查。但当时标准对照的国民经济行业分类已经修订，无法完全反映海洋经济的发展实际，第一次全国海洋经济调查领导小组于 2017 年 1 月印发《第一次全国海洋经济调查海洋及相关产业分类》（以下简称"调查用标准"）。该标准按照 GB/T 4754-2011《国民经济行业分类》的行业划分规定和海洋经济活动的同质性原则，对海洋及相关产业进行分类，共包括 2 个类别 34 个大类 128 个中类 416 个小类。

2021 年 12 月，鉴于海洋经济已成为国民经济发展的重要增长点，海洋新产业、新业态不断涌现，现行标准已经不能反映海洋经济发展状况并保证与国家数据有效共享，且国民经济行业分类也进行了新一轮修订。为此，国家海洋信息中心在调查用标准的基础上，结合第一次全国海洋经济调查的实证检验以及对新形势下部分重点海洋产业的分析调研，编制了修订版《海洋及相关产业分类》（GB/T 20794-2021）。该标准以 GB/T 4754-2017《国民经济行业分类》为依据，将海洋经济划分为海洋产业、海洋科研教育、海洋公共管理服务、海洋上游产业、海洋下游产业等 5 个产业类别，下分 28 个产业大类 121 个产业中类 362 个产业小类①（见表 1）。

表 1　三个版本标准基本情况对照

	2006 年颁布国标	2017 年调查标准	2021 年修订版国标
名称	GB/T 20794-2006《海洋及相关产业分类》	《第一次全国海洋经济调查海洋及相关产业分类》	GB/T 20794-2021《海洋及相关产业分类》
背景	海洋经济日益成为国民经济的新增长点。主要海洋产业统计有稳定的数据源，但在统计范围、口径、标准等方面都存在一定缺陷，有待进一步完善和规范	现行标准对照的国民经济行业分类已经修订，无法完全反映海洋经济的发展实际	海洋经济已成为国民经济发展的重要增长点，总量不断迈上新台阶，海洋新产业、新业态不断涌现。现行标准已经不能保证与国家数据的有效共享，亟须开展标准修订工作
目的	形成国家层面的、规范化的、能全面综合反映海洋经济运行状况的海洋经济核算体系	开展第一次全国海洋经济调查	完善海洋产业分类体系，明晰海洋产业分类构成，实现与国民经济行业分类、国际标准产业分类的有机衔接
意义	是海洋经济最基础最广泛的标准之一，为从事海洋有关工作的涉海企事业单位、国家机关和社会团体进行海洋产业类别划分提供了重要依据	为第一次全国海洋经济调查提供了基本分类依据，并为后续国标修订提供了实证检验	标准分类具有较强的操作性，为海洋经济调查、统计、核算、评估等工作提供科学、全面的技术支撑，体现了科学性、前瞻性、实用性
结构与门类	标准分为两类三个层次，共包括 2 个类别 29 个大类 107 个中类	标准共包括 2 个类别 34 个大类 128 个中类 416 个小类	标准共包括 5 个产业类别，下分 28 个产业大类 121 个产业中类 362 个产业小类
参考	参考《全部经济活动的国际标准产业分类》（1989 年修订，第三版，简称：ISIC/Rev.3）	—	参照 GB/T 1.1-2020《标准化工作导则第 1 部分：标准化文件的结构和起草规则》的规定起草

---

① 安海燕：《国家标准〈海洋及相关产业分类〉修订版发布》，《中国自然资源报》2022 年 1 月 11 日，第 5 版，DOI：10.28291/n.cnki.ngtzy.2022.000114。

	2006 年颁布国标	2015 年调查标准	2021 年修订版国标
配套使用	GB/T 4754－2002《国民经济行业分类》	GB/T 4754－2011《国民经济行业分类》	GB/T 4754－2017《国民经济行业分类》
废止	实施之日起，HY/T 052－1999《海洋经济统计分类与代码》即行废止	—	代替 GB/T 20794－2006《海洋及相关产业分类》，该文件于 2006 年首次发布，本次为第一次修订

二　中国海洋经济的发展历程与现状

（一）中国海洋经济发展历程①

1. 社会主义革命和建设时期

新中国成立初期，我国海洋力量十分薄弱，以毛泽东同志为核心的第一届党中央领导集体，总结了近百年我国饱受西方列强从海上入侵的历史，提出"海防为我国今后主要的国防前线"②、"建设一支强大的海军"③等战略方针。由于抗日战争和解放战争对我国经济造成了极大破坏，我国海洋经济发展的起步阶段十分困难。受制于没有一支符合时代的海军力量，中国海洋安全受到了美国等多方势力的威胁。同时，由于没有科学的发展方针，过度的海洋捕捞对海洋生态造成了不可逆的影响，我国的海洋渔业资源至今也未能重回历史高位。此外，新中国成立初期我国海洋运输业规模极小，中国大量的运输需求对外国船只的依赖度很高，交流沟通所需的高成本限制了中国与外国的海洋交流。

2. 改革开放和社会主义现代化建设时期

20 世纪 70 年代末开始了影响我国发展格局的改革开放，海洋经济各

---

① 廖民生主编《海洋经济学读本》，中国海洋大学出版社，2019，第 12~14 页。
② 《关于海军领导关系的决定的命令》，中国中央人民政府革命军事委员会，1951 年 10 月。
③ 《目前形势和党在 1949 年的任务》，党中央政治局会议决议，1949 年 1 月 8 日。

个行业实现了长足发展。一方面填补了中国某些海上行业的空缺，另一方面推动了中国海洋经济各个行业的深度发展。在海军建设上，新式舰船陆续入列服役，保障了中国推进海洋经济开发的军事力量支撑。在制度管理层面，我国在这一时期陆续出台了《海洋渔业法》《海域使用管理法》《对外国籍船舶管理规则》《对外合作开采海洋石油资源条例》等一系列法律法规，加强了对各种海洋经济活动的监督和管理，提高了海洋经济开发效率、增进了长远效益。同时，运输船只制造能力提升，中国逐步摆脱了对外国运输船只的依赖，海洋运输业取得了很大进步。这一阶段中国对国外技术的需求仍然居高不下，对技术要求较高的海洋资源开发等产业发展仍然较为缓慢，且缺乏统一的产业规划，各产业相对独立，难以获得协同发展的契机，这些都是这一阶段我国海洋经济发展仍存在的问题。

3. 21 世纪进入快速发展时期

经历了改革开放 20 余年的发展，中国海洋发展体系逐步完善，加之科技水平稳步提升，工业制造业规模逐步扩大，中国海洋经济快速发展已是大势所趋。国务院在 2003 年颁布了《全国海洋经济发展规划纲要》，作为中国第一部有关海洋发展的纲领性文件，标志着中国正式跨入海洋经济全面发展时代。沿海各省份在这一时期先后推出了适合本地区的发展规划，将海洋经济规划上升到国家战略高度。国家先后设立山东半岛蓝色经济区、浙江海洋经济发展示范区、广东海洋经济综合实验区等区域性发展试点地区，在海洋统一发展格局下根据各地经济特点作出具有地方特色的发展规划。此外，加入 WTO 等国际性组织为中国提升海洋话语权提供了契机。

4. 战略性转型新时期

随着党中央提出"提高海洋资源开发能力，发展海洋经济，保护海洋生态环境，坚决维护国家海洋权益，建设海洋强国"[1] 这一重大部署，中

---

[1] 《胡锦涛在中国共产党第十八次全国代表大会上的报告》，中国政府官网，https://www.gov.cn/ldhd/2012-11/17/content_2268826_5.htm，最后访问日期：2024 年 8 月 6 日。

国开始向海洋强国迈进。海洋强国这一重大战略部署将海洋经济提升到更高的战略层次。2013 年，习近平总书记在主持中共中央政治局第八次集体学习时进一步强调，建设海洋强国是中国特色社会主义事业的重要组成部分，要进一步关心海洋、认识海洋、经略海洋。同年，中国首次提出建设"21 世纪海上丝绸之路"的战略决策，要求大力发展海洋经济。在经济发展新常态背景下，海洋经济发展的重要意义进一步凸显。党的十九大报告提出，"坚持陆海统筹，加快建设海洋强国"①，强调从陆海统筹视角发展海洋经济，将区域规划的范围由陆地拓展至海洋。为推进海洋经济高质量发展，2018 年中国批准了 14 个海洋经济发展示范区，深入实施创新驱动发展战略，推动试点地区成为全国海洋经济发展的重要增长极和建设海洋强国的重要功能平台。2024 年国务院政府工作报告指出，"大力发展海洋经济，建设海洋强国"②。在这一阶段，中国开始重新认识海洋、关心海洋、理解海洋，开始统筹海洋资源的保护利用，加强海洋环境污染防治，推动海洋科技突破，进一步确保了海洋生物的多样性发展，为之后的海洋经济长远发展奠定了基础。

（二）中国海洋经济发展现状

1. 总体情况

根据自然资源部海洋战略规划与经济司颁布的 2023 年中国海洋经济生产总值初步统计结果，2023 年中国海洋生产总值 9.91 万亿元，对国民经济增长贡献率为 7.9%（见图 1）。其中海洋第一产业增加值 4622 亿元，第二产业增加值 35506 亿元，第三产业增加值 58968 亿元，分别占海洋生产总值的 4.7%、35.8% 和 59.5%。第二产业与第三产业的均衡发展格局

---

① 《习近平：决胜全面建成小康社会 夺取新时代中国特色社会主义伟大胜利——在中国共产党第十九次全国代表大会上的报告》，中国政府网，2017 年 10 月 18 日，https://www.gov.cn/zhuanti/2017-10/27/content_5234876.htm，最后访问日期：2024 年 8 月 6 日。
② 《政府工作报告》，中国政府网，2024 年 3 月 5 日，https://www.gov.cn/gongbao/2024/issue_11246/202403/content_6941846.html，最后访问日期：2024 年 8 月 6 日。

被打破，第三产业迅速发展，"三二一"的产业结构趋于稳定，标志着中国海洋经济结构调整已经取得了初步成效。其中，占比前三位的分别为滨海旅游业、海洋交通运输业和海洋渔业，三者产值相加占海洋经济总产值的比重超过80%，为中国海洋经济体系中绝对的主导产业。

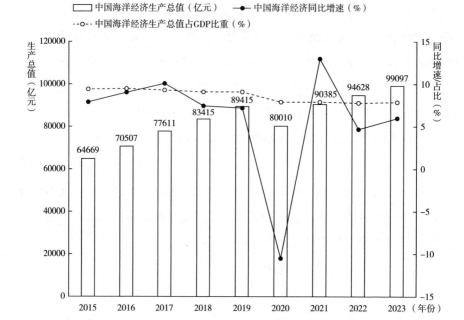

图 1　2015～2023 年中国海洋生产总值、增速及占 GDP 比重

资料来源：自然资源部海洋战略规划与经济司官网要闻播报，https://www.mnr.gov.cn/dt/ywbb/202403/t20240320_2840072.html。

2. 主要海洋经济产业发展情况

一是海洋渔业。近年来海洋渔业转型升级逐步推进。由于行业本身受自然环境影响较大，加强自然环境保护是进一步发展海洋渔业的重点。目前，针对养殖和捕捞的结构优化已经稳步推进，种质资源保护与利用能力不断强化，逐步推进绿色智能化捕捞和养殖体系。世界范围内均存在海洋鱼类资源枯竭趋势，未来海洋渔业增长空间不大，中国应继续提高资源获取和分配效率，合理分配海洋资源。2023 年中国深远海养殖加快推进，优质海产品供给能力不断提高，海洋水产品产量超 3500 万吨，同比增长近 3%，国家级海洋牧场示范区数量达到 169 个，比 2022 年增加 16 个，沿海各地深远海养殖装备制造和投产运营不断取得新进展。海洋渔业实现增加值 4618 亿元，同比增长 3.2%①。

二是海洋交通运输业。在港口建设方面，2023 年 1~11 月，中国沿海港口固定资产投资完成 835 亿元，同比增长 16.8%，增速较上年同期加快 10.5 个百分点，港口绿色化和智能化水平进一步提升。跨海高铁、海底隧道建设持续推进，总投资额 530 亿元的跨海福厦高铁、225 亿元的大连湾海底隧道和延伸线工程竣工投用，一批重大海洋工程项目建设进入新阶段。海洋交通运输业增加值 7623 亿元，比上年增长 8.5%，沿海港口货物吞吐量近 110 亿吨②。

三是滨海旅游业。2020 年以前中国的滨海旅游业呈现高速增长态势，但受到疫情冲击，2020 年之后滨海旅游业一直呈现颓势。虽然 2021 年后疫情防控形势向好，但由于其多点散发的影响，滨海旅游业仍未能回到疫情前水平。2023 年中国海洋旅游业增加值 14735 亿元，比上年增长 10.0%，居民旅游需求得到释放，多个邮轮港实现邮轮复航③。

四是其他海洋产业。海洋传统产业中，海洋渔业、海洋盐业、海洋水产品加工业、海洋工程建筑业实现平稳发展；海洋油气业、海洋化工业、海洋船舶工业、海洋工程装备制造业均实现了 5% 以上的较快发展。海洋电力业、海水淡化等海洋新兴产业继续保持较快增长势头。海洋药物和生物制品业增加值略有回落。

① 《2023 年海洋经济复苏强劲，量质齐升》，自然资源部海洋战略规划与经济司官网要闻播报，https://www.mnr.gov.cn/dt/ywbb/202403/t20240320_2840073.html。
② 《2023 年海洋经济复苏强劲，量质齐升》，自然资源部海洋战略规划与经济司官网要闻播报，https://www.mnr.gov.cn/dt/ywbb/202403/t20240320_2840073.html。
③ 《2023 年海洋经济复苏强劲，量质齐升》，自然资源部海洋战略规划与经济司官网要闻播报，https://www.mnr.gov.cn/dt/ywbb/202403/t20240320_2840073.html。

3. 区域海洋经济情况

《国民经济和社会发展第十四个五年规划和2035年远景目标纲要》划定了三大海洋经济圈，分别指北部、东部和南部海洋经济圈。北部海洋经济圈是由辽东半岛、渤海湾和山东半岛沿岸地区所组成的经济区域，主要包括辽宁省、河北省、天津市和山东省的海域与陆域。东部海洋经济圈是由长江三角洲沿岸地区所组成的经济区域，主要包括江苏省、上海市和浙江省的海域与陆域。南部海洋经济圈是由福建、珠江口及其两翼、北部湾、海南岛沿岸地区所组成的经济区域，主要包括福建省、广东省、广西壮族自治区和海南省的海域与陆域。

2021年，中国海洋经济总体仍呈南高北低特征，北部海洋经济圈总产值25867亿元，东部海洋经济圈总产值29000亿元，南部海洋经济圈总产值35518亿元，增长幅度均在10%以上，整体呈共同发展态势（见图2）。

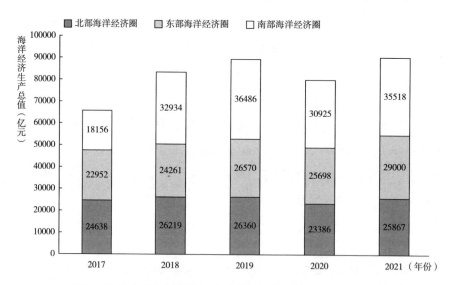

图2 2017~2021年中国三大海洋经济圈海洋生产总值概况

资料来源：《2021中国海洋经济统计公报》，中国政府网，https://www.gov.cn/xinwen/2022-06/07/5694511/files/2d4b62a1ea944c6490c0ae53ea6e54a6.pdf，最后访问日期：2024年8月6日。

三　中国发展海洋经济的积极探索

(一)实施"科技兴海"战略,推动海洋产业提质增效

海洋经济发展较好的地区,需要持续增加海洋科技创新投入,提高培养海洋科技人才以及设立海洋科研机构的能力,并及时关注当前国际海洋科技前沿,为有效解决海洋新兴产业发展中遇到的技术瓶颈以及解决海洋技术"卡脖子"难题创造有利条件;应逐步加大对海洋科技的投入和政策支持力度,鼓励创新,加大人才的引进和培养力度,出台完善的人才引进政策和制度,吸引海外人才有序有效回流;同时,加大本土人才的培养力度,依托科研院所和产业园区,积极培养一批具有科技创新能力和管理能力的高级海洋人才[①]。海洋经济欠发达的地区,需要充分整合科技创新资源,通过设立海洋科研机构以及创新产业园区的方式,打造海洋科技创新平台,以此加强海洋开发方面的研究,提升地区海洋创新能力,要充分利用地区涉海高等院校及研究机构的资源优势,加大力度引进或培养海洋专业的高素质人才,使其与海洋产业发展需求相对接,为地区整体发展以及中国海洋经济发展提供有力支撑。

(二)落实陆海统筹,推进区域海洋经济协同发展

以广东、上海、山东为代表的具有深厚海洋经济发展基础的地区,需要明确未来海洋新兴产业的发展方向,积极培育其产业发展的市场环境,并将劳动密集型等相关产业转移到海洋经济欠发达地区。而其他海洋经济发展水平较低的地区,一方面需要充分利用自身所具有的丰富资源与发展环境优势,统筹陆海资源,积极培育具有地区特色的海洋产业,有序培育产业优势;另一方面要做好承接沿海发达地区海洋劳动密集型等相关产业转移的准备,通过产业转移丰富自身的海洋产业结构,并以此打破行政边界的限制,促进国内各沿海省份的深度合作,推进海洋发展资源在区域间

---

① 王殿昌、李先杰、宋维玲、段晓峰:《完善海洋经济管理　构建海洋经济发展新格局》,《海洋经济》2021年第5期,第29~37页。

的要素流通，达到缩小区域发展差距、实现整体协同发展的目标。中国是一个陆海兼备的发展中大国，处理好陆地和海洋的关系，事关经济社会的长远发展和国家的安全大局，陆海统筹在海洋强国建设中发挥引领作用。习近平总书记在党的十九大报告中明确指出："坚持陆海统筹，加快建设海洋强国。"①

（三）增强绿色发展意识，实现海洋经济绿色健康发展

提高新时代我国海洋经济的发展质量，首先，必须增强绿色发展意识，政府在充分发挥海洋管理职能基础上建立健全海洋生态环境保障体制以及法律法规体系，为实现海洋经济绿色健康发展提供政策和法律保障；其次，产业发展应从绿色节能角度出发，充分考虑海洋产业布局选位，摒弃过去低效益高耗能的落后发展方式，采用低能耗、低排放的发展方式，实现海洋经济绿色发展；最后，通过宣传教育、对外文化交流、发展相关文化产业等方式，推动海洋生态环境保护观念深入居民的日常生活，唤醒并提高居民的海洋环境保护意识，进而为形成海洋绿色发展模式及人类与海洋和谐相处的美好局面创造有利的社会发展条件。

（四）加强海洋经济法律保障，加快建设海洋强国

中国已经明确了"海洋强国"发展战略，也出台了较多海洋领域的规划文件。后续要进一步完善现有规划，建立包含资金、政策、法律、管理在内的战略体系，针对各海洋产业制定产业发展规划与政策指导目录。当前的海洋经济时代，海洋大国在海洋资源、海权以及海洋经济等方面的竞争日趋激烈，海洋问题极易成为舆论焦点。面对激烈的海洋竞争，中国也要立规矩，理直气壮地管控海洋，经略海洋，发展海洋经济，实施海洋发展战略，推动海洋强国建设不断取得新进展，占据海洋战略的制高点②。

---

① 《习近平：决胜全面建成小康社会 夺取新时代中国特色社会主义伟大胜利——在中国共产党第十九次全国代表大会上的报告》，中国政府网，https：//www.gov.cn/zhuanti/2017-10/27/content_5234876.htm，最后访问日期：2024年8月6日。

② 郭莹：《海洋强国战略背景下海洋经济发展方向及策略》，《中国统计》2020年第9期，第36~38页。

在这一过程中，应当向世界传播中国的声音，公开表达中国的意志，这既是中国的愿望，也是让世界了解中国的需要。中国要实现海洋强国的战略目标，必须建立符合中国海洋强国要求的本土化海洋话语体系；完善法治，增强海洋话语的合法性；加快海军现代化建设步伐，为确立海洋话语提供坚强的后盾；打好经济牌，增强中国对海洋国际事务的发言权，理性融入国际海洋话语体系，与各方平等开展沟通对话；在网络平台上创造中国式海洋话语，提升中国海洋话语权。

中国作为负责任的海洋大国，积极参与国际海洋治理，在"海洋命运共同体"理念指导下发展开放型海洋经济，以中国智慧、中国方案积极参与塑造新型国际海洋治理格局，确保各国合理开发海洋资源的权利，共同维护全球海洋秩序，携手建设人类赖以生存的蓝色家园。

第二节　海洋经济立法

一　海洋经济法律的范畴

海洋经济法律并非专门的法律术语。确定海洋经济法律的范畴有助于宏观上考察海洋法治发展状况、促进海洋法律体系的形成与完善。目前，对海洋经济法律的定义主要围绕海洋经济的概念、范围以及促进海洋经济发展的各种要素进行界定。根据 2003 年国务院发布的《全国海洋经济发展规划纲要》，海洋经济是指开发利用海洋的各类产业及相关经济活动的总和。有学者认为："海洋经济法律是对海洋经济中各项海洋产业、海洋相关活动的具体权利义务关系的确认，不仅包括涉海经济的单行法，也包括部门法中的涉海经济法律规范。"[①] 该定义是从学理上定义海洋经济法律的有益尝试，一定程度上指的是狭义的海洋经济法律，大致包括海洋渔业、海洋交通运输业、海洋油气业、滨海旅游业、海洋船舶工业、海盐及

---

① 曲波、杨川：《论海洋经济法律的体系化》，《宁波大学学报》（人文科学版）2018 年第 6 期，第 105~113 页。

海洋化工业、海水利用业、海洋生物医药业、海洋经济区域、海岛及临近海域、大陆架和专属经济区、海洋生态环境与资源保护（海洋污染防治、海洋生态保护、海洋生物资源保护以及海岸、河口和滩涂保护）等方面的法律、法规以及部门规章等。在更广泛的意义上，海洋法律均与海洋经济相关，即包括宪法、海洋基本法、专门性海洋立法等涉海内容的立法，亦即包含"管海""用海""护海"的一切法律。

海洋经济法律的范畴不应过于限缩或扩张，尤其不宜等同于海洋法律，否则专门研究海洋经济法律于学理和实践上皆无意义。从国家海洋经济发展规划出发，海洋经济法律应包含调整、规范、促进、保障海洋经济发展的所有法律规范。

二　海洋经济法律的体系化发展

海洋经济法律是海洋法律的重要组成部分。改革开放以来，海洋经济法律随着海洋法治的发展已逐步走向体系化，为我国海洋经济的发展提供了重要法律保障。概括起来，我国海洋经济法律的体系化发展主要经历了以下三个阶段。

（一）海洋经济法律基本框架的形成

20世纪80年代至20世纪末，我国先后在海洋资源开发、海洋环境保护、海上交通安全、海上交通运输等方面制定了专门性法律法规及部门规章，初步形成了海洋经济法律的基本框架。

专门性法律包括《海洋环境保护法》（1982年）、《海上交通安全法》（1983年）、《渔业法》（1986年）、《矿产资源法》（1986年）、《海商法》（1992年）、《专属经济区和大陆架法》（1998年）等。

行政法规包括《对外合作开采海洋石油资源条例》（1982年）、《防止船舶污染海域管理条例》（1983年）、《海洋石油勘探开发环境保护管理条例》（1983年）、《海洋倾废管理条例》（1985年）、《渔业法实施细则》（1987年）、《航道管理条例》（1987年）、《防止拆船污染环境管理条例》（1988年）、《渔港水域交通安全管理条例》（1989年）、《海上交通事故调查处理条例》（1990 年）、《防治陆源污染物污染损害海洋环境管理条例》（1990 年）、《船舶和海上设施检验条例》（1993 年）、《航标条例》（1995 年）。

部门规章包括《海洋石油勘探开发环境保护管理条例实施办法》（1989 年）、《国家海域使用管理暂行规定》（1993 年）等。

(二)海洋经济法律的发展

进入 21 世纪，海洋经济成为国民经济新的增长点。2003 年《全国海洋经济发展规划纲要》提出，"完善相关法律法规体系，抓紧制定和组织实施海域权属管理制度、海域有偿使用制度、海洋功能区划制度，完善海洋经济统计制度"。2008 年《国家海洋事业发展规划纲要》对海洋法制建设提出了更为具体的要求：建立健全海洋管理法律法规，尽快完善《海域使用管理法》《海洋环境保护法》《海上交通安全法》《渔业法》等的配套法规，深化《领海及毗连区法》《专属经济区和大陆架法》的配套制度研究。

根据上述规划纲要，海洋经济法律得到进一步发展与完善。专门法律方面，2001 年《海域管理法》规定了海域管理制度，具体包括海洋功能区划制度、海域使用权制度以及海域有偿使用制度。《环境影响评价法》（2002 年）、《港口法》（2003 年）、《可再生能源法》（2005 年）、《循环经济促进法》（2008 年）、《海岛保护法》（2009 年）等的颁行强化了海洋环境生态等领域的管理与保护。海洋经济行政法规方面也进一步健全，如制定了《国际海运条例》（2001 年）、《防治海洋工程建设项目污染损害海洋环境管理条例》（2006 年）、《防治船舶污染海洋环境管理条例》（2009 年）等。

此外，对已有的法律法规等也进行了修订。修订的法律主要有《渔业法》（分别于 2000 年、2004 年、2009 年修订）、《海域使用管理法》（2004 年修订）、《矿产资源法》（2009 年修订）。修订的行政法规主要有《对外合作开采海洋石油资源条例》（分别于 2001 年、2011 年修订）、《防治海洋工程建设项目污染损害海洋环境管理条例》（2006 年修订）、《航道管理条例》（2008 年修订）、《防止船舶污染海域管理条例》（2009 年修订）、《渔港水域交通安全管理条例》（2011 年修订）。

（三）海洋经济法律的深化

党的十八大报告明确提出，"提高海洋资源开发能力，发展海洋经济，保护海洋生态环境，坚决维护国家海洋权益，建设海洋强国"。党的十八届四中全会提出，"全面推进依法治国"，中国特色社会主义法治建设进入新阶段。海洋经济在海洋强国战略驱动下快速发展，海洋经济法律在海洋法治建设过程中进一步深化完善。

2012 年国务院《全国海洋经济发展"十二五"规划》将完善海洋法律法规体系作为优化海洋经济发展制度环境的措施之一，要求"抓紧制定海域使用管理法、海洋环境保护法、海岛保护法、海上交通安全法、矿产资源法、渔业法等法律法规的配套制度，加大执法力度，强化执法监督。加强对地方海洋立法工作的指导，支持沿海地区进行制度创新和改革。"2017 年《全国海洋经济发展"十三五"规划》在海洋法律完善方面进一步提出："推进海洋基本法、南极立法相关工作，加强海洋防灾减灾、海洋科研调查、海水利用等方面的立法，完善深海海底矿产资源开发法、海域使用管理法、海洋环境保护法、海岛保护法、海上交通安全法、矿产资源法、渔业法等法律法规的配套制度。加强对地方海洋立法工作的指导，支持沿海地区进行制度创新和改革。"2021 年 3 月 12 日发布的《国民经济和社会发展第十四个五年规划和 2035 年远景目标纲要》明确提出，"积极拓展海洋经济发展空间"，具体要求是：坚持陆海统筹、人海和谐、合作共赢，协同推进海洋生态保护、海洋经济发展和海洋权益维护，加快建设海洋强国。2021 年 12 月 27 日《"十四五"海洋经济发展规划》获得国务院批复。

上述文件对海洋经济法律发展作出了阶段性规划，保持了海洋经济法律发展的连续性。其间，专门法律的发展表现在：2016 年制定了《深海海底区域资源勘探开发法》，修订了《渔业法》（2013 年）、《海洋环境保护法》（分别于 2013 年、2016 年、2017 年、2023 年修订）、《海上交通安全法》（分别于 2016 年、2021 年修订）。修订的行政法规有：《对外合作开采海洋石油资源条例》（2013 年）、《国际海运条例》（分别于 2013 年、2016 年、2019 年、2023 年修订）、《防止船舶污染海域管理条例》（分别于 2013 年、2014 年、2016 年修订）、《防止拆船污染环境管理条例》（2016 年）、《海洋倾废管理条例》（于 2016 年、2017 年修订）、《防治海洋工程建设项目污染损害海洋环境管理条例》（于 2017 年、2018 年修订）、《渔港水域交通安全管理条例》（于 2017 年、2019 年修订）、《船舶和海上设施检验条例》（2019 年）、《渔业法实施细则》（2020 年）。

值得重点关注的是，海洋基本法于 2015 年被列入国务院立法工作计划，2018 年被十三届全国人大常委会列入二类立法项目。2017 年 12 月，国家海洋局修订《国家海洋局海洋立法工作程序规定》，进一步规范国家海洋局立法工作程序。2019 年江苏省颁布了《江苏省海洋经济促进条例》，这是全国首部促进海洋经济发展的地方性法规。海洋经济法律的体系化程度进一步增强。2023 年 11 月 23 日福建省颁布《福建省海洋经济促进条例》，12 月 26 日厦门市颁布《厦门经济特区海洋经济促进规定》。

第三节　海洋经济行政执法

一　海洋经济行政管理体制概述

我国现行的海洋管理体制是在 1998 年行政体制改革基础上形成的，即以行业条线为基础的管理部门和从陆地延伸到海洋的管理模式，是一种分散型的管理体制。

海洋经济管理是指管理者为达到一定目的，对海洋领域的生产和再生产活动进行的以协调各当事者的行为为核心的计划、组织、推动、控制、调整等活动。海洋管理是国家对全部海洋活动的计划、组织、控制和监督。海洋经济管理只是海洋管理的一部分内容。但是，由于海洋经济管理涉及海洋管理的其他内容甚至全部内容，从某种意义上说，它们具有同一性。从海洋经济管理范围来看可分为五个层次（见表 2）。

表 2　海洋经济管理的五个层次

第一层次	国际社会对公海和国际海底区域经济活动的管理
第二层次	中央对全国海洋经济系统的管理
第三层次	各经济区域和各沿海地区政府对本地区海洋经济活动的管理
第四层次	各海洋产业部门对本行业的经济管理
第五层次	各海洋企业对本企业的经营管理

根据我国现有的涉海法律法规，有多个部门获得授权管理我国相关海洋事务，国家海洋局是管理海洋事务的最主要部门。根据条块结合管理模式，行业管理按照"条条"纵向分级进行。各涉海部门按照"中央—省—市—县"从上到下逐级建立，属业务指导关系。区域管理横向并列存在，县、市、省政府分别管理各自辖区内的涉海事务。从国家层次来讲，目前尚缺乏统领海洋经济发展的常设机构，由于国家海洋局级别和权限较低，不具有统筹和协调海洋开发的权力或职能，涉海部门间的协调沟通机制尚未形成。

从地方层次来讲，也存在相同的问题。由于地方海洋管理职能部门级别和权限较低，不具有统筹和协调海洋开发的权力或职能，目前也基本上没有统领海洋经济发展的常设机构。但为加强地方各涉海部门的联系与沟通，地方通常以"海洋经济领导小组"形式设立以党委、政府为主导的临时性议事机构，由地方党委、政府行政领导人任组长，各涉海部门主要负责人任组员，以促进地方海洋经济统筹发展，涉海部门的沟通协调机制框架初步形成（见表3）。

表 3　我国现行海洋经济管理体制

主管部门	主要管理职责	授权依据
自然资源部	拟定海洋基本法律、法规和政策，承担海洋经济与社会发展的统计工作，监督管理海域使用，主管海洋环境保护工作，监督管理涉外海洋科学调查研究活动，组织海洋基础与综合调查、海洋重大科技攻关和高新技术研究等	国务院各部门的三定方案、《海洋环境保护法》、《海域使用管理法》

续表

主管部门	主要管理职责	授权依据
交通运输部、国家海事局	国家水上安全监督和防治船舶污染、船舶及海上设施检验、航海保障管理和行政执法	《海上交通安全法》、船舶登记章程、《海洋环境保护法》、《海商法》等
农业农村部渔业渔政管理局	渔业行业管理，行使渔政、渔港和渔船检验监督管理权，负责渔船、船员、渔业许可和渔业电信管理	《渔业法》、禁渔区/休渔期命令、《海洋环境保护法》等
中国海关	查缉各类走私案件	《海关法》
中国海军	海洋国土保卫，护渔、护航	
中国海警局	维护海上治安，打击海上违法犯罪活动，缉毒缉枪、缉私、反偷渡	《海警法》
生态环境部	海洋环境保护、海岸工程的审批	《环境保护法》《海洋环境保护法》
国家水利部	水资源综合利用与保护、海岸滩涂的治理和开发	《水法》
文化和旅游部	滨海旅游管理	
国家发展改革委	海上石油开发利用	

然而，我国海洋法治建设相对滞后，涉海立法单一、分散，管理体制尚未统一，海洋权益时常遭到侵犯，海洋强国战略受到严重挑战。近年来，国家海洋管理机构改革加快、海洋执法队伍整合提速，海洋安全的国内外环境和海洋生态环境保护亟待进一步改善，我国参与全球海洋治理逐渐增多，提升国家的海洋治理能力，为实现海洋强国建设目标提供法律保障。

改革开放后，我国海洋治理主要是为保障海洋发展，争取和平安全的海洋环境，采取"搁置争议、共同开发"策略，着力发展海洋经济。我国在维护国家海洋权益的基础上，进一步加强海洋科技、发展海洋产业、振兴海洋经济。

进入 21 世纪，我国大力推进生态文明建设，保护海洋生态环境。党的十八大报告第八部分"大力推进生态文明建设"明确提出，"建设海洋强国"。在新时代，我国更加重视海洋战略问题，党的十九大报告指出，"要坚持陆海统筹，加快建设海洋强国"。2021年1月，中共中央印发的《法治中国建设规划（2020~2025年）》提出，"建设高效的法治实施体系，深入推进严格执法、公正司法、全民守法"①。海洋治理的内涵包括海洋经济、海洋生态、海洋科技、海洋法治与海洋维权等方面。推进海洋强国建设即推动海洋经济向质量效益型转变。党的十九届四中全会决定推进国家治理体系和治理能力现代化，国家治理现代化的核心是法治现代化。

二 海洋经济行政管理体制在依法治海实践中不断完善

党的十一届三中全会以后，我国海洋行政管理工作逐步走上了健康发展道路。在依法治海实践中不断健全和完善海洋行政管理体制，是提高海洋法治建设质量和水平的重要保证。从中央到地方各级涉海部门紧紧围绕海洋法律法规的施行和监督，持续完善依法行政的若干制度机制。

（一）由中央单一管理体制调整为央地分级管理体制

由中央单一管理海洋的体制调整为中央统一管理和授权地方分级管理相结合的管理体制。从1978年至1994年，我国的海洋行政管理体制处于中央统一管理阶段。1994年以后，进入中央统一管理和授权地方分级管理相结合阶段，在这之前地方政府没有参与其中。然而，随着海洋科技的不断深入和海洋事业的迅速发展，沿海各级地方政府及其相关涉海部门、涉海行业与海洋的联系越来越紧密，但沿海地方政府行政区划不含海域，因此由中央单一管理海洋体制的弊端表现得越来越明显，严重制约海洋经济的发展。基于这种情况，1995年9月出台的《国家海洋局北海、东海、南海分局机构改革方案》要求，国家海洋局各海区分局尽快理顺与地方海

---

① 《法治中国建设规划（2020~2025年）》，人民网，2021年1月11日，http://politics. people.com.cn/n1/2021/0111/c1001-31995033.html，最后访问日期：2022年7月30日。

洋行政管理机构的关系，明确分局与地方政府的行政管理权限和范围。方案规定：分局主要负责管理领海、大陆架、专属经济区，并做好本海区的海洋综合管理和公益服务工作；沿海地方政府主要负责海岛海岸带及其近海海域的海洋工作。自此，我国的海洋行政管理体制实现了中央统一管理与授权地方分级管理相结合。

（二）调整完善国家海洋局的主要职能

不断调整原国家海洋局的隶属关系，完善其建制和主要职能。原国家海洋局是全国范围内海洋行政管理工作的承担者，也是全国海洋事务统一协调的专门机构。隶属关系上，从1980年10月开始，国家海洋局由海军代管改为由国家科委代管，主要职能为海洋行政管理和公益服务；1983年，改为直接隶属于国务院，国家科委进行归口管理，主要职责是：组织和协调全国范围内的海洋工作，组织和实施海洋管理、海洋科研、海洋调查和海洋公益服务等方面的工作；1988年，国家海洋局被赋予海洋综合管理职能，通过制定涉及海洋管理的综合法规和政策，建立和发展直接为各项海洋事业服务的科研调查和工业服务体系，开展一系列旨在开发海洋资源和保护海洋生态环境的综合管理工作。1993年，国家海洋局成为国家科委管理的国家局，主要职责基本不变；到1998年，国家海洋局改为隶属于新组建的国土资源部。

（三）重组国家海洋局

长期以来，我国的海洋行政管理处于"五龙治海"状态，中央层面的涉海管理部门多达17个部委和机构，这样的体制结构严重制约了我国海洋维权能力的提高。2013年十二届人大一次会议决定重组国家海洋局，对国家海洋管理和执行体制进行改革，将农业部、中国渔政、海关总署、海上缉私警察、公安部边防海警的职能划归国家海洋局，国家海洋局以中国海警局名义对外维权执法，业务上接受公安部的指导。2018年国家机构改革后，原国家海洋局撤销，仅对外保留国家海洋局牌子，其职责和功能相应归并到自然资源部和生态环境部。同时设立国家层面上的议事协调机构国家海洋委员会，负责研究制定海洋发展战略，统筹协调海洋重大事项。

（四）成立中央海权办

2012 年下半年，中央海洋权益工作领导小组办公室宣告成立，简称中央海权办，主要职责是具体负责协调统筹海洋权益事宜，是我国海洋维权核心政策中枢。这一高层协调机构与中央外事工作领导小组办公室合署办公，其成员单位包括军方、外交部、公安部、农业部和国家海洋局等。中央海权办的成立和国家海洋局的重组为海洋强国战略的实施提供了组织准备和机构准备，主要从国家战略高度审视和把握海洋权益的维护和拓展。

三　海洋经济行政管理体制的不断发展

（一）健全制度体系

强化市场主导，完善海洋产业投融资风险分担机制，发挥涉海企业在海洋经济发展中的主体作用和创新创造活力，配合国家建立重点涉海企业联系制度，健全海洋产业发展标准体系，着力解决涉海中小企业发展中面临的问题。更好地发挥政府作用，强化风险意识和底线思维，加强同财政、金融、重要资源、生态环境等领域政策制度的协同联动。建立健全海洋经济人才队伍体系，强化沿海各级管理力量配备，加强业务知识培训，提升海洋经济管理决策和服务能力。改革海洋执法机制，整合执法力量，创新执法模式，维护海洋合法权益。

（二）规范行政权力运行

研究拟定海洋经济行政管理部门权力清单、责任清单和负面清单。海洋经济行政管理部门促进海洋经济发展更多承担的是制定重大行政决策、推进依法行政、发挥行政指导职能，因此要加强事中事后监管，尤其是过程监督。通过法定程序，把海洋经济行政管理部门的行政权力关进制度的笼子里。此外，进一步拓展主动公开政务信息范围，完善公众参与渠道，扩展海洋经济行政管理的互动功能。

（三）健全协调和评估机制

加强统筹协调与沟通合作，健全涉海法律法规制度体系，强化财政、投融资等政策的协调配合，健全规划实施与评估机制，提高对海洋经济发

展的管理和调节能力。

一是加强宏观指导。充分发挥促进全国海洋经济发展部际联席会议作用，加强对全国海洋经济发展规划实施的指导、监督和评估，协调解决海洋经济发展政策与机制创新中的重大问题。国务院各有关部门要按照职责分工，落实责任，提高行政管理效能，制定促进海洋经济发展的政策措施。加强中央与地方海洋经济管理工作联动，健全完善跨区域协调机制，建立促进军民融合发展的工作机制。沿海地方政府加大对海洋经济发展的支持力度，研究制定促进本地区海洋经济发展的政策措施。发挥企业在海洋经济领域的主导作用，在产业集中度较高的城市，支持组建各类涉海行业协会、商会，增强行业自律、信息互通、资源共享和产业合作。

二是完善制度体系。切实发挥海洋主体功能区规划的基础性和指导性作用，加快编制与实施沿海省级海洋主体功能区规划。严格执行海洋功能区划制度，加强海洋功能区划实施的跟踪与评估。编制实施海岛保护、国际海域资源调查与开发、海洋科技创新、海水利用、海洋工程装备等专项规划，加强专项规划的环境影响评价。加强行政决策程序建设，完善海洋行政许可制度，强化执法监督检查。实施海洋督察制度，开展常态化海洋督察。健全海洋普法宣传教育机制。

第四节　海洋经济发展的司法保护

一　逐步实现司法解释对海事纠纷的全覆盖

根据《中国海事审判》的统计，最高人民法院 1986 年至 1992 年陆续制定了涉外海事诉讼管辖、诉前扣船、强制变卖被扣押船舶、海事法院收案范围、涉外海上人身伤亡损害赔偿等 5 个司法解释。《海商法》和《海事诉讼特别程序法》颁布后，最高人民法院于 1994 年至 2013 年 20 年间先后制定颁布了船舶碰撞和触碰财产损害赔偿、《海事诉讼特别程序法》适用、海上保险、船舶碰撞、无正本提单交付货物、海事赔偿责任限制、船舶油污损害赔偿、海上货运代理纠纷等 16 个司法解释，逐步实现了对常规性海事纠纷的"全覆盖"，保障了法律的统一、规范适用。此后，最高人民法院陆续制定、修改了关于海事法院受理案件范围、海事诉讼管辖、船舶扣押与拍卖以及海洋生态环境保护等方面的海事司法解释，如《最高人民法院关于审理船舶油污损害赔偿纠纷案件若干问题的规定》（2011 年）、《最高人民法院关于审理海上货运代理纠纷案件若干问题的规定》（2012 年）、《最高人民法院关于海事诉讼管辖问题的规定》（2015 年）、《最高人民法院关于海事法院受理案件范围的规定》（2015 年）、《最高人民法院关于审理发生在我国管辖海域相关案件若干问题的规定（一）》（2015 年）、《最高人民法院关于审理发生在我国管辖海域相关案件若干问题的规定（二）》（2016 年）、《最高人民法院关于审理海洋自然资源与生态环境损害赔偿纠纷案件若干问题的规定》（2017 年）。

2020 年最高人民法院制定、修订了多部司法解释，包括《最高人民法院关于审理涉船员纠纷案件若干问题的规定》（2020 年 9 月 29 日起施行），修改了《最高人民法院关于审理海上保险纠纷案件若干问题的规定》《最高人民法院关于审理船舶碰撞纠纷案件若干问题的规定》《最高人民法院关于审理无正本提单交付货物案件适用法律若干问题的规定》《最高人民法院关于审理海事赔偿责任限制相关纠纷案件的若干规定》《最高人民法院关于审理船舶污染损害赔偿案件若干问题的规定》《最高人民法院关于审理海上货运代理纠纷案件若干问题的规定》。

2022 年 5 月 11 日，最高人民法院、最高人民检察院联合发布《最高人民法院、最高人民检察院关于办理海洋自然资源与生态环境公益诉讼案件若干问题的规定》。该司法解释统一规范海洋环境公益诉讼案件裁判尺度，充分发挥海洋环境监督管理部门、人民检察院在海洋环境公益诉讼中的不同职能作用，构建了较为完善、独立的中国特色海洋环境公益诉讼制度，有利于保障海洋安全、保护海洋资源、推进海洋法治、服务海洋强国建设。

二 制定司法文件与工作意见强化海事司法服务保障能力

近年来，最高人民法院为保障推进"一带一路"倡议、自由贸易试验区、长江经济带、海洋强国等党和国家重大决策部署，出台了一系列司法文件，不断强化海事司法服务保障能力。具体包括《最高人民法院关于人民法院为"一带一路"建设提供司法服务和保障的若干意见》（2015 年）、《最高人民法院关于全面推进涉外商事海事审判精品战略 为构建开放型经济体制和建设海洋强国提供有力司法保障的意见》（2015 年）、《最高人民法院关于为自由贸易试验区建设提供司法保障的意见》（2016 年）、《最高人民法院关于为长江经济带发展提供司法服务和保障的意见》（2016 年）、《最高人民法院关于人民法院服务保障进一步扩大对外开放的指导意见》（2020 年）等。

各地海事法院先后出台了多个保障海洋经济发展的工作意见。2017 年 11 月，天津海事法院出台《天津海事法院关于为发展海洋经济推进建设海洋强国提供司法保障的意见》，从五个方面加强和改进工作。一是深化对发展海洋经济、建设海洋强国的认识，二是切实强化和提高海事司法理念和水平，三是服务海上开发开放和海洋权益维护，四是服务涉海区域动力引擎建设，五是建立健全海事司法工作机制。

2021 年 7 月厦门海事法院发布了《厦门海事法院关于服务保障加快建设"海上福建"的工作意见》与《厦门海事法院关于服务保障"丝路海运"建设的实施意见》。《厦门海事法院关于服务保障加快建设"海上福建"的工作意见》的目标是充分发挥海事审判职能作用，服务保障加快建设"海上福建"，促进海洋经济高质量发展，主要内容如下。一是提高站位，切实把握服务保障加快建设"海上福建"的任务要求。增强服务保障加快建设"海上福建"的责任感和使命感，全面对接加快建设"海上福建"的任务要求，正确把握服务保障加快建设"海上福建"的工作原则。二是对标对表，精准保障服务"海上福建"加快建设。切实加强临海产业开发建设的司法保障，依法支持海工装备和海洋船舶产业壮大发展，依法促进海洋科技创新和新产业发展，依法保障海上牧场建设和蓝海渔业发展。积极支持东南国际航运中心做大做强，积极推动滨海旅游业健康发展，积极推进海洋生态综合治理，积极助力海洋开放合作。三是强化落实，全面提高服务保障的质量和成效。完善多元解纷机制，丰富保障体系。做强审判主业，提升保障精度。推进改革创新，提高保障能力。加强专业化队伍建设，夯实保障基础。《厦门海事法院关于服务保障"丝路海运"建设的实施意见》的主要内容如下。一是提高站位，把握服务保障"丝路海运"建设的总体要求。充分认识"丝路海运"建设的重大意义，找准服务保障"丝路海运"建设的着力点。二是充分发挥海事审判职能，为"丝路海运"保驾护航。运用好海事法院专门司法优势，公正高效审理涉航运案件。重视新类型案件的审理，积极支持新交易、新模式、新业态的培育与发展。提供精准司法服务，保障重点项目，支持"丝路海运"基础设施建设。妥善办理涉"丝路海运"行政案件，促进海洋综合管理能力现代化。发挥好对台优势，支持"丝路海运"加强两岸融合发展。着力提升司法应对能力，保障"丝路海运"行稳致远。三是通过创新、完善工作机制，提升服务保障"丝路海运"建设的水平、能力。加强审判管理，保证审判质效，不断出台司法便民利民新举措。加强海事纠纷多元化解，推进区域性海事纠纷解决中心建设。加强海事司法需求调研，提升服务保障前瞻性、时效性、精准性。加强审判队伍专业化建设，夯实服务保障工作的人才力量。2023 年 12 月 23 日，厦门海事法院发布《厦门海事法院关于强化海事司法服务保障　促进民营经济发展壮大的工作意见》。该意见分为四大部分 12 条内容，分别从找准服务保障切入点、严格公正司法、着力能动司法、提升审判执行质效等方面对审判执行工作提出了明确要求。

2022 年 1 月 14 日，青岛海事法院公开发布优化海洋法治营商环境十条意见。具体内容包括：①建立诉讼代理概括性授权认可机制，提高涉外海事海商案件审判效率；②加强诉前调解，提高一次性化解纠纷比例；③拓宽域外法查明渠道，提高涉外纠纷法律适用能力；④依法公开海事司法信息，主动接受监督；⑤依法审理海洋自然资源与生态环境损害案件，保护海洋生态环境；⑥依法审理海事行政案件，规范引导涉海行政执法行为；⑦提供司法标准，促进海洋经济高质量发展；⑧支持海事仲裁壮大发展；⑨规范船舶扣押与拍卖流程；⑩依法审理涉航运企业破产案件。

2022年7月22日，宁波海事法院出台服务保障浙江海洋经济稳进提质十条措施。具体包括：①护航自贸区高标准建设；②支持世界一流强港建设；③推进"全域数字法院"改革助企排难；④创新"海上枫桥经验"助企解纷；⑤依法活用执行措施助企纾困；⑥探索海事破产审判改革助企革新；⑦打造船员"安薪"工程；⑧开展"渔民放心"行动；⑨稳定港航企业资金链；⑩畅通跨境贸易供应链。

2023年5月17日，上海海事法院发布《上海海事法院关于服务保障航运经济高质量发展的实施意见》，聚焦当前航运经济发展、航运市场运行和航运主体，以司法服务保障航运经济高质量发展。该实施意见共15条。①充分认识司法服务保障航运经济高质量发展的重要意义；②准确把握服务保障航运经济高质量发展的司法理念；③保障航运链供应链运转畅通；④支持与规范数字航运创新发展；⑤助力航运经济绿色转型；⑥促进船员就业市场健康发展；⑦规范航运领域非典型和新型就业形态；⑧依法维护海运运价市场有序竞争；⑨积极回应高品质海洋文旅消费需求；⑩助力激发航运市场主体动能活力；⑪保障和促进航运要素效用价值最大化；⑫营造诚实信用的航运经济发展环境；⑬提升便利化海事诉讼服务品质；⑭深化航运纠纷多元化解与诉源治理；⑮协同强化航运领域风险防范。

三 发布典型司法案例，加强司法裁判与监督

（一）"守护海洋"检察公益诉讼专项监督活动典型案例

2020年4月29日，最高人民检察院发布14件"守护海洋"检察公益诉讼专项监督活动典型案例，其中行政公益诉讼诉前程序案例9件，行政公益诉讼案例1件，民事公益诉讼案例1件，刑事附带民事公益诉讼案例3件（见表4）。

表 4　2020 年"守护海洋"检察公益诉讼专项监督活动典型案例

行政公益诉讼诉前程序案例	天津市古海岸与湿地国家级自然保护区海洋生态环境保护行政公益诉讼案
	辽宁省盖州市入海河流污染渤海生态环境行政公益诉讼案
	江苏省如东县船舶修造企业危废污染环境行政公益诉讼案
	浙江省平阳县守护南麂岛行政公益诉讼系列案
	福建省福州市长乐区漳港海岸线餐饮酒楼违法排污行政公益诉讼案
	山东省青岛市崂山区居民小区生活污水直排入海行政公益诉讼系列案
	广西壮族自治区防城港市污水直排污染红树林生存环境行政公益诉讼案
	海南省海口市海洋非法倾废行政公益诉讼案
	海南省海口市秀英区定置网破坏渔业资源行政公益诉讼案
行政公益诉讼案例	山东省招远市违建码头整治行政公益诉讼案
民事公益诉讼案例	浙江省舟山市人民检察院诉杨某某等人破坏海洋野生动物资源保护民事公益诉讼系列案
刑事附带民事公益诉讼案例	河北省唐山市路北区人民检察院诉高某某等 6 人非法捕捞水产品刑事附带民事公益诉讼系列案
	上海铁路运输检察院诉周某某非法捕捞水产品刑事附带民事公益诉讼案
	广东省广州市南沙区人民检察院诉陈某某等 5 宗 10 人非法捕捞水产品刑事附带民事公益诉讼系列案

　　资料来源：《"守护海洋"检察公益诉讼专项监督活动典型案例》，最高人民检察院官网，https://www.spp.gov.cn/xwfbh/wsfbt/202004/t20200429_460199.shtml#1，最后访问日期：2024年 8 月 6 日。

（二）全国海事审判典型案例

　　根据《中国海事审判》白皮书的统计数据，1984 年至 2013 年 12 月底共受理各类海事案件 225283 件，审结执结 215826 件[①]。2015 年至 2017 年，全国受理各类海事海商、海事行政、海事诉讼特别程序以及海事执行案件 95043 件、审执结 92598 件[②]。2018 年至 2021 年，全国海事审判三级法院受理各类海事海商、海事行政、海事刑事以及海事执行案件 132633

[①] 《中国海事审判初步确立亚太海事司法中心地位　世界上设立海事审判专门机构最多最齐全　受理海事案件最多》，《人民法院报》2014 年 9 月 13 日，第 1 版。

[②] 《最高人民法院发布〈中国海事审判（2015~2017）〉白皮书》，《人民法院报》2019 年 4 月 15 日，第 1 版。

件，审执结 133309 件①。

发布全国海事审判典型案例是统一海事司法裁判尺度的重要举措，引导了海事司法的良性发展。2022 年 6 月 8 日，最高人民法院发布 2021 年全国海事审判典型案例。此次发布的典型案例共 10 件，彰显了海事司法对加强海洋生态保护、促进海洋经济发展和维护海洋权益的重要作用（见表 5）。这 10 件典型案例有四个方面的特点：一是依法行使海事司法管辖权，坚决维护国家海洋权益；二是保护海洋及通海可航水域生态环境，助力海洋经济发展；三是充分发挥海事司法职能作用，促进国际航运复苏和贸易稳定发展；四是持续实施海事审判精品战略，提升海事司法的国际公信力。

表 5　2021 年全国海事审判典型案例

文某（VAN）非法捕捞水产品案
陶某某不服上海市宝山区水务局、上海市宝山区人民政府行政处罚决定及复议决定案
中洋运输股份有限公司不服台州海警局、浙江海警局行政处罚决定及复议决定案
万泽丰渔业有限公司与海洋工程装备研究院有限公司养殖设备建造合同纠纷案
大连凯洋食品有限公司等申请海事强制令案
马士基有限公司（Maersk A/S）与百鲜食品（福建）有限公司海上货物运输合同纠纷案
通德船舶修造有限公司系列执行案件
东盛航运有限公司与商行荣耀国际航运有限公司申请承认和执行外国仲裁裁决案
天津轮驳有限公司申请设立海事赔偿责任限制基金案
"天使力量"（Angelic Power）轮船员劳务合同纠纷系列案

2023 年是《海商法》施行 30 周年，为充分发挥典型案例的示范效应，最高人民法院于 2023 年 6 月 30 日发布 2022 年全国海事审判典型案例，进一步强化海事审判影响力（见表 6）。

---

① 《中国海事审判（2018～2021）》，最高人民法院官网，https://www.court.gov.cn/zixun/xiangqing/382851.html，最后访问日期：2024 年 8 月 6 日。

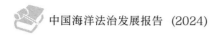

表 6　2022 年全国海事审判典型案例

SPAR 航运有限公司申请承认英国法院判决案
东莞市蓝海食品国际贸易有限公司与香港长宁航贸有限公司航次租船合同纠纷管辖异议案
丰联克斯海运有限公司申请海事请求保全案
海南省海口市人民检察院与梁某等海洋环境民事公益诉讼案
福建省宁德市人民检察院与林某某等海洋自然资源与生态环境民事公益诉讼案
中国人寿财产保险股份有限公司湖南省分公司与沃巴海运有限公司海上货物运输合同纠纷案
STO 租船韩国股份有限公司与丰益贸易（亚洲）有限公司等海上货物运输合同纠纷案
宁波港船多多国际船舶代理有限公司与深圳市鑫中孚供应链有限公司集装箱租赁合同纠纷案
马西马斯国际集团有限公司与海城镁肥实业有限公司等航次租船合同纠纷案
中民国际融资租赁股份有限公司与睿通（广州）海运有限公司等船舶融资租赁合同纠纷案

第四章　海洋科技的法治发展

海洋是人类生存发展的重要基础。党的十八大以来，习近平总书记统筹国内国际两个大局，提出海洋强国战略。"要进一步关心海洋、认识海洋、经略海洋，推动中国海洋强国建设不断取得新成就。"[①] 建设海洋强国，必须大力发展海洋科技。近年来，中国对海洋科技的投入逐步加大，硬件建设水平与先进国家的差距不断缩小，为海洋科技创新从"跟跑者"向"并跑者""领跑者"转变提供了有力保障[②]。但也要看到，实现中国海洋科技跨越式发展，除了需要科技工作者付出艰辛努力外，法律制度供给也是必不可少的。海洋科技进步与更新离不开法治保障。

第一节　海洋科技法治发展概述

加快建设海洋强国和"21世纪海上丝绸之路"，从经济基础看，应当发挥基础研究的引领作用和海洋高新技术的支撑作用，推进海洋领域科学研究和应用技术融合与协调发展；从上层建筑看，应当加快海洋科技法治建设，以法治保障和促进海洋科技发展，进而提升中国海洋科技整体实力。

---

① 《习近平：进一步关心海洋认识海洋经略海洋　推动海洋强国建设不断取得新成就》，《人民日报》2013年8月1日，第1版。

② 吴立新：《建设海洋强国离不开海洋科技》，《人民日报》2017年11月7日，第7版。

一 海洋科技的内涵

海洋科技是科技大系统的重要组成部分，通常是指运用高新技术手段开发海洋领域的方法，将海洋科学的相关研究和智慧应用在海洋资源开发管理过程中，包括海洋工程勘测技术、海水淡化技术、海洋生物技术、海洋资源开采技术、海洋遥感技术、海水资源利用技术和海洋环境保护技术等，是当代重要的科学技术[①]。海洋科技是中国建设海洋强国、提高海洋竞争力、增强综合国力的一大重要支撑。

其一，创新海洋科技是建设海洋强国的关键抓手[②]。海洋独特的战略价值培育了非凡的中华海洋文明，丰富的海洋资源支撑了中华民族的繁衍和发展，开发和利用海洋是世界强国发展的必由之路[③]。海洋科技在海洋资源开发利用、海洋生态环境保护以及交通安全维护等方面发挥的作用日益凸显，已成为决定国际海洋竞争力的关键性因素[④]。为科学、高效、可持续地利用海洋资源，各国大幅提高海洋科技投入。我国作为海洋大国，必须实施海洋科技创新战略，抓住科技革命和产业革命的机遇，提高海洋产业竞争力[⑤]，以科技创新助力海洋强国建设。

其二，海洋科技的发展、突破与创新离不开制度保障。从海洋科技自主创新的发展路径来看，充分的制度支撑是提升海洋科技自主创新能力并确保科技效应发挥的关键。事实上，海洋科技领域的制度供给既包括党和国家的顶层设计，又涉及海洋科技专项领域的发展规划，既体现在海洋科技管理体制与激励机制方面的新举措，又表现为沿海地区的科

---

① 吴明圣、李博：《江苏省科技发展政策对海洋产业企业创新的影响分析》，《中国海洋经济》2018年第2期，第85页。

② 沈满洪、余璇：《习近平建设海洋强国重要论述研究》，《浙江大学学报》（人文社会科学版）2018年第6期，第10页。

③ 贾宇：《关于海洋强国战略的思考》，《太平洋学报》2018年第1期，第1页。

④ 徐胜、李新格：《创新价值链视角下区域海洋科技创新效率比较研究》，《中国海洋大学学报》（社会科学版）2018年第6期，第19页。

⑤ 马志荣：《我国实施海洋科技创新战略面临的机遇、问题与对策》，《科技管理研究》2008年第6期，第68页。

技发展布局与实践探索。简言之，围绕海洋科技发展制定的系列政策、法律法规或其他规范性文件，都将为推动中国海洋科技发展、突破与创新提供制度保障。

二 海洋科技法治发展

（一）海洋科技法治发展背景分析

建设海洋强国是实现中华民族伟大复兴的重大任务，对于推动中国高质量发展、全面建成社会主义现代化国家具有深远意义。建设海洋强国必须大力发展海洋高新技术。创新是引领发展的第一动力。党的十八大以来，中国海洋科学技术取得了巨大进步，在深水、绿色、安全等海洋高新技术领域不断取得突破，一批海洋"国之重器"创造多项世界之最，但战略性、基础性、颠覆性的海洋科技创新能力不足，部分关键技术存在"卡脖子"问题。当前世界各海洋大国和周边邻国纷纷制定适应新形势的海洋战略和规划，加速向海洋布局。中国也应当加快制定海洋科技战略规划和总体布局，坚持把实现海洋科技高水平自立自强作为战略目标，努力突破制约海洋事业发展的技术瓶颈，形成加快建设海洋强国的强劲动能。

随着逆全球化推进和海洋开发能力提高，海上传统和非传统安全、气候变化和生态环境等跨区域问题压力增大，新的海洋问题不断涌现，全球海洋治理面临严峻挑战。海洋能否可持续发展关系到人类的共同利益，已成为当今全球海洋治理和法治建设的重点。现有的包括海洋法在内的国际法框架尚不能完全覆盖海洋可持续发展各个领域的问题。"海洋命运共同体"理念的提出，符合全球海洋治理的总体目标，符合海洋有序、健康和可持续发展的实际需求，符合全人类的共同利益。在海洋法治建设中，国际海洋规则的制定、发展与完善应将"海洋命运共同体"理念贯穿始终①。在建

---

① 密晨曦：《构建海洋命运共同体理念与海洋法治建设》，https://aoc.ouc.edu.cn/2020/0914/c9821a299552/page.htm，最后访问日期：2022年7月7日。

设"21世纪海上丝绸之路"过程中，中国已经与共建国家开展了广泛的海洋科学研究合作。实现海洋科技发展，不仅需要各国政府高度重视海洋科学研究，提升海洋科学研究水平，更需要设置完善的、各国认可的基本原则和规则体系①。

（二）促进海洋科技法治发展的意义

促进海洋科技法治发展是推动海洋科技创新的重要举措。一方面，法治能够激发创新活力，制定保护知识产权以及鼓励创新的法律法规和政策文件，保护海洋科技创新成果；另一方面，法治能够完善海洋科技体制机制，形成一套规范的法治体系，为海洋科技发展服务。近年来，中国出台了多项促进海洋科技的政策规划，为促进海洋科技发展、科技成果转化提供了明确依据，对调整科技创新领域的社会关系、促进科技进步和创新发展发挥了重要作用。面对世界各国在海洋科技领域的新突破，中国应继续深化改革，发挥法治对海洋科技创新的制度保障作用，推动海洋科技创新管理实现科学化、规范化、制度化。

促进海洋科技法治发展是构建和谐海洋秩序的制度保障。"良法是善治的前提"，健全、完善、合理的国际海洋法治体系，是形成全球海洋秩序的基础和前提。海洋的发展是全人类的发展，海洋科技法治则是构建国际海洋秩序和保障中国海洋权益的有效途径，是实现海洋命运共同体理念的关键步骤。

促进海洋科技法治发展是提升我国国际海洋治理话语权的必然要求。建立健全海洋科技法治体系，为国际海洋科技治理提供"中国方案"，是我国积极、深度参与国际海洋治理机制建设和相关规则制定与实施，推动建设公正合理的国际海洋科技发展秩序，构建海洋命运共同体的应然路径，更是提升我国海洋科技领域影响力与话语权的必然要求。

---

① 张晏瑲、孙越：《论海洋命运共同体视野下的海洋科学研究相关规制》，《中国海商法研究》2022年第2期，第73页。

第二节 海洋科技法治立法梳理

中国参与国际海洋法治建设起步较晚，国内海洋法治建设亦是在改革开放后才步入发展快车道①。目前，中国海洋科技立法包括国家层面的政策指引性文件、行政法规与部门规章、地方规范性文件，主要体现为海洋科技发展规划、特色领域发展布局以及海洋科技创新成果等。这些规范性文件的出台，丰富和发展了海洋科技法治体系，促进了海洋科技发展。

一 海洋科技创新的政策性文件

为推进海洋科技创新，国家出台了一系列引导海洋科技发展的政策性文件，为中国海洋科技规划与布局提供了指引。早在 2008 年国务院就批准了《国家海洋事业发展规划纲要》，这是新中国成立以来首次发布的海洋领域总体规划，对促进海洋事业全面、协调、可持续发展和加快建设海洋强国有重要指导意义。该纲要认为，中国海洋科技创新体系基本完善，自主创新能力明显提高，强调要在重大海洋技术自主研发方面实现新突破，增强科技对海洋管理、海洋经济、防灾减灾和国家安全的支撑能力。2015 年国务院印发的《全国海洋主体功能区规划》提出，加大海洋科技投入，推进海洋科技创新创业基地建设，以此保障推进形成海洋主体功能区布局②。此后，2016 年 3 月，第十二届全国人民代表大会第四次会议公布的《国民经济和社会发展第十三个五年规划纲要》进一步指出："发展海洋科学技术，重点在深水、绿色、安全的海洋高技术领域取得突破，加强海洋资源勘探与开发，深入开展极地大洋科学考察。"2021 年 3 月，第十三届全国人民代表大会第四次会议批准

---

① 吴蔚：《构建海洋命运共同体的法治路径》，《国际问题研究》中国政府网，2021 年第 2 期，第 102~113 页。

② 《国务院关于印发全国海洋主体功能区规划的通知》，https://www.gov.cn/zhengce/content/2015-08/20/content_10107.htm？ivk_sa=1024320u，最后访问日期：2024 年 4 月 8 日。

的《国民经济和社会发展第十四个五年规划和 2035 年远景目标纲要》再次提出，"围绕海洋工程、海洋资源、海洋环境等领域突破一批关键核心技术。培育壮大海洋工程装备、海洋生物医药产业，推进海水淡化和海洋能规模化利用，提高海洋文化旅游开发水平"①。同年 12 月 15 日，国务院针对《"十四五"海洋经济发展规划》，作出"着力提升海洋科技自主创新能力"的批复意见②。为贯彻习近平主席在第二届联合国全球可持续交通大会上的主旨讲话精神，支撑《交通强国建设纲要》《国家综合立体交通网规划纲要》任务落实，以科技创新驱动加快建设交通强国，2022 年 1 月 24 日交通运输部与科学技术部共同印发的《交通领域科技创新中长期发展规划纲要（2021~2035 年)》明确，未来 15 年我国将加快大型深远海多功能救助船等关键专用保障装备研发，发展全时域、多维化、高质量综合航海保障服务体系，加快空天信息技术在交通运输领域应用等③。不仅如此，2023 年 3 月 13 日第十四届全国人民代表大会第一次会议通过的《关于 2022 年国民经济和社会发展计划执行情况与 2023 年国民经济和社会发展计划草案的报告》亦提出，"发展海洋经济，高水平建设海洋创新示范平台，加快建设海洋强国"④。次年，第十四届全国人民代表大会第二次会议通过的《关于 2023 年国民经济和社会发展计划执行情况与 2024 年国民经济和社会发展计划草案的报告》同样强调，"强化国家重大项目用海保障""推进建设海洋强国"⑤。

---

① 《中华人民共和国国民经济和社会发展第十四个五年规划和 2035 年远景目标纲要》，https：//www. gov. cn/xinwen/2021-03/13/content_5592681. htm？eqid = 86a9b8490009a06500000002646ebbcf，最后访问日期：2024 年 4 月 8 日。

② 《国务院关于"十四五"海洋经济发展规划的批复》，https：//www. gov. cn/gongbao/content/2022/content_5667303. htm，最后访问日期：2024 年 4 月 8 日。

③ 《交通运输部　科学技术部关于印发〈交通领域科技创新中长期发展规划纲要（2021~2035 年)〉的通知》，https：//www. gov. cn/zhengce/zhengceku/2022-04/06/content_5683595. htm，最后访问日期：2024 年 4 月 8 日。

④ 《关于 2022 年国民经济和社会发展计划执行情况与 2023 年国民经济和社会发展计划草案的报告》，https：//www. gov. cn/xinwen/2023-03/15/content_5746959. htm，最后访问日期：2024 年 4 月 8 日。

⑤ 《关于 2023 年国民经济和社会发展计划执行情况与 2024 年国民经济和社会发展计划草案的报告》，中国政府网，https：//www. gov. cn/yaowen/liebiao/202403/content_6939276. htm？pc，最后访问日期：2024 年 4 月 8 日。

除上述两个政策性文件，专门面向海洋科技的政策性文件还包括科技部与原国土资源部海洋局出台的《"十三五"海洋领域科技创新专项规划》（以下简称《专项规划》）与原国家海洋局与科技部联合印发的《全国科技兴海规划（2016~2020年）》（以下简称《兴海规划》）。前者对中国海洋科技领域的工作基础和主要问题作了简要说明，提出了战略需求、指导思想、总体思路、发展目标、重点任务和保障措施，对进一步建设完善中国海洋科技创新体系、提升中国海洋科技创新能力发挥了指导作用。后者立足实现海洋发展的"新引擎""新动力""新能力""新局面""新环境"总体目标，提出深入实施创新驱动发展战略，充分发挥海洋科技在经济社会发展中的引领支撑作用，增强海洋资源可持续利用能力，推动海洋领域"大众创业、万众创新"，促进海洋经济提质增效。总体而言，上述两个文件为协调推进海洋资源保护与开发、推进海洋强国建设提出了海洋科技方案和措施，提供了整体目标。

在智慧港航领域，工业和信息化部、交通运输部、国防科工局联合编制了《智能船舶发展行动计划（2019~2021年）》（以下简称《行动计划》），为贯彻落实中共中央、国务院关于建设制造强国、海洋强国、交通强国的战略部署，制定了相关科技发展计划。2019年，交通运输部等七部门印发《智能航运发展指导意见》（以下简称《指导意见》），对中国智能航运发展作出了顶层设计，围绕"智能航运发展的基础环境、以高度自动化和部分智能化为特征的航运新业态以及高质量智能航运体系"等阶段性建设目标确立了规划与方案。同年，《中共中央 国务院关于推进贸易高质量发展的指导意见》发布，将"加快智慧港口建设"作为构建高效跨境物流体系的重要环节①。"十四五"期间智慧港航领域规范得到进一步丰富、完善。2022年，国务院办公厅印发的《"十四五"现代物流发展规划》（以下简称《物流规划》）强调以数字化科技赋能物流业发

---

① 《中共中央 国务院关于推进贸易高质量发展的指导意见》，中国政府网，http://www.mofcom.gov.cn/article/b/g/202001/20200102931557.shtml，最后访问日期：2024年4月9日。

展，加快发展智慧港口等新型物流基础设施，稳步发展智慧航运等新业态①。2023 年 11 月 24 日，交通运输部发布了《交通运输部关于加快智慧港口和智慧航道建设的意见》，明确"创新驱动、数字赋能"的基本原则，提出"到 2027 年，全国港口和航道基础设施数字化、生产运营管理和对外服务智慧化水平全面提升，建成一批世界一流的智慧港口和智慧航道"的发展目标，并设立具体任务②。2023 年 12 月，交通运输部、中国人民银行、国家金融监督管理总局等五部门联合印发了《关于加快推进现代航运服务业高质量发展的指导意见》（以下简称《现代航运指导意见》），将提高航运技术服务能力作为主要任务，并设立多项保障措施③。

在海上风电领域，2021 年 10 月 24 日国务院印发了《2030 年前碳达峰行动方案》，在重点任务一章中提出，"完善海上风电产业链，鼓励建设海上风电基地"，助力完成"能源绿色低碳转型行动"④。

二 专门性海洋科技立法

在政策性文件之外，中国还存在一些专门性海洋科技立法，主要为原国家海洋局制定的部门规章，核心目标在于激励海洋科技创新。这些立法对激发海洋科技人员的积极性、创造性，加速中国海洋事业发展具有积极意义。

---

① 《国务院办公厅关于印发"十四五"现代物流发展规划的通知》，中国政府网，https：//www. gov. cn/zhengce/zhengceku/2022－12/15/content_5732092. htm？eqid＝fda3ff24000d3f4800000003646 d7202，最后访问日期：2024 年 4 月 9 日。

② 《交通运输部关于加快智慧港口和智慧航道建设的意见》中国政府网，https：//www. gov. cn/zhengce/zhengceku/202312/content_6918874. htm，最后访问日期：2024 年 4 月 9 日。

③ 《交通运输部 中国人民银行 国家金融监督管理总局 中国证券监督管理委员会 国家外汇管理局关于加快推进现代航运服务业高质量发展的指导意见》中国政府网，https：//www. gov. cn/zhengce/zhengceku/202312/content_6920269. htm，最后访问日期：2024 年 4 月 9 日。

④ 《国务院关于印发 2030 年前碳达峰行动方案的通知》中国政府网，https：//www. gov. cn/zhengce/zhengceku/2021－10/26/content_5644984. htm？eqid＝9ab4d0340009f9d9000000066461bd40，最后访问日期：2024 年 4 月 9 日。

早在 20 世纪 80 年代，国家海洋局就颁布了《海洋科学技术进步奖励办法》（1985 年 11 月 10 日发布，1993 年 12 月 25 日修订），该办法为调动广大海洋科学技术工作者的积极性和创造性提供了法律依据，促进了中国海洋经济和海洋事业的科学发展。1995 年国家海洋局颁布了《海洋科学技术进步奖励办法实施细则（试行）》，细致规定了海洋科学技术进步的奖励范围、申报条件、申报程序以及评审与审批程序等内容。2001 年 9 月 6 日国家海洋局印发了《海洋科技成果登记暂行办法》，明确海洋科技成果登记程序，规范海洋科技成果登记工作，促进海洋科技成果转化[①]。2013 年 3 月 29 日国家海洋局颁布了《海洋科学技术奖奖励办法（暂行）》，从组织机构、奖励范围、奖励等级及评审标准、申报与推荐、受理与评审、异议与处理、批准与奖励等多个方面作出规定，丰富了立法内容与层次，为海洋科学研究、技术创新与开发、科技成果推广应用、高新技术产业化、科学技术普及、国际科学技术合作提供了激励方案。

国务院于 1996 年发布了《涉外海洋科学研究管理规定》，这一行政法规为加强我国管辖海域的涉外海洋科学研究活动管理提供了规范参考。整体来看，该规定有效促进了海洋科学研究的国际交流与合作，也有助于避免涉外海洋科研工作中可能出现的问题以及损失，维护国家海洋权益。

总体来看，上述立法为加强海洋科技人才队伍建设与创新能力培养提供了依据。通过逐步完善奖励机制等，以法律形式明确具体机制，对中国海洋科技创新和突破具有积极意义。

三　海洋立法中的科技条款

除了上述针对海洋科技创新的立法或政策性文件，中国海洋立法中也存在一些具有科技因素的条款，为以科技手段推进海洋权益保护和产业发展提供保障。

---

① 《海洋科技成果登记暂行办法》，https：//www.nmdis.org.cn/c/2011-03-03/56089.shtml，最后访问日期：2024 年 4 月 9 日。

一些海洋立法针对该领域的科学研究活动作出了原则性规定，表明了鼓励、支持海洋科学研究的基本立场。《海岛保护法》第 7 条第 1 款规定，"国务院和沿海地方各级人民政府应当加强对海岛保护的宣传教育工作，增强公民的海岛保护意识，并对在海岛保护以及有关科学研究工作中做出显著成绩的单位和个人予以奖励"；第 18 条进一步强调，"国家支持利用海岛开展科学研究活动。在海岛从事科学研究活动不得造成海岛及其周边海域生态系统破坏"；第 21 条规定，"国家安排海岛保护专项资金，用于海岛的保护、生态修复和科学研究活动"。《海上交通安全法》第 8 条规定，"国家鼓励和支持先进科学技术在海上交通安全工作中的应用，促进海上交通安全现代化建设，提高海上交通安全科学技术水平"。在环境保护领域，《海洋环境保护法》第 13 条第 1 款规定："国家加强防治海洋环境污染损害的科学技术的研究和开发，对严重污染海洋环境的落后生产工艺和落后设备，实行淘汰制度。"本法于 2023 年进行了修订，新修订的《海洋环境保护法》在总则部分明确了海洋环境保护领域的科技创新、人才培养内容，第 10 条第 1 款规定："国家鼓励、支持海洋环境保护科学技术研究、开发和应用，促进海洋环境保护信息化建设，加强海洋环境保护专业技术人才培养，提高海洋环境保护科学技术水平。"同时，强调提高海洋环境监督管理的科技化水平，第 12 条第 2 款规定："各级人民政府及其有关部门应当加强海洋环境监督管理能力建设，提高海洋环境监督管理科技化、信息化水平。"在增设新条款的基础上，本次修订还保留了未修订前第 13 条第 1 款关于海洋污染损害科技创新的规定，第 22 条规定："国家加强防治海洋环境污染损害的科学技术的研究和开发，对严重污染海洋环境的落后生产工艺和落后设备，实行淘汰制度。"① 在海洋渔业领域，《渔业法》第 4 条规定，"国家鼓励渔业科学技术研究，推广先进技术，提高渔业科学技术水平"；第 5 条规定，"在增殖和保护渔业资源、发展渔业

---

① 《中华人民共和国海洋环境保护法》，https：//www.mee.gov.cn/ywgz/fgbz/fl/202310/t20231025_1043942.shtml，最后访问日期：2024 年 4 月 9 日。

生产、进行渔业科学技术研究等方面成绩显著的单位和个人，由各级人民政府给予精神的或者物质的奖励"，以此激励海洋渔业领域科技创新①。

在海洋勘探这一海洋科技应用较广的领域，《深海海底区域资源勘探开发法》第四章专门对科学技术研究作出了规定。该法第 15 条规定，"国家支持深海科学技术研究和专业人才培养，将深海科学技术列入科学技术发展的优先领域，鼓励与相关产业的合作研究。国家支持企业进行深海科学技术研究与技术装备研发"；第 16 条规定，"国家支持深海公共平台的建设和运行，建立深海公共平台共享合作机制，为深海科学技术研究、资源调查活动提供专业服务，促进深海科学技术交流、合作及成果共享"；第 17 条规定，"国家鼓励单位和个人通过开放科学考察船舶、实验室、陈列室和其他场地、设施，举办讲座或者提供咨询等多种方式，开展深海科学普及活动"。

针对国际组织或外国在中国领海、毗连区以及专属经济区从事海洋科技研发活动，为维护国家利益，《领海及毗连区法》第 11 条第 1 款规定："任何国际组织、外国的组织或者个人，在中华人民共和国领海内进行科学研究、海洋作业等活动，须经中华人民共和国政府或者其有关主管部门批准，遵守中华人民共和国法律、法规。"《专属经济区和大陆架法》第 3 条第 2 款规定，"中华人民共和国对专属经济区的人工岛屿、设施和结构的建造、使用和海洋科学研究、海洋环境的保护和保全，行使管辖权"；第 4 条第 2 款规定，"中华人民共和国对大陆架的人工岛屿、设施和结构的建造、使用和海洋科学研究、海洋环境的保护和保全，行使管辖权"；第 9 条规定，"任何国际组织、外国的组织或者个人在中华人民共和国的专属经济区和大陆架进行海洋科学研究，必须经中华人民共和国主管机关批准，并遵守中华人民共和国的法律、法规"。

---

① 《中华人民共和国渔业法》，https://www.mee.gov.cn/ywgz/fgbz/fl/200802/t20080201_117912.shtml，最后访问日期：2024 年 4 月 9 日。

通过海洋立法中的相关科技条款，以法律手段推进科技创新，推动了海洋科技法治发展。

四　地方性海洋科技立法（政策性文件）

山东省、浙江省、广东省等沿海省份出台了一系列关于海洋科技的地方文件，涉及海洋科技创新示范工程管理、海洋科技创新研发、海洋科技成果转化以及海洋科技创新平台工作方案等多方面内容。

2017年7月，山东省人民政府出台的《"十三五"海洋经济发展规划》指出："到2020年，构建起现代海洋产业新体系，海洋科技创新能力大幅提升；以科技创新为核心的全面创新取得重大进展，智慧海洋工程建设有效推进，深水、绿色、安全的海洋高端产业领域取得重大突破，优势领域海洋科技自主创新能力达到国际先进水平，科技进步对海洋经济的贡献率提高到70%以上，建成具有全球影响力的海洋科技创新中心。"

2020年6月，《中共广西壮族自治区委员会　广西壮族自治区人民政府关于加快发展向海经济　推动海洋强区建设的意见》出台，该意见第9条提出，提升海洋高端装备制造产业，培育海洋新兴产业；第16条提出，打造海洋科技人才集群[1]。为落实相关意见，2023年4月，广西壮族自治区人民政府办公厅印发《广西大力发展向海经济　建设海洋强区三年行动计划（2023~2025年）》，提出"实施科教兴海战略，打造强大海洋科技核心。面向向海经济主战场，提升涉海科研教育机构创新能力，加强人才队伍建设，打造海洋科技创新平台和人才高地，进一步增强广西海洋科技自主创新能力"[2]。

---

① 《中共广西壮族自治区委员会　广西壮族自治区人民政府关于加快发展向海经济　推动海洋强区建设的意见》，http：//hyj. gxzf. gov. cn/gzdt/zhyw/t5482760. shtml，最后访问日期：2024年4月9日。

② 《广西壮族自治区人民政府办公厅关于印发广西加快发展向海经济　推动海洋强区建设三年行动计划（2023~2025年）的通知》，http：//www. gxzf. gov. cn/html/zfgb/2020nzfgb/d18q_2020zfgb/zfgb2020121403/t9788564. shtml，最后访问日期：2024年4月9日。

2021 年 5 月 17 日，浙江省人民政府出台了《海洋经济发展"十四五"规划》，明确了"海洋创新能力跻身全国前列"的基本目标，并从"做强海洋科创平台主体、增强海洋院所及学科研究能力、推动关键技术攻关及成果转化"三个维度确立了科技创新目标。

2021 年 6 月 8 日，海南省自然资源和规划厅发布了《海南省海洋经济发展"十四五"规划（2021～2025 年）》，提出到 2035 年，全省深海科技创新能力达到国内领先、国际一流水平，并从"强化企业创新主体作用""完善海洋科技创新平台体系""提升海洋科技成果转化成效""推进海洋领域专业人才集聚"四个方面设立具体任务①。

2021 年 7 月 5 日，天津市出台了《天津市海洋经济发展"十四五"规划》，提出"十四五"期间抢抓新一轮科技革命和产业变革机遇，以技术创新抢占未来技术制高点，集中攻克一批关键核心技术，积极搭建海洋科技创新平台，健全海洋科技成果转化机制，着力提升海洋人才保障水平，推动海洋科技向创新引领型转变，建成全国海洋科技创新和成果转化集聚区②。

2021 年 8 月 10 日，江苏省自然资源厅与江苏省发展和改革委员会共同印发了《江苏省"十四五"海洋经济发展规划》，为实现 2035 年区域海洋创新体系更加完善的目标，明确了提升自立自强的海洋科技创新能力的重点任务，并提出"强化海洋科创力量整合""推进海洋关键技术突破""加快海洋科技成果转化""打造海洋人才高地"等四项具体举措③。

2021 年 9 月 13 日，山东省人民政府印发了《山东省"十四五"科技

---

① 《海南省海洋经济发展"十四五"规划（2021～2025 年）》，https://www.hainan.gov.cn/hainan/tjgw/202106/f4123d47a64a4befad8815bf1b98ea4e.shtml，最后访问日期：2024 年 4 月 9 日。

② 《天津市人民政府办公厅关于印发天津市海洋经济发展"十四五"规划的通知》，https://www.tj.gov.cn/zwgk/szfwj/tjsrmzfbgt/202107/t20210705_5496422.html，最后访问日期：2024 年 4 月 9 日。

③ 《江苏省"十四五"海洋经济发展规划》，http://zrzy.jiangsu.gov.cn/upfile/File/202108/17/14540480.pdf，最后访问日期：2024 年 4 月 9 日。

创新规划》，立足山东海洋战略科技力量聚集的优势地位，提出要发展自主可控的海洋信息技术和装备、构建完善的现代海洋产业技术体系、强化绿色可持续的海洋生态环境技术支撑，为协同推进海洋生态保护、世界一流港口建设和海洋经济发展提供技术保障，推动海洋经济向深海、远海进军，为建设海洋强国作出山东贡献①。

2021 年 11 月 15 日，福建省人民政府出台了《"十四五"海洋强省建设专项规划》，确立了"科技兴海、创新驱动"基本原则，强调"优化整合海洋科技创新资源，加强创新平台建设，攻关海洋科技关键核心技术，构筑海洋科技创新基地，补足海洋强省建设的科技创新短板，推动海洋经济向创新引领型转变"。

2021 年 12 月 14 日，广东省人民政府出台了《海洋经济发展"十四五"规划》，其中第五章"强化海洋科技自立自强战略支撑"分为"优化海洋科技资源配置、激发涉海企业创新活力、加强海洋科技人才培育、改善海洋科技创新环境"四个部分，以海洋科技创新引领建成海洋高端产业集群。

2022 年 1 月 1 日，辽宁省印发了《辽宁省"十四五"海洋经济发展规划》，提出"十四五"期间海洋科技创新能力大幅提升的目标愿景。要求发挥省内外海洋领域高校和科研机构及科技企业的创新优势，开展一批重要海洋关键技术攻关、培养一批高水平海洋科技型管理及技术人才、打造一批海洋科技创新发展平台、实现一批高质量海洋科技成果转化，全面提升促进海洋经济发展的科技保障支撑能力②。

2022 年 1 月 27 日，河北省自然资源厅发布《河北省海洋经济发展"十四五"规划》，提出通过优化海洋科技资源配置、开展核心关键海洋技术攻关以及支持创新型涉海企业发展等具体举措，构建富有活力的海洋科技创新

---

① 《山东省人民政府关于印发山东省"十四五"科技创新规划的通知》，http：//www.shandong.gov.cn/art/2021/9/13/art_107861_116560.html，最后访问日期：2024 年 4 月 9 日。

② 《辽宁省人民政府办公厅关于印发辽宁省"十四五"海洋经济发展规划的通知》，https：//www.ln.gov.cn/web/zwgkx/lnsrmzfgb/2022n/zk/zk5/szfbgtwj/039EE7CCFFBC4354ABEE17635BFD8307/index.shtml，最后访问日期：2024 年 4 月 9 日。

体系，以实现到 2025 年海洋科技创新能力稳步提升的发展目标①。

2021 年 12 月，上海市水务局（海洋局）发布了《上海市海洋"十四五"规划》，结合《上海市国民经济和社会发展第十四个五年规划和二〇三五年远景目标纲要》提出的"提升全球海洋中心城市能级，发展海洋经济，服务海洋强国战略"目标，要求推进海洋产业基础高级化、创新链产业链供应链现代化，服务海洋"制造"向"智造""创造"转型②。

在各省份出台的海洋科技政策性文件指引下，多城市立足当地发展现状与发展前景，相继出台一系列市级政策性文件，因地制宜推进区域海洋科技发展。

在广西壮族自治区，为推进北部湾经济区发展，2021 年 12 月 31 日，广西壮族自治区人民政府办公厅印发《广西北部湾经济区高质量发展"十四五"规划》，提出依托北海海洋产业科技园区发展壮大海上风电装备、渔业装备、船舶修造、旅游设备等产业，打造北部湾海洋产业科技创新中心③。

在福建省，2021 年 9 月 30 日，泉州市人民政府办公室印发了《泉州市"十四五"海洋强市建设专项规划》，提出"十四五"期间实施创新驱动发展战略，夯实海洋创新驱动力，不断完善海洋基础设施建设，提升海洋科技创新和成果转化能力④。2022 年 8 月 3 日，宁德市人民政府办公室印发了《宁德市"十四五"海洋强市建设专项规划》，提出深入实施创新

① 《河北省自然资源厅　河北省发展和改革委员会关于印发河北省海洋经济发展"十四五"规划的通知》，https://zrzy.hebei.gov.cn/heb/gongk/gkml/zcwj/zcfgk/zck/10690545650660962304.html，最后访问日期：2024 年 4 月 9 日。

② 《上海市海洋局关于印发〈上海市海洋"十四五"规划〉的通知》，https://swj.sh.gov.cn/ghjh/20211216/5c72958f458b4385abd38a1ef6c66e0e.html，最后访问日期：2024 年 4 月 9 日。

③ 《广西壮族自治区人民政府办公厅关于印发广西北部湾经济区高质量发展"十四五"规划的通知》，http://www.gxzf.gov.cn/zfwj/zzqrmzfbgtwj_34828/2021ngzbwj_34845/t11144852.shtml?eqid=f1e47df7000bd9a7000000066492dc92，最后访问日期：2024 年 4 月 9 日。

④ 《〈泉州市"十四五"海洋强市建设专项规划〉正式印发！》，https://www.quanzhou.gov.cn/zfb/xxgk/zfxxgkzl/qzdt/bmdt/202110/t20211014_2633570.htm，最后访问日期：2024 年 4 月 9 日。

驱动战略，着力加强供给侧结构性改革，大力推进以科技创新为核心的全面创新，构建以新能源、新材料核心技术为主攻方向的闽东科创岛，打造具有全球影响力的创新策源地，并完善相应保障措施①。2023 年 1 月 17 日，莆田市政府办公室发布了《莆田市"十四五"海洋强市建设专项规划》，提出"强化海洋研发创新能力建设""强化海洋企业创新主体地位""推进海洋科研成果转化应用""激发海洋技术人才创新活力"四项任务，以期实现新增省级以上涉海创新平台 5 个、海洋新兴产业专利拥有量达到 500 项等目标②。

在广东省，2022 年 1 月 18 日，珠海市政府办公室印发了《珠海市海洋经济发展"十四五"规划》，提出"十四五"期间珠海市将深度参与粤港澳大湾区科技创新中心"两点两廊"建设，加强海洋基础研究与应用研究，不断提升海洋源头创新能力和成果转化能力，大力培育涉海创新型领军企业和中小企业，逐步壮大海洋科技创新人才队伍，打造具有国际凝聚力的海洋科技创新高地③。2022 年 6 月 8 日，深圳市规划和自然资源局与市发展和改革委员会共同印发的《深圳市海洋经济发展"十四五"规划》提出，从聚焦海洋关键技术攻坚、加强海洋科技成果转化综合服务、完善科技创新重大基础设施等三个方面"完善海洋科技创新生态链"④。2022 年 8 月 16 日，广州市政府办公厅出台了《广州市海洋经济发展"十四五"规划》，提出强化海洋科技人才引育，激发涉海企业创新活力，加速海洋

---

① 《宁德市人民政府办公室关于印发宁德市"十四五"海洋强市建设专项规划的通知》，https://www.ningde.gov.cn/zfxxgkzl/zfxxgkml/fggzhgf/nlsy/202208/t20220803_1648551.htm，最后访问日期：2024 年 4 月 9 日。

② 《莆田市人民政府办公室关于印发莆田市"十四五"海洋强市建设专项规划的通知》，https://www.putian.gov.cn/zfxxgk/szfwj/fzgh/202301/t20230117_1795385.htm，最后访问日期：2024 年 4 月 9 日。

③ 《珠海市人民政府办公室关于印发珠海市海洋经济发展"十四五"规划的通知》，https://zrzyj.zhuhai.gov.cn/fgzc/hygll/content/post_3058853.html，最后访问日期：2024 年 4 月 9 日。

④ 《市规划和自然资源局 市发展和改革委员会关于印发〈深圳市海洋经济发展"十四五"规划〉的通知》，https://www.sz.gov.cn/cn/xxgk/zfxxgj/ghjh/csgh/zt/content/post_9981066.html? eqid=c26568f90006fd3e00000006643f9c87，最后访问日期：2024 年 4 月 9 日。

科技成果转化和产业化,建设我国南方海洋科技创新中心①。

在山东省,2021 年 5 月 25 日,烟台市海洋发展和渔业局印发了《烟台市"十四五"海洋经济发展规划》,要求"十四五"期间着力实施海洋经济创新工程,积极应对地方海洋科技创新层次低、科技成果转化不畅等挑战②。2021 年 12 月 21 日,威海市政府办公室出台了《威海市"十四五"海洋经济发展规划》,提出坚定不移实施科技兴海战略,高标准推进国际海洋科技城建设,加快集聚海洋科技创新资源,培育创新主体,激发创新活力,夯实优势海洋产业创新能力,完善开放、协同、高效的科技创新体制,促进海洋科技实力和创新能力大幅跃升,把威海打造为国内具有重要影响力的海洋科技创新高地③。2021 年 12 月 27 日,青岛市政府办公厅发布了《青岛市"十四五"海洋经济发展规划》,规划结合青岛市实际提出,着力推动海洋经济体制机制创新,充分发挥科技创新对海洋经济的引领作用,增强自主创新能力,提升海洋科技创新能力④。

在江苏省,2021 年 7 月 27 日,盐城市政府办公室发布了《盐城市"十四五"海洋经济发展规划》,在总结"十三五"期间发展成就与问题不足的基础上,提出加快构建现代海洋产业体系,推动海洋经济创新发展,补足发展短板,激发海洋经济发展潜能⑤。2022 年 1 月 14 日,连云港市自然资源和规划局出台了《连云港市"十四五"海洋经济发展规

① 《广州市人民政府办公厅关于印发广州市海洋经济发展"十四五"规划的通知》,https://www.gz.gov.cn/zwgk/ghjh/fzgh/ssw/content/post_8529961.html,最后访问日期:2024 年 4 月 9 日。

② 《烟台市十四五海洋经济发展规划》,https://hyj.yantai.gov.cn/art/2021/6/17/art_1645_2899772.html,最后访问日期:2024 年 4 月 9 日。

③ 《威海市"十四五"海洋经济发展规划》,https://www.weihai.gov.cn/art/2021/12/21/art_80789_2835743.html,最后访问日期:2024 年 4 月 9 日。

④ 《青岛市人民政府办公厅关于印发青岛市"十四五"海洋经济发展规划的通知》,http://www.qingdao.gov.cn/zwgk/xxgk/bgt/gkml/gwfg/202112/t20211227_4141838.shtml,最后访问日期:2024 年 4 月 9 日。

⑤ 《盐城市人民政府办公室关于印发盐城市"十四五"海洋经济发展规划的通知》,https://wap.yancheng.gov.cn/art/2021/8/12/art_25966_3709523.html,最后访问日期:2024 年 4 月 9 日。

划》，强调政产学研协同，"十四五"期间着力"强化海洋科技创新平台建设"，加快"攻克海洋领域重点技术"，大力"推动海洋科技成果加快转化"，"构筑海洋人才集聚高地"，同时"营造海洋创新创业优良环境"①。2022年3月3日，南通市人民政府办公室印发了《南通市"十四五"海洋经济发展规划》，立足建设国家级海洋经济创新发展新标杆的战略定位，明确聚焦关键领域技术攻关、强化企业创新主体地位等主要任务，以实现到2035年特色海洋产业和科技发展水平位居全国前列的发展目标②。

第三节　海洋科技法治实践考察

中国海洋立法重视促进海洋科技发展，一些重点领域海洋技术研发与应用取得一定成绩。通过对具体领域的考察，可以明确海洋科技工作的着力点和主攻方向。

一　智能港航领域

智能港航是港航信息化的高级阶段，围绕港航管理、服务、决策三大核心业务需求，充分运用物联网、云计算、移动互联网、大数据分析等新兴信息技术，精细化、智能化梳理或改造港航业务，实现人性化、智慧化功能，促进行业管理效能、服务效果和决策水平的综合提升③。智能港航领域科技法治发展取得显著成效。

首先，《行动计划》与《指导意见》明确了中国智能船舶、智能航运领域的中长期发展规划。《行动计划》总结了中国智能船舶的发展现状，

---

①　《连云港市"十四五"海洋经济发展规划》，https：//www. lyg. gov. cn/zglygzfmhwz/zxgh1/content/46f50914-0c72-44a0-9ec1-1f4939fe4bb5. html，最后访问日期：2024年4月9日。

②　《市政府办公室关于印发南通市"十四五"海洋经济发展规划的通知》，https：//www. nantong. gov. cn/ntsrmzf/2022ndeq/content/e2a6f015-af37-4dc5-8325-70da42002b4b. html？eqid＝9ce0b49000005dbf0000000564427d64，最后访问日期：2024年4月9日。

③　《什么是智慧港航？全球港航信息化市场规模分析》，https：//www. chinairn. com/hyzx/20211209/184954165. shtml，最后访问日期：2022年6月26日。

明确了今后智能船舶发展的 4 项原则以及 9 项重点任务，提出三年内形成中国智能船舶发展顶层规划和标准体系。《指导意见》以五年为一个任务周期，按照近期、中期、远期目标，分阶段、分层次加强顶层设计和系统谋划，明确了提升港口码头和航运基础设施的信息化、智能化水平，推进智能船舶技术应用，加强智能航运技术创新，加快船舶智能航行保障体系建设，培育智能航运服务新业务新模式，防范智能航运安全风险，加强智能航运法规标准与监管机制建设，加强智能航运人才培养等十个方面的任务。

其次，《行动计划》与《指导意见》为推动关键技术快速发展提供制度保障，确保应用新一代信息技术，培育航运发展新模式、新业态，形成发展新动能，以法治手段推动行业信息技术应用创新。《行动计划》明确指出，将提升网络和信息安全防护能力作为重点任务，依据相关行业科研基础和科技成果，加强网络与链路安全、系统硬件与软件安全、数据安全等方面应用研究，全面提升智能船舶网络和信息安全防护能力，推进区块链在交通运输电子单证、危险品全链条监管、全程物流可视化等领域的创新应用。《指导意见》将提升港口码头和航运基础设施的信息化、智能化水平与推进智能船舶技术应用作为智能航运发展的主要任务，从港口建设、生产运营和管理等方面进一步提升智能港口技术和系统集成能力，有效提高港口智能化水平及运营效率。

再次，以《行动计划》与《指导意见》为规范基础，通过法治手段完善智能港航保障体系布局，为智能港航领域的科技发展保驾护航。具言之，《行动计划》以独立章节提出保障措施，要求加强组织实施，建立政府、企业、行业组织和专业机构等协同推进机制，强化部门协同和上下联动。《指导意见》同样以独立章节明确保障措施，其一，要求加强组织协调，建立政府、企业、行业组织和专业机构等的协同推进机制；其二，明确营造良好的发展环境，通过有效利用中央和地方资源，吸引和调动相关社会资源力量，统筹推动智能航运发展；其三，通过规范确定试点，鼓励、支持试点示范，保障智能航运安全有序发展；其四，《指导意见》亦强调要促进开放合作，支持国内外具有智能航运技术优势的机构开展合作研发，鼓励引进国外先进技术消化吸收再创新，积极开展政府间合作，参与国际事务，提供中国方案。

最后，《物流规划》与《现代航运指导意见》在《行动计划》与《指导意见》的基础上，着眼于"十四五"发展目标与发展任务，进一步为智慧港航建设提供制度保障。《物流规划》立足新一轮科技革命要求加快现代物流技术创新与业态升级的现实问题，从完善现代物流发展制度环境角度出发，以规范保障智慧港口建设与智慧航运发展，进而依托智慧港航为建设现代产业体系、形成强大国内市场、推动高水平对外开放提供有力支撑。《现代航运指导意见》则以开展绿色智慧航运技术标准制定和推广应用、强化国家水上装备安全与可靠性技术创新能力建设作为提高航运技术服务能力的主要任务，以期到 2035 年形成功能完善、服务优质、开放融合、智慧低碳的现代航运服务体系。

二 海洋渔业领域

作为典型的沿海大国，中国渔业发展有悠久的历史。20 世纪 70 年代以前，海洋渔业以传统捕捞为主，生产手段原始粗放且效率低下，改革开放以后，科学技术日新月异。中国的海洋渔业发展呈上升势头，近几年国家非常重视渔业发展，相关政策性文件相继出台，以法治手段为打造高质量现代渔业强国提供保障。

《渔业法》作为海洋渔业领域的专门立法，指导全国渔业生产活动。该法以"鼓励渔业科学技术研究"为基本原则，规定对"在增殖和保护渔业资源、发展渔业生产、进行渔业科学技术研究等方面成绩显著的单位和个人"给予奖励，彰显了国家大力提高海洋渔业科技创新水平、发展现代化渔业的决心。

《专项规划》立足实施海洋强国战略，为提高海洋资源开发能力、发展海洋经济、保护海洋生态环境、坚决维护国家海洋权益，明确了发展主题与发展方向，围绕海洋特有的三类生物资源，从三个层面提出，建设一体化布局的海洋生物资源开发利用重点任务创新链。培育与壮大中国海洋生物战略性新兴产业，同时也明确，随着沿海经济不断发展，海洋开发面临诸多挑战，海洋灾害时有发生，中国海洋渔业发展要以全面提升海洋生物资源可持续开发自主创新能力为目标①。在此提出了六项具体任务，以规范制度改变海洋渔业状况，经过连续高强度、持续性海洋开发，近海海域资源环境等面临危机和压力，多数产业存在内部结构不太合理、生产方式粗放落后、资源依赖明显等问题，亟待运用法治手段缓解制约海洋资源可持续利用、影响海洋经济健康发展的问题。

为解决中国海洋渔业源头供给不足、转化效率不高、海洋生态环境保护与修复技术体系不完善等问题，《兴海规划》提出了推动海洋渔业安全高效发展的具体任务。第一，加强现代海水增养殖技术开发转化。重点突破先进育种技术，发展动物蛋白替代技术，推广应用智能化、生态化、高循环率的工厂化循环水养殖设备等技术。第二，发展负责任海洋渔业技术。开发近海海洋生物资源保护与修复技术，推广应用近海渔业资源友好型捕捞设备和技术；开发卫星遥感远洋渔业、海洋环境和大范围海域组网监测技术；发展和应用负责任远洋渔业技术与装备。第三，提升海洋水产品精深加工和安全控制技术。重点发展水产品分类加工、综合利用和精深加工技术；开发海洋渔业生产流通过程监控、储运与海上一线保鲜、水产品安全追溯等技术；构建互联网＋冷链物流配送智能化服务系统，大幅提升渔业资源高值化和清洁加工能力。

三 海洋环境保护领域

随着人类社会开发海洋与利用海洋活动增多，海洋环境保护压力日渐增大，成为制约海洋可持续发展的重大隐患②。立足环境保护的基本国策③，

---

① 《"十三五"海洋领域科技创新专项规划》，https：//most.gov.cn/xxgk/xinxifenlei/fdzdgknr/fgzc/gfxwj/gfxwj2017/201705/t20170517_132854.html，最后访问日期：2022年7月12日。
② 邱士雷、王子龙、刘帅、董会忠：《非期望产出约束下环境规制对环境绩效的异质性效应研究》，《中国人口·资源与环境》2018年第12期，第40页。
③ 《第二次全国环境保护会议》，https：//www.mee.gov.cn/zjhb/lsj/lsj_zyhy/201807/t20180713_446638.shtml，最后访问日期：2023年6月1日。

《专项规划》与《兴海规划》设置了相应条款，以期提升我国海洋环境保护、修复与治理能力。

其一，《专项规划》与《兴海规划》将发展海洋环境技术列为重点任务。具言之，《专项规划》提出，发展近海环境质量监测传感器和仪器系统以及深远海动力环境长期连续观测重点仪器装备，自主研发海洋环境数值预报模式，提高海洋环境灾害及突发事件的预报预警水平和应急处置能力，致力于解决国家海洋环境安全保障平台建设中的关键技术问题。《兴海规划》也提出了全力强化海洋生态环境保护与治理技术应用的发展规划，特别是重点加强海洋环境监测评估预警新技术业务化应用。《兴海规划》还提出，强化海岛保护与合理利用技术，加强海岛保护与利用关键技术示范应用。

其二，《专项规划》与《兴海规划》强调发展海洋环境保护技术，提升中国海洋环境保障能力。《专项规划》将构建国家海洋环境安全保障平台系统作为海洋环境安全保障重点任务的具体目标，有效提升了中国海洋环境安全保障能力。《兴海规划》同样强调海洋环境保障服务技术应用，提出三项具体任务：一是推动海洋环境保障服务技术业务化，二是推动海洋环境保障服务产品市场化，三是推动海洋卫星服务产品产业化。《兴海规划》还提出，加强海上维权执法技术示范应用，开展海上目标监视技术、海上维权执法通信保障技术等技术的示范应用，发展海上目标的远程、立体探测与类型识别技术，开发大陆架、专属经济区划界技术体系和决策系统，为维权执法决策提供支撑，明确以公权力保障国家海洋环境安全。

其三，《海洋环境保护法》的修订是深入贯彻落实党中央关于海洋环境保护决策部署的重要举措。此次修订在总则部分明确了鼓励、支持海洋环境保护领域创新，加强人才培养，提高海洋环境保护科学技术水平等内容，增加了激励性条款，要求对在海洋环境保护工作中做出显著成绩的单位和个人给予表彰和奖励，激发海洋环境保护领域科技创新积极性，保障创新成果持续产出，为各具体规定提供上位法依据。而新修订的分则内容将本规定细化为"提高海洋环境监督管理科技化、信息化水平"，以期构建具有高度科技化、信息化的海洋环境监督管理体系，跟上数字法治建设日新月异的发展步伐①。

四 海洋勘探开发领域

海洋勘探开发包括对海洋资源的勘探与开发，勘探即为探明资源的种类、储量和分布，对海洋资源尤其是海底矿产资源进行的取样、观察和调查过程；开发是指对海洋及其周围环境（大气、海岸、海底等）的资源开发和空间利用活动的总称。中国高度重视海洋勘探开发，《专项规划》《兴海规划》都重视发展深海探测技术，逐步提升海洋勘探技术水平，满足中国在深海领域的重大需求。

其一，《专项规划》针对中国在探索深海、开发利用深海资源以及保障国家深海安全等方面的重大需求，明确提出重点突破制约中国深海领域发展能力的深海运载、探测、战略资源开发、深远海能源保障等核心共性关键技术，提升中国深海技术的基础研究水平和原始创新能力，形成中国深海运载、探测装备谱系化和配套能力，带动深海技术与装备的自主产业发展。《兴海规划》也提出，大力发展海洋高端工程装备，发展深海空间站、海上大型结构物以及天然气水合物开发等配套装备，以此提高大洋科学考察、深海资源探测探采、大洋环境安全保障设备装备自给率，构建具有自主知识产权的深海矿产资源开采技术装备体系，提升深海生物多样性调查能力。

其二，《专项规划》提出，将深水能源和矿产资源勘探与开发作为重点任务，实现核心技术和装备国产化，全面提升海洋资源自主开发能力，为海洋强国建设提供支撑。《专项规划》明确了以下具体任务：第一，开展海洋油气工程新概念、新技术研究，开发深水油气勘探核心技术和工程装备，形成深水油气资源自主开发能力；第二，开展海洋天然气水合物成藏、成矿机

---

① 梅宏：《〈海洋环境保护法〉新修订：守正与创新》，《环境保护》2023 年第 21 期，第 20 页。

理以及安全开采等基础问题研究，开发精确勘探和钻采试验技术与装备，形成海底天然气水合物开采试验能力；第三，开展大洋矿产成矿机理与分布规律等科学问题研究，开发高效勘探核心技术研究及深海采矿系统设计，研制集矿与输送装备，完成1000米深海集矿、输送等技术海上试验。

其三，《专项规划》顺应当今世界对极地的开发研究趋势，将极地资源探测与开发列为主要任务之一，要求探索和了解极地地区的油气资源、矿产资源、渔业资源、航道资源，评估这些资源的潜力和商业价值；开展关键技术攻关和装备研发，开展极地地区地质构造及潜在矿产资源探测、极地油气和天然气水合物资源探测、极地生物资源探查及利用等技术研究，为极地科学研究、资源探测与开发利用提供技术及装备支撑，提升中国的极地科研水平和技术保障条件。《兴海规划》提出极地开发特种功能材料技术等方面的示范应用，重点推进极地环境和资源观测、探测技术的应用，开展极地耐低温环境仪器装备、极地严酷环境现场长期观测系统等关键技术装备应用示范。

五　海上风电领域

海上风电科技是指在潮间带、近海海域等主要区域建立风力发电场，并将风能转换为电能的一种使用离岸风力能源的方式。海上风电将会是未来清洁能源的新方向。粗略统计，各沿海省份海上风电开发目标已超过5000万千瓦，这也意味着中国海上风电正步入快车道[①]。

从中央政策支持来看，中国海上风电发展共经历了数个阶段。2010年之前是示范项目阶段，中国能源局印发《海上风电场工程规划工作大纲》，上海东海大桥海上风电场成为首个国内大型海上风电示范项目。2010年到2014年是特许权招标阶段，国家能源局印发《海上风电开发建设管理暂行办法》，2010年5~9月，国内首轮海上风电特许权项目启动招标。就中国的

---

① 李丽旻：《海上风电有望乘风破浪：沿海省份"十四五"海上风电规划目标已超5000万千瓦》，《中国能源报》2022年6月17日，第4版。

风电科技发展现状来说，海上风电行业已进入平价发展阶段。随后国家能源局相继印发《风电标准建设工作规则》《能源行业风电标准化技术委员会章程》《风电标准体系框架》。《风电标准建设工作规则》旨在明确风电标准，按照协商一致的原则建设，统一规划、统筹安排、分工合作、协调配合，实现风电标准的完整与统一。设立风电标准建设领导小组，负责研究拟定中国风电标准，审查确定风电标准体系建设规划，协调解决风电标准建设中的重大问题。《能源行业风电标准化技术委员会章程》要求，根据国家能源局的统一规划，组建能源行业风电标准化技术委员会，负责开展能源行业风电标准化技术组织管理工作。《风电标准体系框架》确立了风电标准体系框架，明确了各个类型体系框架的具体规定。《2030 年前碳达峰行动方案》立足2030 年碳达峰目标，积极鼓励发展海上风电，以可再生能源替代传统化石能源，推动构建清洁低碳安全高效的能源体系。

福建、广东、浙江、广西等沿海省份"十四五"海上风电发展规划相继出炉，以地方政府规范性文件助力海上风电发展。《广西可再生能源发展"十四五"规划》提出，重点推进风电规模化发展，结合地区特色，打造北部湾海上风电基地。《福建省"十四五"能源发展专项规划》提出，加大风电建设规模，加快清洁能源建设，推进能源绿色低碳转型。《山东省能源发展"十四五"规划》着眼 2025 年能源发展目标，实施可再生能源倍增行动，打造千万千瓦级海上风电基地，推进海上风电与海洋牧场融合发展试点示范。《广东省能源发展"十四五"规划》着力推动能源绿色低碳转型，打造粤东、粤西千万千瓦级海上风电基地。《浙江省能源发展"十四五"规划》立足省内能源资源禀赋特色，着眼长远，强调开展"风光倍增"工程，全力打造百万千瓦级海上风电基地。《江苏省"十四五"可再生能源发展专项规划》提出，做强可再生能源产业链，推动国家级海上风电检测中心落户，逐步形成自主可控的海上风电产业体系[①]。《辽宁省"十四五"能源发

---

① 《省发展改革委关于印发〈江苏省"十四五"可再生能源发展专项规划〉的通知》，https://fzggw.jiangsu.gov.cn/art/2022/7/11/art_83783_10531644.html？eqid=a4a063240033c82b0000000564293eec，最后访问日期：2024 年 4 月 9 日。

展规划》要求，科学合理规划和利用海上风能资源，提升清洁能源消纳水平①。《天津市能源发展"十四五"规划》提出，协调突破政策瓶颈，稳妥推进远海、防波堤等海上风电②。

第四节 海洋科技法治发展总结

伴随"海洋强国"战略的深入推进，我国海洋科技领域立法取得了一定成效，初步完成构建海洋科技法治体系的基本目标。目前，海洋科技法治体系能够实现统筹全国海洋科技发展方向的基本目标，并且能够助推地方特色海洋科技发展的任务部署。

一 确立以海洋科技发展规划为主的顶层设计

进入 21 世纪，国家进一步加强了海洋科技规划编制，出台了《国家海洋事业发展规划纲要（2006～2010 年）》《国家"十一五"海洋科学和技术发展规划纲要》《全国科技兴海规划纲要（2008～2015 年）》《国家"十二五"海洋科学和技术发展规划纲要》《海水淡化科技发展"十二五"专项规划》等海洋科技领域的发展规划，形成了指导、规范全国海洋科技发展的初步规划体系。《国家中长期科学和技术发展规划纲要（2006～2020 年）》对中国 2006～2020 年科技发展作出了全面系统的规划与部署，是新时期指导中国科学和技术发展的纲领性文件。该规划纲要高度重视海洋科技发展，从重点领域及其优先主题、前沿技术和基础研究等方面确定了重点任务，明确了海洋科技工作的着力点和主攻方向，将海洋技术确定为 5 个战略重点任务之一。"十四五"时期，交通运输部、国家铁路局、中国民

---

① 《辽宁省人民政府办公厅关于印发辽宁省"十四五"能源发展规划的通知》，https://www.ln. gov. cn/web/zwgkx/zfxxgk1/fdzdgknr/ghxx/zxgh/20230313161 73033809/，最后访问日期：2024 年 4 月 9 日。

② 《市发展改革委关于印发天津市能源发展"十四五"规划的通知》，https://fzgg. tj. gov. cn/zwgk_47325/zcfg_47338/zcwjx/fgwj/202203/t20220311_5827375. html，最后访问日期：2024 年 4 月 9 日。

用航空局、国家邮政局、中国国家铁路集团有限公司联合印发《加快建设交通强国五年行动计划（2023～2027年）》，明确了坚持高质量发展、加快科技创新驱动发展的基本原则，提出了建设与智能船舶发展相适应的海事服务保障体系等重点任务①。

二　地方性海洋科技政策文件的具体部署

在国家宏观政策带动下，沿海省份以国家海洋科技总体规划和顶层设计为指导，结合区域资源优势，积极探索，在本地海洋领域发展规划中对海洋科技发展作出具体部署。沿海地区政府普遍将增强海洋科技创新能力、完善海洋科技创新体系、加快海洋创新型人才培养和引进作为地区海洋科技发展的重要目标。一些沿海省份相继出台地方性海洋发展规划，如山东省《"十三五"海洋经济发展规划》、浙江省《海洋经济发展"十四五"规划》、福建省《"十四五"海洋强省建设专项规划》以及广东省《海洋经济发展"十四五"规划》。这些规划明确了各地海洋科技发展的重点方向和重点任务，是促进海洋科技发展与指导地方编制相关专项规划的重要依据。

三　"科技驱动型海洋强国"的立法目标和共识

海洋科技创新发展政策更加注重自主创新和科技产业化，强调科技和经济的密切结合，发挥科技对海洋经济的支撑作用，推动海洋科技成果产业化，建设"创新型"国家。"十三五"期间海洋科技创新要按照"原创驱动、技术先导、认识海洋、兴海强国"的指导方针，坚持"双轮驱动"，走中国特色的海洋科技创新之路。海洋强国必须是海洋科技强国，推动实现重大科学问题的原创性突破，加快核心关键技术攻关。2017年5月，科技部、国土资源部和国家海洋局联合印发《"十三五"海洋领域科技创新

---

① 《〈加快建设交通强国五年行动计划（2023～2027年）〉印发实施》，中国政府网，https://www.gov.cn/lianbo/2023-03/31/content_5749421.htm，最后访问日期：2024年4月9日。

专项规划》，明确了"十三五"期间海洋领域科技创新的发展思路、发展目标、重点技术发展方向、重点任务和保障措施①。进入"十四五"时期，"十四五"纲要将海洋科技发展重点聚焦深海开发、海上风电等领域，以期完成发展壮大战略性新兴产业与构建现代能源体系等任务，为开启全面建设社会主义现代化国家新征程、向第二个百年奋斗目标进军打下坚实基础。

四　海洋科技研究与人才培养的激励性立法

为培养优秀青年海洋科技人才，鼓励优秀青年海洋科学工作者参与创新性研究，提升科技竞争力，原国家海洋局设立了青年海洋科学基金，进一步推动海洋科研。海洋科技研究与人才培养方面的立法对促进海洋科学技术国际合作与交流、维护国家主权和海洋权益具有重要意义。首先，能够促进海洋技术国际交流合作，为维护国家主权和海洋权益提供规范依据。其次，为解决可能出现的海洋科学研究纠纷提供法律保障。最后，有利于营造有效激发海洋科技创新活力的研究氛围，助力科研人员投入海洋科学研究、促进中国海洋事业发展和进步。

五　海洋科技法治的延伸与细化

《"十三五"国家科技创新规划》对中国未来5年科技创新作了系统谋划和前瞻布局，是国家"十三五"规划纲要和《国家创新驱动发展战略纲要》的细化落实。该规划对中国深海技术、海洋农业技术、海上风电技术、船舶制造技术以及海洋领域的基础研究进行了规划和部署。《兴海规划》提出了2020年科技兴海的总体目标和重点任务。全国海洋科技创新大会部署了"十三五"时期海洋科技创新发展的工作思路和重点任务。进入"十四五"时期，《交通领域科技创新中长期发展规划纲要（2021~

---

① 刘明：《党的十八大以来中国海洋科技发展政策》，http：//www.chinaislands.org.cn/c/2017-10-26/1525.shtml，最后访问日期：2022年7月12日。

2035年)》明确了未来15年涉海交通运输科技重点任务。《2030年前碳达峰行动方案》则以如期完成2030年碳达峰为目标，规划部署海上风电总装机容量。

综上所述，中国海洋科技创新发展政策已基本形成宏观层面的顶层设计、多领域的专项规划及沿海地区的具体政策三个层面的布局，建立了由国家协调和牵头、区域均衡、地方协同推进的实施机制。

第五节　海洋科技法治发展前景

中国的海洋科技发展进入了新时代，取得了突出成效。有效推进科技创新驱动发展，形成了较为完善的海洋开发与利用规划体系，建成了国家海洋科技创新体系。海洋科技工作以经济建设为中心，以前沿技术基础研究以及发展高新技术为目标，服务海洋强国建设。但应当看到，中国海洋科技法治建设仍然存在一些不足。

一　海洋科技法治发展存在的问题

"十三五"以来，虽然中国海洋科技发展已经取得一定成绩，但海洋技术研发总体上仍以模仿为主，原始创新能力明显不足，部分领域与世界先进水平还有较大差距，科学技术和法律制度都有不小改进空间。

第一，海洋科技发展立法仍然是以制定政策性文件为主，规范层级较低，难以起到实质性的指导作用。海洋科技法律规范系统并不完整，缺乏体系性，尤其是缺乏专门规范海洋科技发展的法律总领全局。一方面，专门法律缺位，大量低位阶的法规或者规范性文件内容存在重复甚至冲突，无法凸显海洋科技发展的重点方向与关键任务，一定程度上制约了海洋科技的发展速度与发展质量；另一方面，随着中国海洋科技的发展，对外交流的意愿与需求逐步提升，缺乏专门性法律与国际条约衔接，限制了中国履行《联合国海洋法公约》中资源开发、船舶航行、科学研究、海洋环境保护等方面义务的能力①。在规范位阶和法规数量上，国家级法规过少，无法针对不同海洋科技领域设立专门法律规范，不仅难以引领统筹地方政策，也难以进一步激发地方法治创新。

第二，海洋科技激励性专门立法相对分散，且未能与引导性政策文件充分衔接，有待整合及更新。不同部门在制定推进海洋科技发展的激励性政策文件或立法时缺乏有效沟通，导致海洋科技法律规范内部缺乏体系协调，规范之间存在交叉重复或效力不清问题，难以理顺关系。同时，海洋科学技术成果的激励性立法侧重奖励制度，忽视了整体规划与管理相关规定与说明；如果确立的激励性目标无法实现，或者具体规划设计不当，可能导致海洋科技创新者难以获得预期奖励，还可能反向制约海洋科技发展。总体而言，这种立法模式难以满足海洋科技领域制定系统科学的规则、规矩和规范的要求②。随着时代变迁和国际形势发展，过于分散的立法模式难以适应引领海洋科技发展的需求，优化海洋科技激励性立法成为现实问题。

第三，围绕"权力、责任与程序"等要素展开具体制度设计的激励海洋科技创新立法仍然缺位。由于当前海洋科技领域立法结构较为松散，海洋科技领域法律规范往往未能明确创新主体的权利或利益供给保障，对于具体执行激励措施的公权力机关职责定位也不够明确，在推进海洋科技创新方面难以形成有效的制度输出③。同时，激励性海洋科技政策文件或立法多属于原则性宣示，没有确立一套可操作性的程序规则，既不利于创新者获得明确预期，也不利于主管机构依法行使职权。简言之，如果不能在立法层面围绕"权力、责任与程序"等要素进行具体制度设计，便难以为

① 薛桂芳：《〈联合国海洋法公约〉体制下维护我国海洋权益的对策建议》，《中国海洋大学学报》（社会科学版）2015 年第 6 期，第 13 页。
② 黄建钢：《论中国海洋法的现状及其发展趋势》，《浙江海洋学院学报》（人文科学版）2010 年第 3 期，第 4 页。
③ 李龙飞：《中国海洋环境法治四十年：发展历程、实践困境与法律完善》，《浙江海洋大学学报》（人文科学版）2019 年第 3 期，第 25 页。

海洋科技发展提供强有力的法律保障①。

第四，地方性海洋科技规范性文件制定、发布主体不明。行政规范性文件作为政府管理服务社会的重要规制工具，是各省、市保障海洋科技健康、持续发展的重要依据，但实践中存在制定主体不一的问题，反映了各地对保障海洋科技发展的权限划分不清、重视程度不足等问题。实践中相关规范性文件大多为省、市政府制定，由办公厅（室）发布，这一形式既体现了各地对于海洋科技发展的重视，又与中央相关规范性文件制定、发布主体相符，是对地方性海洋科技规范性文件的必然形式要求。然而，也存在少部分省、市，相关规范性文件由自然资源厅（局）、海洋渔业局、水务局（海洋局）等政府组成部门制定并发布。根据《宪法》及相关法律规定，行政机关有权在其法定职权范围制定、发布规范性文件②。制定主体差异本质上是由相关职权划分混乱导致的，权属划分混乱无助于海洋科技的制度化、规范化。

第五，缺乏区域性海洋科技规范性文件。"十四五"纲要明确提出，促进区域间融合互动、融通补充，推动城市群一体化发展，但是，既有海洋科技规范性文件并未重视区域协同发展。各省、市关于海洋科技的规范性文件多是立足本地区发展前景，制定相关发展规划，鲜有涉及区域协同发展海洋科技。这便导致相关规范性文件难以促进区域内海洋科技政策协同，并且易导致制度分割。

二 海洋科技法治发展的方向

积极构建海洋科技法治体系，目的在于以法治保障促进科技创新在海洋经济发展中的引领作用③。我国海洋科技法治体系优化的构想，应立足国

---

① 李志文、马金星：《论我国海洋法立法》，《社会科学》2014 年第 7 期，第 89 页。

② 章剑生：《论行政诉讼中规范性文件的合法性审查》，《福建行政学院学报》2016 年第 3 期，第 12 页。

③ 《中国海洋事业改革开放 40 年系列报道之科技篇——科技创新助力海洋强国建设》，https：//www.mnr.gov.cn/zt/zh/ggkf40/201807/t20180709_2366685.html，最后访问日期：2023 年 6 月 1 日。

内海洋科技发展现状与未来诉求，围绕"立法位阶较低、规制内容分散、缺乏综合性立法"等问题展开，实现对海洋科技法治体系的有效整合。

第一，加快海洋科技领域的引领性立法。整体来看，国务院和各省份五年规划体现了国家目标实现能力[1]，但由于整体位阶较低，缺乏基础性、统一性部署，难以准确把握我国海洋产业升级和高质量发展的方向[2]。因此，需要改变当前立法模式，制定海洋创新立法或在海洋基本立法中确立专门的科技创新规划模块。例如，日本基于海洋基本法的立法指引，每五年出台一部"海洋基本计划"，明确海洋科技发展"前瞻性、战略性、多样性、灵活性"的目标，确立海洋科技发展的重点。此外，日本还以"年度报告"形式对海洋基本计划中制定的目标进行拆解、跟进、总结。其内容对照海洋基本计划每一项目标"逐条逐句"写明时间、事件、完成进度，有效推动了包括海洋科技发展在内的各项海洋战略目标的跟进评估、跟踪落实[3]。我国可以借鉴上述模式，以专门海洋创新立法或在海洋基本立法中设立专门科技创新规划模块的形式确立规划，并以"年度报告"形式总结归纳每一年度海洋科技发展情况，制定下一年度发展目标，以保证立法的及时性、准确性。

第二，优化海洋科技的激励性制度设计。在强调加快海洋科技领域引领性立法的同时，应当看到，我国海洋科技法律法规虽然存在激励性立法，但主要作用局限于激励相关科技人员的创造动力，国家层面缺乏以海洋科技布局为目标的激励政策与具体措施。因此，应当尽快优化我国海洋科技的激励性制度设计。海洋科技的激励性制度设计不仅包括"奖励措施"等具体的激励性内容，还包括"整体布局""不同阶段目标""具体权利义务""管理体制""具体程序""责任清单"等规定。概言之，通过

---

① 鄢一龙：《五年规划：一种国家目标治理体制》，《文化纵横》2019 年第 3 期，第 76 页。

② 中国社会科学院经济研究所课题组：《"五年规划"的历史经验与"十四五"规划的指导思想研究》，《经济学动态》2020 年第 4 期，第 10 页。

③ 王旭：《日本海洋科技发展的演进》，https://aoc.ouc.edu.cn/2019/1127/c9824a277138/page.htm，最后访问日期：2022 年 7 月 10 日。

上述制度设计可以形成对海洋科技发展整体布局与具体目标较为清晰的判断，并对管理体制机制形成基本预期，由此以制度方案为海洋科技创新提供可靠保障。

第三，各类海洋立法可作出特色科技条款规定。在强调加强海洋科技领域引领性立法与激励性制度设计的同时，海洋资源开发、环境保护、能源利用以及其他各领域的海洋立法应结合具体科技需求作出针对性专门规定，也即以"一般性规定+特殊条款"结合立法模式构建海洋科技创新的法律保障体系。当前海洋科技法治体系涵盖海洋科技各细分领域，但相关条文宽泛空洞、缺乏可操作性。例如，《海洋环境保护法》第13条规定："国家加强防治海洋环境污染损害的科学技术的研究和开发，对严重污染海洋环境的落后生产工艺和落后设备，实行淘汰制度。"本条虽系"禁止性"规范，提出淘汰落后设备，但并未设置相关责任规范，导致本条款偏向"宣示性"条款，可执行性较低。直观来看，国务院及其部门依法对涉及海洋科技的法律、法规、规章的含义、具体应用和执行等作出说明和阐释，地方可以立足本地海洋科技发展特色以及实际管理需求，针对性明确、细化地方性法规与规范性文件中有关海洋科技的条款。立足长远考虑，应当通过修法在各类海洋立法中逐步增设"科技条款"。

第四，明确地方性海洋科技规范性文件制定、发布主体。海洋科技规范性文件制定主体不统一的背后是省市两级政府相关部门职能划分的混乱。各部门应严守《党和国家机构改革方案》等规范关于部门机构的职能划分，压实部门责任，既避免超越职权制定规范，也要避免不履行职能等"不作为"现象的发生。只有合理划分部门机构职权范围，才能统一海洋科技规范性文件制定、发布主体。具言之，统领性的海洋科技规范性文件包含智慧港航、海洋环境保护、海洋勘探与开发、海上风力发电、人才培育与引进等多方面的内容，涉及多个部门的职能权限，某单一机构的职权难以全面覆盖。因此，此类规范性文件应由人民政府负责制定，由办公厅（室）发布。而针对具体领域的海洋科技规范性文件可以由具体部门制定、发布。例如，海上风力发电相关规范性文件，可以由地方自然资源厅

（局）负责制定并发布。

第五，推进区域性海洋科技规范性文件制定。海洋科技区域协同发展是深入实施区域重大战略的必然要求，也是推动区域产业链与创新链深度融合的必然之举。京津冀、长三角、粤港澳大湾区、辽宁沿海经济带等应结合区域发展现状，统筹区域发展资源，制定区域海洋科技发展目标，并安排重点任务落实。相关规范可以由省级政府或各部门联合制定并发布，同时可以探索区域管理机构制定规范性文件的可能性[①]。例如，为推进长三角一体化，上海市、江苏省、浙江省政府于 2019 年 10 月共同成立长三角一体化示范区理事会，理事会下设长三角一体化示范区执委会，作为理事会的执行机构。实践中可以尝试由长三角一体化示范区执委会制定长三角区域性海洋科技规范性文件，确保区域内海洋科技协同发展。

---

① 李幸祥：《行政规范性文件区域合作的法治化路径》，《长江论坛》2024 年第 1 期，第 86 页。

第五章　海洋环境的法治发展

习近平总书记在 2013 年 7 月 30 日十八届中央政治局第八次集体学习讲话中指出："要把海洋生态文明建设纳入海洋开发总布局之中，坚持开发和保护并重、污染防治和生态修复并举，科学合理开发利用海洋资源，维护海洋自然再生产能力。"[①] 党的二十大报告进一步提出，未来五年要"发展海洋经济，保护海洋生态环境，加快建设海洋强国"[②]。法治是海洋环境治理的重要手段之一，随着中国改革开放推进和海洋环境保护意识逐渐增强，构成海洋环境保护法治体系的立法、执法和司法都得到全面、快速发展。

第一节　海洋环境法治概述

一　海洋环境与海洋环境损害

（一）海洋环境

"环境"总是相对于某一中心事物而言的，人们常把这个中心称为主体，把围绕该中心的周围世界称为环境。中心不同，环境的内涵和外延也有所不同。《环境保护法》将环境界定为：影响人类生存和发展的各种天

---

① 习近平：《进一步关心海洋认识海洋经略海洋　推动海洋强国建设不断取得新成就》，《人民日报》2013 年 8 月 1 日，第 1 版。

② 《高举中国特色社会主义伟大旗帜　为全面建设社会主义现代化国家而团结奋斗——在中国共产党第二十次全国代表大会上的报告》，《人民日报》2022 年 10 月 26 日，第 1 版。

然的和经过人工改造的自然因素的总体，包括大气、水、海洋、土地、矿藏、森林、草原、湿地、野生生物、自然遗迹、人文遗迹、自然保护区、风景名胜区、城市和乡村等①。可见，我国环境立法中的环境是指以人类为中心，特指那些对人类的生存和发展有影响的自然因素。

与环境息息相关的另外一个概念是自然资源。1972 年联合国环境规划署将自然资源界定为：在一定时间、地点条件下，能够产生经济价值，提高人类当前和未来福利的自然环境因素的总称②。《宪法》第 9 条规定："矿藏、水流、森林、山岭、草原、荒地、滩涂等自然资源，都属于国家所有，即全民所有……国家保障自然资源的合理利用，保护珍贵的动物和植物。禁止任何组织或者个人用任何手段侵占或者破坏自然资源。"根据该条款，自然资源本身就属于环境要素，是环境要素中可被人类开发和利用的物质和能量的总称。如果将海洋视为一种资源，由于它具有永续利用性，人们普遍认为海洋是一种无限资源。从狭义上说，海洋资源是指在海水中生存的生物、溶解于海水中的化学元素，海水中所蕴藏的能量以及海底的矿产资源。从广义上说，除了上述能量和物质外，海湾、四通八达的海洋航线、水产资源的加工、海洋上空的风、海底地热、海洋远景甚至海洋的纳污能力均可视为海洋资源③。海洋是一种自然资源还是自然环境，是从不同角度对同一客体所作出的评价。既然自然资源本身就属于环境要素，是整体生态环境的重要构成，这就要求我们在合理开发利用海洋资源的同时，实现海洋环境保护的目标。

基于上述分析，海洋环境是指由海水水体、海床、底土，以及生活于其中的海洋生物，环绕于周围的海岸、滨海陆地和临近海面上空的大气等天然的和人工改造的自然因素构成的统一整体。海洋环境的空间形态主要有五种：①水体空间；②水体覆盖的海底和水下岩礁、泥沙等；③海岸；

---

① 《环境保护法》第 2 条。
② 汪劲：《环境法学》（第 3 版），北京大学出版社，2014，第 3 页。
③ 参见马英杰主编《海洋环境保护法概论》，海洋出版社，2012，第 2 页。

④海岛；⑤海岸湿地，也称滨海湿地①。

（二）海洋环境与陆地环境、地上空间环境的关联

海洋是地球的组成部分，是人类生存繁衍所依的自然系统的一个支系统，海洋环境并非孤立存在，其与陆地环境、地上空间环境三者之间既相互独立，又相互影响，共同构成人类环境系统。

海洋与陆地之间存在经过亿万年演化所形成的依存关系。在海陆依存的自然关系中，陆地环境和海洋环境的变化会在一定程度上影响对方。例如，陆地向海洋的扩展会造成海水流向、流速等变化，海平面的升高会将海拔较低的沿海陆地淹没。此外，海洋和地上空间也相互影响，海水输送的水分是雨雪的重要来源，大气中悬浮物质的沉降会造成海水化学成分的改变。海水的波动也影响地上空间气流的强度、流向。因此，加强陆海生态环境统筹保护是生态文明建设和绿色发展的重要内容。

（三）海洋环境损害

由于海洋地势较低，陆地上的各种物质，包括各种污染物质，最终都将进入海洋。海洋对进入其中的物质有巨大的稀释、扩散、氧化以及生物降解能力，可以容纳一定量的污染物而不造成海洋环境损害。但是，海洋的净化能力有一定限度，无节制地任意向海洋倾倒废水、废物，势必会造成海洋环境污染。此外，随着海洋科技的发展，人类对海洋的开发利用亦向纵深发展，海洋生态环境亦遭到严重破坏。海洋环境损害是指由人类活动引起的海洋原有物理、化学、生物、生态等特性、品质的不良改变或者丧失。此处的不良改变是指朝着不利于人类生存繁衍的方向改变②。由人类活动造成的海洋环境损害主要包括以下四类。

1. 海洋资源损害

海洋中存在大量对人类具有资源价值的物质和能量，如海底的石油等矿物质、海水中的鱼类等生物资源、海流能等机械能、海水温差能等海洋

---

① 徐祥民主编《海洋环境保护法》，法律出版社，2020，第3页。
② 徐祥民主编《海洋环境保护法》，法律出版社，2020，第5页。

热能、海水盐差能等海洋化学能。这些物质和能量都是可供人类利用的海洋资源。依据不同的标准，可以将海洋资源划分为海洋生物资源和海洋非生物资源、海洋物质资源和海洋能量资源、可再生海洋资源和不可再生海洋资源、海洋空间资源和海洋非空间资源等类型。人类活动引起的海洋资源损害具体包括海洋资源量的减少以及海洋资源价值的降低。

2. 海洋污染

根据《联合国海洋法公约》，海洋污染是指人类直接或者间接地把物质或者能量引入海洋环境，其中包括河口湾，以致造成或可能造成损害海洋生物资源和海洋生物、危害人类健康、妨害包括捕鱼和海洋其他正当用途在内的各种海洋活动、损坏海水使用质量和减损环境优美等有害影响。海洋污染使海洋原有的稳定的水质发生不利改变，使海洋原有的稳定的生产力和其他服务功能丧失或严重受损。

海洋污染物种类繁多，来源广泛，根据不同的标准，可划分为很多种类。例如，依据污染物的发生地点不同，海洋污染可分为陆源型污染、海洋型污染以及大气型污染三类。依据污染物的入海方式不同，海洋污染可分为点源污染和非点源污染。《联合国海洋法公约》将海洋污染分为陆地来源的污染、船只来源的污染、国家管辖的海底活动造成的污染、倾倒造成的污染、"区域"内活动造成的污染以及来自大气层或通过大气层的污染。《海洋环境保护法》从污染物来源角度将海洋污染分为陆源污染、工程建设项目污染、废弃物倾倒污染、船舶及有关作业活动污染。

3. 海洋生态破坏

海洋生态是指海洋中由生物群落及其环境相互作用所构成的自然系统。尽管海洋生态系统也像其他生态系统一样，具有一定的自我调节和抗冲击能力，但这种能力是有限的。在人类活动对海洋生态系统的干扰超过一定限度时，就会发生海洋生态破坏。海洋生态破坏主要包括海洋生态失衡、外来物种入侵以及海洋生物多样性降低等。

4. 海洋物理形态不利改变

海洋生态系统的多样性及其分布，海洋能量资源、空间资源的分布及其价值的高低，海洋鱼类资源、软体动物资源、海藻等植物资源等的生长区域等，都以稳定的海洋物理形态为基础。常见的海洋物理形态不利改变有以下几类。①海平面上升。由于全球气候变化和温室效应所引起的海平面上升，已对人类特别是沿海地区造成普遍威胁。②海岸侵蚀。海岸带是海洋和陆地交界的地方，具有一定的宽度。这里不仅自然资源丰富，也是人类活动频繁之地。海岸侵蚀的直接危害是毁坏海岸建筑、设施或农田。③滨海湿地减少。滨海湿地是从低潮时水深不超过6米的海域，到大潮线之上与内河流域相连的淡水或半咸水湖沼等区域。滨海湿地是陆地生态系统和海洋生态系统的交错过渡地带，是生物多样性最丰富的区域。滨海湿地的减少会危害滨海湿地生态系统的健康，对迁徙物种的栖息或停歇造成不利影响。④海岛破坏。海岛是重要的海洋空间资源。例如，可以把海岛用作风力发电基地，海岛还作为生物栖息地而成为海岛生态系统的依托。

二 中国海洋环境状况

针对我国海洋环境状况，国家环境保护主管部门从2002年至2017年连续发布《中国近岸海域环境质量公报》。具体内容包括全国近岸海域水质状况、入海河流水质状况、直排海污染源废水及主要污染物排放状况、海洋渔业水域环境状况以及海上污染事故等。从2018年开始，《中国海洋生态环境状况公报》取代《中国近岸海域环境质量公报》。公报具体内容也发生了变化，主要包括海洋环境质量、海洋生态状况、主要入海污染源状况、主要用海区域环境状况以及相关行动与措施等。生态环境部2024年5月发布的《2023年中国海洋生态环境状况公报》（以下简称《公报》）显示，2023年我国管辖海域水质总体稳中趋好，近岸海域水质持续改善。

2023年，夏季符合第一类海水水质标准的海域面积占管辖海域面积的7.9%；近岸海域优良（Ⅰ类、Ⅱ类）水质面积比例为85.0%，同比上升3.1个百分点。劣四类水质海域主要分布在辽东湾、长江口、杭州湾、珠江口等近岸海域。监测的典型海洋生态系统7处呈健康状态、17处呈亚健康状态、无不健康状态。入海河流水质状况总体良好；海水浴场水质、海洋渔业水域环境质量总体良好①。《公报》显示，我国海洋自然保护地总体状态稳定。我国对 10 处涉及海洋的国家级自然保护区开展生态环境状况等级评价。其中，生态环境状况等级为 I 级，整体状况优良的保护区分别是辽宁大连斑海豹国家级自然保护区、山东黄河三角洲国家级自然保护区、广东惠东海龟国家级自然保护区、广东湛江红树林国家级自然保护区和广西合浦儒艮国家级自然保护区。

三　中国海洋环境法治发展概况

海洋环境法治是中国环境法治率先得到发展的领域。新中国成立至 20 世纪 60 年代，中国已出台一系列有关海洋的立法。例如，1952 年的《外籍船舶进出口管理暂行办法》、1956 年的《关于渤海、黄海及东海机轮拖网渔业禁渔区的命令》以及 1964 年的《外国籍非军用船舶通过琼州海峡管理规则》等。这些立法大都是为加强某些领域的行政管理，很少有直接与海洋环境保护相关的内容。虽然中国批准加入了多项相关国际公约，但这些公约多数与海洋主权相关②。当然，这些立法也在不同程度上促进了中国海洋环境保护工作。中国防治海洋环境污染的第一个规范性法律文件《防止沿海水域污染暂行规定》制定于 1974 年 1 月，这是中国防治海洋环境污染的第一个规范性文件，该暂行规定的颁布实施是中国海洋环境保护法治史上的重要里程碑。

改革开放后，随着《联合国海洋法公约》的开放签署以及中国海洋勘探开发进程不断深入，海洋生态及海洋环境问题不断显现。中国的海洋环境法治建设也经历了从相对忽视到重点关注的发展过程。2012 年是中国海洋环境保护法治发展的突破性一年，党的十八大创造性地提出了保护海洋生态、发展海洋经济、维护海洋权益的海洋强国战略，这标志着中国对

---

① 《2023 中国海洋生态环境状况公报》，生态环境部官网，https：//www.mee.gov.cn/hjzl/sthjzk/jagb/202405/P020240522601361012621.pdf，最后访问日期：2024 年 8 月 6 日。

② 李龙飞：《中国海洋环境法治四十年：发展历程、实践困境与法律完善》，《浙江海洋大学学报》（人文科学版）2019 年第 3 期。

海洋环境与海洋生态的重视上升到了新高度。2013 年，习近平主席提出了"一带一路"倡议，再次强调了海洋强国的重要意义。"十三五"以来，在党中央和国务院坚持"海陆统筹，发展海洋经济，科学开发海洋资源，保护海洋生态环境，维护海洋权益，建设海洋强国"的发展思路和发展方向指引下，中国海洋环境法治建设取得新发展新突破。海洋环境法律体系更加完善，海洋环境监管与综合执法体系基本建成，海洋环境司法保护不断加强，为建设海洋生态文明、满足人民群众日益增长的高品质海洋生态环境需求、发展海洋经济提供了强有力的法治支撑。

（一）海洋环境立法体系更加完善

从 1974 年《防止沿海水域污染暂行规定》这一专门防止海洋环境污染的第一部规范性文件出台，中国海洋环境立法已历经奠基、快速发展以及修改完善三个阶段，总体上实现了从重近海污染防治到海洋生态环境保护的系统化、集成化推进，法治体系建设也取得了突出成效。自 1982 年颁布《海洋环境保护法》（该法已历经两次修订、三次修改）以来，我国已出台涉及海洋自然资源及生态环境保护法律法规 100 余部[1]。2023 年 10 月 24 日，十四届全国人大常委会第六次会议表决通过了新修订的《海洋环境保护法》（该法已于 2024 年 1 月 1 日起施行）。《海洋环境保护法》的再次修订是我国海洋环境保护事业发展中的重要里程碑，也是中国特色社会主义法治进程中的一件大事[2]。

目前，我国已基本形成了以《宪法》为根本，以《海洋环境保护法》为主体，以《民法典》《环境保护法》《刑法》《民事诉讼法》《行政诉讼法》等相关法律为补充，以海洋环境保护法规、规章、规范性文件等为配套，以相关国际公约（条约）为参照的海洋环境立法体系。

（二）海洋环境监管与执法体系基本建成

中国海洋环境监管与执法以整个海洋行政执法体系为依托，历经多次

---

① 张海文：《〈中华人民共和国海洋环境保护法〉发展历程回顾及展望》，《环境与可持续发展》2020 年第 4 期。

② 孙佑海：《2023 年〈海洋环境保护法〉的主要修改和内容解读》，《环境保护》2023 年第 21 期。

改革。根据 2018 年国务院机构改革方案，海洋环境监管体制进行了调整，将原国家海洋局的海洋环境保护职责整合到新组建的生态环境部。地方层面，省级地方生态行政机关（生态环境局）承担了海洋环境监管职责。此次改革解决了海洋资源管理和海洋环境污染防治领域多头管理的问题，为实现海陆统筹发展和海洋综合管理提供了体制保障①。2023 年修订的《海洋环境保护法》将改革成果上升为法律，明确了与海洋环境保护相关的部门职责，要求沿海地方人民政府对其管理海域的海洋环境质量负责，强化沿海地方区域协作机制，实行海洋环境保护目标责任制和考核评价制度。同时，加强陆海统筹、区域联动的海洋环境监督管理制度建设。

此外，在海洋环境执法队伍建设方面，海洋环境执法由原来的国家海洋局及其所属的中国海监整合至中国海警局。根据《海警法》的规定，国家在沿海地区按照行政区划和任务区域编设中国海警局海区分局和直属局、省级海警局、市级海警局和海警工作站，分别负责所管辖区域的有关海上维权执法工作。海警机构依法履行的职责包括：对海洋工程建设项目、倾倒废弃物海洋污染损害、自然保护地海岸线向海一侧保护利用等活动实施监督检查，查处违法行为，按照规定权限参与海洋环境污染事故的应急处置和调查处理。

据中国海警局新闻发言人介绍，2023 年以来，中国海警局全面提升海洋生态环境保护执法质效，服务保障美丽海湾建设②。一是着力推进突出问题整治。共查获非法开采运输海砂案件 67 起，查扣海砂 34 万吨，案件数量大幅下降，来自重点海域的案件已经降到个位数，盗采海砂高发势头得到有效遏制。严厉打击非法倾废，综合运用"网上＋网下"监管手段，加大海洋倾倒区、倾废船舶、工程项目等监管力度，与生态环境部门定期组织会商，及时互通信息线索，各级海警机构不断创新监管方式，福

---

① 自然资源部海洋发展战略研究所课题组编著《中国海洋发展报告（2021）》，海洋出版社，2021，第 176 页。

② 《中国海警局：全面提升海洋生态环境保护执法质效》，https://www.chinanews.com/gn/2023/08-28/10068227.shtml，最后访问日期：2024 年 2 月 6 日。

建海警局研发倾废船舶报备系统，实时掌握作业动态，及时发现查处违法倾倒行为。二是着力提升监管整体成效。突出综合治理体系建设，强化部门联动与区域协同，强化预防与打击相结合，强化惩治犯罪与生态修复相统一，不断提升监管的整体性和协同性。三是着力强化执法工作基础。制定出台首部海上维权执法规章《海警机构办理刑事案件程序规定》，执法依据和标准更加充分完善。

（三）海洋环境司法保障不断加强

党的十八大以来，检察机关、审判机关不断加大海洋环境司法保护力度，服务海洋强国建设，制定完善了一系列司法解释和司法政策，织密了海洋生态环境的司法保护网。例如，《关于审理海洋自然资源与生态环境损害赔偿纠纷案件若干问题的规定》（2017年）、《关于办理海洋自然资源与生态环境公益诉讼案件若干问题的规定》（2022年）等。

《中国环境司法发展报告（2022）》显示，2022年，环境资源审判专业化发展特色鲜明。专门环境诉讼制度发展态势良好，专业化能力再上新台阶；环境司法重点领域得到突破，专业化基础日益牢固。环境司法专业化功能稳定发挥，环境资源案件受理审判执行有序推进。根据《中国环境资源审判（2022）》，2022年，全国法院共受理一审环境资源案件273177件、审结246104件。人民法院持续深入推进环境司法体制机制改革创新，环境资源审判专业化水平稳步提升。截至2022年12月，最高人民法院和30家高级法院以及新疆生产建设兵团分院均已设立环境资源审判庭，继南京、兰州、昆明、郑州设立环境资源法庭之后，最高人民法院批准设立长春、乌鲁木齐环境资源法庭，专业机构四级法院全覆盖不断完善。环境资源案件跨行政区划集中管辖和刑事、民事、行政案件"三合一"归口审理持续推进[①]。全国11家海事法院设立了40余个派出法庭，适应海事法院管辖区域线长面广的特点，增强了海事审判服务功能，方便了当事人诉

---

① 《最高法发布〈中国环境资源审判（2022）〉及典型案例、〈中国环境司法发展报告（2022）〉为建设人与自然和谐共生的现代化提供优质司法服务》，https://www.court.gov.cn/zixun/xiangqing/402512.html，最后访问日期：2024年2月16日。

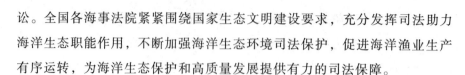

讼。全国各海事法院紧紧围绕国家生态文明建设要求，充分发挥司法助力海洋生态职能作用，不断加强海洋生态环境司法保护，促进海洋渔业生产有序运转，为海洋生态保护和高质量发展提供有力的司法保障。

第二节　海洋环境保护立法

中国的海洋环境保护立法由国内立法以及中国参加或缔结的国际立法两部分构成。

一　海洋环境保护国内立法

海洋环境保护立法体系既是环境法律体系的组成部分，又是海洋法体系的一个分支。从效力等级来看，中国海洋环境保护国内立法体系的构成如下。

（一）宪法中关于环境保护的规定

中国现行《宪法》关于环境的规定是中国海洋环境保护法律体系的根基，其中关于环境保护的规定构成了海洋环境保护法的依据。2018年3月全国人大通过修改的《宪法》，将"科学发展观""新发展理念""生态文明""和谐美丽的社会主义现代化强国"写入《宪法》序言部分，并在第89条第6款把"领导和管理经济工作和城乡建设、生态文明建设"规定为国务院行使的一项重要职权。

此外，《宪法》第26条规定："国家保护和改善生活环境和生态环境，防治污染和其他公害。"据此，环境保护被确立为国家的一项基本职责。《宪法》在其他条款从所有权角度对矿藏、水流、森林、土地等重要环境要素进行了规定，保障自然资源的合理利用，保护珍贵动物和植物等。

（二）海洋环境保护法律

中国海洋环境保护法律包括作为综合性环境立法的《环境保护法》，海洋环境专门立法的《海洋环境保护法》《海域使用管理法》《海岛保护法》《港口法》，以及适用于海洋环境保护的其他部门法。

1. 综合性环境保护法律

从调整范围来看，颁布于 1989 年的《环境保护法》属于综合性环境立法。2014 年 4 月修订后的《环境保护法》已于 2015 年 1 月 1 日起施行。这部被称为"史上最严"的环境法适用于"中华人民共和国领域和中华人民共和国管辖的其他海域"。该法第 34 条对海洋环境保护作了原则性和衔接性规定，"国务院和沿海地方各级人民政府应当加强对海洋环境的保护。向海洋排放污染物、倾倒废弃物，进行海岸工程和海洋工程建设，应当符合法律法规规定和有关标准，防止和减少对海洋环境的污染损害"，构成中国海洋环境保护法律体系的基础。

虽然《环境保护法》1989 年出台时已将海洋纳入保护范围，2014 年修订时增加了生态环境保护内容，但该法仍然存在重陆地、轻海洋，重污染防治、轻生态保护，重分别治理、轻综合管理的情况。该法的统领性不够强，不仅表现在缺乏陆海统筹，还表现在对各主要污染类型的防治、各重要生态环境要素的保护以及污染防治与生态保护的关系缺乏统筹考虑。《环境保护法》要承担起统筹山水林田湖草海综合保护的"龙头法"重任，需要进一步完善①。

2. 专门性海洋环境保护法律

（1）《海洋环境保护法》

《海洋环境保护法》是综合性的海洋环境保护专门立法。该法确立了中国海洋环境监督管理体制，构建了中国海洋生态保护制度体系，对包括陆源污染物、工程建设项目及其倾倒废弃物等不同来源的海洋污染规定了详细的防治措施，构成中国海洋环境保护法律体系的主干。

制定于 1982 年的《海洋环境保护法》，至今已进行了两次修订（1999 年和 2023 年）和三次修改（2013 年、2016 年、2017 年）。2023 年修订的《海洋环境保护法》立足当前我国海洋生态环境保护现状和需求，对我国海洋环境保护制度进行全方位调整，体现我国生态文明建设的基本原理和

---

① 李挚萍：《陆海统筹视域下我国生态环境保护法律体系重构》，《中州学刊》2021 年第 6 期。

核心要义，对加快建设海洋强国、维护海洋权益、实现生态文明以及人与自然和谐共生具有重要意义①。该次修订一是深入贯彻落实以习近平同志为核心的党中央关于海洋环境保护决策部署的重要举措；二是持续改善海洋生态环境质量、建设美丽中国的迫切需要，也是贯彻落实海洋环境保护机构改革的需要；三是厘清海洋环境保护各方主体的责任，进而以法律形式巩固体制改革成果，为实现海洋环境保护领域治理体系和治理能力现代化奠定坚实的法律基础②。

2023年修订的《海洋环境保护法》共九章124条，主要涉及以下几个部分变化③。

第一，总则。坚持系统观念、陆海统筹、区域联动，明确职责分工，完善海洋环境保护体制机制。一是完善立法宗旨，增加保障生态安全和公众健康、维护国家海洋权益，建设海洋强国，推进生态文明建设，促进经济社会可持续发展，实现人与自然和谐共生等内容，并确立了宪法根据。二是增设基本原则，坚持"保护优先、源头防控、陆海统筹、综合治理、公众参与、损害担责"原则。三是进一步压实部门和地方责任。根据深化党和国家机构改革方案以及《"三定"规定制定和实施办法》，调整生态环境、自然资源等有关部门的职责分工，增加海警机构等部门的海洋环境保护职责。四是确立县级以上地方人民政府的海洋环境质量责任。五是增加海洋环境保护的规划协作。六是增加规定从事影响海洋环境的任何单位和个人，都应当采取有效措施，防止、减轻海洋环境污染和生态破坏。

第二，海洋环境监督管理。注重全局性、综合性治理。一是强化规划引领。重视海洋生态环境保护规划的引导作用，加强与全国国土空间规划衔接。二是增加规定各级人民政府及其有关部门应当按照陆海统筹原则，

---

① 苗振华、刘洪岩：《新修订〈中华人民共和国海洋环境保护法〉述评》，《海洋开发与管理》2023年第12期。

② 孙佑海：《2023年〈海洋环境保护法〉的主要修改和内容解读》，《环境保护》2023年第21期。

③ 参见孙佑海《2023年〈海洋环境保护法〉的主要修改和内容解读》，《环境保护》2023年第21期。

加强规划、标准、监测等监督管理制度的衔接协调。三是严格生态环境分区管控，在生态环境分区管控方案和生态环境准入清单中纳入近岸海域。四是规定重点海域综合治理制度。以渤海综合治理经验为蓝本，协同推进海湾等重点海域综合治理。五是修改完善排污总量控制制度与"区域限批"制度，以排污许可为抓手，严格海域排污许可管理，实现污染物排放总量控制要求。明确直接向海洋排放工业废水、医疗污水的海岸工程和海洋工程单位，城镇污水集中处理设施的运营单位及其他企业事业单位和生产经营者，应当依法取得排污许可证。明确实行排污许可管理的企业事业单位和其他生产经营者应当执行排污许可证关于排放污染物的种类和浓度、向重点海域排放重点污染物的总量控制、污染物排放方式和排放去向、自行监测等要求。六是完善规划、环境标准、监测调查、生态预警、信息共享、突发应急、信用评价等制度，提升海洋环境综合治理水平。七是增加建设单位应当依照有关法律法规的规定，对环境保护设施进行验收，编制验收报告，并向社会公开。

第三，海洋生态保护。加强重要区域、重点领域等的海洋生态保护工作。一是对接自然保护地体系，修改涉海自然保护地划定与分类标准的规定。二是规定开发利用海洋和海岸带资源，应当对重要海洋生态系统、生物物种、生物遗传资源实施有效保护，以维护海洋生物多样性。三是要求加强对生态保护红线内人为活动的监督管理，定期评估保护成效。四是要求对引进海洋动植物物种进行科学论证，避免对海洋生态系统造成危害。五是要求采取有效措施保护海藻场、海草床等具有典型性、代表性的海洋生态系统。国家鼓励科学开展水生生物增殖放流，支持因地制宜采取生态保护措施，恢复海洋生物多样性，修复改善海洋生态。六是要求国务院和沿海省（区、市）人民政府通过产业扶持等方式支持开展海洋生态保护补偿。七是明确海洋生态修复应当以改善生境、恢复生物多样性和生态系统基本功能为重点，以自然恢复为主、人工修复为辅，并优先修复具有典型性、代表性的海洋生态系统。八是禁止违法占用、损害自然岸线。

第四，陆源污染物污染防治。加强对近岸海域的污染防治。一是规定禁止在岸滩弃置、堆放和处理固体废物，要求采取有效措施防止固体废物进入海洋。二是明确沿海县级以上地方人民政府负责其管理海域的海洋垃圾污染防治，建立海洋垃圾监测、清理制度，统筹规划建设陆域接收、转运、处理海洋垃圾设施，明确海洋垃圾管控区域，建立海洋垃圾监测、拦截、收集、打捞、运输、处理体系并组织实施。三是要求采取有效措施鼓励、支持公众参与海洋垃圾污染防治相关活动。四是加强船舶垃圾等污染防治，明确任何船舶及相关作业不得违法向海洋排放船舶垃圾等污染物及其他有害物质，要求统筹规划建设船舶污染物等的接收、转运、处理处置设施，规范渔业垃圾回收处置。五是加强海洋环境相关部门对海洋垃圾污染防治的监督指导和保障。

第五，工程建设项目污染防治。强化海岸工程与海洋工程建设项目海洋环境一体化保护。一是将"防治海岸工程建设项目对海洋环境的污染损害"和"防治海洋工程建设项目对海洋环境的污染损害"合并为一章，统一海岸工程与海洋工程建设项目的海洋环境保护要求。二是修改与环境影响评价法相关的规定，推动做好法律间衔接。三是严格生态保护要求，明确海岸工程与海洋工程建设项目应当避免造成对周围环境的侵蚀和损害。四是强化采砂监管，规定禁止开采海砂红线，增加载运海砂资源应当持有合法来源证明的规定。

第六，废弃物倾倒污染防治。建立健全审批、管理、监督体系。一是增加废弃物倾倒许可制度。严格规范产生废弃物单位的海洋倾倒许可申请流程，明确有关废弃物特性及成分检验报告的相关规定，有效提高废弃物利用率。二是强化监管。明确向海洋倾倒的废弃物名录和放射性物质豁免浓度由国务院生态环境部门制定，增加海洋倾倒区规划编制、选划、公告、评估等规定，加强监控与报告。三是明确相关责任。针对委托他人实施倾倒作业现象，明确强调获准倾倒单位与实际造成污染环境、破坏生态作业的受托单位承担连带责任。

第七，船舶及有关作业活动污染防治。加大对船舶及有关作业的污染防治力度。一是加强船舶压载水和沉积物排放监督，加大违规惩治力度，有效预防外来有害生物入侵。二是规定船舶载运具有污染危害性物品时，托运人需向承运人明确告知所载货物的具体信息，包括货物正式名称、污染危害程度、装卸作业要求、应急处理措施等。三是有关地方人民政府应当制定对船舶污染物等的接收、转运和处理方案，进行相关设施建设，尤其强化渔港等区域污染防治的监督管理。四是增加船舶拆解污染防治相关规定，禁止冲滩拆解。五是倡导绿色低碳航运，大力推动船舶更新换代，淘汰高耗能、高排放老旧船舶，对使用新能源、清洁能源的船舶给予鼓励支持，加强建设、改造港口岸电和船舶受电等设施。六是对进入污染物排放控制区的船舶作出明确规定，其所排放的污染物必须符合相关控制要求。

（2）《海域使用管理法》

《海域使用管理法》于 2001 年 10 月 27 日颁布，2002 年 1 月 1 日实施，至今已逾 20 年。该法对我国海域使用管理的秩序化和规范化起到举足轻重的作用，促进了海域科学利用和海洋经济的快速发展。[①]

为贯彻落实该法确立的海域使用权、海洋功能区划、海域有偿使用等制度，原国家海洋局会同有关部门发布了一系列部委规章及其他规范性文件，构建了比较完善的海域使用管理法律体系。

（3）《海岛保护法》

2009 年 12 月 26 日颁布的《海岛保护法》是中国海洋环境保护领域的一部重要法律，首次以立法形式对中国众多海岛实行保护和管理。该法的立法目的是，保护海岛及其周边海域生态系统，合理开发利用海岛自然资源，维护国家海洋权益，促进经济社会可持续发展。

（4）《港口法》

现行《港口法》于 2003 年 6 月 28 日在第十届全国人民代表大会常务委员会第三次会议上通过。自 2004 年 1 月 1 日起施行至今，《港口法》共

---

① 王小军：《论〈我国海域使用法〉的修订》，《上海法学研究》，2019，上海市法学会海洋法治研究会文集。

进行了 3 次修改（分别是 2015 年、2017 年和 2018 年）。2015 年的修改将"港口采掘、爆破活动"行政许可调整至港口行政管理部门审批，海事管理机构仍负责"港外采掘、爆破活动"许可事项。2017 年和 2018 年修改主要聚焦放管服改革、取消行政审批事项。

3. 其他适用于海洋环境保护的法律

海洋环境保护是一项巨大工程，单靠专门立法不可能调整涉及海洋环境的全部社会关系。因此，不仅需要其他环境立法，也需要其他部门立法加以补充。

其他能够适用于海洋环境保护的环境立法。中国与海洋环境保护相关的环境法律主要包括《水污染防治法》《大气污染防治法》《环境影响评价法》《湿地保护法》《野生动物保护法》《生物安全法》《水法》《环境保护税法》《可再生能源法》等环境立法。

其他部门法中能够适用于海洋环境保护的立法。其他部门法中能够适用于海洋环境保护的立法数量众多，如《行政许可法》《行政复议法》《行政处罚法》等行政立法中关于行政许可以及行政执法的相关规定，《突发事件应对法》对包括海洋环境突发事件在内的各种突发事件预防与应急的规定，《民法典》"总则编""物权编""侵权责任编"中与环境相关的规定等，《刑法》关于环境犯罪的规定等。此外，《行政诉讼法》《民事诉讼法》《刑事诉讼法》《海事诉讼特别程序法》中的相关规定也适用于海洋环境保护领域。

（三）海洋环境保护行政法规

中国海洋环境保护行政法规数量众多，主要包括海洋污染防治法规和海洋资源保护法规。从制定目的看，这些法规可以分为两类，一类是为了有效实施环境保护基本法和海洋环境保护法而制定的条例或实施细则，另一类是对海洋环境保护工作中出现的新领域或尚未制定相应法律的某些重要领域所制定的规范性文件。前者主要包括：《防治陆源污染物污染损害海洋环境管理条例》（1990 年）、《防治海岸工程建设项目污染损害海洋环境管理条例》（1990 年，分别于 2007 年、2017 年、2018 年修改）、《防治海洋工程建设项目污染损害海洋环境管理条例》（2006 年，分别于 2017 年、2018 年修改）、《防治船舶污染海洋环境管理条例》（2009 年，分别于 2013 年、2014 年、2016 年、2017 年、2018 年修改）、《防止拆船污染环境管理条例》（1988 年，分别于 2016 年、2017 年修改）、《海洋石油勘探开发环境保护管理条例》（1983 年）、《海洋倾废管理条例》（1985 年，分别于 2011 年、2017 年修改）、《对外合作开采海洋石油资源条例》（1982 年，分别于 2001 年、2011 年、2013 年修改）、《海洋观测预报管理条例》（2012 年）等。

（四）海洋环境保护部门规章

海洋环境保护部门规章是由生态环境、交通运输、自然资源、农业农村等对海洋环境负有监督管理职责的部门，为有效实施《海洋环境保护法》等海洋环境保护专门法律及其配套行政法规所发布的有关海洋环境保护的规范性文件。海洋环境保护部门规章数量众多。有专门针对不同来源海洋污染防治而出台的，如《船舶及其有关作业活动污染海洋环境防治管理规定》（2010 年，分别于 2013 年 8 月、2013 年 12 月、2016 年 12 月以及 2017 年 5 月四次修改）、《海洋倾废管理条例实施办法》（1990 年，分别于 1997 年、2016 年、2017 年修改）、《船舶安全营运和防止污染管理规则（试行）》（2001 年）以及《海洋工程环境保护税申报征收办法》（2018 年）。也有专门适用于海洋生态保护的，如《海洋自然保护区管理办法》（1995 年）、《海洋特别保护区管理办法》（2010 年）、《海洋生态损害国家损失索赔办法》（2014 年）、《海岸线保护与利用管理办法》（2017 年）、《围填海管控办法》（2017 年）等。还有既适用于海洋环境污染防治也适用于海洋生态环境保护的，如《临时海域使用管理暂行办法》（2003 年）、《海域使用权管理规定》（2006 年）、《海洋功能区划管理规定》（2007 年）等规范性文件。

（五）海洋环境保护地方性立法

沿海具有立法权的地方人民代表大会及其常务委员会和地方人民政府，为实施国家海洋环境保护法律和行政法规，结合本行政区域的具体情况和实际需要，制定和发布了一系列地方性法规和规章。以海南省为例，已出台《海南省海洋环境保护规定》《海南省珊瑚礁保护规定》《海南省红树林保护规定》《海南省实施〈中华人民共和国海域使用管理法〉办法》《海南经济特区海岸带保护与开发管理规定》等多部海洋环境地方性法规，基本形成海南省海洋环境法规构架。此外，辽宁省、天津市、山东省、江苏省等沿海省份也结合本地实际，出台了地方性海洋环境法规或地方政府规章，如《辽宁省海洋环境保护办法》《山东省海洋环境保护条例》《江苏省海洋环境保护条例》《福建省海洋环境保护条例》《大连市海洋环境保护条例》等。

（六）其他有关海洋环境保护的规范性文件

除了以上各效力等级立法之外，中国海洋环境保护国内立法体系构成中还包括其他有关海洋环境保护的政策、规划以及标准等技术性规范。例如，为进一步优化海洋空间开发格局，国务院于2015年8月印发《全国海洋主体功能区规划》。该规划要求遵循自然规律，根据不同海域资源环境承载能力、现有开发强度和发展潜力，合理确定不同海域主体功能，科学谋划海洋开发，调整开发内容，规范开发秩序，提高开发能力和效率，着力推动海洋开发方式向循环利用型转变，实现可持续开发利用，构建陆海协调、人海和谐的海洋空间开发格局。2017年3月，环境保护部等十部门联合印发《近岸海域污染防治方案》，提出以改善近岸海域环境质量为核心，加快沿海地区产业转型升级，严格控制各类污染物排放，开展生态保护与修复，加强海洋环境监督管理，为中国经济社会可持续发展提供良好的生态环境保障。2017年5月，国家海洋局印发《关于进一步加强渤海生态环境保护工作的意见》。

为加强和规范排污口监督管理，2022年3月2日，国务院办公厅印发《关于加强入河入海排污口监督管理工作的实施意见》。这是第一次从国家层面出台加强和规范排污口监督管理的指导文件。该意见要求，以改善生态环境质量为核心，深化排污口设置和管理改革，建立健全责任明晰、设置合理、管理规范的长效监督管理机制，有效管控入河入海污染物排放，不断提升环境治理能力和水平，为建设美丽中国作出积极贡献。再如，生态环境部、国家发展改革委等六部门于 2022 年 3 月联合印发《"十四五"海洋生态环境保护规划》，对"十四五"期间海洋生态环境保护工作作出了统筹规划和具体部署。2022 年 1 月，生态环境部、国家发展改革委等七部门联合发布《重点海域综合治理攻坚战行动方案》，要求坚持稳中求进工作总基调，以渤海、长江口—杭州湾、珠江口邻近海域三大重点海域存在的突出生态环境问题为突破口，坚持精准治污、科学治污、依法治污，深入实施陆海统筹的综合治理、系统治理、源头治理，推进美丽海湾建设，加强示范引领，以重点海域生态环境综合治理的攻坚成效，推动全国海洋生态环境持续改善和沿海地区经济高质量发展，提升人民群众临海亲海的获得感和幸福感。

有关部门还出台了一系列海洋环境保护的技术性规范，如《海水质量状况评价技术规程（试行）》（2015 年）、《海洋垃圾监测与评价技术规程（试行）》（2015 年）等。另外，中国还颁布了一系列海洋环境保护标准，海洋环境保护标准分为国家标准和地方标准两级。目前，中国海洋环境保护国家标准有《海水水质标准》（GB3097 - 1997）、《渔业水质标准》（GB11607-89）、《船舶水污染物排放控制标准》（GB3552-2018）、《污水综合排放标准》（GB8978-1996）、《海洋石油开发工业含油污水排放标准》（GB4914-85）、《污水海洋处置工程污染控制标准》（GB18486-2001）以及《海洋生物水质基准推导技术指南（试行）》（HJ 1260-2022）等。

二　海洋环境保护国际立法

国际社会为有效应对海洋环境问题，先后通过诸多国际立法来预防、减轻海洋环境损害。中国参加、批准的有关海洋环境保护国际立法可分为三类。一是包含海洋环境保护规定的综合性国际立法，如《联合国海洋法公约》。二是海洋环境保护专门性国际立法，如 1952 年的《国际防止海上油污公约》、1973 年的《国际防止船舶造成污染公约》等。三是包含海洋环境保护的国际环境立法，如《控制危险废物越境转移及其处置的巴塞尔公约》、《保护臭氧层维也纳公约》及其议定书、《气候变化框架公约》、《生物多样性公约》、《联合国湿地公约》、《关于持久性有机污染物的斯德哥尔摩公约》等。

（一）包含海洋环境保护规定的综合性国际立法

此类立法主要是指《联合国海洋法公约》。公约第 12 部分"海洋环境的保护和保全"对防止海洋环境污染的法律问题作了系统详尽的规定，是迄今最全面的关于海洋环境保护的国际法律规定。该部分共包括 11 节，为海洋环境保护勾勒出基本的法律框架，集中体现了《联合国海洋法公约》对海洋环境保护的贡献。但由于在制度设计上存在不足，《联合国海洋法公约》无法满足全球海洋环境治理的现实需求①。此外，公约其他部分，如各个海域的规则也有涉及环境保护与保全的条款。

（二）海洋环境保护专门性国际立法

专门性海洋环境保护国际立法主要包括关于陆源污染、船舶污染、海洋倾废等不同来源的海洋污染防治立法以及海洋生物资源养护与管理等方面的立法。下文主要就各种不同来源的海洋污染防治立法进行论述，海洋生物资源养护与管理等方面的立法见"第七章 海洋资源利用的法治发展"。

1. 防治陆源污染的国际立法

目前，还没有专门的针对陆源污染的全球性国际条约。《联合国海洋法公约》第 207 条仅对防治陆源污染作了简单规定。为弥补《联合国海洋法公约》的不足，国际社会一直为达成全球性防治陆源污染专门公约而努力。1985 年联合国环境规划署起草《保护海洋环境免受陆源污染蒙特利尔准则》（*Montreal Guidelines for the Protection of the Marine Environment against Pollution from Land-Based Sources*，以下简称《蒙特利尔准则》），助力制定保护海洋环境免受陆源污染的国际法及国内法。《蒙特利尔准则》强调各

---

① 刘惠荣、齐雪薇：《全球海洋环境治理国际条约演变下构建海洋命运共同体的法治路径启示》，《环境保护》2021 年第 15 期。

国要采取包括环境影响评价、环境监测以及数据管理、信息交流、建立特别保护区等措施，以防止、减少和控制陆源污染。该准则是国际上公认的第一个专门解决陆源污染的全球性机制[1]。

1995 年，联合国环境规划署在华盛顿召开政府间国际会议，《保护海洋环境免受陆上活动污染全球行动方案》（*Global Programme of Action for the Marine Environment from Land-Based Activities*，以下简称《全球行动方案》）获得通过。该方案号召各海域和各成员国分别制定相应的行动计划，旨在推动从国家、区域到全球三个层面共同采取行动来保护海洋环境。《全球行动方案》的目标是通过促进各国履行保全和保护海洋环境的义务，防止陆上活动对海洋环境及其中生物的健康、繁殖及生物多样性的威胁。2006 年 10 月 16 日到 20 日在北京召开的《全球行动方案》第二次政府间审查会议，通过了《关于进一步推动执行保护海洋环境免受陆源污染全球行动方案的北京宣言》。

2. 防治船舶污染的国际立法

船舶污染是海洋环境的第二大污染源，来自船舶的污染包括两种：一种是船舶在正常航行中产生的污染，如向海洋排放生活污水、垃圾、压载水、油类等，这类污染可以称之为"排放性污染"或"操作性污染"；另一种是船舶在海上航行过程中发生事故造成的污染，即"事故性污染"。与此相对应，防治船舶污染的国际立法可以分为防治船舶排放性污染的国际立法、防治船舶事故性污染的国际立法。我国参加的防治船舶污染的国际公约数量众多。具体详情参考第十一章"防治船源污染的法治发展"。

3. 防治倾倒废物的国际立法

1972 年 10 月在伦敦召开的关于海上倾倒废弃物公约的政府间会议通过了《防止倾倒废弃物及其他物质污染海洋的公约》（*Convention on the Prevention of Marine Pollution by Dumping of Wastes and Other Matter*，以下简

---

① 王慧、陈刚：《跨国海域海洋环境陆源污染防治的国际性法律框架》，《浙江海洋学院学报》（人文科学版）2011 年第 6 期。

称《伦敦倾废公约》）。《伦敦倾废公约》是第一个旨在控制海洋倾废的全球性公约，是防止海洋倾废的一个创举①。公约的问世是海洋环境保护国际合作的又一里程碑。

随着 1982 年《联合国海洋法公约》的问世，以及 1992 年联合国环境与发展大会的召开，海洋开发与海洋环境保护受到广泛重视。为保护日益恶化的海洋环境，发挥《伦敦倾废公约》的作用，需要充实新的内容、补充新的条款。为此，从 1992 年到 1996 年，针对公约的修改共召开了 3 次修改组会议和 4 次缔约国协商会议及 1 次缔约国特别会议，最终形成了 1996 年议定书。1996 年议定书的通过标志着防治海洋倾倒污染进入了一个新的发展阶段。

（三）包含海洋环境保护的国际环境立法

我国参加或缔结的众多国际环境公约或议定书都包含海洋环境保护的内容，这些公约或议定书构成海洋环境国际立法体系不可或缺的一部分。

1. 涉及海洋生态保护的国际环境立法

这部分国际环境立法主要包括《关于特别是作为水禽栖息地的国际重要湿地公约》《生物多样性公约》《濒危野生动植物物种国际贸易公约》《保护野生动物迁徙物种公约》《气候变化框架公约》等。

《关于特别是作为水禽栖息地的国际重要湿地公约》（以下简称《湿地公约》）缔结于 1971 年 2 月。《湿地公约》是全球第一部政府间多边环境公约，其宗旨是通过地区和国家层面的行动以及国际合作，推动所有湿地的保护和合理利用，以此为实现全球可持续发展作出贡献。2019 年 6 月 26 日，在瑞士格兰德举办的湿地公约常委会第 57 次会议审议通过了中国举办该公约第 14 届缔约方大会的议题。2022 年 11 月 21 日至 29 日，第 14 届《湿地公约》缔约方大会在湖北武汉举办，这是我国首次承办该国际会议。此次会议主题为"珍爱湿地，人与自然和谐共生"。

《生物多样性公约》（*Convention on Biological Diversity*）是一项保护地

---

① 朱建庚：《海洋环境保护的国际法》，中国政法大学出版社，2013，第 65 页。

球生物资源的国际性公约，于 1992 年 6 月 1 日由联合国环境规划署发起的政府间谈判委员会第七次会议在内罗毕通过。1992 年 6 月 5 日，由签约国在巴西里约热内卢举行的联合国环境与发展大会签署。该公约是全球范围内第一个提出涵盖全部物种生物多样性概念、旨在保护地球生物资源的国际性公约，也是保护海洋生物多样性最重要的国际法律文件。《生物多样性公约》推动了国际海洋环境保护法律在海洋生物资源保护向纵深方向发展。2004 年 2 月，《生物多样性公约》缔约方第七次部长级会议在吉隆坡举行，会议就海洋和沿海生物多样性问题通过了《CBD 公约秘书处报告》，主要包括审查关于海洋和沿海生物多样性的工作计划，海洋和沿海保护区、海产养殖、国家管辖权以外的深海海底遗传资源等内容①。

　　1973 年 3 月 3 日，21 个国家的代表在美国华盛顿签署了《濒危野生动植物物种国际贸易公约》（*the Convention on International Trade in Endangered Species of Wild Fauna and Flora*，CITES）。该公约的目的是保证野生动植物物种的国际贸易不构成对这些物种生存的威胁。我国是该公约第 63 个缔约方，该公约于 1981 年 4 月 8 日正式对我国生效。CITES 有三个附录，分别纳入受到和可能受到贸易影响而有灭绝危险的物种、目前虽未濒临灭绝但对其贸易如不严加管理以防止不利其生存的利用就可能变成有灭绝危险的物种，以及任何一个缔约方认为属其管辖范围内应进行国内管理以防止或限制其开发利用而需要其他缔约方合作控制贸易的物种。三个附录中均包含了许多海洋物种，如海龟、海马、某些鲸类物种等。从全球范围来看，履约工作还存在不少问题。在 16 次缔约方大会上，许多代表要求采取更为严格的履约措施，包括停止与没有采取履约行动的缔约方的贸易等②。

　　《保护野生动物迁徙物种公约》（*Convention on Migratory Species*）于 1979 年 6 月 23 日签订于德国波恩，又名《波恩公约》（*Bonn Convention*）。其目标在于保护陆地、海洋和空中迁徙物种的活动空间范围。该公约是为

①　马英杰主编《海洋环境保护法概论》，海洋出版社，2012，第 147 页。
②　夏堃堡：《濒危野生动植物物种国际贸易公约 42 年》，《世界环境》2016 年第 1 期。

保护通过国家管辖边界以外野生动物中的迁徙物种而订立的。

《气候变化框架公约》（*United Nations Framework Convention on Climate Change*）于 1992 年 5 月在联合国纽约总部通过，同年 6 月在巴西里约热内卢举行的联合国环境与发展大会期间正式开放签署。公约的最终目标是"将大气中温室气体的浓度稳定在防止气候系统受到危险的人为干扰的水平上"。在 2015 年达成并在 2016 年生效的《巴黎协定》（*Paris Agreement on Climate Change*）是全球海洋治理的最大进展。尽管在该协定中几乎很难直接找到"海洋"一词，但是其达成和生效也是全球海洋治理的历史性突破。《巴黎协定》为人类克服全球挑战注入了乐观和希望①。

2. 涉及海洋污染防治的国际环境立法

这部分国际环境立法主要包括《控制危险废物越境转移及其处置的巴塞尔公约》以及《关于持久性有机污染物的斯德哥尔摩公约》等。

《控制危险废物越境转移及其处置的巴塞尔公约》（*Basel Convention on the Control of Transboundary Movements of Hazardous Wastes and Their Disposal*，以下简称《巴塞尔公约》）于 1989 年 3 月 22 日在联合国环境规划署主持召开的世界环境保护会议上通过，1992 年 5 月正式生效。公约的宗旨是采取严格的控制措施来保护人类健康和环境，使其免受危险废物和其他物质的危害等不良影响。

《关于持久性有机污染物的斯德哥尔摩公约》（*Stockholm Convention on Persistent Organic Pollutants*，以下简称《POPs 公约》）通过于 2001 年 5 月。《POPs 公约》旨在减少、消除和预防持久性有机污染物污染，保护人类健康和环境免受其害。这是继 1987 年《保护臭氧层的维也纳公约》和 1992 年《气候变化框架公约》之后，第三个具有强制性减排要求的国际环境公约，是国际社会对危险化品采取优先控制行动的重要步骤，也是直接规制被《全球行动方案》列为污染源之一的主要的、具有法律拘束力

---

① 庞中英：《在全球层次治理海洋问题——关于全球海洋治理的理论与实践》，《社会科学》2018 年第 9 期。

的国际法律文件。该公约的有效执行对于防治陆源物质对海洋环境的污染具有重要意义。

3. 其他涉及海洋环境保护的国际规范性文件

涉及海洋环境保护的国际环境立法，除了以上对缔约国有拘束力的国际公约、协定之外，还存在大量对海洋环境保护具有指导、倡导意义的宣言、计划等规范性文件，如《人类环境宣言》（1972 年）、《里约宣言》（1992 年）、《21 世纪议程》（1992 年）、《2030 年可持续发展议程》（2015 年）等。其中，《人类环境宣言》"吹响了对海洋环境进行全面保护的号角"①。《里约宣言》与《人类环境宣言》相比，有更多方面的突破，虽然该宣言本身不具有法律拘束力，但它确定了可持续发展这一国际社会共同发展的目标，指导了各国国内相关立法和行动，有些内容还直接被后来的一些海洋环境保护条约所采纳。《21 世纪议程》是世界范围内可持续发展的行动计划，虽与宣言一样不具有法律拘束力，但反映了关于发展与环境合作的全球共识和最高级别的政治承诺。该议程第十七章"保护大洋和各种海洋，包括封闭和半封闭海以及沿海区，并保护、合理利用和开发其生物资源"是专门针对海洋所作的规定。该议程以《联合国海洋法公约》建立的法律框架和机制为基础，强调对海洋尤其是沿海环境及资源的保护和持续利用。《2030 年可持续发展议程》于 2015 年在联合国大会第七十届会议上通过，2016 年 1 月 1 日正式启动。该议程呼吁各国采取行动，为之后 15 年实现 17 项可持续发展目标而努力。"保护和可持续利用海洋和海洋资源以促进可持续发展"是其中第 14 个目标。

第三节　海洋环境保护执法

执法是政府履行法定职责、保持社会稳定、彰显法律价值的基本手

---

① 杜大昌编著《海洋环境保护与国际法》，海洋出版社，1990，第 6 页，转引自徐祥民、申进忠等《海洋环境的法律保护研究》，中国海洋大学出版社，2006，第 26 页。

段，也是全面推进依法治国的重要路径。2020 年 11 月召开的中央全面依法治国工作会议将习近平法治思想确定为全面依法治国的指导思想，强调"要坚持全面推进科学立法、严格执法、公正司法、全民守法"，凸显了执法在国家治理体系中的重要作用。在海洋领域，海洋环境保护执法对于维持海洋环境秩序、维护海洋生态权益、发展海洋蓝色经济同样有深远影响。在加快建设海洋强国、保护海洋环境的时代背景下，海洋环境保护执法受到党和政府的高度重视，在国家立法议程中的地位不断上升①。

一　海洋环境保护执法体系的发展②

新中国成立以来，中国海洋生态环境保护执法体系的发展历程大致分为四个阶段。

1. 起步期（20 世纪 60 年代至 70 年代）

1964 年成立了国家海洋局，中国海洋生态环境被纳入了专业化管理。最初的国家海洋局是一个涵盖海洋资源调查管理、海洋数据分析处理及相关领域公共服务的综合性海洋环境保护管理机构，包括海洋研究所、沿海观测站、水文和海洋气象预报站等。海洋生态环境保护执法的主体单一、对象单一、手段单一。

2. 形成期（20 世纪 70 年代至 90 年代）

1979 年 9 月 13 日，第五届全国人民代表大会第十一次会议原则通过了《环境保护法（试行）》，这部法律包括了海洋环境保护领域的相关规定。1982 年 8 月 23 日，第五届全国人民代表大会常务委员会第二十四次会议审议通过了《海洋环境保护法》，是中国第一部真正意义上有关海洋生态环境的专业立法，作为海洋生态环境保护的基本法，为中国海洋生态环境保护执法提供了法律依据。随后，在海洋生态环境保护方面，国家有

---

① 崔野：《中国海上执法建设的新近态势与未来进路——基于 2018 年海上执法改革的考察》，《中国海洋大学学报》（社会科学版）2022 年第 2 期，第 14~15 页。
② 生态环境部环境与经济政策研究中心：《海洋生态环境保护相关部门和地方职责专题论证研究报告》，2019 年 7 月。

关部门制定和实施了一系列法律法规和行业标准，如《海水水质标准》《渔业水质标准》《污水综合排放标准》《船舶污染物排放标准》《海洋石油开发工业含油污水排放标准》等，这些法律法规初步构成了海洋生态环境保护执法体系。

3. 发展期（20 世纪 90 年代至 21 世纪初）

1993 年，全国人大增设了环境保护委员会，逐步建立起从中央到地方各级政府环境保护部门为主管、各部门相互分工的环境保护执法机制，形成国家、省、市、县、乡五级管理体制。1995 年 9 月，为理顺中央和地方在海洋生态环境保护执法中的关系，中央发文明确提出，地方近海海域及附近海岛、海岸的相关海洋生态环境保护工作归地方政府管辖。

国务院将原国家海洋局划归原国土资源部。职能由最初的海洋环境管理扩展到海洋环境保护立法、规划和综合执法，基本职责也涵盖了海洋环境保护、促进国际海洋合作、海洋相关科技研究、海域使用、海洋发展及海洋权益维护等六方面内容。1999 年，国家海洋局成立了中国海上监察总队，依法行使海洋环境监督监察权，有权对破坏海洋生态环境、侵害海洋合法权益等相关违法违规行为作出处罚。之后，国家海洋局分别在下属各分局成立了相应的海上监察队。

这个时期海洋局和环保局存在千丝万缕又难理清的职责交缠关系，仍然是分散的海洋生态环境保护执法体系，职权分散在各部门，缺乏独立的海洋生态环境保护执法机构，缺乏有效的协调机制①。

4. 完善期（21 世纪初至今）

2008 年，《国家海洋事业发展规划纲要》出台，为中国新时期海洋事业发展提供了基本纲领和发展思路。随后党的十六大提出，"实施海洋开发"战略，党的十七大提出，要"发展海洋产业"战略，海洋生态环境保护执法更加重要。2010 年经全国人民代表大会批准的《国民经济和社

---

① 张燕雪丹、崔金星：《海洋生态环境保护监管新格局下执法困境与破解路径》，《环境与可持续发展》2020 年第 4 期，第 116~117 页。

会发展第十二个五年规划纲要》提出，"制定和实施海洋发展战略"，切实提高海洋防灾减灾和海洋资源环境监管等方面能力，完善海洋综合协调机制。2013年4月发布的海洋领域"十二五"规划——《国家海洋事业发展"十二五"规划》指出，要进一步完善海洋综合管理体制机制，不断加大海洋环境保护联合执法力度，健全涉海法律法规和政策，海洋综合管理调控手段进一步明确与加强。

2013年机构改革重新组建国家海洋局。重新组建后的国家海洋局在几个方面实现了突破。整合了海上执法队伍，成立了新的中国海警局。将原来分别隶属于原国家海洋局、公安部、原农业部、海关总署的海上执法队伍进行了整合，成立了新的海上执法队伍——中国海警。中国海警局接受原国家海洋局的领导，公安部进行业务指导。涉海行政机构的职能划分也进一步理顺，如原国家海洋局负责起草海洋管理和海上执法的规章制度，原国土资源部负责审议发布；原农业部负责拟定渔业发展政策和规划，原国家海洋局享有参与权；中国海警与海关建立情报交换共享机制，开展联合打击海上走私行动；原国家海洋局与交通运输部建立协调合作机制，联合开展海上执法、海洋污染防治等行动；原国家海洋局与原环境保护部建立海洋生态环境保护数据共享机制，实施联合执法检查①。

2018年新一轮机构改革后，根据《深化党和国家机构改革方案》，不再保留国家海洋局，自然资源部对外保留国家海洋局牌子，将原国家海洋局承担的海洋环境保护职责划转至生态环境部，即"负责组织开展海洋生态环境保护工作。按国家统一要求，组织拟订海洋生态环境保护标准、规范和污染物排海总量控制制度并监督实施，制定海洋环境监测监视和评价规范并组织实施，发布海洋环境信息，承担海洋生态损害国家索赔工作，组织开展海洋领域应对气候变化相关工作"。

在海洋环境保护执法具体层面，2018年6月第十三届全国人民代表大

① 李挚萍、郭昱含：《央地海上生态环境执法权划分的原则和机制探讨》，《中国地质大学学报》（社会科学版）2021年第5期，第21~22页。

会常务委员会第三次会议通过了《关于中国海警局行使海上维权执法职权的决定》，重大变化是海警队伍整体划归中国人民武装警察部队领导指挥，称中国海警局。中国海警局统一履行海上环境保护执法职责，包括执行海洋资源开发利用、海洋生态环境保护、海洋渔业管理、海上缉私等方面的执法任务，协调指导地方海上环境保护执法工作。有相应执法权的行政机关应与中国海警局建立执法协作机制。2018年7月10日，中国海警局正式受理非法围填海、擅自改变海域用途、未经批准开发利用无居民海岛、未经批准或未按规定进行海底电缆管道作业和破坏海底电缆管道、破坏海洋自然保护地（海岸线向海一侧）、违规实施海洋工程建设项目、倾倒废弃物造成海洋环境污染损害等违法违规行为和涉渔纠纷。

2023年10月24日，十四届全国人大常委会第六次会议表决通过了新修订的《海洋环境保护法》。修订后的《海洋环境保护法》不仅为我国已发生重大变化的海洋生态环境保护管理体制机制提供法律保障，而且坚持问题导向，紧扣海洋环境保护的主要矛盾、特殊问题、突出特点，以海洋环境质量改善为目标，建立健全相关制度。新增规定加强污染物排放管控，强化海洋垃圾污染防治的监督指导和保障，加强海洋生物多样性保护，科学开展海洋生态修复，把经过实践检验有效的制度和实践以法律形式固定下来，确立多项创新和务实管用的执法举措，进一步完善海洋环境保护执法体系。

二　海洋环境保护执法体系现状①

中国在海洋生态环境保护领域共颁布9部法律、11部行政法规、9部规章，主要涉及污染防治、海洋资源开发利用、海洋自然生态保护等方面。根据海洋生态环境保护领域相关法律法规以及机构改革后各部门"三定"方案的内容，中国目前海洋生态环境保护领域的法律法规规定、海洋

---

① 生态环境部环境与经济政策研究中心：《海洋生态环境保护相关部门和地方职责专题论证研究报告》，2019年7月。

生态环境保护法律法规相关职责划分、各部门"三定"方案中海洋生态环境管理体制的职责分工如下。

在海洋环境监测领域，国务院生态环境主管部门负责海洋生态环境监测工作，制定海洋生态环境监测规范和标准并监督实施，组织实施海洋生态环境质量监测；生态环境、住房和城乡建设、发展改革等部门按照职责分工加强海洋垃圾污染防治的监督指导和保障；海警机构在职责范围内对海洋工程建设项目、海洋倾倒废弃物对海洋环境污染损害、自然保护地海岸线向海一侧保护利用等活动进行监督检查。

在油气勘探开发领域，自然资源部负责自然资源的合理开发利用，组织拟订自然资源发展规划和战略，制订自然资源开发利用标准并组织实施；生态环境部负责海洋油气勘探开发对海洋污染损害的生态环境保护工作。两部门职责界限主要在于：自然资源部负责管理开发利用，生态环境部负责污染防治。

在海洋、海岸工程建设领域，自然资源部主要负责拟订海岸带综合保护利用规划并监督实施；生态环境部负责防治海岸和海洋工程建设项目对海洋污染损害的生态环境保护工作。两部门职责界限在于：自然资源部负责拟定开发利用规划并监督实施，生态环境部负责建设项目的污染防治工作。

在海洋倾废领域，主要环境保护执法工作由生态环境部负责，包括全国海洋废弃物倾倒许可证申请审核发放、废弃物海洋倾倒的监督管理和污染防治以及组织划定海洋倾倒区等。2023年修订的《海洋环境保护法》明确生态环境主管部门会同国务院自然资源主管部门编制全国海洋倾倒区规划，征求国务院交通运输、渔业等部门和海警机构的意见并报国务院批准。生态环境主管部门选划海洋倾倒区，组织开展海洋倾倒区使用状况评估，根据评估结果予以调整、暂停使用或者封闭海洋倾倒区。生态环境主管部门及其海域派出机构责令未依法规定缴纳倾倒费的限期缴纳。新增规定国务院交通运输主管部门可以划定船舶污染物排放控制区。

在船舶污染领域，按照不同水域船舶污染进行划分，船舶污染事故调查处理由交通运输部海事局总体负责，其所管辖港区水域内非军事船舶和港区水域外非渔业、非军事船舶污染海洋环境的防治工作由交通运输部海事局负责。渔港水域船舶污染和渔业水域船舶污染则由农业农村部执法监管。军队环境保护部门负责军事船舶污染海洋环境的监督管理及污染事故的调查处理。2023年修订的《海洋环境保护法》新增国家海事管理机构组织制定中国籍船舶禁止或者限制安装和使用的有害材料名录；沿海县级以上地方人民政府制定港口岸电、船舶受电等设施建设和改造计划，并组织实施；国务院和沿海县级以上地方人民政府对港口岸电设施、船舶受电设施的改造和使用，清洁能源或者新能源动力船舶建造等按照规定给予支持。

在海洋生态系统保护与修复领域，自然资源部承担海洋生态、海域海岸带和海岛修复等工作，生态环境部监督重要生态环境建设和生态破坏恢复工作。两部门职责界限主要在于：自然资源部负责承担具体的保护与修复工作，生态环境部指导、协调和监督生态保护修复工作。2023年修订的《海洋环境保护法》新增条款规定，国务院自然资源主管部门负责统筹海洋生态修复，牵头组织编制海洋生态修复规划并实施有关海洋生态修复重大工程。编制海洋生态修复规划，应当进行科学论证评估；国务院自然资源、生态环境等部门应当按照职责分工开展修复成效监督评估。

在海洋生物多样性保护领域，生态环境部（生物多样性保护办公室）负责组织起草生态保护规划，组织开展生物多样性保护、生物遗传资源保护、生物安全管理工作；农业农村部渔业局负责组织渔业水域生态环境及水生野生动植物保护工作。

在海洋自然保护区领域，生态环境部负责组织制定各类自然保护地生态环境监管制度并监督执法，承担自然保护地、生态保护红线等相关监管工作；自然资源部负责组织划定生态保护红线，组织拟订并实施土地、海洋等自然资源年度利用计划，拟订海洋经济发展、海岸带综合保护利用、海域海岛保护利用、海洋军民融合发展等规划并监督实施。两部门职责界限主要在于：自然资源部负责划定生态保护红线并组织实施自然资源保护规划，生态环境部负责制定监管制度并监督执法，承担监管工作。

在海域海岛开发利用领域，生态环境部负责会同有关部门编制并监督实施海域生态环境规划，统筹协调海域生态环境保护工作；自然资源部负责拟订海域使用和海岛保护利用政策与技术规范，监督管理海域海岛开发利用活动。组织开展海域海岛监视监测和评估，管理无居民海岛、海域、海底地形地名及海底电缆管道铺设。两部门职责界限主要在于：生态环境部负责编制海域生态环境规划、统筹并监督生态环境保护工作，自然资源部负责拟订具体政策与技术规范，管理相关开发利用活动并开展监测和评估。

在海洋预警应急领域，生态环境部负责牵头协调重特大环境污染事故和生态破坏事件的调查处理，指导协调地方政府对重特大突发生态环境事件的应急、预警工作；自然资源部负责拟订海洋观测预报，开展海洋生态预警监测、灾害预防、风险评估和隐患排查治理，发布警报和公报，建设和管理国家全球海洋立体观测网，组织开展海洋科学调查与勘测，参与重大海洋灾害应急处置；应急管理部负责组织编制国家总体应急预案和安全生产类、自然灾害类专项预案，综合协调应急预案衔接工作，组织开展预案演练，组织协调重大灾害应急救援工作，会同自然资源部、水利部、中国气象局、国家林业和草原局等有关部门建立统一的应急管理信息平台，建立监测海洋预警和灾情报告制度，健全自然灾害信息资源获取和共享机制，依法统一发布灾情。三部门职责界限主要在于：自然资源部职责重在预防、预警与监测，生态环境部职责重在调查处理，应急管理部职责重在组织协调应急救援。2023年修订的《海洋环境保护法》新增海警机构在职责范围内对海洋工程建设项目、海洋倾倒废弃物对海洋环境污染损害、自然保护地海岸线向海一侧保护利用等活动，按照规定权限参与海洋环境污染事故的应急处置和调查处理的权限。

第四节　海洋环境保护司法

一　海事司法机构的发展

中国海事司法机构的发展始于1984年，以广州、上海、天津、青岛、武汉和大连六家海事法院的设立为标志，之后陆续成立海口、厦门、宁波、北海、南京五家海事法院。自成立以来，这些海事司法机构审理了各类海事海商案件。2019 年南京海事法院挂牌成立，标志着中国基本形成了分布合理、管辖区域覆盖全面的海事司法网络，完成了具有中国特色的海事司法体制构建。

自 1984 年第一批海事法院设立，中国海事审判发展迅速。近 40 年来，海事案件数量总体上逐年以约 10% 的涨幅持续增长。中国已经成为世界上设立海事审判专门机构最多、最齐全的国家，也是受理海事案件最多的国家，具备较为完善的海事法律制度。最高人民法院于 1997 年提出的 2010 年之前将中国建设为亚太地区海事司法中心的目标已经如期实现[1]。

各海事法院、海事法院所在地高级人民法院和最高人民法院构成海事案件"三级两审终审制"的制度基础。各海事法院审理案件范围包括：海事侵权纠纷案件、海商合同纠纷案件、海洋及通海可航水域开发利用与环境保护相关纠纷案件、其他海事海商纠纷案件、海事行政案件和海事特别程序案件[2]。在中国海事法院审理的案件中，除传统的海事海商案件外，海洋环境保护相关案件数量不断增加。全国 11 家海事法院设立了 40 余个派出法庭，适应海事法院管辖区域线长面广的特点，受理案件地理范围北至黑龙江、南至海南诸岛等中华人民共和国管辖的全部港口和水域，增强了海事审判的服务功能，方便了当事人诉讼，已经成为海事司法保障沿海沿江地区经济发展与生态文明建设的重要力量。

人民法院深入推进环境司法改革创新，建成具有中国特色的环境资源审判体系。截至 2021 年底，全国共设立环境资源专门审判机构和审判组织 2426 个[3]。海事司法机构在海洋生态环境保护领域发挥着越来越重要的

① 最高人民法院：《中国海事审判白皮书（1984~2014）（摘要）》，《人民法院报》2014 年 9 月 4 日，第 4 版。

② 《最高人民法院关于海事法院受理案件范围的规定》，最高人民法院官网，2016 年 2 月 24 日，http://www.court.gov.cn/fabu-xiangqing-16682，html。

③ 《中国环境资源审判（2021）》，https://www.court.gov.cn/upload/file/2022/06/05/10/33/20220605103348_49325.pdf，最后访问日期：2023 年 8 月 16 日。

作用，亦是环境资源专门审判机构的组成部分。

二　海洋环境案件管辖

海事司法机构对海洋环境案件的管辖可以分为民事、行政、刑事领域。

首先，关于海洋环境民事案件，根据《海事诉讼特别程序法》第 7 条第 2 款的规定，因船舶排放、泄漏、倾倒油类或者其他有害物质，海上生产、作业或者拆船、修船作业造成海域污染损害提起的诉讼，由污染发生地、损害结果地或者采取预防污染措施地海事法院管辖，明确了此类原因导致的海洋环境诉讼案件无论是公益诉讼还是私益诉讼均由海事法院专属管辖。这一专属管辖在其后的司法解释中又被进一步确认，如《最高人民法院关于海事法院受理案件范围的若干规定》第 4 条、第 5 条之规定，《最高人民法院关于审理船舶油污损害赔偿纠纷案件若干问题的规定》规定，对油轮装载持久性油类引起的船舶油污事故由海事法院管辖。海事司法机构对其他原因导致的海洋环境污染案件管辖问题需分别讨论。其他原因导致的海洋环境污染案件私益诉讼与一般环境污染案件私益诉讼并无不同，根据《民事诉讼法》第 28 条的规定，依照侵权案件管辖规则由侵权行为地或者被告住所地人民法院管辖，且从审级看，该类案件一审一般在基层法院，海事司法机构无管辖权。而其他原因导致的海洋环境污染公益诉讼根据《最高人民法院关于适用〈中华人民共和国民事诉讼法〉的解释》（2022 年修正）第 285 条、《最高人民法院关于审理发生在中国管辖海域相关案件若干问题的规定（一）》第 6 条和《最高人民法院关于审理海洋自然资源与生态环境损害赔偿纠纷案件若干问题的规定》（以下简称《海洋环境资源损害赔偿规定》）第 2 条，因污染中国管辖海域内的海洋环境而提起的海洋环境公益诉讼由海事法院管辖。但上述规定与《最高人民法院、最高人民检察院关于检察公益诉讼案件适用法律若干问题的解释》第 5 条和《最高人民法院关于审理环境民事公益诉讼案件适用法律若干问题的解释》（以下简称《环境民事公益诉讼司法解释》）第 6 条规定存在冲突，不能排除由污染环境、破坏生态行为发生地、损害结果地或者被告住所地的中级以上人民法院管辖的可能性。

其次，关于海洋环境行政诉讼，最高人民法院在 2016 年发布了《最高人民法院关于海事诉讼管辖问题的规定》，赋予海事法院审理海事行政案件的权力。

最后，海事法院始终对刑事案件没有管辖权。2015 年 2 月，最高人民法院明确，"改革海事案件管辖制度，进一步理顺海事审判体制"①。在海事法院"三审合一"试点改革背景下②，海事审判"三合一"改革在几家海事法院试点开展并取得初步成效。宁波海事法院是我国首个海事审判"三合一"改革试点法院，并审理了我国首例海事刑事案件③。海口海事法院是海事审判"三合一"改革试点法院，为进一步完善刑事审判配套设施，海口海事法院设立了海事刑事审判庭、海事行政审判庭和海商海事审判庭，成为我国第一家设立海事刑事审判庭的海事法院。海事刑事审判庭的设立极大促进了海口海事法院"三合一"体系的搭建。截至 2021 年底，"海事法院试点受理海事刑事案件 45 件（不含指定管辖案件、请示案件），其中宁波海事法院 41 件，海口海事法院 4 件"④。2023 年 12 月 28 日，青岛海事法院公开开庭审理了被告人马某某重大刑事事故一案，并于 2024 年 1 月 8 日正式宣判。该案是青岛海事法院试点管辖的第一宗海事刑事案件，也是国内首例因船舶碰撞导致财产损失追究船长刑事责任的案件⑤。此外，南京海事法院、北海海事法院、厦门海事法院、大连海事法院等多家海事法院正积极开展海事审判"三合一"走访调研工作⑥，向已

① 参见 2015 年 2 月最高人民法院公布的《关于全面深化人民法院改革的意见——人民法院第四个五年改革纲要（2014~2018）》。
② 侯猛、代伟：《海洋强国战略背景下的海事法院建设——从"三审合一"模式切入》，载《法律适用》2021 年第 2 期，第 15~23 页。
③ 宁波市人民检察院指控被告人艾伦·门多萨·塔布雷（ALLAN MENDOZA TABLATE）犯交通肇事罪一案（即"卡塔利娜"轮案），2017 年 8 月 21 日由宁波海事法院审理并作出判决。
④ 参见 2022 年 12 月 12 日最高人民法院发布的《中国海事审判（2018~2021）》。
⑤ 参见青岛海事法院海课堂公众号，https://mp.weixin.qq.com/s/ThuuheLVa49d3sJ_hPjP2Q。
⑥ 参见公众号"南京海事法院""北海海事法院""厦门海事法院""大连海事法院"新闻稿。

经落实海事审判"三合一"改革的海事法院学习先进经验，并努力推进有关工作。自此，海事法院根据上级法院指示受理破坏海洋环境资源刑事案件具备了可能性，在此情形下海洋环境刑事诉讼将由海事法院管辖。

综上，海事审判体系正朝着"三审合一"的方向迈进。

三 海洋环境污染公益诉讼

随着《环境保护法》《民事诉讼法》及相关司法解释的修订完善，环境公益诉讼制度在中国已经基本建立，对依法保护各类环境公共利益起到基础性制度作用。海洋环境公益诉讼作为环境公益诉讼的重要分支，对海洋环境保护起到重要作用。

中国海洋生态环境保护公益诉讼制度的法律体系已初步构建，主要包括《海洋环境保护法》第114条、《环境保护法》第58条、《民法典》第1235条、《民事诉讼法》第55条等法律规定，《环境民事公益诉讼司法解释》《最高人民法院关于审理环境侵权责任纠纷案件适用法律问题的解释》《海洋环境资源损害赔偿规定》等司法解释，以及2021年最高人民检察院颁布的《人民检察院公益诉讼办案规则》等。但这些分散的法律规范缺乏系统性与整体性，造成了诉讼主体不明确、管辖法院不明、赔偿计算标准不明、司法鉴定效力争议较大等问题，这些司法实践中存在的问题限制了海洋生态环境保护公益诉讼制度发挥应有的效能。

2022年5月，最高人民法院、最高人民检察院发布《最高人民法院最高人民检察院关于办理海洋自然资源与生态环境公益诉讼案件若干问题的规定》，明确了海洋环境监督管理部门和人民检察院是海洋环境公益诉讼的适格原告主体，确定了海事法院是海洋环境民事、行政公益诉讼的专门管辖法院。该规定充分发挥海事法院的专业化审判优势，保障审判质量，统一裁量尺度，旨在构建较为完善独立、具有中国特色的海洋环境公益诉讼制度，对完善海洋环境公益诉讼制度意义重大。

例如，渤海曹妃甸海域有一艘沉没货船，多年无人打捞，对周围海洋环境造成污染。经群众举报，河北省唐山市人民检察院及时展开调查，并依法向天津海事法院提起民事公益诉讼。2022年12月，一审法院判令支持唐山市人民检察院的全部诉讼请求。2023年7月，天津市高级人民法院二审维持原判，判令广东某航运有限公司打捞沉船，恢复海域原状①。此案在司法层面再次明确，人民检察院依法具备公益诉讼起诉人的主体资格。案件结果将有助于落实《最高人民法院　最高人民检察院关于办理海洋自然资源与生态环境公益诉讼案件若干问题的规定》的有关规定，并进一步推动国内海洋环境保护领域民事公益诉讼的发展。

2023年10月修订的《海洋环境保护法》也进一步明确了此问题。《海洋环境保护法》第114条第2款维持原第89条的规定，污染海洋环境、破坏海洋生态的，"由依照本法规定行使海洋环境监督管理权的部门代表国家对责任者提出损害赔偿要求"，并新增第3款进一步明确，"前款规定的部门不提起诉讼的，人民检察院可以向人民法院提起诉讼。前款规定的部门提起诉讼的，人民检察院可以支持起诉"。新修订的《海洋环境保护法》第114条以立法形式再次明确了人民检察院作为公益诉讼原告的主体资格，有助于我国海洋环境公益诉讼主体提起诉讼、维护公益。

此前，我们海洋环境公益诉讼制度分散在各法律和司法解释中，缺少统一、协调立法。2023年修订的《海洋环境保护法》在很大程度上解决了上述问题，有助于我国海洋环境公益诉讼制度的进一步完善。

四　典型案例

通过司法手段保护海洋环境，是海事审判的重要职能之一。海洋环境污染事故往往会造成国家海洋资源和生态环境损失，海事法院自成立以来一直积极探索，致力于推动相关制度的发展完善。近40年来，中国海事法院在海洋环境公益诉讼领域积累了丰富的实践经验。

---

① 《河北唐山：依法提起的海洋生态保护民事公益诉讼获法院支持》，最高人民检察院官网（spp. gov. cn），最后访问日期：2024年2月20日。

（一）浙江省宁波市人民检察院诉宁波市自然资源和规划局行政公益诉讼案

2020年3月，浙江省宁波市鄞州区人民检察院在办理刑事案件中发现，刘某某、柯某某擅自圈占海域用作垃圾消纳场所，向海洋倾倒大量建筑垃圾，涉嫌未经批准非法占用海域，海域监管部门未及时发现并制止非法侵占海域行为，损害国家利益和社会公共利益。鄞州区人民检察院向相关部门制发检察建议未果。2021年10月8日，浙江省宁波市人民检察院就宁波市自然资源和规划局怠于履行海域侵占监管职责的行为向宁波海事法院提起行政公益诉讼。宁波海事法院审理期间，宁波市自然资源和规划局于2022年7月22日作出行政处罚决定书，对刘某某、柯某某进行行政处罚。2022年8月3日，宁波市人民检察院申请撤回起诉。宁波海事法院认为，行政机关已经履行海域使用监管职责，检察机关申请撤回起诉，依法应予准许，故裁定准许公益诉讼起诉人撤回起诉①。

该案明确，检察机关在履行职责中发现对破坏海洋生态、海洋水产资源、海洋保护区的行为负有监督管理职责的行政主管部门违法行使职权或者怠于履职，致使国家利益或社会公共利益受到侵害的，应当通过提出检察建议督促其依法履行职责。行政主管部门仍然不依法履行职责的，检察机关可以向被诉行政机关所在地的海事法院提起海事行政公益诉讼。

（二）山东省无棣县人民检察院诉何某等非法采矿刑事附带民事公益诉讼案

渤海北部辽东湾某海域海底沉积物以砂、砾砂、砂砾为主，是优质海砂资源地。何某、梁某雇用朱某改装船舶，在未取得海砂开采海域使用权证和采矿许可证的情况下在该海域非法采砂，后至滨州港海域出售时被海警当场查获。海砂经鉴定测量称重为7821.51吨，另有过驳的2000吨去向不明，盗采行为造成矿产资源和生态环境破坏，损害了社会公共利益。

---

① 《"两高"联合发布海洋自然资源与生态环境检察公益诉讼典型案例》，最高人民法院官网（court.gov.cn），最后访问日期：2024年2月20日。

2022 年 5 月 9 日，无棣县人民检察院以非法采矿罪对何某、梁某、朱某提起公诉。经依法公告后，该院提起刑事附带民事公益诉讼。山东省无棣县人民法院作出刑事附带民事判决认为，何某、梁某、朱某违反《矿产资源法》的规定，未取得采矿许可证擅自采矿，其非法采矿的行为致使海洋资源和生态环境遭受损失，依法应予赔偿，判决被告人何某、梁某、朱某犯非法采矿罪并判处相应刑罚，没收违法所得；何某、梁某、朱某赔偿矿产资源损失费和生态环境损害修复费及鉴定费。二审山东省滨州市中级人民法院开庭调查并主持调解，就赔偿案涉矿产资源和生态环境损失费、鉴定费数额进行调整①。

该案是检察机关在依法打击犯罪的同时，充分发挥职能作用，通过提起刑事附带民事公益诉讼依法追究行为人责任的典型案例。法院在认定被告人刑事责任的同时，判令其对生态环境损害修复费用承担民事赔偿责任，让破坏生态环境者付出代价。

（三）上海市人民检察院第三分院诉王某某等非法捕捞民事公益诉讼案

2020 年 7 月 9 日，在东海海域伏季休渔期期间，王某某为牟取利益，组织沈某等共九人，驾驶悬挂"2020 伏季休渔资源调查船"横幅的船只至东海水域，使用桁杆拖网捕捞水产品。船满载停靠码头时，执法部门当场查获梭子蟹、杂鱼、虾等渔获物。刑事判决认定，九被告均构成非法捕捞水产品罪。

上海市人民检察院第三分院经审查认为，王某某等九人非法捕捞水产品的行为，破坏了东海天然渔业资源和水生生态环境，损害了社会公共利益。三分院于 2021 年 9 月 2 日向上海海事法院提起民事公益诉讼。上海海事法院审理后认为，九被告在明知东海伏季休渔制度的情况下，依旧共同实施非法捕捞水产品行为，对东海海洋水产资源和海洋生态造成严重破

---

① 《"两高"联合发布海洋自然资源与生态环境检察公益诉讼典型案例》，最高人民法院官网（court.gov.cn），最后访问日期：2024 年 2 月 20 日。

坏，构成共同侵权①。

该案在被告被追究刑事责任后，检察机关依法履职，向海事法院提起民事公益诉讼，要求被告承担生态环境损害费用。海事法院依法认定非法捕捞组织人和行为人对破坏海洋生态环境的后果承担共同侵权的赔偿责任，是对违反禁渔期规定非法捕捞行为的严厉打击，既增加了侵权人的违法成本，也对潜在违法者起到警戒作用。本案中，海事法院依法支持检察机关提起的海洋自然资源与生态环境公益诉讼请求，形成多元共治格局，体现了司法机关以最严格制度、最严密法治保护海洋生态环境的鲜明态度和坚定决心，是对"以时禁发""取予有节"的海洋生态资源保护意识的生动阐释，彰显了检察公益诉讼制度在服务保障海洋生态文明建设中的重要作用。

五　小结

改革开放以来，中国海洋环境保护立法、执法、司法都取得了长足进步。

在海洋环境保护立法方面，中国已基本形成了以《宪法》为根本，以《海洋环境保护法》为主体，以《民法典》《环境保护法》《刑法》《民事诉讼法》《行政诉讼法》等相关法律为补充，以海洋环境保护法规、规章、规范性文件等为配套，以相关国际公约（条约）为参照的海洋环境立法体系，构筑了健全完善的海洋环境保护法律屏障。

在海洋环境保护执法方面，2018 年机构改革解决了海洋资源管理和海洋环境污染防治领域多头管理的问题，同时，将海洋环境执法职责整合至中国海警局，也有效解决了执法力量分散的问题。未来海洋环境保护执法体系应当进一步完善，坚持陆海统筹，解决职责交叉重复和多头治理的问题，不断完善执法体系，将海洋污染防治与海洋生态保护目标并重，充

---

① 《"两高"联合发布海洋自然资源与生态环境检察公益诉讼典型案例》，最高人民法院官网（court. gov. cn），最后访问日期：2024 年 2 月 20 日。

分调动政府、企业、公众参与海洋生态环境保护的积极性，努力构建海洋生态环境保护共治格局。

在海洋环境保护司法方面，审判机关、检察机关出台的系列司法解释和司法政策，织密了海洋生态环境的司法保护网。中国特色的环境资源审判体系也已基本建成，海事审判体制正在朝"三审合一"方向迈进。海洋环境公益诉讼法律体系已经初步构建且不断完善。尽管相关法律存在体系性不强、内容衔接不当等不足，司法实践中仍存在原告资格不清、司法管辖不明及救济方式不健全等诸多问题，但有关部门不断出台完善政策，稳步推进海洋环境公益诉讼制度健全。随着立法的完善，海洋环境科学鉴定技术不断进步，各地海事法院司法裁判尺度日渐统一，海事司法也将为海洋环境保护提供更大保障。

第六章 《海洋环境保护法》修订

《海洋环境保护法》于 2023 年 10 月 24 日第十四届全国人民代表大会常务委员会第六次会议第二次修订通过，自 2024 年 1 月 1 日起施行。新修订的《海洋环境保护法》坚持陆海统筹、区域联动，全面加强海洋环境污染防治，完善海洋生态保护，强化海洋环境监督管理，推进海洋环境保护法律域外适用，是贯彻落实习近平生态文明思想和习近平法治思想的重要体现，标志着我国海洋生态文明建设的规范化和法治化进入新阶段。

第一节 《海洋环境保护法》修订概述

一 《海洋环境保护法》修订的背景、必要性

（一）《海洋环境保护法》修订的背景

1. 改善海洋生态环境

随着人口的急剧增长和大规模海洋开发活动的不断增加，全球海洋生态环境持续恶化，尤其是传统和新型海洋环境污染的加剧，加大了全球海洋治理的难度。20 世纪末以来，我国在海洋开发中逐渐重视改善海洋生态环境。进入 21 世纪后，我国逐渐加强海洋治理，有效遏制海洋生态环境恶化趋势。尽管我国海洋生态环境质量整体向好，但海洋生态环境治理仍面临诸多挑战，必须进一步采取有效措施加以应对。

2. 落实加快建设海洋强国部署

海洋强国战略是党中央在新时代发展进程中，针对我国海洋事业发展，从党和国家工作全局出发作出的战略决策，具有重大的现实及历史意义。建设海洋强国的前提和基础是确保拥有良好的海洋生态环境。党中央强调立足海洋发展的整体战略布局，加强海洋生态文明建设，在保护的前提下合理开发利用海洋，坚持污染防治和生态修复并举，维护海洋自然再生产能力，从源头有效控制陆源污染物排放入海，加快建立海洋生态补偿和生态损害责任制度，开展海洋修复工程，推进海洋自然保护区建设。因此，需要通过完善海洋环境保护法律来加强相关制度建设，从而实现海洋生态文明建设目标以及加快海洋强国建设。

3. 适配海洋治理体制改革

2018 年国务院机构改革中，新组建的生态环境部和自然资源部确定了相应的部门职责，但目前二者在实际工作中仍存在一定程度的职责交叉和重复建设问题。此外，根据《深化党和国家机构改革方案》，由原国家海洋局领导管理的海警队伍转隶武警部队，组建中国人民武装警察部队海警总队，以中国海警局名义统一履行海上维权执法职责。这一改革使海洋倾废监管和执法制度发生重大变化。同时，为更好地协调国家与地方的海洋执法工作，沿海地区陆续设立海洋综合执法队；生态环境部也新设立 3 个流域海域生态环境监管机构。因此，修订《海洋环境保护法》有助于进一步明确各类执法主体的职责及其相互关系①。

(二)《海洋环境保护法》修订的必要性

1. 修订《海洋环境保护法》是深入贯彻落实习近平总书记重要指示批示精神和党中央决策部署的重要举措

党的十八大以来，习近平总书记就海洋环境保护发表了一系列重要论述，多次就渤海综合治理、入海排污口监管、海水养殖和海洋垃圾污染防

---

① 苗振华、刘洪岩：《新修订〈中华人民共和国海洋环境保护法〉述评》，《海洋开发与管理》2023 年第 12 期，第 4~6 页。

治、珊瑚礁保护、自然岸线和滨海湿地保护、海洋生物多样性保护等多个方面作出重要指示批示。贯彻落实习近平总书记重要指示批示精神和党中央重大决策部署，有必要在认真总结有关实践经验的基础上，对《海洋环境保护法》作出修改完善。

2. 修订《海洋环境保护法》是持续改善海洋生态环境质量、建设美丽中国的迫切需要

当前，我国海洋环境污染和生态退化等问题仍然突出，近岸海域水质改善尚不稳定，海洋生态退化趋势尚未得到根本遏制。海洋生态灾害多发，致灾生物种类增加、区域扩散，溢油、危化品泄漏等环境风险持续加大。同时，海洋生态环境保护工作存在海洋污染防治力度不足、海洋生态保护修复工作相对滞后、海洋环境监督管理制度不健全等问题。修订《海洋环境保护法》，以人民对美好生活的向往为目标，贯彻落实建设美丽中国、深入打好污染防治攻坚战等要求，加快补齐制度短板，健全制度机制，有利于解决人民群众身边突出的海洋环境问题，为实现"十四五"和中长期海洋生态环境保护目标、让人民群众享受到"碧海蓝天、洁净沙滩"提供坚实的法律保障。

3. 修订《海洋环境保护法》是深化党和国家机构改革，推进国家治理体系和治理能力现代化的现实需要

党的十九届三中全会对深化党和国家机构改革作出全面部署，对海洋环境保护相关部门的职能作出调整和优化。目前，新一轮党和国家机构改革已全面完成。修订《海洋环境保护法》，有利于全面深化贯彻落实党和国家机构改革要求，总结改革取得的重大成效和宝贵经验，进一步明晰政府、企业、公众的责任，把创新成果和实践中好的做法以法律的形式确立下来，在海洋环境保护领域夯实国家治理体系和治理能力现代化的法律基础①。

---

① 王洪尧：《关于〈中华人民共和国海洋环境保护法（修订草案）〉的说明——2022年12月27日在第十三届全国人民代表大会常务委员会第三十八次会议上》，中国人大网，2023年10月27日，http://www.npc.gov.cn/npc/c2/c30834/202310/t20231027_432637.html，最后访问日期：2024年5月13日。

二 《海洋环境保护法》修订过程概述

（一）开展关于《海洋环境保护法》实施情况的监督检查

根据全国人大常委会 2018 年监督工作计划，全国人大常委会执法检查组于 2018 年 9 月至 10 月对《海洋环境保护法》贯彻实施情况进行了监督检查。2018 年 12 月 24 日，在第十三届全国人民代表大会常务委员会第七次会议上，执法检查组作出关于检查《中华人民共和国海洋环境保护法》实施情况的报告（以下简称"执法检查报告"）①。

"执法检查报告"首先肯定了多年来我国依法进行海洋环境保护工作的成就：党的十八大以来，各地区各部门坚持以习近平生态文明思想和习近平法治思想为指导，坚决贯彻落实党中央决策部署，认真贯彻实施《海洋环境保护法》，不断加大工作力度，海洋生态环境保护取得积极成效。"执法检查报告"也指出了《海洋环境保护法》实施中存在的问题，其中提到我国海洋生态环境形势依然严峻、近岸局部海域污染较为严重，主要表现为：全国多个海湾受到严重污染，大陆自然岸线保有率较低，近一半的海岸带区域资源环境超载，部分地区生态系统破坏退化问题较为严重，特别是红树林、珊瑚礁、滨海湿地等重要生境的破坏尤为明显，生态灾害多发频发，主要为赤潮、绿潮等，环境风险持续加大，溢油、危险化学品泄漏等事件不断。

"执法检查报告"在建议部分指出，要"建设法治海洋，完善海洋生态环境保护法律法规"，以最严格、最严密的法律制度筑牢海洋生态环境保护根基，建议尽快启动《海洋环境保护法》修订程序，做好与有关法律的衔接，细化充实重点法律制度，强化污染防治措施，明确各主体法律责任，加大违法惩处力度。本次修订《海洋环境保护法》，正是在上述背景

---

① 沈跃跃：《全国人民代表大会常务委员会执法检查组关于检查〈中华人民共和国海洋环境保护法〉实施情况的报告——2018 年 12 月 24 日在第十三届全国人民代表大会常务委员会第七次会议上》，中国人大网，2018 年 12 月 25 日，http：//www.npc.gov.cn/zgrdw/npc/zfjc/zfjcelys/2018-12/25/content_2069494.htm，最后访问日期：2024 年 5 月 13 日。

下，根据执法检查组的建议进行的①。

（二）全国人大环资委牵头组织起草《海洋环境保护法（修订草案）》

2022年，《海洋环境保护法》修改列入全国人大常委会立法工作计划②。《海洋环境保护法》修改工作专班和起草小组抓紧工作，遵循科学立法、民主立法、依法立法的原则，坚持问题导向，深入开展调查研究，广泛听取意见建议。修订草案稿形成后，全国人大环资委发函书面征求了国务院及其有关部门、相关机构、沿海省级人大常委会和部分全国人大代表的意见。在此基础上，经反复修改完善，形成《海洋环境保护法（修订草案）》。全国人大环资委召开第三十八次全体会议，审议并通过了修订草案③。

（三）提请全国人大常委会审议《海洋环境保护法（修订草案）》

1. 初次审议

2022年12月27日，十三届全国人大常委会第三十八次会议初次审议《海洋环境保护法（修订草案）》。修订草案涉及的主要修改内容如下。

第一，完善立法宗旨，增加建设海洋强国、实现人与自然和谐共生的内容。同时，明确海洋环境保护应当坚持"保护优先、源头防控、陆海统筹、综合治理、公众参与、损害担责"的原则。进一步压实部门和地方责任，调整生态环境、自然资源等有关部门的职责分工，增加海警机构等的海洋环境保护职责。同时，明确沿海县级以上地方人民政府对其管理海域的海洋环境质量负责，强化沿海地方区域协作机制。

第二，针对海洋环境监督管理，强化海洋生态环境保护规划的引导作

———————————

① 孙佑海：《2023年〈海洋环境保护法〉的主要修改和内容解读》，《环境保护》2023年第21期，第14~15页。

② 《全国人大常委会2022年度立法工作计划》，中国人大网，2022年5月6日，http：//www.npc.gov.cn/npc/c2/c30834/202205/t20220506_317718.html，最后访问日期：2024年5月13日。

③ 《全国人大环资委：海洋环境保护法修订草案将完善》，中国人大网，2022年12月6日，http：//www.npc.gov.cn/npc/c2/c30834/202212/t20221206_320632.html，最后访问日期：2024年5月13日。

用，规定生态环境分区管控，规定重点海域综合治理制度，增加排污许可管理规定，优化海洋环境标准和监测调查体系，加强海洋环境管理信息共享机制，强化海洋突发环境事件防范和应急处置。

第三，在海洋生态保护方面，修改涉海自然保护地划定与分类标准的规定，完善海洋生态保护补偿制度，增加保护重要海洋生态系统、生物物种、生物遗传资源的规定，明确严格保护岸线的范围，加强海洋生态保护修复与监管，强化海水养殖污染防治。

第四，关于防治陆源污染物对海洋环境的污染损害，坚持陆海统筹，针对近岸海域突出环境问题，以入海排污口、入海污染物排放、海洋垃圾等为管控重点，加强陆源污染防治。

第五，关于防治海岸工程和海洋工程建设项目对海洋环境的污染损害，加强海岸工程与海洋工程建设项目海洋环境一体化保护，统筹污染防治、生态保护与沿海产业结构调整。

第六，为防治倾倒废弃物对海洋环境的污染损害，加强废弃物海洋倾倒管理，增加产生废弃物的单位申请海洋倾倒许可，完善倾倒作业的监控与报告要求，增加委托他人实施倾倒作业的具体管控规定，明确获准倾倒单位应当与造成环境污染和生态破坏的受托单位承担连带责任。

第七，为防治船舶及有关作业活动对海洋环境的污染损害，增加船舶压载水和沉积物排放管控规定，明确有关地方人民政府统筹规划建设船舶污染物等的接收、转运和处理处置设施，负责渔港等区域污染防治的监督管理，增加船舶拆解污染防治相关规定，增加倡导绿色低碳航运、鼓励使用新能源或者清洁能源、淘汰高耗能高排放老旧船舶，以及建设、改造、使用港口岸电设施和船舶受电设施等规定①。

2. 二次审议

2023 年 6 月 26 日，《海洋环境保护法（修订草案）》二审稿提请十四

① 王洪尧：《关于〈中华人民共和国海洋环境保护法（修订草案）〉的说明——2022 年 12 月 27 日在第十三届全国人民代表大会常务委员会第三十八次会议上》，中国人大网，2023 年 10 月 27 日，http://www.npc.gov.cn/npc/c2/c30834/202310/t20231027_432637.html，最后访问日期：2024 年 5 月 13 日。

届全国人大常委会第三次会议审议。修订草案二审稿涉及的主要修改内容如下。

第一，将维护国家海洋权益、推进生态文明建设写入立法目的，在海洋环境保护的原则中增加"预防为主"。

第二，压实政府及其有关部门责任，增加国家实行海洋环境保护目标责任制和考核评价制度。增加约谈制度，对未完成海洋环境保护目标的海域，约谈该地区人民政府及其有关部门的主要负责人，要求其采取有效措施及时整改，约谈和整改情况应当向社会公开。

第三，加强陆海统筹的海洋环境监督管理制度建设，健全排污许可管理、环境保护设施验收制度。

第四，加强海洋生态保护，强化生态保护红线和自然岸线管控，健全生态保护补偿制度。

第五，加强海洋环境污染防治，强化排污者责任，完善排污口监管措施，严格管控放射性废水排海，推进海洋垃圾监测，健全工程建设项目污染防治制度。

第六，强化公众参与。增加了相关规定：引导公众依法参与海洋环境保护工作。制定海洋环境质量标准应当征求有关部门、行业协会、企业事业单位、专家和公众等意见，提高海洋环境质量标准的科学性。要求沿海县级以上地方人民政府采取有效措施，鼓励、支持公众参与海洋垃圾污染防治相关活动。

第七，完善保障措施，增加检察机关提起诉讼和支持诉讼的内容。

第八，推进《海洋环境保护法》域外适用。增加规定：在中华人民共和国管辖海域以外，造成或者可能造成中华人民共和国管辖海域污染、生态破坏的，有关部门和机构有权采取必要的措施①。

---

① 《全国人民代表大会宪法和法律委员会关于〈中华人民共和国海洋环境保护法（修订草案）〉修改情况的汇报》，中国人大网，2023 年 10 月 24 日，http://www.npc.gov.cn/npc/c2/c30834/202310/t20231024_432538.html，最后访问日期：2024 年 5 月 13 日。

3. 三次审议

2023 年 10 月 20 日，十四届全国人大常委会第六次会议对《海洋环境保护法（修订草案）》三审稿进行分组审议。修订草案三审稿涉及的主要修改内容如下。

第一，强化陆海统筹、区域联动。加强入海河流治理，对入海河口水质管控提出明确要求。统筹规划建设陆域接收、转运、处理海洋垃圾设施。

第二，完善监测和环境影响评价制度，增加表彰奖励措施，加强海洋环境监督和保障，提升海洋环境监督管理能力。一是加强海洋环境监督管理能力建设，提高海洋环境监督管理科技化、信息化水平。二是推进综合监测、协同监测和常态化监测。三是组织编制国土空间规划和相关规划，应当依法进行包括海洋环境保护内容在内的环境影响评价。四是对在海洋环境保护工作中做出显著成绩的单位和个人，按照国家有关规定给予表彰和奖励。

第三，加强海洋生物多样性保护，科学开展海洋生态修复，强化海洋垃圾污染防治的监督指导和保障。一是国家加强海洋生物多样性保护，健全海洋生物多样性调查、监测、评估和保护体系，维护和修复重要海洋生态廊道，防止对海洋生物多样性的破坏。二是编制海洋生态修复规划，应当进行科学论证评估。三是国务院生态环境、住房和城乡建设、发展改革等部门应当按照职责分工加强海洋垃圾污染防治的监督指导和保障。

第四，完善海域排污许可控制制度，强化海洋环境质量和污染物排放相关管控要求。一是明确国家加强海洋环境质量管控，推进海域综合治理，严格海域排污许可管理，提升重点海域海洋环境质量。二是规定实行排污许可管理的企业事业单位和其他生产经营者应当执行排污许可证关于排放污染物排放量的限制要求。三是增加规定入海河流流域省、自治区、直辖市人民政府应当按照国家有关规定，加强入海总氮、总磷排放的管控，制定控制方案并组织实施。

第五，进一步加强海洋辐射环境监测和管控放射性物质海上处置活动。一是增加规定国家加强海洋辐射环境监测，国务院生态环境主管部门负责制定海洋辐射环境应急监测方案并组织实施。二是禁止在海上处置污染海洋环境、破坏海洋生态的放射性废物或者其他放射性物质。

第六，完善法律责任规定。一是对设置入海排污口未备案、未按照规定开展排污口监测、船舶采取措施提高能效水平未达到有关规定、进入控制区的船舶不符合船舶污染物排放的相关控制要求等违法行为，增加规定法律责任。二是对个人擅自在岸滩弃置和堆放以及处理生活垃圾、造成海洋生态系统及自然保护地破坏、采取冲滩方式进行船舶拆解作业等违法行为，加大处罚力度。三是体现过罚相当，做好法律衔接，对部分条款进行调整简化①。

（四）表决通过新修订的《海洋环境保护法》

根据常委会会议审议意见，宪法和法律委员会于 2023 年 10 月 21 日召开会议，对修订草案作出下列修改。一是增加国家加强海洋生态保护，提升海洋生态系统质量和多样性、稳定性、持续性的规定。二是增加加强养殖尾水污染防治的监督管理的规定。三是提高未取得倾倒许可证和违法委托向海洋倾倒废弃物的罚款数额。四是将修订后的《海洋环境保护法》的施行时间确定为 2024 年 1 月 1 日②。

2023 年 10 月 24 日，十四届全国人大常委会第六次会议表决通过了新修订的《海洋环境保护法》。

第二节　主要修订内容

修订后的《海洋环境保护法》由原来的十章共 97 条，修改为九章共

---

① 《全国人民代表大会宪法和法律委员会关于〈中华人民共和国海洋环境保护法（修订草案）〉审议结果的报告》，中国人大网，2023 年 10 月 24 日，http：//www.npc.gov.cn/npc/c2/c30834/202310/t20231024_432540.html，最后访问日期：2024 年 5 月 13 日。

② 《全国人民代表大会宪法和法律委员会关于〈中华人民共和国海洋环境保护法（修订草案三次审议稿）〉修改意见的报告》，中国人大网，2023 年 10 月 24 日，http：//www.npc.gov.cn/npc/c2/c30834/202310/t20231024_432541.html，最后访问日期：2024 年 5 月 13 日。

124 条，增加了 27 个条款。其中，修订后的《海洋环境保护法》第五章"工程建设项目污染防治"合并了旧法中的"防治海岸工程建设项目对海洋环境的污染损害"和"防治海洋工程建设项目对海洋环境的污染损害"两章。各章主要修订简介如下。

一 总则

《海洋环境保护法》总则部分的修订坚持系统观念、陆海统筹、区域联动，明确职责分工，完善海洋环境保护体制机制。

（一）完善立法宗旨

本次修订在总则编第 1 条完善了立法宗旨，增加了保障生态安全和公众健康、维护国家海洋权益、建设海洋强国、推进生态文明建设、促进经济社会可持续发展、实现人与自然和谐共生等内容。本次修订以生命共同体为生态法治的核心理念①，将生态文明建设、经济社会可持续发展以及人与自然和谐共生作为海洋生态环境保护的最终目标。此外，第 1 条明确"根据宪法，制定本法"，确保了其在我国法律体系中的合理定位和立法质量，同时是依宪治国、依宪立法的具体落实②。

（二）增加陆海统筹

本次修订在坚持我国环境保护领域基本法——《环境保护法》第 5 条"保护优先、预防为主、综合治理、公众参与、损害担责"原则的基础上，结合我国海洋生态环境治理的实际情况以及海洋保护与发展的战略规划，增加了"陆海统筹"内容（第 3 条）。一方面，维持"保护优先、预防为主"的表述，与《环境保护法》遥相呼应，明确了本法的风险预防原则，这除了对本国环境治理具有突出的现实意义外，也是对国际立法和司法的

---

① 刘洪岩：《生态文明与中国法治革新》，《城市与环境研究》2021 年第 4 期，第 18~23 页。

② 张震：《环境法典编纂的宪法根据及合宪性控制》，《东方法学》2022 年第 3 期，第 72~84 页。

肯定与继承①。另一方面，值得关注的是，本次修订关于"陆海统筹"原则的吸纳，"陆海统筹"的实质在于"使陆地与海洋以及陆海内部各要素实现从无序向有序、从失调向和谐的转变，各方面相互衔接、良性互动"②。长期以来，受陆海两大空间分立思维的影响，我国陆海生态环境保护采取互相分割的立法模式，生态环境保护资源多向陆地倾斜，使得污染物和生态环境风险由陆地向海洋转移，海洋生态环境长期被动接受来自陆地的各类型生态环境保护压力；同时，在陆地环境治理中缺乏对海洋生态环境保护的系统考虑，陆海环境质量目标缺乏内在协调，海洋生态环境保护的效果并不理想。陆地和海洋存在较多的物质和能量交换，两大生态系统相互影响又相互制约，因此，海洋生态环境质量的改善必须建立在陆海生态环境整体保护和系统治理的基础上，即陆海必须实现统筹协调③。因此，这一新增原则具有重要意义。

（三）明确地方政府的环境质量责任

本次修订在第 5 条明文要求沿海县级以上地方人民政府统一对辖区内陆海环境质量负责。原《海洋环境保护法》并没有明确海洋生态环境质量应当被纳入地方政府的环境质量目标管理及其考核机制，这就导致海洋生态环境质量游离于部分地方政府环境质量目标管理责任之外。"向海要地""向岸要房"以及违规审批围填海项目等乱象频发，对海洋生态系统造成了巨大负面影响④。因此，新修订的《海洋环境保护法》第 5 条第 1 款明确地方政府为陆海环境质量的统一责任主体，且第 2 款确立了海洋环境保护目标责任制和考核评价制度，规定海洋环境保护目标完成情况将成为政

① 高寒：《〈海洋环境保护法〉的修订、完善和适用展望》，《亚太安全与海洋研究》2024 年第 3 期，第 73～90 页。

② 李靖宇、李锦鑫、张晨瑶：《推进陆海统筹上升为国家大战略的构想》，《区域经济评论》2016 年第 3 期，第 29～38 页。

③ 李挚萍、程晓娅：《论"陆海统筹"在新〈海洋环境保护〉中的全面贯通及落实》，《环境保护》2023 年第 21 期，第 24～28 页。

④ 李挚萍、程晓娅：《论"陆海统筹"在新〈海洋环境保护〉中的全面贯通及落实》，《环境保护》2023 年第 21 期，第 24～28 页。

府工作考核评价的重要内容。

二　海洋环境监督管理

新《海洋环境保护法》第二章上承总则章节的宏观革新，在海洋环境监督管理立法上也有明显进步。

（一）海洋生态环境保护规划

本次修订重视海洋生态环境保护规划的引导作用，加强与全国国土空间规划衔接①。关于规划制度，原《海洋环境保护法》仅在第 24 条规定开发利用海洋资源按照海洋功能区划合理布局的要求，此种要求实际上割裂了海洋功能区划和国土空间规划的联系，难以满足"多规合一"下统一的国土空间规划发展要求。新《海洋环境保护法》第 13～15 条提出了陆海规划制度协调统一的要求：一是开发利用海洋资源或者从事影响海洋环境的建设活动被统一纳入国土空间规划和用途管制的要求，国土空间等规划的环评囊括海洋环境保护内容；二是全国海洋生态环境保护规划、生态环境分区管控方案和生态环境准入清单与全国国土空间规划衔接，体现了规划领域陆海关系的协调要求②。

（二）完善总量控制制度

本次修订完善了排污总量控制制度与"区域限批"制度，以排污许可为抓手，严格海域排污许可管理，实现污染物排放总量控制要求：新《海洋环境保护法》第 19 条明确：直接向海洋排放工业废水、医疗污水的海岸工程和海洋工程单位，城镇污水集中处理设施的运营单位及其他企业事业单位和生产经营者，应当依法取得排污许可证；实行排污许可管理的企业事业单位和其他生产经营者应当执行排污许可证关于排放污染物的种类和浓度、向重点海域排放重点污染物的总量控制、污染物排放方式和排放

---

① 孙佑海：《2023 年〈海洋环境保护法〉的主要修改和内容解读》，《环境保护》2023 年第 21 期，第 14～18 页。

② 李挚萍、程晓娅：《论"陆海统筹"在新〈海洋环境保护法〉中的全面贯通及落实》，《环境保护》2023 年第 21 期，第 24～28 页。

去向、自行监测等要求。

（三）加强海洋辐射环境监测

鉴于影响国际海洋环境事件的解决旷日持久，如近期日本核污水排放引起的海洋环境问题，本次修订进一步加强了海洋辐射环境监测和管控放射性物质海上处置活动，单独设立了"国家加强海洋辐射环境监测"条款，规定由国务院生态环境主管部门负责制定海洋辐射环境应急监测方案并组织实施①。

三 海洋生态保护

从法律规范的结构和内容来看，原《海洋环境保护法》较多关注海洋污染防治，而新修订的《海洋环境保护法》第三章增添了较多海洋生态保护的内容②，主要是加强了如海岸带重要区域、重点领域等的海洋生态保护③。

（一）重视陆海过渡空间生态保护

本次修订增添了海岸带、海岸线、河口等过渡空间的保护管理以及修复规定。在海洋生态环境保护中，海岸带作为海洋向陆地过渡、海陆相互作用的沿海地带，是重要的生态过渡带、资源富集区和人类海洋利用活动集聚区④，其资源利用和环境保护问题值得重点关注和研究。然而受陆海分立的法律体系以及海岸带界定复杂性的影响，连接陆海的海岸带往往成为多部法律"既管又都不管"的区域。原《海洋环境保护法》虽然有关于海岸工程建设的规定，但缺乏对海岸带资源利用和保护的专门内容，这

---

① 梅宏：《〈海洋环境保护法〉的新修订：守正与创新》，《环境保护》2023年第21期，第19~23页。

② 李挚萍、程晓娅：《论"陆海统筹"在新〈海洋环境保护法〉中的全面贯通及落实》，《环境保护》2023年第21期，第24~28页。

③ 孙佑海：《2023年〈海洋环境保护法〉的主要修改和内容解读》，《环境保护》2023年第21期，第14~18页。

④ 潘新春、杨亮：《实行海岸线分类保护 维护海岸带生态功能：〈海岸线保护与利用管理办法〉解读》，《海洋开发与管理》2017年第6期，第3~6页。

也使得潮间带、湿地滩涂等空间的生态环境保护及法律适用变得困难。新修订的《海洋环境保护法》第36条规定了开发利用海洋和海岸带资源时维护海洋生物多样性的要求，其中关于海岸带的规定是原《海洋环境保护法》没有的内容，这也体现了新法对陆海过渡空间生态保护的重视。

（二）自然岸线控制制度

本次修订新增了海岸线控制、保护、利用和修复的内容，体现了陆海交接地带特殊岸线生态保护和修复的协调。新修订的《海洋环境保护法》第39条进一步明确要建立健全自然岸线控制制度，确立了沿海地方各级人民政府在岸线保护和修复上的主体责任，并要求强化海岸线的分类保护与利用，保护修复自然岸线以及促进人工岸线的生态化，从而填补了原《海洋环境保护法》在海岸线这一重要空间的立法空白。

四 陆源污染物污染防治

新修订的《海洋环境保护法》进一步强化了陆源污染物的污染防治要求，加强对近岸海域的污染防治①。

（一）完善陆源污染物海陆同治管理机制

本次修订完善了陆源污染物海陆同治管理机制。为实现陆域、流域、海域生态环境治理的整体性、系统性、联动性和协同性目标，更好地进行水陆同治、河海共治②，新修订的《海洋环境保护法》第47条明确要建立健全各类入海排污口的排查整治、日常监督管理以及近岸水体、入海排污口、排污管线、污染源全链条治理体系。地方政府将根据排污口类别、责任主体，组织有关部门负责具体事项；而入海排污口设置和管理的具体办法、技术规范的制定及入海排污口信息平台的组织建设则是由国务院生态环境主管部门负主责。

---

① 孙佑海：《2023 年〈海洋环境保护法〉的主要修改和内容解读》，《环境保护》2023 年第21 期，第 14～18 页。
② 潘静云、章柳立、李挚萍等：《陆海统筹背景下我国海洋生态修复制度构建对策研究》，《海洋湖沼通报》2022 年第 1 期，第 152～159 页。

（二）明确入海河口环境质量要求

本次修订明确了入海河口环境质量要求。河口因其特殊的地理位置，上游承接地表水、下游连接近岸海域，成为陆源污染物进入海洋的主要渠道，该区域的生态环境质量需要得到重点管控。原《海洋环境保护法》仅规定了省（区、市）人民政府环境保护行政主管部门和水行政主管部门需要保证入海河口的水质处于良好状态，其中，责任主体局限于环境保护和水行政主管部门，且水质标准被笼统表述为"水质良好"。新修订的《海洋环境保护法》第50条则进一步明晰了入海河口环境质量的要求：一方面，将责任主体确定为国务院有关部门和县级以上地方人民政府及其有关部门，要求政府对入海河口环境质量负责也与该法第5条关于部门职责的规定相呼应；另一方面，将原先入海河口的水质"处于良好状态"的要求进一步明确为"符合入海河口环境质量相关要求"，在表述上更为科学严谨的同时也体现了以环境质量要求约束陆源污染物入海排放的理念。此外，新修订的《海洋环境保护法》第50条第2款还完善了关于入海总氮、总磷排放的管控内容，将入海总氮、总磷排放的管控、控制方案的制定和组织实施等任务交由入海河流流域省（区、市）人民政府负责，对于虽远离海岸但最终通过河流入海的陆源污染物提出了更加明确的监管要求。

（三）固废处理严格化

本次修订对陆地固体废物处理要求更加严格化。原《海洋环境保护法》对于岸滩弃置、堆放和处理固体废物的基本立场，是有关部门根据《固体废物污染环境防治法》进行管制即可，而新修订的《海洋环境保护法》在关于固体废物处理的第56条明确要求，在沿海陆域处理固体废物应当采取有效措施防止固体废物进入海洋，且完全禁止在岸滩弃置、堆放和处理固体废物。

（四）陆上污水处理精细化

本次修订细化了陆上排水、污水处理要求。新修订的《海洋环境保护法》第59条是关于排水和污水处理的要求。原《海洋环境保护法》笼统规定，沿海城市人民政府是建设和完善排水管网的责任主体，新修订的

《海洋环境保护法》则将责任明确至沿海县级以上地方人民政府。此外，原《海洋环境保护法》并未对城镇污水处理厂或者其他污水集中处理设施的建设作出义务性规定，新修订的《海洋环境保护法》则将改善海洋环境质量的需要纳入城镇污水处理厂和其他污水处理设施的建设要求，从而体现了陆上污水处理对于海洋生态环境质量的考量，充分彰显了"以海定陆"的思路。

（五）确立放射性废水排放新标准

本次修订对陆源污染中的放射性废水排放进行了修改。对于一些典型域外海洋污染行为，如当前日本已经实施的核污染水排海行动，亦可进一步出台具有针对性的域外适用安排①，从而在国内法层面能够应对日本污染海洋的行径。此次修订将原法中"禁止向海域排放高、中水平放射性废水"修订为"禁止向海域排放污染海洋环境、破坏海洋生态的放射性废水"②，显然修订后的排放标准和要求明显收紧。由于《海洋环境保护法》关于"海洋环境污染"的定义与《联合国海洋法公约》大致保持一致，即只要属于直接或者间接把物质或者能量引入海洋环境，就可以被视为海洋环境污染，因此日本排海的核污染水可被认定为排放污染海洋环境的放射性废水。此次修订不仅有助于更好地实现对中国海洋环境的保护与保全，也可以视为中国为保护全人类共同海洋利益、推动陆源污染的国际法发展作出的极具价值的努力。

五　工程建设项目污染防治

本次修订中，"工程建设项目污染防治"是重点修改章节之一，从如下四个方面有效解决了海洋工程、海岸工程在海洋环境保护方面的突出问题。

---

① 高之国、刘子衍：《中国海洋环境保护法律的域外适用：国际实践、主要问题与完善建议》，《中国海商法研究》2024年第2期，第12~13页。

② 高寒：《〈海洋环境保护法〉的修订、完善和适用展望》，《亚太安全与海洋研究》2024年第3期，第73~90页。

（一）合并章节，减少立法冗余

本次修订对"工程建设项目污染防治"内容进行章节合并，以减少立法冗余。为强化海岸工程和海洋工程建设项目相关的海洋生态环境保护一体化进程，新修订的《海洋环境保护法》将原"防治海岸工程建设项目对海洋环境的污染损害"与"防治海洋工程建设项目对海洋环境的污染损害"两个章节内容合并为一章，即"工程建设项目污染防治"。这样的章节设置可以有效避免法律规范的重复与繁冗，有效提升立法的科学性与体系性[①]。

（二）强化与环境影响评价制度的配合与衔接

本次修订完善了工程建设项目与环境影响评价制度在立法层面的衔接。新修订的《海洋环境保护法》第62条明确，工程建设项目应进行环境影响评价，否则不得开工建设，同时明确建设单位应编制环境保护设施验收报告并向社会公开，否则不得投入生产或使用。这些规定与《环境影响评价法》对环境影响评价的要求一致，是将环境影响评价制度落实到工程建设项目的立法体现。《海洋环境保护法》如此修订是为了加强与《环境影响评价法》在立法层面的衔接，推动环境影响评价制度在工程建设项目层面的落实。

（三）严格生态保护要求

本次修订增强了对海洋生态保护的要求。新修订的《海洋环境保护法》第64条第1款要求："新建、改建、扩建工程建设项目，应当采取有效措施，保护国家和地方重点保护的野生动植物及其生存环境，保护海洋水产资源，避免或者减轻对海洋生物的影响……"第65条强调，工程建设项目不得造成领海基点及其周围环境的侵蚀、淤积和损害以及不得危及领海基点的稳定。第64条、第65条的修订，体现了立法层面严格生态环境保护的要求，减少工程建设项目对海洋生态和基点稳定的不利影响。

[①] 苗振华、刘洪岩：《新修订〈中华人民共和国海洋环境保护法〉述评》，《海洋开发与管理》2023年第12期。

（四）细化采砂监管，明确采砂红线

本次修订细化对采砂的监管。《海洋环境保护法》第 64 条第 2 款明确，海砂开采活动的禁止活动范围是"岸线范围内"，并要求在其他区域开采海砂也需要采取严格措施以保护海洋环境。针对载运海砂的船舶，本次修订要求必须"持有合法来源证明"方可运输，而合法来源证明应由开采者提供。

六　废弃物倾倒污染防治

新修订的《海洋环境保护法》结合我国近年来海洋倾倒废弃物的实践经验，进一步完善审批、管理、监督体系，以期提高废弃物治理水平。具体体现在如下三个方面。

（一）强化废弃物倾倒许可制度

本次修订完善了废弃物倾倒许可制度。《海洋环境保护法》第 71 条第 2 款规定："需要倾倒废弃物的，产生废弃物的单位应当向国务院生态环境主管部门海域派出机构提出书面申请，并出具废弃物特性和成分检验报告，取得倾倒许可证后，方可倾倒。"该规定严格规范产生废弃物单位的海洋倾倒许可申请流程，明确有关废弃物特性及成分检验报告的相关规定，有效提高废弃物利用率。《海洋环境保护法》第 71 条第 3 款鼓励综合利用疏浚物等废弃物以避免或减少海洋倾倒。

（二）强化倾废全流程监管

本次修订增强了对倾废全流程的监管。《海洋环境保护法》第 73 条规定了全国海洋倾倒区规划和选划制度，相较于原《海洋环境保护法》第 57 条，进一步明确了主管部门为国务院生态环境部门，细化了征求意见、公告等制度要求。《海洋环境保护法》第 74 条明确了主管部门将根据海洋倾倒区使用状况评估结果对海洋倾倒区予以调整、暂停使用或者封闭。《海洋环境保护法》第 75 条规定："……倾倒作业船舶等载运工具应当安装使用符合要求的海洋倾倒在线监控设备，并与国务院生态环境主管部门监管系统联网。"《海洋环境保护法》第 76 条规定："获准和实施倾倒废弃物的单位，应当按照规定向颁发许可证的国务院生态环境主管部门海域派出机构报告倾倒情况。倾倒废弃物的船舶应当向驶出港的海事管理机构、海警机构作出报告。"进一步完善了倾倒作业监控与报告制度。总之，《海洋环境保护法》第73~75条从倾倒区的编制、选划、调整、公告、评估、倾倒作业的监控与报告多个方面增强对海洋倾倒废弃物作业流程的监管。

（三）明确责任主体

本次修订明确了违规海洋倾废的责任主体。《海洋环境保护法》第78条为新增条款，新增对废弃物海洋倾倒委托和受托的规定，针对委托他人实施倾倒作业现象，明确获准倾倒单位对受托单位的主体资格、技术能力和信用状况进行核实并监督实施污染防治与生态保护的义务，并强调获准倾倒单位与实际造成环境污染、生态破坏的受托单位承担连带责任。

七　船舶及有关作业活动污染防治

本次修订中，《海洋环境保护法》第七章新增了多项船舶及有关作业污染防治的关键制度，以加大船舶及有关作业活动的污染防治力度，促进绿色航运发展①。

（一）增加船舶压载水和沉积物排放管控规定

本次修订增加了船舶压载水和沉积物排放管控规定，旨在严格防范外来有害生物入侵。新修订的《海洋环境保护法》第79条第1款在原《海洋环境保护法》第62条第1款禁止船舶违法排放"压载水"的规定基础上，新增"沉积物"与压载水并列，作为禁止船舶排放的有害物质。第2款明确了船舶应当按照国家有关规定采取有效措施、对压载水和沉积物进行处理处置的义务。其中，"国家有关规定"主要指国家海事局发布的

① 王洪尧:《关于〈中华人民共和国海洋环境保护法（修订草案）〉的说明——2022年12月27日在第十三届全国人民代表大会常务委员会第三十八次会议上》，中国人大网，2023年10月27日，http://www.npc.gov.cn/npc/c2/c30834/202310/t20231027_432637.html，最后访问日期：2024年5月13日。

《船舶压载水和沉积物管理监督管理办法（试行）》（以下简称《压载水管理办法》）。此外，新修订的《海洋环境保护法》第 80 条第 3 款还规定了船舶在进行涉及船舶污染物、压载水和沉积物排放及操作时，按照有关规定监测、监控，如实记录并保存的义务。其中，"有关规定"指《压载水管理办法》及《压载水公约》的相关规定。例如，《压载水管理办法》第 6 条第 3 款规定，压载水记录簿应当至少包括压载水操作的时间、经纬度和压载水操作类别等内容。另外，根据《压载水公约》的要求，每一压载水作业均应及时在压载水记录簿中作出完整记录。

（二）增加污染危害性货物托运人告知义务

本次修订增加了污染危害性货物托运人的告知义务。新修订的《海洋环境保护法》第 84 条针对托运人交付船舶载运污染危害性货物的情形，增设了相关规定，要求托运人如实告知承运人货物的正式名称、污染危害性、应急响应指南及装卸作业要求。此项新增制度改进了《防治船舶污染海洋环境管理条例》及《船舶及其有关作业活动污染海洋环境防治管理规定》中关于污染危害性货物托运人和承运人分别向海事管理机构申报污染危害性货物的既有规定，实现了托运人和承运人的双向监督。此举旨在避免部分托运人出于节省运费、减少手续等目的，利用集装箱封闭运输的特性，在托运的普通货物中夹带污染危害性货物，或者将污染危害性货物谎报为普通货物，使承运人在不知情的情况下未能采取相关防范措施，导致发生泄漏、爆炸燃烧等事故，破坏海洋生态环境。

（三）确立船舶污染物等接收、转运、处理处置的地方政府统筹规划义务和多部门联合监管制度

本次修订确立了船舶污染物等接收、转运、处理处置的地方政府统筹规划义务和多部门联合监管制度。在《海洋环境保护法》修订之前，由于缺乏地方政府统筹的船港城协调联动，导致污染物接收、转运、处置监管联单制度执行成效不佳。为解决上述问题，新修订的《海洋环境保护法》第 85 条第 1 款和第 2 款明确了有关地方政府在统筹规划建设船舶污染物等的接收、转运和处理处置设施方面的责任，并负责渔港等区域污染防治

的监督管理工作。此项制度参考了《水污染防治法》第 61 条第 1 款和《长江保护法》第 72 条的规定，同时吸纳了长江经济带船舶港口联防机制实践和船舶水污染物转移处置联合监管实践中的成功经验，将"船—港—城"空间维度中船舶污染物的"收集—接收—转运—处置"等环节纳入同一制度框架，明确了地方政府在统筹配套设施建设、部门联动和区域范围内船舶污染物处置力量整合等方面的主体责任，这是落实环境质量属地责任的重要举措和积极探索。

（四）增设船舶拆解污染防治相关制度

本次修订吸收《2009 年香港国际安全与无害环境拆船公约》（以下简称《香港公约》）关于拆船的国际标准，增设了船舶拆解污染防治相关规定。《香港公约》将环保理念贯穿船舶的整个生命周期，对船舶的设计、建造、营运及拆解环节均提出要求，实现了对船舶全生命周期的管控。新修订的《海洋环境保护法》第 87 条第 1 款对船舶拆解单位提出了具体的环境保护要求，即应当采取有效的污染防治措施，在船舶拆解前将船舶污染物减至最小量，对拆解产生的船舶污染物、废弃物和其他有害物质进行安全与环境无害化处置。拆解的船舶部件不得进入水体。第 2 款进一步明确，禁止采取冲滩方式进行船舶拆解作业。所谓"冲滩拆解"，是指利用潮水使船舶搁浅在滩涂上进行拆解，这种拆解方式作业条件恶劣，若拆解零件未及时回收，易导致海水污染。

（五）增加港口岸电、船舶受电等设施的建设、改造、使用和提供制度

本次修订增加了港口岸电、船舶受电等设施的建设、改造、使用和提供制度。新修订的《海洋环境保护法》第 88 条除增加倡导绿色低碳航运、鼓励使用新能源或者清洁能源、淘汰高耗能高排放老旧船舶的规定外，主要明确了船舶岸电制度下各相关主体的法定义务。对于沿海县级以上地方人民政府，应当制定港口岸电、船舶受电等设施建设和改造计划，并组织实施，港口岸电设施的供电能力应当与靠港船舶的用电需求相适应；对于船舶，应当按照国家有关规定采取有效措施提高能效水平，具备岸电使用条件的船舶靠港应当按照国家有关规定使用岸电，但使用清洁能源的除

外；对于具备岸电供应能力的港口经营人、岸电供电企业，应当按照国家有关规定为具备岸电使用条件的船舶提供岸电。此外，国务院和沿海县级以上地方人民政府还应对港口岸电设施、船舶受电设施的改造和使用、清洁能源或者新能源动力船舶建造等按照规定给予支持。继《长江保护法》第72条提出在长江流域建设港口岸电设施、船舶受电设施建设和改造计划要求后，新修订的《海洋环境保护法》作出了更严格的要求。由此，船舶岸电制度实现了从区域性向全国性的转变。

（六）增加船舶污染物排放控制区制度

本次修订增加了船舶污染物排放控制区制度。《海洋环境保护法》第92条新增船舶污染物排放控制区规定，明确国务院交通运输主管部门可以划定船舶污染物排放控制区。进入控制区的船舶应当符合船舶污染物排放相关控制要求。《大气污染防治法》2015年修订已规定国务院交通运输主管部门可以在沿海海域划定船舶大气污染物排放控制区，进入排放控制区的船舶应当符合船舶相关排放要求。与《大气污染防治法》相比，新修订的《海洋环境保护法》删除了"大气"二字，标志着我国首次在法律层面确立了综合性的船舶污染物排放控制区制度。此项制度填补了我国在其余类船舶污染物排放控制方面的立法空白，船舶水污染物、压载水与沉积物以及其他类型的船舶污染物，有望与船舶大气污染物一同纳入船舶污染物排放控制区制度的规制范围。

八　法律责任

本次修订中，《海洋环境保护法》第八章进一步完善了海洋环境保护的法律责任制度，通过构建严密责任体系，明确各方主体的法律责任，加大对违法行为的惩处力度，保障《海洋环境保护法》的规定得以有效贯彻落实。

（一）行政责任

新修订的《海洋环境保护法》第八章针对我国海洋环境污染与生态破坏的现状，通过增加处罚项目、提高罚款额度、增设责任主体以及创新处罚方式等途径，进一步加大行政处罚力度，以达到预防或减少海洋环境污染和生态破坏的目的①。

1. 增加处罚项目

根据前七章中的修订内容，新修订的《海洋环境保护法》第八章对以下违法行为增设了处罚规定：船舶违法排放压载水和沉积物（第93条），海水养殖中相关违法行为（第98条），入海排污口未依法开展监控和自动监测（第99条），违反生态环境准入清单进行生产建设活动（第102条），海上倾倒废弃物活动中相关违法行为（第106条），船舶拆解单位违反船舶拆解条款（第109条），未备、未持续更新和未提供有害材料清单（第110条），船舶未按照规定监测、记录压载水操作（第110条），违反港口岸电、船舶受电等设施的建设、改造、使用和提供制度（第110条），违反船舶大气污染物排放控制区制度（第110条），以及托运人违反污染危害性货物告知义务（第111条）等。

2. 提升罚款额度

对于原有的处罚项目，新修订的《海洋环境保护法》普遍提升了行政罚款额度。例如，针对因发生事故或者其他突发性事件，造成或者可能造成海洋环境污染、生态破坏事件，未按照规定通报或者报告的违法行为，罚款金额由"五万元以下"提升至"五万元以上五十万元以下"（第94条）；针对拒绝、阻挠调查和现场检查，或者在被检查时弄虚作假的违法行为，罚款金额由"二万元以下"提升至"五万元以上二十万元以下"（第95条）；针对经中华人民共和国管辖海域，转移危险废物的违法行为，罚款金额由"五万元以上五十万元以下"提升至"五十万元以上五百万元以下"（第100条）；针对环境保护设施未与主体工程同时设计、同时施工、同时投产使用的，或者环境保护设施未建成、未达到规定要求、未经验收或者经验收不合格即投入生产、使用的违法行为，罚款金额由"二

---

① 苗振华、刘洪岩：《新修订〈中华人民共和国海洋环境保护法〉述评》，《海洋开发与管理》2023年第12期，第11~12页。

万元以上十万元以下"提升至"二十万元以上二百万元以下"（第103条）；针对使用含超标准放射性物质或者易溶出有毒有害物质的材料的违法行为，罚款金额由"五万元以下"提升至"二十万元以上一百万元以下"（第104条）；针对违法海洋油气勘探开发活动，造成海洋环境污染的行为，罚款金额由"二万元以上二十万元以下"提升至"二十万元以上一百万元以下"（第105条）；针对未按照倾倒许可证的规定倾倒废弃物的违法行为，罚款金额由"三万元以上二十万元以下"提升至"二十万元以上一百万元以下"（第107条）；针对将中华人民共和国境外废弃物运进中华人民共和国管辖海域倾倒的违法行为，罚款金额由"十万元以上一百万元以下"提升至"五十万元以上五百万元以下"（第108条）。

3. 增设责任主体

对于部分海洋环境违法行为，新修订的《海洋环境保护法》第八章将直接负责的主管人员和其他直接责任人员增设为责任承担主体，并对其单独设定了相应的行政处罚措施。例如，针对因发生事故或者其他突发性事件，造成或者可能造成海洋环境污染、生态破坏事件，未按照规定通报或者报告的违法行为，对直接负责的主管人员和其他直接责任人员处一万元以上十万元以下的罚款，并可以暂扣或者吊销相关任职资格许可（第94条）；针对拒绝、阻挠调查和现场检查，或者在被检查时弄虚作假的违法行为，对直接负责的主管人员和其他直接责任人员处二万元以上十万元以下的罚款（第95条）；针对环境保护设施未与主体工程同时设计、同时施工、同时投产使用的，或者环境保护设施未建成、未达到规定要求、未经验收或者经验收不合格即投入生产、使用的违法行为，对直接负责的主管人员和其他责任人员处五万元以上二十万元以下的罚款（第103条）。

4. 创新处罚方式

对于部分破坏海洋环境的违法行为，新修订的《海洋环境保护法》第八章创新了处罚方式。为使罚款数额更精确地反映违法行为对海洋生态系统的破坏程度，新修订的《海洋环境保护法》第96条针对造成珊瑚礁等海洋生态系统或者自然保护地破坏的违法行为，规定了按面积罚款的处罚

方式，罚款计算方式由原法规定的"一万元以上十万元以下"变更为
"每平方米一千元以上一万元以下"。第 93 条针对个人擅自在岸滩弃置、
堆放和处理生活垃圾的行为，新增了按次罚款的规定，罚款计算方式为
"按次处一百元以上一千元以下的罚款"。第 106 条和第 107 条引入了《行
政处罚法》2021 年修订后新增的"限制从业"处罚方式，对于未取得倾
倒许可证向海洋倾倒废弃物、在海上焚烧废弃物或者处置放射性废物及其
他放射性物质且 2 年内受到行政处罚 3 次以上的行为人，以及因未按照倾
倒许可证的规定倾倒废弃物被吊销倾倒许可证的行为人，规定其 3 年内不
得从事废弃物海洋倾倒活动。

（二）民事责任

新修订的《海洋环境保护法》第 114 条规定了污染海洋环境、破坏海
洋生态行为依法承担的民事责任。相较于原《海洋环境保护法》第 89 条，
现行条款删除了造成他人损害情况下的民事责任具体承担方式，同时新增
了关于海洋环境检察公益诉讼的规定。

1. 删除针对民事责任具体承担方式的规定

原《海洋环境保护法》第 89 条第 1 款规定："造成海洋环境污染损害
的责任者，应当排除危害，并赔偿损失；完全由于第三者的故意或者过
失，造成海洋环境污染损害的，由第三者排除危害，并承担赔偿责任。"
新修订的《海洋环境保护法》第 114 条第 1 款删除了原条款中关于民事责
任承担方式的具体规定，转而采用准用性规定，即"对污染海洋环境、破
坏海洋生态，造成他人损害的，依照《中华人民共和国民法典》等法律的
规定承担民事责任。"

新修订的《海洋环境保护法》第 114 条第 1 款仅明确《民法典》作为
民事责任适用法律，此种规定引发了关于《海商法》等其他法律法规适用
性的疑问。在现行法律框架下，涉外船舶油污案件适用我国参加的《1992
年国际油污损害民事责任公约》或《2001 年燃油公约》，此时，责任主体为
造成油污事故的船舶所有人。对于国内油污案件，除新修订的《海洋环境保
护法》和《民法典》外，2018 年修正的《防治船舶污染海洋环境管理条

例》（以下简称《防污条例》）第48条亦有规定："造成海洋环境污染损害的责任者，应当排除危害，并赔偿损失；完全由于第三者的故意或者过失，造成海洋环境污染损害的，由第三者排除危害，并承担赔偿责任。"当前，《海商法》正处于修订过程中，拟新增"船舶油污损害责任"一章，对船舶油污损害责任作出规定。在新修订的《海洋环境保护法》第114条第1款引入《民法典》等法律的背景下，现行有效的《防污条例》以及拟修订通过的《海商法》（特别是"船舶油污损害责任"章）是否仍具有适用性？应当认为，新修订的《海洋环境保护法》第114条第1款未为《防污条例》预留适用空间，而为拟修订通过的《海商法》（"船舶油污损害责任"章）预留了适用空间。因为《防污条例》仅为行政法规，并不具备法律地位。而"等法律"这一表述拟修订通过的《海商法》（特别是"船舶油污损害责任"章）预留了适用空间。只是在本次《海洋环境保护法》修订之际，现行《海商法》中尚无关于船舶油污损害民事责任的规定，故新修订的《海洋环境保护法》第114条第1款无法直接指向《海商法》作为承担民事责任的法律依据。另外，《民法典》总则编第12条规定："中华人民共和国领域内的民事活动，适用中华人民共和国法律。法律另有规定的，依照其规定。"因此，即便认为污染海洋环境、破坏海洋生态应当依照《民法典》承担民事责任，若《海商法》等法律另有规定，则应当依照其规定。

2. 新增海洋环境检察公益诉讼的规定

新修订的《海洋环境保护法》第114条第3款规定："前款规定的部门不提起诉讼的，人民检察院可以向人民法院提起诉讼。前款规定的部门提起诉讼的，人民检察院可以支持起诉。"此条款旨在吸纳并转化《民事诉讼法》《关于办理海洋自然资源与生态环境公益诉讼案件若干问题的规定》关于检察公益诉讼的规定，以实现实体法和程序法的衔接，在法律层面确立检察机关作为公益诉讼起诉主体的法律地位，赋予人民检察院提起公益诉讼以及支持诉讼的法定权利，为人民检察院有效发挥法律监督职能，并在海洋环境保护领域深入开展检察公益诉讼提供了坚实的法律支撑。

第三节　修订突出成果与展望

一　《海洋环境保护法》修订突出成果①

2023 年《海洋环境保护法》在正式施行 40 周年之际完成了第二次全面修订。本次修订是对该法过往存在问题的一次集中调整，同时也融入了大量我国推动海洋强国建设、践行海洋命运共同体理念的思考和实践，包括在总则正式引入风险预防原则，拓宽了法律域外适用的范围，创造性地完善了海洋生态保护和其他分则规定，并针对国际海洋治理的热点事件作出了合理回应。总体来看，该法的修订为我国环境立法的改革和创新作出了重要贡献，并将成为我国倡导和践行海洋命运共同体理念、积极参与和引领全球海洋环境治理的重要法律基础。

（一）习近平生态文明思想的贯彻

《海洋环境保护法》的修订是近年来我国涉海领域以及环境保护领域最为重要的立法成果之一。其调整范围之广，修改幅度之大，与现实需求呼应程度之深，均远超此前历次修订和修正的版本，充分体现了我国积极主动应对复杂海洋环境问题、践行海洋命运共同体理念、加快建设美丽中国和海洋强国的决心和行动。关于海洋环境保护工作，习近平主席指出："要高度重视海洋生态文明建设，加强海洋环境污染防治，保护海洋生物多样性，实现海洋资源有序开发利用，为子孙后代留下一片碧海蓝天。"②《海洋环境保护法》的修订贯彻了习近平生态文明思想和习近平法治思想，是推进美丽中国和海洋强国建设的关键。

在陆源污染日渐加重成为困扰我国海洋环境核心问题的大背景下，

---

① 高寒：《〈海洋环境保护法〉的修订、完善和适用展望》，《亚太安全与海洋研究》2024 年第 3 期，第 73～90 页。

② 《习近平致信祝贺二〇一九中国海洋经济博览会开幕强调　秉承互信互助互利原则　让世界各国人民共享海洋经济发展成果》，《人民日报》2019 年 10 月 16 日，第 1 版。

《海洋环境保护法》修订过程中提出加强"陆海统筹"，从而通过陆海整体性和协调性机制有效应对海洋环境保护问题。在我国海洋基本法缺位的情况下，作为当前海洋环境保护领域一部重要的专门性法律，《海洋环境保护法》决定了我国能否有效履行《联合国海洋法公约》等国际法确定的义务，也决定了我国在未来海洋环境保护规则竞争加剧时代能否获得与自身地位和实力相当的话语权。

（二）确立风险预防原则[①]

新修订的《海洋环境保护法》对风险预防规定作了调整与完善。首先明确了风险预防原则的地位。修订后的法律明确规定了风险预防原则，作为海洋环境保护的基本指导思想之一，强调在海洋开发利用、资源管理、污染防治等活动中必须优先考虑并采取措施预防可能对海洋环境造成伤害的行为，具体体现在总则第 3 条的规定："海洋环境保护应当坚持保护优先、预防为主。"其次强化前期评估。风险预防原则要求对可能对海洋环境产生重大影响的项目或活动进行环境影响评价，必须全面评估其潜在风险，并基于风险预防原则设定严格的准入门槛。这包括对新技术、新材料使用前的环境安全评估，以及对海洋生态敏感区域和脆弱生态系统的特别保护。第四章到第七章对污染防治作出一系列具体规定，"国家采取必要措施，防止、减少和控制来自大气层或者通过大气层造成的海洋环境污染损害""船舶及有关作业应当遵守有关法律法规和标准，采取有效措施，防止造成海洋环境污染"，这些规定均为风险预防原则在海洋污染防治工作中的具体要求和落实。最后是建立预警与应急响应机制。建立健全海洋环境风险预警体系，对可能发生或者已经出现的海洋环境污染事故和生态破坏事件，要求及时发布预警信息，并启动应急响应机制，有效控制和减轻损害。这体现在第 26 条的规定："国家加强海洋辐射环境监测，国务院生态环境主管部门负责制定海洋辐射环境应急监测方案并组织实施。"

---

① 高寒：《〈海洋环境保护法〉的修订、完善和适用展望》，《亚太安全与海洋研究》2024
年第 3 期，第 77 页。

在本次修订中，风险预防原则无论是作为一项基本原则，还是作为环境监管和污染防治的具体规定，基本实现了在整部法律中的贯彻和落实。这意味着在海洋环境保护工作中，即便有时缺乏充分的科学依据，依然有必要采取措施避免严重或难以恢复的损害发生。风险预防原则的引入和规定，也使我国国内环境立法与国际环境法实现有效对接，有助于更好地履行国际法确定的义务。

（三）构建法律域外适用制度①

本次修订对《海洋环境保护法》域外适用规定的调整，主要包括两个方面。其一是在总则条款中，第 2 条第 3 款规定："在中华人民共和国管辖海域以外，造成或者可能造成中华人民共和国管辖海域环境污染、生态破坏的，适用本法相关规定。"新修订的条款将"生态破坏"这一情形加入，与"海域环境污染"并列，从而在一定程度上放宽了域外适用的限制，并能够较好地与《海洋环境保护法》第三章"海洋生态保护"的有关规定相呼应。其二，修订细化了"海洋环境监督管理"的域外适用规则，具体体现在第 31 条："在中华人民共和国管辖海域以外，造成或者可能造成中华人民共和国管辖海域环境污染、生态破坏的，有关部门和机构有权采取必要的措施。"②

与以往仅限于国家海事管理机构在特定情形下实施跨境执法相比，此次修订明确赋予主管部门和机构在任何可能出现域内海洋环境污染和生态破坏时采取必要措施的权力，以便在遭遇潜在跨境环境污染和生态损害情况时能主动有效实施介入和管理的执法措施。

（四）积极回应国际海洋环境保护热点问题③

本次《海洋环境保护法》修订对当前国际海洋环境保护热点问题作

---

① 高寒：《〈海洋环境保护法〉的修订、完善和适用展望》，《亚太安全与海洋研究》2024年第 3 期，第 79 页。

② 高之国、刘子衍：《中国海洋环境保护法律的域外适用：国际实践、主要问题与完善建议》，《中国海商法研究》2024 年第 2 期，第 11~12 页。

③ 高寒：《〈海洋环境保护法〉的修订、完善和适用展望》，《亚太安全与海洋研究》2024年第 3 期，第 81 页。

出了积极回应。

总则中"风险预防原则"的引入和"域外适用制度"的完善，构成了《海洋环境保护法》对核污染水排海加以适用的基础。总则中首次引入的国际合作原则，使我国可以通过《海洋环境保护法》等法律工具与其他受到核污染水排海影响的相关国家建立广泛的海洋环境保护合作关系。同时《海洋环境保护法》在分则中对陆源污染的放射性废水排放进行了修改，原先表述为"禁止向海域排放高、中水平放射性废水"，而本次修订后的条款规定"禁止向海域排放污染海洋环境、破坏海洋生态的放射性废水"。

《海洋环境保护法》的修订，使我国在现阶段拥有了在《联合国海洋法公约》等国际法机制以外，通过国内法加以规制和追责的法律依据和途径。随着我国综合国力和国际影响力的不断提升，这些国内环境保护法规定的制度还将对国际法的发展起到积极推动作用。此次《海洋环境保护法》修订对国际海洋治理热点事件的积极回应，可以看作我国规则输出的一次重要尝试和实践。

二 《海洋环境保护法》未来展望

《海洋环境保护法》的修订使我国在制度供给层面实现了质的飞跃，该法也有望作为我国推动海洋强国建设、践行海洋命运共同体理念、深度参与并引领未来全球海洋环境治理的重要法律依据。这对于我国在全球范围内确立自身海洋领域的地位和话语权，以及未来更好地保障本国与全人类共同海洋利益将起到不可替代的现实作用。

（一）建设海洋强国的法律基础①

党的十八大以来，以习近平同志为核心的党中央从实现中华民族伟大复兴的高度出发，将建设海洋强国作为新时代重大战略任务进行部署。党

---

① 高寒：《〈海洋环境保护法〉的修订、完善和适用展望》，《亚太安全与海洋研究》2024年第3期，第86页。

的二十大报告进一步提出，发展海洋经济，保护海洋生态环境，加快建设海洋强国。建设海洋强国，符合我国经济社会发展规律、顺应时代发展潮流，是中国特色社会主义事业的重要组成部分和实现中华民族伟大复兴的必然选择。《海洋环境保护法》的修订，在总则部分开宗明义地直接强调"为维护国家海洋权益，建设海洋强国……制定本法"。这是在我国社会主义法律体系中明确将"维护国家海洋权益、建设海洋强国"作为立法宗旨加以规定的第一部重要法律，更是我国推动海洋强国建设的标杆和旗帜。

在新的历史时期，海洋环境保护在国家生态文明建设中的角色更加显著，甚至将成为海洋强国建设的最重要组成部分之一。《海洋环境保护法》的修订，恰恰是对"建设海洋强国"目标最直接和最有效的呼应。随着《海洋环境保护法》在 2024 年 1 月 1 日正式施行，若此后能在执法、司法、守法层面得到全方位落实，且配套法律法规能够及时跟进，那么"加快建设海洋强国"将在制度层面得到有效保障。

今后，对《海洋环境保护法》的挑战，将直接构成对我国海洋强国建设根本目标的挑战，这使得该法被赋予了此前从未有过的政治意义，这对《海洋环境保护法》自身的实施，乃至中国海洋权益的有效保障都是前所未有的。可以说，《海洋环境保护法》与海洋强国建设目标在当前的制度安排中，已经成为不可分割的部分。海洋强国建设从此具有了国家立法的坚实基础和法律约束力，《海洋环境保护法》也因此和国家重要的长期发展目标深度融合。

（二）推动实现海洋命运共同体①

海洋占据全球总面积的 71%，为全球 2/3 以上的人口提供了基本生存空间，这也意味着海洋环境本身与人类当下的福祉以及人类未来的命运休戚相关。保护海洋环境，是世界各国共同的责任。对于海洋环境的保护和

---

① 高寒：《〈海洋环境保护法〉的修订、完善和适用展望》，《亚太安全与海洋研究》2024年第 3 期，第 88 页。

保全，全球已经形成若干法律体系和框架，但其最终实施依然需要各国通过国内法加以落实。作为国内法的《海洋环境保护法》的修订，正是我国践行海洋命运共同体理念的重要组成部分，而海洋命运共同体理念则在普适性层面为该法在更大范围实现适用以及被国际社会有效接受打下了基础。

《海洋环境保护法》的一些规定都直接体现了海洋命运共同体理念。总则部分强调了该法修订的目标是"推进生态文明建设，促进经济社会可持续发展，实现人与自然和谐共生"。而以保护海洋环境为目的的国际交流与合作，也作为一项重要原则在该法中加以规定。

此次《海洋环境保护法》的修订，可以看作我国在涉海领域对海洋命运共同体理念的一次立法回应，并将从制度层面有效推动海洋命运共同体理念的实现。海洋命运共同体理念与《海洋环境保护法》的深度结合，将使该法在保障我国自身海洋权益的同时，成为全球海洋环境保护制度发展中的一个里程碑，从而为保障全人类共同的海洋权益作出贡献。依托《海洋环境保护法》的修订和施行，将极大助益我国实现海洋环境保护的良法善治，以达成人类与海洋的和谐共生和可持续发展的美好愿景。

（三）引领全球海洋环境治理①

当前，全球范围内就海洋环境保护问题制定和完善法律已形成热潮。许多国家和地区，连同国际组织，已经开始针对前沿性海洋污染问题作出专门规定。特别是以欧盟为代表的法域，凭借自身较强的国际影响力和规则输出能力，通过广泛存在的域外管辖连接点，针对船舶温室气体排放等困扰国际社会的海洋污染问题，先行通过港口国规制的手段将全球主要运力全部纳入其单边管辖范围，尽管该尝试的法律基础饱受质疑，但其已经对海运排放国际法规则的完善起到不容忽视的推动作用。

从《海洋环境保护法》历次立法修订过程来看，尽管对域外适用等涉

---

① 高寒：《〈海洋环境保护法〉的修订、完善和适用展望》，《亚太安全与海洋研究》2024年第3期，第89页。

及规则输出的部分规定较为谨慎，但这一窗口不仅从未关闭，而且我国始终在尝试努力扩大规则输出的可能。本次修订在规则层面的全方位完善，也隐含着我国争取话语权、参与进而引领未来全球海洋治理的决心。

本次《海洋环境保护法》的修订具有显著的规则输出意义和价值。例如，"海洋生态环境保护"章节中的规定，为各国有效开展可持续的生态建设提供了一套完整的流程；"陆源污染物污染防治"的细化和完善，有望在当前缺乏全球性陆源污染排放公约的情况下，对一些重要的、威胁较大的陆源污染物严格加以规制，在保障我国现实海洋权益的同时，也为未来区域性条约和全球性公约的出台提供了有价值的参考。以本次《海洋环境保护法》修订为契机，我国应进一步跟进前沿海洋环境治理问题，从而为全球规则完善提供更多中国方案。

第七章　海洋资源利用的法治发展

建设海洋强国是党和国家的重大战略部署，海洋资源的有效利用是建设海洋强国的内生需求，也是社会经济可持续发展的重要支撑。在推进海洋战略的过程中，与时俱进的法治体系是实现海洋资源开发健康有序发展、提高海洋资源利用效率的有力保障。

第一节　海洋资源利用的法治发展概述

海洋资源从古至今就是人类赖以生存的重要资源，同时它也作为公共资源被人们共同利用。相较于其他自然资源利用，海洋资源利用本身承载特殊的经济利益与公共利益的双重属性使其法治建设工作更为复杂。

一　海洋资源利用的权利体系

海洋资源泛指海洋空间所存在的一切资源，是海洋中各种类型资源的一种总的称呼，属于复合型的资源系统，是一个集合概念。从狭义上讲，海洋资源是指与海水水体本身有直接关系的物质和能量，即能在海水中生存的生物、溶解于海水中的化学元素和淡水、海水中所蕴藏的能量以及海底的矿藏资源；从广义上讲，所有在一定时间内，能够产生经济价值以提高当前和未来人类福利的海洋自然环境因素都可称作海洋资源，通常把港湾、海洋航线、水产资源加工、海洋风能、海底地热、海洋景观、海洋空间以及海洋的纳污能力等都视为海洋资源。

中国立法采用海洋资源民事立法和自然资源单行法组合式立法模式，在此规制下的海洋资源利用权利体系与海洋资源利用管理呈现显著的公私法融合特征。海洋资源利用的权利体系主要包括：以国家所有权为基础设立的海域使用权、养殖权、捕捞权等，相关权利虽为《民法典》所明确，但权利设立等内容散见于《海域使用管理法》等单行法中。这也导致了学理上关于海洋资源利用权利性质的争论。又因不同的海洋资源利用权利有不同的效力，加剧了同一个客体上行使的海洋资源利用权利的频繁冲突以及权利重叠问题，如水域滩涂养殖权与承包经营权、海域使用权的冲突，取水权与地下水、地热水、矿泉水采矿权的冲突等。在实务中则表现为海洋资源利用权利内容及管理上复杂的交叉，分部门管理、分门类立法，存在权利体系不完善的问题。

二 海洋资源利用的法治体系

海洋资源利用与保护的法律体系是由相互联系、相互补充、相互制约，旨在调整因开发、利用、保护、改善海洋资源所发生的社会关系的法律、法规、规章和其他具有法律约束力的规范性文件所组成的系统。中国已颁行了一系列有关海洋资源保护与海洋管理的法律法规，初步构成了中国海洋资源利用与保护的法律体系，主要由以下七个层次构成：宪法、海洋资源法律、海洋资源行政法规、地方海洋资源法规、海洋资源行政规章、地方海洋资源行政规章、其他海洋资源规范性文件，基本形成了中央统管与地方分管、海洋资源分类管理与分区域管理、海洋局综合管理与各部门分行业管理相结合的管理体制。

《民法典》在促进海洋资源节约集约利用和有效保护方面发挥了积极作用。《民法典》除了明确了海域使用权为新增的可抵押财产类型外，其他条款也对海洋资源利用作出了原则性规定，具体内容可结合各领域的特别法进行解释适用。但是，如今海洋资源利用仍存在资产底数不清、所有者不明确、权责不明晰、权益不落实、监管保护制度不健全等问题。与土地资源利用的法治体系相比，由于缺乏系统化的规范，土地与海洋资源往往采取了相区别的登记、管理标准，进而导致产权纠纷多发、资源保护乏力、开发利用粗放、生态退化严重等实际利用中的问题。为加快健全海洋资源利用体系，进一步推动生态文明建设，重点领域的先行立法必不可少，海洋资源利用需重点关注海洋资源的科学分层利用、海洋资源产权流转、新型海洋新资源的有效开发利用等问题。

第二节　海洋资源利用的重点问题

海洋资源利用的法治体系应以现实需要为基础进行完善。从已有海洋资源利用方式来看，海洋资源利用权利主要针对以下利用对象：按照海洋资源的性质、特点、存在形态可分为海洋生物资源、海底矿产资源、海洋空间资源等；按照资源所处地理位置可分为海岸带资源、大陆架资源、海岛资源等；按照资源能否更新和恢复可分为可更新海洋资源与不可更新海洋资源。为实现海洋资源的科学利用，必须仔细分析海洋资源利用现状以及制度现状，查找重点问题，提出科学的解决方案。

一　海洋空间资源利用的权利配置

《海域使用管理法》第 2 条规定："海域，是指中华人民共和国内水、领海的水面、水体、海床和底土。"该条明确了海域作为立体空间，分为水面、水体、海床和底土四层。第 23 条规定："海域使用权人对不妨害其依法使用海域的非排他性用海活动不得阻挠。"《海域使用管理法》通过对海域使用权排他性以及非排他性用海情形的双重规定，明确了对同一海域空间叠层不同部分的使用以及使用权的兼容。海域使用权作为典型的用益物权，其分层利用特征与土地资源一致，立体空间的物权属性为《民法典》所认可。但是，《海域使用管理法》第 6 条规定，"国家建立海域使用权登记制度，依法登记的海域使用权受法律保护"，该法并未对海域使用权立体分层确权登记作出明确规定。

除海域使用权立体分层确权登记问题外，我国现行立法亦缺乏有关海域立体分层使用权属、权能、权利管理层面的制度，海域立体分层设权使用的技术标准和操作指南缺失，"平面化"思维主导政策制定，海域立体空间规划立法缺失问题亟待解决。

二 海域使用权的规范流转

以《海域使用管理法》与《海域使用权管理规定》为规范依据，现行海域使用权的流转主要包括：海域所有权人与海域使用权人的一级流通市场，海域使用权人进行转让、出租、抵押等流转海域使用权的二级流通市场。在自然资源产权制度改革背景下，海域使用权的经济价值极大促使其进入二级流通市场。《关于统筹推进自然资源资产产权制度改革的指导意见》明确海域使用权包括出让、转让、抵押、出租、作价出资（入股）等权能。《民法典》也明确了海域使用权为新增的可抵押财产类型，该规定解决了以往海域使用权是否可以作为抵押财产不明晰的问题。由此，海域使用权既受到《海域使用管理法》和《海域使用权管理规定》的规制，也受到《民法典》抵押权一般规则的调整。

但上述有关海域使用权流转的法律法规均为20世纪初所制定，既无法与当前的流转现状相符，又缺乏系统规制的法治体系。相较于其他流转，海域使用权转让是目前市场发生比例最高的流转方式，虽然各沿海省份都积极探索海域使用权转让的具体规则，但各地规章不尽相同，容易出现规章制度方面的冲突，不仅不利于解决问题，反而会扰乱市场秩序。《海域使用权管理规定》规定海域使用权在一定条件下可以转让，但从目前海域使用权大量转让的情形来看，如开发利用满一年、不改变海域用途、已缴清海域使用金、实际投资达到一定比例、无违法用海行为等限制性条件已经不适应当前海域市场发展的需要。实践的需要是制度制定的先导，政策应据此作出调整，以适应海域市场发展的现状。

三 海洋"新资源"的科学利用

党的十八大报告提出"海洋强国"重要战略，党的十九大报告、二十大报告均着重强调该战略，极大凸显了海洋强国建设的重要性，海洋资源的利用与发展进入了新阶段。除了合理开发传统海洋渔业资源以外，面向人类未来生存发展具有战略意义的可再生能源、无居民海岛的开发利用进入人们视野，需要法治予以保障。

《可再生能源法》为中国大力发展海洋可再生能源提供了基本的法律和制度依据，为可再生能源法规体系的建立奠定了基础。以潮汐能为例，潮汐能是一种不消耗燃料、没有污染、不受洪水或枯水影响、用之不竭的再生能源。在海洋各种能源中，潮汐能的开发利用最为现实、最为简便。各个沿海国家都非常重视对这些新能源的开发和利用，与之相关的海洋科技进行着持续性的研究和创新。同时，随着我国"双碳"目标的确立，清洁能源的使用愈发急切。氢能作为一种二次能源，具有来源广、燃烧热值高、清洁无污染以及可规模化发展的优势，且与其他可再生能源相比，具有更高的可存储性，被国际社会看作未来最理想的清洁能源。海洋氢能是陆上氢能的重要补充，其作为一种绿色清洁低碳、应用广泛的可再生能源，能够填补我国大规模的氢能缺口，未来在我国能源市场发展潜力巨大，对加速"双碳"目标进程，应对目前严峻的气候变化形势以及构建清洁高效的能源体系具有重要意义[①]。追溯中国开发和利用海洋新能源的历程可以看出，以海洋可再生能源为重要组成部分的新能源产业的发展极为突出。

中国海岸线漫长，海域广阔，拥有11000余个海岛，无居民海岛至少占94%。无居民海岛是指不属于居民户籍管理的住址登记地的海岛。从利用现状来看，中国无居民海岛的主要用途包括开展公共服务活动、旅游娱乐、农林牧渔业、工业、仓储、交通运输、可再生能源、城乡建设等多种形式。中国无居民海岛的开发利用正在稳步推进中。《民法典》第248条规定："无居民海岛属于国家所有，国务院代表国家行使无居民海岛所有权。"这体现了国家对无居民海岛所有权的重视。《海岛保护法》规定了

---

① 参见简安琪、张晏瑲《海洋氢能开发法律规制研究》，《海洋开发与管理》2023年第11期，第16页。

海岛保护规划与具体措施、检查监督、法律责任等条款。《无居民海岛开发利用审批办法》细化了无居民海岛有偿使用制度，规定用岛单位和个人应按照有关规定缴纳无居民海岛使用金，并按照不动产统一登记有关规定办理不动产登记手续，领取不动产权属证书。

在建设海洋强国战略背景下，将海洋可再生资源与无居民海岛纳入海洋资源开发和利用规划，对缓解沿海城市人口、供水等压力有巨大的积极作用。

第三节　海洋资源利用的立法与政策

完善海洋法律体系是建设海洋强国的关键，在海洋基本法尚未出台的背景下，针对重点领域的专门立法与配套政策是现阶段保障海洋资源有序利用的基本手段。

一　海洋空间资源利用的立法与政策

针对海洋空间资源分层利用中基础的海域使用权问题，中央确立了立体多元、分层优化、互联互通的海域使用权立体分层设权战略。中共中央办公厅、国务院办公厅针对海域使用权立体分层设权先后印发了《关于统筹推进自然资源资产产权制度改革的指导意见》（中办发〔2019〕25号）、《要素市场化配置综合改革试点总体方案》（国办发〔2021〕51号）两个重要文件，反复提出"探索海域使用权立体分层设权"。2023年11月13日，《自然资源部关于探索推进海域立体分层设权工作的通知》（自然资规〔2023〕8号）发布，在总结已有实践的基础上，对海域立体分层设权工作中涉及的国土空间规划、海域使用论证、用海审批、不动产登记、海域使用金征收等方面作出规定。该通知是深化海域物权制度建设的一次有益探索，将推动海域管理模式从"平面"向"立体"、从"二维"向"三维"转变，对于促进海域资源节约利用和有效保护、推动海洋经济高质量发展、加强海洋生态文明建设具有重要意义。

在法律层面，《海域使用管理法》是探讨海洋空间资源分层利用的重要法律依据，它从三个角度为海洋空间资源分层利用提供了法律支持。其一，明确海域作为立体空间资源的法律属性与层次，分别是水面、水体海床和底土。在同一海域的不同空间存在确权的可能性。其二，规定同一海域的主导功能与兼容功能可同时存在，为海域多层次开发、立体使用现实需求的实现提供可能。其三，海域使用权具有一定排他性，但同时法律又规定了非排他性用海的情形，表明同一海域的不同层次空间存在用海兼容。海洋空间资源的分层利用亦符合《民法典》的立法思想，这一内容得以从土地空间资源的物权属性进行推论。

在地方试点中，广东深圳、浙江宁波的做法具有示范意义。2020 年颁布的《深圳建设中国特色社会主义先行示范区综合改革试点实施方案（2020～2025 年)》支持推动在建设用地地上、地表和地下分别设立使用权，探索按照海域的水面、水体、海床、底土分别设立使用权，促进空间合理开发利用。2022 年浙江省自然资源厅印发的《关于推进海域使用权立体分层设权的通知》探索海域管理从"平面"到"立体"的转变，拓展海域开发利用的深度和广度，力图为海上光伏、海上风电等项目立体开发提供可行路径。从 2022 年 1 月 30 日起，宁波象山县开始正式实施《海域分层确权管理办法（试行)》，对海域从水面到底土进行分层确权使用。同时，浙江省还发布了《浙江省海域使用权立体分层设权宗海界定技术规范（试行)》，这是国内首个海域立体确权的技术性文件，为实务操作提供了有效的规范与指引。

2023 年中央立法规划的发布及地方立法试点的有效实施标志着探索海洋空间资源分层利用进入全新的发展阶段。河北、浙江、海南、辽宁与广东等省份相继出台了关于推进海域使用权立体分层设权的相关文件。对于养殖、跨海桥梁、温排水、海底电缆管道等与其他用海活动互不排斥或影响有限的用海进行了立体分层设权，为探索海域使用权立体分层设立了可借鉴、可复制、可推广的改革样本。

二 海域使用权的立法与政策

海域使用权是海洋资产产权中的重要组成部分，除规定海域使用权的专项法律《海域使用管理法》以外，各省市如广东省、浙江省、山东省、天津市等地方因为地理条件的先天优势，在实践中积累了相当的经验，出台了与海域使用权相关的一系列地方性立法。中国与"海域使用权"相关的地方性立法见表1。

表1 中国"海域使用权"相关地方性立法

	名称
江苏省	《江苏省海域使用管理条例》
天津市	《天津市海域使用管理条例》
深圳经济特区	《深圳经济特区海域使用管理条例》
海南省	《海南省实施〈中华人民共和国海域使用管理法〉办法》
浙江省	《浙江省海域使用管理条例》
大连市	《大连市海域使用管理条例》
广东省	《广东省海域使用管理条例》
河北省	《河北省海域使用管理条例》
厦门市	《厦门市海域使用管理规定》
山东省	《山东省海域使用管理条例》
福建省	《福建省海域使用管理条例》
广西壮族自治区	《广西壮族自治区海域使用管理条例》
海口市	《海口市海域使用管理规定》

与《海域使用管理法》相比，地方性立法均对海域使用权进行了专章规定。广东省、天津市、山东省均对海域使用权的取得、出让、合理使用、流转、海域使用金、期限届满后续期以及海域使用权收回等进行了具体规定。值得注意的是，《天津市海域使用管理条例》第22条[①]以及《山东省海域使用管理条例》第29条[②]亦对海域使用权转让、抵押等流转方式进行了规定。

---

① 《天津市海域使用管理条例》第22条第1款规定："缴纳海域使用金取得的海域使用权可以转让、出租、抵押、作价入股和继承。"

② 《山东省海域使用管理条例》第29条："海域使用权人在批准的海域使用年限内可以依法转让、出租、抵押海域使用权。但法律、法规另有规定的除外。转让、抵押海域使用权的，应当依法办理登记手续。"

三 海洋"新资源"的立法与政策

随着海洋科学技术的发展，一些对人类生存发展具有战略性意义的海洋资源种类逐渐被发现和利用。海洋经济逐渐发展成为世界经济的重要增长极①。在众多海洋资源中，海洋可再生能源和无居民海岛是"新资源"的代表。

（一）海洋可再生能源

海洋可再生能源开发利用已经成为全球经济的重要发展领域，中国也顺应经济发展潮流，通过灵活、有效的政策与规范立法来保障和促进海洋可再生能源的产业发展。

在中央立法层面，2009 年 12 月 26 日颁布的修订后的《可再生能源法》首次在国家立法层面明确了可再生能源的发展方式和方向②。该法第 2 条规定："本法所称可再生能源，是指风能、太阳能、水能、生物质能、地热能、海洋能等非化石能源"，也是中国首次在国家法律层面明确提出海洋能作为可再生能源的类型之一。总体上看，该法进一步完善了总量目标实现的规划制度，并确立了可再生能源开发利用的不同层次目标及规划一体实施、统筹安排的制度，为大力发展海洋可再生能源提供了基本的法律和制度依据。其后，2018 年 10 月 26 日修订颁布的《大气污染防治法》明确规定，国家大力研发和推行大气污染防治技术，鼓励发展水能、地热能、风能、生物质能、太阳能等清洁可再生能源，以新能源、清洁能源逐步替代传统化石能源，进而降低人类生产生活带来的大气污染，是中国可再生能源的开发利用从小规模、零星开发利用到大规模、整体化推进的一个重要立法。但不能忽视的是，《可再生能源法》作为典型的政策框架法，需要具体的行政法规、规章等予以完善。除《可再生能源法》外，相关制

---

① 参见姜秉国、韩立民《海洋战略性新兴产业的概念内涵与发展趋势》，《太平洋学报》2011 年第 5 期，第 78 页。

② 参见姜勇等《我国海洋可再生能源产业技术发展现状以及山东省未来发展思路》，《海洋开发与管理》2015 年第 9 期，第 34 页。

度多为部门规章等形式，且部分具体领域缺乏专门性法规。就目前的规范
制度来看，往往存在出台速度慢、细则难以实施等问题①。

在地方立法层面，各省（区、市）或修订或新颁布了众多可再生能源
发展与促进条例。例如，浙江省于 2021 年修订的《浙江省可再生能源开发
利用促进条例》，山东省于 2020 年修订的《山东省农村可再生能源条例》，
广东省于 2019 年修订的《广东省节约能源条例》等。这些地方性立法无一
例外规定了海洋能应作为可再生能源的一部分加以开发和利用，并且规定了
海洋能开发利用过程中相应的权利、义务和责任。这些立法重视各省份海洋
可再生能源的实际和特殊情况，并结合区域特性对本区域海洋可再生能源的
开发利用和扶持政策作出了具体规定。整体来看，中国众多临海省、区、市
已经对海洋可再生能源的开发利用作出了专门性地方立法尝试，且取得了一
定成效。

在政策层面，自十八大提出建设"海洋强国"战略②，海洋资源利用
与发展有了长足进步。国家层面先后出台了一系列配套重大政策来推动和
促进全国范围内海洋新资源的开发和利用，进一步贯彻落实习近平总书记
讲话的重要精神和"海洋强国"战略。2013 年，国家海洋局印发《海洋
可再生能源发展纲要（2013~2016 年)》，明确了海洋可再生能源的指导
思想、基本原则和发展目标，并根据能源资源分布特点和能源需求状况，
科学布局全国海洋能的发展③。2015 年，十八届五中全会审议通过的《中
共中央关于制定国民经济和社会发展第十三个五年规划的建议》明确指
出，要"推进能源革命，加快能源技术创新，建设清洁低碳、安全高效的
现代能源体系；加快发展风能、太阳能、生物质能、水能、地热能，安全

---

① 参见周歆《潮汐能开发利用的法律政策分析》，载《海洋开发与管理》2014 年第 3 期，
第 29 页。

② 《习近平：进一步关心海洋认识海洋经略海洋　推动海洋强国建设不断取得新成就》，
《人民日报》2013 年 8 月 1 日，第 1 版。

③ 《海洋局关于印发〈海洋可再生能源发展纲要（2013~2016 年)〉的通知》，中国政府
网，http://www.gov.cn/gongbao/content/2014/content_2654541.htm，最后访问日期：
2022 年 7 月 13 日。

高效发展核电"①。2016 年，国家海洋局以《可再生能源发展专项资金管理暂行办法》为基础依据，修订了《海洋可再生能源专项资金项目实施管理细则》，最终颁布了《海洋可再生能源资金项目实施管理细则（暂行）》，进一步细化了海洋可再生能源发展规划制度、全额收购制度、招标制度、经济激励制度等一系列保障制度，对保障海洋可再生能源资金项目的顺利实施，提高资金使用效益起到重要推动作用。2021 年十三届全国人大四次会议表决通过了《中华人民共和国国民经济和社会发展第十四个五年规划和 2035 年远景目标纲要》②。"十四五"规划强调，要构筑现代能源体系，推进能源革命，其中"有序发展风电""因地制宜开发利用地热能""建设广东、浙江、江苏等海上风电基地"等多项举措被提上计划，多次提及海洋可再生能源③。同年，国务院印发《2030 年前碳达峰行动方案》，提出要探索深化波浪能、潮流能、温差能等海洋新能源的开发利用，进一步完善可再生能源电力消纳保障机制。2022 年，国家发展改革委、国家能源局等 9 部门联合印发《"十四五"可再生能源发展规划》，明确提出要坚持创新驱动，高质量发展海洋可再生能源。作为海洋大国和能源消耗大国，我国正积极推动海洋可再生能源技术发展。

上述立法及政策的颁布和落地，客观上对中国海洋可再生能源开发利用政策法规群的系统化和体系化发挥了重要推动作用。

（二）无居民海岛

众多的海岛构成了中国海洋权益和社会经济发展的重要基础，其中的无居民海岛也已成为经济和社会可持续发展的宝贵财富。

在立法上，2003 年，国家海洋局、民政部和总参谋部联合发布《无

---

① 参见张立锋、李俊然《中国可再生能源产业发展促进法研究》，《河北法学》2016 年第 4 期，第 129 页。

② 《中华人民共和国国民经济和社会发展第十四个五年规划和 2035 年远景目标纲要》，中国政府网，http：//www.gov.cn/xinwen/2021－03/13/content_5592681.htm，最后访问日期：2022 年 7 月 16 日。

③ 《"十四五"可再生能源发展规划》，国家发展和改革委员会官网，https：//www.ndrc.gov.cn/xwdt/tzgg/202206/t20220601_1326720_ext.html，最后访问日期：2022 年 7 月 16 日。

居民海岛保护与利用管理规定》，开始建立专门的海岛制度。这是我国首次提出个人或机构可以申请开发利用无居民海岛。2010 年 3 月 1 日，《海岛保护法》正式实施。该法共 6 章 58 条，包含适用范围及原则、海岛保护规划与具体措施、检查监督、法律责任等条款。《海岛保护法》的颁行填补了国家立法层面与海岛相关的立法空白，首次在法律层面完整覆盖了中国海洋空间领域各个组成部分。中国海岛保护和利用步入有法可依的轨道。同年，《无居民海岛使用金征收使用管理办法》《无居民海岛使用权登记办法》出台，对细化无居民海岛使用相关内容进行规范。2015 年，国家海洋局出台了《无居民海岛保护和利用指导意见》《无居民海岛用岛区块划分意见》，明确了相关技术性内容。2016 年，国家海洋局印发了《无居民海岛开发利用审批办法》，并以此作为进一步加强无居民海岛保护与管理、规范无居民海岛开发利用审批工作、保护海岛及其周边海域生态系统的规范依据。但梳理上述规范的具体内容可以发现，多数制度规范为指导性规范，仍然存在具体问题规定不详尽的问题。

《民法典》物权编第 248 条规定了国家对无居民海岛的所有权及行使方式，具体规定为："无居民海岛属于国家所有，国务院代表国家行使无居民海岛所有权。"《民法典》作为民商事法律制度的基础性核心立法，对无居民海岛的明确规定既能够更好地保护国家对无居民海岛的所有权，同时也极大地在政治意义上宣示了国家对无居民海岛的主权，对其开发利用过程中权利义务责任的合理化配置提供了最强大的法律依据和法治保障。

在政策上，党的十八大以来，习近平总书记强调，"要提高海洋开发能力，扩大海洋开发领域"①。习近平总书记的重要论述为新时代发展海洋事业进一步指明了前进方向，提供了根本遵循。国家和各地方先后出台了一系列有关无居民海岛开发利用的重要配套政策。这些政策性文件为中国推进无居民海岛资源的利用开发指引了方向、规范了行为、提供了动力。

---

① 《习近平：进一步关心海洋认识海洋经略海洋　推动海洋强国建设不断取得新成就》，《人民日报》2013 年 8 月 1 日，第 1 版。

在地方试点中，辽宁省、海南省和广东省的做法颇具代表性。2017年，辽宁省发布了《关于印发辽宁省海洋主体功能区规划的通知》，提出建立健全无居民海岛开发利用审查批准制度、无居民海岛有偿使用制度，健全完善规章制度，规范海岛开发秩序。鼓励近岸海岛多元化保护利用，扶持边远海岛发展。支持码头、游步道、海水淡化、垃圾污水处理、电力供应、海洋牧场、景观保护与修复等基础设施建设，改善海岛生产生活条件。2018年，海南省发布《海南省无居民海岛开发利用审批办法》，其中明确指出，单位或个人申请开发利用无居民海岛，应向省级海洋行政主管部门提出申请，并提交无居民海岛开发利用申请书、具体方案和项目论证报告，并规定了无居民海岛开发利用的最高期限（养殖用岛15年，旅游、娱乐用岛25年，盐业、矿业用岛30年，公益事业用岛40年，港口、修造船厂等建设工程用岛50年）。2019年，广东省发布《广东省自然资源厅关于无居民海岛使用权市场化出让办法（试行）》，明确了全省旅游娱乐、交通运输、工业仓储、渔业等经营性用岛，应当通过市场化方式出让无居民海岛使用权，为广东无居民海岛的经营性开发利用打开一条市场化通道。值得一提的是，2024年2月4日，天津滨海新区的三河岛正式完成自然资源确权登簿，明确三河岛各类自然资源全部为国家所有，明确三河岛全民所有自然资源资产所有者职责履行主体为自然资源部。三河岛成为首个完成登簿的无居民海岛资源，为海岛资源的有效保护和开发利用奠定了坚实基础。

总体看来，在海洋新资源开发利用领域"先行先试"的省份对规范开发和利用全过程的法律法规体系建设与法治保障完善等作出了积极探索、取得了显著成就，也为全国其他沿海区域提供了有益的参考和借鉴。

第四节　海洋资源利用的行政执法

一　行政执法的主体与内容

（一）行政执法主体

海上行政执法，在海洋资源领域，系指享有海上行政执法权的行政机关，依照法定职权和程序，对海洋资源、海域使用和海洋权益等海洋事务实施法律的专门活动①。海上行政执法主体属于海洋管理体制的一部分。中国海上执法力量建设经历了一个从分散到集中的变化过程。在 2013 年国务院机构改革与职能转变之前，中央一级存在中国海监总队、公安边防海警、缉私警察、海事局、渔政等五支主要海上执法队伍。地方海上行政执法机构与上述中央层级的海上行政执法机构并未一一对应设置，而是存在一定程度的机构整合。2013 年，按照《国务院机构改革和职能转变方案》，整合五支主要海上执法队伍中的四支，重新组建国家海洋局，国家海洋局以中国海警局的名义开展海上维权执法，接受公安部业务指导。根据这一调整，海上执法主体主要为海警、海事和海军。2018 年，海警队伍整体划归中国人民武装警察部队领导指挥，调整组建中国人民武装警察部队海警总队，称中国海警局，统一履行海上维权执法职责，最终形成具有中国特色的海洋综合执法体制。该体制以中国海警综合执法与中国海事交通执法为主，以中国海军协助执法为辅，并创造性地实现综合执法协作协议调整下，具有海上执法权的其他行政机构之间及其与上述执法主体的综合执法模式②。

（二）行政执法内容

在海洋资源的利用与开发中，海上行政执法的内容就是要维护海洋资源开发周边环境的安全和正常秩序。海上治安和打击海上犯罪一直是海上行政执法的重要命题，关乎海洋资源生产安全、运输安全、作业安全等。同时，海洋资源的开发与利用需要遵循一定的规则秩序，包括法律法规、行业规范、技术流程等。在中国海域发生的盗采事件和无序开采会对海洋资源的可持续利用造成阻碍，因此，海洋资源利用的执法内容主要包括，国家层面利用执法机关来维持海洋秩序，企业和个人层面利用国家公权力的干预来满足秩序平衡的需求。海上行政执法主体通过巡航、监视、检查

---

① 参见阎铁毅、王秀芬、吴淞豫主编《新编行政法与行政诉讼法》，大连海事大学出版社，2013，第 9 页。

② 参见王琪、景丽丽《数字赋能：中国海洋综合执法创新面临的挑战与优化路径》，《中国海洋大学学报》（社会科学版）2023 年第 1 期，第 22 页。

等措施来保证海洋资源的合理开发，纠正违反秩序的资源开发行为进而维护海洋秩序。

维护海洋资源利用与开发的安全环境和正常秩序是海上行政执法主体肩负的主要任务，而这些任务需要通过海上行政执法主体的各类行政行为来实现。这些行政行为主要包括以下方面。

第一，海洋行政许可。海洋行政许可主要包括行为许可和资格许可两个方面。海洋行政执法机关设立的行政许可通常表现为：海域使用权许可、海洋倾废许可、海底资源调查勘探许可等①。

第二，海洋行政处罚。行政处罚自由裁量基准是规范行政处罚的重要举措。2013年国务院机构改革后，机动渔船底拖网禁渔区线内、外侧海域的渔业执法工作分别由省级渔业主管部门（或渔政监督管理机构）和海警机构负责。2023年，中国海警局等在统筹研究的基础上，制定了《海洋资源开发利用行政处罚自由裁量基准（试行）》，对海洋渔业行政执法的裁量条件、标准、幅度作出了统一规定。该基准对规范海上渔业行政执法，推进严格规范公正文明执法，完善渔政与海警部门协作机制，保障渔业执法机构合法、合理行使自由裁量权具有重要意义。海洋行政处罚整体上可分为管理处罚和修复责任两大类。

第三，海洋行政强制。海洋行政强制是为了防止制止违法行为、控制危险扩大或者处理紧急情况的行政行为。海洋行政强制是海上行政主体进行海上维权执法的重要方式。海洋行政强制措施有很多种，如责令停航、责令停止开采、暂扣船舶或者设施等。

第四，海洋行政检查。海洋行政检查是海洋行政主体依法行使职权，对行政相对人是否遵守行政法律规范和执行行政决定等情况进行了解的行为。通常表现为：对海洋倾倒作业单位是否取得有效海洋倾倒许可证的检查，外籍船舶在中国管辖海域内从事的海洋资源科研调查活动是否经中国政府批准的检查，用海单位或个人是否持有有效海域使用证的检查等。

---

① 参见张惠荣主编《海域使用权属管理与执法对策》，海洋出版社，2009，第11页。

二 行政执法的典型案例

中国海警局深入贯彻习近平生态文明思想，以攻坚落实"十四五"海洋生态环境保护规划为抓手，围绕海洋生态环境持续改善核心目标，联合相关部门全面加强各领域监督检查，持续加大对海洋污染与生态破坏突出问题打击力度，严密防范重大风险隐患，为守护好绿水青山、维护好资源环境安全提供了坚强保障和有力支撑（见表2）。

表 2 关于海洋资源行政执法的典型案例

1	**胡某建等危害珍贵、濒危野生动物案** 2023 年 10 月 3 日，上海海警局根据网络线索，在 169 渔区查获涉嫌捕杀鲸鲨的"浙某渔33069"船。经查，9 月 28 日，谢某丰驾驶"浙某渔 33069"船在海上作业期间捕获 1 条国家二级保护动物鲸鲨，为谋取非法利益，雇请黄某志驾驶"冀某渔运 02891"船将其转运至石浦码头后售卖给胡某建。10 月 10 日，购买鲸鲨并分割的胡某建主动投案。2024 年1 月 4 日，胡某建危害珍贵、濒危野生动物案侦查终结，移送上海铁路运输检察院审查起诉。同案参与捕捞和运输鲸鲨的谢某丰、黄某志因同时存在禁渔期内使用禁用渔具捕捞违法行为，另案处理
2	**李某某等人涉嫌非法捕捞水产品案** 2023 年 7 月 25 日，岱山县海洋行政执法局与公安、海警部门利用无人机空中侦查、执法人员陆上蹲守、渔政船海上抓捕三管齐下，在岱山海域成功抓获正在捕捞作业的钢架泡沫"三无"船筏 1 艘、涉案人员 2 名。经查，李某某、腾某某在禁渔期间利用涉渔"三无"船筏及禁用的渔具非法捕捞的行为，已涉嫌构成非法捕捞水产品罪。本案涉案人员、"三无"船筏、网具及渔获物等已于 2023 年 7 月 26 日移送至海警岱山工作站。目前，李某某被依法刑事拘留，腾某某取保候审，案件正在进一步侦办中
3	**王某等人非法采矿案** 2023 年 6 月 11 日，浙江海警局在舟山东福山附近海域查获 2 艘正在过驳海砂的船舶。经查，2023 年 2 月至 6 月，王某等人驾驶船舶先后 5 次从闽江口海域接运海砂售卖，累计采运海砂 4.8 万吨，涉案金额超 300 万元。11 月 23 日，该案被最高人民检察院挂牌督办
4	**宁德市某水产有限公司未经批准开发利用无居民海岛案** 2023 年 3 月 13 日，福建海警局在巡查中发现，宁德市某水产有限公司未经批准擅自开发利用无居民海岛。经查，该公司在未经主管部门批准情况下，擅自委托他人开发利用无居民海岛，并在施工过程中将砂石用于填海和出售，破坏海岛面积 1700 平方米，填海面积502.25 平方米，出售砂石获利 5.076 万元，违反《海岛保护法》《海域使用管理法》《矿产资源法》有关规定。6 月 28 日，福建海警局责令该公司恢复海域原状，没收违法所得5.076 万元，并处罚款 58.961 万元

5	**某海洋信息技术研究院有限公司海域使用权届满未续期案** 2023 年 8 月 4 日，海南海警局在对某海洋信息技术研究院有限公司濒海实验平台用海情况进行检查时发现，该项目海域使用权已于 2023 年 4 月 5 日届满，且在未申请续期情况下继续使用，违反《海域使用管理法》有关规定。8 月 25 日，海南海警局对该公司作出责令限期 6 个月内补办手续，并处罚款 3000 元的行政处罚
6	**深圳市某文化传播有限公司在未经批准开发利用的无居民海岛上组织开展旅游活动案** 2023 年 3 月 25 日，海南海警局接三沙市有关部门通报，西沙洲上有人组织非法旅游。经查，3 月 20 日至 25 日，深圳市某文化传播有限公司在未取得主管部门批准情况下，非法组织游客赴西沙洲、浪花礁等 4 座无居民海岛开展旅游活动，违反《海岛保护法》有关规定。海南海警局对该公司作出没收违法所得 1.71 万元，并处罚款 6 万元的行政处罚
7	**"琼某渔 10256"等 20 艘渔船违反禁渔期规定非法捕捞、收购、转载非法捕捞的渔获物案** 2023 年 9 月 10~11 日，根据农业农村部渔业渔政管理局统一部署，浙江省海洋与渔业执法总队会同相邻省份渔政执法机构在东海海域开展海上联合执法，查获"琼某渔 10256""浙某渔运 02222"等渔船 20 艘、涉案人员 216 人、涉案渔获物 200 余吨。当事人在禁渔期非法从事捕捞作业，并收购、转载非法捕捞的渔获物，构成非法捕捞水产品罪和掩饰、隐瞒犯罪所得罪，并有抗拒执法行为。渔政执法机构已将案件移交司法机关处理
8	**李某伟等人非法采矿案** 2023 年 2 月 16 日，广东海警局在南沙虎门大桥附近海域巡查时先后查获 2 艘非法开采运输海砂船舶。经联合地方公安机关循线深挖，9 月，成功抓获李某伟等 21 名犯罪嫌疑人，打掉一个集"采、运、销"一体的盗采海砂团伙。经查，以李某伟为首的犯罪团伙以合法公司为掩护，借清淤工程名义，长期盘踞深圳大铲湾附近海域采取昼伏夜出的方式非法开采运输海砂，涉案海砂超 17 万立方米，案值约 1900 万元。目前，该案已侦查终结移送检察机关审查起诉
9	**淇澳岛大角头周边海域红树林被砍伐案** 2023 年 3 月 5 日，广东海警局在淇澳岛附近海域巡查时发现，大角头周边海域红树林存在被砍伐情况。经查，2023 年 3 月 2 日至 3 月 5 日，黄某允在未取得主管部门批准情况下，组织人员在淇澳岛红树林保护区域内施工，导致大片红树林遭到破坏，违反《海岛保护法》有关规定。经第三方机构鉴定，破坏红树林面积 1587.91 平方米，株数 24454 株。2023 年 6 月 5 日，广东海警局责令黄某允三个月内修复湿地、补种红树 24454 株，并处罚款 10 万元
10	**"辽某渔 23277"船违反作业场所规定捕捞案** 2023 年 4 月 23 日，中国海警局直属第六局接收韩国海警移交"辽某渔 23277"船。经查，该船 4 月 8 日从庄河出海非法前往某特定水域作业，且未按规定开启和使用通导设备，捕捞渔获物 400 公斤，违反捕捞许可证关于作业场所的规定和渔业船舶管理有关要求。7 月 12 日，直属第六局对当事人作出没收渔具、渔获物，并处罚款 6.9 万元的行政处罚

资料来源：《2023 年海洋资源开发利用和生态环境保护执法领域典型案例》，微信公众号"中国海警"，2024 年 2 月 8 日，https://mp.weixin.qq.com/s/-Ny0U1ZPbpK6t5VzgNGqew；《2023 年海洋渔业执法领域典型案例》，微信公众号"中国海警"，2024 年 2 月 7 日，https://mp.weixin.qq.com/s/q6qZEfr_bKe95AgJ5SnZ6g。

第五节　海洋资源利用的司法实践

中国海洋资源的利用需要兼顾海域使用权、养殖权、捕捞权等相关权利的行使，海洋资源利用的司法实践主要集中于解决上述权利设立与权利行使中的冲突问题。应当在总结我国上述权利制度演变的基础上，结合我国渔业权制度中养殖权和捕捞权的落实方式与发展结构，调和这些权利在行使中的矛盾。

一　海洋资源利用的权利冲突表现

（一）渔业权与海域使用权的冲突

渔业权制度是规制渔业资源开发利用的根本制度。《渔业法》对养殖业与捕捞业分别作了单章规定，《民法典》明确了养殖权和捕捞权的用益物权性质，但当前立法并未规定渔业权，也未解决养殖权、捕捞权以及海域使用权之间的权利冲突[①]。渔业权和海域使用权的客体存在重叠，在中国海域进行渔业活动要受到《渔业法》和《海域使用管理法》的双重规制，这就会出现因为制度问题产生的两种权利冲突。具体体现在以下两个方面。

第一，渔业权与海域使用权权利本身的排他性冲突。同一海域范围内，渔业权与海域使用权由于权利目的不同，不可避免地存在冲突。渔业权的主要目的是在特定海域内采取科学方法、营造特定环境、开展养殖、捕捞特定渔种等传统渔业活动。海域使用权则是持续使用特定海域三个月以上的排他性用海活动，如海盐业、矿业用海，港口、修造船厂等建设工程用海，旅游、娱乐用海等。由于渔业的排他性效力较弱，海域使用权的排他性效力较强，当二者发生冲突时，渔业权往往很难得到保护。而且，在渔业权遭到侵权时，举证难度较大，现有法律也缺乏对渔民传统捕捞权保护的明确规定。

[①] 参见杨华、邓涵《论中国渔业权的权利冲突及其制度完善》，《江汉论坛》2022 年第 12 期，第 114 页。

第二，渔业权与海域使用权权利设立的冲突。依据《海域使用分类体系》，海域使用的类型主要包括渔业用海、工业用海、交通运输用海、旅游娱乐用海、海底工程用海、排污倾倒用海、造地工程用海、特殊用海以及其他用海。其中渔业用海与渔业权的权利内容存在重叠，分别适用《海域使用管理法》和《渔业法》进行调整就可能出现冲突。《海域使用管理法》第19条、第20条规定了海域使用权的三种取得方式，包括经申请批准后登记取得、招标取得、拍卖取得。同时该法第27条明确规定，海域使用权可以依法继承、转让。《渔业法》第11条第1款规定了养殖权的取得需要渔业养殖主体向渔业行政主管部门申请取得养殖证，获得养殖许可，开展渔业养殖活动。在海域进行养殖的权利可以通过不同方式取得，在权利的设定上就可能发生权利重叠设定、权利并存的冲突。海域使用的类型中并不包含捕捞用海，但当同一片海域的海域使用权与捕捞渔业权属于同一主体时，由于《海域使用管理法》和《渔业法》所规定的权利设立方式不同，申请人需要分别就两权进行两次申请，凸显出程序的烦琐。

（二）矿业权与海域使用权的冲突

《矿产资源法》规范的矿业权与《海域使用管理法》规范的海域使用权同样存在，当主体同一时，两种权利在内容与程序衔接上易发生重叠冲突的问题。二者发生冲突的情形主要有以下三种。

第一，从使用期限上来看，《海域使用管理法》第25条规定盐业、矿业最高用海期限为30年，《矿山资源开采登记管理办法》第7条规定采矿许可证有效期按照矿山建设规模确定。大型以上的，采矿许可证有效期最长为30年；中型的，采矿许可证有效期最长为20年；小型的，采矿许可证有效期最长为10年。上述规定表明，即便是同时申请海域使用权与采矿权，仍然会因两权的存续期不同而导致衔接困难，在不同的阶段，可能出现某一权利仍然有效，但另一权利已经灭失的情况。

第二，从取得方式上来看，矿业权和海域使用权都可以通过转让的方式取得。《矿业权出让转让管理暂行规定》第36条规定，矿业权转让是指矿业权人将矿业权转移的行为，包括出售、作价出资、合作、重组改制等。《海域使用权管理规定》第 37 条规定，海域使用权有出售、赠与、作价入股、交换等情形的，可以依法转让。当申请人意图勘探或开采某一海域内矿产资源时，或矿业权与海域使用权权利转让给同一人时，转让程序的不一致与复杂性可能导致基于转让行为而产生的权利冲突问题。

第三，从管理上来看，《矿产资源法》第 40 条、第 41 条，《矿产资源勘查区块登记管理办法》第 10 条以及《海域使用管理法》的相关规定表明，矿业权的灭失与海域使用权的灭失情况是不同的，而两权产生冲突往往源于客体重叠。若其中的某一权利灭失，可能导致权利失去本身特有属性而难以存续或权利行使违反《海域使用管理法》等有关规定的情形。在实践中可能会因为消灭阶段立法内容不衔接，产生适用法律的冲突。

（三）养殖权与捕捞权的冲突

养殖权是在特定海域中，通过人工养殖获取水生动植物的权利。对于捕捞权，根据捕捞作业方式不同，分为定置捕捞权和非定置捕捞权两种类型。定置捕捞权是通过在渔场固定渔具对野生水生生物进行捕捞的作业方式，和养殖权相同，定置捕捞权需要占有特定海域，使用固定的渔具，因此需要排他性地行使权利。相比定置捕捞权，非定置捕捞权不需要固定捕捞活动场所和固定渔具，其使用流动作业方式，各渔业权主体不能排他性地占有水域。

养殖权与捕捞权的冲突具体体现在其效力优先性方面。从养殖权与捕捞权权利行使的实践看，捕捞作业与鱼群移动相一致，因鱼群的流动性使得捕捞权的行使并不作用于固定海域。而养殖权的权利行使则与此相反，虽仍以获取海域的动植物资源为目的，但在权利设立之时即已确定了特定的海域范围。因此，捕捞权之间往往并不冲突，捕捞行为由渔业资源本身所决定。但捕捞权与养殖权之间则会产生权利行使上的冲突问题，原因在于养殖权相比捕捞权具有更大的排他性[①]。如果同一片水域养殖权先成立，则无法在该水域上行使捕捞权。如果该海域的捕捞作业成立在先，那么养

---

① 参见杨华、郑涵《论中国渔业权的权利冲突及其制度完善》，《江汉论坛》2022 年第 12 期，第 15 页。

殖权亦不能生效。捕捞权人无法以渔业捕捞许可证对抗他人对于同一片海域的捕捞行为。捕捞权人只能在已经被许可的捕捞海域进行捕捞行为，但是不能依据捕捞权来排斥他人的养殖用海权利①。

二　海洋资源利用的典型司法案例

近年来，在司法审判方面，全国海事审判队伍以习近平法治思想为根本遵循，坚持统筹国内法治和涉外法治，深入贯彻实施海事审判精品战略，扎实推进建设国际海事司法中心，不断增强海事司法的影响力和公信力。最高人民法院发布的全国海事审判典型案例在充分发挥典型案例示范引领作用的同时，也彰显了海事司法对加强海洋生态保护、促进海洋经济发展和维护海洋权益的重要作用；地方法院发布典型案例通过以案释法方式，普及海洋环境资源保护法律，提高海洋开发利用各方的生态环境保护意识，引导相关政府、企业、群众自觉遵守涉海环境资源法律法规，促进海洋生态改善和海洋资源高效利用，同时营造人人重视、人人参与、人人保护海洋生态环境的良好社会氛围（见表3）。

表 3　2022 年度*与 2023 年度**全国与地方海事审判中关于海洋资源的典型案例

案例一	福建省宁德市人民检察院诉林某某等海洋自然资源与生态环境民事公益诉讼案
基本案情与裁判结果	林某某在未取得海域使用权证和采矿许可证的情况下，指使高某某驾驶船舶到福安市湾坞镇等海域非法盗采海砂 17 次，累计 11295.33m³，并用以销售谋利。林某某、高某某均以非法采矿罪被追究刑事责任。宁德市人民检察院向厦门海事法院提起海洋自然资源与生态环境民事公益诉讼，请求判令林某某、高某某连带赔偿生态环境损害及修复费用 68 万余元。 厦门海事法院在查清事实的基础上，主持各方当事人就案涉损失赔偿达成"海洋碳汇+替代性修复"调解协议。二被告连带赔偿海洋生态环境损害修护费用680298.19 元，其中 18 万元由二被告以自愿认购并委托海峡资源环境交易中心购买海洋碳汇的方式分三年履行，剩余赔偿款项由二被告通过公益性劳务代偿方式履行，承担福安市湾坞镇海域海洋环境治理辅助工作，包括但不限于海洋垃圾打捞、海岸维护、海洋环境保护宣传等，期限酌定为三年，期满后劳务不足以抵偿的，仍需承担赔偿责任。该调解协议经公告和送达生效后，被告已依约购买了首期 2400 吨海洋碳汇，并积极通过劳务履行其他义务

---

① 参见朱晖、张新聪《近海渔业权冲突的法律路径分析》，《中国海商法研究》2019 年第 1期，第 107 页。

本案意义	本案中，海事法院秉持生态恢复性司法理念，在综合考量生态环境损害、修复成本和被告经济状况、修复能力的情况下，将损害赔偿机制与海洋碳汇开发有机结合，主持双方当事人达成调解协议。通过"海洋碳汇+替代性修复"民事责任承担方式，既可以避免因被告赔偿能力弱引发的执行难困境，也可以破解赔偿款与治理修复脱节的困境，在一定程度上实现碳平衡的目的。本案探索并丰富了海洋环境侵权的损害赔偿机制，创新海洋生态司法，在"一案一修复"中凸显惩治与教育相结合的司法作用，是海事法院助力构建中国特色的海洋环境公益诉讼制度、司法服务碳达峰碳中和的积极实践
案例二	海南省海口市人民检察院诉梁某等海洋环境民事公益诉讼案
基本案情与裁判结果	2019年8月19日晚，梁某、薛某某、简某等人在海南省文昌市海域非法盗采海砂 533m³，被文昌市自然资源和规划局处以没收海砂和罚款的行政处罚。同年9月，为达到掩盖非法采砂的目的，薛某某与叶某担任法定代表人的锦南公司签订了港口航道清淤疏浚施工合同。12日晚，叶某组织薛某某进行采砂作业，梁某安排刘某、简某随船监督，在文昌市海域盗采海砂 3664.70m³。被告警查获后，梁某等五人均以非法采矿罪被追究刑事责任。海口市人民检察院向海口海事法院提起公益诉讼，请求判令各被告在各自行为范围内连带赔偿生态环境损失和专家咨询费等。 海口海事法院审理认为，各被告在未取得开采海砂行政许可、未进行专项环境影响评价、亦未采取任何生态保护措施的情况下进行采砂，违反了我国矿产资源和海洋环境保护法律法规，破坏了所涉海域的水文地质和生态环境。各被告明知违法，仍分工进行非法采砂，构成共同侵权，依法应当承担相应的侵权责任，判令被告薛某某、梁某、简某连带赔偿海洋生态环境损失 99560 元，被告叶某、刘某、锦南公司在 60528 元的范围内承担连带赔偿责任，全部被告连带承担专家咨询费用 5999.80 元。本案一审判决已生效
本案意义	海砂对维系海洋生态系统和海洋地质地貌稳定具有重要作用。非法开采海砂不仅严重破坏国家矿产资源，影响海洋地质构造，破坏海洋生物多样性，还会因海砂未经处理流入市场对建筑安全带来严重隐患，威胁人民群众生命财产安全，必须严厉打击。本案中，海事法院坚持最严格保护和全面、立体追责的生态环境保护理念，依法支持检察机关提起海洋自然资源与生态环境民事公益诉讼，在被告承担刑事责任的基础上，依法追究非法盗采海砂主要参与者的民事侵权法律责任，有力震慑盗采海砂违法犯罪，促进海洋生态修复与保护，充分体现海事法院深入贯彻习近平生态文明思想和习近平法治思想，在服务国家海洋战略、护航海洋生态文明建设中的坚定立场、积极作为和重要作用
案例三	辽宁省盖州市人民检察院诉王某某等非法捕捞刑事附带民事公益诉讼案
基本案情与裁判结果	王某某、韩某在禁渔期间，驾驶渔船至辽宁省盖州市渤海海域禁渔区域，使用陷阱类网具非法捕捞八爪鱼 11000 斤，经盖州市发展和改革局认定八爪鱼价值 150300 元。营口市鲅鱼圈人民法院生效刑事附带民事判决认为，王某某、韩某违反保护水产资源法规在禁渔期捕捞水产品，情节严重，构成非法捕捞罪。其行为还造成了渔业资源和海洋生态环境损害，应承担相应的民事侵权责任。判决二被告人犯非法捕捞水产品罪并判处相应刑罚，追缴违法所得；二被告赔偿渔业资源损害赔偿金 61.6 万元和鉴定费 2 万元。宣判后，案涉渔业资源损害赔偿金 61.6 万元已缴纳至辽宁省非税收入代解缴账户，用于修复海洋生态和资源损害

本案意义	近年来，由于过度捕捞，渤海海域海洋生态环境及渔业资源受到极大损害，严重影响渤海海域渔业生物正常生长繁殖和生殖群体补充。针对破坏海洋水产资源，给国家造成重大损失的违法犯罪行为，检察机关充分发挥"刑事打击+公益诉讼+海洋生态环境修复"检察职能作用，通过综合运用上下级院一体化办案，全流程监督模式，追究违法行为人责任。人民法院在依法判处被告人刑事责任的同时，判令其赔偿渔业资源损害，对非法捕捞行为人具有震慑作用。本案判决后，为促进生态环境及渔业资源及时有效修复，人民法院、人民检察院联合海警、当地人民政府及其职能部门开展增殖放流活动，根据鉴定机构出具的报告建议，将渔业资源损害赔偿金购买符合当地海洋生态系统和物种种群繁衍的褐牙鲆放入渤海海域，以增殖放流的方式修复海洋自然资源，展示恢复性司法理念的实践成果

　　* 《最高法发布 2022 年全国海事审判典型案例》，最高人民法院官网，https：//www.court.gov.cn/zixun/xiangqing/404922.html，最后访问日期：2024 年 3 月 19 日。

　　** 《"两高"联合发布海洋自然资源与生态环境检察公益诉讼典型案例》，最高人民法院官网，https：//www.chinacourt.org/article/detail/2023/12/id/7734476.shtml，最后访问日期：2024 年 3 月 19 日。

　　海洋资源是人类社会可持续发展的宝贵财富，加强海洋法治是进一步提升海洋经济持续发展能力、保障海洋资源有序开发和有效利用的重要依据。在新时代背景下，党和国家对海洋资源的开发利用提出了更高的要求，海洋资源的法治研究会从国家长远利益出发，确保海洋治理向更综合、更协调和可持续的方向发展，助力实现中国建设海洋强国的国家战略。

第八章　海洋渔业的法治发展

作为中国最早开发和利用海洋的方式[1]，海洋渔业不仅由中国海洋经济发展的起点[2]，成长为中国四大海洋支柱产业之一[3]，还凭借其"历久"的社会效益（促进就业增收、保障粮食安全）与"弥新"的生态效益（减排增汇），成为海洋强国建设过程中的重要推手。从数量看，截至2022年，中国海产品产量达到3459.53万吨[4]，海洋渔业增加值达到4343亿元人民币[5]，近1万户渔民家庭人均纯收入增至24614.41元人民币[6]，海洋渔船船员超过100万人[7]。同时，2001~2020年，中国海洋渔业碳汇从68098吨波动增长至85185吨[8]。然而，就质量而言，我国海洋渔业发

---

[1]　海洋的可持续开发利用与人类的生存发展息息相关。中国是世界上最早开发和利用海洋的国家之一，早在4000多年前，中国沿海地区人民就向海而生、以渔为业，与世界各国人民一道，开启了海洋探索开发利用之路。参见国务院新闻办公室《中国的远洋渔业发展》白皮书。

[2]　海洋渔业是我国海洋经济发展最悠久的产业。参见茅克勤、王鹏等《海洋渔业综合净效益评估研究》，《海洋环境科学》2023年第5期，第730页。

[3]　韩增林等：《基于SBM模型的我国海洋渔业生态效率的时空演变》，《海洋开发与管理》2019年第12期，第4页。

[4]　《2022年全国渔业经济统计公报》，农业农村部官网，http://www.yyj.moa.gov.cn/kjzl/202306/t20230628_6431131.htm，最后访问日期：2023年12月31日。

[5]　《2022年中国海洋经济统计公报》，自然资源部官网，http://gi.mnr.gov.cn/202304/t20230413_2781419.html，最后访问日期：2023年12月31日。

[6]　《2022年全国渔业经济统计公报》，农业农村部官网，http://www.yyj.moa.gov.cn/kjzl/202306/t20230628_6431131.htm，最后访问日期：2023年12月31日。

[7]　《2020年中国航海日公告》，交通运输部官网，https://www.mot.gov.cn/jiaotongyaowen/202007/t20200711_3428713.html，最后访问日期：2023年12月31日。

[8]　刘锴、马嘉昕：《中国海洋渔业碳汇的时空演变及发展态势》，《资源开发与市场》2023年第7期，第783页。

展方式仍然较为粗放，生产结构单一①，渔民增收的可持续性面临挑战②，同时海域环境污染等问题逐渐显现。在加快建设海洋强国和供给侧改革的背景下，海洋渔业效益持续下滑，经济效益、社会效益和生态效益发展不平衡、不协调、不可持续的深层次矛盾已成为当前渔业经济发展的主要障碍③。为实现新时代海洋渔业的高质量发展，需要更加完善的渔业法治建设保驾护航④。

第一节 海洋渔业的内涵及相关立法

推进海洋渔业的法治化进程，其中一个关键是将海洋渔业的丰富内涵以合理科学的方式融入法律体系⑤。为此，需要深入理解海洋渔业的内涵，把握其动态演进趋势，并同时审视目前以《联合国海洋法公约》为统筹的国际渔业法律框架以及以《渔业法》为核心的国内渔业法律体系。在"知己知彼"的基础上"谋定而后动"，实现海洋渔业法治的稳健发展。

一 海洋渔业内涵

明确概念内涵是科学研究的前提⑥。然而，在不同的划分标准、效益考量以及时代背景下，海洋渔业的内涵存在一定差异。

以作业水域划分为例，与海洋渔业相关的法规和学术著作对其界定存

---

① 同春芬、夏飞：《供给侧改革背景下我国海洋渔业面临的问题及对策》，《中国海洋大学学报》（社会科学版）2017 年第 5 期，第 26~29 页。

② 张兰婷、韩立民、杨义武：《渔业技术进步对渔民增收的影响———基于中国省级面板数据的实证研究》，《资源科学》2019 年第 4 期，第 655~668 页。

③ 火志辉、王泽宇、范元兴：《中国海洋渔业综合效益评价及耦合协调发展研究》，《资源开发与市场》2020 年第 5 期，第 486 页。

④ 《中国渔业执法 70 年感想》，农业农村部官网，http://www.yyj.moa.gov.cn/gzdt/201910/t20191016_6330022.htm，最后访问日期：2023 年 12 月 31 日。

⑤ 参见钱颖萍《论道德对法治文化的支撑作用》，《探索》2015 年第 1 期，第 156 页。

⑥ 徐立波、朱小铃：《新世纪以来国内马克思主义新闻观研究综述》，《社会主义研究》2018 年第 4 期，第 162 页。

在差异。自1987年实施至今的《渔业法实施细则》第14条将渤海与黄海划为近海渔场，并对东海、南海进行了较为精确的近海渔场与外海渔场划分，但该条处于第4章捕捞业项下①。与之不同的是，1988年出版的《中国渔业区划》②未区分养殖业与捕捞业，而是按水域深浅划分为沿岸、近海、外海、深水四种渔业区③。进入21世纪后，随着海洋渔业的发展和管理需求提升，2010年版的《渔业导论》对海洋渔业的分类进一步细化，明确划分为沿岸渔业、近海渔业、外海渔业与远洋渔业四种类型④，更符合现代海洋渔业的发展特点和管理需求。在政策层面，2013年国务院印发的《国务院关于促进海洋渔业持续健康发展的若干意见》也要求，在养捕结合的基础上"控制近海、发展外海、拓展远洋"⑤。这一政策导向不仅是对我国海洋渔业发展现状的回应，也为未来发展方向提供了指引。为更好地理解和实施这一政策，可通过1993年《中国大百科全书·中国地理》界定的近海外海界限，促进对该意见的理解⑥。这些界限的划定不仅

---

① 《渔业法实施细则》第14条规定了近海渔场与外海渔场的划分。（一）渤海、黄海为近海渔场。（二）下列四个基点之间连线内侧海域为东海近海渔场，四个基点之间连线外侧海域为东海外海渔场，四个基点是：1. 北纬33度，东经125度；2. 北纬29度，东经125度；3. 北纬28度，东经124度30分；4. 北纬27度，东经123度。（三）下列两条等深线之内侧海域为南海近海渔场，两条等深线之外侧海域为南海外海渔场，两条等深线是：1. 东经112度以东之80米等深线；2. 东经112度以西之100米等深线。

② 何国民、曾嘉、梁晓芸：《牧场化——现代海洋渔业的方向》，《渔业现代化》2003年第5期，第4页。

③ 1988年出版的《中国渔业区划》未区分养殖业与捕捞业，而是统一将40米以浅水域划分为沿岸渔业区，40~100米为近海渔业区，100~200米为外海渔业区，200米以深为深水渔业区。转引自马彩华等《刍议南海渔业及渔业区划》，《海洋湖沼通报》2007年第2期，第129页。

④ 周应祺主编《渔业导论》，中国农业出版社，2010，第2页。

⑤ 《国务院关于促进海洋渔业持续健康发展的若干意见》（国发〔2013〕87号），中国政府网，https://www.gov.cn/zwgk/2013-06/25/content_2433577.htm，最后访问日期：2023年12月31日。

⑥ 中国近海和外海的分界线为：渤海—黄海，辽东半岛南端老铁山角经庙岛群岛至山东半岛北端蓬莱角连线；黄海—东海，长江口北侧启东角与朝鲜半岛西南侧济州岛西南角连线；东海—南海，广东南澳岛沿台湾浅滩南侧至台湾岛南端鹅銮鼻连线。参见《中国的近海》，中国科学院地理科学与资源研究所官网，http://www.igsnrr.cas.cn/kxcb/dlyzykpyd/zgdl/zghayjh/200703/t20070328_2154941.html，最后访问日期：2023年12月31日。

为理解海洋渔业的不同类型提供了重要的地理背景，也为政策的实施提供了有力支持。

　　按照不同的作业方式划分，海洋渔业涵盖海水养殖业、海洋捕捞业等活动。然而，在不同的效益考量下，该"等"一字也呈现不同内涵，直接影响对海洋渔业内涵的定义：考虑社会效益和生态效益，海洋渔业的内涵侧重于海洋渔业资源和生态环境保护，以及海洋渔业生产结构和布局的调整①。在经济效益视角下，更偏向于以经济活动的同质性原则②明确海洋渔业的内涵。

　　在追求社会效益和生态效益的背景下，为加强渔业资源的保护、增殖、开发和合理利用，保障渔业生产者的合法权益，促进渔业生产的发展，适应社会主义建设和人民生活的需要③，1986 年颁布的《渔业法》将渔业生产范畴划分为 3 个部分，分别为养殖、捕捞、加工④。虽然该划分至今沿用，但并非固定不变。随着渔业资源衰退趋势和社会主要矛盾变化，为促进渔业可持续发展，适应社会主义现代化建设和人民日益增长的美好生活需要，2019 年《渔业法（修订草案)》（征求意见稿）第 3 条添加了增殖和休闲渔业作为与养殖、捕捞和加工并列的渔业生产方式⑤。因此，在社会和生态语境下，海洋渔业的内涵包括海水养殖业、海洋捕捞业、海水产品加工业、海洋增殖渔业与海洋休闲渔业。

---

① 《国务院关于促进海洋渔业持续健康发展的若干意见》（国发〔2013〕11 号），中国政府网，https://www.gov.cn/zwgk/2013-06/25/content_2433577.htm，最后访问日期：2023 年 12 月 31 日。

② 《中华人民共和国国家标准——海洋及相关产业分类》（GB/T 20794-2021），国家标准全文公开系统，http://c.gb688.cn/bzgk/gb/showGb？type=online&hcno=CD643A1B2C7D9F56285AE6A526D8BBB3，最后访问日期：2023 年 12 月 31 日。

③ 《渔业法》第 1 条。

④ 《渔业法》第 3 条规定：国家对渔业生产实行以养殖为主，养殖、捕捞、加工并举，因地制宜，各有侧重的方针。

⑤ 《渔业法（修订草案)》（征求意见稿）第 3 条规定：国家对渔业生产实行以养殖为主，养殖、增殖、捕捞、加工、休闲渔业绿色、安全、协调发展，因地制宜，各有侧重的方针。中国政府网，https://www.gov.cn/xinwen/2019-08/29/content_5425568.htm，最后访问日期：2024 年 8 月 1 日。

考虑经济效益，海洋渔业的定义经历了由扩张到限缩、由模糊到细化的曲折演进过程。梳理自然资源部发布的历年《中国海洋经济统计公报》[①] 对海洋渔业的名词解释如下：2003 年，海洋渔业包括海水养殖、海洋捕捞等活动；2004 年，海洋渔业包括海水养殖、海洋捕捞和海洋水产加工业；2005~2012 年，海洋渔业包括海水养殖、海洋捕捞、海洋渔业服务业和海洋水产品加工等活动；2013~2021 年，海洋渔业包括海水养殖、海洋捕捞、远洋捕捞、海洋渔业服务业和海洋水产品加工等活动。到 2022 年，海洋渔业包括海水养殖、海洋捕捞、海洋渔业专业及辅助性活动[②]，但不包括海洋水产品的加工[③]。渔业的专业及辅助性活动[④]包括对渔业生产提供的各种活动，如鱼苗及鱼种场[⑤]、水产良种场和水产增殖场等[⑥]。因此，在经济学语境下，目前的海洋渔业仅涉及第一产业的海水养殖和海洋捕捞，以及第三产业的海洋渔业专业及辅助性活动，而第二产业的海洋水产品加工则被排除在海洋渔业范畴之外。

海洋渔业政策方针也随着国家政治、经济、社会不断发展作出适应性变化。中华人民共和国成立后，渔业产量曾主要来自海洋捕捞和淡水捕

---

① 《中国海洋经济统计公报》2003 年至 2017 年由国家海洋局发布。

② 《2022 年中国海洋经济统计公报》，自然资源部官网，http：//gi. mnr. gov. cn/202304/t20230413_2781419. html，最后访问日期：2023 年 12 月 31 日。

③ 《2017 国民经济行业分类注释》（按第 1 号修改单修订），国家统计局官网，P020230213403084213497. xlsx（live. com），最后访问日期：2023 年 12 月 31 日。

④ 《农业及相关产业统计分类（2020）》，国家统计局官网，https：//www. stats. gov. cn/xxgk/tjbz/gjtjbz/202012/t20201221_1810322. html，最后访问日期：2023 年 12 月 31 日。

⑤ 鱼苗及鱼种场活动包括：（1）鱼苗、鱼种培育、养殖服务；（2）利用生物技术培育、养殖鱼苗、鱼种服务。不包括培育、培养鱼苗、鱼种生物技术的推广。《2017 国民经济行业分类注释》（按第 1 号修改单修订），国家统计局官网，P02023021340308 4213497. xlsx（live. com），最后访问日期：2023 年 12 月 31 日。

⑥ 其他渔业专业及辅助性活动：（1）鱼病用药及鱼病防治服务；（2）渔业机械服务；（3）智能农业管理（部分）：利用大数据、物联网、互联网等现代信息技术对渔业养殖生产经营进行管理；（4）其他渔业服务；（5）渔业加工废弃物综合利用。不包括：（1）水产品质量监督检验测试活动；（2）水产养殖技术推广活动。国家统计局官网，https：//www. stats. gov. cn/sj/tjbz/gmjjhyfl/2023-02/t20230213_1902780. html，最后访问日期：2023 年 12 月 31 日。

捞。1959 年党的八届二中全会提出"养捕并举"指导思想①。1986 年，《渔业法》正式确立"以养殖为主，养殖、捕捞、加工并举，因地制宜，各有侧重"的方针，标志着中国渔业"以养为主"政策的正式确定，推动了中国水产养殖业此后十多年年均两位数左右的快速增长。1988 年，中国成为世界上唯一一个养殖产量超过捕捞产量的国家②。2013 年印发的《国务院关于促进海洋渔业持续健康发展的若干意见》要求，"坚持生态优先、养捕结合和控制近海、拓展外海、发展远洋"，着力加强海洋渔业资源和生态环境保护，不断提升海洋渔业可持续发展能力。在"粮食安全是'国之大者'"背景下，国家粮食和物资储备局依循"宜渔则渔""向海要粮"路径，深化推进海洋渔业宜养则养、宜捕则捞，并致力于可持续发展③。

二　维护海洋渔业的国际法依据

鉴于海洋的连通性，海洋渔业的管理和保护需要各国共同参与和合作。在此过程中，《联合国海洋法公约》以及联合国粮食及农业组织、世界贸易组织等依据其职责制定的法律文本为协调分配各国开展海洋渔业活动利益、促进海洋渔业可持续发展发挥了重要作用。

（一）《联合国海洋法公约》

《联合国海洋法公约》通过对国家主权、主权权利涉及海域的界定，以及对"公海捕鱼自由原则"甚至"人类共同继承财产"原则的明确，明晰了国家有权由其国民在相应海域从事渔业活动④。

① 黄硕琳、唐议：《渔业管理理论与中国实践的回顾与展望》，《水产学报》2019 年第 1 期，第 213 页。
② 中国水产科学研究院渔业机械仪器研究所：《中国渔业：政策演变与绿色高质量发展》，http：//www.fmiri.ac.cn/info/1016/20293.htm，最后访问日期：2023 年 12 月 31 日。
③ 《我国将践行"大食物观" 更好保障粮食安全》，中国政府网，https：//www.gov.cn/yaowen/liebiao/202310/content_6909431.htm，最后访问日期：2023 年 12 月 31 日。
④ 王传良、张晏瑲：《论海洋渔业资源的法律地位——以 1982 年〈联合国海洋法公约〉为中心》，《国际法研究》2019 年第 1 期，第 44 页。

《联合国海洋法公约》第二部分的领海制度赋予了沿海国自主决定其在领海如何发展海洋渔业的排他性权利。该公约第五部分的专属经济区制度明确规定，沿海国享有"以勘探和开发、养护和管理"生物资源为目的的主权权利，其中"勘探和开发"可被认为包括所有渔业活动，无论是商业性渔业活动还是娱乐性渔业活动①。"养护和管理"也可被认为是包含所有有关生物资源的合理保护和处理活动以及所采取措施的广义概念②。同时，沿海国有权对在其专属经济区捕鱼的外国船只制定规则进行规制③，通过包括登临、检查、逮捕和司法程序等措施确保规则的运行④，甚至还可以对违反渔业法规的船只实施惩罚机制⑤。

《联合国海洋法公约》第六部分的大陆架制度规定，沿海国在其大陆架上享有以捕捞定居性海洋渔业资源的专属性主权权利⑥，排除了他国通过渔业活动利用该物种的资格。该公约第七部分的公海制度中，公海渔业资源的法律属性为"共有物"⑦，不属于任何国家或个人所有。基于公海自由原则，公海渔业资源对所有国家自由开放⑧，各国国民均可在公海从

---

① 勘探和开发包括：探鱼和寻找渔场；利用渔具进行捕鱼；渔获物装运和加工，或将渔获物过驳给其他船舶；将渔获物运载回港；销售渔获物等。参见黄硕琳《渔权即是海权》，《中国法学》2012年第6期，第71页。

② 养护和管理包括：养护生物资源的措施，获得、分析和交换有关生物资源的信息；确定生物资源利用程度；决定在生物资源勘探和开发过程中可以使用的船舶、仪器、渔具、机械、设备；决定作业时间和作业渔场；以及所有与捕鱼作业有关的事项，如对渔业的税收、许可费用的征收等。参见黄硕琳、唐议主编《渔业法规与渔政管理》，中国农业出版社，2010。

③ 参见《联合国海洋法公约》第62条第4款。

④ 参见《联合国海洋法公约》第73条第1款。

⑤ 参见《联合国海洋法公约》第73条第3款。

⑥ 参见《联合国海洋法公约》第77条。

⑦ 参见〔英〕伊恩·布朗利《国际公法原理》，曾令良、余敏友等译，法律出版社，2007，第229页。转引自王传良、张晏瑲《论海洋渔业资源的法律地位——以1982年〈联合国海洋法公约〉为中心》，《国际法研究》2019年第1期，第46页。

⑧ 王传良、张晏瑲：《论海洋渔业资源的法律地位——以1982年〈联合国海洋法公约〉为中心》，《国际法研究》2019年第1期，第46页。

事海洋渔业活动，以获取公海渔业资源。该公约第十一部分规制的"区域"① 内也生存着定居种②，但目前已知的"区域"定居种尚未达到可以规模化捕捞的数量③，无法形成渔业活动。

综上，《联合国海洋法公约》通过对处于不同法律地位海域中相关国家进行海洋渔业权限的不同规定，明确了沿海国和公海上的捕鱼国在保护和管理海洋生物资源方面的责任和义务。这种差异性规定旨在促使各国采取合理的管理措施，实现海洋渔业的可持续发展。同时，公约还强调了国际合作的重要性，从养护和管理生物资源角度要求各国加强合作④，共同维护海洋生态平衡和可持续发展。

（二）其他渔业多边条约

1995 年《〈联合国海洋法公约〉关于养护和管理跨界鱼类种群和高度洄游鱼类种群的规定执行协定》（以下简称《鱼类种群协定》）通过强调合作、建立区域渔业管理组织或安排、采取养护和管理措施、加强执法和遵守以及促进科学研究和信息共享等方式来维护海洋渔业。1995 年《负责任渔业行为守则》序言中指出其目的："为国家和国际努力确保在符合环境要求的情况下可持续开发水生生物资源提供了一个必要的框架"，内容上则通过养护和管理原则、生态系统方法、遵守法律和监管要求、科学决策和信息共享以及社会和经济可持续性等方面的要求来规制渔业管理、捕捞作业、水产养殖的发展。在《负责任渔业行为守则》框架下，联合国粮食与农业组织还制定了一系列行动计划和一些海上渔业准则。行动计划

---

① "区域"是指国家管辖范围以外的海床和洋底及其底土。参见《联合国海洋法公约》第 1 条第 1 款。

② "区域"内还存在大量的有研究和利用价值的微生物资源，但其不属于渔业资源的范围，本章不予讨论。

③ 参见〔斐济〕萨切雅·南丹、〔以色列〕沙卜泰·罗森主编《1982 年〈联合国海洋法公约〉评注》（第二卷），吕文正、毛彬中译本主编，海洋出版社，2009，第 63 页。王传良、张晏瑢：《论海洋渔业资源的法律地位——以 1982 年〈联合国海洋法公约〉为中心》，《国际法研究》2019 年第 1 期，第 47 页。

④ 黄硕琳、刘艳红等：《海洋渔业执法的国际合作——我国大陆的执法实践》，《中国海洋法学评论》2009 年第 1 期，第 2 页。

包括：①要求各国评估和管理自身捕捞能力，确保其与渔业资源可持续利用的《捕捞能力管理国际行动计划》（IPOA-Capacity）要求相一致；②要求各国采取措施限制对鲨鱼的捕捞和利用，保护其栖息地，并推动维护鲨鱼渔业可持续发展的《鲨鱼养护和管理国际行动计划》（IPOA Sharks）得以实施；③鼓励各国采取适当措施，如使用鸟类驱赶装置和改进捕捞技术、降低意外捕获率的《减少延绳钓渔业误捕海鸟国际行动计划》（IPOA-Seabirds）得以实施；④要求各国加强合作，采取有效执法和监管措施，打击 IUU 捕捞以确保渔业活动合法性和可持续性的《预防、制止和消除非法、不报告及不受管制捕捞的国际行动计划》（IPOA-IUU）得以实施①。渔业准则包括：①2008 年通过，从技术层面着手解决公海底层渔业管理问题的《公海深海渔业管理国际准则》；②2011 年通过，旨在减少渔业活动对非目标生物影响的《兼捕管理及减少丢弃物国际准则》；③2014 年通过，强化船旗国在挂旗和控制渔船方面的国际责任和义务，并就监测执法提出指导意见的《船旗国表现自愿准则》②；④2023 年通过的《渔获物转载自愿准则》则规定了各国进行渔获转运的最低标准。另外，《负责任渔业行为守则》吸收了 1993 年通过的《促进公海渔船遵守国际养护和管理措施的协定》，该协定旨在增强船旗国的作用，强化船旗国责任，确保一国以强化其船舶控制的方式规范所有公海渔船的活动，促进信息交流和国际合作③，最终达成维护海洋渔业可持续发展的目标。

2009 年通过的《预防、阻止和消除非法、未报告和无管制的捕捞活动港口国措施协定》是专门针对 IUU 捕鱼的首个具有约束力的国际协定。通过禁止从事 IUU 捕鱼的船舶利用港口和卸货，旨在阻止来自 IUU 捕鱼的

---

① See Shih-Ming Kao, International Actions against IUU Fishing and the Adoption of National Plans of Action, *Ocean Development and International Law*, Vol. 46: 2, pp. 3–4(2015).

② 《船旗国表现自愿准则》，联合国粮食及农业组织官网，https://www.fao.org/iuu-fishing/international-framework/voluntary-guidelines-for-flag-state-performance/zh/，最后访问日期：2023 年 12 月 31 日。

③ 《港口国措施协定》，联合国粮食及农业组织官网，https://www.fao.org/iuu-fishing/international-framework/psma/zh/，最后访问日期：2023 年 12 月 31 日。

渔业产品进入本国和国际市场，减少渔船从事 IUU 捕鱼的动机，推动实现预防、阻止和消除 IUU 捕鱼的目标。该协定的有效执行有利于长期保护和可持续利用海洋生物资源和海洋生态系统①，最终实现海洋渔业的可持续发展。

1992 年通过的《生物多样性公约》，以及 2023 年发布的《〈联合国海洋法公约〉下国家管辖范围以外区域海洋生物多样性的养护和可持续利用协定》②，对维护海洋渔业的作用主要体现在：保护海洋生态系统、促进国际合作与协调、规范渔业管理以及推动科学研究和技术创新等。

2022 年，《WTO 渔业补贴》通过强调禁止非法捕捞和过度捕捞的重要性，限制渔业补贴数量，加强国际合作与协调，建立信息共享机制，以维护海洋渔业的可持续发展。

三　维护海洋渔业的国内法依据

国内维护海洋渔业的法律依据形成了以《渔业法》为核心，以《远洋渔业管理规定》为补充，以《海洋环境保护法》《海域使用管理法》《渔业船舶检验条例》《船员条例》《远洋渔业管理规定》等法律法规为支撑的体系。该体系实现了对海洋渔业的全方位维护，包括保护和管理渔业资源、规范渔业生产、监管渔业船舶安全、促进远洋渔业可持续发展等方面。

《渔业法》是我国渔业生产活动的指导性法规③，适用于中华人民共和国的内水、滩涂、领海、专属经济区以及中华人民共和国管辖的其他海

---

①　《港口国措施协定》，联合国粮食及农业组织官网，https：//www.fao.org/iuu-fishing/international-framework/psma/zh/，最后访问日期：2023 年 12 月 31 日。

②　《生物多样性公约》第 4 条明确将该公约的适用范围限制在各个地区和地区国家管辖范围内的活动。

③　农业农村部关于《渔业法（修订草案）（征求意见稿）》的说明。参见中国政府网，https：//www.gov.cn/xinwen/2019-08/29/content_5425568.htm，最后访问日期：2024 年8 月 1 日。

域①。其规定了渔业的性质、地位和作用，明确了国家对渔业的统一领导、分级管理以及以养殖为主、捕捞为辅的方针，推动渔业向优质、高效、生态方向发展。此外，该法强调了渔民的权利和义务，保障了渔民的生产经营自主权和经济利益，规范了渔民的行为，促进了渔业的可持续发展②。最后，该法规定了各级人民政府在渔业发展中的职责和任务，加强了对渔业资源的保护和管理，强化了对违法行为的惩处力度，确保了渔业的健康发展和生态环境的保护③。

《远洋渔业管理规定》细化规范了我国的远洋渔业活动，通过明确政府职责、规范企业行为、加强执法力度等措施，维护了海洋渔业的可持续发展。首先，该规定明确了国家对远洋渔业实行捕捞限额管理制度和捕捞许可制度，有助于控制远洋渔业的捕捞规模，减少过度捕捞和环境破坏等问题，保障海洋生态系统的健康稳定发展④。其次，该规定要求，远洋渔业企业必须遵守国际渔业条约、协定和管理法规，确保其经营活动符合国际标准和规范，有助于维护我国的国际形象和权益⑤。此外，规定了各级政府及相关部门在远洋渔业管理和监督方面的职责和权限，有助于加强对远洋渔业的监管力度，打击违法违规行为，保障广大渔民的合法权益和社会稳定⑥。

《海洋环境保护法》以对海洋污染的防止和控制、对开发利用海洋资

---

① 《渔业法》第2条。

② 《渔业法》第1条表明，该法立法目的包括保障渔业生产者的合法权益，第2条规定，中华人民共和国管辖海域的一切渔业生产活动都需遵守本法。其他具体强调渔民权利和义务、规范渔民行为的条款散见于该法第二章"养殖业"、第三章"捕捞业"、第四章"渔业资源的增殖和保护"、第五章"法律责任"中。同时《渔业法》将渔业权作为一种经渔业行政主管机关许可或依据承包合同约定利用特定水域从事渔业活动并获取收益的权利，实质上是一种从业资格，即在特定水域为一定行为（捕捞、养殖或休闲垂钓等）的自由。参见董加伟《论水域滩涂养殖权的性质及其保障》，《中国渔业经济》2020年第6期，第48页。

③ 《渔业法》第6条、第7条、第38条至第49条。

④ 《远洋渔业管理规定》第1条。

⑤ 《远洋渔业管理规定》第29条、第30条、第31条。

⑥ 《远洋渔业管理规定》第4条、第37条、第38条。

源的规范，为海洋渔业可持续发展创造了一个健康的生态环境①。《海域使用管理法》通过明确政府职责、规范用海行为、加强执法力度，保障了海洋渔业的稳定和可持续②。《渔业船舶检验条例》和《船员条例》分别从海洋渔业的工具和人员两个方面入手，通过规范渔业船舶的检验和维护工作，以及规范船员的行为，维护了海洋渔业的安全可持续③。

第二节　海洋渔业与行政执法

渔政执法是确保海洋渔业生产正常有序的有效手段，维护海洋渔业生产的正常秩序不仅是海洋渔业健康可持续发展的内在需要，更是保护国家海洋权益不受侵犯的必然要求④。

一　海洋渔业执法

海洋渔业执法是指渔政部门根据相关法律法规，对渔业资源保护、渔业生产、渔业市场等进行监管和执法的职责。渔业执法的目的在于维护渔业资源的可持续性利用，保护海洋生态环境，维护渔业市场秩序，并促进渔业经济的发展。

二　海洋渔业执法体系

（一）海洋渔业执法主体

海洋渔业，除国务院划定由国务院渔业行政主管部门及其所属的渔政监督管理机构监督管理的海域和特定渔业资源渔场外，由毗邻海域的省、自治区、直辖市人民政府渔业行政主管部门监督管理⑤。农业农村部渔业

---

① 《海洋环境保护法》第1条、第2条、第3条。
② 《海域使用管理法》第1条、第4条、第5条、第6条、第7条、第8条、第11条、第25条、第35条、第36条、第39条等。
③ 《渔业船舶检验条例》第1条、《船员条例》第1条。
④ 常青青、陈垚垚：《海洋渔业法治建设亟待加强》，《人民法治》2015年第6期。
⑤ 《渔业法》第6条。

渔政管理局负责保护和合理开发利用渔业资源，指导水产健康养殖和水产品加工流通，承担重大涉外渔事纠纷处理工作，按分工维护国家海洋和淡水管辖水域渔业权益，监督执行国际渔业条约，监督管理远洋渔业和渔政渔港，以及指导渔业安全生产①。

此外，《海警法》规定，海警可单独对海洋渔业生产作业等活动进行监督检查，预防、制止和惩治海上违法犯罪活动②。《治安管理处罚法》则赋予了公安机关对违反渔业法律法规的行为进行处罚的权力。渔政执法机关可以与公安、海警等部门建立协同执法机制，必要时开展联合检查③。

（二）海洋渔业执法业务

一是渔业资源保护。渔政部门负责制定渔业资源保护的政策和措施，对违规捕捞、非法捕鱼等行为进行打击和处罚，以确保渔业资源的可持续利用。此外，渔政部门还需进行渔业资源调查和评估工作，全面了解渔业资源的分布和数量，为合理开发提供科学依据。

二是渔业生产管理。渔政部门要加强对渔船的登记管理，确保渔船的合法运营。对渔业生产过程中的违法行为，如非法使用禁渔区、违反禁渔时间等进行查处和处罚。同时，渔政部门还应加强对渔业生产环节的监督，确保渔业生产的安全和质量。

三是渔业市场监督。渔政部门需加强对渔业市场的监管，打击假冒伪劣渔产品的生产和销售。对于违法添加物、超过保质期等不符合食品安全标准的渔产品进行查缉和处理。同时，渔政部门还要组织渔业市场价格监测，以维护渔业市场秩序，保障渔民利益。

四是渔政执法力量建设。渔政部门要加强执法人员的培训和队伍建设，提高执法水平和能力。与其他执法部门加强合作，形成协同执法合力，以强化执法效果。同时，渔政部门还需加强与渔民的沟通和宣传，提

---

① 参见农业农村部官网，http：//www.yyj.moa.gov.cn/jgzn/，最后访问日期：2024年7月31日。

② 《海警法》第5条。

③ 《渔政执法工作规范（暂行）》第20条。

高渔民的法律意识，促使他们自觉遵守渔业法规①。

（三）海洋渔业执法案例

1. 禁渔期非法捕捞案

2023年6月28日，晋江市农业农村局接收了泉州海警局晋江工作站移交的"闽晋渔02XXX"渔船案。经执法人员登船检查和调查发现，"闽晋渔02XXX"渔船于2023年6月27日凌晨4时左右出港，在禁渔期内擅自变更作业类型，使用流刺网进行捕捞作业。10时左右，在金井石圳外侧海域捕捞起网过程中被海警执法人员查获，随后移交至晋江市农业农村局处理。船上共查获流刺网36张、起网机1个、渔获物8公斤（已先行处置）。由于实际使用流刺网作业与该船渔业捕捞许可证所规定的作业类型不符，涉事渔船"闽晋渔02XXX"实际经营人为陈某谦，违反了《福建省实施〈中华人民共和国渔业法〉办法》第37条、第26条的规定。根据《行政处罚法》第29条规定，晋江市农业农村局依照罚款数额较高的规定进行处罚。据《福建省实施〈中华人民共和国渔业法〉办法》第54条之规定，当事人陈某谦被处以罚款人民币1万元的行政处罚②。

2. 远洋渔船违规作业案

大连某远洋渔业有限公司旗下的"远大19"船被发现存在无证捕捞蓝鳍金枪鱼的行为，"大洋15"船和"大洋16"船则被指责未在批准的海域进行作业，并且涉嫌擅自拆卸船位监测设备等违规行为。根据《远洋渔业管理规定》，农业农村部于2023年4月24日作出永久取消该公司远洋渔业企业资格的决定，同时废止该公司所有远洋渔业项目。公司主要负责人傅某某被列入远洋渔业从业人员"黑名单"，3艘涉事渔船的全年油

---

① 参见高艳《海洋行政执法的理论探讨与改革取向》，《东方法学》2012年第5期，第33页。参见付玉《中国海洋渔业执法的特点及发展趋势初探》，《经济研究导刊》2010年第4期，第71~72页。

② 《福建省海洋与渔业执法总队公布2023年海洋伏季休渔执法典型案例（第二批）》，微信公众号"晋江三农"，2023年9月26日上传，https://mp.weixin.qq.com/s/lW85ca7GXSpSqPwPUajhrw，最后访问日期：2024年1月4日。

补被扣除，同时吊销了这 3 艘渔船船长的职务船员证书①。

3. "三无"船舶非法下水航行案

2023 年 6 月 9 日，辽宁省海洋与渔业执法总队执法人员在大连市旅顺口区二嘴子渔港进行检查时发现，一艘木质船舶刷写"辽某渔 75111"的标识，与船舶管理系统中的相关信息不一致。当事人牟某某未能提供渔业船舶检验证书、登记证书和捕捞许可证。渔政执法机构经过调查认定，该船舶为涉及渔业的"三无"船舶套牌。因此，根据《辽宁省渔业管理条例》的相关规定，执法机构作出了没收涉案船舶的处罚决定②。

第三节　海洋渔业与司法实践

司法管辖权是维护海洋渔业法治化发展的重要手段之一。法院通过审理海洋渔业纠纷案件，切实保障依法依规、公平合理维护海洋渔业权益，充分发挥司法管辖权作用，保障渔业的健康可持续发展。

以下选取 6 宗与海洋渔业相关的典型司法案例作简要介绍。案例分别来自最高人民法院 2023 年发布的《海洋自然资源与生态环境检察公益诉讼典型案例》③ 与最高人民检察院 2023 年发布的《检察机关依法惩治非法捕捞水产品犯罪典型案例》④。

一　近海渔业中的非法捕捞问题

向水而生、靠水而兴，海洋渔业捕捞是从古至今无数人赖以生存的方

---

① 《农业农村部就渔业执法监管有关情况举行发布会》，农业农村部官网 https://www.moa. gov.cn/gk/zcjd/201904/t20190428_6220259.htm，最后访问日期：2023 年 12 月 31 日。

② 《农业农村部通报 2023 年度海洋伏季休渔期渔政执法典型案例》，《中国渔业报》2023 年 11 月 27 日，第 1 版。

③ 《海洋自然资源与生态环境检察公益诉讼典型案例》，最高人民法院官网，https://www. court.gov.cn/zixun/xiangqing/422032.html，最后访问日期：2023 年 12 月 31 日。

④ 《检察机关依法惩治非法捕捞水产品犯罪典型案例》，最高人民检察院官网，https:// www.spp.gov.cn/spp/xwfbh/wsfbt/202306/t20230610_617004.shtml#2，最后访问日期：2023 年 12 月 31 日。

式。在海洋经济不断发展的今天，海洋渔业资源已经成为当今社会不可或
缺的重要资源。然而，过度捕捞会破坏渔业资源，影响生态平衡。为养护
水生生物资源、保护生物多样性，我国四大海域、内陆七大重点流域全面
实施休禁渔制度，但仍有不少非法捕捞案件发生。

（一）上海市人民检察院第三分院诉王某某等非法捕捞民事公益诉讼案

2020 年 7 月 9 日，在东海海域伏季休渔期期间，王某某为牟取利益，
组织沈某等共九人，驾驶悬挂"2020 伏季休渔资源调查船"横幅的船只，
假借科考任务名义至东海水域，使用桁杆拖网捕捞水产品，并故意关闭北
斗系统以躲避渔政检查。至 2020 年 7 月 15 日上午，船满载停靠码头时，
执法部门当场查获梭子蟹、杂鱼、虾等渔获物共计 17289 公斤。上海市人
民检察院认为，非法捕捞行为破坏东海渔业资源和水生生态环境，造成社
会公共利益损害。根据价格认证中心评定，案涉梭子蟹的市场批发价格为
1689500 元人民币。进行资源损害鉴定评估，确定直接损失 1689500 元人
民币、恢复费用 5068500 元人民币。上海海事法院认定九名被告明知伏季
休渔制度仍非法捕捞，对东海渔业资源和生态造成严重破坏，构成共同侵
权。判决要求九被告在媒体上公开赔礼道歉，连带赔偿生态环境损害费用
6758000 元人民币、生态环境损失鉴定费用 4000 元人民币。支持检察机关
全部诉讼请求①。

海洋伏季休渔期制度对保护海洋生物多样性、确保海洋渔业资源永续
利用意义重大。本案被告被追究刑事责任后，检察机关依法履职，向海事
法院提起民事公益诉讼，要求被告承担生态环境损害费用。海事法院依法
认定非法捕捞组织人和行为人对破坏海洋生态环境的后果承担共同侵权的
赔偿责任，是对违反禁渔期规定非法捕捞行为的严厉打击，既增加了侵权
人的违法成本，也对潜在违法者起到警戒作用。本案中，海事法院依法支
持检察机关提起的海洋自然资源与生态环境公益诉讼请求，形成多元共治

① 《海洋自然资源与生态环境检察公益诉讼典型案例》，最高人民法院官网，https：//www.
court.gov.cn/zixun/xiangqing/422032.html，最后访问日期：2023 年 12 月 31 日。

格局，体现了司法机关以最严格制度最严密法治保护海洋生态环境的鲜明态度和坚定决心，是对"以时禁发""取予有节"的海洋生态资源保护意识的生动阐释，彰显了检察公益诉讼制度在服务保障海洋生态文明建设中发挥的重要作用。

（二）辽宁省盖州市人民检察院诉王某某等非法捕捞刑事附带民事公益诉讼案

王某某、韩某在禁渔期期间，驾驶渔船至辽宁省盖州市渤海海域禁渔区域，使用陷阱类网具非法捕捞八爪鱼11000斤。经盖州市发展和改革局认定，八爪鱼价值150300元人民币。2022年8月，盖州市人民检察院立案刑事附带民事公益诉讼。中国海洋大学山东海事司法鉴定中心对公益损害情况进行鉴定，建议采取增殖放流方案。2022年10月10日，盖州市人民检察院向鲅鱼圈区人民法院提起刑事附带民事公益诉讼，追究王某某、韩某非法捕捞刑事责任，并请求判令二被告赔偿渔业资源损害赔偿金61.6万元人民币、鉴定费2万元人民币。最终，鲅鱼圈人民法院判决认定王某某、韩某非法捕捞罪，追缴违法所得。二被告赔偿渔业资源损害61.6万元人民币和鉴定费2万元人民币，用于修复海洋生态和资源损害①。

近年来，由于过度捕捞，渤海海域海洋生态环境及渔业资源受到极大损害，严重影响渤海海域渔业生物正常生长繁殖和生殖群体补充。针对破坏海洋水产资源，给国家造成重大损失的违法犯罪行为，检察机关充分发挥"刑事打击+公益诉讼+海洋生态环境修复"等检察职能作用，追究违法行为人责任。人民法院在依法判处被告人刑事责任的同时，判令其赔偿渔业资源损害，对非法捕捞行为人具有震慑作用。该案判决后，为促进生态环境及渔业资源及时有效修复，人民法院、人民检察院联合海警、当地人民政府及其职能部门开展增殖放流活动，根据鉴定机构出具报告建议，将渔业资源损害赔偿金购买符合当地海洋生态系统和物种种群繁衍的褐牙

---

① 《海洋自然资源与生态环境检察公益诉讼典型案例》，最高人民法院官网，https：//www. court.gov.cn/zixun/xiangqing/422032.html，最后访问日期：2023年12月31日。

鲟放入渤海海域，以增殖放流方式修复海洋自然资源，展示对海洋渔业恢复性司法理念的实践成果。

（三）文某（VAN）非法捕捞水产品案

文某（VAN）系"Qng94600TS""Qng94619TS"两船的所有权人，并担任"Qng94600TS"船船长。2020年7月，文某带领10名外籍船员从境外驾船进入我国海南岛东侧陵水海域由南向北至琼海、文昌近海海域，进行双船底拖网捕捞水产品作业，后被海警局查获。海南省人民检察院第一分院提起公诉和刑事附带环境民事公益诉讼。海口海事法院审理认为，文某在我国南海伏季休渔期间，驾驶渔船在我国领海内禁渔区使用禁用的工具非法捕捞，情节严重，构成非法捕捞水产品罪，应依法予以处罚。文某的行为破坏了当地海洋生态环境和生态平衡，对渔业资源可持续利用造成不利影响，损害了社会公共利益，依法应当承担民事侵权责任。法院依法判处文某有期徒刑，没收作案工具和非法所得，并判令其承担生态修复费用。文某服判，一审判决已生效①。

本案系发生在我国南海海域的外籍人员非法进入我国领海进行水产品捕捞的海事刑事案件，表明我国法院依法对我国管辖的南海海域实施有效司法管控，彰显了海事司法在海洋维权中的重要作用。海口海事法院试点管辖破坏海洋生态环境资源犯罪及刑事附带民事公益诉讼案件，推动海事审判"三合一"改革。本案对在海洋水域，在禁渔区、禁渔期或者使用禁用的工具、方法捕捞水产品的行为依法惩处，对破坏海洋生态环境行为起到严厉警示作用，展示了海事司法为保护海洋自然资源与生态环境、服务保障海洋生态文明建设和海洋渔业资源可持续利用而发挥的重要作用。

二　远洋渔业中的涉外案件纠纷

近年来，随着科技的发展，人类利用和开发海洋资源的手段和范围进

---

① 《2021年全国海事审判典型案例》，最高人民法院官网，https://www.court.gov.cn/zixun/xiangqing/361581.html，最后访问日期：2023年12月31日。

一步拓展，远洋渔业发展迅速，随之而来涉外渔业纠纷案件频发。中国远洋渔业自1985年起步，根据相关双边渔业合作协议或安排，在合作国家管辖海域开展互利共赢的入渔合作。据统计，2022年，中国拥有经批准的远洋渔业企业177家，远洋作业渔船2551艘（其中公海作业渔船1498艘），作业区域分布于太平洋、印度洋、大西洋公海和南极海域，以及相关合作国家管辖海域，年产量232.8万吨①。我国已经成为世界上具有重要影响力的远洋渔业大国。涉外渔业案件以船员劳动合同纠纷为主，除此以外，案件主要类型还有海上货物运输合同纠纷、船舶共有纠纷、海事海商纠纷、海事债权确权纠纷、船舶建造合同纠纷、海上人身损害责任纠纷、船舶碰撞损害责任纠纷等。以下选取典型案例作介绍。

（一）"天使力量"（Angelic Power）轮船员劳务合同纠纷系列案

"天使力量"轮的船舶所有人为利比里亚某投资公司，登记的船籍港为希腊比雷埃夫斯。2021年1月中旬，船舶管理公司分别与斯维里亚诺斯等数名希腊籍船员、杰森等13名菲律宾籍船员签订船员雇佣协议。2021年3月，因与案外人产生纠纷，利比里亚某公司弃船，"天使力量"轮被广州海事法院扣押并依法拍卖。拍卖过程中，船长斯维里亚诺斯等2名希腊籍船员和杰森等13名菲律宾籍船员提起诉讼，请求利比里亚某公司支付船员应得劳务报酬等各项费用，并请求确认相关海事请求享有船舶优先权，在"天使力量"轮拍卖款中优先受偿。

广州海事法院审理认为，15名外籍船员与利比里亚某公司之间成立劳务合同关系，应分别适用船员雇佣合同中约定的菲律宾法律和希腊法律。船长作为船东代表确认了外籍船员应得的劳务报酬等具体数额，有关确认行为的效力应适用希腊法律。15名船员有关船舶优先权的请求，适用中国法律。判决支持15名外籍船员有关劳务报酬等诉讼请求，同时确认上述海事请求具有船舶优先权，可从"天使力量"轮拍卖款中优先受偿。

---

① 《中国的远洋渔业发展》，中国政府网，https：//www.gov.cn/zhengce/202310/content_6911268.htm，最后访问日期：2023年12月31日。

案涉纠纷系外国公司与外籍船员之间的劳务合同纠纷。法院依据涉外民事关系法律适用法，充分尊重当事人意思自治，根据不同法律关系分别确定准据法，并结合外国法律查明和当事人提供专家意见等多种方式，准确查明和适用希腊法律和菲律宾法律，维护了外籍船员的合法权益。本案积极探索外国法查明的有效路径，准确适用不同国家法律，彰显了中国海事司法的能力和水平，为加快构建并完善外国法查明及适用的法律机制提供了有益经验。广州海事法院在本案审理过程中，通过手机移动微法院为外籍船员提供线上视频代理见证等跨境诉讼服务，并积极帮助长期被困船上的外籍船员离船回国。2021 年 7 月，希腊代表团在国际海事组织法律委员会第 108 次会议上专门向积极推动"天使动力"船遗弃船员事件解决的相关各方表达了感谢。

（二）某航运公司与某食品公司海上货物运输合同纠纷案

2020 年 8 月 15 日，某航运公司作为承运人自阿根廷运输装载于集装箱的冻鱿鱼至中国福建马尾港，收货人为某食品公司。因自 2020 年下半年起，境外进口至福州马尾港的冷链货物实行新冠病毒检疫措施，案涉货物于 2020 年 11 月 6 日运抵中转港厦门时先行卸下，直至 2020 年 12 月 21 日才运抵目的港马尾。双方就中转期间额外产生的集装箱滞留费用负担发生纠纷，某航运公司向厦门海事法院起诉，要求某食品公司承担全部费用。

厦门海事法院审理认为，本案运输合同确因目的港疫情防控而无法正常履行，某航运公司将货物安全存放在目的港的邻近港口厦门港后，根据《最高人民法院关于依法妥善审理涉新冠肺炎疫情民事案件若干问题的指导意见（三）》第 13 条的规定，其本可以主张已履行完毕货物运输合同项下义务，且无须因此承担违约责任，但其仍坚持等到目的港具备卸货条件时，继续完成支线转运任务。原告因疫情防控承受了额外成本负担，被告作为收货人，从原告提供的海运服务中实际受益。综合考虑疫情防控措施对集装箱货物中转滞留的影响以及双方当事人就合同履行的受益情况等因素，根据公平原则，酌定被告补偿原告集装箱中转港滞留费用的 50%。

一审判决被告向原告支付补偿款，驳回原告的其他诉讼请求。双方当事人均未上诉①。

本案根据公平原则，合理认定中转港集装箱滞留费用数额，并判定双方对因疫情防控在中转港额外增加的履约成本和费用予以分摊。一审判决作出后，双方当事人均服判，取得良好社会效果。本案对航运企业克服疫情影响，坚持等待目的港具备卸货条件后完成运输合同全部义务的行为给予了正面评价和司法支持。在航运经济受到疫情巨大影响的特殊情况下，对鼓励航运企业恪尽职守、促进航运复苏具有积极作用。判决合理确定相关费用数额，平衡船货双方利益，依法保护进出口企业的合法权益，为促进疫情影响下国际贸易的顺畅有序发展提供了有力保障。

（三）李某诉某远洋渔业公司劳动合同纠纷案

2017年3月，原告李某某与被告某远洋渔业公司签订了远洋捕捞劳动合同，随后随船赴南太平洋进行作业。2018年11月，原告突发脑梗死导致右侧肢体偏瘫，事发时船舶距离夏威夷约700海里。被告当日开始联系各方，申请船舶进入美国夏威夷港。5天后，原告被安排至夏威夷港当地皇后区医疗中心救治，后转回国内治疗。被告为原告垫付医疗等各项费用，合计超过72万元人民币。原告认为，因持续21个月的南太平洋海上工作导致身心受损并致残，被告作为雇主应承担全部赔偿责任。2020年2月，原告向宁波海事法院提起诉讼。该院经审理认为，被告对其尽到了及时救治义务，该疾病突发及不良后果系其自身疾病及外部因素共同所致，故酌情认定被告承担30%的责任。考虑到被告已垫付72万元人民币，经抵扣，无须再向原告支付赔偿金。

近年来，随着涉外远洋渔业的快速发展，远洋渔船作业过程中发生事故导致人身伤亡或突发疾病的纠纷并不少见。这类纠纷往往涉及两个方面的问题。一是如何保障船员人身安全，使其尽早得到救治。这也是船东和

---

① 《2021年全国海事审判典型案例》，最高人民法院官网，https://www.court.gov.cn/zixun/xiangqing/361581.html，最后访问日期：2023年12月31日。

船员普遍关注的问题，因为船员在远洋作业过程中发生意外事故或突发疾病，其救治难度较近海和陆地作业更大。二是纠纷发生后相应责任如何划分。在一些案件中，船员的人身损害结果可能涉及其自身操作不当、自身疾病等因素，这增加了责任比例的认定难度①。

① 《宁波日报深度解读：宁波海事法院让远洋渔业更有"章法"》，宁波海事法院官网，https：//mp.weixin.qq.com/s/JMaTvz3qahBiiCyMgJQ3zQ，最后访问日期：2023 年 12 月 31 日。

第九章　海洋安全的法治发展

安全是人类所面临的首要问题，也是一个国家生存和发展的重要基石，维护国家安全是各国的根本利益所在[①]。海洋安全作为国家安全的重要组成部分，必然对海洋国家或濒海国家的总体安全产生重要影响。当今，国际海洋形势正在发生深刻变化，世界主要海洋国家纷纷加强和调整海洋政策，以海权角逐为核心的海洋地缘战略争夺不断加剧。同时，海洋领域非传统安全威胁的影响也日益凸显。在此背景下，中国的海洋安全面临日趋严峻的挑战。因此，在明确海洋威胁的来源与类型的前提下，制定明确的海洋安全战略，以法治手段维护国家海洋安全，具有现实战略意义。

第一节　国家海洋安全战略

国家海洋安全战略是指导国家海洋事业发展和保障国家海洋利益安全的总体方略，是国家战略在海洋事务中的运用和体现，是集指导海洋经济发展、海洋科技进步、海洋环境保护和海上安全保障等于一体的战略体现。中国新时代国家海洋安全战略应当立足统筹现代化建设全局的高度，用全球视野、历史眼光与战略思维观察和处理海洋问题，切实把海洋发展、海洋安全作为国民经济和社会发展的重要组成部分，提高海洋综合管理水平，努力开创海洋事业新局面。

---

① 刘笑阳：《新时代中国海洋安全的战略评估与展望》，《太平洋学报》2023 年第 1 期，第 97 页。

一 统筹总体安全观，推进海洋强国建设

坚持总体国家安全观。统筹发展和安全，增强忧患意识，做到居安思危，是党和国家治国理政的一个重大原则。习近平总书记指出，当前中国国家安全内涵和外延比历史上任何时候都要丰富，时空领域比历史上任何时候都要宽广，内外因素比历史上任何时候都要复杂，必须坚持总体国家安全观，以人民安全为宗旨，以政治安全为根本，以经济安全为基础，以军事、文化、社会安全为保障，以促进国际安全为依托，走出一条中国特色国家安全道路①。

面向海洋则兴、放弃海洋则衰。中国既是陆地大国，也是海洋大国，拥有1.8万多千米大陆海岸线、1.4万多千米岛屿岸线、300万平方千米主张管辖海域，拥有广泛的海洋战略利益。海洋事业的发展与海洋问题的解决不仅关系到民族的生存发展，更关系着国家的兴衰安危。党的十八大作出了建设海洋强国的重大部署。实施这一重大部署，对推动经济持续健康发展，对维护国家主权、安全、发展利益，对实现全面建成小康社会目标进而实现中华民族伟大复兴都具有重大而深远的意义。从国际层面看，海洋强国战略旨在保卫和维护国家领土完整和国家统一，解决周边海事问题，捍卫和拓展本国的海洋权益，深度参与全球海洋治理，为国家发展创造公正合理的海洋秩序；从国内层面看，海洋强国战略立足于促进海洋经济全方位发展，海洋管理体制的发展完善，海洋法律体系的丰富提升，公民海洋战略意识的增强，海洋事业与社会发展、国家富强的战略联动等多方面②。

二 以法治手段维护国家海洋安全

运用法治思维和手段维护、塑造国家安全是全面依法治国的题中应有

---

① 《坚持总体国家安全观　走中国特色国家安全道路》，《中国青年报》2014年4月16日，第1版。

② 吴昊：《新时代全球海洋安全治理与中国参与》，山东大学博士学位论文，2019，第78页。

之义，更是实现国家长治久安的重要保障。中国外向型经济高度依赖海洋，对海洋依赖度逐步增强，海洋在国家总体安全观中占有重要地位。习近平总书记在十九届中央国家安全委员会第一次会议上强调："要加强党对国家安全工作的集中统一领导，正确把握当前国家安全形势，全面贯彻落实总体国家安全观，努力开创新时代国家安全工作新局面。"目前，中国海洋法治体系构建与海洋强国战略实施之间存在诸多不协调，主要表现在以下几个方面：首先，中国宪法对海洋方面问题大多没有作出明确规定，对海洋立法的支持不足；其次，中国目前尚未颁布海洋基本法，相关海洋法律制度不够完善，难以保障国家海洋权益；最后，国家海洋执法体制机制存在不足之处，海警机构作为海上执法主体，其职责与义务还需在海上执法实践中进一步发展与完善。随着中国海洋综合实力的显著提升，实施海洋战略应当立足于国家安全和长远发展的战略全局，着力构建推进与我国国际地位、国家权益和发展利益相适应的海洋法治体系，完善总体国家安全观下的海洋治理体系①。

整体上，中国应在遵循《联合国海洋法公约》的原则和规约基础上，结合所管辖海域的自然环境、社会人文和地缘政治等多方面实际情况，坚持保护和维系本国合理正当的海洋主权、主权权利，并依据海洋事务发展和海洋治理现状制定出台相关海洋法律文件，旨在更理性妥善地处理海洋事务、规范海洋实践、开展海洋合作，积极构建国家海洋事业体系、维护全球海洋秩序稳定。立法方面，应当以法治建设为核心，健全中国特色海洋法律体系。科学完善的海洋法律体系是全面依法治国的重要环节，是进一步维护海洋权利、打造海洋强国的有力支撑，更是从根本上维护中国海洋事业发展的全面法治保障。因此，应当从安全法律体系角度出发，战略性、前瞻性、系统性地统筹海洋安全立法，补齐国家安全法律海洋领域薄弱环节，完善国家安全法律体系，为国家海洋安全执法、司法和守法提供

---

① 王荣亮：《总体国家安全观下中国完善法治体系、维护海洋安全的历史渊源与路径研究》，《上海法学研究》第 6 卷（上海市法学会国家安全法律研究会文集），2022。

制度依据；法制运用方面，应当善于利用法律武器维护国家海洋主权、安全和发展利益，以协调联动为抓手，建立综合执法维权体系。在健全境内海洋法治的基础上加快涉外海洋法治工作战略布局，充分运用法治方式协调推进国内与国际海洋治理，开展有理有据有节的海洋安全斗争，切实维护国家海洋主权、尊严和核心利益。进一步强化海洋执法能力，以维护国家海洋权益。积极提升海洋执法队伍效能；建立部门联动机制，通过制定科学严谨的联合执法程序和依据，健全争议协调、执法冲突和风险处理协商解决方案；建立与外国行政机关和涉海执法机构的长效沟通协作机制，加强多边海上执法合作①。

三　筑牢海洋安全，维护国家发展利益

中国始终把海洋安全纳入国家安全体系，将海洋事业发展纳入国家整体事业体系。习近平总书记强调，中国要"统筹维稳和维权两个大局，坚持维护国家主权、安全、发展利益相统一，维护海洋权益和提升综合国力相匹配"②。经过多年发展，中国海洋事业总体上进入了历史上最好的发展时期，这些成就为建设海洋强国打下了坚实基础。同时，要维护国家海洋权益，着力推动海洋维权向统筹兼顾型转变。我们爱好和平，坚持走和平发展道路，但决不能放弃正当权益，更不能牺牲国家核心利益③。

新时代中国的海洋政策和实践业已说明，以总体国家安全观思维和理念为指导，中国特色海洋观持续优化发展，从海洋安全观、海洋利益观和海洋发展观等多维度，将中国的海洋安全和发展与世界的海洋安全和发展相结合，提振全球多元行为体的海洋战略互信、多边合作，推动共建海洋善治格局。海洋安全观从高度强调国家安全、军事安全等硬安全，发展为

———————————

①　《加强海洋法治建设　维护国家海洋安全》，最后访问日期：2024 年 3 月 10 日，https://baijiahao.baidu.com/s? id＝1784852582810873324&wfr＝spider&for＝pc。

②　《习近平：进一步关心海洋认识海洋经略海洋　推动海洋强国建设不断取得新成就》，《人民日报》2013 年 8 月 1 日，第 1 版。

③　《习近平：进一步关心海洋认识海洋经略海洋　推动海洋强国建设不断取得新成就》，《人民日报》2013 年 8 月 1 日，第 1 版。

侧重生态安全、环境安全等软安全。海洋利益观从主要追求安全利益，发展为追求政治、经济、文化、科技、安全等多元利益以及注重平衡利益诉求。中国在维护海洋利益过程中注重综合运用各种手段，注意尊重和保障其他国家正当合理的海洋利益诉求和发展需求，致力于积极谋划国际社会共同海洋利益的共存和共享之路。海洋发展观则转变为持包容务实、理性创新的理念发展海洋事业和推动全球海洋安全治理。中国积极推动世界多国多层次、多领域、多方式的海洋安全合作，为推动全球海洋务实合作而提供公共产品、实施方案和实践路径。积极推动全球共建"海洋命运共同体"，拓展全球性的海洋安全信任与务实合作，追求全球海洋安全秩序的平衡与稳定，努力建构全球海洋安全当前和未来的可持续性和平衡性①。同时，应当始终坚持把国家主权和安全放在第一位，贯彻总体国家安全观，周密组织边境管控和海上维权行动，坚决维护领土主权和海洋权益，筑牢边海防铜墙铁壁。海军作为国家海上力量主体，对维护海洋和平安宁和良好秩序负有重要责任。

同时，应着眼于中国特色社会主义事业发展全局，统筹国内国际两个大局，坚持陆海统筹，扎实推进海洋强国建设。一是提高海洋资源开发能力，着力推动海洋经济向质量效益型转变。加强海洋产业规划和指导，优化海洋产业结构，提高海洋经济增长质量，重点发展海洋生物资源开发利用、海水利用、海洋船舶工业、海洋油气、矿产资源勘探开发、海洋交通运输、海洋旅游等产业，实施海洋工程和装备重大专项。二是提高深海勘探开发和运载能力，培育壮大海洋战略性新兴产业。三是提高海洋产业对经济增长的贡献率，努力使海洋产业成为国民经济的支柱产业，为保障国家能源安全、食物安全、水资源安全作出贡献。也应注重保护海洋生态环境，着力推动海洋开发方式向循环利用型转变。将海洋生态文明建设纳入海洋开发总体布局，坚持开发和保护并重、污染防治和生态修复并举，科学合理开发利用海洋资源，维护海洋自然再生产能力。发展海洋科学技

---

① 吴昊：《新时代全球海洋安全治理与中国参与》，山东大学博士学位论文，2019，第82页。

术，着力推动海洋科技向创新引领型转变。大力发展海洋高新技术，落实海洋科技创新总体规划，坚持有所为有所不为，重点在深水、绿色、安全等海洋高技术领域取得突破。

四　推进构建海洋命运共同体

"亲望亲好，邻望邻好。"中国坚持与邻为善、以邻为伴，坚持睦邻、安邻、富邻，践行亲、诚、惠、容理念，努力使自身发展更好地惠及更多国家。党的二十大报告提出，"中国始终坚持维护世界和平、促进共同发展的外交政策宗旨，致力于推动构建人类命运共同体"①。"海洋命运共同体"是"人类命运共同体"的重要组成部分，是全人类聚焦海洋治理和海洋发展的共同方案和愿景。构建"海洋命运共同体"是历史发展的必然和现实态势的应然，也是全球海洋安全事务的方向和愿景。

"海洋命运共同体"是指世界海洋事务的多元行为体通过广泛协商和多边合作而形成的联合体。基于海洋事务发展以及海洋治理进程的基本现实，其主要发展目标是：政治上，追求世界各国在海洋领域的和平与发展，海洋事务及其治理的国际公平正义，明确海洋霸权的不切实际性，强调海洋合作的现实需求性；安全上，提倡互信、互利、平等、协作，坚决维护国家主权、安全和发展利益，积极建设全球和谐、和平和合作体系，努力追求实现全球海洋共同安全；经济上，提倡在创新、协调、绿色和开放的原则基础上发展和壮大海洋经济，合理分配海洋能源资源，实现合作共赢目标；文化上，促进世界海洋文化的融通发展和交流互促，构建开放包容互鉴的海洋文化体系；生态上，提倡世界各国加强海洋生态文明建设，提倡人海和谐发展的海洋生态文明理念，兼顾海洋开发与环境保护，实现海洋绿色可持续发展。

---

① 《高举中国特色社会主义伟大旗帜　为全面建设社会主义现代化国家而团结奋斗——在中国共产党第二十次全国代表大会上的报告》，《人民日报》2022 年 10 月 26 日，第1 版。

构建"海洋命运共同体"契合全球海洋治理的现实需求和时代趋向①。近些年，中国已经成为全球海洋安全治理的重要参与者、贡献者和引领者，中国一贯倡导和推动国际社会坚定奉行真正的多边主义，坚持平等协商、开放包容、公平公正，不断加强和完善全球海洋安全治理机制；通过努力切实为促进海洋可持续发展作出贡献，将碳达峰、碳中和融入海洋生态文明建设的总体规划和具体实践，努力推动蓝色碳汇增量，积极推动国际社会携手落实联合国可持续发展目标，积极推动海洋的绿色低碳和可持续发展；大力推动全球性蓝色经济发展与合作，积极发展"蓝色伙伴关系"，积极推动全球性海上互联互通和务实合作。"海洋命运共同体"在坚持"共商、共建、共享"基本原则以及《联合国海洋法公约》等国际海洋法基本规范的基础上，采取多维多向合作的方式，带动全球和区域海洋的协同联动发展，致力于实现人海和谐、海洋可持续发展。同时，中国积极建设 21 世纪海上丝绸之路，拓展多边旅游、海洋科研、海洋经济、港口建设、海上安全等领域合作。努力寻求同各方利益的汇合点，通过务实合作促进合作共赢，同"一带一路"共建国家加强合作，实现设施联通、贸易畅通、资金融通、政策沟通、民心相通，共同打造开放合作平台，为地区可持续发展提供新动力，携手建设更为紧密的海洋命运共同体，促进地区和平、稳定、繁荣。

第二节　周边海域海洋安全的法治发展

一　周边海域海洋安全现状

（一）东北亚海域海洋安全现状

东北亚地区海洋安全受到该区域内国家之间海洋争议的影响，呈现多样性、复杂性和长期性的特点。首先，东北亚地区国家之间广泛存在海洋

---

① 马金星：《全球海洋治理视域下构建"海洋命运共同体"的意涵及路径》，《太平洋学报》2020 年第 9 期，第 4 页。

资源利用、海洋航道争夺、海洋经济竞争、海洋资源开采和养护、领土及岛屿主权归属、专属经济区和大陆架划界等各类争端，地区海洋安全局势紧张。近年来，海洋环境及海洋生态议题备受关注，与之相关的争议也日益尖锐。尤其是日本福岛核污染水排海事件引发了潜在的区域争议。其次，东北亚地区的海洋争端很少由单一种类争端构成，东北亚海洋权益争端表现为多种类的复合型争端，尤其以岛屿和领土主权归属、海洋划界和资源开发争议交织并存为典型。多样化争端产生不同的影响和作用，使得东北亚海洋安全维护和促进也呈现多样化态势。最后，东北亚地区国家之间政治经济关系复杂，虽然个别国家基于双边协议展开了有限合作，但仍缺乏有效的区域安全信任和合作机制，海洋安全问题将长期存在。

（二）南海海域海洋安全现状

南海海域的海洋安全问题起源于 20 世纪五六十年代南沙群岛附近石油和天然气资源的发现。在巨大经济利益的驱动下，南海周边国家纷纷开始占领岛礁。1982 年《联合国海洋法公约》签订后，周边国家纷纷提出了各自的海洋主张，并采取单边行动，在南海海域采取了一系列军事、政治及经济行为。同时，美国、日本、澳大利亚、印度等域外国家，积极介入和插手南海事务，为部分域内国家提供支持，加强本国在南海区域的军事存在。复杂的主权归属和海洋权益争端以及多方势力的存在，使得南海海域已经成为全世界海上安全形势最复杂的区域之一。

南海海域海洋安全问题既表现为传统安全，也包括非传统安全问题。海洋安全法治既包括国家层面推进海洋合作的整体设计，也包括国内海洋法律制度的建设和完善，以及国家间和区域内海洋合作法律机制建设。南海海域海洋安全牵涉多国利益，但集中体现在以下几个方面：第一，南海海域国家之间的领土争端、划界争议与海洋权益争端；第二，南海海域安全合作机制建设与航行安全问题；第三，域外国家及其推行的海洋政策对南海海域海洋安全的影响；第四，非传统安全领域的合作与冲突。其中，值得关切的海洋安全法律问题包括海洋整体安全局势、海上通道安全、海上环境安全、预防和打击海上犯罪、海上搜救与救援合作等。

二 周边海域海洋安全法治现状

（一）周边海域海洋安全的法律体系现状

东北亚海域海洋安全法治渊源薄弱，调整东北亚海洋安全问题的国际法渊源主要限于《联合国宪章》、《联合国海洋法公约》等多边条约、区域内个别国家间缔结的综合性战略合作条约、针对特定安全事项缔结的双边或多边条约。同时，东北亚地区围绕海洋安全形成的区域习惯法规则有限，国内法中涉及海洋安全问题的法律域外效力也值得商榷。

国内立法是国家明确和强化海洋主张、实施有效管辖的法律依据。从中国而言，中央立法层面已经制定了相应的法律规范，其中涉及海洋安全的立法包括：第一，中国政府关于领海的声明、《领海和毗连区法》《专属经济区和大陆架法》《深海海底区域资源勘探开发法》等，旨在对中国的海洋立场和主张加以明确；第二，《渔业法》《海上交通安全法》《海警法》《渔港水域交通安全管理条例》《对外合作开采海洋石油资源条例》《海底电缆管道保护规定》《海岛保护法》等法律、行政法规和规章，上述立法主要对渔业、油气、港口、海上执法、海域使用等事项加以规定，以规范国内各主体的海洋活动，促进管辖海域内权利的有效行使。同时，南海周边国家也通过制定和完善国内立法强化了本国的海洋主张。例如，菲律宾宪法特别列明了领土资源条款①，并颁布了《菲律宾国家海洋政策》《菲律宾 21 世纪议程》等宏观海洋政策，以及《国家海事安全规划》《预防和制止海盗和武装劫船国家行动计划》等具体安全政策。菲律宾同样制定了渔业法、地方政府法，并辅之以资源开发和生态保护相关立法，逐步建立起本国的海洋执法机构和机制②。越南则制定了《越南海洋法》，

---

① Philippine Constitution（1987），Article 12, https：//nwrb. gov. ph/images/laws/THE _ 1987 _ PHILIPPINE_CONSTITUTION. pdf, Accessed on July 25, 2024.

② 雷小华、黄志勇：《菲律宾海洋管理制度研究及评析》，《东南亚研究》2014 年第 1 期。

并将中国领土写入本国立法，这一行为无疑侵犯了中国主权①。越南以该法为依据强化海洋巡逻、管控和执法，并阻挠中国在相关海域的执法活动，加剧了海上不安全。2019 年，《越南海警法》正式生效实施，该法强化了越南海上武装力量职能，成为海洋执法任务的国内法依据。

同时，尽管中国与周边国家海洋冲突和争端持续存在，但国家间的海洋安全合作，尤其是低敏感领域的海上合作和对话机制呈现灵活畅通的特点。中国与南海周边国家签订或加入的国际法律文件，包括双边和多边两种类型，法律文件形式包括条约、备忘录、联合声明等多种形式。第一，通过发布联合声明方式，明确全面的合作意向，加强海上防务合作、打击海上犯罪、维护航行安全等具体安全问题的合作。例如，中国和马来西亚早在 1999 年就发布了联合声明，双方愿意发展防务合作关系，促进双方执法机关的合作与相互协助，打击跨国犯罪②。中马两国也通过后续的联合声明，同意提升两国防务合作水平，并促进两军高层合作交流，共同打击跨国犯罪等，维护南海的和平与稳定③。第二，通过签订双边和多边法律文件，加强信息共享，推进低敏感领域的双边和多边合作，推进航道安全、海上救助与搜救等公共产品建设。例如，中国和马来西亚于 2009 年签订了《中华人民共和国政府与马来西亚政府海洋科技合作协议》，中国加入了《1979 年国际海上搜寻救助公约》。第三，加入打击海盗等海上犯罪的双边和多边条约。中国与南海周边国家签订了《中华人民共和国政府和菲律宾共和国政府关于打击非法贩运及滥用麻醉药品、精神药物及管制易制毒化学品的合作谅解备忘录》《中华人民共和国政府和印度尼西亚共和国政府关于加强禁毒合作的谅解备忘录》《中华人民共和国政府和马来

① 《〈越南海洋法〉介绍》，https：//cn.nhandan.vn/documentation/item/5601，accessed on July 25，2024。

② 《中华人民共和国政府和马来西亚政府关于未来双边合作框架的联合声明》（1999），http：//my.china-embassy.gov.cn/zt/zmgxzywj/199905/t19990531_1769035.htm，Accessed on July 25，2024。

③ 《中华人民共和国政府和马来西亚政府联合声明》（2018），http：//my.china-embassy.gov.cn/chn/zmgx/201808/t20180820_1721940.htm，最后访问日期：2024 年 7 月 25 日。

西亚政府关于打击跨国犯罪的合作协议》，中国也加入了《亚洲地区反海盗及武装劫船合作协定》。东盟成员之间也建立了多边合作机制，包括《打击跨国犯罪东盟行动计划》《东盟安全共同体行动纲领》等，以及《亚洲地区打击海盗和武装劫船合作协定》区域合作法律机制。第四，适用于南海安全的国际海事公约。《国际海上避碰规则公约》作为通行的海事规则，有助于航道通行安全和避免船舶碰撞。《制止危及海上航行安全非法行为公约》《制止危及大陆架固定平台安全非法行为议定书》将海盗、恐怖主义、海上犯罪等纳入海事条约体系，有助于更好地打击海上犯罪，有效补充区域性条约的不足。目前，中国仍致力于与周边海域国家沟通合作，落实《南海各方行为宣言》和南海行为准则的磋商，推进海上务实合作，形成区域性的行为和治理准则。2022年是《南海各方行为宣言》签订20周年，中国与东盟各国对于如何推进准则的磋商和落实也一致保持良性对话和沟通，这对于维护海域安全与稳定、促进区域合作具有重要意义①。

但综观全局，周边海域海洋安全法律体系仍在构建中，现有海洋安全法治渊源对海洋争端涉及的实体性问题仍然缺乏明确界定，如《联合国海洋法公约》中对岛屿和岩礁的界定方法过于模糊；缺少对具体海洋安全问题处理的规定，如《联合国海洋法公约》对专属经济区和大陆架划界的规定过于抽象；缺乏对具体划界规则和方法的界定和阐述，可操作性不强。对于围绕安全问题产生的争端解决，现有国际法渊源也呈现较弱状态②。由于涉及国家主权的行使，争端解决机制的设定及相应程序的选择，在很大程度上仍依赖国家意志，缺少强制管辖权的规定及具有拘束力的解决方案。

① 《落实〈南海各方行为宣言〉第36次联合工作组会在柬埔寨举行》，http//bbs. fmprc. gov. cn/wjb_673085/zzjg_673183/bjhysws_674671/xgxw_674673/202205/t20220527_10693564. shtml，最后访问日期：2022年7月24日。

② Alan E. Boyle, "Dispute Settlement and the Law of the Sea Convention: Problems of Fragmentation and Jurisdiction,"*International & Comparative Law Quarterly*, 1997, 46(1): 37-54.

（二）东北亚海域海洋安全法治执行机制

作为地理概念的东北亚是指东亚东北部地区，范围可包括中国东部、朝鲜半岛、日本列岛、俄罗斯远东地区。当前，东北亚海域海洋安全法治内容较为单一，传统东北亚安全仍主要围绕领土和岛屿安全展开，如中日钓鱼岛争端、韩日岛屿争端、俄日岛屿争端等。同时，随着东北亚国家海洋实践的发展，以维护海洋权益为代表的新的影响安全局势的不稳定因素逐渐出现，主要涉及区域海洋资源开发等问题，包括中韩黄海渔业资源争议、中日东海油气资源问题等。随着日本福岛核事故的发生，海洋环境和生态安全也成为潜在的区域安全威胁，将对东北亚沿海各国产生深远影响。然而，东北亚各国海洋法治状况、海洋实力、经济发展水平参差不齐的现状，也影响了区域海洋合作水平提升。日本海洋安全战略发展较早，在积极推进海洋资源开发和利用的同时，也注重强化与区域国家及域外国家的合作，然而朝鲜则出于各种原因，仍游离于区域合作框架之外。

东北亚地区环绕的黄海、东海作为典型的半闭海，生态系统较为脆弱，与相邻的海洋环境分离，具有一定的独立性，区域性特征明显，进行区域合作，缔结区域性条约或者协定更具有现实性和可操作性。各方应当积极研究分析，构建起海洋合作议题下的多边国际机制、双边合作机制，致力于形成具有区域特色的东北亚海洋治理模式。但目前东北亚海洋安全法治的落实基本依赖区域会议、合作论坛，以及在此基础上形成的有限双边和多边合作，多数合作仍以不具有法律拘束力的声明和宣言形式呈现。由于缺乏行之有效的法治体系以及强有力的执行机制，东北亚国家之间的海洋安全长期合作难以有效进行，海洋安全法治执行状态堪忧。

（三）东北亚海域海洋安全的域外影响因素

美国的战略重心转向亚太地区后，推行"亚太再平衡战略"和"印太战略"。为制衡中国，通过建立和强化亚太盟国伙伴关系，加强对地区海域控制，在东北亚产生博弈热点地区，影响了东北亚海洋安全的法治进程①。

一方面，从新中国成立至今，中国在东北亚的出海通道一直处于美国的岛链封锁中，以监视与阻止中国舰船进入太平洋。通过建立东北亚军事基地群，近年来美国积极推行亚太再平衡战略，不断强化在东北亚的海上军事力量②，随后又推出"印太战略"。另一方面，随着经济区域化和经济全球化的深入发展，美国对东亚事务在管理层面不断加大力度，意在掌握东亚的主导权，进而控制整个东亚地区。在美国的强大军事和舆论压力下，许多国家对中国采取双重战略，既与中国保持密切联系，加强经济政治交往与文化交流，同时又与美国结成军事同盟，为东北亚地区的发展制造种种障碍。毫无疑问，美国的政策和战略严重阻碍了东北亚和平发展进程，亦给东北亚海域的海洋安全造成了严重的影响与威胁。

（四）南海海域海洋安全的法治合作机制

关于南海海域海洋安全合作机制及运行情况，主要体现在以下几个方面。一是国家间积极开展海上执法机构合作交流。2021年4月和10月，中国海警局和越南海警展开了两次北部湾领域联合巡航，维护海上渔业活动安全秩序③。东盟国家的海岸警卫队也达成了一系列双边协议，如菲律宾与印度尼西亚海岸警卫队在苏拉威西海实施的搜救与反海盗协议④。二是区域性合作和对话机制的建立，促进国家间就海上安全相关事项展开合作。例如，东盟国家的《东盟南海宣言》，以及东盟地区论坛、东亚峰会、东盟地区论坛以及亚太安全合作理事会、香格里拉对话机制等，致力于持

---

① 宫笠俐、叶笑晗：《"海洋命运共同体"视域下的东北亚海洋安全信任机制构建》，《东北亚论坛》2021年第5期，第99~128页。

② 史春林、李丰羽：《东北亚海峡通道航行安全影响因素及应对之策》，《交通运输部管理干部学院学报》2023年第4期，第12页。

③ 《中越海警开展2022年第一次北部湾海域联合巡航》，http：//www.ccg.gov.cn/2022/hjyw_0423/1641.html，最后访问日期：2024年7月25日。《中越海警开展2021年第二次北部湾海域联合巡航》，http//www.ccg.gov.cn/2022/gjhz_0215/1152.html，最后访问日期：2024年7月25日。

④ 《防止IS渗透 印尼与菲律宾启动海上巡逻》（2017.7.6），新华社，http：//www.xinhuanet.com/world/2017-07/06/c_129648249.htm，最后访问日期：2024年7月25日。

续关注和应对亚太安全形势和安全威胁相关问题①。三是航道安全多边法律合作机制的建构。马来西亚、印度尼西亚与新加坡三国建立了海峡合作机制以及三边巡逻机制，以保障马六甲海峡的航道安全以及打击海上犯罪。东盟成员国之间建立了双边合作机制，如印度尼西亚—新加坡联合巡逻机制、马来西亚—印度尼西亚协调巡逻机制、马来西亚—菲律宾巡逻机制、马来西亚—泰国联合巡逻机制以及菲律宾—印度尼西亚巡逻机制等。四是部分域外国家与南海周边国家建立的军事保障与安全合作机制，力图主导南海安全。例如，美国主导下的美日澳三边战略对话、地区海事安全倡议②、五国联防协议③，以及频繁进行的联合军演，中国被排除在此种合作机制之外，也是域外国家插手南海事务、增强存在感的重要手段。

目前，南海海域划界尚未实现，主要通过建立起一些区域性和多边合作机制，以促进海上安全、海上搜救等事项。例如，"中国—东盟海事磋商机制"、中国与东盟"10+1"交通部长会议等均是落实宣言的具体体现。在打击海盗问题上，国际海事组织发布了建议和指南，也在一定程度上促进了区域和次区域机制的形成④。然而，此种区域和次区域性的合作机制存在一定局限性，南海地区的安全合作机制林立与功能重叠更凸显了传统安全的结构性困境。自 2010 年之后，中国海军力量迅速成长，岛礁建设步伐逐渐加快。在这种背景下，南海周边国家一方面加强与美国等域外国家的合作，一方面采取强硬措施，大力发展海上力量，越南、马来西

---

① 李志斐：《南海非传统安全问题的现状与应对机制分析》，《太平洋学报》2020 年第 4 期，第 76 页。

② Regional Maritime Security Initiative, https://www.globalsecurity.org/military/, accessed on July 25, 2024.

③ Five Power Defence Arrangements (FPDA), https://www.globalsecurity.org/military/world/int/fpda.htm (2022.7.28), J. Vitor Tossini, "The Five Power Defence Arrangements" (2017.2.28), https://ukdefencejournal.org.uk/britain-and-regional-security-the-five-power-defence-arrangements/, accessed on July 25, 2024.

④ 国际海事组织发布的相关文件包括《海盗与持械抢劫船只：为预防与制止海盗和持械抢劫船只给各国政府的建议》《海盗与持械抢劫船只：为防止海盗与武装抢劫船舶给船东、船舶运营商、船长与船员的指南》《调查海盗与武装抢劫船舶犯罪操作准则》。

亚和印度尼西亚的海上力量都取得了长足发展，其中越南的发展最为迅速。这就决定了南海地区虽然存在数量不少的多边对话与合作机制等战略对话平台，但由于结构性安全困境的存在，所形成的成果多止步于缺乏强制约束力和效力的倡议、宣言、声明，没有实现有效治理的效果[①]，为南海海域的海洋安全蒙上了一层阴影。

三　周边海域海洋安全法治展望

（一）东北亚海域海洋安全法治体系的构建

首先，海洋安全法治体系的构建应当以"海洋命运共同体"为理论基础。东北亚地区是由海洋连接成的区域命运共同体，区域海洋问题的妥善解决直接关系到各国人民的安危。中国坚定奉行防御性国防政策，始终以东北亚海洋安全法治为基础，在区域积极倡导树立共同、综合、合作、可持续的新安全观。在21世纪海上丝绸之路倡议下，中国通过东北亚海洋安全法治的构建和发展，促成海上互联互通和各领域务实合作，共同增进海洋福祉。东北亚国家之间的海洋安全问题应以和平方式妥善解决，不能动辄诉诸武力或以武力相威胁。

其次，海洋安全法治体系的构建应当以区域条约和国际习惯为主要渊源。为确保东北亚海洋安全法治的有效性，在尊重国家意志基础上缔结的区域条约，在区域内形成的长期、反复、一致的习惯法，区域各国国内法的一般法律原则应作为东北亚海洋安全法治的实质性渊源，国际和区域司法判例及学者学说也可以作为补充性渊源。同时，对于影响东北亚海洋安全的各类具体争端，可以结合其特点和解决途径细化渊源分析。因此，对于东北亚海洋安全核心议题——海洋划界争端的解决应当遵守基于国际划界实践形成的划界原则：尊重国家主权原则，国家之间有约定则以约定为基础进行划界；公平原则，综合考虑包含形状、岛屿、比例等在内的地理

---

① 李志斐：《南海非传统安全问题的现状与应对机制分析》，《太平洋学报》2020年第4期，第77页。

因素，以及地质地貌、经济因素、习惯行为、国家安全、周边国家利益以及历史性权利等在内的非地理因素等一切相关情况，从公平划界目的出发，达到公平划界结果①；自然延伸原则，对 200 海里外大陆架的划界实践具有重要意义，确保沿海国在现有国际海洋法的框架内得到本国领土向海一面自然延伸最大范围内大陆架上的资源。

最后，海洋安全法治体系的构建应当以区域对话合作为主要形式。和平解决国际争端已被公认为是具有强行法性质的现代国际法基本原则。谈判和协商在和平解决国际争端的政治方法中应用最为频繁，特别是在海洋划界争端解决中起到主要作用。在已经划定的 180 多条海洋边界中，约 160 条是通过谈判协商或以其为主解决的。理论上，谈判协商并不完全等同，但实践中两者具有同样的内涵。其特点在于：第一，政治性强，可与国家的政治意愿同步调整，海洋边界的战略性需求往往就此能与谈判的政治性相契合，使划界结果摆脱零和博弈；第二，规范性强，虽然谈判属于政治方法，但是其运作必须符合国际法原则和规范，使争端解决能够建立在合法性基础上；第三，灵活性强，与国际司法实践中体现的法律确定性相比，谈判中使用的各种划界方法更注重个案的具体情况和当事国双方的意愿，使争端的解决更有效率。此外，兼具法律方法和政治方法优势的强制调解，也日益得到国际社会的支持和认可。由于能充分尊重国家主权与国家意愿，同时，程序的启动具有一定的强制性，程序性的规则也由《联合国海洋法公约》附件明确规定。在国际和区域海洋争端解决中也可以作为替代性方法得以应用。

（二）南海海域海洋安全法治体系的构建

南海地区作为全世界海洋冲突最为复杂的海域之一，海洋安全法治建

---

① 公平原则在国际专属经济区和大陆架划界实践中得到广泛运用，包括：1977 年英法大陆架案、1982 年突尼斯—利比亚大陆架划界案、1984 年缅因湾划界案、1985 年利比亚—马耳他大陆架划界案、1992 年法国—加拿大海洋划界案、1993 年格陵兰—扬马延海洋划界案、2001 年卡塔尔—巴林海洋划界案、2001 年喀麦隆—尼日利亚划界案等。公平原则在国际习惯法中的法律地位已经得到国际社会普遍支持和认可。

设既体现了区域性冲突所带来的影响，也兼具区域治理机制的显著特征。前者体现在区域冲突下国家间安全合作机制存在成员、机制目的的重叠，碎片化较为明显；后者体现在国家间的合作意向多以软法性的法律文件为表征，区域性和次区域性组织内部合作开展较多。

南海海域所处的地理位置位于重要航线和航路上，海域安全维护符合所有国家的航行利益，因此低敏感领域的安全合作机制更能吸引其参与其中，同时航行自由和航行安全也是域外国家介入的重要借口。可以预见，短期内如果要形成更为系统化、长效性仅涉区域内国家的安全合作机制尚有一定难度，围绕海上执法、渔业、航行安全等展开的冲突仍将持续，但整体安全形势相对稳定，对话和沟通机制积极畅通。因此，南海海域安全法治建设需要寻求平衡国家利益与区域利益，寻求共性并在此基础上尊重差异，逐渐减弱域外因素的影响，构建区域共同体。

关于法律体系的构建，一是应进一步推动完善《联合国海洋法公约》等国际法的立法程序和司法实践；二是借鉴国际组织的运行原则和实践经验，对国际海洋法体系的不足和未予明确之处进行补充；三是制定新的区域性制度，对南海问题来说，"准则"的制定，以及其他南海安全制度的制定，是解决南海问题的重要方面；四是进一步加强双边层面的对话和协调，取得阶段性成果，并维护阶段性成果，特别是在中美两国之间，就海上安全问题进行谈判磋商，遵守已经达成的共识，是维护南海和平稳定的重要方面；五是加强国内立法，不仅可以起到宣示的作用，清晰地表述国家在相关海域的权益，也可对国际法规则起到一定示范和引领作用①。

第三节　非传统海洋安全的法治发展

海洋安全可分为传统海洋安全与非传统海洋安全两类②。传统海洋安

---

① 《南海安全秩序构建和法理斗争》，https：//www. icc. org. cn/publications/theories/1492. html，最后访问日期：2024 年 3 月 13 日。

② Basil Germond, "The Geopolitical Dimension of Maritime Security", *Marine Policy*, Vol. 54, 2015, pp. 137-142.

全主要与各国对海洋领土的控制与争夺相关，如围绕岛屿、海域主权和管辖权的战争、冲突与对抗等，包含更多的政治属性；非传统海洋安全则指除军事、政治和外交冲突以外，与海洋相关、对主权国家及人类整体生存与发展构成威胁的因素①。非传统海洋安全问题具有多样性、复杂性、国际性等特征，大致可分为如下类型：一是海上交通秩序与安全威胁问题，主要指国家对领海内航行秩序或本国籍船只船员进行管理、保护的问题，以及海盗、武装抢劫船只等问题；二是海上犯罪活动，主要指一切以海洋为场所的违法犯罪活动，通常包括走私、人口贩卖、毒品交易、秘密军火交易（包括大规模杀伤性武器、致命性自主武器系统的扩散）等；三是海洋生态环境安全与海洋灾害问题，包括核污染、核废水排海污染、化学物品或者原油造成的海洋污染、人类生产和生活垃圾造成的海洋污染、海啸或台风造成的海洋灾害等。

一　《海上交通安全法》与海洋安全

海上交通安全是海洋安全的重要组成部分，《海上交通安全法》是建设海洋强国、维护海洋权益的重要法律依据。1983 年 9 月 2 日第六届全国人民代表大会常务委员会第二次会议通过了《海上交通安全法》，为加强海上交通管理，保障船舶、设施和人身财产安全，维护国家权益提供了成文法保障。但是，近年来海洋权益争端冲突不断升级扩散，对中国海上权益的维护手段和维护力度提出了新的要求，原《海上交通安全法》已不能适应新的局面。因此，国家在 2021 年对《海上交通安全法》进行修订，细化了维护海洋安全方面的规定，提升了维护海洋安全手段的可操作性，为国家海洋安全发展提供了更全面的法律保障。

（一）船员境外管辖权

新《海上交通安全法》明确规定了船员境外突发情况的管辖，充分体

---

① Christian Bieger, "What is Maritime Security?", *Marine Policy*, Vol. 53, 2015, pp. 159-164.

现了属人管辖原则①。第16条明确规定，"国务院交通运输主管部门和其他有关部门、有关县级以上地方人民政府应当建立健全船员境外突发事件预警和应急处置机制，制定船员境外突发事件应急预案。船员境外突发事件应急处置由船员派出单位所在地的省、自治区、直辖市人民政府负责，船员户籍所在地的省、自治区、直辖市人民政府予以配合。中华人民共和国驻外国使馆、领馆和相关海事管理机构应当协助处置船员境外突发事件"。这是中国首次将船员境外突发事件预警和应急处置等制度写入法律，明确了防备突发事件和发生事件时各责任主体的职责，划分了各自的职责边界，有助于高效处理突发状况，保护船员利益。

（二）中国籍船舶的域外管辖

《联合国海洋法公约》等国际公约赋予了船旗国对本国国籍船舶的域外管辖权限。第94条规定了船旗国的义务，其中第一款规定，"每个国家应对悬挂该国旗帜的船舶有效地行使行政、技术及社会事项上的管辖和控制"。新《海上交通安全法》细化了《联合国海洋法公约》所赋予的船旗国管辖权，明确将中国籍船舶的域外管辖制度纳入新《海上交通安全法》，使中国海事管理机构能够有效行使船旗国管辖权，有效保护了中国管辖海域外中国籍船舶和船东的利益，切实维护中国海洋安全权益。一方面，修订后的《海上交通安全法》第79条第2款规定，"中国籍船舶在中华人民共和国管辖海域以及海上搜救责任区域以外的其他海域发生险情的，中国海上搜救中心接到信息后，应当依据中华人民共和国缔结或者参加的国际条约的规定开展国际协作"。其中提出中国籍船舶在域外发生险情时的国际协作制度，对中国籍船舶进行域外保护。另一方面，第86条第1款规定，"中国籍船舶在中华人民共和国管辖海域外发生海上交通事故的，应当及时向海事管理机构报告事故情况并接受调查"，规定了中国籍船舶在域外发生海上交通事故时中国的监督管辖权。这些条文明确具化了《联合

---

① 左婧、周希铭：《从新〈海上交通安全法〉谈我国海洋安全权益维护》，载《中国海事》2022年第2期。

国海洋法公约》对船旗国管辖权的规定，明确了中国海事管理机构对悬挂中国国旗船舶行使管辖权和监督权的法律依据。

（三）港口国监督制度

港口国监督是《联合国海洋法公约》赋予港口国管理机关的一项重要权力，传统的监督检查和处罚主要依据行政法规和规章，如《国际船舶保安规则》《港口设施保安规则》《外国籍船舶管理规则》《船舶安全检查规则》等，但这些法规位阶较低，效力有限。原《海上交通安全法》更多将重心放在对中国籍船舶的监管上，不仅未明确港口国监督管理的具体要求、执法程序以及实施流程，还存在与下位法不能有效衔接的问题①，致使海事管理机构无法充分履行相应的职责。

新《海上交通安全法》第 88 条重新规定了中国作为港口国监督检查的内容、程序、实施等方面的具体内容："海事管理机构对在中华人民共和国管辖海域内从事航行、停泊、作业以及其他与海上交通安全相关的活动，依法实施监督检查。海事管理机构依照中华人民共和国法律、行政法规以及中华人民共和国缔结或者参加的国际条约对外国籍船舶实施港口国、沿岸国监督检查。海事管理机构工作人员执行公务时，应当按照规定着装，佩戴职衔标志，出示执法证件，并自觉接受监督。海事管理机构依法履行监督检查职责，有关单位、个人应当予以配合，不得拒绝、阻碍依法实施的监督检查。"该条规定明确了海事管理机构的权力，展示了中国监督管理相关事宜的坚定决心和有效手段，是维护国家海洋安全权益的重要体现。

（四）针对外籍船舶非法入侵的措施

以美国为首的西方国家经常通过派出舰船前往中国管辖海域航行、侦查等进行骚扰挑衅，严重威胁中国海上交通安全和国家海洋安全。对此，原《海上交通安全法》仅在第 11 条规定，"外国籍非军用船舶，未经主

---

① 李志文、范天娇：《〈海上交通安全法〉修改中对国家海洋权益的考量》，《中国海商法研究》2014 年第 2 期。

管机关批准，不得进入中华人民共和国的内水和港口"，并没有为中国海事管理机构处理外籍船舶非法入侵情况提供具体的执法依据。新《海上交通安全法》针对外籍船舶非法入侵的处理措施进行了完善升级，为中国处理类似事件提供了有力的法律支持。

同时，法律明确了对外籍船舶非法入侵的处罚。新《海上交通安全法》针对外籍船舶非法入侵设立了明确的处罚条件、处罚依据和处罚规则，为相关海事管理机构提供了明确的执法依据。第46条第1款规定，"国际航行船舶进出口岸，应当依法向海事管理机构申请许可并接受海事管理机构及其他口岸查验机构的监督检查。海事管理机构应当自受理申请之日起五个工作日内作出许可或者不予许可的决定"，第2款规定，"外国籍船舶临时进入非对外开放水域，应当依照国务院关于船舶进出口岸的规定取得许可"，规范了国际航行船舶、外籍船舶进出中国海域的具体要求，以及管理相关事项的具体机构及办事流程；第92条第1款规定，"外国籍船舶可能威胁中华人民共和国内水、领海安全的，海事管理机构有权责令其离开"；第104条、第107条针对外国籍船舶违反规定进出中华人民共和国口岸、内水、领海的情况，规定了行政处罚对象及标准，即追究船舶所有人、经营人或管理人和船长的责任。

（五）禁止外国籍船舶的非无害通过

中国根据《联合国海洋法公约》允许外国籍船舶无害通过，即在不损害中国海洋和平、安全与良好秩序的情况下，无须事先通知或征得许可而连续不停地迅速通过中国领海或为驶入内水或自内水驶往公海而通过领海的航行①。新《海上交通安全法》第53条明确禁止外国籍船舶在领海的非无害通过："国务院交通运输主管部门为维护海上交通安全、保护海洋环境，可以会同有关主管部门采取必要措施，防止和制止外国籍船舶在领海的非无害通过"，同时明确了责任主体和手段权限。对于无害通过权的

① 曲亚囡、迟佳俊：《〈联合国海洋法公约〉框架下无害通过制度体系研究》，《邢台学院学报》2021年第1期。

界定，中国国内法在借鉴国际条约规定的基础上，也体现了维护国家海洋权益和利益的需求。

（六）明确紧追权的使用

《联合国海洋法公约》明确赋予了缔约国对非法入侵的外籍船舶使用紧追权，以及对非法入侵的外籍船舶进行拿捕的权力。新《海上交通安全法》第 92 条第 2 款规定，"外国籍船舶违反中华人民共和国海上交通安全或者防治船舶污染的法律、行政法规的，海事管理机构可以依法行使紧追权"，也赋予了海事管理机构紧追权，以法律形式固定海事管理机构权力，有效维护国家海洋安全权益。

（七）特殊船舶的特别规定

相对于《联合国海洋法公约》要求的内容，新《海上交通安全法》制定了较为严格的规定，以更好地应对中国日益复杂的海洋安全状况，保障中国海洋安全权益。《联合国海洋法公约》规定，潜水艇或其他潜水器通过领海必须浮出水面并展示国旗，即潜水艇或其他潜水器拥有无害通过权，意味着外籍船舶只要按照公约要求浮出水面并显示国旗，就可以在不事先通知或征得沿海国同意的情况下，连续不间断地航行通过沿海国领海，这无疑给中国的海洋安全带来了安全隐患。为此，新《海上交通安全法》对特殊船舶在中国领海的航行作了新规定，第 54 条明确规定，外国籍的潜水器、核动力船舶、载运放射性物质或者其他有毒有害物质的船舶、其他可能危及中华人民共和国海上交通安全的船舶进出中华人民共和国领海，应当向海事管理机构报告，应当持有有关证书，采取符合中华人民共和国法律、行政法规和规章规定的特别预防措施，并接受海事管理机构的指令和监督。

（八）海洋安全权益部门协作

海洋权益代表着海洋综合管理的具体成效，是国家综合管理力量的体现，维护海上交通安全权益需要在部门分级分类管理的前提下，对海洋区划、发展战略、立法、执法以及行政监督等各方面进行统筹规划与分工协作。新《海上交通安全法》第 4 条、第 18 条、第 19 条等条款明确规定，国务院交通运输主管部门主管海上交通安全工作，并界定了国家海事管理机构的工作范围与职责职权；第 43 条、第 118 条规定了渔业、体育业、能源行业等不同行业应接受相应主管部门的监督管理。整体上，新《海上交通安全法》设立了多业态、多部门的配合协助机制，旨在减少政出多门、政令矛盾等管理难题，通过主管部门有效合作达到维护国家海洋安全和其他海洋权益的效果。

二 打击海盗犯罪的法律机制与举措

公海海盗行为是危害海上安全的重要国际罪行之一，随着《联合国海洋法公约》的通过和生效，各国可以就公海的海盗行为行使普遍管辖权。事实上，利益的驱动和诱惑是海盗现象产生和发展的根本原因，而社会动荡、政府弱化更是进一步为海盗泛滥提供了"温床"①。近年来，各国和地区的经济冲突、航运冲突等频发，在一定程度上加剧了海上安全不利形势。根据《联合国 2020 年海洋和海洋法报告》，与 2019 年同期相比，2020 年上半年发生的海盗和武装抢劫事件增加了约 20%，而亚洲增加了近一倍，可能部分归因于新冠疫情的影响②。现今的海盗活动呈现种类多元化、行为恐怖主义化和犯罪集团组织能力及现代化程度提升等特点，无疑增加了打击海盗犯罪的难度。

（一）打击海盗犯罪的国际法与国内法现状

针对日益严重的海盗犯罪，联合国业已通过各种方式加以规制，国际条约和其他合作机制也对打击海盗犯罪涉及的管辖与执法问题作出了规定，如 1958 年《日内瓦公海公约》、1982 年《联合国海洋法公约》、2006 年《亚洲地区反海盗及武装劫船合作协定》等，都对海盗罪的定义、区域合作联防联控机制和数据共享模式等作出了详细规定。针对海盗犯罪的普遍管辖原则亦被广泛采用，登临检查和紧追则被作为各国打击海盗犯罪的

---

① 崔任：《打击索马里海盗的国际法分析》，《国际关系学院学报》2010 年第 6 期。
② 联合国大会第 75 届会议临时议程，《海洋和海洋法秘书长报告》，2020 年 9 月。

刑事执法手段。

对此，国内立法仅在"国际立法"基础上对海盗犯罪的定义进行了完善和补充。《刑法》目前没有关于海盗犯罪的条款，也未设置海盗罪这一罪名。中国在1996年经全国人大常委会批准加入了《联合国海洋法公约》，从履行国际法义务来看，中国有义务依据公约的相关规定履行打击海盗犯罪的职责。1997年修订的现行《刑法》第10条确立了普遍管辖原则，再次明确了对中国缔结或参加的国际条约规定的国际义务应当依法履行。然而，《宪法》和《刑事诉讼法》都没有针对中国能否直接适用国际公约追诉国际犯罪提供原则上的指导，按照《刑法》第3条规定的"罪刑法定"原则，中国暂且不能直接适用国际公约审理国际犯罪或国内相关犯罪。换言之，如果中国拘捕了海盗罪的犯罪嫌疑人，中国也必须在国内刑法框架内对海盗犯罪加以惩处。从中国的立法状况来看，中国刑法目前尚不能支持国内司法机关以"海盗罪"这一罪名打击海盗犯罪，借助其他罪名惩治海盗犯罪则难以与国际公约相衔接，国际条约的国内进程还有较大提升空间①。

（二）国际护航为打击海盗提供有力支持

自2008年12月至2022年6月，中国先后向亚丁湾、索马里海域派出41批护航编队，完成了1500批7000余艘中外船舶护航任务，为保障国际重要贸易通道安全、打击国际海盗犯罪、维护世界和平稳定作出了重要贡献。

2008年，索马里海域海盗活动升级，严重威胁该地区的航行安全。中国根据联合国安理会有关决议的安排和索马里过渡政府的请求，于当年12月26日派出首批护航编队赴亚丁湾、索马里海域执行护航任务，开启了人民海军赴远海常态部署的新征程。之后，中国海军先后执行了利比亚撤侨船舶护航任务、也门撤侨船舶护航任务，提升了国家撤侨、护航的综合能力。此外，中国护航编队还积极参与国际交流与合作，访问过数十个

① 赵微、王赞：《海上国际犯罪研究》，法律出版社，2015，第196页。

国家上百个国际港口，为打击海盗等海上国际犯罪的国际合作提供了支持帮助。在包括中国人民解放军海军及其他国际力量的强有力震慑下，近年索马里海域的海盗袭击事件呈下降趋势，使得亚丁湾这个世界"最危险海域"重新成为"黄金航道"，海盗的国际犯罪活动也因此大幅减少。据统计，2012~2021年全球海盗事件数量整体呈减少趋势，2021年全球海盗事件数量为132起[①]，是自1995年以来的历史最低值，仅为国际海事局（IMB）自1993年统计以来最高值（2003年469起）的28.1%。

中国海军护航编队对中外船舶的护航需求有求必应，尽最大能力确保被护船舶安全，并提供力所能及的医疗救护和装备修理保障，有效保护了国际航道的通行安全，打击了海盗等国际海上犯罪，是对中国所倡导的"人类命运共同体"以及"海洋命运共同体"理念的有力践行。

（三）打击海盗犯罪展望和建议

整体上，中国作为有影响力的海运大国，航运业的发展取得了举世瞩目的成就。沿海地区的海运秩序稳定对开展海上贸易活动至关重要。例如，我国天然气与石油需求主要依赖进口，如果在石油运输中这些船舶遭遇海盗劫持，将直接影响能源供给，甚至对国家经济发展也产生巨大影响[②]。要保障航运安全、维护国家对外正常贸易往来，在法律条文中明确立法规制，对海盗行为进行制裁，会减少不法活动对中国船舶航运的威胁以及相关经济秩序的冲击，对维护海上运输安全意义重大。同时，增设海盗罪是中国司法实践的现实需要。由于国内海盗罪法律规制缺失，海盗罪犯起诉和审判中将各个行为参照单独罪名来定罪量刑，难以确定海盗犯罪的性质。同时在对海盗行为进行法律评价时，也难以对海盗犯罪提供具体犯罪标准。海盗罪的法律规制缺失也会导致在国际司法合作过程中难以维护国家利益。以对海盗罪犯引渡原则为例，只有在请求国与被请求国双方都认为海盗活动是犯罪的行为才能互相进行国际合作。加快国内海盗罪立

---

① IMB, Piracy and Armed Robbery against Ships, 2021.

② 刘中民：《海洋领域的非传统安全威胁及其对当代国际关系的影响》，《中国海洋大学学报》（社会科学版）2004年第4期，第43页。

法相关工作步伐，尽快与国际条约立法相衔接，是中国履行国际公约责任的必然要求，也能在国际合作打击海盗犯罪行动中发挥中流砥柱作用。

因此，中国应在已有的良好基础上继续对海盗犯罪活动实施严厉打击，坚决维护国家海洋安全和海洋权益。首先，在打击海盗犯罪协调机制方面，可以考虑在《刑法》中设立海盗罪，提供打击海盗犯罪的直接法律支持，积极推动制定"联合国反海盗犯罪公约"，实现各个国家适用同一规范打击海盗，避免国家之间因法律对海盗定义不同而产生管辖困难；其次，立法方面要实现国内立法与国际立法相关规定的协调和完善，加强区域立法的信息交流，努力形成完整、平衡、互补的国际国内法律体系；再次，执法方面要协调海盗犯罪的管辖权冲突，明确执法主体范围、权责和登临权规定，推动打击海盗犯罪的执法体系更加有效；最后，应当继续加强打击海盗犯罪的国际司法合作、军事合作，积极参与建立全球合作防控机制，引领推动完善区域合作机制。

三 日本核污染水排海对海洋安全的危害及应对

核安全是一个横跨传统安全和非传统安全两个层面的复合型概念，包括核防护、核安保与核保障三个方面，属于非传统安全层面的前两者。日本核污染水处理问题涉及的主要是核设施及核电活动带来的污染水处理及其安全管理问题，并不涉及核材料与核设备是否被用于和平以外的其他目的。因此，核污染水处理问题基本不涉及核保障等传统安全问题。核污染水排入海中将对全球海洋生态环境造成巨大破坏，严重影响他国和全球海洋环境及生态安全。作为重要的非传统海洋安全问题，其防控和解决与传统海洋安全问题不同，不仅涉及由其引发的国际争端的解决，还涉及海洋环境和生态治理问题。

综上所述，海洋安全是国家安全的重要组成部分，维护海洋安全和海洋权益是建设海洋强国的核心内容。海洋法治作为应对海洋安全的战略选择，是中国特色社会主义法治体系的重要组成部分。以习近平法治思想和总体国家安全观为指导，加强中国海洋法治建设，应当明确海洋法治涉外性强的鲜明特征，在全面依法治国总体布局中坚持统筹推进国内法治和涉外法治，将海洋强国建设、实现海洋安全纳入法治轨道。中国理应在国际海洋安全法治变革中发挥核心作用。首先，应当注重"人类命运共同体"和"海洋命运共同体"理念的国际法治化，在海洋安全领域提出具体的配套国际法制度及国际立法模式。其次，冷静对待西方的合围趋势和限制举措，在关键海洋造法议程中要能够拿出有竞争力和说服力的"中国方案"，如在BBNJ谈判中的突出贡献。再次，不断提升海洋科学技术和教育能力，在以海洋科技发展为基础的海洋新兴领域中占据主导权，将海洋科技能力上升为海洋法治话语权和决策权。与广大"海洋弱势国家"展开合作，提升中国理念及法治方案的全球影响力和国际认同度，从而主导国际海洋法治的发展方向。最后，统筹国内海洋法治与涉外海洋法治，尽快出台海洋综合立法、南极立法以及面向海洋新兴挑战的专题立法，在国际合作、域外执法、监督检查等方面积极开展制度创新，引领国际海洋安全法治的发展方向。

第十章　航运法治的发展

海洋事业的蓬勃发展离不开航运业的保驾护航。航运是构建双循环的重要支撑，在保障贸易繁荣、增进国际交流、实现高水平开放等方面具有不可替代的作用。新中国成立后，我国航运业迎来复兴，中国已成为名副其实的世界航运大国，并向着航运强国的目标不断迈进。为支撑航运业高质量发展，中国逐步构建起以《海商法》《海上交通安全法》《港口法》《国际海运条例》等为核心的航运法律体系，并以此为依托构建、完善我国的航运法治体系。本章将聚焦航运法治中的几个关键环节，梳理我国船员法治、海上交通安全法治、港口法治以及海运反垄断法治的成就与新发展。

第一节　船员管理与权益保障的法治发展

船员在促进水上交通运输发展等方面发挥着重要作用，为建设海洋强国、推进"一带一路"倡议、国民经济和社会发展作出了突出贡献，是国家重要的战略资源。在全球范围内，将船员界定为关键工人（Key Worker）已经成为越来越多国家和地区的共识。作为支撑中国海洋强国战略的重要举措之一，船员队伍的发展和保障也得到了中国的高度重视。交通运输部编制的《中国船员发展规划（2016~2020年)》提出由船员大国向船员强国的转变建设目标，并自2015年起每年发布船员发展报告，对外公开中国船员队伍的"家底"[1]。

---

[1]　郭萍、邵帅：《软硬法兼施下船员权益多维度法治保障探究》，《法治论坛》2019年第3期，第150页。

根据 2015~2020 年《中国船员发展报告》，中国船员（包括外派海员）的规模见表 1、表 2。

表 1 2011~2020 年中国注册船员人数

单位：人

类型	2011 年	2012 年	2013 年	2014 年	2015 年	2016 年	2017 年	2018 年	2019 年	2020 年
国际海员	337326	383045	417924	447054	470512	497197	524498	545877	575823	592998
沿海海员	134796	146513	153281	161413	168478	175764	184524	191780	208532	215185
内河船员	—	—	—	707914	731234	719790	774225	837577	874833	908683
总计	—	—	—	1316381	1370224	1392751	1483247	1575234	1659188	1716866

注："—"为未公布。

表 2 2013~2020 年中国外派海船船员人数

单位：人

类型	2013 年	2014 年	2015 年	2016 年	2017 年	2018 年	2019 年	2020 年
外派海船船员	119316	124568	133326	142738	138854	145922	155449	122304

同时，根据相关报道，截至 2022 年底，我国注册船员总数达到 190 万余人，其中海船船员 90 万人、内河船员 100 万人。2022 年，我国外派到世界各地的船舶任职船员达到 12.7 万人次，为国际水上物流供应链稳定、确保国内国际双循环提供了有力支撑①。从以上统计数据可以看出，中国是一个不折不扣的船员大国。当然，不能忽视的是，中国船员队伍也面临实际从事船员职业人数下降、船员整体素质不高等问题，船员队伍的

---

① 韩鑫：《至去年底，海运船队运力较 10 年前增长 1 倍　我国船队规模跃居世界第二》，《人民日报》2023 年 7 月 12 日。

可持续发展面临挑战。此外，海上的特定风险对海洋环境、港口安全和海上人命安全带来极大的潜在威胁。中国的船员队伍建设既取得了显著成就，也面临诸多挑战。

一　船员立法

船员立法涉及的领域和层面非常广：从部门法的角度，包括行政法、民法、经济法、劳动与社会保障法等多个领域的立法；从立法效力层次角度，涉及法律、行政法规、部门规章、规范性文件等；从法律体系角度，包含国内立法和国际立法。

（一）我国船员立法概况

我国目前并未制定统一的"船员法"，国内有关船员立法散见于多部法律、法规、规章。在法律层面，《海商法》第 32 条、第 33 条和《海上交通安全法》第 13 条对船员作了原则性规定，其他法律如《劳动法》、《民法典》合同编的规定对于船员权益的保护也都具有重要作用。行政法规方面，《船员条例》对船员的注册、任职、培训、职业保障以及船员服务提供等制度作出了全面规定，对于构建我国船员管理和保障法律框架起到了重要作用。在规章层面，《海员外派管理规定》《船员培训管理规则》《海船船员适任考试和发证规则》《内河船舶船员适任考试和发证规则》《船舶最低安全配员规则》《海员船上工作和生活条件管理办法》等进一步细化了我国船员法规制度。

与此同时，我国参加的涉及船员的国际条约也是船员立法的重要组成部分。其中，我国 1980 年加入的《1978 年海员培训、发证和值班标准国际公约》（以下简称"STCW 公约"）和 2015 年加入的《2006 年海事劳工公约》对于提升船员素质、强化船员权利保障起到了积极作用①。就前者而言，我国于 1979 年制定的《轮船船员考试发证办法》所规定的海船

---

①　李燕霞、涂梅超、马睿君、李晓峰：《国外船员典型制度对我国船员立法的启示》，《交通运输研究》2022 年第 2 期，第 22~29 页。

船员考试原则和标准，就与 STCW 公约基本保持一致。该办法结束了我国船员管理的无序状态，船员的教育、培训、考试、发证等管理从"文革"期间以院校和国有船公司为主，开始向政府主导和管理的方式转型和过渡。1997 年 10 月，我国进一步完成 STCW78/95 公约的国内法转化工作，形成了一套由《海船船员适任考试、评估和发证规则》及一系列规范性文件组成的国内履约法规体系。就《2006 年海事劳工公约》而言，该公约规定了对海员就业和社会权利的要求，包括海员上船工作的最低要求、就业条件、起居舱室、娱乐设施以及健康保护、医疗等内容，这些规定对于进一步帮助我国海员实现体面工作、生活，提升海员权益保障水平具有重要意义。

（二）我国船员立法的具体内容

1. 船员注册和任职资格

《海商法》第 32 条规定："船长、驾驶员、轮机长、轮机员、电机员、报务员，必须由持有相应适任证书的人担任。"《海上交通安全法》第 13 条规定："中国籍船员和海上设施上的工作人员应当接受海上交通安全以及相应岗位的专业教育、培训。中国籍船员应当依照有关船员管理的法律、行政法规的规定向海事管理机构申请取得船员适任证书，并取得健康证明。外国籍船员在中国籍船舶上工作的，按照有关船员管理的法律、行政法规的规定执行。船员在船舶上工作，应当符合船员适任证书载明的船舶、航区、职务的范围。"上述两部法律对船员资质作出了原则性规定。《船员条例》第二章在此基础上对船员注册和任职资格规定了详细内容，包括申请船员适任证书应当具备的条件、船员申请适任证书的机构、船员适任证书的内容以及海员证的申请等相关内容，条例的相关规定促进了我国船员管理标准与国际标准对接，对船员、教育培训机构、船员服务机构和社会都产生了积极的影响。

实践中，我国在外籍船员适任证书签发上也取得突破。2022 年 4 月 15 日，深圳海事局向克罗地亚籍船员西维奥·尤多维奇颁发了"中华人民共和国海船船员适任证书"。这是国内签发的首份外籍船员适任证书，标志着我国在推进境外专业人才执业便利化领域获得新突破①。

2. 船员的职责

如前所述，有关船员职责的规定在《海商法》《海上交通安全法》《船员条例》等法律法规中都有明确规定。尤其是 2021 年新修订的《海上交通安全法》，将部分《船员条例》中规定的船员职责上升为立法规定，对于完善我国船员职责立法体系起到了重要作用。在这些规定中，有关船长职权和义务的规定尤为关键。

船长是船上的最高指挥者，通常也是船上最有经验的驾驶员。因此，与其他国家立法一样，《海商法》第 35 条第 1 款规定：船长负责船舶的管理和驾驶。2021 年新修订的《海上交通安全法》第 38 条则进一步规定：在保障海上生命安全、船舶保安和防治船舶污染方面，船长有权独立作出决定。这是我国首次在法律层面明确赋予了船长在上述方面的独立决定权，对于确保船长独立作出决定、维护海上航行安全具有重要价值。同时，新修订的《海上交通安全法》第 40 条还规定："发现在船人员患有或者疑似患有严重威胁他人安全的传染病的，船长应当立即启动相应的应急预案，在职责范围内对相关人员采取必要的隔离措施，并及时报告有关主管部门。"该规定在新冠疫情的背景下，对于明确船长处置海上突发疫情的程序和责任具有重要意义。此外，《海商法》第 36 条、《海上交通安全法》第 39 条则规定了船长有权对在船上进行违法犯罪活动的人采取禁闭或者其他必要措施等内容，很好地衔接了《治安管理处罚法》第 4 条对于在中华人民共和国船舶内发生的违反治安管理行为的法律适用问题，《海商法》第 37 条还规定了特殊情况下船长的公证权。

除了上述职权，《海商法》第 39 条还规定：船长管理船舶和驾驶船舶的责任，不因引航员引领船舶而解除。同时，《海商法》第 174 条和《海上交通安全法》第 112 条对船长进行海上救助的义务以及违反救助义务的

---

① 《全国首份外籍船员适任证书在深颁发》，搜狐网，https://www.sohu.com/a/538613754_161794。

责任也作出了明确规定。

3. 船员权益保障

我国对于船员劳动权益的保障一直非常重视。早在 1953 年，我国就发布了《中央人民政府交通部船员公休假暂行办法》；1955 年，外贸部、卫生部、交通部、解放军总参谋部联合发布了《船员登陆管理办法》。2007 年颁布并施行的《船员条例》则对船员在船上工作期间的职业保障作出了更为全面的规定，并对《2006 年海事劳工公约》中规定的原则和核心内容作了原则性的或者衔接性的规定。考虑到当时我国对是否加入《2006 年海事劳工公约》尚处于酝酿阶段的情况，将公约的主要精神和原则首先在国内立法中加以体现，是我国立法史上具有适当前瞻性的创新之举。《船员条例》也为《2006 年海事劳工公约》在我国的生效和实施奠定了法律基础①。从具体内容来看，《船员条例》第四章"船员职业保障"对船员的社会保险，船上生活和工作场所的防护、保护、卫生、医疗等，劳动合同的订立，工会的保障作用，船员工资待遇，防止疲劳值班和特有的带薪年休假待遇以及船员遭返待遇等进行了较为系统的规定，对于保障船员的合法权益具有重要作用。

随着我国 2015 年正式批准和加入《2006 年海事劳工公约》，船员权益保障在我国奉行积极履约的政策下有了更全面的法律依据，船员的权利内容也更清晰，如享有获得公平就业、劳动报酬、休息休假、船上和岸上医疗的权利、获得社会保障的权利等。新修订的《海上交通安全法》更是首次将船员权益保障写入国家法律，增加了维护船员合法权益的内容，为维护船员劳动安全和职业健康提供了法律保障。随着我国船员权益相关法律规定的不断完善，逐渐形成较为固定的立法形式，一是法律法规，如《船员条例》《劳动法》《劳动合同法》等；二是国际公约，如 STCW 公约、《2006 年海事劳工公约》；三是集体协议，这部分主要是中国海员建

---

① 交通运输部海事局编《中国海员史》（现代部分），人民交通出版社股份有限公司，2019，第 267 页。

设工会与中国船东协会按年度签订的《中国船员集体协议》；四是国家政策，包括《财政部、税务总局关于远洋船员个人所得税政策的公告》等；五是司法解释，这部分主要包括《最高人民法院关于审理涉船员纠纷案件若干问题的规定》等。

　　4. 船员培训

　　我国的船员培训工作一直是交通运输主管部门十分重视的工作之一。早在1950年4月，交通部航务总局指示上海港务局成立船员检定考试委员会，随后大连、天津等地相继成立了船员检定考试委员会①。1982年4月，中国水监局在北京召开的"船员考试工作座谈会"上决定率先对香港船员开展"四小证"（即船舶消防、救生艇筏操作、海上救生、海上救急）培训工作，由黄埔港务监督提出办法草案和负责考试发证工作②。1984～1985年，黄埔港务监督签发"四小证"共25629张，这是我国首次完整按照STCW公约要求，对国际海员进行专业训练的试点阶段。1982年9月6日，交通部在《批转水上安全监督局〈关于船员四个单项证书问题的报告〉的通知》中同意由大连、上海、天津、青岛、黄埔港务监督办理我国外派船员的4个单项训练发证工作。③

　　1997年，我国正式颁布《海船船员适任考试、评估和发证规则》。我国的船员培训工作与国际基本接轨。2009年6月22日，交通运输部颁布《船员培训管理规则》。该规则根据《船员条例》规定，并在1997年颁布的《海船船员适任考试、评估和发证规则》基础上重新修订。2010年，中国海事局相继下发《船员培训监督检查办法》《培训机构现场核验》《船员培训考试发证管理权限》等3个文件，进一步明确船员培训有关事

<hr />

① 交通运输部海事局编《中国海员史》（现代部分），人民交通出版社股份有限公司，2019，第30页。

② 交通运输部海事局编《中国海员史》（现代部分），人民交通出版社股份有限公司，2019，第172页。

③ 交通运输部海事局编《中国海员史》（现代部分），人民交通出版社股份有限公司，2019，第173页。

项以及海事机构的职责权限①。新修订的《海上交通安全法》第 14 条也进一步明确了中国籍国际航行船舶取得海事劳工证书应当符合的条件。这是我国履行《2006 年海事劳工公约》对国际航行船舶取得海事劳工证书的制度性安排，满足了公约要求成员国以法律形式规定国际航行船舶需持有海事劳工证书的规定。

从上述内容来看，我国船员相关的法律、法规、规章等随着实践不断趋于完善，表现为国内立法和国际公约相辅相成，船员的资质、职责、培训等的相关规定更加明确、系统，船员权益有了更全面的法律保障。船员在海洋强国、"一带一路"建设以及国际贸易中具有不可替代的作用，船员立法的完善与发展也将对相关战略的布局与实施起到积极推动和保障作用。

二　船员执法发展

（一）船员执法与管理机构

1. 中国海事局

中国海事局及其所属海事机构是中国主要的船员执法管理机构。为有效开展船员管理，中国海事局设置船员管理处，其主要职责如下。①组织起草船员管理相关法律、法规、规章草案和规范性文件，并监督实施；负责组织船员管理质量体系的建立、运行和管理。②负责拟订船员（引航员）、磁罗经校正人员适任资格标准，并监督实施；负责船员（引航员）、磁罗经校正人员培训、考试和发证管理工作。③负责船员发展和船员职业保障等管理工作；负责海事劳工条件检查和发证管理工作，承担全国海上劳动关系三方协调机制办公室工作，保障船员整体权益；参与交通运输部行业综治维稳相关工作。④负责培训机构从事船员（引航员）培训业务的资质管理及其质量管理体系的审核和监督管理。⑤负责机构从事海员外派

---

① 交通运输部海事局编《中国海员史》（现代部分），人民交通出版社股份有限公司，2019，第 232~233 页。

业务管理工作，负责海员证管理工作。⑥负责组织制定船舶最低安全配员标准和配员证书的管理工作①。

《海事系统"十四五"发展规划》提出，完善船员管理、助力船员队伍可持续健康发展作为一项重要任务，包括：加强高素质船员队伍建设，优化船员发展环境，拓宽船员培养渠道，提升船员职业素养，保障船员权益，健全海上劳动关系三方协调机制，构建船员职业保障公共服务体系，全面履行《2006 年海事劳工公约》，持续推进与全球航运国家船员证书互认②。

2. 其他与船员管理相关的机构及组织

人力资源和社会保障部。人力资源和社会保障部是统筹机关企事业单位人员管理和统筹城乡就业和社会保障政策的国家权力机构。在船员管理方面，人力资源和社会保障部负责与国际劳工组织直接沟通和协调。在海事劳工证检查工作中，海事局负责公约规定的最低年龄、工资支付、劳动时间、劳动合同、休假、社会保险等方面的监督检查；人力资源和社会保障部负责对国家劳动保障法律、法规及其他有关《劳动法》等实施情况的监督检查。

中国船级社。中国船级社是根据中华人民共和国政府的有关法令注册，并由国际海事组织备案的专业技术团体。2013 年，海事局与中国船级社签署《关于对中国籍国际航行船舶发放海事劳工符合证明的委托协议》，委托中国船级社对中国籍国际航行船舶海事劳工条件进行检查，并代海事管理机构发放海事劳工符合证明。中国船级社发布了《海事劳工条件检查实施指南》，对船舶海事劳工检查进行规范和指导。

中国船东协会和中国海员建设工会。中国船东协会是由在中华人民共和国注册并从事水上运输的商船所有人、经营人和管理人以及与航运相关的单位和组织自愿组成的行业协会，该协会上联政府、下联企业。中国海

---

① 《内设机构》，海事局网站，https://www.msa.gov.cn/page/article.do? articleId = 45AF5734 - 8B5D-429C-BAB3-F8EFD079E1AC，最后访问日期：2024 年 7 月 24 日。

② 《海事系统"十四五"发展规划》，第 14 页。

员建设工会全国委员会是中华全国总工会领导下的全国性产业工会组织，为海员合法权益的代表和维护者。在《2006 年海事劳工公约》规定的三方协调机制中，中国船东协会与中国海员建设工会每年定期举行集体协商会议，讨论船员最低标准工资、最低伙食费、延长补贴，并评估《中国海员集体协议》的规定。

农业农村部。根据《渔业船员管理办法》，农业农村部负责全国渔业船员管理工作。县级以上地方人民政府渔业主管部门及其所属的渔政渔港监督管理机构，依照各自职责负责渔业船员管理工作。为加强渔业船员管理，维护渔业船员合法权益，保障渔业船舶及船上人员的生命财产安全，农业农村部分别对渔业船员任职和发证、渔业船舶配员和职责、渔业船员培训和服务、渔业船员职业管理与保障、监督管理、罚则等方面进行管理。

（二）船员的执法检查

1. 海事劳工条件检查

为履行好《2006 年海事劳工公约》，保护船员的合法权益，交通运输部、人力资源和社会保障部联合发布了《海事劳工条件检查办法》，于 2017 年 1 月 1 日起执行。从 2018 年海事劳工条件检查工作于上海、山东、浙江、广东、深圳辖区开始试点，到 2022 年全国首个海事劳工条件检查工作站正式成立，中国政府的《2006 年海事劳工公约》履约机制步入正常轨道。同时，对于《2006 年海事劳工公约》的修正案，中国也采取积极的跟进态度。以 2014 年修正案为例，在交通运输部联合人力资源和社会保障部提请国务院批准接受该修正案，并向国际劳工组织提交相关接受声明之前，交通运输部就在 2016 年 12 月 30 日印发了《交通运输部关于我国履行〈2006 年海事劳工公约〉第一修正案有关事项的通知》，明确财务担保暂定为商业保险或其他类似的担保形式，包括中国船东互保协会或国际保赔协会集团成员出具的财务担保证书，中国合法商业保险公司、银行或其他金融机构出具的财务担保证书或证明文件。

全国海事劳工条件检查工作由交通运输部、人力资源和社会保障部主管，各地的海事机构、地方人力资源社会保障行政部门负责实施。检查主要有三种类型，即定期检查、附加检查以及临时检查。检查内容分为两部分：第一部分是船员工作场所、餐饮保障等关于物质环境方面的检查，第二部分是关于构成体面劳动的管理和操作方面的检查。海事劳工检查可采取查验文书、检查设施以及访谈船员等方式。通过海事劳工条件临时/定期检查的船舶，船东可向其公司注册所在地海事管理机构提供相关证明材料，主管机关签发临时海事劳工证书或海事劳工证书。

2. 港口国监督

港口国监督（Port State Control，PSC）机制是港口当局为确保进入本国港口的外国籍船舶符合公约及国内法的要求而实施监督与控制的机制，其中，有关船员培训和岗位履职情况的监督检查是 PSC 检测的重要内容之一。

中国早于1986年开始在天津和大连试点开展港口国监督，1994年成为《亚太地区港口国监督谅解备忘录》（以下简称"东京备忘录"）签署国。此后，各级海事管理机构依据《海上交通安全法》《亚太地区港口国监督谅解备忘录》等相关规定，对船舶配员以及有关法定证书文书、船员履行岗位职责情况等[1]进行检查。在执法监督的保障下，2017～2021年，中国 PSC 检查单船平均缺陷数量和东京备忘录公布的该项数据均呈现下降趋势（见图 1）。2024年1月4日，亚太地区港口国监督备忘录数据研究室在辽宁海事局正式挂牌成立。这是海事系统内首家基于港口国监督缺陷数据分析成立的研究室，未来将在港口国监督研究分委会的指导下，开展与亚太地区港口国监督数据相关的国际交流合作和履约研究工作，为大力培养国际履约人才、提升我国在亚太地区港口国监督检查方面的引领力起到促进作用[2]。

3. 船员投诉程序

船员投诉是指船员针对任何违反公约和法律法规侵害其自身权益的行

---

① 《直属海事系统权责清单》，第138页。

② 《提质升级新突破！亚太地区港口国监督备忘录数据研究室在辽宁海事局挂牌成》，海事局：https://www.msa.gov.cn/page/article.do? articleId = 0CA5F1E6 - 5F06 - 4AB0 - A2DB - 2B18E83BD825，最后访问日期：2024年2月1日。

为向船员权益保障部门提起申诉，要求其保护自身合法权益的行为。同时，根据《2006年海事劳工公约》第5.1.5条以及中国海事局颁布的《海船工作和生活条件管理办法》规定，船上应当建立和运行船员投诉程序。其中，《2006年海事劳工公约》2016年修正案还特别对船上的骚扰和欺凌问题作出特别规定，明确海员遇到相关问题的处理程序和机制，要求船舶公司接到投诉后应充分重视，迅速开展客观独立的调查。

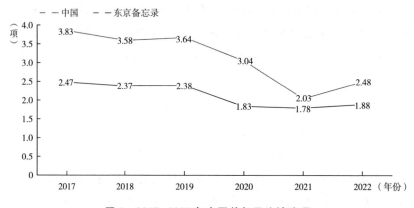

图1 2017~2022年中国单船平均缺陷项

船员可以以电话、信函、电报、电传、传真、电子邮件和现场陈述等方式直接投诉，也可以委托代理人进行投诉。大部分船员投诉由中国海事局负责处理，但涉及社会保险福利等劳动争议事项由人社部负责处理。船员在遇到严重侵权行为时还可提请仲裁机构进行劳动仲裁或向海事法院提起诉讼。

4. 海员服务机构监督管理

为进一步加强船员服务管理，规范船员服务行为，维护船员和船员服务机构的合法权益，交通运输部参照《2006年海事劳工公约》的规定，于2008年出台《船员服务管理规定》，明确交通运输部主管船员服务工作；海事局负责统一实施船员服务管理工作。

2010年5月，为促进外派海员业务健康发展，规范海员外派市场管理，商务部将外派海员类劳务人员的管理转交交通运输部负责。同时，交通运输部颁布的《海员外派管理规定》，明确了海员外派机构的准入门槛，设置了资质制度、年审制度、退出制度和应急管理四项主要制度，从各个环节规范了海员外派机构、境外船东等市场主体行为，并且明确了相关责任。2023 年，海事局为优化船员服务业务管理、提升船员服务质量，进一步明晰船员服务业务从业范围，强化船员服务业务备案管理，加大服务机构信息公开力度，规范服务机构从业活动，严格服务机构服务质量管理。①

5. 海船船员培训管理

STCW 公约生效后，中国船员培训管理进行了一系列改革，逐渐建立了完善的船员培训管理机制。目前，中国海船船员培训管理的直接管理机构是海事局。甲类船员适任证书由广东、上海、山东、天津和辽宁五个地方海事局负责管理，乙类、丙类和丁类证书则由黑龙江、辽宁等 20 个省级海事局以及下属分支机构进行管理。海船船员培训管理内容包括：制定科学合理的规章制度文件、定期对海船船员培训机构的资质进行审查和核准、对海船船员培训机构的培训过程及软硬件条件进行咨询和管理。

为深入贯彻落实党的二十大关于加快建设交通强国、海洋强国的决策部署，促进现代航运服务业高质量发展，主要任务之一即强化航运人才保障。优化船员教育培训体系及考试制度，加强 LNG 等新能源、新业态船员培养。落实航运企业培养船员主体责任，引导航运企业自有船员比例稳步提高。支持引进邮轮运输等航运高技能人才，增加急需紧缺人才供给。充分发挥香港、上海国际航运中心现代航运服务业人才优势，促进航运服务业融合协调发展②。

---

① 《中华人民共和国海事局关于进一步提升船员服务业务质量有关措施的通知》，海事局官网，https://www.msa.gov.cn/page/article.do？articleId = 81E17BAB - 8856 - 4226 - 8D98 - 524E5458925B，最后访问日期：2024 年 2 月 1 日。

② 《交通运输部　中国人民银行　国家金融监督管理总局　中国证券监督管理委员会　国家外汇管理局关于加快推进现代航运服务业高质量发展的指导意见》，交通运输部官网，https://xxgk.mot.gov.cn/2020/jigou/syj/202312/t20231213_3967572.html，最后访问日期：2024 年 2 月 1 日。

6. 船员证书签发

根据 STCW 公约马尼拉修正案标准[1]，2012 年 12 月，国家海事管理机构通过发布《中华人民共和国海事局关于启用新版海船船员证书的通知》，对中国国内海员证书体系作了相应调整。船员证书签发并非简单的制/发证工作，而是对船员信息的综合性审查。

同时，随着中国 STCW 独立评价结果报告持续得到 IMO 审查确认，新加坡、马来西亚、韩国、英国、丹麦、约旦、泰国、意大利与中国签署相互承认我方船员证书的谅解备忘录，巴拿马、印尼、希腊、荷兰、挪威、伊朗、牙买加、塞浦路斯等 19 个国家和地区单边承认我方船员证书。这为中国海员更加自由地选择船舶就业、拓展海外就业渠道提供了坚实的基础和保障。

7. 船员履职活动检查

各级海事管理机构依据相关法律规定以及公约[2]对以下方面进行检查：船舶配员是否符合最低安全配员要求、履职资格、船员履职能力和履职过程、船上培训见习情况、船员任解职和资历真实性、船员遵守值班制度。

船员履职活动检查，是中国积极履行 STCW 公约的表现，对于保障水上交通安全发挥了重要作用。

（三）新冠疫情后船员问题跟踪

新冠疫情发生以来，航运业以及海员对世界物资保障发挥着重要作用。疫情之下各国都采取了严格的边境管控措施，船员物资保障不够充分、超期服务严重、换班遭遣返难等问题突出。同时，疫情对行业还存在潜在冲击，如船员培训无法正常开展、船员考试无法按计划实施、船员证书

---

[1] STCW 公约马尼拉修正案中，将船舶船员证书系统性地划分为适任证书（Certificate of Competency）、培训合格证书（Certificate of Proficiency）和书面证明（Documentary Evidence）三种。

[2] 《海上交通安全法》第三章、《海洋环境保护法》第八章、《船员条例》、《防治船舶污染海洋环境管理条例》、《船舶最低安全配员规则》第三章、《海船船员适任考试和发证规则》、《船员培训管理规则》、《海船船员值班规则》、《船员注册管理办法》、《引航员管理办法》、经修正的 STCW78。

过期、培训机构和海员外派机构资质证书过期、船员现场办理业务病毒感染概率增加等。疫情期间，各执法机构积极努力克服各项困难，努力保障了船员的各项合法权益。随着新冠疫情防控形势平稳并取得重大决定性胜利，曾经实施的临时政策及措施根据实际情况，及时作出了科学调整，优化船舶船员管理以及相关执法措施，确保船舶航行安全顺畅。

2023 年 1 月 6 日，交通运输部、外交部、国家卫生健康委、海关总署、国家移民管理局、国家疾病预防控制局为深入贯彻党中央、国务院决策部署，全面落实《国务院应对新型冠状病毒感染疫情联防联控机制综合组关于印发对新型冠状病毒感染实施"乙类乙管"总体方案的通知》《国务院应对新型冠状病毒感染疫情联防联控机制外事组关于中外人员往来暂行措施的通知》要求，切实做好新型冠状病毒感染"乙类乙管"后国际航行船舶船员换班工作，采取了取消船员换班审批、便利船员换班入境措施。同时，随着新型冠状病毒感染实施"乙类乙管"，各港口边检依法签发登轮、搭靠证件，对符合入境条件的外国籍船员依法签发临时入境许可，取消实施"非必要不登陆、不登轮、不搭靠"管理措施，同时也为需要临时就医的外国籍船员提供"绿色通道"，通过"网上办""一站办"等便利举措，极大地保障了船员的合法权益。

2023 年 4 月 21 日，海事局发布关于病毒疫情防控期间船员管理相关政策执行等有关事项的公告，严格掌握疫情防控期间船员培训考试发证相关政策和措施执行期限，停止签发一年期海员证和海员防疫证明。自 2023 年 7 月 1 日起，除船员远程办理开户继续实施外，常态化疫情防控期间船员管理相关文件涉及的其他临时管理举措不再执行。《交通运输部海事局关于新冠肺炎疫情防控期间在船船员海员证签发工作的通知》（海船员函〔2020〕186 号）执行有效期至 2023 年 6 月 30 日，自 2023 年 7 月 1 日起，不再通过海员证紧急制证系统签发一年有效期的海员证。《交通运输部海事局关于签发海员防疫证明的通知》（海船员函〔2021〕1682 号）执行有效期至 2023 年 4 月 30 日，自 2023 年 5 月 1 日起，不再签发海员防疫证明。

为贯彻落实《关于加强高素质船员队伍建设的指导意见》，实施船员身

心健康关爱行动，2021 年海事局组织建设了船员身心健康保障系统，即
"船员健康在线"（App）①。新冠疫情后，航运各界更为重视和关注船员的
身体和心理健康，以确保船舶安全和高效运营。各海事局深入调研，找准
船员体检痛点、难点，主动对接体检医院，借助科技的力量研发了船员健
康体检电子软件，同时采取多样化措施，保障船员的身体健康②。

以中国海事局为船员执法的中坚力量，多机构组织协同配合船员的执
法与管理等事务，为中国船员相关执法工作提供了良好组织保障。为持续
有效履行 STCW 公约、《2006 年海事劳工公约》等国际公约以及《海上交
通安全法》等国内法，中国建立了完善的船员执法检查制度，内容全面、
形式多样，涵盖海事劳工条件检查、港口国监督、船员投诉程序、海船船
员培训管理、船员证书签发、船员履职活动检查等。

三　船员司法发展

作为海员大国，涉船员纠纷案件在中国海事司法实践中占比也较高。在
各海事法院发布的海事审判白皮书中，船员劳务合同纠纷的收案量始终位列
年度前五；2016 年至 2020 年，全国海事法院受理的涉船员劳务合同纠纷和
人身损害赔偿纠纷案件占比分别为 30.98%、21.78%、17%、17.95%、
29%③。显然，作为船员权益救济的重要渠道之一，海事司法在船员权益
保障中的重要性毋庸置疑。

根据各海事法院在海事审判白皮书中对涉船员纠纷的总结，涉船员纠
纷狭义上包括船员劳务合同纠纷、劳动合同纠纷和海上、通航水域人身损

---

① 《中华人民共和国海事局关于运行"船员健康在线"的公告》，交通运输部官网，https://
www.msa.gov.cn/page/article.do? articleId = 405C8628 - 82C7 - 490B-BDCB - 2C6B3ACBF212，
最后访问日期：2024 年 2 月 17 日。

② 《惠及 10 万船员！内河船舶船员健康体检电子软件上线运行》，长江航务管理局官网，
https://cjhy.mot.gov.cn/xw/zhxw/zszz/202401/t20240111_378738.shtml，最后访问日期：
2024 年 2 月 17 日。

③ 姜佩杉：《统一裁判尺度　保障船员权益　规范引导航运市场秩序——最高人民法院民
四庭负责人就〈最高人民法院关于审理涉船员纠纷案件若干问题的规定〉答记者问》，
《中国海事》2020 年第 10 期，第 30 页。

害赔偿纠纷，以船员劳务合同纠纷为主；广义上还包括与之相关的申请执行、申请证据保全、申请扣押船舶、海事债权登记与受偿、申请确认人民调解协议等特别程序案件。涉船员纠纷多为船员请求支付拖欠工资薪酬、遣返费、社会保险费等，或赔偿因工伤残死亡涉及的费用，属于涉海民生类案件，海事司法实践应重视船员权益保障，贯彻司法为民理念；同时，船员劳务纠纷、劳动合同纠纷的发生有时与航运市场行情息息相关，纠纷的解决既要确保船员利益实现，也要合理考虑船方的利益。例如，在市场不景气、企业因资金周转受阻而拖欠工资报酬的情况下，案件执行需要综合考虑企业的经营情况。此外，由于船员工作性质特殊，就业方式灵活，纠纷中常有涉外因素，相关法律关系的识别和处理以及纠纷的及时解决对海事司法工作提出了更高的要求。

（一）船员司法服务机制落实司法为民理念

新时代的"枫桥经验"以法治思维和法治方式化解基层矛盾和问题，以便更好地满足人民群众的多样化诉求，推进基层社会治理法治化[1]，为中国多元化纠纷解决机制的整体构造提供基本轮廓和丰富素材[2]，也为中国海事审判保障船员权益提供了重要路径。中国海事法院在多个环节建设针对船员的司法服务机制，促进船员纠纷化解，践行新时代海上"枫桥经验"。在诉前端，通过搭建线上线下一站式解纷平台，将调解室从诉讼服务中心扩展到航运中心、渔区乡镇司法所，靠近纠纷发源地开展诉调对接。如此，可以便利船员更好地开展诉前调解。同时，部分法院还建立特色调解队伍，建设专业调解员、涉海各行各业人士共同参与的调解队伍。比如，宁波海事法院专门建设的"海上老娘舅"司法服务队伍中，聘用老渔民、老船长这些接地气的调解员，对于解决涉船员纠纷有天然优势。在案件审理环节，各地海事法院还纷纷建设船员解纷绿色通道，快立快审快

①　陈荣卓、杨广西：《新时代"枫桥经验"推进基层社会治理法治化的实践路径——以"两个结合"为分析视角》，《江汉论坛》2024年第1期，第115页。
②　彭小龙：《"枫桥经验"与当代中国纠纷解决机制结构变迁》，《中国法学》2023年第6期，第23页。

执，以求尽快结案、裁判结果及时得到执行。在执行阶段创新执行模式，如青岛海事法院创新"互联网+"船舶扣押拍卖模式，自主设计研发船舶扣押拍卖管理平台和指挥平台，及时定位追踪涉案船舶，最大限度满足扣押船舶的急迫需求。

中国海事审判注重发挥派出法庭、巡回法庭审判方式灵活、审判地点深入基层的工作特性化解涉船员纠纷。浙江省象山县人民法院石浦法庭打造的"渔港法庭"涉渔纠纷化解模式，优化涉渔纠纷诉前化解机制，通过数据分析研判矛盾规律，并形成典型案例、白皮书、调研报告、司法建议弱化纠纷发生风险；创新涉渔案件诉中审判方式，根据渔业生产周期和规律安排审理日程，以常态化海上巡回审判、智能化送达，依托大数据和智能化创新"海上执行"方式，聚集审判和执行法官的"自审自执"审判团队设置，保障涉渔纠纷解决。该案入选最高人民法院化解涉农纠纷、"打造枫桥式人民法庭推动诉源治理"典型案例。

（二）船员纠纷的司法指导

为统一有关船员纠纷的司法审判实践，保障船员的合法权益，最高人民法院作出不少有关船员纠纷的司法解释、答复、复函等司法解释性质的文件以及会议纪要等，这类文件对各海事法院案件审理具有重要指导作用。其中，2020年颁布的《最高人民法院关于审理涉船员纠纷案件若干问题的规定》（以下简称《审理涉船员纠纷案件的规定》）值得特别关注。该规定共21条，对涉船员纠纷的船员劳动合同与劳务合同、居间合同等不同法律关系的认定及解决路径，船舶优先权的确认、行使与转移，船员工资报酬的构成及法律保护，船员违法作业情形下工资是否应予保护，劳务情形下侵权责任的承担、工伤情形下工伤保险待遇与民事损害赔偿的相互关系、涉外劳务合同的法律适用等海事司法实践中急需解决的问题，作出了明确规定①。

① 王淑梅、郭载宇：《〈关于审理涉船员纠纷案件若干问题的规定〉的理解与适用》，《人民司法》2020年第34期，第30页。

1. 管辖权问题

涉船员案件的主管问题是法院处理船员劳务合同纠纷首先应当考虑的问题。2020年之前，司法实践中对船员不涉及船员登船、在船服务、离船遣返的诉讼请求实行仲裁前置还是由海事法院直接受理的处理意见并不完全统一。《审理涉船员纠纷案件的规定》第1条对上述问题予以规范：对于船员劳动合同纠纷，如果与船员登船、在船工作、离船遣返无关，应依照《劳动争议调解仲裁法》的规定，按"先裁后审""一裁两审"的程序处理。这符合成立海事法院的理念，即应集中专业资源审理与其他民商事案件不同的特殊海事案件，与船上工作无关的此类纠纷交由一般法院审理即可。

2. 船舶优先权问题

《审理涉船员纠纷案件的规定》第6~9条对船舶优先权作了较为全面的规定。第6~7条规定了船舶优先权的确认和行使，船员在提起诉讼时并不需要提出扣船申请即可要求确认船舶优先权及其担保的海事请求标的额，在拍卖船舶后能够及时分配价款，缩短船舶优先权案件的执行周期；而船舶优先权依然要求在一年除斥期内通过申请扣押船舶，给船舶所有人继续经营船舶偿还债务的缓冲期间，平衡了船东的利益。第8条规定了船员的船舶优先权担保的工资报酬请求的范围，将根据《劳动法》《劳动合同法》产生的经济补偿金、赔偿金、二倍工资及孳息排除，因为这些费用与船员在船上工作无直接关联。第9~10条是在疫情时期船员突发事件发生概率增加的背景下制定的。该条认可船员在船工作期间遇突发事件要求第三方机构支付的船舶优先权担保海事请求项目的请求以及其他机构先行垫付工资可以转移船舶优先权，有利于疫情期间船员及时获得拖欠薪酬或紧急救助，保障船员权益。

3. 船员违法作业工资的法律保护问题

实践中常出现船员在禁渔期间进行违法捕鱼作业的情形，此时船员的报酬请求权是否应当得到支持在实践中存在争议。第14条认可船员在非自愿情况下进行违法作业也有权取得相应报酬，同时将证明责任分配给船东，体现了船员利益保护和生态环境保护的平衡。

2021 年最高人民法院发布的《全国法院涉外商事海事审判工作座谈会会议纪要》对用人单位为船员购买工伤保险的法定义务和船员因劳务受到损害的损害赔偿纠纷中船东的举证义务进行规定，体现了审判工作中保障船员权益的倾向。该会议纪要第 83 条规定，用人单位无论是否购买其他保险必须为船员购买工伤保险，实则规定了用人单位为船员购买工伤保险的强制义务，还规定了船员可以享受商业保险和工伤保险双重待遇，体现了对船员权益的全面保障。该会议纪要第 85 条则是对《审理涉船员纠纷案件的规定》第 15 条的细化：在船员因劳务受到人身损害的赔偿纠纷中适用船东过错推定责任的裁判规则，将举证责任转移到船东一方，从而保护弱势劳动者的利益。

（三）体现审判公正与效率理念的典型案例

1. 最高人民法院发布的典型案例

自 2014 年以来，最高人民法院在发布的保障民生典型案例、船舶扣押与拍卖十大典型案例、"一带一路"建设提供司法服务和保障的典型案例和全国海事审判典型案例均对以司法保障船员利益有所体现，体现了中国法院司法为民的人文主义情怀，树立了良好的国际形象。具体案例见表 3。

表 3　船员纠纷的典型案例

案件名称	入选类型	典型意义
塞拉利昂籍 "LEDOR" 轮遭阿尔巴尼亚某公司弃船所引发系列纠纷案[1]	最高人民法院保障民生典型案例（2014.02 发布）；"一带一路"建设提供司法服务和保障的典型案例（2015.07 发布）	在执行扣船令和海事强制令过程中，法院指定国有船代为弃轮提供船舶代理服务，在船舶被依法变卖后，又与公安部门联系，根据这批外籍船员的特殊情况办理相应签证和出境手续，为外籍船员提供了充分的人道主义帮助

续表

案件名称	入选类型	典型意义
涉"密思姆"轮船员劳务合同纠纷系列案[2]	最高人民法院保障民生典型案例（2014.03发布）；全国海事法院船舶扣押与拍卖十大典型案例（2015.02发布）；全国海事审判典型案例（2015）	该案为典型的涉外船员劳务合同纠纷。上海海事法院及时受理、立案、审判、执行等部门各司其职、密切协作，诉前登船为船员提供各阶段建议，诉中做好立审执程序协调等衔接，让案件公正高效审结，平等保护了国外当事人的合法权益，通过人文关怀，让外籍船员感受到中国司法的温暖
舟山市某渔业公司申请"雪曼斯"轮案[3]	全国海事法院船舶扣押与拍卖十大典型案例（2015.02发布）；全国海事审判典型案例（2015）	宁波海事法院发扬国际人道主义精神，在外籍船员困顿无助时安排好船员扣押期间的食宿，及时垫付遣返费用，并协调船舶代理公司安排船员顺利回国。将政府部门垫付的外籍船员医疗费、殡仪馆存放费及遗体火化费等纳入船员遣返费用，兼顾中外各方利益，促使这一涉外事件快速妥善解决
王某等15人与某航运公司船员劳务合同纠纷案[4]	全国海事审判典型案例（2016）	海事法院准确把握航运市场形势，主动摸清国外被告经营情况，运用调解在解决复杂纠纷方面的独特优势，通过扣船促成当事各方达成和解，使涉案船员足额拿到拖欠费用，保护了船员的合法权益，也使涉案船舶得以尽快解除扣押并恢复营运，避免了矛盾激化，取得了良好的法律效果与社会效果
德国某银行与某公司船舶抵押借款合同纠纷案[5]	全国海事审判典型案例（2020）	海事法院对21名外籍船员积极展开人道主义援助，在疫情防控的同时采取合理可行措施将外籍船员安全、高效遣返，既充分保障了船员的合法权益，也有助于船舶买受人尽快开展正常生产经营。体现了中国作为船舶和船员大国的担当，为妥善处置疫情期间全球性海员换班或遣返难题、帮助航运企业有序复工复产提供了"中国方案"

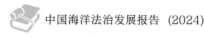

续表

案件名称	入选类型	典型意义
"天使力量"（Angelic Power）轮船员劳务合同纠纷系列案⑥	全国海事审判典型案例（2021）	法院依据涉外民事关系法律适用法，充分尊重当事人意思自治，根据不同法律关系分别确定准据法，结合法院查明和当事人提供专家意见等多种方式，准确查明和适用希腊和菲律宾法律，彰显了中国海事司法能力和水平，维护了外籍船员的合法权益

1. 参见（2013）厦海法登字第 33 号等裁判文书。
2. 参见（2013）沪海法商初字第 1086 号等裁判文书。
3. 参见（2010）甬海法舟商初字第 48 号等裁判文书。
4. 参见（2016）浙 72 民初 2127 号等民事判决书。
5. 参见（2020）鲁 72 民初 1845 号民事判决书。
6. 参见（2021）粤 72 民初 956 号等民事判决书。

2. 各地海事法院发布的典型案例

在最高人民法院发布的典型案例之外，各地海事法院也发布了不少有关船员纠纷的典型案例，旨在通过提炼裁判要旨，填补规范与事实之间的空隙，为日后规范船方、船员和相关当事人的行为提供指引。

对于请求支付工资或劳动报酬的案件，海事法院审理中经常需要判断双方是否成立劳动关系、劳务关系以及判断拖欠数额。劳动关系、劳务关系的成立是船员获得工资报酬、工伤保险待遇及人身损害赔偿等工伤损失的基础，审判难点在于，由于当事人法律意识淡薄，未签订合同或签订的合同形式不规范；当事人缺乏证据意识，不能承担举证责任。法院结合日常生活经验及当事人提供的其他证据，在保障船员权益的情况下认定劳动关系，并建议船员仔细阅读合同内容，发现显失公平条款时及时提出并要求公司修改，以及双方当事人应注意留存有利证据。此外，新冠疫情导致船员上下船时间不确定，加剧了船员在船的精神压力，工资报酬、遣返费用等是船员的生计来源，而此前劳动合同或劳务合同并未对疫情期间船员遣返或轮休所需隔离期间的住宿、补贴等费用进行约定，需要海事法院对隔离期间属性进行适当解释，以维护船员的基本权益。如于某某诉上海某船舶科技有限公司、某船舶管理有限公司船员劳务合同纠纷案①中，青岛海事法院认为，在新冠疫情防控期间，船员被集中隔离医学观察期间可视为在船期间的延伸，船员可就此期间主张报酬。

对于通海领域、海上人身损害赔偿案件，实践中经常遇到船员工伤赔偿标准认定的问题，如存在多个船员时如何适用赔偿标准、船员的工伤赔偿适用何地的标准。对于前者，统一赔偿标准是各海事法院施行的审判理念②；对于后者，海事法院的处理不一，也更加灵活。例如，在张某某诉崔某岩、崔某有海上人身损害责任纠纷案③中，法院适用审理法院所在地而非当事人所在地的赔偿计算标准，既能满足船员的人身损害赔偿要求，也不会因适用更高的当事人所在地标准而让船舶所有人承担不合理损失。此外，在人身损害发生后，应承担赔偿责任的一方有时会与受害方达成一次性赔偿协议，海事法院应审慎判断此类协议的效力。例如，在冯某某诉孙某某、张某某海上人身损害责任纠纷案④中，青岛海事法院从客观上判断赔偿协议是否造成实际损失和预期损失的巨大差异，从当事人签订协议时是否因经验技能不足而缺乏正当认识能力、是否处于危困状态等方面判断，认定二被告与原告签订的一次性赔偿协议显失公平，并判决撤销。

海事法院也选取了部分通过司法协作保障船员利益的典型案例。船员支付拖欠劳动报酬等诉讼请求的实现常面临执行难的情况，如马某某与浙江秉业船务有限公司船员劳务合同纠纷案中⑤，被告船舶在马来西亚被扣

① 参见青岛海事法院2023年6月21日发布的船员权益保护十大典型案例之案例五。
② 各海事法院统一人身损害赔偿标准的方式不同，如青岛海事法院按照2020年3月12日印发的鲁高法〔2020〕18号《山东省高级人民法院关于开展人身损害赔偿标准城乡统一试点工作的意见》第一条的规定，不再区分城镇居民和农村居民，统一按照城镇居民赔偿标准计算相关项目赔偿数额；大连海事法院按照2020年1月9日辽宁省高级人民法院下发的《关于开展人身损害赔偿标准城乡统一试点工作的实施方案》及配套标准的修改，以"全体居民人均消费支出"标准代替"城镇常住居民人均可支配收入""农村常住居民人均可支配收入"标准。
③ 参见大连海事法院船员劳务纠纷审判报告（2016~2020）中所附的典型案例七。
④ 参见青岛海事法院2023年6月21日发布的船员权益保护十大典型案例之案例七。
⑤ 参见（2012）沪海法商初字第251号民事判决书。

押，船员被拖欠工资，而船东无力承担船舶回国费用。上海海事法院与当地政府协调，就船舶看管、遣散等事宜与船员达成一致，建立了法院与当地政府的常态化工作联系，形成府院合作共同应对的处置机制，保障船员合法权益实现。除法院与其他政府部门的合作外，海事法院也利用区域间司法协同机制保障船员权益。例如，在兴运公司诉太平洋财险通海水域保险合同纠纷案①中，上海海事法院通过长三角海事法院司法协同机制与南京海事法院协调，将异地审判的受伤船员与船东的人身损害赔偿纠纷、船东与保险公司的船东责任保险合同纠纷通过保险公司将保险赔偿金直接支付到另案执行账户的方式保障了受伤船员权益，也打消了保险公司对赔偿金能否实际支付受伤船员的顾虑，避免了船方从责任保险中获利的道德风险。

中国法院在司法实践中已经将公平、及时、有效保障船员权益作为审理船员纠纷案件的重要价值追求。最高人民法院也通过颁布司法解释、整理和公布典型案例等方式将该种价值追求予以持续贯彻和推广。在尊重案件事实、公平保护各方利益的基础上，为船员利益保障提供司法便利，实现实质正义，仍将是海事法院贯彻司法为民审判工作理念的重要方向。

第二节　海上交通安全的法治发展

中国管辖海域交通繁忙，易发生航行事故②。中国一直致力于通过加强法治建设维护管辖海域的海上交通安全，提高中国籍船舶安全水平，构建和平安宁的全球海洋秩序。

一　海上交通安全立法

中国的海上交通安全立法以《海上交通安全法》为核心。《海上交通

---

① 参见上海市高级人民法院 2023 年 6 月 25 日发布的《上海法院涉船员权益保护海事审判典型案例》之案例十。
② 根据安联保险集团《2020 年安全与航运报告》，2020 年 1/3 的船舶全损事故发生在中国南部、印度、印度尼西亚和菲律宾等海域。

安全法》于 1983 年 9 月 2 日通过，1984 年 1 月 1 日起正式实施，其间于 2016 年进行修改，并于 2021 年接受系统性修订。一些行政法规、部门规章与地方性立法中同样包含了海上交通安全保障内容，共同构成了海上交通安全立法体系。

1. 国内立法现状

早在中国海洋法治建设初期，航行安全问题就已受到关注。《海上交通安全法》1983 年 9 月 2 日经第六届全国人民代表大会常务委员会第二次会议通过，自 1984 年 1 月 1 日起施行。法律全文共 12 章 53 条，分为总则，船舶检验和登记，船舶、设施上的人员，航行、停泊和作业，安全保障，危险货物运输，海难救助，打捞清除，交通事故的调查处理，法律责任，特别规定，附则。1983 年《海上交通安全法》确立了中国维护海上交通安全的基本法律制度框架，是海上交通安全执法机关履行职责的法律依据。

1996 年，中国政府正式批准加入了《联合国海洋法公约》。此后，中国以制定单行立法方式进一步完善了海上交通安全法律保障制度，制定了《航标条例》《沿海航标管理办法》《无线电管理条例》等。这些法律作为行政性立法对与海上交通安全保障有关事项及其所涉行政管理体制作了规定。但是，由于相关规定过于分散，且立法位阶较低，仍需要上位立法加以统筹与完善。

2016 年，为配合国务院推进简政放权、放管结合、优化服务改革，《海上交通安全法》迎来一次小幅修改，仅取消了海船进出港签证制度①。2021 年，根据《联合国海洋法公约》、相关国际海事公约等国际条约的要求，中国对《海上交通安全法》进行了系统性修订，并于 2021 年 4 月 29 日第十三届全国人民代表大会常务委员会第二十八次会议通过。自 2021 年 9 月 1 日起施行。

1983 年《海上交通安全法》自实施至今已近 40 年。这期间，伴随着

①　参见 2016 年 11 月 7 日《全国人民代表大会常务委员会关于修改〈中华人民共和国对外贸易法〉等十二部法律的决定》。

国家海洋强国战略不断推进、"一带一路"倡议推广实施，中国海上交通运输事业蓬勃发展，海上交通安全环境也发生巨大变化。尤其是近年来中国与周边国家海洋权益争端频发，海洋纠纷渐趋长期化复杂化，对国家海上安全包括海上交通安全提出了更高要求①。现行《海上交通安全法》共10章122条，通过对章节体系的优化调整以及法律条文的大幅扩充，反映国际海洋法在海上交通安全领域的发展变化，以及中国改革开放以来维护海上交通安全的需求与对策。

《海上交通安全法》修订的一大亮点即新增第三章"海上交通条件和航行保障"，根据所积累的丰富航海保障实践对海上交通安全保障内容作出整体性规定。这也是中国首次在国家法律层面出现"航海保障"概念②。具体而言，《海上交通安全法》规定的海上交通安全保障措施包括：建立并完善船舶定位、导航、授时、通信和远程监测等海上交通支持服务系统（第21条），保障海上交通安全无线电通信（第23条），布局、建设、管理航标（第26条），发布航行警告及播发海上交通安全信息（第28条、29条），确定并发布港口及船舶设施保安等级（第32条）。此外，修订后的《海上交通安全法》第六章"海上搜寻救助"以及第七章"海上交通事故调查处理"同样涉及航行安全保障内容。

上述航行安全保障规定属于义务性规定，即中国通过国内法为自身设置安全保障义务，主动供给具有公益性质的航行安全公共产品，以捍卫各国船舶在中国管辖海域所享有的航行自由。这有别于一些国家只谈本国船舶所享有的权利，罔顾相关区域的整体航行秩序与自由，实质上是剥夺了其他船舶本该享有的航行自由。对于享受中国所提供安全保障服务的中外船舶，并不承担任何不利后果，中国也并不强制外国船舶必须接受中国所提供的定位、导航、通信等服务，而是尽可能通过国际海事组织等机构加

---

① 邢厚群：《论国际海洋法治视域下我国海上交通安全立法》，《社会科学》2021年第6期，第99页。

② 相娜：《海事系统全面贯彻落实新〈海安法〉以法治推动海事事业高质量发展》，《中国交通报》2021年12月7日，第3版。

以推广，通过自身高效、便捷、先进的服务吸引外国船舶使用。

从国际海洋法角度，《联合国海洋法公约》并不禁止沿海国在不影响他国航行自由的情况下主动提供航行安全保障服务。《海上交通安全法》第121条也明确规定："中华人民共和国缔结或者参加的国际条约同本法有不同规定的，适用国际条约的规定，但中华人民共和国声明保留的条款除外。"这是对中国国内法与所加入国际条约适用关系的郑重宣示，表明中国的航行安全保障服务不会同《联合国海洋法公约》等国际海洋法规则相抵触。

除了强化航海保障，本次《海上交通安全法》修订还根据国际海洋法以及国际海事公约发展，新增了一系列海上交通安全保障制度，包括：建立并运行船舶安全营运和防治船舶污染管理体系（第11条），建立中国船员境外突发事件预警和应急处置机制（第16条），完善领海内无害通过规则（第53、54条），引入紧追权规则（第92条），完善港口国管辖规则（第88、91条）。

在《海上交通安全法》之外，中国还制定了一批与海上交通安全相关的行政法规和部门规章。另外，《立法法》允许地方为执行法律、行政法规而制定地方性法规和地方政府规章。随着社会治理重心不断下移，地方治理将在交通安全等社会生活重要领域发挥关键作用。实践中，一些地方已根据自身水域安全情况进行了有益的尝试探索，如制定地方海上交通安全管理规定、地方水上搜救规定等（见表4）。

表4　中国海上交通安全相关立法

立法名称	性质	生效时间
《内河交通安全管理条例》	行政法规	2002年8月1日
《航道管理条例》	行政法规	2009年1月1日
《对外国籍船舶管理规则》	行政法规	1979年9月18日
《船舶登记条例》	行政法规	1995年1月1日
《海上交通事故调查处理条例》	行政法规	1990年3月3日

续表

立法名称	性质	生效时间
《海事行政许可条件规定》	部门规章	2021 年 9 月 1 日
《海上海事行政处罚规定》	部门规章	2021 年 9 月 1 日
《水上水下作业和活动通航安全管理规定》	部门规章	2021 年 9 月 1 日
《船舶引航管理规定》	部门规章	2002 年 1 月 1 日
《船舶安全监督规则》	部门规章	2017 年 7 月 1 日
《海上滚装船舶安全监督管理规定》	部门规章	2019 年 9 月 1 日
《国际船舶保安规则》	部门规章	2007 年 3 月 26 日
《高速客船安全管理规则》	部门规章	2006 年 6 月 1 日
《船舶最低安全配员规则》	部门规章	2004 年 8 月 1 日
《航运公司安全与防污染管理规定》	部门规章	2008 年 1 月 1 日
《航道管理条例实施细则》	部门规章	1991 年 8 月 29 日
《深圳市海上交通安全条例》	地方法规	2020 年 7 月 6 日
《威海市海上交通安全条例》	地方法规	2019 年 7 月 1 日
《厦门市海上交通安全条例》	地方法规	2018 年 3 月 1 日
《青岛市海上交通安全条例》	地方法规	2014 年 8 月 27 日
《福州市海上交通安全管理条例》	地方法规	2010 年 12 月 9 日
《浙江省水上交通安全管理条例》	地方法规	2021 年 11 月 25 日
《湖南省水上交通安全条例》	地方法规	2018 年 1 月 1 日
《安徽省水上交通安全管理条例》	地方法规	2014 年 3 月 1 日
《江苏省水上搜寻救助条例》	地方法规	2010 年 1 月 1 日
《上海市水上搜寻救助条例》	地方法规	2021 年 10 月 1 日
《广西壮族自治区海上搜寻救助条例》	地方法规	2007 年 1 月 1 日
《山东省海上搜寻救助条例》	地方法规	2020 年 1 月 1 日
《海南省海上搜寻救助条例》	地方法规	2015 年 10 月 1 日
《黑龙江省水上搜寻救助条例》	地方法规	2014 年 5 月 1 日
《福建省海上搜寻救助条例》	地方法规	2023 年 1 月 1 日
《天津市海上交通安全管理规定》	地方政府规章	2009 年 10 月 1 日
《唐山市海上交通安全和防治船舶污染管理办法》	地方政府规章	2007 年 9 月 1 日

2. 海上交通安全国际公约

海上交通被誉为人类海洋活动的"最大公约数"，对各国协调一致提出了极高要求，需要共同的海洋活动基础规则与作业技艺，以保证海洋活动的秩序和安全，以《联合国海洋法公约》及国际海事公约为基础的国际法律体系应运而生①。为满足海上交通安全领域与国际海事管理接轨和合作的需求，履行《联合国海洋法公约》"考虑""符合""实施"主管国际组织制定的一般接受的规则的义务，中国加入了国际海事组织框架下几乎所有主要的海上交通安全公约及议定书（见表5）。

表 5　我国加入并生效的国际海事组织公约一览

公约名称	对我国生效时间
《1974 年国际海上人命安全公约》	1980 年 5 月 25 日
《1974 年国际海上人命安全公约》1978 年议定书	1983 年 3 月 17 日
《1974 年国际海上人命安全公约》1988 年议定书	2000 年 2 月 3 日
《1966 年国际载重线公约》	1974 年 1 月 5 日
《1966 年国际载重线公约》1988 年议定书	2000 年 2 月 3 日
《1969 年国际船舶吨位丈量公约》	1982 年 7 月 18 日
《1972 年国际海上避碰规则公约》	1980 年 1 月 7 日
《1972 年国际集装箱安全公约》	1981 年 9 月 23 日
《1978 年海员培训、发证和值班标准国际公约》	1984 年 4 月 28 日
《1979 年国际海上搜寻救助公约》	1985 年 7 月 24 日
《1976 年国际海事卫星组织公约》	1979 年 7 月 16 日
《1976 年国际海事卫星组织业务协定》	1979 年 7 月 16 日
《1965 年便利海上运输国际公约》	1995 年 3 月 17 日
《1988 年制止危及海上航行安全非法行为公约》	1992 年 3 月 1 日
《1988 年制止危及大陆架固定平台安全非法行为议定书》	1992 年 3 月 1 日
《1989 年国际救助公约》	1996 年 7 月 14 日

---

① 邢厚群：《论国际海洋法治视域下我国海上交通安全立法》，《社会科学》2021 年第 6 期，第 100 页。

续表

公约名称	对我国生效时间
《2000 年有毒有害物质污染事故防备、反应与合作议定书》	2010 年 2 月 19 日
《2001 年控制船舶有害防污底系统国际公约》	2011 年 6 月 7 日
《2004 年国际船舶压载水和沉积物控制与管理公约》	2019 年 1 月 22 日
《2007 年内罗毕残骸清除国际公约》	2017 年 2 月 11 日

为确保中国参加的国际公约能够得到有效执行，中国一方面在国内法层面通过多种形式转化、吸收公约内容，包括通过《海上交通安全法》《海洋环境保护法》等国内立法对相关公约的制度和要求进行国内法转化，并在法律中明确规定我国缔结或者参加的国际条约与国内法的关系，如前文提及的《海上交通安全法》第 121 条。另一方面，对于部分技术性较强的国际公约如《1972 年国际海上避碰规则公约》，中国允许其直接于国内适用，无须国内法转化途径[1]。中国也不断加强履约能力建设，并主动接受国际海事组织的履约审核。2008 年 5 月，中国向国际海事组织正式提出自愿履约审核申请，以此加强协调合作，建立沟通机制，不断提高和持续改进中国海事的总体表现[2]。

二 海上交通安全执法

中国地处西太平洋沿岸，周边海域人口稠密、经济贸易往来活动频繁，马六甲海峡、台湾海峡更是国际知名的海上运输通道。自古以来，中国一直为周边海域的航行安全、自由和便利提供公共产品。例如，基于古代朝贡体制，长期以来中国对南海海域实施了大量保障航行安全的举措，如定期巡航、绘制海图、天文测量、营救遇险船只等[3]。改革开放后，中

[1] 参见 1980 年《交通部、海军司令部、国家水产总局关于实施〈1972 年国际海上避碰规则〉的通知》。

[2] 《交通运输部：我国正式接受国际海事组织履约审核》，http://www.gov.cn/gzdt/2009-11/10/content_1460522.htm。

[3] 韩振华主编《我国南海诸岛史料汇编》，东方出版社，1988，第 7~9 页。

国的海上交通安全执法能力不断增强，安全投入逐渐增多，周边地区乃至全世界都从中受益。近年来，中国将"打造高水平安全"作为海上交通各项工作的根本前提，全面提升交通安全执法能力。

1. 海上交通安全的国内执法现状

中国的海上交通安全保障能力建设与海洋法治建设同步进行。目前，中华人民共和国海事局共下辖 15 个直属海事局，同时下辖北海、东海、南海三个航海保障中心。截至 2020 年底，中国共建设 59 个船舶交通管理中心（VTS 中心）和 303 个船舶交通管理系统雷达站，建成沿海 AIS 基站 201 座和内河 AIS 基站 409 座，AIS 基站和 VTS 雷达信号覆盖范围居世界第一；共管理航标 18354 座，其中公用航标 10725 座、专用航标 7629 座，联网成链、性能可靠的航标系统广泛覆盖沿海港口和航道；共拥有 900 余艘公务船舶，包括海事巡逻船、航标船、测量船、溢油回收船等[1]。2023 年，5000 吨级大型巡航救助船"海巡 03"轮正式列编海南海事局，全面服务海南自由贸易港建设[2]；大型海道测量船"海巡 08"轮正式列编交通运输部东海航海保障中心，有效提升了中国在深远海水域的航海综合保障能力[3]；首批海事无人直升机在山东威海列编，全面增强了中国在黄渤海海域防止船舶污染和应急搜救能力[4]。为改善航行安全保障条件，中国充分利用管辖海域岛礁，建设了一批公益性质的导航助航设施，为沿岸国家和途经的各国船舶提供服务。目前，中国在南沙群岛华阳礁建设了大型多功能灯塔，在西沙水域建成了晋卿岛等灯桩，在永兴岛设置了船舶自动识别系统基站[5]。这些导助航设施显著改善了相关海域的航行安全条件。

① 《交通运输部海事队伍"四化"建设专题新闻发布会》，https://www.msa.gov.cn/html/ztlm/sihuajianshe/xinwendongtai/20220217/7AA8CB06-A3F2-4706-A639-F2FA94412EC2.html。
② 《"海巡 03"轮海口列编——系海南自贸港首艘 5000 吨级大型巡航救助船》，《海口日报》2023 年 3 月 30 日，第 A02 版。
③ 《海事系统首艘大型海道测量船"海巡 08"轮在上海列编》，《中国水运报》2023 年 9 月 22 日，第 1 版。
④ 《我国首批海事无人直升机列编》，《中国水运报》2023 年 12 月 1 日，第 1 版。
⑤ 中国航海学会、上海海事大学：《南海航行状况研究报告》，2017，第 26 页。

近年来，中国不断推动"陆海空天"一体化水上交通安全保障体系建设。2014 年，国际海事组织海事安全委员会通过了船载北斗卫星导航系统的接收机设备性能标准的决议①，并承认北斗系统作为全球无线电导航系统的组成部分②，标志着北斗系统取得了国际合法地位，可应用于船舶遇险报警及定位服务。2020 年，国际电工委员会（IEC）发布了首个北斗船载接收设备检测标准③（IEC 61108-5），作为国际标准为北斗系统服务全球用户奠定了坚实的基础。截至 2019 年底，全国已有 1369 艘系统公务船舶、10863 座水上助导航设施、109 座沿海地基增强站应用北斗系统④。未来中国将进一步强化北斗系统、卫星通信和遥感等技术应用，提升深远海航海保障能力，着力构建全要素"水上大交管"⑤。

伴随着海洋探测感知能力的不断增强，中国开始推进沿海港口进港指南和"21 世纪海上丝绸之路"序列航行指南等航海图书资料编制工作，为各国船舶往来周边海域提供航行安全方面的指南与参考。2014 年及 2015 年，由中国交通运输部海事局组织编撰的中文版《北极航行指南（东北航道）2014》与《北极航行指南（西北航道）2015》先后出版发行，为北极航线的开辟及安全航行提供了海图、航线、海冰、气象等全方位航海保障信息服务⑥。2021 年，交通运输部海事局组织编制的《南中国海至西南太平洋航行指南》中文版正式出版发行。该指南全面、系统、详细地介绍了南中国海至西南太平洋航行区域的沿岸国家与港口、航行规则、地理环境、航路分布、水文气象等内容和资料，并与 2017 年编制出版的《南中国海至马六甲海峡航行指南》一道，共同为通过南中国海附近

---

① Performance Standards for Shipborne Beidou Satellite Navigation System (BDS) Receiver Equipment.

② https://www.imo.org/en/MediaCentre/MeetingSummaries/Pages/MSC-94th-session.aspx.

③ Maritime navigation and radiocommunication equipment and systems-Global navigation satellite systems (GNSS) - Part 5: BeiDou navigation satellite system (BDS) - Receiver equipment-Performance requirements, methods of testing and required test results, IEC 61108-5.

④ 参见《中国可持续交通白皮书》。

⑤ 参见《海事系统"十四五"发展规划》。

⑥ http://www.gov.cn/xinwen/2016-04/20/content_5066122.htm.

海域的国内外船舶提供航行参考与航海保障信息服务①。

在航行安全保障硬件能力不断提升的同时，中国还积极运用现代信息网络技术优化自身安全服务。为响应国际海事组织及国际航标协会推出的"E-navigation"计划，中国推出了"E航海"综合保障服务体系，将各类船舶航行要素以及船岸海事信息加以收集、综合、交换、显示和分析，用于增强船舶航行过程中各方的信息共享，打造安全的航行环境。目前，已经建设了洋山深水港、长江口、粤港澳大湾区等E航海示范工程。根据SOLAS公约对缔约国政府接收船舶远程识别和跟踪信息的要求，中国开发了面向社会公众的"国家海事交通安全管理信息服务平台"②，公众可于平台上自行查询船舶实时位置、航速、船名、船舶尺寸等信息，大大拓展了传统AIS数据的应用，并搭建了基于AIS大数据的航运生态体系和上下游产业链。

在持续强化科技创新应用的同时，中国还在积极进行着海上交通安全执法能力改革与建设。深化构建水上交通综合治理格局，加强海事、海警、港航等涉水单位的执法联动，增强海事系统上下、直属与地方海事系统，以及兄弟直属局之间的协同合作。依托安全生产委员会、海上搜救中心成员会议等协调机制，持续提升涉海单位间海上交通安全信息共享和资源共用水平。构建区域一体化机制，积极开展长三角、环渤海、京津冀海事监管与服务保障一体化建设。探索以信用管理为基础的新型海事监管机制，以船舶信用状况为基础实行分级分类管理，设置信用奖惩措施。

2. 海上交通安全的国际执法合作

无论是航行自由、航行安全还是航运效率的保障，都很难依靠一国的努力实现。特别是"21世纪海上丝绸之路"建设倡议"以重点港口为节点，共同建设通畅安全高效的运输大通道"，离不开海事国际合作的推进

---

① http://news.china.com.cn/2021-03/31/content_77365700.htm.

② https://www.ais.msa.gov.cn/.

和保障。作为当前世界上最大的货物贸易国家以及排名靠前的航运大国，中国参与和推动海事国际合作不仅是营造优质航运营商环境的内在需求，也是中国作为负责任海运大国践行《联合国海洋法公约》的要求。

《联合国海洋法公约》作为海洋领域的综合性公约，有关航行安全、海洋环境保护等问题自然也是公约要调整的核心问题。而早于《联合国海洋法公约》存在的国际海事组织（其前身政府间海事协商组织成立于1948年），是联合国负责海上航行安全、防止船舶造成海洋污染、推动海上交通便利化的专门机构，这决定了《联合国海洋法公约》与国际海事组织调整和管理的事项必然有所交叉。在两者的分工上，《联合国海洋法公约》提纲挈领地对涉及航行安全、船舶污染防治的问题进行了规定，而国际海事组织则侧重于制订详细的技术规则，二者相得益彰。虽然《联合国海洋法公约》只在一处明确提及了国际海事组织（附件8第2条），但《联合国海洋法公约》在多个条款中提及负责制定与海上安全、航行效率、防止和控制船舶和倾倒引起的海上污染事项相关的航运规章和标准的"主管国际组织"①，提及"主管国际组织"，如果是以单数表示的，则专指国际海事组织。因此，根据《联合国海洋法公约》对国际海事组织作为主管国际组织的指向，"考虑""符合""实施"由国际海事组织制定的一般接受的规章、规则和标准等就成为《联合国海洋法公约》缔约国的义务。

中国于1973年恢复在国际海事组织中的成员国地位，并于1975年在第九届全体会员大会中当选为国际海事组织理事会B类理事国。在1989年第十六届全体会员大会上，中国首次当选为A类理事国。至2021年的第三十二届大会再次当选为A类理事国，中国已经第17次连任，体现了国际海运界希望中国在全球海运治理中发挥更加积极作用的认同和期待。

中国在恢复国际海事组织的成员国地位之后，一直致力于推动扩大发展中国家在国际海事组织中的影响力，提出扩大理事会理事国名额、增加

---

① Secretariat of the IMO. (2014). Implications of the United Nations Covention on the Law of Sea for the International Maritime Organization. http://www.cdn.imo.org/Localre-sources/en/Our Work/Legal/Documents/LEG%20MISC%-208.pdf.

发展中国家发言权等方案，切实维护发展中国家的权益。随着中国在国际海事领域实践经验的积累以及参与能力的提升，中国也开始主动寻求与国际海事组织的合作。例如，自 2013 年起，中国与国际海事组织共同开展渡运安全相关合作，形成了《第二届渡船营运安全国际会议行动计划》，提交了新增"运用综合手段加强国内渡运安全"工作项目建议，在国际组织层面围绕此议题提交的提案数超 50%，最终成功推动了国际海事组织《国内渡运安全示范导则》出台①。2021 年，中国与国际海事组织签署了《中华人民共和国交通运输部与国际海事组织关于落实〈通过"21 世纪海上丝绸之路"倡议推动国际海事组织文件有效实施的合作意向书〉加强海事合作的行动计划（2022～2023 年）》，明确了未来两年双方将在海运温室气体减排、应对几内亚湾海盗、保护海员权益等重点领域加强合作。

随着参与国际海事治理能力的提升，中国向国际海事组织主动提交提案，为国际海事治理贡献中国方案的意愿也不断增强。据统计，1999～2020 年，中国共向国际海事组织大会、理事会、各分委会提交提案 773 份，占 A 类理事国提案总数的 9%②。根据学者对中国向国际海事组织提交的有关海洋环境治理提案的统计，2001～2020 年，中国提交的议案有了显著增长（见图 2），中国在国际海事组织中已经不再仅仅是一个追随者，而是对国际海事组织的海洋环境规制框架和法律文件产生了积极影响③。自 2012 年以来，中国共向国际海事组织提交提案 550 余份，位列国际海事组织所有成员国首位④。基于在上述方面的努力，中国已经成为国际海

---

① 《积极倡导渡运安全国际合作 推动交通运输领域全球共治》，https://www.msa.gov.cn/page/article.do? articleId=4BBC2DB3-CAD6-40D9-87B7-CAF768533F3C。

② 俞云飞：《中国提交 IMO 提案的分析及相关建议》，《中国海事》2021 年第 11 期，第 64 页。

③ Bai, Jiayu, and Xiaoyu Li. 2021. "IMO's Marine Environmental Regulatory Governance and China's Role: An Empirical Study of China's Submissions". Sustainability 13, no. 18: 10243. https://doi.org/10.3390/su131810243.

④ 《海事队伍"四化"建设专题新闻发布会》，https://www.mot.gov.cn/2021wangshangzhibo/haishisihuajs/。

事组织中履约最好、参与最积极的成员国之一①。

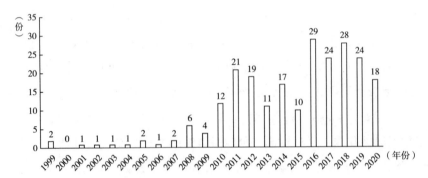

图 2　1999~2020 年中国向国际海事组织提交的海洋环境治理相关提案情况

　　除了在国际海事组织框架下开展合作，中国还积极推动双边以及区域层面的海事合作机制，以此满足《联合国海洋法公约》对沿海国开展区域性和双边合作的要求②。中国通过积极的海事交流互访活动为中国与其他国家的国际海事合作提供增进互信和实践演练的机会，如 2013 年 6 月 10 日至 8 月 11 日，中国派遣"海巡 01"轮出访澳大利亚、印度尼西亚、缅甸、马来西亚四国，与当地海事、港务等机构就海上搜救、港口国监督检查、船舶交通管理、海事调查以及防污染等业务进行广泛交流，并举行海上搜救、消防、应急拖带等联合演习。另外，还通过合作文件以及双边协定的签订，不断巩固双边和区域层面的合作共识，形成常态化、具有约束力的合作文件和合作机制，在海上护航、海上搜救、船员培训和权益保障、温室气体减排和能效管理、海事事故调查等共同关心的领域建立沟通、联合与合作机制。

---

① Kitack Lim, Secretary-General, IMO, Speechon the Second Belt and Road Forum for International Cooperation（BRF）, China, https://www.imo.org/en/MediaCentre/Secretary General/Pages/Second-Belt-and-Road-Forum.aspx.

② 《联合国海洋法公约》第 98 条第 2 款规定：每个沿海国应促进建立、经营和维持有关海上和上空安全的足敷应用和有效的搜寻和救助服务，并应在需要时通过相互区域性安排与邻国合作达成目的。

中国还致力于在海员证书互认以及船舶检验等方面推进认证认可和标准体系对接，推动"一个标准、一张证书、全球通行"，减少不必要的船舶检查和滞留，为航运便利化奠定基础。2012 年以来，中国先后与丹麦、新加坡、巴拿马、希腊、意大利、约旦、泰国、卢森堡、蒙古国、利比里亚海事主管机关签署了海事领域的合作文件，在港口国监督、防污染管理、海事调查、船员管理等共同关注领域开展交流与合作。其中，值得特别关注的是，为顺应航运电子化、智能化发展的需要，中国在推动船员证书、船舶证书、船舶登记以及其他相关事务电子化应用、互认方面不断尝试，不仅与 27 个国家（地区）签署船员适任证书认可协议，还与新加坡签署船舶电子证书谅解备忘录，便利船舶通关，引领和推进电子证书在全球航运业的应用进程①。

三　海上交通安全司法

中国自 1984 年逐步建立起专门审理海事案件的海事司法系统。该系统长期以来以审理民商事、海事海商案件为主，这导致海上交通安全相关大量行政、刑事案件多由一般法院审理。但相较于一般法院，海事司法系统审理海上交通安全案件具有更强的专业性优势。为此，中国近年来启动了以"三审合一"为目标的海事司法改革，加强海上交通安全司法保障力度。

1. 海上交通安全民事案件

船舶、海上设施因操纵不当发生海上交通安全事故，造成人身、财产损失，容易引发民事纠纷。考虑到海上案件的专业性，中国自 1984 年逐步建立起专门的海事审判体系，对包括海上交通安全民事案件在内的海事海商案件进行审理。据统计，2018 年至 2021 年，中国海事审判系统共受理海事海商案件 89384 件，结案 88764 件②。

---

① 交通运输部科学研究院：《中国可持续交通发展报告》，第 73 页，https://xxgk.mot.gov.cn/2020/jigou/gjhzs/202112/t20211214_3631113.html。

② 参见最高人民法院《海事审判白皮书（2018~2021）》。

近年来，中国法院不断优化审判资源配置，强化精品审判意识，依法审结了一系列关涉海上交通安全的民事案件，追究了不法行为的法律责任，有力地保障了航运安全与通航秩序。例如，在蒋某某与林某某船舶碰撞损害责任纠纷案①中，宁波海事法院准确解读船员无证驾驶与船舶所有人丧失海事赔偿责任限制的关系，对进一步规范水上交通秩序、维护船舶航行安全具有积极意义。在交通运输部南海救助局诉某投资公司、香港某公司上海代表处海难救助合同纠纷案②中，最高人民法院再审认为，当事人可以依约定形成雇佣救助合同，其报酬支付条件及标准应依据我国合同法的相关规定确定。本案判决彰显了契约精神，贯彻了效率原则，实现了鼓励海难救助的立法意图③。

在司法审判中准确适用海上交通安全相关国际公约，精准诠释国际公约含义，既是中国积极履行国际法义务的体现，也是高质量审理海上交通安全民事案件的前提条件。在徐州某公司与某航运公司、日本某公司海上货物运输合同纠纷案④中，最高人民法院合理解读了《国际海运固体散装货物规则》的体系和相关条款的文义，从维护海运安全的价值取向出发，认定该规则规定的适运水分极限（TML）系指整批货物的 TML，在托运人没有提供检验报告载明整批货物的含水量与整批货物的 TML 情况下，承运人有合理依据判断货物不适合安全运输的，可以拒绝装运或者适时采取卸载、晒货等合理措施，以保障航行安全。在江苏某公司诉某公司船舶碰撞损害赔偿纠纷案⑤中，上海海事法院审理认为，航行过程中当事船舶协商不以《1972 年国际海上避碰规则公约》（以下简称《避碰规则公约》）确立的规则交会，发生碰撞事故后，仍应当以《避碰规则公约》为准据对事故责任作出认定。该判决作为最高人民法院第 31 号指导案例，维护了

---

① （2019）浙 72 民初 1036 号。
② （2016）最高法民再 61 号。
③ 参见张文广《"加百列"轮海难救助合同纠纷再审案评析》，《法律适用》2016 年第 8 期，第 45 页。
④ （2015）民申字第 1896 号。
⑤ （2010）沪海法海初字第 24 号。

《避碰规则公约》作为防止船舶碰撞事故、保障海上交通安全的重要国际海事条约的地位，否定了航运实践中船舶为图方便不顾《避碰规则公约》的规定，与其他船舶联系协商变更应当遵守的航行规则的行为，有利于引导船舶遵守正确的航行规则，保障海上航行的安全有序。

2. 海上交通安全行政案件

海事执法部门在履行海上交通安全维护职责过程中，可能与被执法船舶及当事人发生纠纷。对于海事行政案件的管辖法院，中国司法系统历经多次反复。中国海事司法系统自建立之初就被授权受理海事行政案件。1989年，最高人民法院颁布《关于海事法院收案范围的规定》，将涉及海洋、内河主管机关的行政案件明确纳入了海事法院收案范围。两年之后，为贯彻执行《行政诉讼法》，最高人民法院颁布的《关于贯彻执行〈中华人民共和国行政诉讼法〉若干问题的意见（试行）》规定："专门人民法院不设行政审判庭，不受理行政案件。"根据这一规定，各海事法院停止了对海事行政诉讼案件的受理。此后直至2001年，最高人民法院公布了《关于海事法院受理案件范围的若干规定》，再度将海事行政案件的审理交由海事法院。可是两年后，2003年最高人民法院发布的《关于海事行政案件管辖问题的通知》要求，"行政案件、行政赔偿案件和审查行政机关申请执行其具体行政行为的案件仍由各级人民法院行政审判庭审理。海事等专门人民法院不审理行政案件、行政赔偿案件，亦不审查和执行行政机关申请执行具体行政行为的案件"。2015年，根据最高人民法院颁布的《最高人民法院关于海事法院受理案件范围的规定》，海事法院再一次有权受理和审理海事行政诉讼案件。

根据2015年《最高人民法院关于海事法院受理案件范围的规定》，海事法院有权审理的海上行政案件事由共7项，其中6项可能与海上交通安全相关，包括：因不服海事行政机关作出的涉及海上、通海可航水域或者港口内的船舶、货物、设备设施、海运集装箱等财产的行政行为而提起的行政诉讼案件；因不服海事行政机关作出的涉及海上、通海可航水域运输经营及相关辅助性经营、货运代理、船员适任与上船服务等方面资质资格与合法性事项的行政行为而提起的行政诉讼案件；以有关海事行政机关拒绝履行上述行政管理职责或者不予答复而提起的行政诉讼案件；以有关海事行政机关及其工作人员作出上述行政行为或者行使相关行政管理职权损害合法权益为由，请求有关行政机关承担国家赔偿责任的案件；以有关海事行政机关及其工作人员作出上述行政行为或者行使相关行政管理职权影响合法权益为由，请求有关行政机关承担国家补偿责任的案件；有关海事行政机关作出上述行政行为而依法申请强制执行的案件。

海上交通相关行政案件回归海事法院管辖，有以下显著优势。其一，综观中国因海事行政机关所作出的具体行政行为引发争议的案件，专业性、技术性和涉外性是这类案件的主要特征，而审理这样的案件正是海事法院法官的强项所在。其二，中国海事行政机关的管辖范围是以航道、水系来划分的，不仅仅依其所处的行政区域而定，这与地方各级法院的管辖范围难以一一对应，如果由地方各级法院审理海事行政诉讼案件，难免会造成管辖权争议。

近年来，中国海事法院系统审理了一系列海上交通安全行政案件，维护了行政相对人的合法权益，倒逼海事管理部门依法行政，同时支持行政机关依法行使职权，促进了海上交通安全执法水平的提高。例如，在某公司不服台州海警局、浙江海警局行政处罚决定及复议决定案①中，一审法院宁波海事法院与二审法院浙江省高级人民法院经过审理认为，海警机关对无船名船号、无船舶证书、无船籍港的"三无"船舶擅自出海从事生产、经营等活动作出没收船舶的处罚决定并未违反《行政处罚法》的规定，体现了海事司法为依法开展海上执法活动，维护海运秩序，保护海上人命、财产和海洋生态环境安全提供的有力支持和监督。在天津某公司与北疆海事局、天津海事局行政诉讼案②中，原告认为在相似违法情形下，我国其他地方海事行政部门的处罚数额少于北疆海事局处罚数额，存在

---

① （2020）浙72行初1号、（2020）浙行终1766号。
② （2018）津72行初2号。

"同案不同罚"的问题。合议庭在严格审查行政处罚行为基础上，结合本案具体违法情形，认定北疆海事局在《危险化学品安全管理条例》规定的"10万元以上20万元以下"范围内作出的处罚决定并无不当，其他海事局作出的海事行政处罚决定书与本案所针对的违法行为情形以及所维护的公共利益不同，不存在需参照的问题。判决进一步明确了海事执法部门的法律适用，有效打击了海上运输中货方瞒报或谎报危险品的行为，有效遏制了重大恶性安全事故的发生。

3. 海上交通安全刑事案件

相较于行政案件态度上的反复，海上刑事案件长期以来并未被纳入海事法院的受案范围。由于司法层面的定位缺失，时常导致行政执法与刑事司法的偏差与操作上的"尴尬"。据统计，2007~2011年，中国沿海五个省份海上交通事故死亡失踪人数达到961人，绝大多数案件没有进入刑事司法程序①。这种缺陷也进一步导致《刑法》对海上交通安全相关犯罪的关注不足。例如，危险驾驶罪的客观表现是"在道路上驾驶机动车追逐竞驶，或者在道路上醉酒驾驶机动车的"，而驾驶船舶依此法条定罪存在一定障碍。此外，长期以来存在的肇事船舶违法逃逸、无证船员非法上船等海上交通安全行政违法行为已经构成扰乱海上秩序的严重犯罪，却很少受到刑事制裁②。

为扭转这一不利局面，2016年海事行政案件正式纳入海事法院管辖范围后，中国法院开始了海事刑事案件纳入海事法院审理的管辖改革探索。2017年，最高人民法院指定宁波海事法院作为海事刑事案件专门管辖试点法院。同年6月，宁波海事法院审理了马耳他籍"卡塔丽娜"（Katalina）轮二副艾伦·门多萨·塔布雷交通肇事罪一案。该案被告涉嫌海上交通肇事罪，致14人死亡5人失踪。宁波海事法院法官综合海面能见度不良、天气状况、船舶途经渔区航行等因素，认定被告未保持正规瞭望与安全航速，未采取有效避碰行动和雾航措施，违反了《1972年国际海上避碰规则公约》《海上交通安全法》的相关规定以及《1910年统一船舶碰撞若干法律规定的国际公约》和《海商法》关于施救义务的规定，最终以交通肇事罪判处被告有期徒刑三年六个月。2021年4月，宁波海事法院又公开审理并宣判了"凯旋工999"轮沉没案，系全国首例由检察机关移送海事法院审理的涉船重大责任事故罪海事刑事案件。本案中，涉事船舶实际承租人、经营管理人何某在光船租赁期间，未按规定履行安全管理职责，宁波海事法院以重大责任事故罪判处何某有期徒刑三年，缓刑四年。上述海上交通安全相关刑事案件的成功审理，充分展示了中国海事法官对海域特性、海况、船舶设备、船员专业技能等海事专业知识以及国际海事规则和公约的综合掌握水平，证明了海事法院审理海上交通安全相关刑事案件、维护平安畅通海上通航环境的专业性和可行性。

第三节　港口法治的发展

港口作为重要的交通基础设施，是航运业发展的支柱。党的十八大以来，中国进入中国特色社会主义新的历史时期，面对新环境与新挑战，港口管理法律法规进一步修订完善，管理体制不断健全，港口法治迎来新发展。

在交通强国建设、新时代港口建设以及"放管服"行政管理改革等指引下，中国港口管理体制进一步精简，减少了过去繁杂的行政许可与行政审批程序，在完善港口市场准入规则的前提下进一步激发市场活力。在港口行政管理体制上，为进一步深化改革、适应港口新业态、调整产业结构，《港口法》于2015年、2017年和2018年进行了三次修正，删除了部分原港口管理部门的审批权与审批事项等内容，如将港口理货业务由行政许可制度改为行政备案制度，港口相关经营活动进一步放开。作为《港口法》的配套法规之一——《港口经营管理规定》也同步进行了多次修改，其最新修正版已于 2021 年 2 月 1 日起施行，通过完善港口经营许可制度、加强港口污染防治、加强港口风险防范和安全管理，放宽了港口经营限制，优化了港口营商环境，使得港口经营管理制度进一步完善，市场秩序进一步规范，港口管理水平进一步提高。

近年来，习近平总书记对新时代港口事业发展作出了一系列重要指示批示，要求港口做到"四个一流"，积极促进港口资源整合、港口间互动联合、港产城深度融合，加快推进港口枢纽化、集约化、现代化发展。浙江率先实施区域港口一体化改革试点，取得显著成效。2017 年，交通运输部开始将浙江港口管理改革经验向各地推行，推进区域港口一体化改革。此次改革的目标，是通过协同推进老港区功能调整与新港区开发，有力促进港口资源利用集约化；通过推动沿海港口、内河港口一体化运营和内陆无水港联动发展，运输组织进一步优化，有力促进港口运营高效化；通过实现区域港口从分散竞争、各自为政向协同发展转变，有力促进市场竞争有序化；加快港产城融合发展，有力促进港口服务现代化。2019 年，交通运输部等相关部委联合发布《关于建设世界一流港口的指导意见》，明确要推进港口治理体系现代化，加快绿色港口、智慧港口、平安港口建设，通过加强组织领导与政策支持，营造良好环境，最终建立起一批世界一流港口。与此同时，中国港口也开始加速"出海"步伐。截至 2019 年，我国境外港口项目数量已达一百余个，总投资金额超过 700 亿美元，分布于除南极洲以外的世界六大洲，项目合作方式包括承建、收购、投资建设、援建和租赁等六类①。港口的国际化经营已成为新时期我国深化改革开放、践行"一带一路"倡议、构建新型全球治理体系的重要内容。2023 年，为完整、准确、全面贯彻新发展理念，服务加快构建新发展格局，着力推动高质量发展，《交通运输部关于加快智慧港口和智慧航道建设的意见》发布，以全面提升我国港口和航道基础设施数字化、生产运营管理和

---

① 参见李祜梅、邬明权、牛铮等《中国在海外建设的港口项目数据分析》，《全球变化数据学报》2019 年第 3 期，第 234~243 页。

对外服务智慧化水平，建成一批世界一流的智慧港口和智慧航道。

针对港口事业呈现的最新发展趋势，对《港口法》的系统性修订工作也在稳步推进中。在 2021 年 12 月交通运输部发布的《交通运输"十四五"立法规划》中，"加快《中华人民共和国港口法（修订）》立法进程"被正式写入。修订将围绕港口管理体制、港口工程建设管理、港口生产安全管理、港口运输保障义务、港口绿色发展及岸线管理、港口资源整合等方面进行，优化港口管理体制，促进航运业取得新发展。

新时代的中国港口，秉承创新、绿色、效率、共享四大新理念，继续服务国家战略，服务经济发展，参与国际合作。新时代的中国港口管理体制也将继续前进，在新时代谱写港口经济发展的新篇章。

一　港口规划与建设的法治保障

（一）港口规划

港口规划，包括港口布局规划和港口总体规划，这是根据国民经济发展规划和水运交通事业发展的客观需要所确立的，对港口发展进行总体的长远定位、布置和规划，其对港口建设的重要性不言而喻。中国为规范港口规划工作，科学利用、有效保护港口资源，促进港口健康、持续发展，制定了《港口规划管理规定》，该规定自 2008 年 2 月 1 日起施行至今，内容包括港口规划的编制、审批、公布、修订与调整、实施和监督管理等，反映了港口规划建设的发展要求。

《港口规划管理规定》作为《港口法》的配套法规，其具体内容严格依照《港口法》以及《城乡规划法》加强规划管理、协调城乡空间布局、改善人居环境、促进经济社会全面协调可持续发展的原则，对《港口法》第二章中港口规划部分内容进行了具体规定与说明，包括对港口规划及编制、港口规划的审批与公布的补充性规定以及对港口规划修改的细化规定，同时新增港口规划实施的相关规定，内容涵盖港口规划工作的方方面面，具有较强的完备性和较好的可操作性。

（二）港口岸线

港口岸线是维持港口设施正常运营所需的相关水域和陆域，是国家重要资源。港口岸线的使用需要经过法律规定的审批程序。《港口规划管理规定》明确规定，港口设施的建设必须按照规定办理港口岸线使用审批，未办理港口岸线审批手续的，海事部门不得批准其水上或水下施工许可。交通运输部以及各级港口行政管理部门应当依法对港口规划的实施情况进行监督检查，核查港口建设项目是否依法办理了项目审批和港口岸线审批手续，从而保证港口规划有效合法实施。

为贯彻港口岸线管理要求，2012 年交通运输部、国家发展改革委颁布了《港口岸线使用审批管理办法》（以下简称《办法》），以规范港口岸线使用审批管理，保障港口岸线资源的合理开发与利用，保护当事人的合法权益。2012 年《办法》规定了港口岸线使用申请人提出申请以及提交材料的要求，明确了港口岸线使用审批的基本程序要求，包括分级审查的程序、职责以及时限要求，明确了港口岸线使用以及审查的具体内容，对国务院或国家审批、核准其他建设项目使用港口岸线的审批作出了明确规定，并建立了港口岸线使用证管理制度。2018 年，为充分落实党中央及国务院关于"放管服"改革工作的总体部署，力求精简审批程序、减少申报材料，交通运输部对《办法》进行了修改，不再要求项目建设单位获取港口岸线使用证，补充规定了延期申请开工的相关内容，强化事中事后监管，要求港口行政管理部门加强对港口岸线使用情况的管理，按照规定将有关信用信息纳入相关信用信息共享平台。2021 年，为继续贯彻落实中共中央、国务院关于"放管服"改革工作的总体部署，减轻港口岸线使用申请人负担，《港口规划管理规定》再次进行修改，将港口岸线批准文件的有效期由 2 年延长至 3 年，并取消了原有延期需报原审批机关批准的规定，为港口岸线使用申请人提供了便利。

中国许多地区亦对当地港口岸线进行单独立法，以确保其港口岸线的合理使用。例如，上海制定了《上海港口岸线管理办法》，江苏省有《江苏省港口岸线管理办法》，河北省有《河北省港口岸线管理规定》，安徽省有《安徽省长江岸线资源开发利用管理办法》，南京市、淮安市、大连市、安庆市、黄冈市、镇江市等亦有单独立法。

（三）港口建设

港口建设与港口规划密不可分。港口工程建设是指在港口规划范围内，为实现港口的功能而新建、改建和扩建码头工程（含舾装码头工程）以及与码头工程同时立项的配套设施、防波堤、锚地、护岸等工程建设。中国现颁布有《港口工程建设管理规定》，以加强港口工程建设管理，规范港口工程建设活动，保证港口工程质量。

早在2005年中国就颁布了《港口工程竣工验收办法》，替代了原《交通部港口建设项目（工程）竣工验收办法》，以更好地规范港口工程竣工验收工作。该办法内容包括港口工程竣工验收条件、验收部门的划分与组成、验收的主要依据和内容以及验收后不同情况的处理方式等。2007年，中国又颁布了《港口建设管理规定》，以加强港口建设管理，规范港口建设市场秩序，该规定内容包括港口建设程序管理、港口建设市场管理、港口工程建设项目信息报送制度等。其中《港口工程竣工验收办法》分别于2014年以及2016年进行了修改，在2014年的修改中，为与2008年审议通过的国务院机构改革方案保持一致，将条文中的"交通部"统一修改为"交通运输部"，并对原有相应的负责竣工验收部门进行修改。在2016年的修改中，鉴于原办法对试运行以及备案管理的规定不够明确，调整了试运行时间要求，对专项设施的验收条件进行了修改，并取消了试运行备案管理制度，切实优化了管理流程，规范了试运行管理。

随着党中央、国务院不断推进行政审批制度改革，深化投融资体制改革，港口工程建设管理面临新的要求。2016年，《中共中央　国务院关于深化投融资体制改革的意见》《企业投资项目核准和备案管理条例》《政府核准的投资项目目录》相继出台，国家对建设项目的监管方式发生改变，项目建设的管理中心从事前审批转向过程服务和事中事后监管，同时要求简化建设项目前置条件，建立并联审批、协同监管机制，而《安全生产法》《消防法》《职业病防治法》《建设项目环境保护管理条例》等法规对于消防、环保、职业病防护设施等的试运行、验收和监管方式等亦进行了较大调整。因此，交通运输部在多次组织各地港口主管部门和港航企业进行工作研讨并赴有关单位调研的基础上，征求各有关部门和单位的意见，组织港口行业专家进行咨询研讨，对《港口建设管理规定》以及《港口工程竣工验收办法》的有关内容进行梳理整理，进一步优化二者的体系结构，将两部法规合并为《港口工程建设管理规定》。

《港口工程建设管理规定》内容包括建设程序管理、建设实施管理、验收管理、工程信息及档案管理等。该规定明确港口工程建设的范围，对政府投资和企业投资的港口工程进行区分，分别对工程立项阶段、初步设计管理、施工图设计管理、开工管理、设计变更管理、试运行管理、竣工验收管理的建设程序作了明确规定，并对设计审批、工程开工、设计变更、竣工验收等环节的违规行为规定了处罚条款。2018年7月，国务院印发《关于加强推进全国一体化在线政务服务平台建设的指导意见》，要求对与一网通办不相适应的法律规章和规范性文件开展修改工作，故而交通运输部2018年42号令删除了该规定中行政许可申请人必须提供相关纸质材料的规定。而后，按照《国务院办公厅关于做好证明事项清理工作的通知》关于简政便民的有关要求，删除了该规定中港口工程试运行的相关规定。

《港口法》规定，在港口建设中航标设施以及其他辅助性设施，应当与港口同步建设，并保证按期投入使用。中国为加强沿海航标管理，保证沿海航标的正常使用，保障海上交通安全，颁布《沿海航标管理办法》，其内容包括沿海航标规划与配布、航标的维护和保护、专用航标的设置与维护、针对沿海航标的监督检查与处罚，从而替代了《海区航标管理工作的若干规定》。

《港口法》明确规定了各级人民政府应当保证必要的资金投入，用于港口公用的航道、防波堤、锚地等基础设施建设和维护。在航道建设领域，2007年中国颁布了《航道建设管理规定》，与同时期的《港口建设管理规定》相比，内容增加了政府投资项目的建设资金管理，与《港口法》

的有关规定相一致。2008 年中国颁布了《航道工程竣工验收办法》，替代了 1996 年颁布的《内河航运建设项目（工程）竣工验收办法》，以适应中国快速发展的航道建设，该办法明确了航道工程竣工验收的管理部门依据应当具备的条件、主要程序、主要内容以及法律责任。在 2014 年，同《港口工程竣工验收办法》一致，将其中的"交通部"统一修改为"交通运输部"，并对原有相应的负责竣工验收部门进行修改。与《港口工程建设管理规定》相同，交通运输部针对航道工程建设管理面临的新形势、新问题，对《航道建设管理规定》和《航道工程竣工验收管理办法》进行了梳理整合，将两部规章整合为《航道工程建设管理规定》。该规定内容包括总则、建设程序管理、建设实施管理、验收管理、政府投资项目的资金管理、工程信息及档案管理、法律责任、附则共 8 章，有力加强了航道工程建设管理，规范了航道工程建设活动。

在航道维护管理领域，1987 年中国颁布了《航道管理条例》，以加强航道管理，该条例内容包括航道的规划与建设、航道的保护、养护经费等，2009 年对航道养护经费进行了调整。2017 年，为贯彻落实《航道法》中航道通航条件影响评价审核制度，制定了《航道通航条件影响评价审核管理办法》，该办法细化了航道通航条件影响评价审核的适用范围，明确了航道通航条件影响评价报告编制的要求，规范了申请与审核的要求，建立了事中事后监管制度，明确了交通运输部与各派出机构、省级交通运输主管部门在审核及监督检查中的职责分工。2019 年修改将该办法中规定的"营业执照、组织机构代码证、成立文件等机构证明文件"删除，行政许可机关可通过全国投资项目在线审批监管平台自行审核。由于 2015 年出台的《航道法》对航道养护作出了原则性规定，需要制定出台部门规章予以细化落实。2020 年，交通运输部颁布《航道养护管理规定》，对航道养护工作作出了全面规范，明确了适用范围，界定了航道养护相关职责，完善了养护计划制度，规范养护实施要求，强化了信息公开和公共服务。

如前文所述，《港口法》仅对港口设施的维护作了原则性规定，缺乏具体规定。为保障港口基础设施的管理和维护，2012 年中国印发了《港口设施维护管理规定（试行）》，对维护港口设施发挥了一定作用。2022年，为保障监管作用的充分发挥，交通运输部制定了《港口基础设施维护管理规定》，建立了港口设施维护基本制度，对港口维护工作提出了具体要求，有力保障了港口的安全稳定运行。

二　港口经营管理的法治保障

（一）港口经营管理概述

港口经营与管理包括了港口经营人在港口区域内为船舶、旅客和货物提供港口设施或者服务的活动以及港口行政管理部门对该类活动进行的管理。在《港口法》第三章对港口经营作出规定的基础上，国务院交通运输主管部门制定了《港口经营管理规定》，详细规范了港口经营行为，以维护港口经营秩序。

2004 年《港口经营管理规定》内容涵盖港口资质管理、经营管理、监督检查与法律责任等，适用于港口经营以及相关活动。2014 年国务院以国发 50 号文取消和下放第六批行政审批项目，将经营港口理货业务许可下放至省级人民政府交通运输行政主管部门，对该规定的有关内容进行了修改。2016 年，交通运输部考虑到以往试运行有关制度的法律规定较为零散，不利于港口行政管理部门的执行，也不利于管理部门对试运行期的经营行为实施监管，对《港口经营管理规定》进行修订，将试运行期的经营行为统一纳入港口经营管理。2018 年，在港口经营市场不断发展变化以及"放管服"改革不断深化推进的前提下，为使《港口经营管理规定》的内容更适应实际生产发展，交通运输部对其内容进行了全面梳理，进一步调整与优化。为呼应《港口法》的修订以及国务院《关于取消一批行政许可等事项的决定》（国发〔2018〕28 号）对取消经营港口理货业务许可的要求，交通运输部通过 2019 年第 8 号令，对《港口经营管理规定》进行了修订。同年，按照《国务院办公厅关于做好证明事项清理工作的通知》关于简政便民、优化服务等有关要求，以及商务部等国务院部门关于做好与现行开放政策、《外商投资法》不相符的法规文件清理工作的要求，交通运输部通过 2019 年第 36 号令对《港口经营管理规定》进行了修改。2020 年，随着国务院"放管服"改革不断深化，《优化营商环境条例》也于 2020 年 1 月正式实施，为进一步增强港口经营活力，更好地构建新发展格局，并落实好《安全生产法》《反恐怖主义法》《水污染防治法》《大气污染防治法》等法律法规的相关要求，交通运输部对《港口经营管理规定》再次进行了补充修改，新规放宽了港口经营限制，强化了港口污染防治，重视港口风险防范以及安全管理，切实保证港口监督管理，有力促进了港口高质量发展。

中国许多地区在港口管理立法中对港口经营管理作出了规定，如山东省、湖北省、江西省、四川省等均根据《港口法》和其他有关法律、法规，结合本省实际制定了港口管理条例或规定、办法，对港口经营作出了规定。除此之外，杭州市、南昌市、苏州市等亦在其港口管理办法中对港口经营作出规定。

（二）港口经营资质管理

为保证港口活动合法有效进行，需要对港口经营活动进行资质管理。港口经营人在港口进行各类经营活动，需要取得港口经营许可，港口行政管理部门实施港口经营许可，应当遵循公平、公正和公开透明原则，不得收取费用，并接受社会监督。

针对港口经营资质管理，《港口经营管理规定》修订后具体规定有所变化。2010 年修订的规定明确了从事港口经营、从事港口理货、从事船舶污染物接收的各港口经营人应当具备的条件，同时规定经营从事港口装卸和仓储业务的经营人不得兼营理货业务，理货业务经营人不得兼营港口货物装卸经营业务和仓储经营业务。2014 年修订增加了从事港口理货的港口经营人的条件，对有关材料和提交材料的时间提出了新的要求，并对涉及交通运输部的内容予以相应修改或删除。2016 年修订增加了港口工程试运行期间从事经营的港口经营人的资质要求，并对"港口经营许可证"的有效期作了更为细致的规定。在 2018 年修订中，将船舶污染物接收服务修改为港口拖轮经营，并对港口拖轮经营的经营条件作出了明确规定，同时删除了从事港口装卸和仓储业务的经营人不得兼营理货业务的规定。交通运输部令2019年第8号对规定作出修改，将经营港口理货业务许可改为备案制，删除了港口理货业务许可条件和许可程序等相关条款，并增加了备案管理要求，同时制定完善了港口理货服务标准和规范，加强了有关事中事后监管。交通运输部令2019年第36号则删除了港口工程试运行期间从事经营的资质要求，2020年的修改对本部分用词作了完善，避免了文字上的表意不清。目前中国港口经营资质管理规定包括对从事港口经营以及从事港口拖轮经营的港口经营人的条件要求、港口经营人提出经营申请时应当提交的文件和材料以及港口经营人和港口行政管理部门在这一过程中的具体行为要求。

（三）港口经营反垄断治理

反垄断是禁止垄断和贸易限制的行为，是当一个公司的营销呈现垄断或有垄断趋势时，国家政府或国际组织所采取的一种干预手段。早在2007年，为预防和制止垄断行为，保护市场公平竞争，鼓励创新，提高经济运行效率，维护消费者利益和社会公共利益，促进社会主义市场经济健康发展，中国颁布了《反垄断法》，规定了垄断协议的禁止、滥用市场支配地位的禁止、经营者集中情形、滥用行政权力排除或限制竞争的禁止、调查涉嫌垄断行为以及法律责任等内容。2022年，为满足社会主义市场经济发展的要求，助力构建新发展格局，对《反垄断法》进行了修订。新修订的《反垄断法》于总则中明确规定鼓励创新，推动公平竞争与创新发展，明确了竞争政策在经济政策体系中的地位，确定公平竞争审查制度的效力，对数据、算法、技术、平台规则等作出原则性规定；针对数字经济时代滥用市场支配地位的行为作出规定；完善经营者集中审查制度，设立"停表"制度，优化审查期限与程序，建立分类分级审查制度；在滥用行政权力限制或排除竞争一章中扩充了负面行为清单，防止利用合作协议等实施垄断行为，强调了招投标等经营活动中的公平竞争，将抽象行政行为纳入竞争约束；在针对行政性垄断的调查程序中追加了有关义务主体，并要求其承担有关义务，引入了约谈行政机构等组织的法定代表人或负责人制度，并可要求其提供改进措施；于法律责任一章中加强了惩治力度，引入了民事公益诉讼制度和失信约束机制，对原有法律责任体系进行了优化。

对于港口经营活动，《港口经营管理规定》明确规定，鼓励港口经营性业务实行多家经营、公平竞争，以避免出现垄断行为，保证港口经营服务质量，维护市场法则，保护港口各消费者的公平交易权与选择权，故而要求港口经营人、港口理货业务经营人不得实施垄断行为，任何组织和部门不得以任何形式实施地区保护和部门保护。

（四）港口经营管理活动

港口经营，是指港口经营人在港口区域内为船舶、旅客和货物提供港口设施或者服务的活动，2009年《港口经营管理规定》规定，港口经营活动包括：为船舶提供码头、过驳锚地、浮筒等设施，为旅客提供候船和上下船舶的设施和服务，为委托人提供货物装卸、仓储、港内驳运、集装箱堆放、拼装箱以及对货物及其包装进行简单加工处理等，为船舶进出港、靠离码头、移泊顶推、拖带等提供服务，为委托人提供货物交接过程中的理货服务，为船舶提供岸电、燃物料、生活品供应、船员接送及船舶污染物接收、围油栏供应服务等船舶港口服务，港口设施、设备和港口机械的租赁与维修业务。

在2018年修改中，为贯彻落实国务院深化"放管服"改革精神，聚焦港口主业，精简港口经营许可内容，将港口经营定义中为船舶提供岸电、燃物料、生活品供应、船员接送及船舶污染物接收、围油栏供应服务等船舶港口服务以及从事港口设施、设备和港口机械的租赁、维修业务删除，并于资质管理一章中增加了对应的详细规定，同时取消了集装箱堆放、拆拼箱以及对货物进行简单加工处理的港口经营活动。在2019年的修改中，取消了经营港口理货业务许可，删除了港口经营中"为委托人提供货物交接过程中的点数和检查货物表面状况的理货服务"的规定，并增加了对港口理货业务经营人应按规定进行备案的要求，同时将上述原规定在资质管理一章为船舶提供各项服务以及设备机械的租赁维修业务的规定置于第三章经营管理。在 2020 年的修订中，新规对现有的四项港口经营活动作出了补充规定，新规重视港口污染防治，增加了对岸电设施的要求，鼓励港口经营人使用清洁能源或新能源，要求港口经营人落实船舶污染物接收设施配置；新规加强港口经营业务管理，要求港口经营人、港口理货业务经营人建立健全安全生产责任制和安全生产规章制度，落实港口大型机械防阵风防台风措施，港口经营人接靠船舶不得超过码头功能等级、装载作业、旅客登船不得超过载货和载客定额，沿海港口经营人不得为超出航区的内河船舶提供货物装卸服务；新规注重危险货物过程管理，明确了港口作业委托人的信息告知义务，与法规相抵触的港口作业委托将被拒绝。

针对港口设施的管理，交通运输部颁布了《港口基础设施维护管理规定》以及《港口设施保安规则》。根据 2022 年颁布的《港口基础设施维护管理规定》，港口经营人应负责维护除港口公用的防波堤、锚地等外的港口基础设施，不符合港口经营许可要求的港口基础设施将依照《港口经营管理规定》予以处罚。《港口设施保安规则》规定了港口设施经营人或者管理人的责任，包括制定、实施、调整《港口设施保安计划》等。

同时，中国制定了其他几部法律以规范港口内货物相关服务。2016 年，为准确判定、及时消除危险货物港口作业重大事故隐患，中国颁布了《危险货物港口作业重大事故隐患判定指南》，切实帮助了危险货物港口经营人和港口行政管理部门判定各类危险货物港口作业重大事故隐患。2019 年，中国颁布了《海运固体散装货物安全监督管理规定》，对港口经营人提出了明确的管理义务要求。2013 年交通运输部发布了《港口危险货物重大危险源监督管理办法（试行）》，强化了港口危险货物重大危险源安全风险管控。2021 年，为完成新修订的《安全生产法》以及 2020 年印发的《关于全面加强危险化学品安全生产工作的意见》等有关规定的要求，交通运输部修订印发了新的《港口危险货物重大危险源监督管理办法》，以进一步加强港口危险货物重大危险源安全生产风险管控和隐患排查治理。2003 年中国颁布了《港口危险货物管理规定》，在加强港口危险货物管理、预防和减少危险事故的发生上发挥了重要作用。2012 年，根据新修订的《危险和化学品安全管理条例》，交通运输部对《港口危险货物管理规定》进行修订，建立了完善的安全管理体系，最终修订完成了新的《港口危险货物安全管理规定》。2017 年，为应对越来越大的港口危险货物吞吐量所带来的安全管理压力，对该规定进行了修订，新规完善了危险货物港口建设项目在工程建设过程中的安全保障与安全监管制度，有效落实了安全监管责任和企业主体责任。在 2019 年的修订中则删除了有关港口工程试运行的规定。

三　港口安全监督及污染防治管理的法治保障

（一）港口客货运输安全监督

港口客货运输安全是港口安全监督管理的核心内容，也是实现港口运输职能的重要保障。中国 1954 年通过《海港管理暂行条例》，在建立港口管理体制之初就明确了原交通部设立的港务局承担客货运输安全监督职能，明确了客货运输安全在港口安全生产中的重要性和关键地位。2000年以来，中国在港口客货运输特别是危险品运输安全领域进行了大量立法，港口客货运输安全监督工作进一步走向规范化、体系化、法治化。

随着中国航运业持续发展，港口货物吞吐量指数级增长，港口运输货物种类也呈现多样化特征，随之而来的就是对货物运输安全特别是危险货物运输安全的全面严格监督。对危险货物涉港口全阶段全过程的完整监督，不仅是中国安全生产的基本要求，更是港口经济发展的重要基础。基于以上要求，1996 年 11 月 4 日交通部发布了《水路危险货物运输规则》，明确在中华人民共和国境内从事危险货物的船舶运输、港口装卸、储存等业务适用此规则，主要规定了托运人托运危险货物需要向港务监督机构申报，并需与起运、到达港港口经营人签订作业合同，针对危险货物的装卸作业应当采用特殊的作业委托单，以及承运人装卸货物须经港口行政管理部门和港务（航）监督机构批准等内容。《水路危险货物运输规则》对港口危险货物运输规范化法治化起到了重要作用，同时在责任主体上将港口经营人与港口行政管理部门分开，兼顾了港口管理体制改革需要。2003年《港口法》的颁布，细化了港口货物运输安全监督规定，明确在运输、装卸、过驳过程中，港口行政管理部门与海事管理机构联动监督，保障运输从入港至出港全流程规范安全。《港口法》作为港口管理法律体系的"龙头法"，对货物运输安全监督规定较笼统，这也为后续特别立法留下空间。2003年交通部颁布《船舶载运危险货物安全监督管理规定》，规定了一系列载运危险货物船舶进出港口应当申报的事项，申报主体确定为海事管理机构，但申报内容需要通报港口管理部门。随着中国易流态化固体散装货物水路运输量的持续增长，以及国际海事组织《海运固体散装货物规则》开始生效，2011年，交通运输部颁布《水路运输易流态化固体散装货物安全管理规定》，明确规定针对此种特殊货物港口行政管理部门的安全监督责任，以及港口经营人在货物运输涉港口环节的安全监督义务，细化了货物运输安全监督法律法规。

十八大以来，中国港口货物运输安全监督法律法规进一步发展。2012年12月交通运输部颁布《港口危险货物安全管理规定》，按照港口行政管理体制对全国港口危险货物安全管理工作进行了体系上的梳理和职责划分，明确规定从事港口危险货物作业的准入条件和资质要求，港口经营人对危险货物在港区水域运输、装卸、过驳过程中的安全监督责任，以及港口经营人与港口行政管理部门在危险货物运输阶段的联动安全监督关系。经2017年、2019年及2023年三次修订，《港口危险货物安全管理规定》已经成为《安全生产法》《危险化学品安全管理条例》在港口危险货物运输领域实施的重要特别法，是港口经营人与港口行政管理部门管理危险货物的重要规章。

为深入贯彻习近平总书记关于安全生产的重要论述，认真落实新修改施行的《安全生产法》等要求，2021年交通运输部颁布《危险货物水路运输从业人员考核和从业资格管理规定》，要求针对港口危险货物作业各项内容，港口经营人及具体港口危货储存单位主要安全管理人员、装卸管理人员、申报员、检查员等相关从业人员，需要通过统一从业资格考核，并接受统一管理，该规定从港口经营主体层面保障了货物运输安全。同年，交通运输部修订颁布《港口危险货物重大危险源监督管理办法》，明确港口经营人是本单位港口重大危险源安全管理的责任主体，应当对本单位的港口危险货物储存设施或场所进行港口重大危险源辨识，对本单位的港口重大危险源进行安全评估，确定重大危险源等级并及时登记建档。要求港口经营人应当建立健全安全风险分级管控和隐患排查治理双重预防工作机制，制定完善港口重大危险源安全管理制度，要求所在地港口行政管理部门应当加强港口重大危险源监督检查，督促港口经营人做好本单位港口重大危险源的辨识、评估及分级、登记建档、监测监控、备案核销和安全管理、应急准备等工作。

中国水上旅客运输业较为发达，港口不但承担货物运输职能，部分港口还承担着旅客运输职能，因此对旅客运输安全进行监督也是港口安全监督的重点环节。对于港口旅客运输安全，2003 年出台的《港口法》明确了旅客运输作为港口经营项目，确定港口经营证照制并明确港口经营主体为港口经营人。2009 年交通运输部颁布的《港口经营管理规定》明确，从事港口旅客运输服务的经营人，应当按照国家有关规定设置安全、消防、救生以及反恐防范设施设备，配备安全检查人员和必要的安全检查设施设备，对登船旅客及其携带或者托运的行李、物品以及滚装车辆进行安全检查，落实旅客实名制等相关要求，港口经营人未尽到安全监督义务将会承担相应的法律责任；同时该规定也明确了港口行政管理部门应当负有对从事旅客运输港口的监督检查义务。

（二）港口常态化安全监督管理

货物及旅客运输作为港口最重要的职能，需要辅以大量日常作业来维护客货运输稳定运转。在中国港口安全监督管理领域，港区安全监督也是极为重要的部分。新中国成立初期颁布的《海港管理暂行条例》确定了港区陆域及水域的认定范围，要求港务局对所辖港口港区日常各项作业以及卫生、消防等工作进行监督，开启了港区安全监督管理法治化道路。从改革开放到 20 世纪末，由于港口行政管理体制改革，针对港区的具体安全监督工作由原交通部直属各港口行政管理部门承担。由于没有港口统一立法，后期《海港管理暂行条例》被废止，存在一段立法真空期，该时期的港区安全监督立法，整体是以具体事项部门规章的形式出台并施行。1983年，交通部颁布《港口油区安全生产管理规则》，要求港航部门针对港口油区的装卸、仓储以及日常维护工作，承担治安保卫、保密和消防安全义务。1988 年，交通部颁布《港口消防监督实施办法》，要求港口公安机关设置消防监督机构，配备消防监督员，以加强港口消防监督管理，保障港口、船舶运输生产安全。1991 年 10 月 1 日，交通部与劳动部共同颁布《港口煤尘防治规定》，要求港口经营人通过建立防尘除尘监督管理制度，加强煤码头煤尘防治的监督工作，有效保护港口煤炭装卸作业职工的安全与健康。

2002 年《安全生产法》颁布后，中国安全生产法律体系建设加快推进，港区常态化安全监督管理立法也得到了发展。2003 年颁布的《港口法》第四章"港口安全与监督管理"明确，港口经营人必须依照《安全生产法》等法律的规定加强安全生产管理，建立健全安全规章制度，完善安全生产条件，采取安全措施，确保安全生产。这一规定将《安全生产法》的一般性规定输送至特别法《港口法》中，使两部法律在安全生产规则上保持了很大程度的统一协调①。港口行政管理部门应当依法对港口安全生产情况进行常态化监督检查。2004 年，交通部与国家安全生产监督管理局颁布的《港口安全评价管理办法》，在《港口法》的基础上，要求港口经营人应当根据自身经营内容，进行专项安全评价，如石油化工码头经营人应当根据《危险化学品管理条例》的要求进行安全评价；客运码头经营人应开展安全现状评价，制订重大安全生产事故应急预案等。此外，港口建设项目及改造项目应当实施项目安全评价，通过常态化安全生

① 参见邢厚群《港口安全保障立法体系研究》，大连海事大学博士学位论文，2022，第120 页。

产评价，保障和促进港口安全生产。2008 年，交通部颁布《港口设施保安规则》，明确了港口设施保安作为港口安全管理的重要内容，港口经营人与港口行政管理部门应当围绕制定的港口设施保安计划，对港口各设施实施常态化保安管理工作，保障港口安全。

十八大以来，港区安全监督规范进一步完善，港口设施及港口建设安全方面进一步增强了法治保障。2012 年 12 月，交通运输部颁布《港口设施维护管理规定（试行）》，对港口设施日常安全监督管理进行了整体性规定，要求各级港口行政管理部门应对本辖区内港口设施维护管理进行监督检查，采用新型信用监督管理，如建立信用档案模式，保障港口设施运转安全。2022 年 9 月 1 日《港口设施维护管理规定》正式施行后，港口设施安全将得到更科学、更完备的安全保障。《港口设施保安规则》在十八大后也迎来了一次修订与两次修正工作，在简政放权与行政"放管服"改革的指导下，将港口常态化安全监督权力进一步下放地方港口行政管理部门，便于各港口基于自身安全需要制定相应保安计划。

总体上，中国港口常态化安全监督法律体系已经颇具规模，法律法规涵盖港口工程建设、港口设施安全、港口经营安全的港口营运全周期，保障实现港口常态化安全生产，推动中国港口经济持续向好发展。

（三）港区污染防治监督管理

港口作为一项重要的海岸工程，其在生产运营中排放的固、液、气体废物以及船舶进出港产生的各种废弃排放物，若处理不当会对陆地与海洋造成极大的生态影响，因此需要对港口所在陆域及水域进行科学有效的污染防治管理。1979 年《环境保护法（试行）》的出台，开启了中国环境保护立法工作。随后 1982 年《海洋环境保护法》颁布，对海洋环境保护作出特别规定，要求港口此类海岸工程在规划中需要编写环境影响报告书，在建造过程中需要积极保护水产资源，港口和油码头应当设置污水及废弃物的接收和处理设施，配备必要的防污器材和监视报警装置。1983 年国务院颁布《防止船舶污染海域管理条例》，要求港口对到港及在港船舶相关污水、废弃物处理负责，以保持港区海域清洁。具体来说，条例要求到港船舶的压舱、洗舱、机舱等含油污水，不得任意排放，应由港口油污水处理设施接收处理。在港船舶的垫舱、扫舱物料和各种固体垃圾，应由港口船舶服务部门负责清倒。在20世纪90年代，各港口针对港区环境安全，在港口章程中明确作出规定，体现了环境保护理念。例如，1990年福建省人民政府颁布《福州港港章》《厦门港港章》，两部港口章程均单列"港区环境保护"一章，对船舶排放污水、废弃物的要求以及港口如何处理废弃物、港口水域污染事故处置作出了明确规定。

2003年颁布的《港口法》也用一定篇幅针对港口环境保护作出规定，要求在港口建设领域应当依法进行环境影响评价；港口建设项目的安全设施和环境保护设施，必须与主体工程同时设计、同时施工、同时投入使用。对于港口经营人，《港口法》要求港口经营人应当依照有关环境保护的法律、法规规定，采取有效措施，防治对环境的污染和危害。2004年交通部颁布的《港口经营管理规定》也要求，港口经营人应具备相应的船舶污染物、废弃物接收能力和相应污染应急处理能力。2009年国务院颁布的《防治船舶污染海洋环境管理条例》也用较大篇幅针对港口污染防治管理作出规定。该条例要求，港口应当建立有效的污染防治管理制度，配备污染监视设施和污染物接收设施，制订环境污染事故应急预案。通过改革开放近三十年的发展，中国港口污染防治管理立法覆盖面逐渐拓宽，规定内容逐渐完善，有效保障了中国港口环境安全。

十八大以来，中国港口污染防治管理立法迎来新发展。在港口环境安全中央立法日渐完善的基础上，也涌现出一批地方成熟立法。2014年《海洋环境保护法》修订，明确了海岸工程与海洋工程建设，应当符合法律法规规定和有关标准，防止和减少对海洋环境的污染损害。为减少船舶靠港期间大气污染物排放，2020年交通运输部颁布《港口和船舶岸电管理办法》，通过沿海港口建设岸电设施及相关基础设施改造，船舶靠港后关闭辅机使用岸电的方式，减少船上用电造成的大气污染。十八大后《港口经营管理规定》经过6次修改，增加了港口经营人的港口环境保护责任，鼓励其采用新能源等环保新技术，并规定港口行政管理部门对港口经营人的污染防治管理责任。

为落实"绿水青山就是金山银山"理念、环境保护新发展理念，推进绿色港口建设，各港口所在省及地级市也积极进行探索，制定了多部港口污染防治及环境保护地方性法规。2021年，浙江省舟山市人民政府颁布《舟山市港口船舶污染物管理条例》，该条例对船舶污染物在舟山市所辖港口内的排放、接收、运输、贮存、处置等活动及其监督管理进行规定，是国内首部规范港口船舶污染物管理的地方性法规。2022年10月《河北省港口污染防治条例》发布，该条例从港口建设、港口运营、港口船舶三个领域污染防治出发，对港口经营人的环境保护义务以及港口行政管理部门的港口污染防治管理责任进行了规定。地方港口环境立法根据各港口自身特征与经营情况，借鉴中央立法规定，地方立法模式也日益完善。

四 港口经营的民事法治保障

十八大以来，依法治国取得显著成效，中国立法理念与技术日益成熟，港口经营民事法律关系也迎来新发展。2015年，全国人大修改《立法法》，将部门规章所设定事项范围进一步限缩，规定在上位法无规定的情况下，部门规章不得创设减损公民、法人和其他组织权利或者增加其义务的规范，此次修改对严格规范各部委制定部门规章具有重要意义。2016年，交通运输部通过梳理现存法规规章，清理废止了一批行政法规和部门规章，作为一部涉及公民权利义务的部门规章，《港口货物作业规则》也在其列。《港口货物作业规则》制定于2000年，以部门规章形式调整港口经营民事法律关系，共五章54条，从港口作业合同的订立、双方当事人权利义务以及港航货物交接特别规定三方面，对港口经营人的基本义务、作业委托人的基本义务、港口经营人的责任、港口作业货物的交接方式以及港口经营人对作业货物的留置权等内容作出了较为全面细致的规定。《港口货物作业规则》的废止，究其原因是没有上位法明确规定，自身位阶过低导致其违反《立法法》被废止，但《港口货物作业规则》对港口作业相关民事主体权利义务的规制是行之有效的，因此面对相关规定缺失的现状，学界与实务界均呼吁有效立法予以补充①。

2018 年，十三届全国人大常委会公布的立法规划将《海商法》列入第二类"需要抓紧工作、条件成熟时提请审议的法律草案"的立法项目，《海商法》修订提上日程。由于《港口法》目前在体量与地位上已属于行政法范畴，将民事法律关系规定纳入其中存在冲突，因此港口行业组织以及港口企业纷纷呼吁利用《海商法》修改的契机，增加港口经营人相关内容，参考《港口货物作业规则》，弥补目前立法空白，有效调整港口民事法律关系。在征求建议过程中，不少单位建议将"港口经营人"纳入《海商法》调整范围。在 2018 年 11 月交通运输部发布的《海商法（修订征求意见稿）》中，接受承运人委托在港区内从事货物作业的港口经营人被纳入"国际海上货物运输合同"章调整范畴，同时明确本法有关承运人抗辩理由和责任限制的规定适用于港区内接受货方委托从事货物作业的港口经营人。

新时代中国海事审判工作的发展，为港口经营民事主体提供了有效审判支撑和司法保障。自 2014 年开始，最高人民法院发布年度海事审判十大典型案例。截至 2021 年，最高人民法院共发布 80 个典型案例，虽然港口民事纠纷典型案例较少，但仍然从司法实践出发，公平维护了港口经营市场各主体的合法权益，促进了国际贸易顺畅有序发展，对于营造诚实信用的营商环境发挥了良好指引作用。随着中国海事审判工作的不断发展，港口民事纠纷解决以及审判规则将会继续完善，不断从司法领域保障港口民事法律关系。除最高审判机构外，地方海事法院同时发挥地方海事审判优势，助力港口民事法律关系向好发展。例如，青岛海事法院、广州海事法院等近年均发布海事审判典型案例白皮书，其中收录了大量港口民事纠纷案件，有效指引各当事人处理好港口民事法律关系。2019 年宁波海事法院发布《港口企业法律风险提示手册》白皮书，以风险提示、类案裁判

---

① 参见胡正良、张磊、刘卫国、顾寅《〈海商法〉修改应设立港口货物作业合同法律制度》，《中国港口》2018 年第 6 期，第 12 页。

分析、相关法律法规索引、建议意见为框架，系统阐述了港口企业的经营风险，为提高港口企业的风险防范和纠纷处置能力、促进港口营商环境治理及其转型升级提供了参考和借鉴。2022年，厦门海事法院与厦门海事局等在厦门港建立厦门港航调解中心，该中心与厦门海事法院签订《区域性海事纠纷调解机制共建协议》，建立海事纠纷调解对接机制，通过港口多元纠纷解决机制，保障港口各方民事主体合法权益。

第四节　海运反垄断的法治发展

1992年，党的十四大确立了建立社会主义市场经济体制的改革目标，开启了我国从计划经济转向市场经济，构建统一、开放、竞争、有序的市场经济体系的改革历程。1993年我国开始推进反垄断法的起草工作，前后历时十几年，《反垄断法》在2007年8月全国人大常委会上表决通过，2008年8月1日正式实施。这是我国反垄断法治发展中具有里程碑意义的事件。基于海运业天然的国际性特征，尽快与国际接轨的理念更容易得到广泛认同，故国际海运反垄断的发轫在我国似乎更早一些，至少可以回溯到2001年12月11日颁布的《国际海运条例》。《国际海运条例》虽然并非专门的反垄断立法，但在立法之初就将"保护公平竞争，维护国际海上运输市场秩序"作为立法宗旨之一。虽然没有一般的反垄断法，但交通主管部门依据这一条例有效监管维护了国际海运市场的竞争秩序。

一　国际海运领域的反垄断立法

（一）《反垄断法》

《反垄断法》于2008年8月1日开始实施。该法的适用范围仅排除了经营者行使知识产权的行为和农业生产者、农村经济组织的联合或协同行为。因而，规范国际海运市场竞争秩序的最重要立法就是《反垄断法》。

参考国际上普遍的做法，《反垄断法》构建了以规范垄断协议、滥用市场支配地位、经营者集中为主要内容的法律规则体系。从本报告梳理的案例来看，这三方面的法律规则对于国际海运业都是可以适用的。

（二）《国际海运条例》及其实施细则

《国际海运条例》属于行业管理法，自 2002 年 1 月 1 日开始实施，当时我国还没有颁布《反垄断法》。其规制内容不仅包括海运市场的竞争问题，还包括国际海运业及相关辅助业的市场准入、经营规则等其他多方面问题。但可以肯定的是，规范国际航运市场的竞争秩序是其核心目的。该法第一条开宗明义："为了规范国际海上运输活动，保护公平竞争，维持国际海上运输市场秩序，保障国际海上运输各方当事人的合法权益，制定本条例。"2003 年 1 月 20 日，交通部根据《国际海运条例》又颁布了《国际海运条例实施细则》。此后，《国际海运条例》分别于 2013 年、2016 年、2019 年、2023 年进行四次修订，对应《国际海运条例实施细则》也进行了修正。

《国际海运条例》已涵盖反垄断法三个主要方面的制度内容——"垄断协议""滥用市场优势地位""经营者集中"。其中，该法第 22 条对国际班轮运输市场出现的主要"垄断协议"类型规定了报备义务：从事国际班轮运输的国际船舶运输经营者之间订立涉及中国港口的班轮公会协议、运营协议、运价协议等，应当自协议订立之日起 15 日内将协议副本向国务院交通主管部门备案。该法第 25 条涉及对"垄断协议"及可能具有一定市场优势地位的航运联营体实施的"事中监管"，即"国务院交通主管部门应利害关系人的请求或者自行决定，可以对下列情形实施调查：（一）经营国际班轮运输业务的国际船舶运输经营者之间订立的涉及中国港口的班轮公会协议、运营协议、运价协议，可能对公平竞争造成损害的；（二）经营国际班轮运输业务的国际船舶运输经营者通过协议产生的各类联营体，其服务涉及中国港口某一航线的承运份额，持续 1 年超过该航线总运量的 30%，并可能对公平竞争造成损害的"。另外，原《国际海运条例》（2001 年版）第 24 条还规定了"经营者集中"的相关内容，即"国际船舶运输经营者之间的兼并、收购，其兼并、收购协议应当报国务院交通主管部门审核同意。国务院交通主管部门应当自收到国际船舶运输经营者报送的兼并、收购协议之日起 60 日内，根据国家关于国际海上运输业发展的政策和国际海上运输市场竞争状况进行审核，作出同意或者不同意的决定，并书面通知有关国际船舶运输经营者"。2008 年《反垄断法》通过之后，该条于 2013 年 7 月 8 日被《国务院关于废止和修改部分行政法规的决定》删去，国际船舶运输经营者集中行为的审查由当时的商务部统一行使。

（三）1974 年《班轮公会行动守则公约》

联合国《班轮公会行动守则公约》（*Convention on a Code of Conduct for Liner Conferences*）是联合国贸易和发展会议（UNCTAD）主持制定的一份全面规范班轮公会活动的国际法律文书。该公约于 1974 年 4 月 6 日通过并于 1983 年 10 月 6 日生效，它是发展中国家反对发达国家通过班轮公会垄断航运市场以及为争取发展商船队空间，而与传统海运发达国家相互妥协形成的重要海运公约。中国政府为支持发展中国家在航运领域争取建立国际新经济秩序的斗争，于 1980 年 9 月 23 日加入公约，并作了如下保留声明："中华人民共和国与其他国家之间，经过协商，在合适的基础上建立的联合航线，与班轮公会的性质完全不同，不适用《班轮公会行动守则公约》的各项规定。"

根据公约界定，"班轮公会"是指"两个或两个以上使用船只的运输商的团体，这些运输商在特定的地理范围内，在一条或数条航线上提供运送货物的国际班轮服务，并在一项不论何种性质的协定或安排的范围内，按照划一的或共同的运费率及任何其他有关提供班轮服务的协议条件而经营业务"。显然，根据一般反垄断法原理，班轮公会属于统一定价的"核心卡特尔组织"，但由于国际班轮运输业的特殊性以及复杂的历史原因，班轮公会的合法性在很长一段时间并未受到挑战。从 1875 年世界第一个班轮公会——加尔各答轮船运输公会（Calcatta Steam Traffic Conference）成立直到 20 世纪，班轮公会遍布于全球各贸易航线，并于 20 世纪 80 年代达到鼎盛。根据联合国贸发会统计，鼎盛时期的 1974 年，世界上大约有 375 个班轮公会，大到"庞然大物"型的远东班轮公会（Far Eastern Freight

Conference，FEFC），小到来往于小港口之间的 UK/Berbera 公会，控制着世界三分之一的班轮贸易航线，共有 4363 个船公司参加了班轮公会。《班轮公会行动守则公约》正是在此种时代背景下产生的，在承认班轮公会合法性的前提下，该公约为班轮公会活动构建了详细的规范体系。

二 反垄断执法机构与海运行业监管

根据《反垄断法》，国务院下设反垄断委员会，其职责是组织、协调和指导反垄断工作，这意味着反垄断委员会本身并不从事反垄断法规实施的具体工作。2008 年《反垄断法》实施以来很长一个时期，反垄断执法由国家发展改革委、商务部和原工商总局分工负责。国家发展改革委负责依法查处价格垄断行为；商务部负责依法对经营者集中进行反垄断审查，指导企业在国外的反垄断应诉等工作；原工商总局负责垄断协议、滥用市场支配地位、滥用行政权排除限制竞争方面的反垄断执法工作（价格垄断行为除外）。这一情形被人们形象地称为反垄断执法的"三驾马车"。2018 年 3 月，根据国务院机构改革方案，组建了国家市场监督管理总局。国家市场监督管理总局的重要职责之一就是整合国家发展改革委、商务部和原工商总局的反垄断职责，自此完成了反垄断的统一执法。另外，根据《反垄断法》的明确规定，反垄断执法属于中央事权，这有利于保证反垄断执法的统一性，建设全国统一开放、竞争有序的市场体系。但考虑到案件数量多、工作量大，所有案件均由国务院反垄断执法机构直接处理并不现实，《反垄断法》同时规定，国务院反垄断执法机构根据工作需要，可以授权省、自治区、直辖市人民政府相应的机构负责有关反垄断执法工作。

国际海运领域的反垄断执法权限存在一定特殊性，主要原因在于《国际海运条例》规定了国务院交通主管部门（交通运输部水运局）亦有权对国际海运市场中损害竞争的行为进行调查、行政处罚。我国目前虽然已经确定了统一的反垄断执法机构，但不能据此否定交通主管部门作为行业监管机构依据《国际海运条例》的规定也享有一定的反垄断执法权。但应当注意的是，根据《国际海运条例》，对国际海运市场中垄断行为的调查与处理并非由交通主管部门单独进行，而是需要联合反垄断执法机构共同开展。对此，《国际海运条例》第 26 条明确规定："国务院交通主管部门实施调查，应当会同国务院市场监督管理部门共同进行。"此种"联合执法"模式可以很好解决《反垄断法》立法过程中面临的两难境地，值得肯定。需要指出的是，交通主管部门无权对海运企业的经营者集中、港口反垄断等不属于《国际海运条例》调整范围的海运竞争问题进行监管与处理，这些事项的反垄断工作应由反垄断执法机构统一实施。

总体而言，我国反垄断法律监管已广泛应用于国际海运业的方方面面，促进中国短时间内在国际海运反垄断法治方面取得巨大成就，也为维护全球海运市场公平竞争秩序作出了重要贡献。同时也应当清醒地认识到，由于国际海运市场的复杂性及快速发展，中国尚须更深入的理论研究与更丰富的执法实践，才能更好地为完善国际航运经济新秩序提供中国方案。正如国际海上货物运输法律制度的国际统一趋势，国际海运反垄断也需要世界各国的广泛合作，以促进统一。目前，各国海运反垄断的法律标准与尺度并不一致甚至差别很大，有的国家可能以"反垄断"之名行"保护主义"之实。这势必给国际海运企业经营活动带来很多不便，进而影响全球物流供应链安全。我国既是贸易大国，又是船东大国，理应坚持船货利益平衡原则，利用好世界贸易组织这一平台，积极推动国际海运竞争政策的统一与协调，在新的时代背景下引领构建公平合理的国际航运经济新秩序。

第十一章 防治船源污染的法治发展

　　海洋运输是国际贸易中最主要的运输方式，占国际贸易总运量的80%以上[①]。中国约95%的进出口货物是通过海洋运输方式完成的[②]。船舶是海洋运输的主要载体，相关统计数据表明，海洋环境污染中有35%的污染物来源于船舶[③]，即所谓的船源污染。船源污染对海洋造成的威胁是巨大的，不仅涉及海产养殖等财产损失，而且对海洋环境、海洋生物资源、海滨环境、居民健康等也会造成严重危害。为保护海洋生态环境、建设海洋生态文明，防治船源污染势在必行。在国际上，相对于其他海洋污染源（如陆源污染、海上倾废污染等），防治船源污染相关国际公约最为全面；在国内，中国防治船源污染的立法、执法、司法都取得了快速发展，值得其他海洋污染源防治立法参考借鉴。

---

① 《关于海运业发展，联合国披露大量重要数据》，中华航运网，2023年10月9日，https://info.chineseshipping.com.cn/cninfo/News/202310/t20231009_1381892.shtml，最后访问日期：2024年1月16日。

② 《我国港口吞吐量和海船运力规模十年大幅增长》，中国政府网，2023年7月11日，https://www.gov.cn/lianbo/bumen/202307/content_6891231.htm，最后访问日期：2024年1月16日。

③ 徐秦、方照琪：《船舶对海洋环境的污染及对策》，《中国水运》2003年第11期，第30页；高宁：《我国船舶污染防治存在问题及其完善建议》，《浙江海洋大学学报》（人文科学版）2020年第6期，第19页。

第一节　船源污染法治概述

一　船源污染的概念

船源污染，又称船舶污染，与陆源污染、海底开发污染、废弃物倾倒和大气污染等共同构成对海洋环境的重大威胁[1]。所谓船源污染，是指"船舶溢漏排放污染物于海洋产生损害海洋生物资源、危害人体健康、妨碍渔业和其它海上经济活动、损害海水使用质量、破坏海洋环境和海洋生态系统平衡等有害影响"[2]。

船源污染具有以下特征。第一，跨国性。船舶尤其是远洋船舶以天然相连的海洋为载体周游于世界，使得污染肇事船舶的船旗国、损害行为地和损害结果地往往位于不同国家，充分体现了船源污染的跨国性。第二，严重性。船源污染尤其是船舶碰撞、搁浅等海难造成的事故性污染，损害后果往往令人触目惊心。它不仅给海洋环境和资源造成重大灾难，而且对沿海产业和个人开发利用海洋资源的经济活动产生严重影响。第三，复杂性。船源污染损害的复杂性表现在两个方面：其一，它牵涉船东、货主、保险人、受害人等多方利害关系，并受国家利益、环境保护主义等因素影响；其二，它所造成的损害类型包括海洋环境损害、财产损害和纯经济损失[3]。

二　船源污染的种类

船源污染的种类主要包括油类污染、有毒有害物质污染、生活污水污染、垃圾污染、大气污染、压载水生物污染、防污底系统污染、放射性污染、微塑料污染、拆船污染等。

---

[1]　张湘兰主编《海商法》，武汉大学出版社，2008，第210页。
[2]　张湘兰、邓瑞平、杨松：《海商法论》，武汉大学出版社，1996，第198页。
[3]　张湘兰主编《海商法》，武汉大学出版社，2008，第211页。

（一）油类污染

油类污染主要包括因操作性溢油和事故性溢油导致的污染①。操作性溢油是指船舶违章排放机舱舱底污水、油船洗舱污水以及船舶装卸作业过程中产生的含油污水。事故性溢油是指因船舶碰撞、搁浅、爆炸、火灾等事故造成的船载油类货物或者船用燃油的泄漏②。在船源污染中，油类污染较为严重。特别是持久性油类具有不易挥发性，使得油类在海面上形成可怕的油膜，从而导致一系列严重后果③。

（二）有毒有害物质污染

有毒有害物质污染主要是船舶运输的危险化学品带来的污染。一般分为两类：一类是散装有毒液体运输造成的污染，包括液体外溢以及跑、冒、滴、漏等；另一类是包装有害物质运输所造成的污染。当用水清除因包装破损、泄漏、溢流等洒落甲板和舱底的有毒物质时，水溶液流入海中造成污染④。另外，与这些有毒物质混合的垃圾、分离物或其他材料也是污染源⑤。

（三）生活污水污染

船舶生活污水污染，是指由船员、旅客以及船舶所载的动物日常生活所形成的废水和废物。船舶生活污水因冲洗废水中含有较多的氮、磷等营养元素，直接排放会造成水体富营养化；同时，船舶生活污水中还含有大量的细菌、寄生虫以及危害人体和水生物的病毒，都会对水体造成严重的污染⑥。

---

① 闫大海、张晗、符道：《船舶污染源综述》，《舰船科学技术》2018年第21期，第10页。
② 闫大海、张晗、符道：《船舶污染源综述》，《舰船科学技术》2018年第21期，第10页。
③ 程传亮、同循堂：《船舶对海洋的污染及其治理措施》，《中国水运》（学术版）2006年第7期，第12页。
④ 闫大海、张晗、符道：《船舶污染源综述》，《舰船科学技术》2018年第21期，第10页。
⑤ 程传亮、同循堂：《船舶对海洋的污染及其治理措施》，《中国水运》（学术版）2006年第7期，第12页。
⑥ 笪靖、陈勇、陈新响：《浅谈船舶污染途径与现状分析》，《世界海运》2015年第5期，第54页。

（四）垃圾污染

船舶垃圾污染，主要是指船舶在日常活动中产生的生活废弃物、扫舱物料及其他固体废物等。船舶产生的垃圾种类众多，有的在航行和运输过程中产生，有的在维修保养时产生，还有的是在船员和旅客生活中产生的。如果这些垃圾未处理就直接排放，将严重破坏海洋生态环境[1]。

（五）大气污染

船舶大气污染主要是指船舶储存和运输时产生的有毒有害气体、石油及化学品蒸气、粉尘，船舶动力系统燃烧产生的氮氧化物、碳氧化物等造成的大气污染[2]。

（六）压载水生物污染

船舶在航行时，压载是一种必然状态。船舶在加装压载水的同时，海水中的浮游生物、细菌、病原体等生物也随之进入压载舱中，直至航行结束排放到目的海域，从而引起有害生物和病原体的传播。全球环保基金组织已把船舶压载水引起的外来物种入侵问题列为海洋四大危害之一[3]。

（七）防污底系统污染

防污底系统是指船舶用于控制和防止船底海生物生长、附着所使用的防护涂层、油漆、表面处理装置。防污底系统中含有的 TBT 等物质在抑制海洋微生物附着船体的同时也会危害海洋生物，进入食物链进而影响其他生物，对自然环境的危害程度超过有毒化合物[4]。

（八）放射性污染

船舶放射性污染主要包括向海洋投弃液态或固态放射性废弃物、核动

---

① 笪靖、陈勇、陈新响：《浅谈船舶污染途径与现状分析》，《世界海运》2015 年第 5 期，第 54 页。
② 闫大海、张晗、符道：《船舶污染源综述》，《舰船科学技术》2018 年第 21 期，第 10 页。
③ 笪靖、陈勇、陈新响：《浅谈船舶污染途径与现状分析》，《世界海运》2015 年第 5 期，第 53~54 页。
④ 潘晓峰：《〈国际控制船舶有害防污底系统公约〉生效后的对策》，《水运管理》2009 年第 4 期，第 22~23 页。

力船舶事故、正常航行的核动力船舶的放射性污染等①。

（九）微塑料污染

微塑料是指粒径小于 5 毫米的塑料纤维、颗粒或者薄膜。这些塑料碎片化学性质稳定、难以降解，对海洋环境及海洋生态影响极大②。微塑料通过船舶进入海洋的途径主要包括：海洋捕捞和水产养殖业产生的塑料、船舶涂层中的微塑料、船舶清洁维修活动中产生的微塑料、船舶垃圾和废水中的塑料③。

（十）拆船污染

在废船拆解的过程中会产生很多污染源，主要包括以下三类：一是由残存的废油、压舱水、舱底水、拆解冲洗废水等引起的水污染源，二是由切割废气、电石废气、拆解石棉构件等引起的大气污染源，三是由电石渣、废机油、油泥、石棉等引起的固废污染源④。

三　防治船源污染的国家实践

中华人民共和国海事局（交通运输部海事局）是防治船源污染的主管机关。2023 年修订的《海洋环境保护法》第 4 条第 3 款规定："国务院交通运输主管部门负责所辖港区水域内非军事船舶和港区水域外非渔业、非军事船舶污染海洋环境的监督管理，组织、协调、指挥重大海上溢油应急处置。海事管理机构具体负责上述水域内相关船舶污染海洋环境的监督管理，并负责污染事故的调查处理；对在中华人民共和国管辖海域航行、停泊和作业的外国籍船舶造成的污染事故登轮检查处理。船舶污染事故给渔业造成损害的，应当吸收渔业主管部门参与调查处理。"交通运输部海事

---

①　闫大海、张晗、符道：《船舶污染源综述》，《舰船科学技术》2018 年第 21 期，第 10 页。

②　张莉：《微塑料对海洋环境的影响》，《化学工程与装备》2022 年第 3 期，第 272~273 页。

③　《海洋微塑料污染如何防治？船舶来源不可忽视》，宝山海事网，2022 年 3 月 11 日，https://mp.weixin.qq.com/s/gTYDLkVIwZgLEavzFouOaQ，最后访问日期：2022 年 7 月 13 日。

④　廖岩、赵文静：《拆船环境污染面临的形势与应对策略》，《2015 年中国环境科学学会学术年会论文集》，2015。

局内设办公室、政策法规处、通航管理处、船舶监督处、危管防污处、船舶检验管理处、船舶技术规范处等机构。此外，渔业主管部门负责渔港水域内非军事船舶和渔港水域外渔业船舶污染海洋环境的监督管理，负责保护渔业水域生态环境工作，并调查处理海事局负责处理的污染事故以外的渔业污染事故。海警机构按照规定权限参与海洋环境污染事故的应急处置和调查处理。军队生态环境保护部门负责军事船舶污染海洋环境的监督管理及污染事故的调查处理。

中国管制船源污染海洋环境已基本形成了一个包括法律、行政法规、部门规章在内的多层次法律框架。首先，《宪法》（1982年实施、2018年最新修正）第26条和《环境保护法》（2015年实施）总则部分对保护中国环境、防治污染（包括船舶污染）作了原则性规定。其次，《海洋环境保护法》（1983年实施、2023年最新修订）第七章专章规定"船舶及有关作业活动污染防治"。再次，中国还颁布了与《海洋环境保护法》配套的一系列行政法规，如《防止拆船污染环境管理条例》（1988年实施、2017年最新修订）、《防治船舶污染海洋环境管理条例》（2010年实施、2018年最新修订）等。复次，交通运输部颁布了《老旧运输船舶管理规定》（2006年实施、2021年最新修正）、《船舶污染海洋环境应急防备和应急处置管理规定》（2011年实施、2019年最新修正）、《海上海事行政处罚规定》（2021年实施）等部门规章及《船舶安全营运和防止污染管理规则》（2003年实施）等规范性文件。最后，中国还制定了《海水水质标准》（GB3097-1997）、《船舶水污染物排放控制标准》（GB3552-2018）等海洋环境保护标准。

四 防治船源污染的国际实践

随着1958年3月17日《政府间海事协商组织公约》生效，政府间海事协商组织（Intergovernmental Maritime Consultative Organization，IMCO）于1959年1月6日至19日在英国伦敦正式成立。1982年5月22日，该组织更名为国际海事组织（International Maritime Organization，IMO）。国

际海事组织是联合国负责海上航行安全和防止船舶污染海洋的专门机构，总部设在伦敦[1]。

国际海事组织通过了一系列有关防治船源污染的公约，包括：《1954 年防止海洋油污国际公约》（*International Convention for the Prevention of Pollution of the Sea by Oil，1954*，以下简称《1954 年伦敦油污公约》，OILPOL 1954），《1969 年国际干预公海油污染公约》（*International Convention Relating to Intervention on the High Seas in Cases of Oil Pollution Casualties，1969*，以下简称《1969 年公海干预公约》，CSI 1969），《1969 年国际油污损害民事责任公约》（*International Convention on Civil Liability for Oil Pollution Damage，1969*，以下简称《1969 年民事责任公约》，CLC 1969）及其 1984 年议定书、1992 年议定书，《1971 年设立国际油污损害赔偿基金国际公约》（*International Convention on the Establishment of an International Fund for Compensation for Oil Pollution Damage，1971*，以下简称《1971 年基金公约》，Fund Convention 1971）及其 1984 年议定书、1992 年议定书、2003 年议定书，《1971 年海上运输核材料民事责任公约》（*Convention Relating to Civil Liability in the Field of Maritime Carriage of Nuclear Material，1971*，以下简称《1971 年核材料民事责任公约》，Nuclear 1971），《1972 年防止倾倒废料及其他物质污染海洋公约》（*International Convention on the Prevention of Marine Pollution by Dumping of Wastes and Other Matter，1972*，以下简称《1972 年伦敦倾废公约》，LDC 1972）及其 1996 年议定书，《1973 年国际防止船舶造成污染公约》（*International Convention for the Prevention of Pollution from Ships，1973*，以下简称《1973 年防污公约》，MARPOL 1973）及其 1978 年议定书（以下简称《73/78 防污公约》，MARPOL 73/78），《1990 年国际油污防备、反应和合作公约》（*The International Convention on Oil Pollution Preparedness，Response and Co-operation，1990*，以下简称《1990 年 OPRC

---

[1] 陈敬根：《国际海事安全条约法律问题研究》，上海大学出版社，2018，第 19 页。

公约》，OPRC 1990），《1996 年国际海上运输有毒有害物质损害责任及赔偿公约》（*International Convention on Liability and Compensation for Damage in Connection with the Carriage of Hazardous and Noxious Substances by Sea, 1996*，以下简称《1996 年 HNS 公约》，HNS 1996）及其 2010 年议定书，《2000 年有毒有害物质污染事故防备、反应和合作议定书》（*The Protocol to Preparedness, Response and Cooperation to Pollution Incident by Hazardous and Noxious Substance, 2000*，以下简称《2000 年 OPRC-HNS 议定书》，OPRC-HNS Protocol 2000），《2001 年燃油污染损害民事责任国际公约》（*International Convention on Civil Liability for Bunker Oil Pollution Damage, 2001*，以下简称《2001 年燃油公约》，Bunker Convention 2001），《2001 年国际控制船舶有害防污底系统公约》（*International Convention on the Control of Harmful Anti-Fouling Systems on Ships, 2001*，以下简称《2001 年防污底公约》，AFS 2001），《2004 年国际船舶压载水及沉积物控制和管理公约》（*International Convention for the Control and Management of Ships'Ballast Water and Sediments, 2004*，以下简称《2004 年压载水公约》，BWM 2004），《2007 年内罗毕国际船舶残骸清除公约》（*Nairobi International Convention on the Removal of Wrecks, 2007*，以下简称《2007 年内罗毕公约》，WRC 2007），《2009 年香港国际安全与环境无害化拆船公约》（*Hong Kong International Convention for the Safe and Environmentally Sound Recycling of Ships, 2009*，以下简称《2009 年香港公约》，Hong Kong Convention 2009）等。

有些海洋区域的沿海国共同制定了本区域的防治船源污染公约。例如，东北大西洋和北海区域的沿海国签订了《1972 年防止船舶和飞机倾废污染海洋公约》《1983 年关于对付北海石油和其他有害物质污染的合作协定》等，波罗的海沿岸国签订了《1974 年保护波罗的海区域海洋环境公约》《1992 年保护波罗的海区域海洋环境公约》等①。

---

① 蔡先凤：《试论国际生态安全法的发展现状》，2003 年中国环境资源法学研讨会年会文集，第 621 页。

在国际海事组织的推动和世界各国的积极参与下，国际社会基本上构建起了一套完整的防治船源污染的国际法律体系。1982 年《联合国海洋法公约》对于船舶污染确立了防治船舶引起海洋污染的基本法律框架。在船源污染的国家义务，防治、减少和控制海洋环境污染的国际规则、标准和国内立法，以及船源污染的执行等重要方面，《联合国海洋法公约》对船源污染的国际法律控制提供了指导性原则和立法基础。《联合国海洋法公约》和国际海事组织制定的一系列船源污染防治国际公约共同构成了当今防治船源污染比较完善的国际法律制度框架①。

第二节 防治船源污染立法

一 防治船源污染的法律

2018 年修正的《宪法》第 9 条规定，禁止任何组织或者个人用任何手段侵占或者破坏自然资源，其中自然资源包括海洋资源。《宪法》第 26 条还为防治船源污染海洋环境提供了原则性的指引："国家保护和改善生活环境和生态环境，防止污染和其他公害。"

《民法典》第七编第七章"环境污染与生态破坏责任"调整因环境污染和生态破坏所产生的人身、财产和生态环境损害赔偿关系，故船舶污染对海洋生态环境造成损害同样是《民法典》调整的内容之一。《民法典》第 1234 条改变了《生态环境损害赔偿制度改革试点方案》中将生态环境修复责任作为生态损害赔偿责任一部分的做法，将生态环境修复责任分离出来，作为独立于生态损害赔偿责任的民事责任，体现了《民法典》向生

---

① 白洋：《国际船源污染防治法的特点和展望》，《东岳论丛》2010 年第 8 期，第 173～177 页。

态保护方向的转变①。《民法典》第 1235 条具体规定了生态损害赔偿责任，要求污染者承担生态环境恢复期间的损失和永久性损失，弥补了原《侵权责任法》轻视生态破坏侵权的缺陷②，同时也填补了生态功能损害无具体法律责任承担方式的漏洞③，但对生态环境修复责任与生态损害赔偿责任的衔接与适用的认定还比较模糊。相比《1992 年民事责任公约》将环境损害赔偿限于已实际采取或将要采取的合理恢复措施的费用，《民法典》对生态环境损失赔偿的规定范围更广。《民法典》第 1233 条还作出了不同于该法第 1175 条针对生态环境损害第三人侵权责任的特殊规定，当由于第三人过错造成环境污染时，被侵权人可以向侵权人请求赔偿，也可以向第三人请求赔偿。侵权人赔偿后，有权向第三人追偿。

《环境保护法》在防止船源污染造成海洋环境损害方面起到了提纲挈领的作用。《环境保护法》第 34 条规定，向海洋排放污染物、倾倒废弃物应当符合法律法规规定和有关标准，将防止海洋环境污染的具体问题交给其他法律法规来规范。《海洋环境保护法》（2023 年修订）第七章"船舶及有关作业活动污染防治"以不同条款规定了防治不同种类的船源污染，并根据经济发展和科技进步，新增了八项防治船源污染海洋环境的重要制度。例如：国家重大海上溢油应急部际联席会议与应急预案制度；船舶对压载水和沉积物的处理处置义务，污染危害性货物托运人告知义务，船舶污染物等接收、转运、处理处置的地方政府统筹规划义务和多部门联合监

---

① 《民法典》第 1234 条规定："违反国家规定造成生态环境损害，生态环境能够修复的，国家规定的机关或者法律规定的组织有权请求侵权人在合理期限内承担修复责任。侵权人在期限内未修复的，国家规定的机关或者法律规定的组织可以自行或者委托他人进行修复，所需费用由侵权人负担。"第 1235 条规定："违反国家规定造成生态环境损害的，国家规定的机关或者法律规定的组织有权请求侵权人赔偿下列损失和费用：（一）生态环境受到损害至修复完成期间服务功能丧失导致的损失；（二）生态环境功能永久性损害造成的损失；（三）生态环境损害调查、鉴定评估等费用；（四）清除污染、修复生态环境费用；（五）防止损害的发生和扩大所支出的合理费用。"

② 张新宝、汪榆森：《污染环境与破坏生态环境侵权责任的再法典化思考》，《比较法研究》2016 年第 5 期，第 140～155 页。

③ 吕忠梅：《〈民法典〉"绿色规则"的环境法透视》，《法学杂志》2020 年第 10 期，第 1～11 页。

管制度；中国籍船舶禁止或者限制安装和使用的有害材料清单制度；船舶拆解单位的污染防治义务，港口岸电、船舶受电等设施的建设、改造、使用和提供制度；船舶污染物排放控制区制度。2023 年修订的《海洋环境保护法》还删除了 2017 年《海洋环境保护法》第 89 条①关于第三人责任的相关规定。理由在于，因第三人过错造成海洋生态环境损害并不具有特殊性，应适用《民法典》第 1233 条关于因第三人过错造成生态环境损害的规定。在《民法典》对生态环境侵权责任作出充分规范的情况下，《海洋环境保护法》无须保留原第 89 条的规定。现行《海商法》并没有专门对船源污染海洋环境作出规定，仅在第十一章"海事赔偿责任限制"中提及油污损害赔偿。根据《海商法》第 268 条第 1 款的规定，中国参加的国际公约，如《1992 年民事责任公约》和《2001 年燃油公约》，仅适用于具有涉外因素的船载散装持久性油类或船用燃油造成的海洋环境损害②。

从现有法律可以看出，中国目前缺少针对无涉外因素的船舶污染损害赔偿制度。2017 年 7 月，交通运输部启动《海商法》修改工作，委托大连海事大学作为牵头单位成立的课题组已经完成《海商法（修改送审稿）》。司法部于 2020 年 1 月就该修改送审稿定向征求意见。该送审稿新增第 12 章"船舶油污损害责任"，参考国际公约和有关司法解释、借鉴国外立法，本章包括了"一般规定""船舶油类污染损害责任""船舶燃油污染损害责任""船舶油污损害赔偿基金"四节内容。《海商法（修改送审稿）》获得通过后，第 12 章相关规定相对完善，对统一中国船源污染损害赔偿制度、保护海洋环境起到重要作用。

---

① 2017 年《海洋环境保护法》第 89 条规定："造成海洋环境污染损害的责任者，应当排除危害，并赔偿损失；完全由于第三者的故意或者过失，造成海洋环境污染损害的，由第三者排除危害，并承担赔偿责任。对破坏海洋生态、海洋水产资源、海洋保护区，给国家造成重大损失的，由依照本法规定行使海洋环境监督管理权的部门代表国家对责任者提出损害赔偿要求。"

② 其中一个例外是《防治船舶污染海洋环境管理条例》第 50 条。该条规定载运散装持久性油类物质的船舶造成中华人民共和国管辖海域污染的，赔偿限额依照中华人民共和国缔结或者参加的有关国际条约的规定执行。

二　防治船源污染的行政法规

在上位法的指引下，国务院及其各部委根据各类船源污染制定了不同的行政法规和部门规章。

（一）综合性防污立法

国务院于1983年12月29日发布实施了《防止船舶污染海域管理条例》，1999年修改后更名为《防治船舶污染海洋环境管理条例》（以下简称《防污条例》），现行有效的是2018年修正的《防污条例》。这是一部较为综合的船舶及其有关作业污染防治法规，遵循预防为主、防治结合原则。《防污条例》规范的船源污染包括船舶垃圾、船舶生活污水、含油污水、含有毒有害物质污水、废气等污染物以及压载水。《防污条例》针对船舶污染物的排放和接收，船舶清舱、油料供受、装卸、过驳、修造、打捞、拆解、载运污染危害性货物，清污作业以及利用船舶进行水上水下施工等不同的船舶作业活动规定了需要遵守的污染防治方法。《防污条例》还对船舶污染事故应急处置和船舶污染事故调查处理作出了指引，对船舶污染损害赔偿的民事责任以及行政责任作出规定。此外，《防污条例》同时对船货双方提出了作出财务担保的要求。

除《防污条例》之外，还有一个综合性的船舶污染防治部门规章，即交通运输部2017年修正的《船舶及其有关作业活动污染海洋环境防治管理规定》（以下简称《污染管理规定》）。《污染管理规定》继承了《防污条例》的船源污染调整范围，包括船舶修造、打捞、拆解，沉船打捞，散装液体污染危害性货物，船舶垃圾、生活污水、含油污水、含有毒有害物质污水、废气等污染物以及压载水，等等。《污染管理规定》还根据《大气污染防治法》新增了船舶大气污染防治的内容，也增加了对船舶油料供给单位油品质量的要求。《防污条例》和《污染管理规定》都主要通过行政手段处罚不遵守本法的船舶或者有关作业单位。

（二）船舶油污

20世纪，中国有1983年《油船安全生产管理规则》（已失效）和

1999 年《船舶载运散装油类安全与防污染监督管理办法》等法律文件规范船舶污染。预防船舶污染是治理污染的重要手段，船舶污染事故发生后的应急措施也是治理的关键。交通运输部于 2011 年 1 月 27 日发布《船舶污染海洋环境应急防备和应急处置管理规定》，交通运输部海事局于同年 6 月 9 日根据该规定发布《防治船舶污染海洋环境能力专项验收实施细则》。2019 年 11 月 28 日交通运输部令对《船舶污染海洋环境应急防备和应急处置管理规定》进行了最新修正，该规定要求船舶进行应急能力建设、制订应急预案、作出应急处置，并对船舶污染清除单位、船舶污染清除协议的签订以及船舶应当承担的法律责任作出规范。与此配套的《防治船舶污染海洋环境能力专项验收实施细则》适用于港口、码头、装卸站以及从事船舶修造、打捞、拆解等作业活动的单位及其防治船舶污染海洋环境能力的专项验收工作，要求单位具备污染监视监测能力、污染物接收处理能力以及污染事故应急处置能力等，否则不得从事船舶靠泊、装卸、过驳作业或从事船舶修造、打捞、拆解等作业活动。

在船舶油污领域，为保护海洋环境，保障油污受害人获得赔偿，根据 1999 年修订的《海洋环境保护法》第 66 条[①]的授权，交通运输部于 2010 年制定了《船舶油污损害民事责任保险实施办法》（2013 年 8 月修正），要求在中国管辖海域内航行的载运油类物质的船舶和 1000 总吨以上载运非油类物质的船舶，其所有人应当按照本办法的规定投保船舶油污损害民事责任保险或者取得相应的财务担保。该实施办法根据不同的船舶类型或载运货物，设定不同的船舶油污损害民事责任保险及额度，并给那些已经办理了有效的油污损害民事责任保险的船舶提供责任保险证书。2012 年财政部与交通运输部联合发布、经国务院批准《船舶油污损害赔偿基金征收使用管理办法》，2014 年交通运输部与财政部联合发布《船舶油污损害

[①] 《海洋环境保护法》第 66 条规定，国家完善并实施船舶油污损害民事赔偿责任制度；按照船舶油污损害赔偿责任由船东和货主共同承担风险的原则，建立船舶油污保险、油污损害赔偿基金制度。实施船舶油污保险、油污损害赔偿基金制度的具体办法由国务院规定。

赔偿基金征收使用管理办法实施细则》，两者规定了进口石油货主摊款，成立船舶油污损害赔偿基金，通过对基金征收、使用和管理的规定，健全了中国船舶油污损害赔偿机制。2023 年修订的《海洋环境保护法》第 82 条规定，国家将进一步完善船舶油污保险、油污损害赔偿基金制度。交通运输部海事局为进一步指导和规范船舶油污损害赔偿基金的索赔与理赔工作，于 2022 年对《船舶油污损害赔偿基金理赔导则》和《船舶油污损害赔偿基金索赔指南》进行了修订。

（三）船舶倾废

目前有关船舶向海洋倾废的行政法规有两部，分别是国务院于 2017 年修正的《海洋倾废管理条例》和国土资源部 2017 年修正的《海洋倾废管理条例实施办法》。《海洋倾废管理条例》第 2 条规定，本法适用于利用船舶、航空器、平台及其他载运工具，向海洋处置废弃物和其他物质，但不包括船舶、航空器及其他载运工具和设施正常操作产生的废弃物的排放。《海洋倾废管理条例》第 11 条还根据废弃物的毒性、有害物质含量和对海洋环境的影响等因素，将其分为三类：禁止倾倒的废弃物、需事先获得特别许可证的废弃物和需事先获得普通许可证的废弃物。这与《1972年伦敦倾废公约》规定的废物倾倒特别许可制度、倾倒废物分类制度以及废物倾倒船舶预先登记制度有异曲同工之妙。

（四）拆船

国务院于 2017 年修正《防止拆船污染环境管理条例》以规范拆船过程中造成的船舶污染，交通运输部在 2021 年废止了《拆解船舶监督管理规则》。

（五）船舶载运危险物质

2007 年交通运输部海事局印发《船舶载运散装液体物质分类评估管理办法》，2018 年交通运输部发布《船舶载运危险货物安全监督管理规定》。这些规定要求载运危险物质的船舶必须具有防污染应急预案、具备相应资格的人员以及合格的船上设施，海事管理机构监督、管理船舶进行安全作业。

三 防治船源污染的地方性立法

在防治船源污染方面，尤其是沿海省市的各级地方立法层出不穷。例如，《山东省海洋环境保护条例》《江苏省海洋环境保护条例》《浙江省海洋环境保护条例》《海南省海洋环境保护规定》《辽宁省海洋环境保护办法》等等。这些地方立法明确了船舶污染防治的政府职能分工。例如，辽宁省2019年修正的《辽宁省海洋环境保护办法》第5条对沿海县级以上环境保护部门、沿海县级以上海洋环境保护部门以及海事部门的职责和范围进行了划分，对管辖港区水域内外的非军事船舶污染海洋环境进行监督管理，对在所管辖海域航行、停泊和作业的外国籍船舶造成的污染事故登轮检查处理，调查处理渔业污染事故。第27条要求，从事船舶污染物、废弃物、船舶垃圾接收、船舶清舱、洗舱作业活动的，必须具备相应的接收处理能力；在港口、码头和利用海上装卸设施从事散装油类、有毒有害液体货物装卸作业活动的，必须依法编制污染应急计划，并配备相应的污染应急设备和器材。第28条重述了海事部门的职责："船舶发生海难事故，造成或者可能造成海洋环境污染损害的，由海事部门依法采取强制清除、打捞或者拖航等应急处置措施。"

地方立法中也有直接针对各种船舶污染海洋环境的综合管理规定，如2019年《河北省防治船舶污染海洋环境管理办法》、2023年《上海市船舶污染防治条例》。《上海市船舶污染防治条例》适用于管辖水域内的船舶航行、停泊、作业，以及单位、个人从事船舶修造、拆解、装卸、打捞等与水域环境有关的作业活动。该条例从防止船舶造成水污染、防止船舶造成大气污染以及船舶相关活动等方面进行规范，同时对船舶污染事故应急处置进行细化，以行政责任的方式对违反者进行处罚。

对于船舶供受油污染，主要有2019年《上海海事局防治船舶供受油作业污染海洋环境管理规定》、2010年《福建沿海船舶供受油作业污染防治管理规定》等法规规范。《上海海事局防治船舶供受油作业污染海洋环境管理规定》第4条要求，对船舶进行供受油作业的单位应当持有相关部门颁发的资质证明材料，并向上海海事局备案。第 10 条规定，供油单位应当确保所供油品质量符合相关国际公约、国内标准和文件的要求。第 32 条规定，受油船舶应当按照我国缔结或加入的国际公约以及国内有关法规和标准加装合规燃油。第 9 条规定，供油船舶应当按照《船舶油污损害民事责任保险实施办法》的规定投保油污损害民事责任保险或者取得其他财务保证。

针对船舶污染物的排放和污染事故应急问题，主要有 2010 年《广东海事局船舶污染物接收作业单位备案管理办法》、2021 年《上海海事局防治船舶污染物接收作业污染海洋环境管理规定》、2022 年《辽宁海事局防治船舶污染物接收作业活动污染海洋环境管理办法》、2023 年《辽宁省海上船舶污染事故应急预案》。《辽宁海事局防治船舶污染物接收作业活动污染海洋环境管理办法》对船舶排放船舶垃圾、生活污水、含油污水、含有毒有害物质污水等污染物接收过程的作业管理和监督管理作出规定，出发点为防治该作业污染海洋环境。大连、苏州、连云港等沿海城市还对船舶污染物接收和转运实行联合监管制度，如 2021 年《大连市海洋环境保护条例》。

为防治船舶拆解修造行为污染海洋环境，广东省海事局 2008 年出台了《广东海事局防治船舶修造和拆解作业污染水域管理规定》，天津市也于 2020 年第五次修正了《天津市防止拆船污染环境管理实施办法》。该实施办法第 5 条要求，建设拆船厂前必须编制环境影响报告书；第 7 条规定，拆船排放未经处理的洗舱水、压舱水和舱底水，须事先向监督拆船污染的主管部门提出申请。

四 防治船源污染的行业标准

改革开放初期制定的《船舶污染物排放标准》（GB 3552-83）是中国第一个规范船舶排污行为的国家级排放标准，在防治船舶污染、改善环境质量等方面发挥了积极作用。为适应经济社会发展和环境保护的要求，2018 年环境保护部联合国家质量监督检疫检验总局发布《船舶水污染物排放控制标准》（GB3552－2018）以替代《船舶污染物排放标准》。该排放控制标准在控制船舶污染物排放上更加严格，不仅增加了船舶含有毒液体物质的污水的排放控制要求，还在生活污水排放控制方面增加了pH值、氨氮和总磷等6项指标。

原环境保护部还于2018年同期发布了《船舶水污染防治技术政策》，同样适用于营运中产生的含油污水、生活污水、含有毒液体物质的污水和船舶垃圾的污染防治。该技术政策为防治船舶水污染及相关环境管理提供技术指导，遵循预防优先、分类管控、船岸并用、以岸为主、强化监管的综合防治原则。

五　中国参加的防治船源污染的国际公约

1967年"托利·堪庸"（Torrey Canyon）号油轮事故促成的《1969年公海干预公约》是一部具有公法性质的国际公约。《1969年公海干预公约》确认了沿海国有权对在公海上发生的油污事故采取必要措施，以防止、减轻或消除油污对沿海国的不利影响。该公约的适用范围被限定于在海上航行的任何类型的船舶和任何船艇上装载的原油、燃料油、柴油和润滑油，未列明的油类不适用于该公约[①]。为填补船舶非油类物质污染的空缺，《1969年公海干预公约》缔约国又于1973年11月2日在伦敦签订了《1973年干预公海非油类物质污染议定书》（*Protocol Relating to Intervention the High Sea in cases of Marine Pollution by Substances Other Than Oil*，1973，以下简称《1973年议定书》）。与《1969年公海干预公约》相对应，《1973年议定书》适用于非油类物质，包括危害人类健康、生物资源、海洋生物以及损害休憩环境或对海洋合法利用的物质，如油类、有毒物质、散装液化气和放射性物质。中国于1990年5月2日正式加入《1969年公海干预公约》及《1973年议定书》，并于1997年7月1日对香港特别行政区适用。

---

① 《1969年公海干预公约》第2条第2款和第3款。

除《1969 年公海干预公约》之外，还有一部 1998 年 6 月 30 日对中国
生效、同样专注于船上石油对海洋环境危害的公约，即《1990 年 OPRC
公约》。该公约适用于任何形式的石油，包括原油、燃油、油泥、油渣和
炼制产品。但相比《1969 年公海干预公约》，起因为"埃克森·瓦尔迪
兹"（the Exxon Valdez）号油轮搁浅①的《1990 年 OPRC 公约》，更注重溢
油事故发生后的应急措施制订和国际快速反应机制建立，并且不适用于任
何军舰、军用辅助船或用于政府非商业性服务的其他船舶②。

在实践中，需要不同国家合作快速处理污染的不只有溢油事故。国际
海事组织在《1990 年 OPRC 公约》之外，还制定了《2000 年 OPRC-HNS
议定书》，以弥补《1990 年 OPRC 公约》不适用有毒有害物质污染的缺
憾，加强有毒有害物质污染事故发生后国际间快速有效反应的合作。该议
定书于 2010 年 2 月 19 日对中国生效，同时适用于澳门特别行政区，暂不
适用于香港特别行政区。

在海上倾废问题上，中国于 1985 年 11 月 14 日加入《1972 年伦敦倾
废公约》。该公约于 1985 年 12 月 14 日对中国生效。《1972 年伦敦倾废公
约》首次提出了倾倒废弃物的概念③，规定了废物倾倒特别许可制度、倾
倒废物分类制度、废物倾倒地点划分管理制度、废物倾倒船舶预先登记制
度、废物倾倒区域监测制度，等等。1996 年，《1972 年伦敦倾废公约》缔
约国重新审视海上倾废的各种制度，缔约国按照各自的科技水平和经济能
力采取有效措施防止倾倒或者海上焚烧废物或其他物质损害海洋环境，重

---

① 1989 年 3 月，美国埃克森石油公司"埃克森·瓦尔迪兹"（the Exxon Valdez）号油轮在
阿拉斯加附近海域搁浅，由于缺少有效的国际油污防备、响应和合作机制，或许本不严
重的溢油事故却给当地造成了极其严重的污染。J. E. Smith，"Torrey Canyon" Pollution and
Marine Life—A Report by the Plymouth Laboratory of the Marine Association of the United
Kingdom 1_4（Cambridge University Press 1968）.
② 《1990 年 OPRC 公约》第 2 条第 3 款。
③ 《1972 年伦敦倾废公约》第 3 条规定，"倾倒"是指从船舶、飞机、平台或其他海上人工
构造物上有意在海上处置废弃物或其他物质的行为及任何有意在海上弃置船舶、飞机、
平台或其他海上人工构造物的行为，但不包括这些构造物及其设备正常操作所引起或产
生的废弃物和其他物质的处置，也不包括海底矿物资源勘探、开发生产的废弃物。"废
弃物或其他物质"，是指任何种类、任何形状或任何式样的材料和实体。

新制定了《1972 年伦敦倾废公约》的 1996 年议定书，以替代《1972 年伦敦倾废公约》，使该公约更适应现代化发展形势。

为进一步综合防止船舶对海洋造成污染，中国加入了《73/78 防污公约》和《联合国海洋法公约》。为保护海洋环境和适应不断更新的船舶技术和快速发展的海上运输业，《73/78 防污公约》制定了一系列现代化的附则（包括防止油类污染、防止散装有毒液体物质污染、防止海运包装中的有害物质污染、防止生活污水污染、防止垃圾污染、防止空气污染六个附则）和修正案。作为一揽子协定的《联合国海洋法公约》在防止船源污染的同时，还平衡了沿海国与船旗国之间的利益冲突。在《联合国海洋法公约》第 12 章海洋环境的保护与保全中，第 210 条和第 211 条规定，缔约国有防止、减轻、控制倾倒污染和船舶污染的基本义务。

除以上国际公约外，为防止船舶污染损害中国海域生态环境，确保航运业健康可持续发展，中国还加入了《2004 年压载水公约》《2001 年防污底公约》《2007 年内罗毕公约》等国际公约。《2004 年压载水公约》通过控制管理船舶压载水和沉积物来防止外来物种入侵海洋或传播病原体，以达到保护海洋生态环境的终极目标；《2001 年防污底公约》通过规范船舶有害防污底系统，加强对船舶防污底系统的监督管理，以保护海洋环境；《2007 年内罗毕公约》规定了对船舶残骸的报告、定位、标记以及残骸清除责任等。不同领域的国际公约从各个方面规范船源污染，从而构成了维护海洋环境的有机体系。中国政府对于符合国际法而有效缔结的条约，善意履行由此产生的义务，对某些公约的履行情况甚至达到了国际先进水平。例如，中国国际航行船舶禁止施涂、重涂、安装或使用有害防污底系统，执行《73/78 防污公约》附则 I 规定的防止污染证书要求等。

为解决船源污染损害赔偿问题，中国于 1980 年 1 月 30 日加入了《1969 年民事责任公约》（CLC1969），该公约于 1980 年 4 月 29 日对中国生效。随着《1992 年国际油污损害民事责任公约》（以下简称《1992 年民事责任公约》，CLC1992）的生效实施，中国又于 1999 年 1 月 5 日加入《1992 年民事责任公约》，该公约于 2000 年 1 月 5 日对中国生效，《1969

年民事责任公约》同时对中国失效。《修正 1971 年设立国际油污损害赔偿基金国际公约的 1992 年议定书》（*Protocol of 1992 to Amend the International Convention on the Establishment of an International Fund for Compensation for Oil Pollution Damage*，*1971*，以下简称《1992 年基金公约》，Fund Convention 1992）仅在中国香港特别行政区适用，在中国内地不适用。《1992 年基金公约》规定的船舶油污赔偿责任社会分担制度是《1992 年民事责任公约》的补充，使得油污受害者在遭受船载散装油类污染时能得到比较充分的赔偿。2001 年 3 月 19 日至 23 日，国际海事组织在伦敦召开的外交大会上通过了《2001 年燃油公约》（*Bunker Convention 2001*）。该公约填补了燃油污染损害赔偿的空白，并且船舶适用范围和责任主体都比《1992 年民事责任公约》更广泛。这在缺少类似《1992 年基金公约》损害赔偿基金制度的情况下，保证燃油污染受害人有更多的机会得到赔偿。中国政府已于 2008 年 11 月 17 日批准加入该公约，该公约于 2009 年 3 月 9 日正式对中国生效。交通运输部海事局于 2008 年 12 月 23 日发布了《关于实施〈2001 年燃油污染损害民事责任国际公约〉的通知》。

第三节　防治船源污染执法与司法

一　防治船源污染执法

（一）执法主体

防治船源污染执法最初由中国海事、中国海监、中国渔政以及环保机构等多部门开展[①]，执法职责交叉重叠问题严重。2013 年《国务院机构改革和职能转变方案》整合了中国海监、中国渔政、边防海警、海上缉私警察的队伍及职责，重新组建国家海洋局。但此次改革在地方层面更多是名

[①] 军队环境保护部门负责军事船舶污染海洋环境的监督管理及污染事故的调查处理，在此不予讨论。

称的改变，实际海洋执法并没有达到中央设计的改革目标和整合程度[①]。

2018 年《中共中央关于深化党和国家机构改革的决定》《深化党和国家机构改革方案》与船源污染防治相关的执法改革主要如下。第一，不再保留国家海洋局和环境保护部，组建自然资源部和生态环境部，自然资源部对外保留国家海洋局牌子。生态环境部整合原环境保护部和原国家海洋局的海洋环境保护职责，统一行使生态和城乡各类污染排放监管与行政执法职责。第二，不再保留农业部，组建农业农村部，并将原农业部的渔船检验和监督管理职责划入交通运输部。第三，按照先移交、后整编的方式，将原国家海洋局（中国海警局）领导管理的海警队伍及相关职能全部划归武警部队。

2018 年《关于深化生态环境保护综合行政执法改革的指导意见》规定：生态环境保护综合执法队伍以本级生态环境部门的名义，依法统一行使污染防治、生态保护、核与辐射安全的行政处罚权以及与行政处罚相关的行政检查、行政强制权等执法职能。结合 2020 年生态环境部印发的《生态环境保护综合行政执法事项指导目录》，此轮生态环境保护综合行政执法改革仅相对集中了陆源、海岸工程建设、海洋工程建设、海洋倾倒废弃物污染海洋环境执法行政处罚权及相关执法职能，未涉及船源污染执法职能。

2018 年《全国人民代表大会常务委员会关于中国海警局行使海上维权执法职权的决定》规定，中国海警局统一履行海上维权执法职责。2021 年颁布的《海警法》第 5 条规定，海警海上维权执法工作的基本任务包括海洋生态环境保护方面的监督检查，预防、制止和惩治海上违法犯罪活动。第 12 条规定，海警机构在职责范围内对海洋工程建设项目、海洋倾倒废弃物对海洋污染损害、自然保护地海岸线向海一侧保护利用等活动进行监督检查，查处违法行为，按照规定权限参与海洋环境污染事故的应急处置和调查处理。结合 2021 年《海警机构海上行政执法事项指导目录》，

---

① 王刚、宋锴业：《海洋综合管理推进何以重塑？——基于海洋执法机构整合阻滞的组织学分析》，《中国行政管理》2021 年第 8 期，第 40~48 页。

海警机构相对集中了海洋工程建设项目、海洋倾倒废弃物、海洋渔业船舶及其作业污染海洋环境的行政处罚和行政强制权。

2023年修订的《海洋环境保护法》在总则部分根据《深化党和国家机构改革方案》以及各部门"三定"方案，按照污染源与污染事故发生水域的不同，将海洋环境的监督管理、保护修复等职能划分给国务院生态环境、自然资源、交通运输、渔业主管部门、海警机构以及沿海县级以上地方人民政府等部门。在防治船源污染海洋环境方面，《海洋环境保护法》第4条规定的法定监管部门包括国务院交通运输、渔业主管部门以及海警机构。其中，第3款明确将所辖港区水域内非军事船舶和港区水域外非渔业、非军事船舶污染海洋环境的监督管理，组织、协调、指挥重大海上溢油应急处置的职权赋予国务院交通运输主管部门，并规定由海事管理机构具体负责上述水域内相关船舶污染海洋环境的监督管理和污染事故的调查处理，体现了海洋环境保护和治理领域权责一致的原则。第4款规定，国务院渔业主管部门负责渔港水域内非军事船舶和渔港水域外渔业船舶污染海洋环境的监督管理。第6款规定，海警机构在职责范围内对海洋倾倒废弃物对海洋环境污染损害进行监督检查，查处违法行为，按照规定权限参与海洋环境污染事故的应急处置和调查处理。

结合上述分析以及《海洋环境保护法》等相关法律法规的规定，中国船源污染防治的主要执法机构为海事部门和海警机构。其中海事部门整合了渔业船舶监管职能，统一监管船舶，是船源污染防治的主要执法机构。海警机构统一履行海上维权执法职责，并具有海洋渔业船舶及其作业污染海洋环境的行政处罚和行政强制权。当然，还存在负责渔业事故调查以及渔业水域生态环境工作的渔业部门等其他部门。2018年国务院机构改革后，根据沿海地方政府的机构改革方案，除此轮综合执法改革暂时未触及的海事执法体制外①，包括海洋生态环境保护在内的环境监管职权转由生

---

① 我国不断深化综合执法改革，但出于改革成本、改革难度以及现实情况考量，对船源污染执法职能的整合力度很小，几乎没有整合海事部门的船舶污染防治执法职能。

态环境部门集中行使①。因此，现在的地方防治船源污染海洋环境监管部门是生态环境部门和海事部门，两部门分别依照其职权行使船源污染海洋防治执法权。在11个沿海省份中②，有10个省份的生态环境部门通过行政委托方式，将海洋生态环境执法权委托给同级海洋执法机构行使③。

（二）执法实践

党的十八大以来，以习近平同志为核心的党中央高度重视海洋生态文明建设和海洋生态环境保护，船源污染防治取得了显著成就（近年来的重大执法行动详见表1）。各部门大力开展执法专项行动、重点海域综合治理攻坚行动等，海洋污染情况总体改善，局部海域生态系统服务功能明显提升。

表1 近年来与船源污染防治相关的重大执法行动

执法行动名称	行动方案制订主体	时间	船源污染防治方面主要内容
船舶与港口污染防治专项行动	交通运输部	2015~2020年	从相关法规/标准/规范的制定（修订）、船舶结构调整、船舶大气污染物排放控制区、港口作业污染、船舶污染物接收处置设施、LNG燃料应用、靠港船舶使用岸电、污染物排放监测和监管、污染防治科技水平、水路运输组织、污染事故应急处置能力11个方面使船舶和港口污染防治水平与中国生态文明建设水平、全面建成小康社会目标相适应[1]
"碧海2020"海洋生态环境保护专项执法行动	中国海警局、自然资源部、生态环境部、交通运输部	2020年4月1日至11月30日	对非渔业、非军事船舶污染海洋环境实施监督管理，主要是加强对船舶防污染设施设备配备、使用情况监督检查和船舶违法排放污染物的监管，严厉打击危险化学品非法水上运输及油污水、化学品洗舱水等非法转运处置行为[2]

① 李挚萍、郭昱含：《央地海上生态环境执法权划分的原则和机制探讨》，《中国地质大学学报》（社会科学版）2021年第5期，第20~32页。

② 此处的沿海省份不包括我国台湾、香港特别行政区和澳门特别行政区。

③ 李挚萍、郭昱含：《央地海上生态环境执法权划分的原则和机制探讨》，《中国地质大学学报》（社会科学版）2021年第5期，第20~32页。

续表

执法行动名称	行动方案制订主体	时间	船源污染防治方面主要内容
渤海综合治理攻坚战行动	生态环境部、发展改革委、自然资源部	2018~2020年	在船舶污染方面，要求严格执行《船舶水污染物排放控制标准》，限期淘汰不能达到污染物排放标准的船舶，严禁新建不达标船舶进入运输市场；规范船舶水上拆解，禁止冲滩拆解。依法报废超过使用年限的运输船舶。禁止船舶向水体超标排放含油污水，继续实施渤海海区船舶排污设备铅封管理制度[3]
重点海域综合治理攻坚战行动	生态环境部、国家发展和改革委员会、自然资源部、住房和城乡建设部、交通运输部、农业农村部、中国海警局	2022~2025年	沿海地方各相关部门按照职责分工，进一步巩固船舶和港口污染治理成果，完善实施船舶水污染物转移处置联单制度，推进"船—港—城"全过程协同管理（交通运输部、生态环境部、住房和城乡建设部等按职责分工负责）。巩固深化渤海渔港环境整治成果，将长江口—杭州湾、珠江口邻近海域主要渔港纳入名录管理，进一步规范各级渔港、渔船停泊点生产生活污水和渔业垃圾回收处置，推进污染防治设施设备建设和环境清理整治。农业农村部、工业和信息化部、生态环境部等按职责分工负责[4]

1. 交通运输部：《船舶与港口污染防治专项行动实施方案（2015~2020年）》，中国政府网，2015年8月27日，http://www. gov. cn/gongbao/content/2016/content_5038094. htm，最后访问日期：2024年3月18日。

2. 《"碧海2020"海洋生态环境保护专项执法启动》，中国海警局网站，2020年4月1日，http://www. ccg. gov. cn/2020/bihai2020_0401/340. html，最后访问日期：2024年3月18日。

3. 生态环境部、国家发展改革委、自然资源部：《渤海综合治理攻坚战行动计划》，生态环境部网站，2018年11月30日，https://www. mee. gov. cn/xxgk2018/xxgk/xxgk03/201812/t20181211_684232. html，最后访问日期：2024年3月18日。

4. 生态环境部、国家发展改革委、自然资源部、住房和城乡建设部、交通运输部、农业农村部、中国海警局：《重点海域综合治理攻坚战行动方案》，生态环境部网站，2022年1月29日，https://www. mee. gov. cn/xxgk2018/xxgk/xxgk03/202202/t20220217_969303. html，最后访问日期：2024年3月18日。

二 防治船源污染司法

中国防治船源污染司法工作贯彻习近平法治思想和习近平生态文明思想，深入践行"绿水青山就是金山银山"理念。贯彻新发展理念，准确把握防治船源污染司法面临的新形势、新机遇，坚持环境司法规则构建与司法保护实践探索统筹推进。通过制定司法政策、发布解释、典型案例等方式，指导全国环境司法工作，促进人与自然和谐共生的现代化建设和海洋强国建设。

在船源污染防治的司法政策以及司法解释方面，现行有效的文件主要包括：2005年最高人民法院印发的《第二次全国涉外商事海事审判工作会议纪要》，从法律适用、索赔主体、举证责任、油污责任、油污损害赔偿范围、清污费用清偿六方面对船舶油污损害赔偿纠纷作出了规定。最高人民法院2011年颁布并于2020年修正的《最高人民法院关于审理船舶油污损害赔偿纠纷案件若干问题的规定》，从适用范围、案件管辖、油污责任、赔偿范围与损失认定、船舶优先权、油污责任限制及债权登记与受偿、油污索赔代位受偿权等方面对船舶油污损害赔偿纠纷作出了规定。2018年施行的最高人民法院《关于审理海洋自然资源与生态环境损害赔偿纠纷案件若干问题的规定》规定了适用范围、诉讼管辖、索赔主体、公告与通知、诉讼形式、责任方式、损失赔偿范围、损失认定的一般规则与替代方法、损害赔偿金（给付）的裁判与执行、诉讼调解、其他实体与程序问题的法律适用、时间效力[①]。2021年最高人民法院印发的《全国法院涉外商事海事审判工作座谈会会议纪要》第14类第80项规定了因船舶碰撞或者触碰、环境污染造成养殖损害赔偿的责任承担，第50类第82项规定了清污单位就清污费用提起民事诉讼的诉权。2022年5月发布的最高人民法院、最高人民检察院《关于办理海洋自然资源与生态环境公益诉讼案

[①] 王淑梅、余晓汉：《〈关于审理海洋自然资源与生态环境损害赔偿纠纷案件若干问题的规定〉的理解与适用》，《人民司法》（应用）2018年第7期，第21~26页。

件若干问题的规定》，在适用范围以及海洋环境民事公益诉讼、刑事附带民事公益诉讼、行政公益诉讼主体、管辖权等方面作出了规定。

在船源污染审判实践方面，青岛海事法院于1985年受理了"大庆232"轮油污损害赔偿纠纷案，拉开了海事司法保护海洋环境的序幕①。2000~2010年，中国海事法院受理船舶污染损害赔偿一审案件300余件，诉讼标的总额约30亿元人民币，成功调处了"塔斯曼海"轮、"现代独立"轮等一批在国际和国内有重大影响的油污案件②。2019年，全国海事法院受理船舶污染损害责任纠纷18件，审结13件③。2021年，全国海事法院受理船舶污染损害责任纠纷案件17件，审结9件④。

近年来，各地海事法院依法履行海事审判职能，全面加强海洋环境资源司法保护，致力探索海洋环境资源审判有效工作机制，培养专门化海洋环境资源审判队伍，依法公正高效办理海洋环境资源案件，着力化解涉船源污染海洋生态环境纠纷，为保护海洋生态环境提供有力的海事司法服务保障。2022年10月，厦门海事法院发布的《海洋生态环境司法保护》白皮书显示，2016年1月至2022年9月，厦门海事法院共受理海洋生态环境案件2054件，其中污染海洋或通海可航水域环境、破坏海洋生态环境产生的污染赔偿案件及公益诉讼案件1773件，船舶排放、泄漏、倾倒油类、污水或者其他有害物质造成水域污染，因防治上述污染而产生的清污费用案件38件⑤。2023年6月，宁波海事法院发布的《海洋生态环境司法保护情况通报》显示，2020年至2022年，宁波海事法院审理过两起较

---

① 《中国海事审判白皮书（1984~2014）》，法信网，https://www-faxin-cn.svpn.dlmu.edu.cn，最后访问日期：2022年7月25日。
② 《海事法院受理船舶污染案逾300》，最高人民法院官网，2010年4月23日，https://www.court.gov.cn/shenpan-xiangqing-794.html，最后访问日期：2022年7月25日。
③ 《中国环境资源审判（2019年）》，最高人民法院官网，2020年5月8日，https://www.court.gov.cn/zixun-xiangqing-228341.html，最后访问日期：2022年7月25日。
④ 《中国环境资源审判（2021）》，最高人民法院官网，2022年6月5日，https://www.court.gov.cn/zixun-xiangqing-361291.html，最后访问日期：2022年7月25日。
⑤ 《厦门海事法院海洋生态环境司法保护白皮书（2016.1~2022.9）》，厦门海事法院网，2022年10月11日，http://www.xmhsfy.gov.cn/sjbg/bps/202210/t20221011_255650.htm，最后访问日期：2024年1月28日。

为典型的船舶漏油污染海洋生态环境案件，如因"宁大10"轮沉没漏油引发的清防污费用索赔纠纷共7件，标的额达7600余万元；因"源兴丰"轮沉没引发的应急清防污费用纠纷为3件，索赔金额达1500余万元[①]。2023年11月，上海海事法院、上海市人民检察院第三分院发布的《海洋自然资源与生态环境司法治理情况通报》显示，2018年1月至2023年6月，上海海事法院共受理涉海洋（包括海上、通海水域）自然资源与生态环境案件169件，其中包含船源污染损害责任纠纷在内"因海事事故或海事行为造成海洋自然资源损害与生态环境破坏的案件"共计50件[②]。

三 船源污染公益诉讼

1999年《海洋环境保护法》第90条（2023年修订稿中为第114条）就规定，具有海洋环境监督管理权的部门代表国家提起海洋环境污染损害赔偿之诉的资格。2010年最高人民法院《关于为加快经济发展方式转变提供司法保障和服务的若干意见》第13条明确要求，各级法院"依法受理环境保护行政部门代表国家提起的环境污染损害赔偿纠纷案件，严厉打击一切破坏环境的行为"。自2012年以来，随着《环境保护法》和《民事诉讼法》的修订以及《关于审理环境民事公益诉讼案件适用法律若干问题的解释》《关于检察公益诉讼案件适用法律若干问题的解释》《关于办理海洋自然资源与生态环境公益诉讼案件若干问题的规定》等一系列司法解释的制定，逐步建立并细化了环境公益诉讼制

---

① 《世界海洋日：宁波海事法院发布海洋生态环境司法保护"白皮书"》，法治网，2023年6月9日，http://www.legaldaily.com.cn/index_article/content/2023-06/09/content_8863457.html，最后访问日期：2024年1月28日。

② 《上海市人民检察院第三分院海洋自然资源与生态环境司法治理情况通报（2018.01-2023.06）》，上海海事法院网，2023年11月8日，https://shhsfy.gov.cn/hsfyytwx/hsfyytwx/spdy1358/hsspbps1434/web/viewer.html? file=2018.01-2023.06.pdf，最后访问日期：2024年1月28日。

度①，为防治船源污染、保护和改善海洋环境、促进海洋生态文明建设提供强有力的保障。

（一）船源污染公益诉讼原告

海洋环境监督管理部门具有原告资格。2017年修正的《海洋环境保护法》第89第2款规定：对破坏海洋生态、海洋水产资源、海洋保护区，给国家造成重大损失的，由依照本法规定行使海洋环境监督管理权的部门代表国家对责任者提出损害赔偿要求。2018年实施的《最高人民法院关于审理海洋自然资源与生态环境损害赔偿纠纷案件若干问题的规定》第3条规定：《海洋环境保护法》第5条（2023年修订稿中为第4条）规定的行使海洋环境监督管理权的机关，根据其职能分工提起海洋自然资源与生态环境损害赔偿诉讼，人民法院应予受理。2022年颁布的《关于办理海洋自然资源与生态环境公益诉讼案件若干问题的规定》第2条进一步明确了《海洋环境保护法》第89条第2款（2023年修订稿中为第114条第2款）规定的损害赔偿要求属于民事公益诉讼，应当由行使海洋环境监督管理权的部门提起诉讼②。2023年修订的《海洋环境保护法》第114条第2款基本沿袭了2017年修正稿第89条第2款规定：对污染海洋环境、破坏海洋生态，给国家造成重大损失的，由依照本法规定行使海洋环境监督管理权的部门代表国家对责任者提出损害赔偿要求。

综合上述规定以及2023年修订的《海洋环境保护法》第4条关于海洋环境监管机构的规定可以确定：负责所辖港区水域内非军事船舶和港区水域外非渔业、非军事船舶污染海洋环境的监督管理的国务院交通运输主管部门，具体负责上述水域内相关船舶污染海洋环境的监督管理与污染事故调查处理的海事管理机构，负责渔业资源保护并调查渔业污染事故的国务院渔业主管部门，在职责范围内监督检查海洋倾倒废弃物对海洋环境的

---

① 王淑梅、胡方：《〈关于办理海洋自然资源与生态环境公益诉讼案件若干问题的规定〉的理解与适用》，《人民司法》（应用）2022年第27期，第50页。

② 孙航：《加大海洋环境司法保护力度　服务海洋强国建设》，《人民法院报》2022年5月12日。

污染损害等活动，并按照规定权限参与海洋环境污染事故的应急处置和调查处理的海警机构，以及各级地方海洋环境管理部门可以成为船源污染公益诉讼的原告主体。

检察机关亦具有原告资格。《关于办理海洋自然资源与生态环境公益诉讼案件若干问题的规定》明确规定了检察机关可以提起民事、刑事附带民事、行政公益诉讼。检察机关可以通过作为公益诉讼起诉人直接起诉、支持起诉人起诉、法律监督机关督促起诉三种方式直接或间接参与民事公益诉讼①。2023 年修订的《海洋环境保护法》第 114 条第 3 款规定：前款规定的部门不提起诉讼的，人民检察院可以向人民法院提起诉讼。前款规定的部门提起诉讼的，人民检察院可以支持起诉。该条款转化了《民事诉讼法》《关于办理海洋自然资源与生态环境公益诉讼案件若干问题的规定》中检察公益诉讼相关规定，消除了实体法和程序法的不一致，在法律层面明确了检察机关的起诉主体地位，赋予人民检察院提起公益诉讼以及支持诉讼的权力，为人民检察院发挥法律监督职能、开展海洋环境保护领域的公益诉讼提供了法律依据。

从现行立法和司法来看，社会组织不具备海洋环境损害公益诉讼原告资格。虽然 2014 年修正的《民事诉讼法》第 58 条规定了社会组织可以提起污染环境事件的公益诉讼，但 2023 年修订的《海洋环境保护法》作为新法和特殊法，并未授权社会组织提起公益诉讼资格。《关于办理海洋自然资源与生态环境公益诉讼案件若干问题的规定》采用列明方式明确有权提起海洋自然资源与生态环境民事公益诉讼的主体②，也未提及社会组织。相对海洋环境监管部门，社会组织举证能力薄弱，这是其成为船源污染公益诉讼法定原告的主要障碍③。

① 王传良、张晏瑢：《检察机关提起海洋生态环境民事公益诉讼刍议》，《中国海商法研究》2021 年第 2 期，第 41~48 页。

② 孙航：《加大海洋环境司法保护力度　服务海洋强国建设》，《人民法院报》2022 年 5 月 12 日。

③ 李军：《船舶污染的司法实践及其立法思考——以"金玫瑰"轮系列案件为例》，《浙江海洋大学学报》（人文科学版）2019 年第 1 期，第 21~29 页。

（二）船源污染公益诉讼管辖和程序

《海事诉讼特别程序法》第 7 条规定了船舶排放、泄漏、倾倒油类或者其他有害物质，由污染发生地、损害结果地或者采取预防污染措施地海事法院管辖。2016 年颁布的最高人民法院《关于海事法院受理案件范围的规定》第三类第 65 项规定的污染海洋环境、破坏海洋生态责任纠纷案件，第五类第 81 项规定的因不服海事行政机关作出的涉及环境与生态资源保护等活动的行政行为而提起的行政诉讼案件，第 82 项规定的有关海事行政机关拒绝履行上述第 81 项所涉行政管理职责或者不予答复而提起的行政诉讼案件属于海事法院受理案件的范围。2022 年《关于办理海洋自然资源与生态环境公益诉讼案件若干问题的规定》第 2 条、第 3 条和第 5 条明确了海事法院对海洋自然资源与生态环境民事公益诉讼和行政公益诉讼的专门管辖①。由此，船源污染公益诉讼属于海洋生态环境公益诉讼范畴，应当由海事法院专门管辖。

船源污染公益诉讼具有海事诉讼和公益诉讼双重属性，应当同时适用海事诉讼特别程序和环境公益诉讼程序，两者在程序上不是相互排斥，而是相互补充②。在磋商前置程序方面，2017 年中共中央办公厅、国务院办公厅印发的《生态环境损害赔偿制度改革方案》、最高人民法院《关于审理生态环境损害赔偿案件的若干规定》等文件虽然规定了磋商前置程序，但均明确文件不适用海洋生态环境损害赔偿。我国法律虽未明确规定海洋环境监督管理部门或者检察机关先行与侵权人进行磋商前置的程序，但对此也未加限制③。在理论、实践以及地方层面，中国正在进行船源污染公益诉讼磋商前置程序的积极探索，为将来引入磋商前置程序提供理论和实践保障。

---

① 张昊：《构建海洋环境公益诉讼制度　服务海洋强国建设》，《法治日报》2022 年 5 月 12 日。

② 段厚省：《海洋环境公益诉讼四题初探——从浦东环保局诉密斯姆公司等船舶污染损害赔偿案谈起》，《东方法学》2016 年第 5 期，第 37~44 页。

③ 王淑梅、胡方：《〈关于办理海洋自然资源与生态环境公益诉讼案件若干问题的规定〉的理解与适用》，《人民司法》（应用）2022 年第 22 期，第 50 页。

四　船源污染损害赔偿典型案例

（一）某海洋环保服务公司与某船运公司、某保赔公司船舶污染损害责任纠纷案①

2021 年 4 月 14 日，某船运公司与某海洋环保服务公司签订了船舶污染清除协议，约定某海洋环保服务公司根据协议开展污染控制和清除行动，某船运公司应当根据约定费率支付费用。某保赔公司系某船运公司"交响乐"轮油污损害民事责任保险人。4 月 27 日，"交响乐"轮在青岛朝连岛以南水域与"义海"轮发生碰撞事故，导致"交响乐"轮船载货油泄漏入海，造成海域污染。各方因履行船舶污染清除协议发生争议，某海洋环保服务公司诉请某船运公司、某保赔公司支付污染控制和清除费用。

青岛海事法院审理认为，我国为《1992 年民事责任公约》缔约国，该次事故泄漏油类属于公约规定的油类，该案应优先适用公约。公约第 3 条第 1 款规定，在事故发生时的船舶所有人须对船舶因该事故而造成的任何污染损害负责。案涉漏油事故系"交响乐"轮与"义海"轮互有过失碰撞而引起，某船运公司作为漏油船舶所有人应当对油污损害承担赔偿责任。某海洋环保服务公司主张的清污费用属于公约第 1 条第 6 款规定的"污染损害"，某船运公司应当承担赔偿责任，但有权依据公约规定限制赔偿责任。据此，判决某海洋环保服务公司对某船运公司、某保赔公司享有海事债权人民币 42987210 元及清污费利息，上述债权自某保赔公司设立的"交响乐"轮油污损害赔偿责任限制基金中分配。

该案准确适用我国缔结的《1992 年民事责任公约》，判定漏油船舶所有人对油污损害承担赔偿责任；认定某海洋环保服务公司主张的清污费用系防治或减轻污染损害而采取合理措施所产生的费用，属于公约规定的污

---

① 《最高法发布涉外民商事案件适用国际条约和国际惯例典型案例》，最高人民法院网，2023 年 12 月 28 日，https://www.court.gov.cn/zixun/xiangqing/421932.html，最后访问日期：2024 年 3 月 17 日。

染损害赔偿范围；确定船舶所有人有权依照公约规定的数额限制赔偿责任。该案一方面保障了清污费用的受偿，另一方面也将船舶所有人的责任依法限制在合理范围内，充分体现了公约鼓励清污、适当赔偿、兼顾其他污染损害实际受偿等多重价值目标，对保护海洋环境、促进海上运输业发展具有重要意义。

（二）某船舶服务公司诉某油运公司、某财产保险公司、某财产保险公司航运保险运营中心船舶污染损害责任案①

2019 年 12 月 4 日，某油运公司所属"谷丰油 6"轮在靠泊日照港北 2 泊位装载燃料油货物过程中发生燃料油泄漏事故，导致油污泄漏到船舶甲板、海面。事故发生当日，根据日照海事局和某油运公司要求，某船舶服务公司作为"谷丰油 6"轮的协议清污单位前往现场进行清污工作。后某船舶服务公司与某油运公司、某财产保险公司、某财产保险公司航运保险运营中心就案涉船舶污染事故应急清污费用未能协商解决，诉至法院。案件审理中，某船舶服务公司为支持其诉请金额，提供了自行制作的"谷丰油 6"轮清污报告、"谷丰油 6"轮溢油应急费用报表。某财产保险公司航运保险运营中心则提供了某保险公估公司出具的保险公估报告。

法院经审理认为，"谷丰油 6"轮在日照港发生溢油事故，某船舶服务公司根据清污协议进行污染控制和清除的事实成立。某船舶服务公司进行了防污和清污工作，由此产生的清防污服务费用属于防治或者减轻船舶油污损害采取预防措施所发生的费用，有权要求责任人赔偿。但某船舶服务公司提供的材料属于单方陈述，在对方不予认可的情况下，不能作为认定清防污服务费用的依据。由于某船舶服务公司未能按照清污协议约定提交相应的文件、票据和凭证，对于其主张的清防污费用无法证明是否合理且必要，故法院参照保险公估人出具的公估报告酌定合理且必要的清防污费用为 240586.08 元，某油运公司应对此承担赔偿责任，某财产保险公司航运保险运营中心亦应在扣除 5 万元免赔额后承担赔偿责任。

---

① （2023）鲁 72 民初 301 号民事判决书。

该案的审理，保障了具有海上船舶溢油清除服务资质的第三方公司在应急处理船舶燃油泄漏造成海洋、通海水域污染过程中的合法权益，为第三方公司参与海洋环境污染治理提供了司法支持。

（三）河北省唐山市人民检察院诉某航运公司沉船打捞民事公益诉讼案①

2016 年 7 月 2 日，广东某航运公司所属"某某 61"钢制散货船在唐山市曹妃甸海域东锚地北侧发生自沉事故，未予以打捞。沉船长 84 米，总重 2263 吨，船尾触底，船头涨潮时高于海面近 2 米。沉没时船中存有轻油约 2.6 吨、机油约 200 公斤，均属危险废物，一旦泄漏将严重污染海洋环境，且沉船位置临近海洋牧场，附近常有作业渔船经过，威胁船舶航行安全，有再次发生接触事故、引发次生污染损害的风险隐患。

2020 年 7 月，唐山市人民检察院接到群众举报线索后随即展开调查，经现场勘查并向有关部门核实情况、委托出具专家意见，查明"某某 61"货船沉没原因为自沉，该船负自沉事故全部责任，但案涉航运公司一直怠于完成沉船打捞作业。因船舶在海洋非主航道沉没，海事部门无权强制责任主体打捞，2020 年 10 月，唐山市人民检察院向天津海事法院提起民事公益诉讼，请求判令航运公司打捞沉船，恢复相关海域原状，并消除环境损害风险。

该案由天津海事法院一审，天津市高级人民法院二审。法院经审理认为，某航运公司怠于打捞所属沉船，致使曹妃甸周边海洋生态环境安全以及航行安全均存在重大风险。行政执法与提起民事公益诉讼是为实现海洋环境保护目的而设定的不同方式和路径，两者并不存在冲突。在法律规定的有关部门不提起诉讼的情况下，检察机关基于案涉船舶沉没的现状，可能造成海洋生态环境损害风险、航行安全风险及其次生风险，有权提起民事公益诉讼。该沉船长期未打捞，违反了我国法律和行政法规的规定，

---

① 《海洋自然资源与生态环境检察公益诉讼典型案例》，最高人民法院官网，2023 年 12 月 29 日，https://www.court.gov.cn/zixun/xiangqing/422032.html，最后访问日期：2024 年 1 月 28 日。

给周边海域的海洋生态环境和航行安全带来了重大安全隐患和风险，依法应当消除危险、恢复原状，判决某航运公司于判决生效之日起 90 日内完成打捞案涉沉船的全部作业。

小　结

改革开放四十余年来，中国防治船源污染法治建设经过艰难摸索、改革创新，取得了长足进步与巨大成就。在立法方面，中国不仅加入了有关防止船舶污染的多个国际公约，也加入了船舶油污损害民事责任公约，围绕不同种类的船源污染基本建成了防治船源污染海洋环境法律体系，制定了船舶油污民事责任强制保险制度，设立了船舶油污赔偿基金制度。船源污染全面系统的立法体系值得其他海洋污染源防治立法借鉴。在防治船源污染执法方面，执法依据更为细化，执法主体及其职责更加明晰，执法协作机制不断完善，执法力度稳步增强，有效遏制了船源污染的发生和扩散。在防治船源污染司法方面，审判实践中已积累了丰富成熟的经验，涵盖国内立法与国际公约的适用、归责原则、举证责任、评估鉴定、损失认定、赔偿范围、油污损害赔偿基金设立、公益诉讼等多个方面。防治船源污染的法治发展为加快推进海洋生态文明建设以及海洋强国建设提供了丰富的经验积累与坚实的法治保障。

然而，中国船源污染形势依然严峻，船源污染防治仍然存在不足。在防治船源污染立法方面，首先，《海商法》还没有船舶污染损害责任的专章规定，需要在修法时增加专章规定；其次，防治船源污染相关立法在不同程度上倾向于用行政手段处罚污染责任者，而轻视通过污染损害赔偿方式来弥补损害、减少损失；再次，《船舶污染海洋环境应急防备和应急处置管理规定》的内容过于原则，对于应急防备的适用情形及操作程序缺乏明确指引，造成船舶污染处置中畏首畏尾和大胆冒进同时存在的现象，削弱了应急防备机制效力，损害了海事机构的公信力①；最后，国内规则与国际规则不完全接轨，导致某些情形下大体一致的案情仅因是否具有涉外因素而判决结果存在较大差异。在防治船源污染执法方面，面临多方管理和执法权分散的严峻问题，船源污染防治相关部门的职责边界存在模糊，船源污染监督检查依据尚不完善，清污队伍建设仍需加强②，行政执法尺度有待统一③。在防治船源污染司法方面，法律法规的司法配套机制和司法鉴定工作机制仍不健全，司法救济的赔偿方式相对有限，赔偿范围仍较为狭窄④，海洋生态环境损害的鉴定评估机制与损害修复资金使用监管机制有待完善⑤。因此，中国应当继续重视、完善、加强防治船源污染的立法、执法和司法工作，不断推进船源污染防治取得新成效。

船源污染防治法治建设应当继续以习近平新时代中国特色社会主义思想为指导，深入贯彻习近平生态文明思想，立足新时代绿色发展战略，以船源污染防治突出问题为导向，完善船源污染防治体系，提升船源污染防治能力，进一步推进海洋生态文明建设和海洋强国建设，助力"碳达峰""碳中和"目标实现。

① 高宁：《我国船舶污染防治存在问题及其完善建议》，《浙江海洋大学学报》（人文科学版）2020 年第 6 期，第 20~23 页。

② 高宁：《我国船舶污染防治存在问题及其完善建议》，《浙江海洋大学学报》（人文科学版）2020 年第 6 期，第 19~23 页。

③ 《海口海事法院 2018~2020 年海洋环境资源审判白皮书》，海口海事法院官网，2021 年 6 月 8 日，https://hsfy.hicourt.gov.cn/attachment/file/pdf/2021/07/0f4dcdd38300f6d28092e000f9159d31.pdf，最后访问日期：2024 年 1 月 30 日。

④ 戴鑫、刘中梅、裴兆斌：《我国海洋生态环境损害赔偿司法现状及问题分析》，《沈阳农业大学学报》（社会科学版）2019 年第 1 期，第 44~49 页。

⑤ 《厦门海事法院海洋生态环境司法保护白皮书（2016.1~2022.9）》，厦门海事法院官网，2022 年 10 月 11 日，http://www.xmhsfy.cn/sjbg/bps/202210/t20221011_255650.htm，最后访问日期：2024 年 1 月 28 日。

第十二章　海商海事的法治发展

海商海事法治，主要指与海上运输、船舶和船员等有关的民事立法和司法活动，其核心是海商海事法律关系，具体包括海上货物运输合同、海上旅客运输合同、船舶租用合同、海上拖航合同、海上保险合同、船舶建造、买卖与修理合同、船员劳务合同以及船舶碰撞、海难救助、共同海损、海事赔偿责任限制、船舶污染损害赔偿和船舶物权等法律关系①。广义上，亦可拓展至海事诉讼与仲裁等程序法律关系。

历史上，中国作为陆权国家，航海贸易及相关的海商海事立法与司法活动基本不具备生成条件。近代以来，迫于涉外通商的压力及维护民族航运业发展的需要，海商海事立法逐渐出现，并初具轮廓。新中国成立后很长一段时间，由于帝国主义的封锁，航运和贸易事业发展缓慢，海商海事立法蜕变为计划经济体制下的部门规章，主要针对国内水路运输进行调整。改革开放后，国家对外贸易和远洋运输蓬勃发展，我国成为世界上举足轻重的贸易大国和航运大国，海商海事法治体系得以迅速建立并日臻完善。《中国海洋法治发展报告（2023）》已对上迄1840年、下至2021年，特别是改革开放后我国海商海事法治发展状况进行了较为全面的梳理和回顾。本章主要介绍2021年之后我国海商海事领域立法和司法实践的新发展。

---

① 船员劳务合同关系在本书中另有章节述及，本章不再赘述。

第一节　海商海事国际条约

改革开放后，中国积极参与全球经贸交流合作，主动融入国际法律规则体系，成为国际法治的践行者、维护者和发展者，树立了良好的国际形象。借鉴或者采纳海商海事领域普遍适用的国际条约，亦是这一伟大实践的典型例证。1994 年至今，中国共批准或者加入海商海事类国际条约或其议定书、修正案 8 个①，基本实现了与国际海事规则的全面接轨，有力促进了中国远洋运输和对外贸易事业的健康发展，同时，也为国际海商海事立法的统一作出了贡献。

在融入国际规则体系的同时，中国作为最大的发展中国家，亦积极主动发现、提出国际海事领域亟须推动的立法问题，进而主导并引领国际海事规则的制定。2022 年通过的《联合国船舶司法出售国际效力公约》②（简称《北京船舶司法出售公约》），即是一次成功的实践。

《北京船舶司法出售公约》的制定，源于国际海事委员会（CMI）执行委员会委员、中国海商法协会副主席李海律师，在 2007 年 5 月 CMI 执委会工作会议上首次提出关于船舶司法出售的国际承认问题。2008 年 10 月，在 CMI 第 39 届国际会议上，李海律师就这一问题作了专题演讲③，引起国际同行的高度共鸣。后来，CMI 专门成立了承认外国船舶司法出售国际工作组④，任命李海律师担任主席，负责深入研究相关问题、制定问题清单、征询各国意见、起草并准备草案文件⑤。2012 年 10 月 19 日，在

---

① 中国批准或者加入的相关国际条约及其议定书、修正案，参见《中国海洋法治发展报告（2023）》，社会科学文献出版社，2023，第 287 页。

② United Nations Convention on the International Effects of Judicial Sales of Ships（Known as the *Beijing Convention on the Judicial Sale of Ships*）.

③ Henry Hai Li, A Brief Discussion on Judicial Sale of Ships, CMI Yearbook 2009, pp. 342 – 356.

④ CMI IWG on Recognition of Foreign Judicial Sale Ships.

⑤ 李海：《关于〈北京草案〉公约化进程的报告》，http：//www. henrylaw. cn/page95？ article _id＝230，最后访问日期：2024 年 3 月 15 日。

北京召开的 CMI 第 40 届国际会议上，CMI 国际分委员会通过了《承认外国船舶司法出售国际公约建议草案》①（简称《北京草案》）。2014 年 6 月 17 日，在汉堡召开的 CMI 第 41 届国际会议上，CMI 代表大会通过了最终版的《承认外国船舶司法出售国际公约草案》。2017 年 6 月，CMI 向联合国国际贸易法委员会（UNCITRAL）第 50 届会议提交了《关于船舶司法出售跨境问题未来可能的工作的建议》。2018 年 5 月，UNCITRAL 第 51 届会议决定将船舶司法出售问题列入工作计划，后将其交给由 Beata Czerwenka 教授担任主席的第六工作组开展具体工作。从 2019 年 5 月第 35 次会议至 2022 年 2 月第 40 次会议，UNCITRAL 第六工作组经过 6 次会议，完成了 5 稿公约条文草案的审议，并将最终文本提交 UNCITRAL 大会审议。2022 年 6 月 30 日，UNCITRAL 第 55 届会议通过了《船舶司法出售国际效力公约草案》，并决定提交联合国大会，建议表决通过。2022 年 12 月 7 日，第 77 届联合国大会第 47 次全体会议通过了《联合国船舶司法出售国际效力公约》，同时，授权中国政府 2023 年在北京举行公约开放供签署仪式，并建议将公约简称为《北京船舶司法出售公约》②。

2023 年 9 月 5 日，《北京船舶司法出售公约》签署仪式在北京举行，共有 34 个国家和地区的代表团参加了签署仪式，包括中国、瑞士、新加坡、沙特阿拉伯、利比里亚、洪都拉斯等在内的 15 个国家和地区成为公约的首批签署方③。截至 2024 年 3 月 14 日，随着比利时和欧盟的签署，《北京船舶司法出售公约》的签署方达到了 34 个④。该公约是海事领域首个以中国城市命名的联合国公约，反映了各方对中方在公约形成过程中发

---

① A Proposed Draft International Convention on Recognition of Foreign Judicial Sales of Ships（Known as the "Beijing Draft"）.

② Ann Fenech，Convention on the International Effects of Judicial Sales of Ships，Lloyd's Shipping & Trade Law，18 May 2023.

③ 参见新华社 2023 年 9 月 5 日电《〈北京船舶司法出售公约〉在京签署》，中国政府网，https://www.gov.cn/yaowen/liebiao/202309/content_6902305.htm，最后访问日期：2024 年 3 月 15 日。

④ See https://treaties.un.org/Pages/showDetails.aspx? objid = 0800000280608abe&clang = _en，Accessed on March 15，2024。

挥引领作用的高度认可，也是中方践行国际多边主义的真实写照，更是中国声音、中国方案和中国智慧在国际舞台上的一次完美展示。

《北京船舶司法出售公约》在对"司法出售""船舶""清洁物权"等概念和适用范围作出界定的基础上，主要规定了船舶司法出售通知书和司法出售证书的内容、签发和流转，船舶司法出售的国际效力，缔约方登记机关的行动以及对撤销和中止船舶司法出售的管辖权等内容。公约期望通过解决船舶司法出售的跨境承认问题，确保船舶司法出售中买受人的所有权在其他缔约方得到承认，增强相关权利的稳定性，从而助力保护金融机构进行船舶融资的积极性，促进国际航运及贸易的发展。

第二节 海商海事司法实践

改革开放以来，随着中国航运和贸易事业的发展，以及民商事立法特别是海商海事立法的完善，海商海事司法活动日趋活跃，主要表现为：建立了以海事法院为基础的专门海事审判体制，颁布了 20 多个海商海事司法解释和司法解释性质文件，审结了 40 多万件海商海事案件。其中，指导性案例 7 个，《最高人民法院公报》案例 48 个[①]。2022 年至 2023 年，《最高人民法院公报》发布海商海事案例 1 个；另外，在《海商法》施行 30 周年前夕，最高人民法院于 2023 年 6 月 30 日发布了 2022 年全国海事审判典型案例 10 个，其中除案例 4 和案例 5 为与盗采海砂相关的海洋生态环境民事公益诉讼案件之外，其余 8 个均属于传统的海商海事案件。以下是 2022 年至今"公报案例"和"典型案例"的具体情况。

---

① 详见《中国海洋法治发展报告（2023）》，社会科学文献出版社，2023，第 296~325 页。需要说明的是，自 2014 年开始，最高人民法院每年都发布 10 个左右的全国海事审判典型案例，限于篇幅，《中国海洋法治发展报告（2023）》未予收录，相关案例可参见中国海事审判网（https://cmt.court.gov.cn/hssp-zw/#/hsal/more? tab = ndaljx）。

一 《最高人民法院公报》案例

某公司诉某保险公司等海上保险合同纠纷案①

【基本案情】

"SAGAN"轮的船舶所有人于 2016 年 7 月投保船舶定期保险。共同承保人某保险公司及其航保中心出具了一年期的远洋船舶保险单。2017 年 2 月 1 日，空载的"SAGAN"轮自我国台湾地区高雄港出发驶往韩国昂山港，开航期间主机扫气箱多次起火，后船舶失去动力开始漂航。船舶所有人联系拖轮施救无果，船舶于 2 月 11 日在日本某岛西南岸搁浅，并报告出险。日本救助人救助无果。"SAGAN"轮在搁浅时即为推定全损，船舶所有人诉请保险人赔偿船舶全损赔偿金、救助费用以及另案案件受理费、司法评估费等损失。

【裁判结果】

法院经审理认为，本案对保险条款的解释应遵循英国法律和惯例。根据英国法对"海上危险"的界定，"SAGAN"轮在发生主机故障至搁浅期间遭遇的海况不属于灾害性的异常情况，其对"SAGAN"轮的影响是"风浪的通常作用"，不构成保险合同承保的"海上危险"。"SAGAN"轮搁浅全损系由三个原因共同作用造成的结果，即"SAGAN"轮主机故障、无有效应急救援措施和风浪的影响，它们或不属于保险人承保的列明风险，或属于除外责任。"SAGAN"轮在涉案航次开航时技术和安全管理体系两方面均不适航，且船舶不适航是导致其搁浅的原因。船舶所有人对"SAGAN"轮进行直接运营管理，可推定其对此明知，故依据《海商法》第 244 条的规定，保险人不负赔偿责任。综上，上海海事法院判决驳回船舶所有人的起诉。一审判决作出后，船舶所有人提起上诉，上海市高级人民法院驳回船舶所有人的上诉，维持原判。

---

① 一审案号：（2019）沪 72 民初 463 号，二审案号：（2021）沪民终 359 号。参见《最高人民法院公报》2022 年第 12 期。

【典型意义】

作为现代保险的起源，海上保险是推动国际航运发展的重要动力，是建设国际航运中心的基本要素。海上保险合同纠纷是海事司法实践中常见的纠纷类型，公正高效地审理此类案件，既要保护航运活动参与主体的合法权益，促进航运保险风险补偿基本功能的发挥，又要准确剥离非承保风险所引起的损失，避免道德风险。

保险具有分散风险和补偿损失的基本社会功能，同时，射幸性是保险的基本法律特征，并非只要保险标的出现损失，保险人就必然需要履行赔付义务。在海上航行过程中，应当确保船舶处于适航状态，以有效抵御海上风险。被保险船舶在船舶安全管理体系方面违反 ISM 规则，严重影响船舶航行安全，构成船舶不适航，保险人可以不负赔偿责任。该案裁判在促进船舶航行安全与加强海上风险保障之间明确了规则界限，有利于航运业和保险业健康高质量发展。

二 2022 年全国海事审判典型案例[①]

案例 1：某航运公司申请承认英国法院判决案[②]

【基本案情】

2010 年 3 月，某华公司为香港某华轮船公司向挪威某航运公司提供租船合同的履约担保。后因香港某华轮船公司申请清盘，某航运公司在英国高等法院对某华公司提起诉讼。英国高等法院、上诉法院先后作出判决，判令某华公司承担担保责任。因某华公司系在我国上海登记注册的企业，某航运公司向上海海事法院申请承认相关英国法院判决。

【裁判结果】

上海海事法院审理认为，我国与英国尚未缔结或者参加相互承认和执行法院民商事判决、裁定的国际条约，故应以互惠原则作为承认英国法院

---

① 参见 https://www.court.gov.cn/zixun/xiangqing/404912.html，最后访问日期：2024 年 3 月 20 日。

② 一审案号：（2018）沪 72 协外认 1 号。

判决的审查依据。根据英国法律，其并不以存在相关条约作为承认和执行外国法院民商事判决的必要条件，我国法院作出的民商事判决可以得到英国法院的承认和执行，且某华公司也未证明英国法院曾以不存在互惠关系为由拒绝承认和执行我国法院判决。案涉判决不存在违反我国法律基本原则或者损害我国国家主权、安全、社会公共利益的情形，故在本案中可以根据互惠原则对案涉英国法院判决给予承认。

【典型意义】

随着我国"一带一路"建设和高水平对外开放的深入推进，如何通过推动民商事判决的跨境承认与执行，公正高效化解跨境经贸纠纷，营造法治化营商环境，是中国法院面对的时代命题。合理确定互惠关系的判断标准对促进国家间相互承认和执行判决有重要意义。拓宽互惠原则的适用范围，正是中国法院在新时期作出的积极回应。本案系我国对英国法院判决予以承认的首例案件，也是中国法院适用法律互惠原则的有益探索，营造了健康向好的判决跨境执行环境，增进了我国同世界各国的司法协作互信，充分展现了我国在国际商事纠纷解决领域开放包容的大国司法形象。

案例 2：东莞某公司与香港某公司航次租船合同纠纷管辖异议案①

【基本案情】

香港某公司与东莞某公司签订租船合同，香港某公司是出租人，东莞某公司是承租人，装货港新加坡，卸货港中国广东黄埔。该合同第 17 条载明"Arbitration, if any, in HONGKONG and English law to be applied"。因履行该合同发生纠纷，香港某公司向广州海事法院提起诉讼，请求判令东莞某公司赔偿其违约损失及利息。东莞某公司以其与香港某公司达成仲裁协议为由提出管辖权异议。

【裁判结果】

广州海事法院一审裁定驳回东莞某公司管辖权异议，东莞某公司上诉至广东省高级人民法院。广东省高级人民法院二审认为，双方当事人未协议选

---

① 一审案号：（2019）粤 72 民初 1217 号，二审案号：（2019）粤民辖终 327 号。

择确认仲裁协议效力适用的法律，但双方当事人约定仲裁地为香港，本案应适用香港特别行政区法律对案涉仲裁协议的效力进行审查。根据香港特别行政区仲裁条例，案涉仲裁条款关于"Arbitration，if any，in HONGKONG"的约定具有双方当事人同意将争议交付仲裁的明确意思表示，内容和形式亦符合香港仲裁条例关于仲裁协议的相关规定，故案涉仲裁协议应为有效，东莞某公司的管辖权异议成立。遂裁定撤销一审裁定，驳回香港某公司的起诉。

【典型意义】

本案涉及航次租船合同仲裁条款效力的认定问题。案涉仲裁条款系海事纠纷中常见的表述方式，此案作出了不同于以往同类案件的处理结果，适用仲裁地法律对此类表述的仲裁条款效力作从宽解释，表明仲裁司法审查案件司法实践不断完善与成熟，体现了中国司法对当事人意愿的充分尊重。该案的处理结果表明，我国海事司法将以更加开放的态度支持仲裁，持续发力为我国高水平对外开放，营造市场化、法治化、国际化的一流营商环境提供海事司法服务和保障。

案例 3：某海运公司申请海事请求保全案①

【基本案情】

某海运公司与安徽某公司订立航次租船合同，约定某海运公司派遣船舶，为安徽某公司从印度尼西亚向中国运输煤炭。因履行该合同发生纠纷，某海运公司根据仲裁协议向香港国际仲裁中心提起仲裁。在仲裁过程中，某海运公司向武汉海事法院申请海事请求保全，请求查封、扣押、冻结安徽某公司的银行存款人民币 5975024 元（约 88 万美元）或其他等值财产。

【裁判结果】

武汉海事法院审查认为，案涉财产保全申请基于海商合同纠纷提起，但某海运公司请求保全的财产不是《海事诉讼特别程序法》第 12 条规定的"船舶、船载货物、船用燃油以及船用物料"，根据《最高人民法院关

---

① 一审案号：（2022）鄂 72 财保 45 号。

于适用〈中华人民共和国海事诉讼特别程序法〉若干问题的解释》第 18 条的规定，对案涉财产保全的审查应适用《民事诉讼法》的规定。因案涉仲裁程序系以香港特别行政区为仲裁地，由香港国际仲裁中心审理的案件，符合《最高人民法院关于内地与香港特别行政区法院就仲裁程序相互协助保全的安排》第 2 条规定的"香港仲裁程序"要求，仲裁裁决作出之前，当事人有权依据该安排第 3 条之规定向内地法院申请财产保全。据此，武汉海事法院裁定准许了某海运公司的财产保全申请。

【典型意义】

本案系香港仲裁当事人于仲裁裁决作出前向海事法院申请对账户存款进行保全的案件。海事法院在审查过程中，对《民事诉讼法》《海事诉讼特别程序法》及相关司法解释、内地与香港特区仲裁保全安排的衔接适用进行分析，为同类案件的法律适用作出典型示范。海事法院全面落实内地与港澳特区仲裁保全安排，充分发挥仲裁在多元化纠纷解决机制中的重要作用，努力营造仲裁友好型司法环境，是海事司法领域落实"一国两制"方针的实践成果，也为建设亚太区国际法律及争议解决服务中心提供更大支持。

案例 4：海南省海口市人民检察院与梁某等海洋环境民事公益诉讼案（略）[①]

案例 5：福建省宁德市人民检察院与林某某等海洋自然资源与生态环境民事公益诉讼案（略）[②]

案例 6：某保险公司与某海运公司海上货物运输合同纠纷案[③]

【基本案情】

某海运公司所属"CAPE KASOS"轮装运的一批自美国运往中国的大豆发生货损。某保险公司作为保险人就上述货物的损失向收货人赔付后提起诉讼，诉请承运人某海运公司赔偿货物损失。广州海事法院受理后，某

---

① 一审案号：（2022）琼 72 民初 37 号。
② 一审案号：（2022）闽 72 民初 40 号。
③ 一审案号：（2020）粤 72 民初 675 号。

海运公司提出的管辖权异议被一审、二审法院裁定驳回。后英国高等法院根据某海运公司申请签发了禁诉令，责令中方当事人立即中止或放弃其在广州海事法院提起的法律程序，并采取所有必要措施立即中止或放弃中国程序。某保险公司向广州海事法院申请海事强制令，请求责令某海运公司向英国高等法院申请撤回该禁诉令。

【裁判结果】

广州海事法院审查认为，一审、二审法院已经裁定驳回某海运公司提出的管辖权异议，某海运公司不服广东省高级人民法院作出的终审裁定，向英国高等法院申请禁诉令，侵犯了某保险公司的合法权益。某保险公司申请海事强制令符合《海事诉讼特别程序法》的相关规定。按照英国法，当事人可以向英国法院提出撤销禁诉令的申请。广州海事法院裁定责令某海运公司在裁定书送达之日起 30 日内向英国高等法院申请撤回禁诉令。后某海运公司向英国高等法院提出撤回禁诉令的申请，英国高等法院亦作出同意撤回禁诉令申请。就案涉纠纷，双方当事人亦经广州海事法院主持达成调解协议并自动履行完毕。

【典型意义】

在我国法院已经对管辖案件作出终审裁定的情况下，某海运公司仍向外国法院申请禁诉令，禁止当事人依照我国法律获得正当司法救济。广州海事法院根据《海事诉讼特别程序法》关于海事强制令的规定，责令当事人撤回在外国法院的禁诉令申请，有效保护了当事人的合法权益，维护了中国司法的权威与尊严，也为涉外海运纠纷存在平行诉讼情况下如何解决禁诉令问题提供了新路径。其后当事人在海事法院主持调解下妥善快速解决纠纷，也充分彰显了中国海事司法的效率与智慧。

案例 7：韩国某公司与某贸易公司等海上货物运输合同纠纷案①

【基本案情】

2022 年 7 月，韩国某公司所属"STO AZALEA"轮装载散装棕榈酸化

① 一审案号：（2022）苏 72 民初 1300 号。

油自马来西亚运往中国。提单载明托运人为某贸易公司，收货人凭新加坡某公司指示，通知方为某石油公司。提单正面载明租约并入提单，提单和租约均约定了仲裁条款。船舶抵达卸货港后，收货人拒绝提货。韩国某公司向南京海事法院提起诉讼，诉请某贸易公司、新加坡某公司、某石油公司赔偿在目的港无人提货造成的滞期费以及船舶营运损失。

【裁判结果】

南京海事法院受理案件后，主持各方当事人线上听证、调解，仅用43天便促成本案当事人达成和解协议并履行完毕。船舶在其他港口卸货，韩国某公司向南京海事法院申请撤回起诉。

【典型意义】

本案当事人均来自《区域全面经济伙伴关系协定》（RCEP）成员国，韩国船东主动选择我国海事法院提起诉讼，其他当事人也未就仲裁条款效力问题提出管辖异议拖延诉讼，新加坡当事人积极参与海事法院主持的线上听证及调解，表明我国海事司法得到越来越多外国当事人的信赖和认可，充分彰显了我国海事司法的国际公信力和影响力。海事法院积极回应司法需求，充分利用智慧法院建设成果，仅用43天就妥善化解纠纷，让滞港近两个月的"海上油仓"安全卸载并重新起航，是我国推进国际海事司法中心建设、打造国际海事纠纷解决优选地的生动例证。

案例8：某船舶代理公司与深圳某公司集装箱租赁合同纠纷案①

【基本案情】

深圳某公司系从事欧洲航线集装箱运输的无船承运人，向某船舶代理公司租赁了700余个集装箱。欧洲港口因疫情拥堵，导致集装箱流转缓慢及下落核实困难，双方对已还箱数量产生争议。某船舶代理公司以深圳某公司未归还或超期归还集装箱为由要求深圳某公司赔偿灭箱费、超期租金等共2000余万元。深圳某公司反诉某船舶代理公司返还押金及垫付资金300余万元。

---

① 一审案号：（2021）浙72民初2288号。

【裁判结果】

鉴于疫情影响导致涉案集装箱流转缓慢及下落核实困难，尚有多起与深圳某公司租箱、还箱有关的连锁纠纷，宁波海事法院多次组织当事人通过"海上共享法庭"平台进行协商，双方最终就诉争集装箱的数量、各项争议损失及费用数额达成一致，在法院主持下达成调解协议并履行完毕，一揽子解决该案及另外 5 起关联案件以及相关潜在纠纷。

【典型意义】

本案是疫情背景下因国外港口拥堵、集装箱回流困难、国内集装箱价格暴涨且一箱难求引发连环追偿的集装箱租赁纠纷案件。在国内引发的相关纠纷呈现涉及集装箱数量多、关联案件多、涉诉标的大、境外取证困难等特点。海事法院依托智慧海事审判建设平台和浙江全域数字化改革成果，组织当事人就近通过移动办案平台和"海上共享法庭"远程对接调解，一揽子解决多起关联纠纷，极大节约了当事人的诉讼成本，确保案件纠纷彻底化解和各方权益得到合理保护。本案的妥善处理，是灵活运用司法政策帮助航运、货代企业减负纾困、恢复发展，依法平等保护市场主体产权和企业合法权益的生动实践，对引导集装箱租赁行业规范发展，实现航运上下游产业链诉源治理也具有积极意义。

案例 9：香港某公司与某实业公司等航次租船合同纠纷案①

【基本案情】

出租人香港某公司与某实业公司采用 1994 年版金康航次租船合同范本订立航次租船合同，以"东洋丸"（TOYO MARU）轮装载 6633 吨化肥自中国鲅鱼圈港运至印度尼西亚班贾尔马辛港。卸货作业因雨天、罢工曾发生过中断。香港某公司收取某实业公司支付的运费后，向大连海事法院提起诉讼，请求判令某实业公司等连带支付滞期费等及利息。

【裁判结果】

大连海事法院审理认为，1994 年版金康航次租船合同范本第 16 条

---

① 一审案号：（2019）辽 72 民初 160 号，二审案号：（2021）辽民终 955 号。

（a）和（b）款对因罢工影响装卸时间的计算、卸货港滞期费支付均作出了规定，该条（c）款中的"后果"并不包括装卸时间延长，航次租船合同也未约定罢工时间应从装卸时间中扣除，故案涉罢工期间不应在装卸时间中予以扣除。同时，根据"一旦滞期，永远滞期"的国际惯例，在进入滞期时间后因雨天造成的卸货中断亦不应在滞期时间中扣除。据此，法院判决某实业公司承担滞期费42万余元及利息。某实业公司提起上诉，辽宁省高级人民法院二审维持原判。

【典型意义】

本案系中国企业在向"一带一路"共建国家提供基础设施建设物资过程中发生的航次租船合同纠纷。中国法院尊重国际商事规则，根据当事人采用的金康航次租船合同范本，准确认定罢工条款下双方当事人的权利义务，并适用国际惯例处理当事人有关装卸时间的争议，依法保护香港当事人的合法利益，对此类涉外海事纠纷具有类案参考意义。案件的审理有助于引导国内企业在对外贸易活动中正确理解国际商事活动规则，维护自身合法权益，也有利于营造市场化、法治化、国际化的一流营商环境，为助力国际航运市场健康发展提供有力的服务与保障。

案例10：某融资租赁公司与某海运公司等船舶融资租赁合同纠纷案①

【基本案情】

2015年，某融资租赁公司与某海运公司签订融资租赁合同和船舶所有权转让协议，约定某海运公司向某融资租赁公司转让其享有所有权的"东方华信16"轮，再租回该船舶，以售后回租方式进行融资。某海运公司另提供8名保证人连带保证及"东方华信12"轮作为抵押担保，但未办理抵押登记。融资租赁期间，某海运公司擅自将"东方华信12"轮转让给第三人且仅支付部分租金。某融资租赁公司遂诉至法院，要求某海运公司支付剩余全部租金、留购价款及违约金，各担保人承担连带清偿责任，对"东方华信12"轮折价或者拍卖、变卖后的价款优先受偿。

---

① 一审案号：（2021）津72民初283号，二审案号：（2022）津民终778号。

【裁判结果】

天津海事法院审理认为，某融资租赁公司与某海运公司的融资租赁合同符合融资租赁"融资""融物"的双重特性，该合同合法有效，某海运公司拖欠租金已构成违约，应依法承担违约责任，各保证人对某海运公司的付款义务承担连带清偿责任。船舶作为特殊动产，未登记不影响抵押合同生效。某海运公司伙同第三人转让已抵押船舶，逃避抵押责任，第三人对此知情，并非善意，不适用善意取得制度，不能阻却某融资租赁公司对"东方华信12"轮行使抵押权，该抵押权效力仍及于转让后的船舶。故判决某融资海运公司向某租赁公司支付全部未付租金及逾期付款违约金，某融资租赁公司可以根据合同约定拍卖、变卖"东方华信12"轮并就所得价款享有优先受偿权利。保证人某公司提起上诉，天津市高级人民法院二审维持原判。

【典型意义】

融资租赁是企业获得生产性资产的重要途径，具有优化企业资源配置的巨大优势。人民法院依法认定融资租赁合同的违约责任、所有权保留的责任承担、未登记船舶抵押权的追及力等问题，针对当事人恶意转让未登记抵押财产、逃避抵押责任的行为，依法认定抵押权人对抵押船舶的追及力成立，对违约方失信行为作出否定评价，是对诚实守信原则、公平交易的有力践行。该案的审理对规范航运金融市场秩序、推动船舶产业转型升级、拓展航运服务产业链具有积极意义，充分体现了海事司法为海事金融改革创新保驾护航、推动船舶产业持续健康发展发挥的重要作用。

上述案例，除在个别点评中体现的典型意义外，总体来看，还具有以下两个方面的特点。第一，充分彰显了人民法院着力打造涉外海事纠纷解决优选地、服务保障高水平对外开放的决心和魄力。比如，海事法院主动施惠承认外国法院海事判决，增进我国同世界各国的司法协作互信；充分尊重当事人仲裁意愿，依法采取仲裁保全措施，营造支持仲裁的司法环境；利用智慧法院建设成果，公正高效化解纠纷，积极提升中国海事司法的公信力和影响力。第二，充分发挥海事司法职能作用，促进国际航运复苏和海洋经济发展。具体来讲，人民法院加强海事纠纷诉前调解，按照"妥处一案，解决一片"的原则化解群发性纠纷，维护国际贸易和航运秩序；准确理解国际通用合同范本含义，积极适用国际惯例，服务保障国际航运市场健康发展；保护船舶融资租赁交易安全，规范航运金融市场秩序，助力优化航运发展软环境。

第十三章　海洋国际合作的法治发展

随着国际社会法治化进程的不断拓展，法治精神广泛渗透于国家间海洋合作实践。国家希望通过积极参与国际海洋法律规则的制定进程，更好地维护本国的海洋权益。中国周边复杂的海洋环境以及全球海洋竞争的加剧，决定了中国身处海权博弈、海洋霸权遏制与围堵的复杂形势。中国维护自身海洋权益的需要，也决定了内部需要完善海洋法治，外部重视发展海洋国际合作，并积极参与全球海洋规则制定进程。要实现海洋国际合作的法治发展，应在充分了解世界海洋国际合作法治发展基础上，充分理解、运用世界海洋国际合作游戏规则，并创造性地形成中国特有的海洋国际合作理念、方式和道路。

第一节　海洋国际合作法治概况

海洋国际合作一方面体现了国际政治领域的外交规则，如国家合作、主权平等基本规则；另一方面体现了海洋领域的特殊规则，如海洋权益的冲突与协调、海洋法治与善治、海洋自由与限制等原则。随着全球海洋意识的觉醒、区域性海洋冲突的加剧、海洋命运共同体理念的指引，其又呈现海洋合作普遍化、法治化等趋势。

一　海洋国际合作规则的演变

（一）近代国际海洋政治规则

很长一个历史时期以来，并没有形成一个全面的海洋法律规则体系，部分规则体现于不成文的习惯法中，部分规则仍很大程度上保留着政治色彩。自15、16世纪地理大发现至20世纪上半叶，强权政治盛行，在争夺海洋的过程中形成了一些反映海洋强国基本需要的原则和主张，这些主张一度成为指导这些国家海洋行为的基本准则。

1. 海洋支配原则

海洋支配原则①的逻辑在于，大国崛起往往源于海上霸权地位，因此必须重视用武力夺取制海权，实现对海洋的分割和支配。地理大发现之后，葡萄牙、西班牙展开了瓜分海洋的激烈争夺，并通过罗马教皇于1403年、1506年发布的谕旨，根据大西洋上的一条子午线确立了两国对世界海洋行使权力的分界线。到17世纪初，欧洲诸海中几乎没有任何一部分处于某种权力要求之外②。

2. 海洋自由原则

海洋自由原则③最早提出于17世纪，以荷兰法学家胡果·格劳秀斯（Hugo Grotius）匿名发表的《海洋自由论》为标志，是海上"后起之秀"荷兰与老牌海洋强国争夺海洋的口号。该原则主张海洋在本质上不应受任何主权国家的控制，因而自提出后便受到西班牙、葡萄牙和英国的强烈反对。英国学者拉曼·塞尔登（Raman Selden）进而提出"闭海论"来保护英国君主对四周海洋的主权。直至19世纪初，英国成为"海上第一强国"，为继续争夺世界市场和殖民地、发展海上霸权，英国转而采取海洋自由原则。到19世纪20年代，海洋自由原则更加广泛地反映了海洋大国分享海洋权利的需要，在理论和实践上才获得普遍承认，成为一项公认的海洋原则。

3. 海洋区域原则

海洋区域论④主张将海洋划分为不同海域并实行不同的法律制度。海

---

① 沈雅梅：《当代海洋外交论析》，《太平洋学报》2013年第4期，第38页。
② 王献枢：《论海洋法原则的历史演变》，《中南政法学院学报》1989年第1期，第61页。
③ 沈雅梅：《当代海洋外交论析》，《太平洋学报》2013年第4期，第38页。
④ 沈雅梅：《当代海洋外交论析》，《太平洋学报》2013年第4期，第38页。

洋区域原则经历了几个阶段，最初是划分为领海与公海两个海洋区域，其次是建立更准确和多样化的海洋功能区。17 世纪初，意大利法学家阿尔贝里科斯·真提利斯（Albericoi Gentilis）主张，国家领土应包括与其毗连的海域，这项主张把领土毗连海域从一般海洋概念中分离出来，并置于沿海国主权管辖下，因而催生了"领海"的概念。这种"领海"主张在国家实践的基础上实现了较为一致的法律认同，但在领海宽度上呈现一定差异化的实践主张。1702 年，荷兰法学家科尔内利斯·范·宾刻舒克（Corneilius van Bynkershoek）进而提出"射程规则"，即以大炮射程来确定沿海国控制近海一带的宽度。彼时大炮平均射程不超过三海里，一些国家便以三海里为其领水宽度。后来，随着大炮的射程不断扩大，三海里领水宽度并没有成为国际法的普遍规则。但领海和公海（领海以外）的概念却得以延续。经历了几个世纪的发展，随着 1982 年《联合国海洋法公约》签订和生效，最终确定了 12 海里的领海制度，并进一步确定了毗连区、专属经济区、大陆架、公海、国际海底区域的海洋区划。

（二）现代海洋国际合作规则

现代海洋外交规则大多形成于第二次世界大战以后，以法治化为特征，侧重于国家利益的平衡和协调。围绕海洋立法问题，各国展开了激烈的博弈，尤其是第三次联合国海洋法会议，更是将海洋外交推向高潮，体现了世界海洋秩序"从海洋霸权政治向海洋权利政治发展的历史趋势"[1]。2023 年 6 月《国家管辖外海域生物多样性养护和可持续利用国际协定》（又称《公海条约》，BBNJ）的达成是海洋外交领域具有里程碑意义的事件，标志着全球海洋治理进入了一个具有历史性意义的新阶段。随着全球化的迅速深化，传统的国际法规则融入海洋规则的重塑，法律制度基础也不断拓展。

1. 主权平等原则

传统的海洋政治规则很少关注发展中国家的海洋权益。第二次世界大

① 刘中民：《中国国际问题研究视域中的国际海洋政治研究述评》，《太平洋学报》2009 年第 6 期，第 79 页。

战后，随着亚非拉民族独立运动兴起，殖民地国家纷纷独立，第三世界国家在现代海洋法律体系构建中发挥了更大作用。1945年9月，美国总统杜鲁门发表的"大陆架公告"称，美国管辖的海域延伸至毗连美国海岸的大陆架。一大批亚非拉国家先后通过发表单方面声明、签署联合宣言、开展集团外交以及积极参加联合国海洋会议等多种方式，提出对邻近海域的海洋主张。在1982年《联合国海洋法公约》的规则制定中，各国充分参与并提出提案，使得现代海事法律更加充分地体现了发展中国家的利益，如人类共同继承财产原则的确立、发展中国家和地理不利国的利益保护以及专属经济区制度、群岛国制度的确立等。在制定现代海洋法律制度的过程中，参与的国家更加多样，海洋规则话语权得到一定程度平衡，在主权平等原则[1]指导下，无论何种类型的国家均在当代海洋外交中拥有了一席之地。

2. 海洋权益原则

随着科技水平的提升，人类对海洋的认识和利用不断升级，从近海扩展到深海，从传统的航行和捕鱼扩展到更多样的资源开发利用形式。海洋权益成为各国博弈的重要领域，以此为核心拓展了海洋国际合作的纵深和范畴。由国际海洋法调节的海洋权利与义务包含六方面内容[2]：一是关于海洋权利和自由，主要体现在1982年《联合国海洋法公约》中；二是海洋资源开发，包括关于在渔区、极地、海底的资源开发，关于禁止在公海使用大型流网的规定等；三是海洋环境保护，包括防止倾废污染海洋、禁止在海床洋底及其底土安置核武器和其他大规模毁灭性武器、保护海洋生物资源、海洋环境技术的发展和转让等；四是海洋运输和海上安全，如海上避碰、海上搜寻救助、国际集装箱安全等；五是海洋科学研究；六是和平解决争端。BBNJ则进一步针对全球海洋生物多样性在海洋遗传资源和利益分享、海洋保护区基于区域的管理措施和方法、环境影响评估、能力建设和海洋技术等四个重要

---

[1] 沈雅梅：《当代海洋外交论析》，《太平洋学报》2013年第4期，第38页。
[2] 沈雅梅：《当代海洋外交论析》，《太平洋学报》2013年第4期，第38页。

方面予以调节。该协定关系着未来全球海洋治理国际法基础及其隐含价值取向，一定程度上体现了新时代新阶段发展中国家和发达国家的利益再分配①。

3. 海洋治理原则②

海洋问题已经突破传统的安全和军事范畴，转向对海洋空间及其资源的综合利用和管理。国际社会逐步形成了一套相对稳定的制度架构，重视管理和解决海洋发展过程中出现的政治、经济、安全、生态等问题，通过全球海洋治理来保障海洋事业的可持续发展。一些专门机构，如联合国教科文组织、世界粮农组织、世界卫生组织、国际海事组织等承担起新的海洋职责。同时，国际社会也涌现了一大批新的海洋组织和机构，如致力于深海床底探矿的国际海底管理局，致力于海洋科学研究的联合国教科文组织下属的政府间海洋学委员会，致力于南极环境保护的《南极条约》协商国和南极环境保护委员会等，负责外大陆架划界的大陆架界限委员会，致力于海洋争端解决的国际海洋法法庭等。可以看出，全球海洋治理的新需求推动了国际海洋组织的建设和国家间海洋事务沟通渠道的完善，有助于实现更加科学、均衡和可持续的海洋治理目标。在全球海洋多样性问题上，《公海条约》针对不同关键问题采取了差异化做法。通过相对开放的方式处理了海洋遗传资源包括惠益分享、能力建设和海洋技术转让等关键问题；通过全面综合的做法应对包括海洋保护区在内的划区管理工具等措施、环境影响评价两个关键问题，其中还包括海洋保护区③。

二　海洋国际合作现状与发展趋势

随着全球化进程不断加速，普遍化、法治化逐渐成为海洋国际合作的

---

①　Jianye Tang. Form Follows Function: An Initial Evaluation of the BBNJ Agreement's Achievements regarding the "not Undermining" Proviso, *Marine Policy*, 2024(159): 105952.

②　沈雅梅：《当代海洋外交论析》，《太平洋学报》2013 年第 4 期，第 38 页。

③　Jianye Tang. Form Follows Function: An Initial Evaluation of the BBNJ Agreement's Achievements regarding the "not Undermining" Proviso, *Marine Policy*, 2024(159): 105952.

特点。进入 21 世纪以来，国家间依赖不断加深，各国就海洋问题进行合作的趋势呈现普遍化，国与国之间按照国际海洋法和其他双边、多边国际规则进行交往，推动了海洋国际合作法治化发展。以大国博弈为特征的海洋地缘政治悄然兴起，对北冰洋—太平洋地区的海洋国际合作产生了深刻影响。

（一）海洋合作普遍化

合作与发展依然是当今海洋事务的主流。各国以海洋为纽带，以增强海洋软实力、加强战略互信和建立联盟为目标，更加密切地开展市场、技术、信息等方面的交流①，海洋合作日益普遍化，具体表现在以下方面。

一是海洋合作在伙伴国间进一步深化。美国就将加强伙伴关系合作作为增强国家海上力量的一项主要任务②。中国也积极推动与友好国家的海洋合作，派出"和平方舟号"医疗船对亚非拉美国家进行友好访问、提供医疗服务。

二是海洋合作也发生于关系紧张和互信缺失的国家之间。2007 年中国海军"深圳"号导弹驱逐舰应邀进行了历史上首次对日本的友好访问③。次年 6 月，日本海上自卫队"涟"号驱逐舰回访中国。2014 年，中日双方就处理和改善中日关系达成四点原则共识，同意通过对话磋商防止钓鱼岛局势恶化，建立危机管控机制，避免发生不测事态。中日舰船互访以及高层领导人的对话磋商，对化解疑虑、增进军事互信、管控海洋冲突具有积极意义。中国与南海周边一些国家虽然存在领土争端，但也按照《南海及其周边海洋国际合作框架计划》与南海周边国家在加强海洋与气

---

① 刘赐贵：《发展海洋合作伙伴关系　推进 21 世纪海上丝绸之路建设的若干思考》，《国际问题研究》2014 年第 4 期。
② 《中国人民解放军海军舰艇起航首次访问日本》，人民网，http://military.people.com.cn/GB/42962/6558438.html。
③ 《中日就处理和改善中日关系达成四点共识》，中国新闻网，http://www.chinanews.com/gn/2014/11-07/6761625.shtml.Pdf。

候变化、海洋环境保护、海洋生态系统与生物多样性保护、海洋减灾防灾、区域海洋学研究、海洋政策与管理等领域展开了务实性合作。

三是海洋多边合作发展迅速。随着海洋权益冲突与海洋非传统安全威胁的加剧，各国对海洋治理的诉求更为迫切，通过海洋多边合作达成更大程度的一致。具体表现如西太平洋海军论坛、北太平洋地区海岸警备执法机构论坛等多边安全论坛的成员国数量不断增加，合作议题不断发展，议事机制进一步完善，对增进区域战略互信和推进务实海洋安全合作发挥着重要作用①，并为海洋领域存在不信任的国家之间建立了联系。

四是"一带一路"共建国家和地区成为推进全球海洋合作的重要力量。中国一直积极倡导和参与海洋多边合作，2013 年提出的"21 世纪海上丝绸之路"已经成为中国推动海洋合作的亮点。从推动建立多个区域性海洋合作平台，到推动设立"联合国海洋十年规划"金砖国家协调中心、协调金砖国家共同参与"联合国海洋十年规划"，中国高举多边主义旗帜，汇聚起全球海洋可持续发展合力。在世界范围内，中国不断推进海洋生态环境治理国际合作，分享在海洋生物多样性保护等领域的经验：同泰国科研人员就布氏鲸调查技术、调查方法以及其他海洋哺乳动物的研究和数据处理方法进行交流合作，与阿曼联合开展贻贝幼虫附着机理和新型海洋防污技术研发，为牙买加等国实施水文气象观测技术项目，帮助佛得角编制海洋经济特区规划，为意大利首个海上风电项目提供关键设备、满足当地近两万个家庭的用电需求②。

（二）海洋国际合作法治化

随着国际社会运行规则和治理规范的细化和完善，国际政治秩序从强权政治逐步向法治化转变。如何充分利用法律武器，参与国际法律秩序构

---

① 杜婕等：《西太论坛与亚太多边海上安全合作》，《国际问题研究》2014 年第 3 期，第66 页。
② 《推动全球海洋事业发展不断开启新篇章（命运与共）》，人民网，http://world.people. com.cn/n1/2023/0424/c1002-32671709.html。

建也成为海洋国际合作中的重要一环。从国际社会主体的行为方式而言，以国家为代表的国际法主体更善于以法律思维和规则程序处理海洋关系；从国内机构而言，涉海法律机构在海洋权益维护、海洋合作、海洋公共产品供给等方面的国际合作实践更加活跃。

以海洋争端的解决实践为例，以司法方式解决海洋争端成为国家间的一个重要选择。国际海洋法法庭自成立至今，解决的海洋争端涵盖咨询意见、临时措施、船舶和船员的迅速释放等方面。例如，2015 年国际海洋法法庭对科特迪瓦与加纳海洋边界争端作出了初步裁决。国际法院仅在 2014~2015 年待诉讼的 14 起案件中就有 5 起涉及海洋争端。以国际法院对新加坡和马来西亚的白礁岛争端裁决为例，该裁决结束了两国长达 30 年的主权之争。国际仲裁法院受理的仲裁案中也不乏海洋边界争端、海洋环境纠纷及船只扣留案件等①。海洋国际合作法治化深入发展的同时，也存在滥用国际法的问题。"各国和国际司法机构，都应防止越权解释和适用国际法，更不能罔顾客观公正，借'法治'之名，行侵害他国权益之实。"②

软法和硬法相结合正逐渐成为全球海洋国际合作的共识。在硬法方面，被称为全球海洋治理和国际海洋规则发展史上的里程碑事件——《联合国海洋法公约》框架下《国家管辖外海域生物多样性养护和可持续利用国际协定》，已于 2023 年 9 月开放签署③，为占全球海洋 70% 的公海和国际海底区域确立了基本法律框架，是全球海洋治理和国际海洋规则发展史上的里程碑事件。而软法作为当前海洋国际合作的主要载体，已在全球范围内达成了一系列海洋领域的合作文件。据统计，截至 2023 年 10 月，中国已与"一带一路"共建国家签署了 50 余份政府间、部门间海

① 谢斌、刘瑞：《海洋外交的发展与中国海洋外交政策构建》，《学术探索》2017 年第 6 期，第 40~42 页。
② 王毅：《中国是国际法治的坚定维护者和建设者》，《光明日报》2014 年 10 月 24 日。
③ 《80 个国家及欧盟签署 BBNJ 协定》，中国海洋发展研究中心网站，2023 年 9 月 30 日，https://aoc.ouc.edu.cn/2023/1012/c9829a444817/page.htm。

洋领域合作协议①。更值得一提的是，联合国海洋科学促进可持续发展国际十年（2021～2030 年）②的确立，为海洋可持续发展提供了更好的沃土与空间。

（三）海上军事力量竞争尤存

国家间对海洋的争夺，军事力量自古以来就发挥着重要作用。最初，国家对海洋利益的瓜分依靠绝对的实力，也衍生出炮舰外交理论。随着国际政治秩序法治化进程的逐渐深化，武力使用的空间受到了极大压缩。

"炮舰外交"源于帝国主义国家，通常指"运用有限的海军威胁某国但不发动战争，其目的在于确保优势或避免利益受损，它要么是为了促进一场国际争端的解决，要么是为了在其领土或司法权范围内对抗外国势力"③。英国外交及海权思想家詹姆斯·凯布尔爵士将"炮舰外交"分为四种类型：第一类是运用"炮舰外交"建立或抹除一个既成事实，第二类是运用海军力量改变某国政府政策或体制，第三类旨在争取一段喘息时间或增加当时政策制定者的选择，第四类是运用海军力量发出一个政治信号④。"炮舰外交"通常具有强制性、威胁性和阻遏性的特征，在殖民主义扩张时期得到了最充分实践。经历了第二次世界大战的浩劫，和平解决争端、不使用武力和武力相威胁已经成为处理国际关系的基本准则。在国际社会秩序整体稳定的局势下，地区冲突仍时有发生，海洋领域同样如此。

随着美国将中国视为"最主要战略竞争对手"，西方传统的"制海权"理论和"海权争夺"思想重新兴起。美国凭借强大的海军实力、全球盟友网络和海洋治理优势，以合作为名在全球范围内建立各种海洋伙伴

---

① 《发展"蓝色经济"共促海洋合作——第三届"一带一路"国际合作高峰论坛记者观察》，人民网，2023 年 10 月 17 日，http://world.people.com.cn/n1/2023/1017/c1002-40097099.html。

② https://www.unesco.org/zh/decades/ocean-decade.

③ James Cable. *Gunboat Diplomacy* (1919-1991), Basingstoke: The Macmillan Press Ltd., 1994, p14.

④ James Cable: *Gunboat Diplomacy* (1919-1991), p. 20-63.

关系，旨在推动形成一些排华遏华的海洋小圈子，以达到其"以海制华""脱钩断链"的战略目标。

海洋国际合作逐渐成为关乎世界发展的重要议题之一，海洋国际合作的内涵与外延不断丰富和深化，其行为主体、政策目标、规则规范也在发生演变。中国必须加强海洋国际合作的顶层设计，提高海洋合作能力。

（四）海洋地缘政治悄然兴起

当前世界正处于自冷战结束以来地缘政治回归且不断强化的时期。海洋空间作为国家地缘环境的组成部分，其可持续性日益凸显。不仅是实现可持续资源供给和海上运输的战略基地，也是各国延伸战略影响力的枢纽地带。1982年《联合国海洋法公约》的签署，改变了地缘政治单向塑造海洋秩序的历史[①]。

世界海洋地缘政治大致可以分为五个阶段[②]。第一阶段从《威斯特伐利亚和约》开始至拿破仑战争结束，地缘政治主要围绕欧洲陆海争霸进行，核心是陆权斗争，海洋争斗成为重要组成部分，并对陆上争霸产生越来越大的影响。第二阶段从英国海上崛起至第一次世界大战前夕，西方殖民国家围绕海外殖民地展开争斗。陆上争霸不断，海洋争夺上升为大国争斗的主要内容，陆海斗争彼此影响和相互作用，最终引发第一次世界大战。第三阶段从第一次世界大战开始至第二次世界大战结束，世界地缘政治因海洋争斗和海军力量竞争而起，又以海上战争成败结束，陆上争斗既是两次世界大战之间"20年危机"的重要内容，也是第二次世界大战的重要转折点。第二次世界大战牵连国家之多、覆盖范围之大、涉及问题之广，使得政治家不得不对复杂棘手的欧亚陆海问题考虑整体统筹，地缘政治学说首次在现实中得到世界意义上的实践。第四阶段为美苏冷战时期展开的全球争霸，既有海洋边缘地带优势权斗争，也有围绕蓝水海域的控制权之争，斗争虽以苏联解体而告终，但并不意味着美苏争霸是海权国家对

① 张海文：《海洋地缘政治与全球海洋秩序》，《世界知识》第2021年第1期，第14~16页。
② 冯梁：《百年海洋地缘政治演进》，中国南海研究院官网，2021年1月4日，https://www.nanhai.org.cn/info-detail/26/10365.html。

陆权国家的胜利。第五阶段为冷战结束至今，海洋地缘政治斗争更趋复杂，既有沿岸国海洋权益之争，也有大国间海洋竞争，更有围绕全球海洋治理展开的国际斗争，呈现性质各异、内容多样、影响深远等特征。

乌克兰危机的爆发和美国对华实行的"竞争、冲突与合作"战略，正在将大国对抗重新带回世界政治，以大国博弈为突出特征的新的地缘政治正在回归现实。参与博弈的各方多为海洋大国，且多处于太平洋—北冰洋沿岸，使得太平洋—北冰洋地区成为主要博弈地带。乌克兰危机爆发以来，中美俄在北冰洋地区呈现竞争与合作并存的复杂态势，在北极利益争夺中也保持着多领域的合作，在不同象限有不同的"朋友"或"敌人"定位，不同的利益诉求和战略逻辑导致俄美合作回旋空间缩小而冲突持续存在，中美竞争导致美方伤及自身，俄罗斯虽然试图"转向自身"，但中俄两国北极合作将继续深化①。尽管 2023 年中美元首旧金山会晤对中美关系走向缓和是一个有益的开端，但围绕太平洋地区的中美博弈仍然存在。可以预见的是，尽管海洋地缘政治由于中美博弈而出现强化，但那些制约大国间直接冲突的因素仍然存在，如核武器的相互摧毁能力带来的威慑功能、大国间经济紧密相互依存的效果等。特别是对中美两国来说，各自战略文化中的保守性、和平性和实用主义使得大国妥协最终成为可能。美国在国际上尽管对中国极尽打压，但同时又极力强调"防止竞争演变成冲突"②。

第二节　中国参与海洋国际合作的主要内容

中国参与海洋国际合作的主要内容包含当代海洋国际合作的核心思想和新时期与时俱进的海洋国际合作理论两部分。中国当代海洋国际合作的

---

① 郭培清、杨楠：《论中美俄在北极的复杂关系》，《东北亚论坛》2020 年第 1 期，第 26~41+127 页。

② 李开盛：《地缘政治回归进程中的非传统安全研究：十年评估与未来议程》，《国际安全研究》2024 年第 2 期，第 119~138 页。

核心思想包括海洋权益观、和谐海洋观、协作共赢观和可持续发展观。中国特色海洋国际合作理论从背景分析、主要内容和当代价值三个方面进行阐述。

一　当代海洋国际合作的核心思想

随着世界经济全球化和信息化的不断发展，国际合作形式逐渐从政治、军事等领域拓展至文化、科技等领域，出现多元化趋势。海洋权益进入国家主权视野，海洋在资源、安全、交通、战略等方面的价值得到更广泛关注。国家海洋意识的觉醒使得海洋竞争与合作成为国际合作的活跃因素。中国早在西汉时期，就有派使节出国进行海洋外交的记载，但仅仅是规模较小的贸易活动，且活动范围大多在东南亚地区。郑和航海时代，扩展了海洋外交的影响力，但也更多集中于文化输出。当下，中国作为陆海兼具国家，一方面，要在坚持可持续发展原则前提下充分利用海洋优势纵深发展海洋经济、海洋文化；另一方面，也要理性认识周边海洋局势，维护国家海洋权益。所以，中国需要完善海洋法治，发展海洋国际合作，建设海洋强国。

（一）海洋权益观

国际合作活动的根本目标和动力就是维护国家利益，中国必须以自身利益为基础制定海洋国际合作战略和海洋强国战略。中国在周边海域的利益包括核心海洋利益，如国家海洋边界和管辖海域的确定，岛礁领土主权的维护，还包括重要海洋利益，如海洋资源的开发和利用、海上通道的安全、海洋环境的维护、海洋合作的推进。

维护国家主权和领土完整。中国海洋国际合作的原则之一，就是坚决维护领土主权和海洋权益，坚定不移地走和平发展道路。这是中国参与一切海洋国际合作活动的出发点和总归宿①。一方面，维护国家海洋权益，

---

① 王印红、任青：《习近平海洋外交思想研究》，《山东行政学院学报》2017年第6期，第32~35页。

要提高国家综合实力，尤其是国家海洋硬实力，即国家海军建设。通过加强海洋国际合作顶层设计，在总体国家安全观框架下深入发展以海洋安全为核心的海洋国际合作体系，为海洋国际合作实践提供参考性解决方案，提高海洋国际合作的政治地位；发表政府声明、外交部声明、政府白皮书，通过海洋外交手段进一步阐明国家立场，以期取得国际社会的广泛理解与认可，降低周边海洋安全的不确定性。另一方面，海洋预防性外交是维护国家安全利益的重要方式。中国与周边国家培育双边互信，给予周边国家善意的政治承诺。通过积极开展海军互访、联合军事演习、高级别外交磋商等活动，构建海上信任关系，注重区域对话。

维护共同海洋权益。实现国家利益必须考虑其他国家的利益和国际公共利益。中国的外交政策不是狭隘的利己主义，而是保持全局观，在捍卫国家领土主权和海洋权益的同时也肩负起维护区域内国家共同海洋权益的责任。中国有责任和义务根据自身实力自觉提供海洋公共产品，维护地区海洋环境的和平、安全和可持续发展。近年来，中国海军自觉履行国际义务，持续加强海军护航等活动装备建设，为维护周边国家共同海洋利益做贡献；积极推动与邻国的海洋划界、有效管控海上局势、妥善处理海洋纠纷等活动[1]，有利于实现周边海域的稳定安全，更为中国今后更多的海洋国际合作活动积累丰富经验。

（二）和谐海洋观

2014 年，国务院总理李克强在中希海洋合作论坛上发表《努力建设和平合作和谐之海》，并提出了"和平、合作、发展"的海洋观。这一和谐海洋观明确指出："中方愿与各方共建和平之海，将坚定不移走和平发展道路，坚决反对海洋霸权，致力于维护地区和平与秩序。"[2] 这既是对中国传统文化中和谐思想的继承和发扬，也是新时代海洋国际合作理念的体现，宣明了中国处理海洋问题的和谐海洋观。

---

① 孔令杰：《新时代中国特色边界与海洋外交政策：基础、内涵与挑战》，《边界与海洋研究》2018 年第 1 期，第 36~55 页。

② 《努力建设和平合作和谐之海》，《人民日报》2014 年 6 月 21 日，第 3 版。

中国呼吁与引领和平外交，始终坚定不移地走和平发展道路，坚持和平共处五项原则，奉行和平友好的外交方针，这是国家发展的必然规律和客观要求。当今世界正面临百年未有之大变局，必须反对霸权主义和强权政治，坚定和平与发展的时代主题，紧跟时代潮流。2019年4月，习近平主席提出了"海洋命运共同体"理念，反映了中国人民对海洋发展的信念和美好愿景。"海洋命运共同体"理念揭示了世界各国相互依存和人类命运紧密相连的客观规律，说明了中国海洋国际合作奉行的和谐海洋观的科学性与前瞻性。具体来讲，就是要以和平外交的方式参与全球海洋治理。除了提高自身实力，也离不开周边友好海洋伙伴关系和海洋政治影响力。中国积极推进双多边合作方式，发展友好新型国际关系，坚持与邻为善、以邻为伴的友好外交政策，营造稳定和平的国际海洋环境，为构建"海洋命运共同体"打下坚实基础。

以坚持对话协商为原则，以对话解决争端，以协商化解矛盾，积极开展与沿海国家的双多边外交，加强区域安全合作，坚持抵制海上阵营对抗和零和博弈。国家间的海洋争端集中体现在海洋划界和岛屿主权争端、海洋资源争夺两大方面，这也是中国周边海洋环境面临的两大问题。对于海洋划界和岛屿主权争端，中国始终坚持以协商、谈判等政治方法和平解决争端；对于海洋资源争端，中国一直致力于推进与邻国和域内国家的海洋合作，于20世纪70年代就提出了"搁置争议，共同开发"的方针。中国在海上争端的双边交往中，多次重申和平解决海洋权益争端的政策和愿望，并就解决双边具体问题取得了一些共识。在处理南海问题等海洋权益争端时，始终坚持以维护国家领土主权和海洋权益为基本立场，积极参与对话协商，全面阐释是非曲直。只有本着和平平等的原则协商海洋争端问题，才能维护双边关系和地区形势稳定，才有利于促进中国海洋国际合作发展。

共建和平之海，也需要完善海洋治理体系。和谐海洋观强调在和平稳定的环境下开展海洋国际合作，完善的海洋治理体系是实现和谐海洋观的关键。中国在履行《联合国海洋法公约》等海洋法义务的前提下，通过积极参与国际论坛、会议，健全磋商机制，促成多边谈判，全面参与海洋治理规则的制定，为构建全球海洋秩序贡献中国智慧与中国力量，为形成和谐稳定的全球海洋秩序提供有力支持。

积极参与推动海上合作，加强海洋科学研究、海洋环境、海上安全等多领域合作，为完善全球海洋秩序和海洋治理体系贡献力量。通过参与国际及区域性合作项目，共同推进海洋资源的可持续开发利用，推动海洋科技创新，并分享海洋相关经验和技术。中国始终重视海洋环境保护，通过海洋合作手段积极参与海洋治理和生态保护等项目，与各国共同应对挑战；结合"海洋命运共同体"理念，倡导通过外交实现合作共赢，彰显大国作为与担当，不仅为实现自身发展目标提供了有力支持，也为推进构建海洋命运共同体提供助力。

（三）协作共赢观

共赢是国家间推进海洋合作的理想状态，也符合国际社会的共同利益。尽管各国基于国际法规则主张海洋区域并划分海上管辖权，但在海上搜救、海上反恐、海洋生物资源可持续发展、海洋环境保护等方面，国家和区域内部协作是实现目标的关键。这也是"海洋命运共同体"理念的具体体现。

推动国家海洋合作。中国积极推动国家间海洋合作进程，进一步加强与各国的海洋关系，构建稳定安全的周边关系，并以合作促发展。海洋自身的特性决定了海洋要素之间不可割裂的关系。中国周边的地缘政治环境，以及维护全球利益的需要决定了必须通过加强与周边国家的海洋合作来拓展海洋发展空间。合作共赢是中国外交理念的核心，也是中国海洋国际合作的重要任务之一。因此，在多元化的国际社会中，中国应以包容的态度与各国展开合作，共同构建"海洋命运共同体"。一方面，以海洋为纽带，致力于周边海洋合作伙伴关系建设，深化与友好国家的关系；另一方面，与互信构建阶段的国家尝试初步合作，共同寻求国家间的利益契合点。推进与更多国家的经贸、文化、科技、信息、能源等的合作和交流，提出"21世纪海上丝绸之路"合作倡议和"海洋命运共同体"理念。

积极参与全球海洋治理。中国的海洋国际合作一方面完善了自身海洋治理方案，另一方面积极参与全球海洋治理，为实现海洋善治贡献中国方案。中国参与国际海洋法律法规和海洋前沿领域规则的制定和修订工作，并带头履行条约职责，推动周边海洋治理机制完善，提出构建"海洋命运共同体"这一极具中国智慧的全球海洋治理方案[①]。自1973年加入国际海事组织以来，中国积极参与国际海事活动，在区域性海事活动中发挥领导作用。同时，关注海洋安全和生物多样性、气候变化引发的海平面上升影响、海洋环境保护等全球性的海洋问题。通过参与国际合作与治理，中国在国际海洋事务中的地位和话语权进一步提升，助力实现更加公平、合理、可持续的海洋发展目标。

（四）可持续发展观

可持续发展强调在发展中要注重环境保护和资源节约，实现经济发展与人口、资源、环境的协调，确保长期稳定发展。习近平总书记在二十大报告中提出，强化海洋安全保障体系建设、发展海洋经济、共建海上国际合作平台、推进现代边海空防建设，都要以"保护海洋生态环境"为前提。就海洋国际合作而言，海洋可持续发展是确保海洋资源持续供给的前提，是维护安全稳定的根基，同时也是推动海洋经济发展的基础。

积极参与海洋治理体系的创新和发展。完善海洋治理体系是全球海洋治理必须面对的重要课题之一，海洋治理问题不能仅依靠自身倡议，需要在共同合作的基础上互通有无、共建共享、合作共赢，充分发挥周边友好海洋伙伴在完善海洋安全问题上的作用。中国积极参与联合国框架下的海洋治理合作，从法律、政策等多个层面进行协商交流，倡导共商共建，反对海洋霸权；倡导合作共赢，反对"小院高墙"；倡导相融共生，反对竭泽而渔[②]。中国在以联合国海洋大会为平台主办的"促进蓝色伙伴关系，

---

① 张琪悦：《新中国成立70年来中国海洋法律外交实践与能力提升》，《理论月刊》2019年第10期，第14～22页。

② 《中外专家在三亚共商海洋合作与治理》，人民网，http://world.people.com.cn/n1/2023/1109/c1002-40114610.html。

共建可持续未来"边会中提出"开放包容、具体务实、互利共赢"倡议①，以海洋国际合作形式不断探索海洋治理体系规则构建。

加强海洋科学研究和技术创新合作。科技革命的加速演进，既为合理开发与利用海洋提供了有效手段，也为海洋可持续发展带来负面影响。建设海洋强国必须大力发展海洋高新技术，海洋科技发展是国家经济和安全目标的重要组成部分，要突破当前制约海洋经济和生态保护发展的技术瓶颈，识别海洋开发风险点。同时，以海洋国际合作为框架的海洋科技合作秉持共商共享原则，实现跨国家跨行业的海洋信息共享，促进全球海洋科学技术融通和实践协作，为解决全球性海洋问题提供中国方案。

二　与时俱进的海洋国际合作理论

中国面临复杂多变的外部环境，海洋技术、能力和意识等要素的变化也决定了竞争环境的复杂性。推进海洋强国建设，必须不断更新海洋国际合作理论。

（一）新时期中国特色海洋国际合作理论的背景分析

其一，海洋国际合作的产生是历史的必然。海洋是连通世界的主要媒介，是资本主义国家资本原始积累的主要途径和各国贸易流通的汇集地。自人类大航海时代开启，海洋大大推动了各国国际合作实践的空间范围和发展速度，海洋也同时成为世界政治权力结构中极为特殊的一环，"海权"争论正式进入国家主权视野。中国的海洋权益错综复杂，各种矛盾与挑战相互交织，通过外交手段妥善解决有关分歧，有效控制周边海上局势，积极参与和推动各类海上合作，是新时期建设海洋强国的必经之路。

---

① "Co-designing the Science We Need for the Ocean We Want", The United Nations Decade of Ocean Science for Sustainable Development 2021 – 2030, https://www.oceandecade.org/wp-content/uploads//2021/10/355239-Codesigning%20the%20Science%20We%20Need%20For%20the%20Ocean%20We%20 Want. pdf.

其二，海洋国际合作的发展是新时期全球化的产物。"拆除藩篱，跨越国界"是全球化的主要表现之一，各国之间互惠互利、共同发展①。海洋是全球贸易的动脉，海洋运输承担了重要角色，海洋国际合作进一步深化了双多边海上合作，减少主权争端与冲突风险。1994年正式生效的《联合国海洋法公约》是新时期海洋法律规则的集中体现，在海洋权益维护、海洋通道安全、海上规则制定等方面形成了实践框架②。中国坚持走和平发展道路，通过新时期中国特色海洋国际合作实现与周边国家的和谐共处，搁置争议，共同发展，保障海上通道安全，深化海上经济合作，致力于推动建设和谐稳定的海洋治理体系。

（二）新时期中国特色海洋国际合作理论的主要内容

党的十八大以来，中国特色海洋国际合作理论不断深化，其主要内容体现在如下几个方面。

其一，建设海洋强国。提高海洋开发能力，注重陆海统筹，利用陆地经济带动海洋经济发展，同时制定符合海洋区域经济状况的海洋开发政策，一切从实际出发，实事求是，客观看待海洋开发问题，促使不同海洋资源相互配合，最大限度地发挥海洋资源的作用；建设强大海军力量，建设海洋强国、维护海洋权益根本上就是要依靠海洋硬实力，即海军队伍建设，这是国家立场和决心的后盾，在加快海军现代化建设的同时也要加强海洋法治建设，提高国家海洋治理能力和治理体系现代化水平；推动海洋科技发展，鼓励海洋科技实现高水平自立自强，加强原创性、引领性科技攻关；优化海洋产业结构，促进海洋新兴产业增长，利用新兴产业发展集聚态势，积极参与国际分工，同时推动海洋传统产业转型，利用新技术投入和覆盖生产过程，加强与海洋产业优势国家交流合作，实现发展共赢。

---

① 陈杰：《海洋命运共同体视角下的中国海洋公共外交》，《太平洋学报》2020年第7期，第54~66页。

② 马建英：《海洋外交的兴起：内涵、机制与趋势》，《世界经济与政治》2014年第4期，第54~80+158页。

其二，维护国家海洋权益。习近平主席强调，坚决维护领土主权和海洋权益，绝不能放弃正当权益。党的二十大报告明确提出，"推进国家安全体系和能力现代化"，强调了海洋领域的安全保障体系建设问题。我国对南海的海洋权益和岛屿主权争端的态度表明了维护国家海洋主权和领土完整的坚定立场，这不仅是新时期中国特色海洋国际合作理论的重要内容，而且是中国海洋国际合作的基本原则之一。明确海洋在国家法律体系中的地位、健全海洋基本问题的制度性规范、完善海洋立法，加强对话磋商，灵活运用规则等开展法理维权，促进双多边海洋合作，妥善应对各类海上风险和复杂局面，实现维护国家海洋合法权益的目标①。

其三，和平发展，合作共赢。中国坚持走和平发展道路，用和平方式解决争端，反对霸权主义，反对单边主义，维护海洋和平稳定，这是构建"海洋命运共同体"的基础。海洋国际合作本质上就是以海洋为载体，实现国家之间相互尊重、互谅互让、合作共赢，各国应摒弃冷战思维，反对霸权主义，反对"炮舰外交"。中国坚持以海洋为载体和纽带，借助"一带一路"建设开展双多边合作，在市场、技术、信息、文化等方面促进务实合作，积极发展"蓝色伙伴关系"。通过海军互访、海上反恐等行动，传递和平发展理念，坚持互利共赢，秉持公道正义，共同构建和平安宁的海洋秩序。

（三）新时期中国特色海洋国际合作理论的价值

新时期中国特色海洋国际合作理论丰富了中国海洋外交理论，为中国的海洋发展指明了方向，引领中国海洋国际合作取得了巨大成就，在当代有重要的价值和意义。

新时期中国特色海洋国际合作理论的提出是时代发展顺势应时的产物，是承接中国海洋事业千载难逢的战略机遇期的重要指引，是赓续中央领导集体海洋治理和海洋国际合作思想精华的指导方针，进一步丰富了中

---

① 王柳：《海事网络风险与海洋安全：关系、问题及中国治理》，《学术交流》2024 年第 1 期，第 78~92 页。

国海洋国际合作理论的内涵与外延，对于海洋国际合作思想体系的形成具有重要意义。

新时期中国特色海洋国际合作理论与中国海洋事业发展紧密相连，是国家外交发展全局的重要分支。海洋国际合作的发展不是孤立的，它与国家总体外交大局联系在一起。习近平主席提出的有关海洋国际合作的要求和目标，对稳步推进与世界各国海洋领域的交流合作、推动中国海洋文化建设、发扬"海洋命运共同体"理念等具体实践具有指导意义，符合国家总体外交战略。

中国与周边国家海洋权益争端和领土主权争端的存在，是国家在核心利益维护上的现实困境。习近平主席关于建设强大海军力量的思想，既是维护国家海洋权益的重要手段，也符合中华民族实现伟大复兴的愿景，这是国家维护海洋权益的重要保证。中国海军与他国海军军事合作活动的展开，也是提升海洋国际合作影响力、硬实力与软实力综合展示的重要一环。

新时期中国特色海洋国际合作理论符合和平崛起的战略目标，是国际社会情势与我国发展现状的理论投射。中国是全球海洋治理的主要参与国，在和平外交、发展海上经济等方面往往被国际社会寄予厚望。依托"21世纪海上丝绸之路"，传递和平友好、资源互补、求同存异、合作共赢的理念，同海洋国家一道构建海洋合作伙伴关系，参与海洋秩序共建，彰显大国形象与大国担当，为促进国际海洋事务发展注入动力。

新时期中国特色海洋国际合作理论为中国海洋国际合作的具体实践提供了思想指导和行动框架，是实现中国海洋权益最大化的有效手段。其一，海洋国际合作理论的基本原则符合各国应对全球海洋治理挑战的共同愿景；其二，海洋国际合作有助于加速中国经济、政治、生态、文化、安全五位一体发展目标的实现。因此，新时期中国特色海洋国际合作理论具备实践的基本条件，不仅有助于引领中国海洋国际合作发展，更为解决国际社会问题提供中国智慧。

第三节 中国特色海洋国际合作法治实践

中国海洋国际合作法治实践包括"一带一路""北极丝路""海洋命运共同体"三个方面。本部分将从这三个方面概括总结中国参与海洋国际合作的法治实践，并结合每项实践的历史发展和新时代法治发展特点进行综合分析。

一 "一带一路"的法治发展

(一)"一带一路"的发展脉络

习近平主席在第二届"一带一路"国际合作高峰论坛上指出，"规则和信用是国际治理体系有效运转的基石，也是国际经贸关系发展的前提"①。法治化是高质量共建"一带一路"的内在要求和显著标识，"一带一路"以发展为导向，法治不仅不会限制发展，还有利于高质量发展。

近年来，随着"一带一路"倡议的深入推进，共建国家和地区间司法合作日益密切。在共建"一带一路"过程中，法治发挥了稳定预期、化解纠纷、利于长远发展的保障作用。同时，在营造稳定、公平、透明的法治化营商环境以及维护和平、稳定、健康的对外关系中，法治的特殊作用日益凸显②。另外，法治还是国际交往的共同语言，"一带一路"法治化有助于东西方世界携手共建，并促进"一带一路"全球化。大力推进海洋国际合作的法治发展，加强相关领域的法制建设、加快建立专门的涉外法律服务机制，对于实现依法治国的总体目标和推进国际合作事业发展都具有重要意义。

自 21 世纪以来，中国相继出台了多项与海洋发展密切相关的战略方

---

① 王晨：《携手推进"一带一路"法治合作》，中国人大网，http://www.npc.gov.cn/npc/c30834/201911/743d09555f8e4cb9b9e12d8212857125.shtml。

② 《中国法治国际论坛（2020）在京召开》，中国法学会，http://msf.chinalaw.org.cn/portal/article/index/id/167.html。

针，并将建设"海洋强国"作为重要目标，在全球范围内展开宏伟的国际合作蓝图。中国积极参与海洋法新领域的规则制定，为全球海洋治理贡献了新思路和解决方案，彰显了中国智慧。

2013年9~10月，中国国家主席习近平在出访中亚和东南亚国家期间，先后提出共建"丝绸之路经济带"和"21世纪海上丝绸之路"重大倡议，受到国际社会高度关注。面对复苏乏力的全球经济形势、纷繁复杂的国际和地区局面，"一带一路"借助新的模式进一步加强了亚非欧各国的联系。

2017年5月，在中国首倡、中国主办的层级最高、规模最大的多边外交活动——"一带一路"国际合作高峰论坛开幕式上，习近平主席指出："我们同有关国家协调政策，包括俄罗斯提出的欧亚经济联盟、东盟提出的互联互通总体规划、哈萨克斯坦提出的'光明之路'、土耳其提出的'中间走廊'、蒙古提出的'发展之路'、越南提出的'两廊一圈'、英国提出的'英格兰北方经济中心'、波兰提出的'琥珀之路'等。中国同老挝、柬埔寨、缅甸、匈牙利等国的规划对接工作也全面展开……推动构建公正、合理、透明的国际经贸投资规则体系……同有关各方共同制定"一带一路"融资指导原则……中国将同30多个国家签署经贸合作协议，同有关国家协商自由贸易协定。"① 同年6月，中国政府在联合国举办的海洋大会上正式提出"蓝色伙伴关系"倡议，强调要"大力发展蓝色经济""推动海洋生态文明建设"②，该倡议有助于推动海洋生态文明建设和可持续发展。6月20日，国家发展改革委、海洋局联合发布《"一带一路"建设海上合作设想》，提出共同建设中国—印度洋—非洲—地中海、中国—大洋洲—南太平洋，以及中国—北冰洋—欧洲等三大蓝色经济通道。这是

---

① 《习近平在"一带一路"国际合作高峰论坛开幕式上的演讲》，国务院新闻办公室，2017年5月14日，http://www.scio.gov.cn/ztk/dtzt/36048/36560/36578/Document/1551967/1551967.htm。
② 《海洋命运共同体视角下的中国海洋公共外交》，中国社会科学网，http://www.cssn.cn/gjgxx/gj_zgwj/202008/t20200806_5166475.shtml。

中国政府首次就推进"一带一路"建设海上合作提出中国方案，也是"一带一路"国际合作高峰论坛的领导人成果之一。12月3日，在第四届世界互联网大会上，中国、老挝、沙特、塞尔维亚、泰国、土耳其、阿联酋等国家相关部门共同发起《"一带一路"数字经济国际合作倡议》，致力于实现互联互通的"数字丝绸之路"，打造互利共赢的"利益共同体"和共同发展繁荣的"命运共同体"①。

2019年4月26日，在第二届"一带一路"国际合作高峰论坛开幕式上，习近平主席提出：我们发起了《廉洁丝绸之路北京倡议》，愿同各方共建风清气正的丝绸之路；我们制定了《"一带一路"融资指导原则》，发布了《"一带一路"债务可持续性分析框架》，为共建"一带一路"融资合作提供指南；我们同各方共建"一带一路"可持续城市联盟、绿色发展国际联盟，制定《"一带一路"绿色投资原则》，发起"关爱儿童、共享发展，促进可持续发展目标实现"合作倡议；我们将加快制定配套法规，确保严格实施《外商投资法》②。

2023年10月18日，在第三届"一带一路"国际合作高峰论坛开幕式上，习近平主席指出："支持建设开放型世界经济……全面取消制造业领域外资准入限制措施。主动对照国际高标准经贸规则……中方将会同合作伙伴发布《'一带一路'廉洁建设成效与展望》，推出《'一带一路'廉洁建设高级原则》，建立'一带一路'企业廉洁合规评价体系。"③

共建"一带一路"十年来，"一带一路"建设取得历史性成就，中国已同150多个国家和30多个国际组织签署200余份共建"一带一路"合作文件，拉动了近万亿美元投资，形成了3000多个合作项目，为共建国

① 《2017"一带一路"大事记!》，中国一带一路网，2018年1月16日，https://www.yidaiyilu.gov.cn/p/44334.html。

② 《习近平在第二届"一带一路"国际合作高峰论坛开幕式上的主旨演讲》，中国一带一路网，2019年4月26日，https://www.yidaiyilu.gov.cn/p/88249.html。

③ 《习近平在第三届"一带一路"国际合作高峰论坛开幕式上的主旨演讲》，第三届"一带一路"国际合作高峰论坛，http://www.beltandroadforum.org/n101/2023/1018/c132-1174.html。

家创造 42 万个工作岗位，让近 4000 万人摆脱贫困①。有关的合作理念和主张写入联合国、二十国集团、亚太经合组织、上海合作组织等重要国际组织的成果文件②。"一带一路"从中国倡议走向国际实践，从理念转化为行动，从愿景转变为现实。与此同时，中国"一带一路"倡议在政策协调与对接、贸易投资自由化便利化建设、金融合作机制完善、债务可持续性、"健康丝绸之路"建设、绿色低碳发展、科技创新合作、"数字丝绸之路"建设以及全球粮农治理等众多领域取得了显著成绩③。

为进一步加强战略对接和政策协调，中国通过世界贸易组织推动完成《投资便利化协定》文本谈判，将在超过 110 个国家和地区建立协调统一的投资管理体系，促进"一带一路"投资合作。在区域和多边层面，同联合国 2030 年可持续发展议程、《东盟互联互通总体规划 2025》、东盟印太展望、非盟《2063 年议程》、欧盟欧亚互联互通战略等有效对接，支持区域一体化进程和全球发展事业。在双边层面，与俄罗斯欧亚经济联盟建设、哈萨克斯坦"光明之路"新经济政策、土库曼斯坦"复兴丝绸之路"战略、蒙古国"草原之路"倡议、印度尼西亚"全球海洋支点"构想、菲律宾"多建好建"规划、越南"两廊一圈"、南非"经济重建和复苏计划"、埃及苏伊士运河走廊开发计划、沙特"2030 愿景"等多国战略实现对接。

为不断提升标准化合作水平，扎实推进规则标准对接，截至 2023 年 6 月底，中国已与巴基斯坦、俄罗斯、希腊、埃塞俄比亚、哥斯达黎加等 65 个国家标准化机构以及国际和区域组织签署了 107 份标准化合作文件，促进了海洋、气候变化、油气管道、物流和测绘等多领域标准国际合作。

---

① 《共建"一带一路"为中爱、中欧合作注入新动力》，外交部，2023 年 12 月 9 日，http://switzerlandemb.fmprc.gov.cn/web/gjhdq_676201/gj_676203/oz_678770/1206_678796/1206x2_678816/202312/t20231211_11199353.shtml。

② 《"一带一路"倡议为全球商业带来巨大机遇》，中国政府网，http://www.gov.cn/xinwen/2019-04/03/content_5379459.htm。

③ 《共建"一带一路"：构建人类命运共同体的重大实践》，国务院新闻办公室，2023 年 10 月，https://www.fmprc.gov.cn/zyxw/202310/t20231010_11158751.shtml#。

"一带一路"标准化概况信息已覆盖 149 个共建国家，可提供 59 个国家、6 个国际和区域标准化组织的标准化题录信息精准检索服务，在共建国家间架起了标准互联互通的桥梁。中国标准外文版供给能力持续提升，发布国家标准外文版近 1400 项、行业标准外文版 1000 多项。中国持续加强与俄罗斯、马来西亚、新加坡等 22 个国家和地区的跨境会计审计监管合作，为拓展跨境投融资渠道提供制度保障。

为不断提升贸易投资自由化便利化水平，维护多边主义和自由贸易，营造发展经贸关系的良好制度环境，截至 2023 年 8 月底，80 多个国家和国际组织参与中国发起的《"一带一路"贸易畅通合作倡议》。中国与 28 个国家和地区签署 21 个自贸协定，积极推动加入《全面与进步跨太平洋伙伴关系协定》（CPTPP）和《数字经济伙伴关系协定》（DEPA），与 135 个国家和地区签订了双边投资协定，与 112 个国家和地区签署了避免双重征税协定（含安排、协议），与 35 个共建国家实现"经认证的经营者"（AEO）互认，与 14 个国家签署第三方市场合作文件。中国与新加坡、巴基斯坦、蒙古国、伊朗等共建国家建立了"单一窗口"合作机制，签署了海关检验检疫合作文件，有效提升了口岸通关效率。

为健全金融合作机制，促进贸易投资便利化。中国已与 20 个共建国家签署双边本币互换协议，在 17 个共建国家完成人民币清算安排，人民币跨境支付系统的参与者数量、业务量、影响力逐步提升。中国银保监会（现国家金融监督管理总局）、证监会与境外多个国家的监管机构签署监管合作谅解备忘录，推动建立区域内监管协调机制，促进资金高效配置，强化风险管控，为各类金融机构及投资主体创造良好的投资条件。

为不断增强债务可持续性，中国与 28 个国家共同核准《"一带一路"融资指导原则》，按照平等参与、利益共享、风险共担原则，推动共建国家政府、金融机构和企业重视债务可持续性，提升债务管理能力。中国借鉴国际货币基金组织和世界银行低收入国家债务可持续性分析框架，结合共建国家实际情况创制债务可持续性分析工具，发布《"一带一路"债务可持续性分析框架》，鼓励各方在自愿基础上使用。

为推进"健康丝绸之路"建设，构建人类卫生健康共同体，建立紧密的卫生合作伙伴关系。截至 2023 年 6 月底，中国已与世界卫生组织签署《关于"一带一路"卫生领域合作的谅解备忘录》，与 160 多个国家和国际组织签署卫生合作协议，发起和参与中国—非洲国家、中国—阿拉伯国家、中国—东盟卫生合作等 9 个国际和区域卫生合作机制；同 31 个国家发起"一带一路"疫苗合作伙伴关系倡议，向共建国家提供 20 余亿剂疫苗，与 20 余个国家开展疫苗生产合作；与 14 个共建国家签订传统医药合作文件，8 个共建国家在本国法律法规体系内对中医药发展予以支持，30 个中医药海外中心投入建设，百余种中成药在共建国家以药品身份注册上市。

为建立绿色低碳发展合作机制，携手推动绿色发展、共同应对气候变化，中国先后发布《关于推进绿色"一带一路"建设的指导意见》《关于推进共建"一带一路"绿色发展的意见》等，提出 2030 年共建"一带一路"绿色发展格局基本形成的宏伟目标。中国与联合国环境规划署签署《关于建设绿色"一带一路"的谅解备忘录（2017~2022)》，与 30 多个国家及国际组织签署环保合作协议，与 31 个国家共同发起"一带一路"绿色发展伙伴关系倡议，与超过 40 个国家的 150 多个合作伙伴建立"一带一路"绿色发展国际联盟，与 32 个国家建立"一带一路"能源合作伙伴关系。

为加强国家间科技创新合作，加快技术转移和知识分享，优化创新环境、开展重大科技合作和共同培养科技创新人才，2016 年 10 月，中国发布《推进"一带一路"建设科技创新合作专项规划》。截至 2023 年 6 月底，中国与 80 多个共建国家签署政府间科技合作协定，"一带一路"国际科学组织联盟（ANSO）成员单位达 58 家；与世界知识产权组织签署《加强"一带一路"知识产权合作协议》及修订与延期补充协议，共同主办两届"一带一路"知识产权高级别会议，发布加强知识产权合作的共同倡议和联合声明；与 50 余个共建国家和国际组织建立知识产权合作关系，共同营造尊重知识价值的创新和营商环境。

推进"数字丝绸之路"建设，加强"一带一路"共建国家数字领域的规则标准联通，推动区域性数字政策协调，打造开放、公平、公正、非歧视的数字发展环境。截至2022年底，中国已与17个国家签署"数字丝绸之路"合作谅解备忘录，与30个国家签署电子商务合作谅解备忘录，与18个国家和地区签署《关于加强数字经济领域投资合作的谅解备忘录》，提出并推动达成《全球数据安全倡议》《"一带一路"数字经济国际合作倡议》《中国—东盟关于建立数字经济合作伙伴关系的倡议》《中阿数据安全合作倡议》《"中国+中亚五国"数据安全合作倡议》《金砖国家数字经济伙伴关系框架》等合作倡议，牵头制定《跨境电商标准框架》。大力推动"数字丝绸之路"倡议，为"一带一路"基础设施数字化升级、典型气象灾害分析及预警、船舶海运等领域提供全面服务。

鉴于发展中国家仍面临粮食问题，中国还积极参与全球粮农治理，增强共建国家减贫能力，与相关国家发布《共同推进"一带一路"建设农业合作的愿景与行动》，与近90个共建国家和国际组织签署了100余份农渔业合作文件。

如上所述，经过几十年的探索与实践，中国海洋国际合作取得了一定成果，正在成为新时代中国特色海洋事业的重要组成部分。

（二）"一带一路"法治发展的特点

经过十余年的探索和发展，"一带一路"倡议构建的国际朋友圈已覆盖亚洲、非洲、欧洲、大洋洲和拉丁美洲等全球绝大多数国家和地区，倡议合作涵盖互联互通、投资、贸易、金融、科技、社会、人文、民生、海洋等领域。为推动"一带一路"高质量发展，国际软法成为"一带一路"风险防控和建设保障的重要治理手段和方式。截至2023年，中国已经同150个国家和30多个国际组织签署230多份共建"一带一路"合作文件[1]，以软法治理推动"一带一路"建设的思路逐渐为共建国家和地区广

---

[1]　赵阳：《营造良好法治环境推动"一带一路"高质量发展》，《法治日报》2023年10月18日，第8版。

泛接受和认可，成为"一带一路"合作机制的重要组成部分，理论层面提出"一带一路"软法治理体系条件已经成熟。

受历史、地缘政治、宗教和经济实力等因素的影响，"一带一路"共建国家的法律制度和治理体系各具特点，特别是国家关注领域、利益取向和发展能力等方面存在巨大差异，导致各国对待法治的态度和法治实践存在显著差异，因此，"一带一路"法治建设相对较为复杂①。尽管"软法性"的法律文件和倡议在强制力和约束力上有所欠缺，但因其缔结程序相对简便，并且形式与内容灵活多样，在促进国际合作以及塑造与制定国际法律规则方面已发挥重要作用。

软法形式文件在"一带一路"合作法律框架中尤为凸显，主要基于以下考量：一方面，国际法运行基础是各国对主权一定程度的让渡，软法有助于保留各国政策空间；另一方面，"一带一路"具有全新、复杂和变动的特点，这让共建合作产生了不确定性。当各国无法确定其国际承诺所产生的后果时，更倾向于接受软法以有效避免来自国内外政治上的限制。此外，在"一带一路"倡议之外游离的某些国家也可以通过与中国签署软法协议实质性地参与"一带一路"建设。

软法在立法技术上具有三个方面的优势。首先，由于其较低的法律拘束力要求，可以减轻国家对法律后果的忧虑，并避免国内立法机关程序上的限制。其次，软法性文件通常采用较为温和的语言，并以倡议为主导。这种方式有助于建立初步互信，为进一步合作留下空间，体现了渐进式谈判策略。最后，在国际法治领域，软法成为推动全球治理的新形式，拓展了国际法范围，发展了国际法规范，提升了国际法影响力②。软法与硬法一起，成为国际法治的重要载体和表达形式，软法甚至成为"在全球各重大领域内的人类实践充分展现的总格局、新趋势"。

---

① 郭成龙：《强化新阶段"一带一路"高质量发展的法治供给》，《中国发展观察》2022年第3期，第74~77+27页。
② 石静霞：《"一带一路"倡议与国际法——基于国际公共产品供给视角的分析》，《丝路百科》2022年第1期，第68~80页。

经过多年发展，"一带一路"已经发展成为一个庞大且不断扩张的"软法网络"。通过颁布和商签各类"软法"文件，"一带一路"倡议获得了更为广泛的认可与支持，为"一带一路"共建国家间的务实合作提供了公正、透明、稳定、非歧视和平等对话的制度和规则，充实和丰富了"一带一路"国际法治内涵。

(三)"一带一路"法治发展的热点

"一带一路"法治化建设是高质量发展的必然要求。作为中国发起、多方参与的国际合作机制，"一带一路"要明确共建原则，形成稳定的法律框架和治理平台，清晰界定各方权利义务并解决争端，这离不开法治保障和支持。"一带一路"倡议必须运用法治思维和方法，在法律框架内维护国际社会的合作、共同及整体利益。法治是防止"一带一路"倡议无序发展的关键因素。目前，推进"一带一路"高质量发展面临一些重大挑战和困境，如地缘政治竞争对国际经济贸易的影响、重大基础设施合作项目缺乏透明度、参与国贸易投资法律滞后、贸易争端解决机制匮乏，以及因法治不健全而滋生的腐败与不合规等，这些都要求各国积极参与法治"一带一路"建设。

法治是规范中资企业海外投资行为的重要手段。在实践中，一些企业和机构尚未充分认识到不同国家法律体系、法治理念和市场准入、行业监管、金融税收、环境保护、劳工保护等方面的巨大差异及其法律风险。这些企业和机构即便在遇到问题时运用法律，也多属临时性、应急性措施，缺乏长远谋划和系统安排。共建"一带一路"不仅要关注政策、基础设施、贸易、资金等，还要重视法律机制的建设和标准的确立。

法治是重大项目合作的重要保障和风险防范机制。"一带一路"建设是一项涉及众多领域的国际建设项目和工程，具有跨域广、参与国家和组织众多、建设项目规模和投资巨大等特点，涵盖大型基础设施建设、能源资源开发利用、项目金融融资、土地利用和环境生态保护等众多领域，并且共建合作国家多为发展中国家，宗教历史遗留问题较为复杂，在协调经济快速发展与劳动权益、反腐败以及环境保护等社会领域矛盾冲突较为突出时，如何公平、合理、可持续协调经济发展与国际合作成为"一带一路"建设的重要内容。共同推进"一带一路"不仅需要加强国际贸易合作和投资领域深度合作，还需确立重大项目的制度机制和法律保障，在国际项目合作中专门开展相关方面（包括基本原则、标准程序、投诉反馈以及争端解决）的专项合作，并完善相应配套与保障机制，以确保及时有效化解各类风险①。

除了能够解决相应法律问题外，法治还有助于澄清国际社会对"一带一路"倡议的误解。国际社会仍不乏对"一带一路"倡议的误解与曲解，部分国家将其视为中国崛起的政治和经济手段。产生这些误解的一个原因是，中国在以往的国际争端中更多使用政治方式去谈判、协调，忽视了规则化、规范化在国际交往中的可行性与必要性。规则的制定者往往就是规则的受益者，在"一带一路"中倡导法治优先原则，联合"一带一路"国际伙伴制定规则，可有效回击"中国威胁论"等一系列反对声音②。通过秉承共商共建共享的"一带一路"建设理念，恪守平等对话、相互尊重、互利共享等重要原则，将"一带一路"建设与法治协同推进，构建具有中国特色且符合人类命运共同体建设的"一带一路"法治体系。

此外，区域全面经济伙伴关系（RCEP）推动法治化发展，助力"一带一路"外交和法治建设。RCEP 是由东盟十国发起，邀请中国、日本、韩国、澳大利亚、新西兰、印度参与，通过削减关税及非关税壁垒，建立16 国统一市场的自由贸易协定。从 2022 年 1 月 1 日正式生效实施，涵盖约 35 亿人口，GDP 总和达 23 万亿美元，占全球总量的 1/3，覆盖区域成为世界最大的自贸区③。到 2023 年 6 月 2 日，已对东盟 10 国和中国、日本、韩国、澳大利亚、新西兰共 15 个签署国全面生效。RCEP 催生了全球

---

① 刘敬东：《推动共建"一带一路"高质量发展的法治新路径》，《中国法治》2023 年第 10 期，第 32~36 页。
② 王灵桂：《法治"一带一路"的内涵与构建路径》，《国际法研究》2022 年第 2 期，第 3~20 页。
③ 《RCEP 区域全面经济伙伴关系》，http://www.rcep.com.cn/index.php? m = content&c = index&a = lists&catid = 2。

人口最多、经贸规模最大、最具发展潜力的自由贸易区，在推动形成更加繁荣的区域一体化大市场方面发挥着越来越重要的作用，为地区经济一体化和发展繁荣注入了强劲动力①。

RCEP旨在建立现代、全面、高质量和互惠的经济伙伴关系框架，促进区域贸易与投资的扩张，推动全球经济增长与发展，兼顾缔约方发展阶段和经济需求；逐步取消缔约方之间所有货物贸易的关税和非关税壁垒，实现区域内贸易自由化并取消在服务贸易上的限制与歧视性政策，创造自由、便利、具有竞争力的投资环境。

为确保法律、法规、程序和普遍适用的行政裁定的透明度，保护缔约方的合理利益所得，RCEP协定鼓励缔约方参与制定国际标准、指南及建议，着力提高法律、法规和程序的透明度，就每一缔约方行政程序建立适当的审查与上诉机制、保护保密信息、协定的地理适用范围等规则。为解决协定项下产生的争端提供有效、高效和透明的程序，避免双方或多方因贸易争端问题产生长期纠纷②。这在很大程度上促进了海洋国际合作适用规则法治化，补充了海洋法治体系的内容。海关程序和贸易便利化领域，RCEP提出了保证缔约方法律法规适用的可预见性、一致性和透明度的目标，统一、简化了海关通关手续，使管理手段更高效，促进了新型跨境物流新发展；卫生与植物卫生措施领域，在增强实施世贸组织出台的《卫生与植物卫生措施协定》基础上，RCEP还加强了对风险分析、审核、认证、进口检查以及紧急措施等规则的执行；标准、技术法规和合格评定程序领域，RCEP尽力推动相关原则、规定、评价方法的标准化，进一步促进形成区域一体化市场；贸易救济领域，在世贸规则基础上，RCEP对反倾销、反补贴、保障措施作出详细规定；电子商务领域，RCEP除规定了

---

① 《〈区域全面经济伙伴关系协定〉生效实施两周年　为区域经济发展带来新机遇》，中国政府网，2024年1月9日，https://www.gov.cn/yaowen/liebiao/202401/content_6924907.htm。

② 《RCEP区域全面经济伙伴关系协定》，商务部，http://fta.mofcom.gov.cn/rcep/rcep_new.shtml。

电子认证和签名、在线消费者保护、在线个人信息保护、网络安全、跨境电子方式信息传输等条款。中国作为 RCEP 成员国中最大的经济体，倡导真正的多边主义，践行开放的区域主义。中国首次在符合国内法律法规的前提下在自贸协定中纳入数据流动、信息存储等规定；同有关各方一道全面高质量实施 RCEP，稳步扩大制度型开放，积极推进加入《全面与进步跨太平洋伙伴关系协定》和《数字经济伙伴关系协定》。为展现大国担当，中国携手 RCEP 成员国，坚定不移构建开放型世界经济，为全球发展作出积极贡献①。

RCEP 与共建"一带一路"覆盖国家和地区、涵盖领域和内容等方面相互重叠、相互补充，在亚洲地区形成双轮驱动的经贸合作发展新格局。RCEP 自贸区的建成是我国实施自由贸易区战略取得的重大进展，将为我国在新时期构建开放型经济新体制，形成以国内大循环为主体、国内国际双循环相互促进新发展格局提供强大助力。

对我国而言，首先，RCEP 成为新时期我国扩大对外开放的重要平台，是"一带一路"倡议的重要补充。我国与 RCEP 成员贸易总额约占我国对外贸易总额的三分之一，来自 RCEP 成员实际投资占我国实际吸引外资总额比重超过 10%。RCEP 一体化大市场的形成将释放巨大的市场潜力，进一步促进区域内和"一带一路"共建国家和地区间的贸易和投资往来，这将有助于我国通过更全面、更深入、更多元的对外开放，进一步优化对外贸易和投资布局，不断与国际高标准贸易投资规则接轨，构建更高水平的开放型经济新体制。其次，RCEP 将助力我国形成国内国际双循环新发展格局，为"一带一路"建设提供强大动力。RCEP 将促进我国各产业更充分地参与市场竞争，提升在国际国内两个市场配置资源的能力。这将有利于我国以扩大开放带动国内创新、推动改革、促进发展，不断实现产业转型升级，巩固我国在区域产业链供应链中的地位，为国民经济良性

---

① 《共享 RCEP 新机遇　开创区域合作新纪元》，商务部中国自由贸易区服务网，2023 年 3 月 28 日，http://fta.mofcom.gov.cn/article/rcep/rcepgfgd/202303/53737_1.html。

循环提供有效支撑，加快形成国际经济竞争合作新优势，推动区域和"一带一路"共建国家的经济高质量发展，为我国"一带一路"倡议的法治建设提供实践基础。最后，RCEP 显著提升我国自由贸易区网络"含金量"。加快实施自由贸易区战略是我国新一轮对外开放的重要内容。通过 RCEP，我国与日本建立了自贸关系，这是我国首次与世界前十的经济体签署自贸协定，是我国实施自由贸易区战略取得的重大突破，使我国与自贸伙伴贸易覆盖率增加至 35% 左右，大大提升我国自贸区网络的"含金量"①，丰富了"一带一路"法治建设和国际合作实践内涵。

二 "北极丝路"的法治发展

2015 年 5 月 8 日，中俄两国在莫斯科发表了《关于丝绸之路经济带建设和欧亚经济联盟建设对接合作的联合声明》。两国达成了丝绸之路经济带建设与联盟建设对接合作的重要共识，开启中国与联盟经贸合作方面的协定谈判。同年 12 月 17 日，中俄发布了《中俄总理第二十次定期会晤联合公报》，达成"加强北方海洋航道开发利用合作，开展北极航运研究"的共识。俄罗斯还提出从远东至亚太地区的"滨海国际运输走廊"，以及"冰上丝绸之路"等开放战略②。

2016 年 6 月 25 日，中俄两国在北京再次发表联合声明，强调落实丝绸之路经济带建设与联盟建设对接合作共识具有重大意义，并主张在开放、透明和考虑彼此利益的基础上建立欧亚全面伙伴关系③。同年底，俄罗斯政府批准了《"滨海 1 号"和"滨海 2 号"跨境运输走廊开发构想》。根据该构想，这两条国际运输走廊将连接俄罗斯滨海边疆的远东南部港口

---

① 《RCEP 区域全面经济伙伴关系》，http://www.rcep.com.cn/index.php? m = content&c = index&a = lists&catid = 2。

② 《中俄总理第二十次定期会晤联合公报》，新华网，http://www.xinhuanet.com/politics/2015-12/18/c_1117499329.htm。

③ 《中俄签署〈关于欧亚经济伙伴关系协定联合可行性研究的联合声明〉》，商务部，http://www.mofcom.gov.cn/article/ae/ai/201707/20170702604249.shtml。

与中国东北省份，同时以过境运输的方式发往韩国、日本和中国南部①。

2017 年 6 月 20 日，中国国家发展和改革委员会、国家海洋局联合发布《"一带一路"建设海上合作设想》，首次将"北极航道"明确为"一带一路"三大主要海上通道之一②。同年 7 月 4 日，中俄在莫斯科签署了《中华人民共和国商务部与俄罗斯联邦经济发展部关于欧亚经济伙伴关系协定联合可行性研究的联合声明》，决定开展欧亚经济伙伴关系协定的可行性研究工作。这显示了中俄两国深化互利合作、推进贸易自由化和地区经济一体化的坚定决心，以及探讨全面、高水平、未来面向其他经济体开放的贸易投资自由化安排的共同意愿，将为两国全面战略协作伙伴关系注入新动力。至今，中国始终保持与俄方一道，深化对接合作，相互支持，相互促进，积极推动《欧亚经济伙伴关系协定》谈判③。2017 年 11 月 9 日，中远海运集团已完成多个航次的北极航道试航。同时，两国交通部门商谈《中俄极地水域海事合作谅解备忘录》，进一步完善北极区域合作的政策和法律基础④。

2018 年 1 月 26 日，中国政府发表首份北极政策文件——《中国的北极政策》白皮书，提出中国愿依托北极航道的开发利用，与各方共建"冰上丝绸之路"。这也是中国参与北极事务的指导性文件。由此，"冰上丝绸之路"建设从理念进入行动阶段。同年 5 月 17 日，中国同欧亚经济联盟签署了《中华人民共和国与欧亚经济联盟经贸合作协定》，这是双方对接合作迈出的重要一步，为深化双方经贸合作提供了制度性保障，为"冰上丝绸之路"的发展提供了条件。

2020 年 12 月 2 日，中俄通过《中俄总理第二十五次定期会晤联合公报》，提出将加强北极可持续发展合作，促进北极航行合作、应急救援保障、

---

① 《中俄共建"冰上丝绸之路"进阶　北极航道或开辟港口贸易新格局》，http://trb. mofcom. gov. cn/article/zuixindt/201707/20170702604548. shtml。

② 陈思旭：《中俄共建"冰上丝绸之路"的可行性分析》，《边疆经济与文化》2018 年第 2 期，第 24~25 页。

③ 《博鳌亚洲论坛》，https://www. boaoforum. org/zh/index. html。

④ 《中俄就打造"冰上丝绸之路"达成新共识》，中国证券网，https://news. cnstock. com/ news，bwkx-201711-4150234. htm。

基础设施建设、资源开发、科研、旅游、生态环保等领域合作，探讨推动互利的具体合作项目①。

2021 年 11 月 30 日，中俄通过《中俄总理第二十六次定期会晤联合公报》，提出双方支持开展两国国境河流航行船舶相关法规及规范性文件的研究，继续推进在"滨海 2 号"国际运输通道建设自动驾驶通道的可行性研究②。

2022 年 2 月，中俄发表的《中华人民共和国和俄罗斯联邦关于新时代国际关系和全球可持续发展的联合声明》。该联合声明提出，"双方同意进一步深化北极可持续发展务实合作。"③

2023 年 3 月，中俄两国元首在俄罗斯莫斯科共同签署《中华人民共和国和俄罗斯联邦关于深化新时代全面战略协作伙伴关系的联合声明》。该联合声明指出，"双方将继续加强在海洋科学研究、海洋生态保护、海洋防灾减灾、海洋装备研发等领域合作，持续深化在极地科学研究、环境保护和组织科考等方面务实合作，为全球海洋治理贡献更多公共产品；双方主张北极应继续成为和平、稳定和建设性合作之地；双方将继续支持中欧过境俄罗斯开展铁路和海上货物运输，提升运输效率；双方共同努力，积极推动'一带一路'与欧亚经济联盟建设对接合作，加强亚欧地区互联互通"④。

（一）历史发展回顾

历史上，北极因其蕴含丰富的资源，以及具有贸易新航道的潜力等，

---

① 《中俄总理第二十五次定期会晤联合公报》，新华网，http://www.xinhuanet.com/world/2020-12/03/c_1126814385.htm。

② 《中俄总理第二十六次定期会晤联合公报》，新华网，http://newzealandemb.fmprc.gov.cn/web/zyxw/202112/t20211201_10460421.shtml。

③ 《联合科考领航"冰上丝绸之路"——自然资源部第一海洋研究所对俄合作纪实》，自然资源部，2023 年 3 月 23 日，https://www.mnr.gov.cn/dt/ywbb/202303/t20230323_2779077.html。

④ 《中华人民共和国和俄罗斯联邦关于深化新时代全面战略协作伙伴关系的联合声明》，中国政府网，2023 年 3 月 22 日，https://www.gov.cn/xinwen/2023-03/22/content_5747726.htm。

受到北极周边国家的密切关注。自 20 世纪 50 年代初开始，加拿大、美国、丹麦、俄罗斯等国先后宣布对北极享有领土主权，并不断加强军事力量的存在，北极领土纷争愈演愈烈。中国是陆上最接近北极圈的国家之一，是地缘上的"近北极国家"，从 1925 年加入《斯匹次卑尔根群岛条约》起，到 1996 年成为国际北极科学委员会成员国，再到 2013 年成为北极理事会正式观察员，中国一直本着"尊重、合作、共赢、可持续"的基本原则参与北极事务。正如《中国的北极政策》中强调的，维护北极各国和国际社会在北极的共同利益、推动北极的可持续发展是中国北极政策的目标。

中国在北极与各方共建"冰上丝绸之路"的倡议，是中国北极政策的目标与原则的体现。中国与部分北极国家签订了合作法律文件。2012 年，中国与冰岛签署了《中冰海洋和极地科技合作谅解备忘录》，确认两国将在北极科研和冰岛水域展开石油勘探合作①。中冰两国签署了《中华人民共和国政府和冰岛政府关于北极合作的框架协议书》，就增强北极交流与务实合作达成相关软法文件，成为中国同北极国家之间签署硬法规范以开展双边北极合作的典型范例②。

中俄政治和外交关系的稳定发展和战略互信的提升，为两国共建"冰上丝绸之路"奠定了基础，两国的合作也逐步走向深入。1996 年中俄建立了战略协作伙伴关系，2001 年签署了《中俄睦邻友好合作条约》，2011 年建立了平等信任、相互支持、共同繁荣、世代友好的全面战略协作伙伴关系。中俄在政治、战略、经济、军事、人文等各领域的合作全面展开。2015 年 5 月，中俄两国元首签署了《关于丝绸之路经济带建设和欧亚经济联盟建设对接合作的联合声明》，开启了"一带一路"与欧亚经济联盟对接进程。2017 年 7 月，中俄两国提出要开展北极航道合作，共同打造

---

① 《开拓北极航道　共建"冰上丝路"》，中国社会科学网，http://cssn.cn/gjgxx/gj_qqwt/201812/t20181226_4800253.html。

② 《中国参与下的北极双多边合作法律规制》，中国海洋大学中国海洋发展研究中心，2021 年 8 月 23 日，https://aoc.ouc.edu.cn/_t719/2021/0906/c9824a345872/page.htm。

"冰上丝绸之路"，这既是两国达成的重大战略共识，也将两国的全面战略协作伙伴关系推上新台阶。2018 年 5 月 17 日，中国同欧亚经济联盟签署《中华人民共和国与欧亚经济联盟经贸合作协定》。该协定进一步加深了中俄北极合作的政治和法律基础，通过共建"冰上丝绸之路"倡议拓展了双方合作的空间。2019 年 4 月，中俄在俄罗斯圣彼得堡举行的"北极—对话区域"国际北极论坛期间，签署成立中俄北极研究中心的协议，不断推进深化合作，这表明中俄北极合作在科学研究领域日渐成熟，形成体系化态势①。2019 年 6 月 5 日，中俄关系正式提升至"新时代全面战略协作伙伴关系"，两国元首签署《中华人民共和国和俄罗斯联邦关于发展新时代全面战略协作伙伴关系的联合声明》，提出推动中俄北极可持续发展合作，在尊重北冰洋沿岸国国家权益基础上，扩大在科研、旅游和生态环保等领域的合作②。随后在 2020 年中俄视频会晤，2021 年、2022 年以及 2023 年的中俄联合声明中均提及要加强中俄北极可持续发展合作，在尊重北冰洋沿岸国国家权益基础上，扩大在科研、航道开发、基础设施、能源项目、旅游和生态环保等领域合作。

"冰上丝绸之路"是"一带一路"倡议在北极的自然延伸，涵盖北极地区基础设施建设、北极治理、北极经济合作、北极环境保护、北极航道开发利用、北极科学研究、北极能源开发利用等诸多领域，"冰上丝绸之路"倡议的提出，也为北极地区的合作指明了重要方向，北极国家和非北极国家可以以北极航道的开发利用为依托，深入开展经贸、能源开发、环境气候治理等领域的双多边合作，实现国家社会间的互联互通和经济发展上的互利共赢。

中俄作为"冰上丝绸之路"倡议的提出方和重要支持方，北极合作取得了积极进展。为加强中俄全面能源合作伙伴关系，深化中俄两国全面战

① 庄博雯：《2017 年以来中俄北极合作研究》，黑龙江大学硕士学位论文，2023。
② 《中华人民共和国和俄罗斯联邦关于发展新时代全面战略协作伙伴关系的联合声明》，中国政府网，2019 年 6 月 6 日，http：//www.gov.cn/xinwen/2019 - 06/06/content_5397860.Htm。

略协作，中俄两国签署了《关于通过中俄西线管道自俄罗斯联邦向中华人民共和国供应天然气领域合作的备忘录》《中俄东线天然气合作项目备忘录》《中俄关于全面战略协作伙伴关系新阶段的联合声明》《中华人民共和国和俄罗斯联邦睦邻友好合作条约》等一系列双边协议①，其标志性成果就是亚马尔液化天然气（LNG）项目的正式开工和投产。2012年，中俄合作开发的北极亚马尔液化天然气项目正式启动，标志着中国参与北极油气资源开发利用取得重要进展，开启了中国主导的"一带一路"建设和俄罗斯主导的"欧亚经济联盟建设"成功对接。亚马尔液化天然气项目是继"一带一路"倡议后，在俄罗斯（北极圈内）实施的首个特大型能源合作项目，也是目前全球在北极地区实施的最大型液化天然气工程。亚马尔项目的投产不仅使中国获得稳定的绿色能源供应，同时也开辟了经北极航道的新线路，为"冰上丝绸之路"的实施提供了重要的支点。亚马尔项目是中俄共建"冰上丝绸之路"取得的重要进展，对于推动中俄关系的持续发展具有重要示范意义。

（二）"北极丝路"法治发展的特点

北极地区尚未形成统一的、具有法律约束力的制度安排。现阶段，调整北极地区的法律规范大多只是软法性质或局部领域的多边条约，缺乏整体性的、全面的、综合性的制度规范。对于北极域外国家的参与，北极国家在北极地区的法律机制呈现碎片化、模糊性和排他性等特征②。此外，这些规范大多集中于环境保护或合作，而对地区整体治理或权利冲突的协调规则较少，这使得北极航道国际规则的操作性和应用性程度较低。

中国在推进"北极丝路"法治建设中首先面临北极域外国家身份的制约。2012年北极理事会发布《努克宣言》，明确要求非北极国家必须先承

---

① 蔡高强、朱丹亚：《"冰上丝绸之路"背景下中俄北极能源合作的国际法保护》，《西安石油大学学报》（社会科学版）2021年第3期，第84~91页。

② 王晨光：《中国推进"冰上丝绸之路"建设的法律风险及应对建议》，《兰州学刊》2021年第3期，第95~104页。

认北极国家在北极地区的主权和管辖权才可以申请北极理事会的观察员国①。在当前以北极理事会为主的北极区域治理结构下，中国作为北极域外国家对北极地区的政治参与十分有限②，即使早在2013年被接纳为北极理事会的观察员国，仍无权参与北极理事会的重大决策，不能充分表达中国在北极事务中的合理诉求和利益关切。尽管多数北极国家希望经济实力不断增强的中国能够更多地参与北极经济开发、基础设施建设等需要大量财力物力的领域，但北极部分域内国家对中国参与北极的规制建设、政治以及安全领域的合作却持保留态度，这无疑给中国推进"冰上丝绸之路""一带一路"带来不利影响③。在"冰上丝绸之路"背景下，中国对北极地区的投资不同于以往的对外投资实践，北极地区特殊的生态环境、复杂的地缘政治环境以及中国现有北极地区法律制度的不足，给中国在北极地区的投资建设、北极治理的参与和合法权益的维护等带来极大挑战和风险。

中国作为地缘上的"近北极国家"和北极事务的重要利益攸关方，更多是以软法形式参与北极治理。中国同北极国家通过谈判协商达成了一系列涉北极事务国际合作软法文件，为中国参与北极全球治理奠定了实践基础。其中，中国同俄罗斯在北极能源、航道领域有较多合作，并在2015年和2017年分别达成北极合作软法文件，就北方海洋航道的开发利用、北极航运研究合作达成共识，并进一步强调加强中俄在联合科学考察、生态保护、极地旅游、能源资源勘探开发等方面开展合作。中国与芬兰则于2017年就两国间北极合作的具体领域达成联合声明，成为中国通过软法途径积极开展双边北极国际合作的又一典型例证。同为北极利益攸关国身份的日本、韩国在参与北极治理中同样因地缘因素而采取同北极国家达成

---

① 郭培清、孙凯：《北极理事会的"努克标准"和中国的北极参与之路》，《世界经济与政治》2013年第12期，第118~139页、159~160页。

② 李欣：《北极理事会的法律性质及其走向研究》，中国海洋大学硕士学位论文，2015，第12~23页。

③ 徐文韬、曾文革：《构建中国"冰上丝绸之路"的北极政策——基于德国实践经验的思考》，《广西大学学报》（哲学社会科学版）2021年第2期，第106~115页。

软法文件的方式来开展北极合作。在双边硬法方面，中国与冰岛也曾就增强北极交流与务实合作达成相关软法文件，并在软法基础上签署了《中华人民共和国政府和冰岛政府关于北极合作的框架协议书》，成为中国同北极国家之间签署硬法规范以开展双边北极合作的典型范例。但不能否认，作为北极利益攸关国仍无法完全摆脱地缘政治因素的不利限制充分参与北极治理的国际合作，受国家利益、北极战略等诸多因素的限制，北极利益攸关国仍将主要通过软法途径开展与北极国家的双多边合作①。

"冰上丝绸之路"的法治体系发展，需要将《联合国海洋法公约》、区域性的条约、国际海事组织相关的技术规则等加以综合协调。例如，与海事相关的国际条约，《建立国际海事组织公约》《防止海上碰撞国际公约》《海上人命安全国际公约》《国际救助公约》等；与北极航行权有关的公约，涉及各国的内水、领海、专属经济区的划分问题；专门适用于北极地区的《斯瓦尔巴条约》；加拿大、俄罗斯通过国内法建立起来的强制引航制度、航行规则相关的规范和他国实践等。北极地区具有一定的特殊性，但专门的国际法规则尚不统一和完整，需要整合已有的法律规范，寻求形成各国更大的共识。北极事务关乎全球各国和地区发展的重要利益，中国作为近北极国家和世界主要大国之一，在北极地区和众多北极域外国家拥有相似的经济、政治和科研等方面利益。中国应当密切关注北极域外国家的动态，积极维护和争取中国在北极的合法利益和权益，主动担当负责任大国的应有使命，在北极治理进程中发挥自身影响力和作用。以国际法为基础，以北极理事会正式观察员国身份主动参与北极事务和北极的共同开发，以经济合作和北极生态环境治理为重要领域，中国充分参与和创新北极地区的法律机制建设，落实科学合理的北极政策和措施，以可持续发展推动"冰上丝绸之路"建设。

（三）"北极丝路"法治发展的热点

复杂的地缘政治环境是"冰上丝绸之路"发展面临的严峻挑战。北极

---

① 白佳玉等：《中国参与北极治理的多层次合作法律规制研究》，《河北法学》2020年第3期，第66~78页。

地区重要的战略价值导致国家间竞争十分激烈。对于中国参与北极开发，部分北极理事会国家抱持怀疑的态度。中国虽然已经与俄罗斯共建"冰上丝绸之路"达成共识，但与其他北极国家的双边和多边合作仍然不充分。同时，北极国家之间的竞争也给中国推进"冰上丝绸之路"建设带来一定挑战。北约成员国中，美国、加拿大、丹麦、挪威、冰岛也具有北极理事会成员身份。在这种复杂激烈的北极权益争夺态势下，"冰上丝绸之路"建设也面临严峻挑战。

以"冰上丝绸之路"开创蓝色伙伴关系的新起点。21世纪是海洋的世纪，构建一种以海洋为纽带、聚焦国家间共同利益的蓝色伙伴关系是一种新的合作模式。海洋经济的可持续发展是"冰上丝绸之路"建设中的重要一环，中国在《"一带一路"建设海上合作设想》中前瞻性地构建起"一带一路"与蓝色伙伴关系的互动关系。"冰上丝绸之路"通航源于北极的冰雪融化，但航运活动也给航道所在海洋环境带来潜在威胁，共建北冰洋蓝色经济通道成为中国推动海洋和极地等全球公域治理的重要一环①。目前，中国已与葡萄牙、欧盟相继建立蓝色伙伴关系，中俄通过共建"冰上丝绸之路"等海洋合作也已经形成了蓝色伙伴关系的雏形。中国也将逐步推进与其他国家和区域的蓝色伙伴关系构建，加强在全球海洋治理、可持续性蓝色经济、海洋生态环境保护等领域的合作。

受北极地缘政治影响，"北极丝路"的双多边法治建设也面临国际不利形势及其他国家对中国参与北极法治建设的恶意阻碍。特朗普第一任期内，美国通过多种方式极力阻挠"冰上丝绸之路"推进。2022年2月24日乌克兰危机爆发后，美国又借助乌克兰危机，对中国实施蓄意攻击和道德绑架，炮制谣言和抹黑中俄北极合作，以维护国家安全为名抨击中国对北极国家的正常投资行为，企图阻碍中国与其他北极国家合作。受美国北极政策影响，加拿大、丹麦等国近年来持续加大北极投资审查力度，对中

---

① 《中俄新型大国关系框架中的蓝色伙伴关系展望》，中国社会科学网，http://www.cssn.cn/gjgxx/gj_zgwj/202102/t20210218_5312127.shtml。

国开展经贸投资合作带来不利影响。以美国为代表的北约组织对亚太事务的不断涉足，多种不利因素的叠加影响，使得中国参与北极双多边法律规则制定与合作面临诸多挑战①。

三　"海洋命运共同体"的法治发展

在新的时代背景下，全球海洋秩序面临新的挑战。一方面，虽然既有的海洋法规则建立起全球海洋基本秩序，但不足以解决当下人类社会产生的新的问题和冲突；另一方面，国际治理水平的提升，国际社会对共同利益和价值的追求更为强烈，追求更高的海洋治理水平，实现海洋善治。因此，《联合国海洋法公约》所建立的海洋规则在经历了几十年的发展之后，也亟待更新和变革。中国主张在尊重现行秩序的基础上加以完善和发展，实现海洋治理体系更加公平公正的目标，创造性地提出构建"海洋命运共同体"理念。

（一）"海洋命运共同体"理念

2019 年 4 月 23 日，习近平主席在集体会见应邀出席中国人民解放军海军成立 70 周年多国海军活动的外方代表团团长时指出："我们人类居住的这个蓝色星球，不是被海洋分割成了各个孤岛，而是被海洋连结成了命运共同体，各国人民安危与共。"② 习近平主席关于构建"海洋命运共同体"理念的一系列重要论述，为各方共同努力实现海洋可持续发展指明了前行方向③。

在百年未有之大变局下，国际海洋秩序正在经历深刻调整。随着经济全球化和海洋开发能力的提高，各种海洋问题的相关性日益紧密，海洋领域的新问题和新挑战不断涌现，现行国际海洋法律制度供给不足，现行海

---

① 张伟鹏：《中国参与北极治理合作：政策优化、实践发展与推进思路》，《世界地理研究》，https://kns.cnki.net/kcms/detail/31.1626.P.20230425.1433.002.html。

② 《习近平集体会见出席海军成立 70 周年多国海军活动外方代表团团长》，中国政府网，2019 年 4 月 23 日，https://www.gov.cn/xinwen/2019-04/23/content_5385354.htm。

③ 《构建海洋命运共同体，"一带一路"怎么走？》，中国一带一路网，2021 年 6 月 12 日，https://baijiahao.baidu.com/s？id=1702366946030603229&wfr=spider&for=pc。

洋治理规则存在规制和管理漏洞。这都对维护和发展国际海洋秩序提出了新的要求。"海洋命运共同体"作为中国针对全球海洋治理提出的理念和方案，不同于历史上海洋霸权意在维护自身利益的规则制定逻辑，"海洋命运共同体"理念超越了狭隘的国家本位思维，从人类的共同和长远利益出发，强调和平合作的安全观，旨在维护持久和平安宁的海洋环境，实现海洋的可持续发展。将健全全球海洋治理体系与人类实现持久和平和长远发展的目标相结合，"海洋命运共同体"蕴含的基本价值与国际法基本原所反映的价值目标一致，与现代国际法是和平共处之法和合作发展之法的主旨相符。因此，"海洋命运共同体"理念将在维护以国际法为基础的海洋秩序的同时，为推进现代海洋法规则的制定、发展与完善，推进全球海洋法治进程注入新动力①。

"海洋命运共同体"是一个具有丰富内涵的理念，包含了海洋事务方面共同的信念、海洋领域共同的安全、面对海洋问题共同的责任、应对海洋事务挑战共同的行动等方面内容②。首先，"海洋命运共同体"的基础是和平与安全。各国应相互尊重、平等互信，加强海上对话交流，深化法治务实合作，携手应对各类海上共同威胁和挑战，合力维护海洋和平安宁。其次，"海洋命运共同体"的目标是促进各国实现海洋全领域的共同发展。中国提出共建"21世纪海上丝绸之路"倡议，就是希望促进海上互联互通和各领域务实合作，利用海洋国际合作，推动蓝色经济发展，推动海洋文化交融，共同增进海洋福祉。再次，"海洋命运共同体"当前的重大挑战是如何共同保护好海洋生态环境。中国领导人多次指出，要高度重视海洋生态文明建设，加强海洋环境污染防治，保护海洋生物多样性，实现海洋资源的有序开发利用。在此基础上，中国全面参与了联合国框架下海洋治理机制和规则的制定与实施，落实海洋可持续发展目标。

---

① 黄瑶、徐琬晴：《全球海洋法治视角下"海洋命运共同体"理念的落实》，《太平洋学报》2023年第10期，第82~96页。

② 《海洋命运共同体理念内涵及其实现途径》，中国海洋大学中国海洋发展研究中心，2019年8月19日，https://aoc.ouc.edu.cn/2019/0619/c9824a250528/page.psp。

"海洋命运共同体"理念也是"人类命运共同体"理念在海洋领域的具体实践，是中国在全球治理特别是全球海洋治理领域贡献的又一"中国智慧""中国方案"，更体现了中国海洋国际合作的全球性视野。这一理念彰显了中国致力于解决当前全球海洋治理中的矛盾与挑战，着手构建海洋发展、海洋利用、海洋合作的互利共赢体系，使海洋成为和平、友好、合作之海。这一理念也体现了中国建立新型海洋伙伴关系的愿景，为海洋国际合作提供了新思路和新路径。

（二）构建"海洋命运共同体"热点话题

多边主义是发展海洋国际合作法治的机制路径。在国际关系中单边主义、小集团主义回潮的背景下，倡导和维护真正的多边主义尤为重要。通过多边路径，健全全球海洋法律体系和机制，完善全球海洋治理，促进利益共同体的形成。在多边机制的形成过程中，中国同样应当充分注重国际组织的功能和价值。联合国是当今多边机制的核心，中国也可以依赖联合国所建立的多边框架，在已有的多边机制和规则基础上充分践行"人类命运共同体"理念。

中国在构建海洋国际合作法治发展路径中，从更多元的角度看待海洋事务。随着冷战的结束，国际政治重心由权力斗争转向利益争夺、由海洋安全转向海洋发展，即由海洋控制向海洋开发转化。中国试图摆脱单一的权力政治分析框架，以多元化的利益视角探讨海洋。多元化利益视角既包括传统安全相关的海洋军事、海洋同盟关系，同时也包括海洋经济、海洋科技、海洋环境等"弱政治"议题。中国展现出以合作共赢为理念，横向拓宽海洋合作框架议题的新特点，基于"海洋命运共同体"从海洋非传统安全领域入手开展国际合作，参与法律规则制定，从而间接促进传统安全领域的海洋国际合作发展。

中国还致力于提升在全球海洋治理中的制度设计能力。习近平主席提出："中国全面参与联合国框架内海洋治理机制和相关规则制定与实施，落实海洋可持续发展目标。中国高度重视海洋生态文明建设，持续加强海洋环境污染防治，保护海洋生物多样性，实现海洋资源有序开发利用。"①
中国从海洋环境保护、气候治理等利益共识性高的领域入手，主动构建
"中国模式"。同时，中国以合作共赢理念参与国际海洋领域法律规则体系
的构建，在维护航行安全、海洋环境安全、生物多样性保护等低敏感领域
积极参与规则制定和合作模式构建，建立起负责任、有能力的海洋强国形
象，为海洋国际合作法治发展的实现提供了切入点。为推进和完善公正合
理的国际海洋治理体系，2023 年 11 月，中央外办主任王毅还指出："中
国将继续全面参与联合国框架内海洋规则的制定与治理机制实施，认真履
行包括《联合国海洋法公约》在内的国际海洋法义务。我们要实事求是、
与时俱进推动《联合国海洋法公约》更加健全和公平。"② 中国对参与海
洋规则治理机制的阐述彰显了中国作为海洋大国对建设海洋强国，将本国
人民利益同世界各国人民利益统一起来，构建"海洋命运共同体""人类
命运共同体"的重要担当和义务。

　　共商共建共享是中国搭建海洋国际合作法治的具体路径。习近平总书
记在党的二十大报告中指出："构建人类命运共同体是世界各国人民前途
所在……中国提出了全球发展倡议、全球安全倡议，愿同国际社会一道努
力落实。中国坚持对话协商，推动建设一个持久和平的世界……坚持共建
共享，推动建设一个普遍安全的世界；坚持合作共赢，推动建设一个共同
繁荣的世界。"③ 在构建人类命运共同体过程中，中国秉持的共商共建共
享原则是指导中国与他国寻求利益契合点以及互利共赢合作模式的具体路
径。共商是指在决策全球海洋事务、制定国际海洋规则过程中，各国应以
协商的方式进行，反对少数国家和国家集团把持国际规则的制定权。共商

① 《习近平集体会见出席海军成立 70 周年多国海军活动外方代表团团长》，中国政府网，
　　2019 年 4 月 23 日，https://www.gov.cn/xinwen/2019-04/23/content_5385354.htm。
② 《王毅向第四届"海洋合作与治理论坛"发表致辞》，外交部，2023 年 11 月 8 日，
　　https://www.fmprc.gov.cn/zyxw/202311/t20231108_11175745.shtml。
③ 《习近平：高举中国特色社会主义伟大旗帜　为全面建设社会主义现代化国家而团结奋
　　斗——在中国共产党第二十次全国代表大会上的报告》，中国政府网，2022 年 10 月 25
　　日，https://www.gov.cn/xinwen/2022-10/25/content_5721685.htm。

原则的目的在于倡导和推进国际关系民主化，保证广大发展中国家在全球海洋事务中获得代表权，充分表达其观点和立场，形成一个各方普遍接受的方案。共建就是在国际海洋事务的具体执行过程中，各国应相互合作，公平分享权利、共同承担义务和责任。各国共同商定的规则和行动方案，在尊重各国共同参与的普遍性基础之上，结合具体情况制定差异化的分配方案，实现实质上的公平。共享则是各国共同分享全球海洋法治的成果，实现互利共赢。2023 年 9 月 26 日，国务院新闻办公室发布的《携手构建人类命运共同体：中国的倡议与行动》白皮书指出："面对日益复杂的海上问题，中国提出构建海洋命运共同体，始终致力于通过对话协商和平解决领土主权和海洋权益争端。同东盟国家签署和全面有效落实《南海各方行为宣言》，持续推进'南海行为准则'磋商。提出共建蓝色经济伙伴关系，加强海上互联互通建设。坚持走搁置争议、共同开发的合作之路，同海上邻国积极探讨资源共同开发。"①

构建新型国际关系是发展海洋国际合作法治的重要目标。当前全球海洋治理面临的问题和困境很大程度上是旧的国际关系所引发的。当下中国提出构建新型国际关系，构建"蓝色伙伴关系"，与各国一道平等、互利、相互尊重彼此核心利益，构建法律基础更为公平、合理的国际政治法律秩序，也是中国推进海洋国际合作法治的重要目标。2023 年 11 月，中共中央政治局委员、中央外办主任王毅在第四届"海洋合作与治理论坛"上致辞，强调"海洋作为人类共同生活的家园，需要人类共同建设与呵护。习近平主席从中国和世界共同利益、全人类共同福祉出发，提出构建海洋命运共同体的重要理念，为引领全球海洋治理指明了前进方向，为建设和呵护美丽繁荣的海洋家园提供了中国方案。中方将秉持海洋命运共同体理念，与国际社会携手建设各国共享的和平之海、繁荣之海、

---

① 《携手构建人类命运共同体：中国的倡议与行动》，外交部，2023 年 9 月 26 日，https://www.fmprc.gov.cn/web/zyxw/202309/t20230926_11150108.shtml。

美丽之海"①。

面对世界百年未有之大变局，"海洋命运共同体"在理论与实践层面均具有较大的发展空间。为争取我国在海洋生态保护议题上的更大国际话语权，应宣传"海洋命运共同体""人类命运共同体"理念，展示我国在海洋生态保护与治理方面取得的成就。2023年9月26日，由中国人权发展基金会、中国海洋发展基金会和中国外文局共同主办的以"环境、发展与人权：现代化进程中的海洋生态保护"为主题的国际研讨会在北京召开。来自中国、英国、意大利、西班牙等20多个国家的150余名政要人士、驻华使节、国际组织代表、专家学者，围绕海洋生态环境治理的国际经验、海洋生态文明建设的实践困境与对策、构建"海洋命运共同体"的全球责任进行了深入交流和研讨，通过双边或地区协议等方式达成共识，为推动构建"海洋命运共同体"贡献了全球智慧和力量②。

①　《王毅向第四届"海洋合作与治理论坛"发表致辞》，外交部，2023年11月8日，https://www.fmprc.gov.cn/zyxw/202311/t20231108_11175745.shtml。

②　林恬：《构建海洋命运共同体　增进全人类海洋福祉——"环境、发展与人权：现代化进程中的海洋生态保护"国际研讨会综述》，《对外传播》2024年第2期，第66~68页。

第十四章　国际海洋治理的法治发展

国际海洋治理是全球治理在海洋事务上的延伸，也是一国国内治理在国际层面的拓展。尽管各沿海国普遍意识到只有开放合作才能有效解决国际海洋治理中的各种问题和挑战，但在全球经济复苏乏力、冷战思维和单边主义抬头的背景下，部分海洋强国在国际海洋治理中未能展现大国担当并发挥应有的作用，这为国际海洋治理体系的变革与改善带来了更多的不确定性。在此情形下，作为陆海兼备、海洋实力不断增强的大国，中国在国际海洋治理中积极展现大国担当，提供中国智慧和中国方案。党的十八大作出建设"海洋强国"的重大部署，党的十九大系统解释全球治理的中国方案，至此加快建设"海洋强国"与积极参与全球治理为中国深度参与国际海洋治理提供了强大动力。在此过程中，中国亦积极参与国际海洋治理的新领域，在气候变化与国际海洋治理、极地治理、BBNJ协定等方面贡献中国智慧。

第一节　加快构建国际海洋治理法治体系框架

国际海洋治理的法治发展是一个多方面、不断演变的过程，受到各种法律文书、各类国际组织机构、各项制度框架的综合影响。本部分从立法、行政、司法三个层面对国际海洋治理体系框架的法治发展进行论述。

一　立法层面：《联合国海洋法公约》的发展

在立法层面，本部分将以具有"海洋宪章"之称的1982年《联合国海洋法公约》为中心展开论述。《联合国海洋法公约》是国际海洋法最集中的体现，但其作为"二战"后发达国家与发展中国家重建海洋秩序的妥协产物，无法完全解决当前全球海洋治理面临的难题与挑战，存在完善与发展的空间。

（一）《联合国海洋法公约》是缔约各方利益妥协与平衡的结果

《联合国海洋法公约》的诞生共经历了联合国三次海洋法会议的曲折谈判。在第二次世界大战之前，世界海洋制度保持稳定的运行方式，即沿岸近海作为领海由沿海国管辖支配，而其外侧的所有海域则适用公海自由原则。随着海洋科学技术的发展，各国对旧的海洋制度特别是对沿海国管辖支配权的界限愈发不满，纷纷主张扩大海洋管辖权，如加大领海宽度、改变基线计量方式、宣布特殊毗连区等。1945 年美国总统杜鲁门发表的《杜鲁门公告》就是主张要扩大国家海洋管辖权，亦是国际海洋秩序复杂化的导火索。该公告全称为《美国关于大陆架的底土和海床的天然资源的政策》，首次提出对领海之外的大陆架及其自然资源主张权利，并引起其他国家的效仿。在此背景下，联合国国际法委员会着手就大陆架的资源开发及渔业资源养护问题起草公约。

1958 年第一次联合国海洋法会议召开，领海问题是此次会议最具争议的问题。对此，各方提出多种方案，如 3 海里领海宽度提案、3～12 海里领海宽度提案、3 海里领海加 9 海里毗连渔区提案、6 海里领海加 6 海里毗连渔区提案等。但是上述提案皆未能通过，致使领海宽度问题成为此次会议的遗留问题[①]。在此种状况下，虽然会议通过了《领海和毗连区公约》，但很显然其无法解决实际问题。除此之外，会议还通过了《公海公约》《捕鱼与养护公海生物资源公约》《大陆架公约》。针对第一次会议遗留的领海宽度问题，1960 年召开的第二次联合国海洋法会议继续探讨，但最终因分歧无法调和而未能达成任何协议。

20 世纪 60 年代以后，随着发达国家对海洋争夺范围的扩大，发展中

---

① Raymund T. Yingling, Geneva Conference on the Law of the Sea, Section of International and Comparative Law Bulletin, Vol. 2, No. 3, 1958, p. 21.

国家海洋主权意识的增强，国际社会围绕海洋权的斗争日趋激烈，有关大陆架、渔区、海洋资源开发和利用等问题不断涌现，探索建立更完善的国际海洋制度迫在眉睫。在此背景下，1973 年第三次联合国海洋法会议召开。这是一次所有主权国家参加的全权外交代表会议，围绕领海、海峡、大陆架、专属经济区、群岛、岛屿制度等一系列问题展开讨论和博弈，不仅涉及内容全面，而且研究层次深入。历经 9 年的漫长谈判，《联合国海洋法公约》终于在 1982 年得以通过，并于 1994 年 11 月 16 日正式生效。至此，国际海洋治理的法治发展迈向一个新阶段。

（二）《联合国海洋法公约》项下海洋环境治理规则的演进

随着国际关系的演变和科技的进步，以《联合国海洋法公约》为核心的海洋法快速发展，有关海洋法发展的新挑战和议题不断涌现。这些挑战不仅没有阻碍国际海洋治理的进程，反而为《联合国海洋法公约》的发展演进提供新航向，为中国积极参与国际海洋环境治理提供新舞台。

《联合国海洋法公约》被称为"海洋宪章"，其内容丰富而具体。《联合国海洋法公约》由 17 个部分和 9 个附件组成，总共 446 条。内容包括：领海、毗连区、用于国际航行的海峡、群岛国、专属经济区、大陆架、公海、岛屿制度、闭海或半闭海、内陆国出入海洋的权利和过境自由、国际海底区域、海洋环境保护和保全、海洋科学研究、海洋技术发展和转让、争端解决、一般规定以及最后条款。作为海洋治理领域的宪章，《联合国海洋法公约》既要满足各国的共同需要，又要满足各国的特殊需要。《联合国海洋法公约》规定的前述内容总体上可分为两类，第一类可归纳为公海自由原则和人类共同继承财产原则前提下基于各国共同利益或国际社会共同利益而形成的规则，第二类可归纳为沿海国主权或管辖权延伸前提下基于各国的特殊利益而形成的规则，主要涉及内水、领海、毗连区、专属经济区、大陆架。沿海国在这些区域可行使不同权利①。其中，《联合国海洋

----

① 罗柱如：《历史地、发展地、全面地看待 1982 年〈联合国海洋法公约〉》，《太平洋学报》1995 年第 2 期，第 35 页。

法公约》第一类内容涉及海洋环境治理规则部分得到了较为显著的发展。

第一类主要涉及公海和国际海底区域。公海属于国际社会所有，对所有国家开放，并规定了六种自由，包括航行自由；飞越自由；敷设海底电缆和管道的自由，但受到《联合国海洋法公约》第六部分的限制；建造国际法所容许的人工岛屿和其他设施的自由，但受到《联合国海洋法公约》第六部分的限制；捕鱼自由，但受到该部分第 2 节"公海生物资源的养护和管理"规定条件的限制；科学研究的自由，但受到《联合国海洋法公约》第六部分和第十三部分的限制。国际海底区域及其资源属于人类的共同继承财产，任何国家或自然人不得据为己有，国际海底区域内资源由国际海底管理局代表全人类管理。

海洋公域治理产生的诸多新兴问题，丰富了《联合国海洋法公约》的国际海洋治理理念和规则。首先，在海洋公域生物多样性养护问题上，为有效实现《联合国海洋法公约》规定的养护公海生物资源目标，2023 年 6 月 29 日正式通过 BBNJ 协定，涉及国家管辖范围以外区域生物多样性养护和可持续利用问题等前沿问题。其次，在国际海洋资源可持续开发领域，随着《联合国海洋法公约》被绝大多数联合国成员国所接受，人类共同继承财产原则逐渐发展为习惯国际法的一部分，具体表现为共同共有、共同管理、共同参与和共同获益这四大特征。最后，在气候变化共同应对领域，越来越多的研究表明，气候变化共同应对问题作为全球性环境问题，涉及全人类的海洋环境利益，在联合国层面亦长期关注气候变化背景下的海洋治理[①]。

全球正在经历百年未有之大变局，国际海洋秩序也在经历深刻调整。站在新的历史起点上，我们应坚定维护以联合国为核心的国际体系和以国际法为基础的国际秩序，共同推进国际海洋治理新征程。

二　行政层面：国际海洋治理三大机构协同管理新格局

在行政层面，本部分主要围绕国际海底管理局、大陆架界限委员会、

---

① 白佳玉：《〈联合国海洋法公约〉缔结背后的国家利益考察与中国实践》，《中国海商法研究》2022 年第 2 期。

国际海事组织这三大机构展开阐述。

（一）国际海底管理局把关资源有效开发

国际海底管理局（International Seabed Authority，ISA）是依据《联合国海洋法公约》设立的管理国际海底区域及其资源的组织。《联合国海洋法公约》所有缔约国皆为国际海底管理局的当然成员，代表全人类行使国际海底区域内资源的管理权。截至 2023 年 6 月，《联合国海洋法公约》共有 169 个缔约方（168 个国家和欧洲联盟），因此，国际海底管理局有 169 个成员①。国际海底管理局的主要机关是大会、理事会和秘书处。作为政府间国际组织，国际海底管理局具有完全的独立属性。根据《联合国海洋法公约》和《关于执行 1982 年 12 月 10 日〈联合国海洋法公约〉第十一部分的协定》的规定，国际海底管理局有权制定规章、制度；享有与负责开发国际海底区域承包商公平分享所得收益的权利；设立企业部，在国际海底区域内直接对相关的矿区资源进行开发等。

国际海底管理局的核心职能在于管理和控制国际海底区域的勘探与开发活动。为此，其先后制定了三部有关规章，包括 2002 年《"区域"内多金属结核探矿与勘探规章》、2010 年《"区域"内多金属硫化物探矿和勘探规章》以及 2012 年《"区域"内富钴铁锰结壳探矿和勘探规章》；另外，还出台《"区域"内矿产资源开发规章草案》，颁布一系列程序、标准、建议②。这使得国际海底区域勘探和开发的可操作性进一步加强。除此之外，国际海底管理局还负有海洋环境免受人类破坏及国际海底区域动植物资源得到有效保护的环境保护责任。《联合国海洋法公约》第 145 条规定，国际海底管理局应当制定旨在预防、减少和控制海洋环境污染或其他危害的规则、规章和程序。据此，国际海底管理局要求，在深海勘探或开采活动前要进行环境基线研究和环境影响评估（EIA），以了解海洋环

① See 2023 Secretary-General Annual Reprot, p. 10, https://www.isa.org.jm/wp-content/uploads/2023/07/ISA_Secretary_General_Annual_Report_2023.pdf, last visited on 2023−12−10.

② 张华：《〈联合国海洋法公约〉发展进程中的司法能动主义——基于海洋划界的考察》，《中国海商法研究》2022 年第 2 期，第 16 页。

境状况并评估潜在的环境影响。截至 2023 年 6 月，有四家承包商已进行了环境影响评估，并在环境影响报告中记录和报告环境影响评估过程的结果①。不仅如此，国际海底管理局亦制定了区域环境管理计划（BEMP），其目的是向国际安全局相关机构、相关承包商及其担保国提供积极主动的区域管理工具，以平衡资源开发利用与保护。目前，国际海底管理局已制定并实施了克拉里昂—克利珀顿区（CCZ）的环境管理计划，并正在为大西洋中脊、西北太平洋和印度洋制定区域环境管理计划②。

多年来，中国始终积极参与国际海底管理局框架下的各类国际海底活动，在矿区调查、勘探方面积累了丰富经验，并积极支持和践行国际海底管理局所倡导的生态环保理念。2020 年 11 月 9 日，在国际海底管理局和中国自然资源部的密切参与和积极推动下，中国—国际海底管理局联合培训和研究中心正式投入运行③，旨在汇聚全球资源，为广大发展中国家学员提供更好的培训活动，同时携手国际专业团队就深海领域重大科学问题开展联合研究，深化务实合作。未来，中方将继续秉持《联合国海洋法公约》精神，捍卫以国际法为基础的国际海洋秩序，凝聚海洋治理共识，推动蓝色经济合作，共建海洋生态文明，构建海洋命运共同体，助力实现海洋可持续发展目标。

（二）大陆架界限委员会定分止争大陆架边界纠纷

大陆架界限委员会（Commission on the Limits of the Continental Shelf,

---

① 2018 年德国联邦地球科学和自然资源研究所（BGR）、比利时全球海洋矿产资源公司（GSR）进行了环境影响评估，并向国际海底管理局提交了环境影响报告；2020 年印度政府进行环境影响评估后，提交了关于印度多金属结核合同区原型结核收集器技术试验的环境影响报告；2021 年瑙鲁海洋资源公司根据国际海底管理局要求提交了环境影响报告。参见 https://www.isa.org.jm/protection-of-the-marine-environment/environmental-impact-assessments/，最后访问日期：2023 年 12 月 10 日。

② See https://www.isa.org.jm/protection-of-the-marine-environment/regional-environmental-management-plans/, last visited on 2023-12-10.

③ 《中国—国际海底管理局联合培训和研究中心启动》，2020 年 11 月 9 日，中国政府网，https://www.gov.cn/xinwen/2020-11/09/content_5560068.htm，最后访问日期：2023 年12 月 10 日。

CLCS）是根据《联合国海洋法公约》设立的专门机构。顾名思义，其职责与大陆架界限有关，即对沿海国提出的关于扩展到 200 海里以外的大陆架外部界限的资料和其他材料进行审议，并根据《联合国海洋法公约》第76 条和 1980 年 8 月 29 日第三次联合国海洋法会议通过的谅解声明提出建议；应有关沿海国请求，在编制上述资料期间提供科学和技术咨询意见。由此可见，大陆架界限委员会的职责主要为对沿海国提出的大陆架划界案进行审议并提出建议。为更好地履行职责，大陆架界限委员会制定了《委员会议事规则》《科学和技术准则》《委员会工作方式》等文件①。

2001 年俄罗斯向大陆架界限委员会提出划界案，这是划界第一案；截至 2022 年 8 月 12 日，大陆架界限委员会已收到来自世界各地总共 93起划界案，其中已完成审议并通过建议的有 40 起②。这 40 起划界案具体情况见表 1。

表 1　大陆架界限委员会已完成审议并通过建议的划界案

序号	国家	国家提交划界案	提交日期	通过建议日期
1	俄罗斯联邦	俄罗斯联邦划界案	2001 年12 月 20 日	2002 年6 月 27 日
2		俄罗斯联邦部分订正划界案：关于鄂霍次克海的部分修订划界案	2013 年2 月 28 日	2014 年3 月 11 日
3		俄罗斯联邦关于北冰洋部分的修订划界案	2015 年3 月 8 日	2023 年6 月 2 日
4		俄罗斯联邦关于北冰洋欧亚盆地东南部的部分修订划界案	2023 年2 月 14 日	2023 年8 月 8 日

① See https://www. un. org/depts/los/clcs _ new/commission _ documents. htm # Rules% 20of% 20Procedure，last visited on 2022-10-12.

② Submissions，through the Secretary-General of the United Nations，to the Commission on the Limits of the Continental Shelf，pursuant to article 76，paragraph 8，of the United Nations Convention on the Law of the Sea of 10 December 1982，https://www. un. org/depts/los/clcs_ new/commission_submissions. htm，last visited on 2022.

续表

序号	国家	国家提交划界案	提交日期	通过建议日期
5	巴西	巴西划界案	2004 年 5 月 17 日	2007 年 4 月 4 日
6		巴西部分订正划界案：关于巴西南部地区的部分订正划界案	2015 年 4 月 10 日	2019 年 3 月 8 日
7	澳大利亚	澳大利亚划界案	2004 年 11 月 15 日	2008 年 4 月 9 日
8	爱尔兰	爱尔兰划界案	2005 年 5 月 25 日	2007 年 4 月 5 日
9	新西兰	新西兰划界案	2006 年 4 月 19 日	2008 年 8 月 22 日
10	法国、爱尔兰、西班牙、大不列颠及北爱尔兰联合王国	法国、爱尔兰、西班牙、大不列颠及北爱尔兰联合王国在凯尔特海和比斯开湾地区的联合划界案	2006 年 5 月 19 日	2009 年 3 月 24 日
11	挪威	挪威划界案：东北大西洋和北极	2006 年 11 月 27 日	2009 年 3 月 27 日
12		挪威划界案：关于布韦托亚和德龙宁莫德地	2009 年 5 月 4 日	2019 年 2 月 8 日
13	法国	法国划界案：关于法属圭亚那和新喀里多尼亚地区	2007 年 5 月 22 日	2009 年 9 月 2 日
14		法国划界案：法属安的列斯群岛和凯尔盖朗群岛地区	2009 年 2 月 5 日	2012 年 4 月 19 日
15		法国划界案：关于留尼汪岛和圣保罗和阿姆斯特丹群岛	2009 年 5 月 8 日	2020 年 3 月 4 日
16		法国和南非联合提交的文件：克罗泽群岛和爱德华王子群岛地区	2009 年 6 月 5 日	2023 年 7 月 3 日
17	墨西哥	墨西哥划界案	2007 年 12 月 13 日	2009 年 3 月 31 日

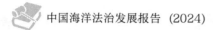
续表

序号	国家	国家提交划界案	提交日期	通过建议日期
18	巴巴多斯	巴巴多斯划界案	2008 年 5 月 8 日	2010 年 4 月 15 日
19		巴巴多斯划界案（修订）	2011 年 7 月 25 日	2012 年 4 月 13 日
20	大不列颠及北爱尔兰联合王国	大不列颠及北爱尔兰联合王国划界案	2008 年 5 月 9 日	2010 年 4 月 15 日
21	印度尼西亚	印度尼西亚划界案	2008 年 6 月 16 日	2011 年 3 月 28 日
22	日本	日本划界案	2008 年 11 月 12 日	2012 年 4 月 19 日
23	毛里求斯、塞舌尔	毛里求斯、塞舌尔联合划界案	2008 年 12 月 1 日	2011 年 3 月 30 日
24	苏里南	苏里南划界案	2008 年 12 月 5 日	2011 年 3 月 30 日
25	乌拉圭	乌拉圭划界案	2009 年 4 月 7 日	2016 年 8 月 19 日
26	菲律宾	菲律宾划界案	2009 年 4 月 8 日	2012 年 4 月 12 日
27	库克群岛	库克群岛划界案	2009 年 4 月 16 日	2016 年 8 月 19 日
28	阿根廷	阿根廷划界案	2009 年 4 月 21 日	2016 年 3 月 11 日
29		阿根廷部分修订划界案	2016 年 10 月 28 日	2017 年 3 月 17 日
30	加纳	加纳划界案	2009 年 4 月 28 日	2014 年 9 月 5 日
31	冰岛	冰岛划界案	2009 年 4 月 29 日	2016 年 3 月 10 日

序号	国家	国家提交划界案	提交日期	通过建议日期
32	丹麦	丹麦法罗群岛北部地区划界案	2009 年 4 月 29 日	2014 年 3 月 11 日
33	巴基斯坦	巴基斯坦划界案	2009 年 4 月 30 日	2015 年 3 月 13 日
34	南非	南非划界案	2009 年 5 月 5 日	2017 年 3 月 17 日
35	密克罗尼西亚联邦、巴布亚新几内亚、所罗门群岛	密克罗尼西亚联邦、巴布亚新几内亚和所罗门群岛的联合划界案	2009 年 5 月 5 日	2017 年 3 月 17 日
36	塞舌尔	塞舌尔划界案	2009 年 5 月 7 日	2018 年 8 月 27 日
37	科特迪瓦	科特迪瓦划界案	2009 年 5 月 8 日	2020 年 2 月 5 日
38	汤加	汤加划界案	2009 年 5 月 11 日	2019 年 8 月 2 日
39	肯尼亚	肯尼亚划界案	2009 年 6 月 5 日	2023 年 7 月 3 日
40	尼日利亚	尼日利亚划界案	2009 年 7 月 5 日	2023 年 11 月 8 日

资料来源：根据大陆架界限委员会官网的信息整理。See https://www.un.org/Depts/los/clcs_new/commission_submissions.htm#revisedsubmissions, last visited on 2023-12-10.

2023 年大陆架界限委员会审议并通过了俄罗斯联邦关于北冰洋的部分修订划界案、俄罗斯联邦关于北冰洋欧亚盆地东南部的部分修订划界案、法国和南非联合提交的文件（克罗泽群岛和爱德华王子群岛地区划界案）、肯尼亚划界案、尼日利亚划界案等五个划界案。总体而言，大陆架界限委员会对各国提交的划界案处理比例为 37.3%，处理率较低。换言之，大陆架界限委员会对划界案提出建议方面发挥的作用还有待加强。

（三）国际海事组织监督海上运行安全与环境保护

国际海事组织（International Maritime Organization，IMO）是联合国的专门机构，负责航运安全和保障以及防止船舶造成的海洋和大气污染。国际海事组织由大会、理事会、5个主要委员会、若干个小组委员会、1个秘书处组成。其中，大会是国际海事组织的最高领导机构，由所有会员国组成；理事会是国际海事组织的执行机构，由大会选举产生；5个主要委员会涉及海上安全、法律、海上环境保护、技术合作以及便利运输；小组委员会支持各主要技术委员会的工作。2023年11月27日至12月6日，国际海事组织举行了第33届大会，大会通过了2024年至2029年六年的战略计划，主要包括：①确保实施IMO文书；②将新兴技术纳入监管框架；③应对气候变化，减少国际航运温室气体排放；④继续参与海洋治理；⑤加强全球便利化、供应链弹性和国际贸易安全；⑥解决人为因素问题；⑦确保国际航运的监管有效性；⑧确保组织有效性[①]。

国际海事组织的各项工作支持联合国2030年可持续发展目标。在法律事务方面，国际海事组织设立法律委员会，为国际海事组织理事会的常设附属机构，每年举行两次会议，以处理国际海事组织提出的法律问题。例如，2023年4月，国际海事组织法律委员会启动针对海上自主水面船舶（MASS）开发基于目标的工具，并对《1978年海员培训、发证和值班标准国际公约》进行全面审查[②]。此外，国际海事组织还设立国际海事法研究所，确保足够的海商法专家可以协助国际海事法的实施和执行。这在减少海事纠纷、保障航运安全以及防止船舶造成的海洋和大气污染方面发挥了重要作用。除了大会和理事会外，国际海事组织下设5个主要委员会

---

① See IMO 33rd Assembly adopted resolutions, including on budget, strategic plan and appointment of Secretary-General, https://www.imo.org/en/MediaCentre/PressBriefings/Pages/IMO-Assembly-adopts-budget, –strategic-plan.aspx, last visited on 2024-3-13.

② See IMO, https://www.imo.org/en/MediaCentre/MeetingSummaries/Pages/Joint-MSC-LEG-FAL-Working-Group-on-Maritime-Autonomous-Surface-Ships－（MASS）-.aspx, last visited on 2024-3-13.

（海上安全委员会、海上环境保护委员会、法律委员会、技术合作委员会和便利化委员会）和 1 个秘书处负责各项公约的通过或实施，成员国可以向其任何一个机构提出制定新公约或修订现有公约的需要。在国际海事组织主持下通过或由该组织负责的公约主要分为三大类：一是涉及海上安全的，二是防止海洋污染的，三是涉及责任和赔偿的，特别是与污染造成的损害相关。例如，《国际海上人命安全公约》（SOLAS）、《国际防止船舶污染公约》（MARPOL）等都是 IMO 的主要公约。

三　司法层面：国际法院与国际海洋法法庭共同参与国际海洋治理

在司法层面，本部分主要对国际法院和国际海洋法法庭两大司法机构管辖的案件情况进行梳理。

（一）国际法院维护海洋领域国家间争端的法律秩序

国际法院依据《联合国宪章》成立，是联合国六大主要机构之一，也是联合国最主要的司法机关，它是主权国家政府间的民事司法裁判机构，仅有民事管辖权，没有刑事管辖权。国际法院具有双重作用，一是根据国际法解决各国向它提出的法律争端，二是就联合国授权的机关和专门机构向它提出的法律问题提供咨询意见。截至 2024 年 3 月 13 日，共有 193 件案件被列入总清单①。其中，与海洋有关的案件见表 2。

表 2　国际法院管辖的与海洋有关的案件

序号	当事国		案由	结果
	请求当事国	被告国		
1	危地马拉	伯利兹	领土、岛屿和海洋主张	待决
2	加蓬	赤道几内亚	陆地和海洋划界及岛屿主权	待决
3	尼加拉瓜	哥伦比亚	两国距尼加拉瓜海岸 200 海里以外大陆架的划界问题	已判决

---

① See https://www.icj-cij.org/en/cases, last visited on 2022-10-13.

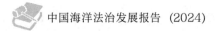

续表

序号	当事国		案由	结果
	请求当事国	被告国		
4	智利	玻利维亚	关于锡拉拉水域的地位和使用的争端	已判决
5	尼加拉瓜	哥伦比亚	诉称侵犯加勒比海主权和海洋空间	已判决
6	索马里	肯尼亚	印度洋海洋划界	已判决
7	玻利维亚	智利	谈判进入太平洋的义务	已判决
8	马来西亚	新加坡	申请修订 2008 年 5 月 23 日关于白礁岛/峇都布泰岛、中岩礁和南礁（马来西亚/新加坡）主权案的判决	法院发布命令，记录经双方同意终止马来西亚于 2017 年 6 月 30 日对新加坡提起的诉讼，并指示将该案从清单中删除
9			请求解释 2008 年 5 月 23 日关于白礁岛、中岩礁和南礁（马来西亚/新加坡）主权案的判决	
10	哥斯达黎加	尼加拉瓜	加勒比海和太平洋的海洋划界	已判决
11	澳大利亚	日本	南极捕鲸	已判决
12	阿根廷	乌拉圭	乌拉圭河上的纸浆厂污染争端	已判决
13	秘鲁	智利	海洋边界争端	已判决
14	尼加拉瓜	哥伦比亚	领土所有权和海洋划界争端	已判决
15	罗马尼亚	乌克兰	黑海海洋划界争端	已判决
16	马来西亚	新加坡	对佩德拉布兰卡/峇都布泰岛、中岩礁和南礁的主权争端	已判决
17	尼加拉瓜	洪都拉斯	在加勒比海的领土和海洋争端	已判决
18	印度尼西亚	马来西亚	对利吉坦岛和诗巴丹岛的主权争端	已判决
19	喀麦隆	尼日利亚	陆地和海洋边界争端	已判决
20	卡塔尔	巴林	领土所有权和海洋划界争端	已判决
21	博茨瓦纳	纳米比亚	在卡西基利/塞杜杜岛周围的边界和该岛法律地位的争端	已判决
22	尼日利亚	喀麦隆	请求解释 1998 年 6 月 11 日喀麦隆与尼日利亚之间陆地和海洋边界案（喀麦隆诉尼日利亚）的判决、初步反对意见	已判决

续表

序号	当事国		案由	结果
	请求当事国	被告国		
23	西班牙	加拿大	渔业管辖权争端	已判决
24	几内亚比绍	塞内加尔	海洋划界争端	已判决
25	丹麦	挪威	格陵兰岛和扬马延岛之间海域的海洋划界争端	已判决
26	萨尔瓦多	洪都拉斯	陆地、岛屿和海上边界争端	已判决
27	突尼斯	阿拉伯利比亚民众国	申请修订和解释1982年2月24日大陆架案（突尼斯/阿拉伯利比亚民众国）的判决	已判决
28	阿拉伯利比亚民众国	马耳他	大陆架边界争端	已判决
29	加拿大	美利坚合众国	缅因湾地区海洋边界争端	已判决
30	突尼斯	阿拉伯利比亚民众国	大陆架边界争端	已判决
31	希腊	土耳其	爱琴海大陆架争端	已判决
32	大不列颠及北爱尔兰联合王国	冰岛	渔业管辖权争端	已判决
33	德意志联邦共和国	冰岛	渔业管辖权争端	已判决
34	德意志联邦共和国	丹麦	北海大陆架争端	已判决
35	德意志联邦共和国	荷兰	北海大陆架争端	已判决
36	大不列颠及北爱尔兰联合王国	挪威	领海基线划定	已判决
37	大不列颠及北爱尔兰联合王国	阿尔巴尼亚	科孚海峡水雷爆炸引起的争端	已判决

资料来源：编写组根据国际法院官网的信息整理。

由上可知，在国际法院管辖的案件总量中，与海洋有关的案件并不算太多，主要涉及相邻国家的海洋划界争端和岛屿主权争端。尽管如此，这些争端也对国际海洋秩序稳定产生极大冲击，同时对国际海洋治理带来挑战。此外，2023年8月24日，日本正式启动福岛核污染水排海，引发国际社会广泛关注。为应对福岛核污染水排海可能造成的海洋生态环境危机，周边国家努力寻求有效途径予以阻止，国际法院对这些争端的处理亦是国际海洋治理中的一个重要环节。

（二）国际海洋法法庭专项解决海洋法律争议

国际海洋法法庭是根据《联合国海洋法公约》设立的一个独立司法机构。它对有关《联合国海洋法公约》的解释或适用的任何争端，以及对赋予法庭管辖权的任何其他协定具体规定的所有事项拥有管辖权。与《联合国海洋法公约》有关的争端可能涉及海洋区域的划界、航行、海洋生物资源的养护和管理、海洋环境的保护和保全以及海洋科学研究。也就是说，与国际法院相比，国际海洋法法庭则是专门处理与海洋有关争端的机构。自1997年11月13日提交至国际海洋法法庭的第一个案件起，截至2024年6月30日已向法庭提交了33个案件（见表3）。

表3　国际海洋法法庭管辖的案件

序号	当事方		案由
	请求方	被请求方	
1	马绍尔群岛	赤道几内亚	M/T"英雄伊登"（第2号）案件
2			M/T"英雄伊登"案迅速释放
3	小岛屿国家、国际法委员会		小岛屿国家气候变化和国际法委员会提交的咨询意见请求
4	瑞士	尼日利亚	"San Padre Pio"号案（2）
5	毛里求斯	马尔代夫	在印度洋上的海洋划界争端
6	瑞士	尼日利亚	"San Padre Pio"号案临时措施
7	乌克兰	俄罗斯联邦	关于扣押三艘乌克兰海军船只案的临时措施
8	巴拿马	意大利	"Norstar"号案
9	意大利	印度	"Enrica Lexie"号案临时措施
10	加纳	科特迪瓦	在大西洋上的海洋划界争端
11	荷兰	俄罗斯联邦	"Arctic Sunrise"号案临时措施
12	次区域渔业委员会		就相关渔业问题提交咨询意见

续表

序号	当事方		案由
	请求方	被请求方	
13	阿根廷	加纳	"ARA Libertad"号案临时措施
14	巴拿马	几内亚比绍	"Virginia G"号案
15	圣文森特和格林纳丁斯	西班牙	"Louisa"号案迅速释放、临时措施
16	国际海底管理局		就担保个人和实体参加国际海底区域活动的国家的责任和义务提交咨询意见
17	孟加拉国	缅甸	在孟加拉湾的海洋划界争端
18	日本	俄罗斯联邦	"Tomimaru"号案迅速释放
19	日本	俄罗斯联邦	"Hoshinmaru"号案迅速释放
20	圣文森特和格林纳丁斯	几内亚比绍	"Juno Trader"号案迅速释放
21	马来西亚	新加坡	在柔佛海峡及其周边地区填海案件的临时措施
22	俄罗斯联邦	澳大利亚	"Volga"号案迅速释放
23	爱尔兰	英国	MOX工厂案临时措施
24	巴拿马	也门	"Chaisiri Reefer 2"号案迅速释放
25	伯利兹	法国	"Grand Prince"号案迅速释放
26	智利	欧盟	东南太平洋剑鱼资源保护和可持续开发
27	塞舌尔	法国	"MonteConfurco"号案迅速释放
28	巴拿马	法国	"Camouco"号案迅速释放
29	新西兰	日本	南方蓝鳍金枪鱼案临时措施
30	澳大利亚	日本	
31	圣文森特和格林纳丁斯	几内亚	"SAIGA"号案（2）
32			"SAIGA"号案迅速释放
33	卢森堡	墨西哥	"郑和"号争端案临时措施

资料来源：编写组根据国际海洋法法庭官网的信息整理。See https://www.itlos.org/en/main/cases/，last visited on 2024-3-13.

由上可知，国际海洋法法庭受理的所有案件中，涉及临时措施程序的案件 10 起，涉及迅速释放程序的案件有 11 起，这表明临时措施和迅速释放是国际海洋法法庭管辖案件的重要缘由。两者各有其特点。其一，就临时措施程序而言，一方面，诉诸临时措施有助于当事方获取更多与核心诉求相关的信息，提高胜诉的可能性，或者选择更为恰当的争端解决方式；另一方面，诉诸临时措施有助于及时保护当事方的权利，防止海洋环境的严重损害以及助力争端解决①。其二，就迅速释放程序而言，迅速释放程序与国内程序既相互独立又彼此影响②。鉴于此，中国作为渔业大国和沿海大国，应当善于恰当运用临时措施和迅速释放程序维护本国海洋利益。这亦是国际海洋法法庭在国际海洋治理中发挥的重要作用所在。

值得注意的是，2023 年中国参与国际海洋法法庭口头程序，也是中国继参与国际法院科索沃咨询意见案口头程序后又一重要国际司法实践。2023 年 9 月 15 日，外交部条约法律司司长代表中国在国际海洋法法庭就涉气候变化咨询意见案口头程序进行陈述，阐述了中国关于管辖权和有关国际气候变化法以及国际海洋法问题的立场和主张，对新兴经济体国家应对气候变化发挥了引领作用③。

总体而言，在国际海洋治理的宏观法治发展进程中，国际社会愈发意识到海洋资源过度开发、污染、栖息地破坏和气候变化等海洋问题亟待解决，并采取了诸如搭建法律框架、加强国际合作和促进海洋可持续发展的相关措施，立法、行政、司法三方面有机结合、共同助力。

从宏观层面对国际海洋治理的法治发展进行综述后，下文将从气候变化与海洋治理、极地治理、《国家管辖外海域生物多样性养护和可持续利

---

① 姚莹：《国际海洋法法庭临时措施的适用及其启示》，《地方立法研究》2022 年第 5 期，第 120 页。
② 施余兵、庄媛：《国际海洋法法庭迅速释放程序与国内程序的关系探析——兼论对我国的启示》，《武大国际法评论》2021 年第 4 期，第 25 页。
③ 《中国首次参与国际海洋法法庭口头程序》，《法治日报》2023 年 10 月 16 日。

用国际协定》（BBNJ）生效这三个海洋法领域的新颖问题和热点问题进行
具体梳理。

第二节　推动气候变化与国际海洋治理进程

在气候变化引发全球变暖背景下，海平面加速上升对自然生态环境和
人类经济社会发展产生了广泛影响。小岛屿国家因其特殊的地理环境，处
于海平面上升冲击的前沿，面临更大的生存环境恶化和淹没风险。例如，
海平面上升 50 厘米就会使格林纳达失去 60% 的沙滩，上升 1 米就会淹没
马尔代夫岛屿。

一　新近两例国家气候变化咨询意见案

（一）小岛屿国家气候变化国际海洋法法庭咨询意见

2022 年 12 月 12 日，国际海洋法法庭收到了小岛屿国家气候变化和国
际法委员会（COSIS）要求提供咨询意见的请求。该委员会于 2021 年 10
月 31 日根据《建立小岛屿国家气候变化和国际法委员会的协定》（以下
简称《委员会协定》）成立。委员会决定在 2022 年 8 月 26 日举行的会议
上，将以下法律问题提交法庭以征求其咨询意见，《联合国海洋法公约》
缔约国有哪些具体义务包含在第十二部分中：（a）防止、减少和控制与因
气候变化而造成或可能造成的有害影响有关的海洋环境污染，包括人类向
大气层排放温室气体所造成的气候变暖和海平面上升以及海洋酸化；（b）
保护和维护与气候变化影响有关的海洋环境，包括气候变暖和海平面上升
以及海洋酸化①。

小岛屿国家气候变化和国际法委员会要求国际海洋法法庭提供咨询意
见的依据为《建立小岛屿国家气候变化和国际法委员会的协定》第 2 条第

---

① See https://itlos.org/fileadmin/itlos/documents/cases/31/Request _ for _ Advisory _ Opinion _
COSIS_12. 12. 22. pdf.

2 款规定："委员会应有权依据《国际海洋法法庭规约》第 21 条和《国际海洋法法庭规则》第 138 条，就 1982 年《联合国海洋法公约》范围内的任何法律问题，请求国际海洋法法庭提供咨询意见。"① 小岛屿国家气候变化和国际法委员会成立于 2021 年 10 月第 26 届联合国气候变化大会期间，安提瓜和巴布达、图瓦卢签署了《委员会协定》。该协定根据《联合国宪章》第 102 条在联合国登记，委员会成员向小岛屿国家联盟（AOSIS）所有成员开放。截至 2023 年 6 月，协定缔约国已经增加到 9 个成员：安提瓜和巴布达、纽埃、帕劳、圣卢西亚、图瓦卢、瓦努阿图、圣文森特和格林纳丁斯、圣基茨和尼维斯、巴哈马。根据《委员会协定》第 1 条第 3 款，委员会的任务是促进有关气候变化的国际法规则和原则的制定、实施和逐步发展，包括但不限于各国在保护和保全海洋环境方面的义务及其因违反这些义务而造成损害的责任②。委员会的咨询意见请求有可能对今后如何解释《联合国海洋法公约》的环境义务，特别是那些可能与气候变化影响有关的义务产生深远影响。

（二）智利和哥伦比亚美洲人权法院咨询意见

2023 年 1 月 9 日，智利和哥伦比亚两国的外交部部长请求美洲人权法院就国际人权法框架下特别是《美洲人权公约》关于国家应对气候紧急情况的义务范围发表咨询意见③。该请求遵循两个并行程序，分别向国际海洋法法庭和国际法院征求咨询意见，下文着重介绍向美洲人权法院申请咨询意见的相关情况。该请求旨在为各国单独和集体解决气候变化根源问题和后果义务提供指导，具体涉及六个方面 21 个问题。第一，国家审慎义

---

① See https://itlos.org/fileadmin/itlos/documents/cases/31/Request _ for _ Advisory _ Opinion _ COSIS_12. 12. 22. pdf.

② See Commission of small island states on climate change and international law, https://www. cosis-ccil. org/about, last visited on 2024-5-12.

③ See Climate change litigation databases, Request for an advisory opinion on the scope of the state obligations for responding to the climate emergency, https://climatecasechart. com/non-us-case/request-for-an-advisory-opinion-on-the-scope-of-the-state-obligations-for-responding-to-the-climate-emergency/, last visited on 2024-5-12.

务（5 个问题），该意见询问了国家在预防和保障人权以应对气候紧急情况方面所承担的义务，具言之，哥伦比亚和智利要求法院提供有关监管、监测、环境影响评估、应急计划和缓解可能使气候紧急情况恶化的措施。第二，人权中的生命权（2 个问题），请求国重点关注在气候紧急情况下保护生命权和其他相关权利（如生命权、财产权、健康权和参与权）的实质性和程序性义务。第三，儿童权利（2 个问题），请求国要求法院澄清各国保护儿童和子孙后代权利的不同义务，特别要求法院界定儿童在气候相关案件中诉诸司法的权利。第四，程序性权利（2 个问题），请求国要求法院澄清国家义务的性质，以采取司法行动，充分保护和补偿受气候紧急情况影响的权利。第五，环境保护者（5 个问题），请求国依据《美洲人权公约》和《埃斯卡苏协定》询问对环境维护者的保护措施，特别是原住民和妇女。第六，共同但有区别的责任（5 个问题），请求国进一步要求国际气候人权机构了解各国合作应对气候变化的义务，特别是澄清各国共同但有区别的义务①。

美洲人权法院成立于 1979 年，总部设在哥斯达黎加，其成立目的是解释和适用美洲国家组织成员国批准的《美洲人权公约》。早在 2017 年哥伦比亚请求美洲法院提供大加勒比地区开发项目对海洋环境造成的风险咨询意见，美洲人权法院对此请求发表的咨询意见强调，各国如果受到环境损害，就必须保护人权。此外，法院确认没有被纳入《美洲人权公约》的健康环境权，也可以在法庭上得到维护②。美洲人权法院是继国际法法院和国际海洋法法庭之后第三个负责提供与气候变化有关咨询意见的国际法院。

二　咨询意见在气候变化与海洋治理中的作用与面临的挑战

区别于诉讼管辖权，国际司法机构的咨询管辖权，是指国际司法机构

---

① Request for an advisory opinion on the Climate Emergency and Human Rights submitted to the Inter-American Court of Human Rights by the Republic of Colombia and the Republic of Chile, see https://www.corteidh.or.cr/docs/opiniones/soc_1_2023_en.pdf, last visited on 2024-5-12.

② Advisory Opinion(OC-23/17)-Inter-American Court of Human Rights, see https://elaw.org/resource/iachr_co2317, last visited on 2024-5-12.

对具有咨询资格的国际机构或国际组织提出的相关法律问题发表咨询意见的权利。一般而言，咨询意见"构成建议"，在法律上并不约束提出请求的实体、任何其他机构或国家根据该意见采取任何具体行动①。值得注意的是，无论咨询意见是否具有约束力，委员会的倡议至少会在气候变化引起的法律问题上获得全球广泛关注，特别是海平面上升对小岛屿国家的影响②。

（一）咨询意见在气候变化与海洋治理中的作用

咨询意见在气候变化与海洋治理中发挥着日益显著的作用。虽然咨询管辖与诉讼管辖同为国际海洋法法庭的职权，但咨询意见案件数量远远不如诉讼纠纷案件。迄今为止，国际海洋法法庭仅发表了两项咨询意见，一项是2011年国际海洋法法庭向国际海底管理局提交的就担保个人和实体参加国际海底区域活动的国家的责任和义务提交咨询意见，另一项是2015年国际海洋法法庭首次以全庭出席方式对西非次区域渔业委员会渔业纠纷咨询仲裁案发表了咨询意见，上述两个案件仅后者与海洋环境治理有关。但这种趋势在慢慢改变。在理论层面，越来越多的学者关注咨询意见在气候变化与海洋治理议题中的作用。博丹斯基（Bodansky）认为，国际法院的咨询意见能够为国际治理带来法律上的明确性和推进效果。这种咨询意见可以通过"塑造公众意识并为广泛的参与者确定规范性期望"来影响国家③。换言之，如果只是为了澄清法律，那么咨询意见会比诉讼案件更具有可取性，气候变化损害责任则更适宜采取咨询意见方式来推动。拉贾玛尼（Rajamani）等学者强调，一般国际法在补充和填补气候制度、问责制

---

① "Advisory Opinions—International Organizations, Practice and Procedure, *Oxford Public International Law*, 2006, See https://opil.ouplaw.com/display/10.1093/law: epil/9780199231690/law - 9780199231690-e4#law-9780199231690-e4-div1-6.

② Donald R. Rothwell（2023），Climate Ehange, Small Island States, and the Law of the Sea: The ITLOS Advisory Opinion Request, ASIL. Available at: https://www.asil.org/insights/volume/27/issue/5, last visited on 2024-5-12.

③ Cassese, A.（2017），The Statute of the International Criminal Court: Some Preliminary Reflections, The International Criminal Court, pp.41-68. doi: 10.4324/9781351146401-2.

和公平性差距中发挥潜在作用①。据此，国际法一般原则可能有助于协助确定国家应对气候变化和减少排放方面的公平份额，咨询意见便可以具化国家义务，确定评估国家行动的基准，并为国际法院提供审查这些活动的工具。鉴于国家气候诉讼量不断上升，这种具体化的咨询意见产生了重要影响，世界各国依赖于各种法律来源——从侵权法到人权法到行政法，要求相关国家和企业减少温室气体排放，或减少与温室气体影响有关的危害。例如，前文所述的美洲人权法院咨询案乃是从国际人权法角度要求澄清人权法中与环境有关的权利义务关系。

（二）咨询意见在气候变化与海洋治理中面临的挑战

咨询意见在处理气候变化与海洋治理问题上仍存在一定局限，主要表现在程序上管辖权无法澄清和实体上法律分析恐超出国际海洋法法庭能力两方面。

首先，在程序上就管辖权和法律依据而言，国际海洋法法庭和美洲人权法院是否拥有对海洋气候变化问题发表咨询意见的管辖权。《联合国海洋法公约》虽然对气候变化问题并未直接作出规定，但序言指出其订立目的是"本着以相互谅解和合作的精神解决与海洋法有关的一切问题"。同时，《联合国海洋法公约》第 12 部分"保护和保全海洋环境"，将人类活动包含在对海洋环境造成污染的活动中。人类活动排放的温室气体显然对造成海洋环境污染有直接或间接关系，由此可见，气候变化与海洋治理密切相关，应对气候变化符合公约精神。此外，《联合国海洋法公约》第 15 部分及附件六规定，"法庭对按照《联合国海洋法公约》规定向它提交的一切争端和申请，以及按照其他协议授权提交的所有事项享有管辖权"。反观小岛屿国家通过签订国际条约、成立国际组织并授权其寻求咨询意见，显然是基于对相关规范的解读和发表咨询意见实践而作出的

---

① Rajamani, L., Jeffery, L., Höhne, N., Hans, F., Glass, A., Ganti, G., & Geiges, A. (2021), "National 'Fair Shares' in Reducing Greenhouse Gas Emissions within the Principled Framework of International Environmental Law". Climate Policy, 21 (8), 983 – 1004. https://doi.org/10.1080/14693062.2021.1970504.

针对性举动①。提交的 34 份书面声明中，有 3 个国家（巴西、印度和中国）对国际海洋法法庭的管辖权表示反对，部分国家（印度尼西亚、智利）表示咨询意见并不具有法律约束力，但仍然有一半以上的国家认为国际海洋法法庭拥有咨询意见管辖权。美洲人权法院是《美洲人权公约》下美洲人权体系中两个司法性机构之一（另一个是美洲人权委员会），对《美洲人权公约》的解释或适用有关的一切事项具有管辖权，具言之，可以行使争端解决、监督司法、下令采取临时措施和提供咨询意见等职能。根据美洲人权法院应哥伦比亚请求于 2019 年发表的 OC-23/17 号咨询意见，法院认为享有健康环境权是《美洲人权公约》规定的一项人权。2021年，美洲人权委员会通过了题为《气候紧急情况：美洲人权义务的范围》的第 3/21 号决议②，无疑肯定了美洲人权法院对涉及气候变化人权利益咨询意见的管辖权。总而言之，以海洋法为基础，国际海洋法法庭和美洲人权法院的咨询管辖权得到了初步发展，管辖权范围逐渐扩大。

其次，在实体上气候变化咨询意见受到《联合国海洋法公约》的约束更为明显，能够发挥作用的空间十分有限，下文将着重以小岛屿国家气候变化和国际法委员会提出的咨询意见请求进行分析。该咨询意见与国际海洋法法庭以往咨询意见存在差异，有可能对国际海洋法法庭咨询意见带来挑战。第一，委员会提出的问题足以涵盖《联合国海洋法公约》的所有缔约国，而不仅仅是 COSIS 缔约国。因此，国际海洋法法庭的咨询管辖权将再次受到挑战，需要澄清其对咨询意见的管辖权，以及明确 COSIS 所要求的咨询意见是否会超出 COSIS 协议缔约国。第二，国际海洋法法庭能否就当前咨询意见请求的主题（即气候变化）对《联合国海洋法公约》以外的协定或公约加以解释和解读。截至目前，国际海洋法法庭过往的咨询意见并未涉及《联合国海洋法公约》及其执行协定范围以外的协定，但因涉

---

① 龚微：《国际海洋法法庭对气候变化国家义务的咨询意见：依据、效力与可能影响》，《太平洋学报》2023 年第 9 期。

② IACHR, Climate Emergency Scope of Inter-American Human Rights Obligations, 3, 2021, https://www.oas.org/en/iachr/decisions/pdf/2021/resolucion_3-21_ENG.pdf.

及气候变化，国际海洋法法庭在确定管辖权之后还需要深入研究气候机制，如《联合国气候变化框架公约》。对此，一部分学者认为这与《联合国海洋法公约》的宗旨是一致的，但一些已发表书面声明的缔约国不同意国际海洋法法庭有权解释上述条约，如印度、中国。第三，咨询意见请求提出的两个问题均涉及《联合国海洋法公约》第 12 部分及其中有关海洋环境的义务，而其中第 192 条一般性地规定了各国有义务保护和保全海洋环境，第 194 条则是具体化了各国采取预防、减少和控制海洋污染一切行动的国家义务。因此，在应对气候变化咨询意见上，国际海洋法法庭发挥能动性的空间有限，难以确定国家结果义务，无法确定国家气候赔偿义务，对国家的行为义务发表咨询意见可能成为其退而求其次的选择①。

总体而言，咨询意见在气候变化和海洋治理领域已进一步引起关注，无论咨询意见是否会被视为具有约束力，详细规定缔约国义务的指示将对该地区各国政府产生进一步压力，以加强其国内监管，确保遵守国际义务。

最后，如果法院决定处理请求国提出的所有问题，该咨询意见将成为气候变化和海洋治理中一个里程碑式的决定，以澄清国家确保环境权的具体义务范围。

三　中国应对气候变化与海洋治理的贡献与展望

气候变化、海洋环保与全人类生存和长远发展休戚相关，是全球治理的重要议题，是推动构建人类命运共同体的重要领域，同时事关我国发展模式和发展空间。

（一）中国在全球气候变化与海洋治理中的贡献

近年来，我国积极参加各项全球气候变化治理合作，践行共商共建共享的全球治理观。

---

① 龚微：《国际海洋法法庭对气候变化国家义务的咨询意见：依据、效力与可能影响》，《太平洋学报》2023 年第 9 期。

在气候变化领域，2023 年 9 月 15 日，外交部条约法律司司长代表中国在国际海洋法法庭涉气候变化咨询意见案口头程序中发表陈述，阐述了中国关于管辖权和有关国际气候变化法以及国际海洋法问题的立场和主张①。中国在书面意见中反对法庭咨询管辖权这一立场的部分原因是要防止"国际法不成体系"，认为法庭权力源于国家同意，体现为组织文件授权，《联合国海洋法公约》未赋予法庭全庭咨询管辖权。强调《联合国海洋法公约》第 288 条和《国际海洋法法庭规约》第 21 条均没有为法庭全庭咨询管辖权提供依据；《联合国海洋法公约》第 159 条、第 191 条和《国际海洋法法庭规约》第 40 条仅涉及法庭海底争端分庭咨询管辖权，与全庭咨询管辖权无关；《国际海洋法法庭规则》第 138 条逾越了《联合国海洋法公约》包括《国际海洋法法庭规约》的授权；法庭不能依据"隐含权力"建立全庭咨询管辖权②。这是我国首次参与国际海洋法法庭口头程序。中国作为世界第二大经济体、负责任的发展中大国，通过在重要国际司法机构发声，坚决维护国家的发展权益，广泛团结包括小岛屿国家在内的发展中国家，增强对国际规则的影响力、塑造力，展示我国对人类前途命运高度负责的良好形象，推动全球治理朝着公平公正的方向发展。

在碳达峰碳中和领域，2024 年 4 月 25 日至 26 日在柏林举行的"彼得斯堡气候对话"，中国气候变化事务特使"解码"全球碳中和实现路径，即维护多边主义，加强国际合作③。2023 年 7 月 3 日至 7 日，国际海事组织（IMO）海上环境保护委员会举行第 80 届会议（MEPC 80），会上清洁北极联盟（CAA）呼吁 IMO 成员国制定过渡目标：到 2030 年将航运对气候造成的影响减半。成员国必须特别承诺强制减少航运业的黑碳排放，并

① 《中国首次参与国际海洋法法庭口头程序》，外交部，https://www.mfa.gov.cn/web/wjdt_674879/sjxw_674887/202309/t20230919_11145012.shtml，最后访问日期：2024 年 5 月 14 日。
② 《中国首次参与国际海洋法法庭口头程序　访外交部条约法律司司长马新民》，《法治日报环球法治》2023 年 10 月 16 日，第 6 版。
③ 《刘振民"解码"全球碳中和实现路径：维护多边主义　加强国际合作》，中国新闻网，www.chinanews.com.cn/gj/2024/04-29/10208651.shtml。

支持指定新的排放控制区（ECAs），以减少北极大气污染①。国际海事组织（IMO）海上环境保护委员会第80届会议（MEPC 80）于2023年7月3日至7日以线下与远程相结合方式召开，通过了新的船舶温室气体减排战略，修订后的减排战略包括：到2050年实现国际航运温室气体净零排放，并承诺力争到2030年全球排放总量比2008年降低30%，替代燃料使用力争达到10%②。自2017年国际海事组织（IMO）制定的《极地规则》正式生效以来，在极地船舶入级、设计、建造、运营和管理方面全球治理水准取得了较大突破。IMO的北极重油禁令于2024年7月1日生效，推动北极航运船舶采用新能源动力系统及节能减排技术已经日趋急迫③。中国高度重视与世界各国的能源和能源转型合作，截至2023年底，中国已与41个发展中国家签署50份气候变化南南合作谅解备忘录，合作建设4个低碳示范区，开展77个减缓和适应气候变化项目，合作领域涵盖清洁能源、低碳交通、节能增效、环境监测、灾害预警等多个领域④。未来全球能源转型和碳中和的实现，需要加强气候融资，也需要推进技术创新，更需要维护开放、公平的国际经济体系。

在海洋治理领域，中国和法国重申了对保护海洋和沿海生态系统的特殊责任和共同愿景，中法两国就加强生物多样性保护与海洋合作发布了联合声明，通过了"昆明—蒙特利尔全球生物多样性框架"⑤。中法声明重申了保护海洋及其沿岸生态系统的共同责任，共同致力于实现以下目标：到2030年，有效保护至少30%的陆地和海洋生态系统，并对相同比例的已退化生态系统进行修复。此外，双方共同协商在海洋科学研究、打击非

---

① 《清洁北极联盟呼吁：IMO必须于2030年前减少黑碳排放》，https：//imcrc.dlmu.edu.cn/info/1128/6579.htm。

② 《国际海事组织：航运碳税"将至"但内部分歧难调和》，http：//www.csoa.cn/doc/27761.jsp，最后访问日期：2024年5月14日。

③ 胡冰、罗文俊、殷华兵：《我国北极航运发展需求浅析》，《航海技术》2022年第5期。

④ 《中国应对气候变化的政策与行动2023年度报告》，生态环境部，2023年10月27日。

⑤ 《中法关于就生物多样性与海洋加强合作的联合声明：昆明—蒙特利尔到尼斯》，新华网，https：//ocean.cctv.com/2024/05/07/ARTIckvrmDv0WeGe4w4AbV79240507.shtml，最后访问日期：2024年4月14日。

法捕捞、海洋污染防治以及推动蓝色经济发展等方面设定具体合作目标，以促进多边海洋环境治理合作。这份声明不仅表明中法在全球环境治理中合作日益深入，也为其他国家提供了合作保护全球生物多样性和加强海洋管理的范例。通过这种合作框架，中法希望能有效应对全球环境问题，促进生物多样性的长远保护。

（二）未来全球气候变化与海洋治理的中国路径

鉴于区域在全球海洋治理中的地位快速提升，有学者建议中国应在"周边—域外—全球"三个递进层面共同发力，以更好地回应并促进区域主义路径的发展①。基于此，对于未来全球气候变化与海洋治理，我国可从区域治理层面和全球治理层面分别寻求路径。

一是区域治理层面。首先，增强周边区域的内聚力和治理能力。习近平主席指出，"中国始终将周边置于外交全局的首要位置，视促进周边和平、稳定、发展为己任"②。中国可以与周边国家和地区加强气候变化和海洋治理领域的合作，通过建立区域性合作机制和平台，共同制定区域性气候变化和海洋保护的政策和行动计划，推动区域间资源共享、信息交流和技术转移，共同应对区域性的气候变化和海洋环境挑战。其次，加强与其他区域的联动与对接。中国应积极构建"蓝色朋友圈"，与欧洲、非洲、加勒比海、南太平洋等区域深度合作，吸引适度的域外力量参与，以弥补区域主义路径能力不足，促进重大海洋问题解决，并开拓与域外国家的广阔合作空间和利益增长点。最后，创新治理机制，优化区域治理体系。中国应考虑领导整合现有的单项治理机制，建立综合性政府间海洋组织，或对正在运作的东亚海洋合作平台进行重构，常态化举办高层会议、民间论坛和学术研讨等活动，以填补区域海洋治理体系空白，实现更全

---

① 崔野：《全球海洋治理区域主义路径的发展与中国因应》，《东北亚论坛》2024年第1期。

② 《习近平：中国始终将周边置于外交全局的首要位置》，中国共产党新闻网，http://cpc.people.com.cn/n/2015/1107/c64094-27788876.html，最后访问日期：2024年8月6日。

面、集成的框架建构。

二是全球治理层面，首先，巩固并深化全球海洋多边合作。面对逆全球化、单边主义、地缘政治思维等逆流对全球海洋治理的剧烈冲击，中国应捍卫并践行真正的多边主义，主动遵守并落实国际社会确立的各项公约、制度和计划，为全球主义路径营造有利的国际环境。其次，积极参与并引领全球海洋立法进程。中国应以全球最大的发展中国家身份，积极参与重要海洋立法谈判和全球性治理机制，代表周边国家和域外发展中国家提出区域政策主张，并努力将其纳入国际海洋法律体系，以平衡全球海洋立法的各方利益。最后，改革并完善全球海洋治理体系。公正、合理的全球海洋治理体系是其长期有效运行的保证，中国应通过综合手段消除现有体系的缺陷，主动提供各类全球海洋公共产品，以改变由强者治理、为强者治理的过时逻辑。

综上所述，中国在气候变化与海洋治理方面已经取得了一系列积极成果，并在未来继续加强合作，推动全球环境保护事业取得更大进展。

第三节　推进极地治理的国际治理发展

一　极地治理概况

极地具有极其重要的军事、政治、经济和科研价值。因此，有众多国家、国际组织、科研机构参与极地的全球治理活动。虽然在极地的全球治理过程中，相关国际公约、区域性公约和一些国家的国内极地立法彼此存在矛盾与冲突，但极地全球治理的原则已基本形成。这些原则在以下方面发挥了重要作用：保障极地区域"自然保护区"的法律地位[①]，防止极地共有财产的私有化倾向；和平利用、巩固极地安全基础；保护极地生态环

---

① 《南极条约环境保护议定书》第 2 条规定，"各缔约国承诺全面保护南极环境及依附于它的和与其相关的生态系统，特将南极指定为自然保护区，仅用于和平与科学"。

境，共同应对全球气候危机，实现可持续发展等①。但随着全球气候变暖，极地自然环境急剧变化，由此带来的国防安全、自然资源开发、航运等新议题大量涌现。尤其是北极地区的经济潜力日益显现，主要包括北极航道的开通及商业化运营、北极地区油气资源开发、旅游业发展以及北极渔业资源开发等。因此，由气候变化造成的新兴问题对北极地区全球治理的影响格外明显。

（一）极地治理的重要法律文件

极地治理的全球性规则主要包括《联合国海洋法公约》以及《国际极地水域营运船舶规则》（以下简称《极地船舶规则》）。但《联合国海洋法公约》除第234条"冰封区"条款外，并没有对极地海洋治理作出更详细的规定，《极地船舶规则》也只是为了极地航行安全与环境保护而制定的国际规则，能够适用的范围过于狭窄，无法形成针对极地治理的宏观制度安排。因此，在国际实践中，各国签订了众多有关极地治理的区域性条约，共同形成极地治理的基本法律框架。

1. 南极治理的重要法律文件

适用于南极区域的规则主要有《南极条约》、《南极海豹保护公约》（以下简称《海豹公约》）、《南极海洋生物资源养护公约》（以下简称《养护公约》）和《关于环境保护的南极条约议定书》（以下简称《议定书》）以及历届南极条约协商国会议（ATCM）通过的大量措施、建议、决议等。

《南极条约》为南极治理机制确立了基本的规范框架。其中，主权冻结、非军事化以及科学研究自由被视为《南极条约》的三大支柱。《南极条约》在实施过程中达成了很多协定，进而与《南极条约》一起形成了"南极条约体系"。《议定书》是南极条约体系中最重要的一项协定。它是迄今为止《南极条约》体系中最为全面和综合的南极环境保护条约，为整个南极地区的资源养护与保护规划了蓝图，表明协商国在南极治理的价值

---

① 杨华：《中国参与极地全球治理的法治构建》，《中国法学》2020年第6期，第208页。

取向上从资源利用向环境保护转移[1]。但自 1991 年《议定书》签订后，《南极条约》体系再也没有推出重要条约，南极治理的制度更新陷入困境[2]。就《南极条约》与《海豹公约》、《养护公约》、《马德里议定书》以及其他具有法律效力的"措施"与"建议"的关系来说，《南极条约》是南极治理的宪法性条约，其他法律文件是《南极条约》的"特别法"，是在《南极条约》基础上的发展与细化。

2. 北极治理的重要法律文件

与南极地区主要由南极大陆构成且世界各国目前在南极大陆并不享有领土主权的情况有本质不同，北极地区是由北极国家的领土以及北冰洋中的国家管辖范围内海域、公海和国际海底区域组成[3]。因此，北极治理没有统一适用的单一国际条约，北极治理的法律依据构成如下：《联合国宪章》《联合国海洋法公约》《斯匹次卑尔根群岛条约》等国际条约，北极八国在北极理事会框架下签署的三个有约束力的法律文件（分别是《北极海空搜救合作协定》《北极海洋油污预防与反应合作协定》《加强北极国际科学合作协定》）以及北极国家的国内立法。

北极域外国家在北极不享有领土主权，但依据《联合国海洋法公约》等国际条约和一般国际法在北冰洋公海等海域享有科研、航行、飞越、捕鱼、敷设海底电缆和管道等权利，在国际海底区域享有资源勘探和开发等权利。此外，《斯匹次卑尔根群岛条约》缔约国有权自由进出北极特定区域，并依法在该特定区域内平等享有开展科研以及从事生产和商业活动的权利，包括狩猎、捕鱼、采矿等。

（二）极地治理发展现状

1. 南极治理发展现状

目前南极治理的合作基础及最大障碍皆源于《南极条约》第 4 条确立

---

①　陈力：《南极治理机制的挑战与变革》，《国际观察》2014 年第 2 期，第 100 页。
②　王婉潞、王海媚：《21 世纪以来中国的南极研究：进展与前景——王婉潞博士访谈》，《国际政治研究》2021 年第 6 期，第 138 页。
③　《中国的北极政策》。

的主权冻结原则①。主权冻结原则在很长一段时间创造并维持了南极地区的和平与稳定，避免了南极地区成为大国争霸的战场，但经过60余年的发展，这一原则亦给南极治理造成了一系列问题。首先，主权冻结原则并未否定各主权声索国对南极大陆的领土主权声索，因此，主权声索国往往通过绘制地图、发行邮票、开展公共教育、建设基础设施、在本国声索区升国旗、地理命名、开展科学活动、管制捕鱼、接待孕妇甚至建立教堂等方式推动本国的主权声索，并通过国内立法、制定战略规划、行政管理及司法管辖等手段不断强化对所谓"南极领地"的实际管控②。其次，主权冻结原则使参与南极治理的各国权利处于待定状态，最终导致南极治理国际法构建的软法化、模糊化③。目前，参与南极治理的各个国家在气候变化、南极旅游、生物勘探等焦点议题上更倾向于采用"决定"或"决议"的软法方式进行治理。主要原因在于《南极条约》回避管辖权、资源等关键问题，且未就主权冻结、非军事化、和平利用、实质性活动、科研合作等条款用词作出明确定义，而条约成员国也未就相关概念达成共识，最终导致南极治理形成了建立在国家的"关注"而非"同意"的软法造法机制上④。

2. 北极治理发展现状

俄乌冲突对北极治理的发展产生了深远影响。俄罗斯与美国领导下的北约在北极地区展开了激烈的军事安全博弈。有学者认为，治理与合作的

① 陈力、刘思竹：《论冰架在南极条约体系中的法律地位》，《复旦学报》（社会科学版）2023年第1期，第161页；李坤海：《论专属经济区在南极海域的不适用性》，《上海对外经贸大学学报》2023年第5期，第80~90页；王婉潞：《南极治理新态势与中国应对》，《国际展望》2023年第5期，第56页；杨子涵：《论南极条约区域上空的法律地位》，《边界与海洋研究》2023年第6期，第61页。

② 王婉潞：《南极治理新态势与中国应对》，《国际展望》2023年第5期，第65页。

③ 陈力、刘思竹：《论冰架在南极条约体系中的法律地位》，《复旦学报》（社会科学版）2023年第1期，第165页；王婉潞：《南极治理新态势与中国应对》，《国际展望》2023年第5期，第67页；杨子涵：《论南极条约区域上空的法律地位》，《边界与海洋研究》2023年第6期，第54~68页。

④ 王婉潞：《南极治理新态势与中国应对》，《国际展望》2023年第5期，第61、67页。

主题迅速被安全竞争所取代①。最直观的表现就是北极其他七国与俄罗斯陷入安全困境，现有国际合作框架分裂，导致北极二元化安全格局并加速形成北极二元化治理格局。

对于除北极其他七国及俄罗斯之外的北极域外国家来说，这种二元格局使得北极域外国家参与北极事务的成本大幅提高。有学者认为，北极合作共识让位于安全竞争，原有合作机制逐渐解体。北极理事会等主流多边机构的停摆导致域外国家参与北极事务的权利被削弱，安全竞争带来的紧张氛围使得域外国家的北极行动易被北极国家政治化、军事化，遭到抵制。以俄罗斯和加拿大为代表的北极国家通过国内立法推动北极航道内水化，压缩北极海域公共空间②。俄罗斯和加拿大的国内法规将北极航道途经其本国沿岸部分的海峡水域视为内水，拒绝适用《联合国海洋法公约》的过境通行制度，并且将这一立场在国内法律化，制定严格的通行条件，其中涉及外国船舶的申请、报告和批准制度，《联合国海洋法公约》第234条授权沿海国制定国内法规以保护脆弱的北极环境成为它们作出上述行为的国际法依据。

二 极地治理的中国参与

我国于1985年成为《南极条约》协商国，2013年成为北极理事会正式观察员国，至此确立了我国参与极地全球治理的主体地位。

（一）南极治理的中国参与

南极条约协商会议（以下简称"协商会议"）和南极海洋生物资源养护委员会会议（以下简称"养护会议"）是当前南极治理中最重要的两个机制，亦是中国参与南极治理的主要平台。在协商会议和养护会议上提交的文件是南极治理过程中的重要法律依据，也是南极条约体系的重要

① 赵宁宁：《北极军事安全博弈新态势及国际影响》，《思想理论战线》2023年第5期，第99页。

② 王泽林：《〈极地规则〉生效后的"西北航道"航行法律制度：变革与问题》，《极地研究》2022年第4期，第485页。

组成部分。协商会议文件分为"工作文件"（Working Paper，WP）与"信息文件"（Information Paper，IP）。工作文件有可能成为具有法律效力的"建议"或"措施"；信息文件则只提供相关议题的背景知识。协商会议这一模式延续到养护会议上，养护会议亦是依据工作文件制定具有法律效力的"养护措施"。

截至2024年6月30日，中国在协商会议上已提交41份工作文件和72份信息文件。表4为2013年以来中国提交的部分文件信息。

表4　2013年以来中国提交协商会议部分工作文件与信息文件

年度/会议	工作文件	信息文件
2013年/第36届协商会议	《冰穹A地区中国南极昆仑站新建南极特别管理区的提案》	《在南极伊丽莎白公主地建立内陆夏季营地的初步环境评价》
	《南极伊丽莎白公主地拉斯曼丘陵斯图尔内斯半岛特别保护区管理计划草案》（与澳大利亚、印度、俄罗斯联合提交）	《第6号南极特别管理区——拉斯曼丘陵管理组报告》
2014年/第37届协商会议	《关于在冰穹A中国南极昆仑站新建南极新特别管理区的非正式讨论报告》	《中国在南极维多利亚地新建科考站的建设与运行的综合环境评估（CEE）草案》
2014年/第37届协商会议	《第169号南极特别保护区——东南极伊丽莎白公主地阿曼达湾的管理计划修订案》（与澳大利亚联合提交）	《对中国建立维多利亚地新科考站CEE草案的响应》
	《第6号南极特别管理区——东南极拉斯曼丘陵的管理计划修订案》（与澳大利亚、印度、俄罗斯联合提交）	《第6号南极特别管理区——拉斯曼丘陵管理组的报告》
2015年/第38届协商会议	《第168号南极特别保护区——东南极格罗夫山哈丁山管理计划修订案》	《东南极/罗斯海联合科研工作组》（与澳大利亚联合提交）
	《闭会期间关于在中国昆仑站建立新特别管理区提议的非正式谈判报告》	

续表

年度/会议	工作文件	信息文件
2016 年/第 39 届 协商会议	《中国根据南极条约第 7 条和议定书第 14 条履行的视察》 《2015/2016 闭会期间关于中国昆仑站建立新特别管理区的非正式谈判及后续工作的报告》	《中国根据南极条约第 7 条和议定书第 14 条履行的视察》
2017 年/第 40 届 协商会议	《南极绿色考察》（与澳大利亚、智利、法国、德国、印度、韩国、新西兰、挪威、英国、美国联合提交） 《2016/2017 闭会期间关于在中国南极昆仑站冰穹 A 新建南极特别管理区提案的非正式讨论报告》	特别会议主席总结《我们的南极：保护和利用》 《极地科学亚洲论坛在第 40 届协商会议上的报告》 《中国南北极环境综合调查评估项目实施五年来的主要研究成果摘要》 《第 6 号南极特别管理区——拉斯曼丘陵管理小组报告》（与澳大利亚、印度、俄罗斯联合提交）
2018 年/第 41 届 协商会议	《拟建难言岛南极特别保护区（ASPA）的事先评估》 《进一步发展南极保护区系统南极科学研究委员会（SCAR）/南极环境保护委员会（CEP）联合工作组提案》（与阿根廷、澳大利亚、比利时、智利、捷克、法国、德国、日本、新西兰、挪威、俄罗斯、SCAR、英国、美国联合提交） 《2017/2018 闭会期间关于〈南极冰穹 A 地区勘探和研究行为守则〉草案的非正式讨论报告》 《南极维多利亚地中国新科考站拟建和运营的综合环境评价草案》	《东南极拉斯曼丘陵中山站内陆横穿车辆新车库建设的初步环境评估》 《南极维多利亚地中国新科考站建设和运营的最新环境综合评价草案》 《关于南极维多利亚地中国新科考站建设和运营的第二份 CEE 草案意见的初步回应》
2019 年/第 42 届 协商会议	《在罗斯海难言岛和海景湾新建南极特别保护区的建议》（与意大利、韩国联合提交）	《2018/2019 年夏季乔治王岛非本地苍蝇联合监测项目报告》（与乌拉圭、阿根廷、巴西、智利、德国、韩国、俄罗斯联合提交）

续表

年度/会议	工作文件	信息文件
2019 年/第 42 届协商会议	《2018/2019 闭会期间关于〈南极冰穹 A 地区保护行为守则〉修订草案的非正式讨论报告》	《在南大洋阿蒙森海进行海洋调查期间"雪龙"号与冰山相撞》
	《审查第 169 号南极特别保护区（ASPA）——东南极伊丽莎白公主地、英格丽·克里斯滕森海岸、阿曼达湾的管理计划》（与澳大利亚联合提交）	《第 6 号南极特别管理区——拉斯曼丘陵管理小组报告》（与澳大利亚、印度、俄罗斯联合提交）
2021 年/第 43 届协商会议	《取消南极特别保护区的建议指南》（与美国、英国、新西兰、澳大利亚、挪威联合提交）	无
	《关于加强罗斯海地区企鹅种群动态研究和监测合作的建议》	
	《审查第 6 号南极特别管理区（ASMA）——东南极拉斯曼丘陵、第 174 号南极特别保护区（ASPA）的管理计划》（与澳大利亚、印度、俄罗斯联合提交）	
	《推动科学研究为南极决策提供信息》	
2022 年/第 44 届协商会议	《南极特别保护物种法律框架及其应用概述》	《南极特别保护物种法律框架及其适用概述》
	《为帝企鹅制定有针对性的研究和监测计划的提案》	《种群大小对南极洲东南部阿德利企鹅警惕性和飞行起始距离的影响》
	《气候变化应对工作方案的实施》	《参考气候模型和帝企鹅潜在的类似案例对北极熊保护的案例分析》
2023 年/第 45 届协商会议	《南极特别保护区 168 号修订管理计划》	无
	《在 DML-RINGS 和 Enderby Land RINGS 开展广泛的国际合作以缩小海平面预测的关键数据差距》	

资料来源：Secretariat of the Antarctic Treaty, Meeting Documents Archive, https://www.ats.aq/devAS/Meetings/DocDatabase? lang=e，最后访问日期：2022 年 7 月 31 日。

梳理 2013 年以来我国在协商会议提交的文件可以发现，我国参与南极治理更加积极，议题的关注点也从设立保护区扩展到其他更为广泛的领域。据学者观察，从 2013 年开始，我国连续提交工作文件，申请在冰穹 A（Dome A）地区建立特别管理区，未能成功，从 2018 年开始，我国一方面制定《南极冰穹 A 地区勘探和研究行为守则》，以完成保护该地区的工作；另一方面，将注意力放在指定其他特别保护区，以及南极治理中的其他问题上[1]。同时，我国递交的信息文件也逐步增多，并且内容与工作文件相辅相成，以科学和法理为我国建立保护区提供有力支撑。

在养护会议上我国至今已经提交总计 24 份文件，分别是 6 份养护委员会工作文件、6 份养护委员会背景文件、6 份科学委员会工作文件，以及 6 份科学委员会背景文件。表 5 为 2013 年以来我国提交文件的详细信息。

表 5　2013 年以来我国在养护会议上提交的各类文件

年度/会议	养护委员会工作文件	养护委员会背景文件	科学委员会工作文件	科学委员会背景文件
2013 年/第 32 届会议	《关于中国打算在 2013/2014 年度参加磷虾捕捞活动的通知》	《"开欣"号渔船起火事故总结报告》	无	无
2014 年/第 33 届会议	无	无	《声学调查和分析方法小组会议报告》	《48.1 渔区磷虾渔业资源的空间分布：对未来调查的启示》
2015 年/第 34 届会议	无	无	无	《2009/2010 至 2014/2015 捕鱼季公约区域中国国家磷虾渔业科学观察员计划》

---

[1]　王婉潞：《中国参与南极治理的历史进程与经验思考：以协商会议和养护会议为例》，《极地研究》第 3 期，第 425 页。

续表

年度/会议	养护委员会 工作文件	养护委员会 背景文件	科学委员会 工作文件	科学委员会 背景文件
2016年/ 第35届会议	无	无	无	无
2017年/ 第36届会议	无	无	无	无
2018年/ 第37届会议	《CCAMLR 海洋保护区研究与监测计划》	无	无	无
2019年/ 第38届会议	无	《中国在东南极地区进行海洋调查和评估的计划》	《关于在罗斯海难言岛和海景湾建立新的南极特别保护区（ASPA）的提案》（与意大利、韩国共同提交）	《对威德尔海海洋保护区提案的科学依据和研究与监测计划（RMP）草案的观察报告和意见》
			《CCAMLR MPA 研究与监测计划进展》	
			《关于改进罗斯海地区海洋保护区研究和监测计划草案的提案》	
2020年/ 第39届会议	无	无	无	无
2021年 第40届会议	《关于执行〈南极海洋生物资源保护公约〉第二条：连续性和适应性的报告》 《重新审视在南大洋建立海洋保护区的报告》	无	无	无

续表

年度/会议	养护委员会 工作文件	养护委员会 背景文件	科学委员会 工作文件	科学委员会 背景文件
2022 年 第 41 届会议	《关于 CM 51-01 和 CM 51-07 临时修订的提案——2022 年新磷虾管理方法的首次尝试》	《CCAMLR 海洋保护区研究和监测计划的制定》	《关于 CM 51-01 和 CM 51-07 临时修订的提案——2022 年新磷虾管理方法的首次尝试》	《重新审视南大洋海洋保护区的建立》
	《有关促进 2022 年 CM 51-07 修订的科学进展总结》	《罗斯海地区海洋保护区研究与监测计划草案完善提案》		《CCAMLR 海洋保护区研究和监测计划的制定》
		《对 WSMPA 提案的科学依据和 RMP 草案的观察和评论》		《完善罗斯海地区海洋保护区研究与监测计划草案的提案》
		《通过分析系统文献以获取和更新基线数据》		
2023 年 第三次特别 会议			《关于 CCAMLR 海洋保护区发展方向的提案》	

资料来源：Meetings, CCAMLR，引自 https://www.ccamlr.org/en/meetings，最后访问日期：2022 年 7 月 31 日。

梳理 2013 年以来我国在养护会议上提交的文件可以发现，我国提交文件数量与涉及领域增多，表现日益专业与成熟。南极海洋保护区（Marine Protected Area，MPA）是当前南大洋治理中的焦点议题。目前，已经建成南奥克尼群岛南大陆架保护区、罗斯海保护区，正在审议中的三个海洋保护区提案分别是东南极保护区（EAMPA）提案、威德尔海保护区（WSMPA）提案、南极半岛保护区（D1MPA）提案。对于海洋保护区问题，中国强调需要充分的科学依据，提出确立"研究与监测计划"、完善总体框架等倡议。

（二）北极治理的中国参与

中国是北极理事会的永久观察员国，在北极海域享有广泛而深远的海洋权利。2018 年我国政府发表首份北极政策文件——《中国的北极政策》（白皮书），明确提出我国未来制定北极政策的目标是："认识北极、保护北极、利用北极和参与治理北极，维护各国和国际社会在北极的共同利益，推动北极的可持续发展。"① 文件还强调："中国愿依托北极航道的开发利用，与各国共建'冰上丝绸之路'。"

"冰上丝绸之路"是中国北极政策的主要体现，北极的环境保护和社会经济发展也是"一带一路"倡议的组成部分，二者相辅相成。我国主要通过提供三类国际公共产品以构建"冰上丝绸之路"，即知识技术类、环境和生态保护类、资源开发利用类②。有学者总结了此三类公共产品的具体内容、供给机制、供给困境（见表6）。

表 6 "冰上丝绸之路"国际公共产品供给情况

	具体内容	供给机制	供给困境
知识技术类公共产品	有关北极海洋、气候、资源、生态等方面的知识、技术和数据处理能力	各国基于自身能力对北极进行科考、研究、技术开发或根据协议进行联合科考、研究、技术开发	科考、研究范围有限，数据共享和利用率不足，北极国家对域外国家的科考设置法律障碍
环境和生态保护类公共产品	核、石油、废弃物等海洋污染治理，渔业及其他生态资源保护	1982 年《联合国海洋法公约》、1972 年《伦敦倾废公约》、1997 年国际原子能机构联合公约、1991 年北极理事会《北极环境保护战略》等	全球性条约或双边协定执行困难，国家享有国际法规定的主权豁免，区域治理机制的软法性质

① 《中国的北极政策》
② 谈谭：《公共产品视角下中国参与北极治理的路径》，《国际展望》2023 年第 5 期，第 83~84 页；韦宗友、邹琪：《中国参与北极区域公共产品供给：动因、挑战与路径》，《社会主义研究》2023 年第 3 期，第 159~160 页。

	具体内容	供给机制	供给困境
资源开发利用类公共产品	基础设施建设、资源开发、航道利用等，发展北极是全人类的共同利益	各国需合作开发和利用北极资源，俄罗斯和加拿大关于北极航道通行的国内法规	北极国家围绕北极资源开发利用形成竞争态势，其他国家不承认俄罗斯、加拿大北极航道国内法规

　　谈谭：《公共产品视角下中国参与北极治理的路径》，《国际展望》2023 年第 5 期，第 83~84 页。

　　目前，中国参与北极治理面临新问题。在北极地区提供国际公共产品除了表中提到的供给困境外，还面临俄乌冲突之后，北极理事会已陷入事实分裂的情况下，与北极国家的合作困境以及被迫"选边站队"的地缘政治困境①。我国因资金、技术、市场及地理便利等与俄罗斯在北极地区进行的资源开发、能源交易，以及北方航道开发等方面的合作，不断被美国过度解读，极力渲染北极"大国竞争""中国资源饥渴论""中国北极威胁论"②。尤其是 2019 年以来，中俄多次发布包含北极地区的战略合作联合声明，让美国将中国与俄罗斯一同视为"国际秩序挑战者"，将中国参与北极地区治理的行为视为对其地位的潜在威胁③。

三　结论与展望

　　当前，我国是南极条约协商国、北极理事会正式观察员国，同时还是

---

① 洪农：《北极事务的地缘政治化与中国的北极角色》，《外交评论》（外交学院学报）2023 年第 4 期，第 79 页；赵宁宁：《北极军事安全博弈新态势及国际影响》，《思想理论战线》2023 年第 5 期，第 102 页；潘敏、罗佳：《告别"后冷战合作时期"的北极安全：态势、动因与出路》，《思想理论战线》2023 年第 5 期，第 87~96 页；岳鹏、顾正声：《俄乌冲突下北极地区安全面临的新形势及对中国的影响》，《俄罗斯学刊》2024 年第 1 期，第 90~94 页。

② 赵宁宁：《北极军事安全博弈新态势及国际影响》，《思想理论战线》2023 年第 5 期，第 104 页。

③ 潘敏、罗佳：《告别"后冷战合作时期"的北极安全：态势、动因与出路》，《思想理论战线》2023 年第 5 期，第 87~96 页。

《联合国海洋法公约》《斯匹次卑尔根群岛条约》《极地船舶规则》的缔约国，这些身份为我国参与极地全球治理奠定了身份基础。我国也在参与极地全球治理过程中取得了一定成果，但也面临诸多问题，主要表现为以下三个方面。首先，我国现有的极地管理机构设置不尽合理。现有极地科考的主要组织管理机构国家海洋局极地考察办公室、中国极地研究中心，两者都是公益性事业单位，其综合治理能力堪忧，应提高极地管理机构的级别，扩大极地管理机构的职权范围，并实现极地管理主体的多元化。其次，我国极地国内立法不足。南极立法于 2019 年进入全国人大立法规划，但我国目前并没有规划北极立法，更没有统筹南北极的立法，同时，就从现有极地立法内容来看，也存在立法层级低、立法内容窄、立法理念过于陈旧的问题①。最后，我国参与极地全球治理的能力仍有待提升②。虽然我国参与极地全球治理仍旧存在诸多问题，但随着我国综合国力的提升，法治建设不断推进，以上问题都将逐步得到解决。近几年，我国参与极地全球治理面临的更大挑战是新冠疫情以及俄乌冲突带来的既有国际秩序的巨大变化，这是一种挑战，但同样蕴含机遇。应对气候变化、可持续发展以及维护区域和平稳定，都为加强极地治理的国际合作提供了新的动力。我国依旧秉持"人类命运共同体""海洋命运共同体"理念，积极参与极地全球治理，为极地全球治理提供中国智慧和中国方案。

第四节　助推 BBNJ 生效国际海洋法治进程

当今世界正处于大调整大变革大发展的关键时期。世界范围内的大国竞争正从传统的陆地疆域向包括海洋、空间、网络、极地在内有形或无形

---

① 我国现有的极地立法仅有国家海洋局出台的《南极活动环境保护管理规定》《访问中国南极考察站管理规定》和《北极考察活动行政许可管理规定》等部门规章，立法层级较低。

② 杨华：《中国参与极地全球治理的法治构建》，《中国法学》2020 年第 6 期，第 211～214 页。

的新疆域拓展。在国际海洋法领域，海洋法规则制定和实施正在走实走深，2023 年 6 月 29 日正式通过的《国家管辖外海域生物多样性养护和可持续利用国际协定》（又称《公海条约》）（*Marine Biological Diversity of Areas Beyond National Jurisdiction*，BBNJ），是国际社会探索海洋治理新方案的一项重要成就，亦是海洋法领域最重要的立法进程，涉及国家管辖范围以外区域生物多样性养护和可持续利用问题等前沿问题，这些重大前沿法律问题值得学界给予特别关注和深入研究。本部分将着重梳理有关 BBNJ 正式生效带来的机遇与挑战。

一　BBNJ 概况

2023 年 6 月 19 日，《联合国海洋法公约》下《国家管辖外海域生物多样性养护和可持续利用国际协定》（BBNJ）获联合国 193 个成员国的正式表决通过。依据该协定的规定，需要等到第 60 份批准、接受、认可或加入文件存入之日起 120 天后生效。自 2023 年 9 月 20 日在纽约开始 BBNJ 签署，截至 2024 年 2 月 13 日，已有 87 个签署方，包括澳大利亚、巴西、中国、印度尼西亚、英国、美国、欧盟等等[①]。帕劳于 2024 年 1 月 22 日提交了批准 BBNJ 的文书，成为第一个批准 BBNJ 的国家[②]。下文将对 BBNJ 相关概念内涵及谈判历程进行梳理。

（一）BBNJ 相关概念内涵

要言之，BBNJ 相关概念主要从 BBNJ 的内涵和 BBNJ 谈判议题两个维度进行梳理。一是就 BBNJ 的内涵而言，主要阐述国家管辖范围以外区域海洋生物多样性的内涵；二是就 BBNJ 谈判议题而言，主要阐述海洋遗传资源、划区管理工具、环境影响评价、能力建设与海洋技术转让的内涵。

第一，国家管辖范围以外区域的内涵。国家管辖范围外区域，就是指

---

① United Nations Treaty Collection: https://treaties. un. org/Pages/ViewDetails. aspx? src = TREATY&mtdsg_no=XXI-10&chapter=21&clang=_en#EndDec, last visited on 2024-2-20.

② See Palau Deposits First Instrument of Ratification for Marine Biodiversity Treaty, the United Nations, https://press. un. org/en/2024/sea2193. doc. htm, last visited on 2024-2-20.

国家管辖权无法行使的区域范围。对此，《联合国海洋法公约》并未给出明确的界定，但从《联合国海洋法公约》的内容可知，国家在领海、毗连区、专属经济区、大陆架等区域享有一定的管辖权；鉴于公海自由原则以及"区域"及其资源为人类的共同继承财产，国家主权管辖的范围不及于公海和"区域"①。也就是说，国家管辖范围以外区域由两部分组成，即公海和"区域"。其中，公海是指国家的专属经济区、领海以及内水或群岛国的群岛水域之外的全部海域；"区域"，即国际海底区域，是指国家管辖范围以外的海床、洋底及其底土，换句话说，就是国家领海、专属经济区、大陆架以外海域的海床、洋底及其底土。当前，虽然各国享有公海自由，但任何国家享受公海自由不得损害其他国家在公海上的合法权益；"区域"的资源属于全人类共同财产，任何国家不得将其据为己有。

第二，海洋生物多样性的内涵。当前，关于海洋生物多样性，并无单独或一致的界定，但包含在生物多样性这个更宽泛的概念中，因而可以从生物多样性的定义中解读海洋生物多样性的内涵。根据《生物多样性公约》，生物多样性是指所有来源的活的生物体中的变异性，除其他外，这些来源包括陆地、海洋和其他水生生态系统及其所构成的生态综合体；这些包括物种内部、物种之间及生态系统的多样性②。具体到海洋生物多样性的内涵，则可以理解为来源于海洋生态系统中各种活的生物体中的变异性，其中涵盖了物种内部的多样性、物种之间的多样性以及海洋生态系统的多样性。

第三，海洋遗传资源的内涵。作为一种新型的海洋资源，海洋遗传资源提出较晚，学界对其认识时间也较短，目前尚无关于海洋遗传资源的明确定义。《联合国海洋法公约》未提及海洋遗传资源，而是使用"生物资源"一词，从该公约的内容来看，生物资源是指渔业资源和海洋哺乳动物，并不包含海洋遗传资源。之后签署的《生物多样性公约》第2条

---

① 参考《联合国海洋法公约》第二部分"领海和毗连区"、第五部分"专属经济区"、第六部分"大陆架"、第七部分"公海"、第十一部分"区域"的规定。

② 《生物多样性公约》第2条。

"用语"部分首次界定遗传资源为"具有实际或潜在价值的遗传材料"，而定义中的遗传资料则是指"来自植物、动物、微生物或其他来源的任何含有遗传功能单位的材料"。这里关于遗传资源的界定未强调海洋或陆地，可以理解其适用具有普遍意义，而且概念也应当具有一般性和普遍性，不因环境的限定而影响对概念的理解①。当然，《生物多样性公约》的适用限于国家管辖范围以内这一条件亦不影响对遗传资源内涵的理解。由此，参考前述遗传资源的定义，海洋遗传资源是指海洋生态系统中具有实际或潜在价值的来自海洋动植物、海洋微生物或其他海洋生物的任何含有遗传功能单位的材料。其主要有两个层面的内涵，一是具有实际或潜在价值，即价值性；二是含有遗传功能单位，即遗传性。

第四，划区管理工具的内涵。对于划区管理工具定义的表述，至今尚未统一，学界亦提出不同的观点。例如，世界自然保护联盟将划区管理工具定义为在特定区域内管理人类活动，以实现资源保护和可持续利用的目标②；BBNJ 政府间会议第三届会议主席说明文件将划区管理工具界定为在某一划定地理界线但并非海洋保护区的地区采用的工具，通过该工具对一个或多个部门或活动进行管理，以达到特定养护和可持续利用目标，并提供比周围地区更高程度的保护③；等等。但无论哪种观点，划区管理工具皆可被认为是对某一特定区域中人类活动进行更为严格的管理，以实现资源保护和可持续利用，或者可以说，划区管理工具是一种基于区域海洋的

① 吕琪：《国家管辖范围外海域海洋遗传资源利用法律问题研究》，大连海事大学博士学位论文，2019，第 21 页。

② IUCN, Measures Such as Area-Based Management Tools, Including Marine Protected Areas, UN: https://www.un.org/depts/los/biodiversity/prepcom_files/area_based_management_tools.pdf, last visited on 2022-6-20.

③ Draft text of an agreement under the United Nations Convention on the Law of the Sea on the conservation and sustainable use of marine biological diversity of areas beyond national jurisdiction, Note by the President, UN Doc. A/CONF.232/2019/6, UN: https://documents-dds-ny.un.org/doc/UNDOC/GEN/N19/146/28/pdf/N1914628.pdf? OpenElement, last visited on 2022-6-27.

生态管理工具①。至于划区管理工具的类型，世界自然保护联盟将其分为部门性划区管理工具和跨部门性划区管理工具②。前者是指主管国际组织为实现特定地区生物多样性保护目标而采取的措施，包括国际海事组织下的特别敏感海域、国际海底管理局下的特别环境利益区、联合国粮农组织下的脆弱海洋生态系统；后者是指需要跨多个组织和机构进行协商、合作和协调的工具，包括海洋保护区和海洋空间规划。其中，跨部门性划区管理工具是一种综合性的划区管理方式，属于新兴事物，海洋保护区为其典型代表。

第五，环境影响评价的内涵。环境影响评价这一制度最早可追溯至 20 世纪 60 年代。美国在 1969 年颁布的《国家环境政策法》（*The National Environmental Policy Act of 1969*）规定联邦政府的所有机构应该采用系统、科学的方法，以确保在可能对人类环境产生影响的规划和决策中综合运用自然科学、社会科学和环境设计艺术③。此后，诸多国际公约和国内立法纷纷对环境影响评价加以规定。在国际公约方面，如《跨界环境影响评价公约》将环境影响评价定义为"用于评价拟议活动可能对环境产生的影响的国家程序"④；《生物多样性公约》则规定，所有缔约国应当尽量采取适当程序对其可能严重影响生物多样性的拟议项目进行环境影响评价，以防止或削减该影响⑤。在国内立法方面，至今已超过 100 个国家在国内立法中对环境影响评价加以规定⑥。对此，中国亦出台了专门法律加以规制，即《环境影响评价法》。该法将环境影响评价界定为事先分析、预测和评

---

① 李洁：《国家管辖外海域生物多样性法律问题研究》，武汉大学博士学位论文，2017，第 41 页。

② IUCN, Measures Such as Area-Based Management Tools, Including Marine Protected Areas, UN: https://www.un.org/depts/los/biodiversity/prepcom_files/area_based_management_tools.pdf, last visited on 2022-6-20.

③ The National Environmental Policy Act of 1969, Sec. 102.

④ 《跨界环境影响评价公约》第 1 条。

⑤ 《生物多样性公约》第 14 条。

⑥ 李洁：《国家管辖外海域生物多样性法律问题研究》，武汉大学博士学位论文，2017，第 55 页。

价规划和建设项目实施后可能造成的环境影响，基于此提出防止或减轻这种影响的举措，并跟踪检测的一种制度①。由此可知，环境影响评价是环境管理的一种方法或工具，就拟实施的相关活动对环境可能造成的影响进行预测、评价，以期避免或减少该影响，进而达到保护环境、促进可持续发展的目标。

第六，能力建设与海洋技术转让的内涵。此处分别阐释能力建设的内涵与海洋技术转让的内涵。一是关于能力建设。在现有国际文件中，联合国环境与发展大会通过的《21世纪议程》明确指出，能力建设活动包括政策和法律框架、国家机构建设、人力资源开发、研究和技术开发、基础设施开发、提升公众认知等②。《联合国海洋法公约》提到了提高国家能力，但没有进一步的表述③。《生物多样性公约》的表述则更为深入，指出缔约国应促进与其他缔约国特别是与发展中国家之间的科技合作，包括制定和实施国家政策这种方法；在此过程中，通过人力资源开发和机构建设来发展和提升国家能力尤其值得关注④。此外，BBNJ政府间会议第三届会议主席说明文件还表明，能力建设是帮助缔约国特别是发展中缔约国落实规定的活动，以实现各项目标⑤。由此，在BBNJ语境下，能力建设包含以下几个要素：主要是帮助发展中缔约国提高能力，主要包括政策法律、国家机构、人力资源、技术研究、基础设施等建设活动，通过提高能力以实现各项目标。二是关于海洋技术转让。BBNJ政府间会议第三届会议主席说明文件将其界定为"转让创造和使用知识所需的仪器、设备、船

---

① 《环境影响评价法》第2条。
② 《21世纪议程》11.19.
③ 《联合国海洋法公约》第275条。
④ 《生物多样性公约》第18条第2款。
⑤ Draft text of an agreement under the United Nations Convention on the Law of the Sea on the conservation and sustainable use of marine biological diversity of areas beyond national jurisdiction, Note by the President, UN Doc. A/CONF. 232/2019/6, UN: https://documents-dds-ny. un. org/doc/UNDOC/GEN/N19/146/28/pdf/N1914628. pdf? Open Element, last visited on 2022-6-27.

只、程序和方法，以便更好地研究和了解自然和海洋资源"①。从该文件关于能力建设和海洋技术转让的目标可知，与能力建设同样，海洋技术转让亦主要是帮助发展中缔约国以确保各项目标的实现。也就是说，海洋技术转让更多强调的是发达国家向发展中国家转让技术。由此可知，能力建设与海洋技术转让实际上反映了发达国家与发展中国家的发展不均衡，属于更为基础性的问题。

（二）BBNJ 谈判历程梳理

回顾 BBNJ 发展历程，其谈判大致经历了三个阶段：不限成员名额非正式特设工作组（Ad Hoc Open-Ended Informal Working Group）阶段（2004～2015）、筹备委员会（Preparatory Committee）阶段（2016～2017）、政府间会议（Intergovernmental Conference）阶段（2018～2023）。

第一，不限成员名额非正式特设工作组阶段（2004～2015）。

2004 年，联合国大会全体会议通过第 59/24 号决议，"决定设立不限成员名额非正式特设工作组，研究与国家管辖范围以外区域的海洋生物多样性的养护和可持续利用有关的问题"②。此后 11 年间，不限成员名额非正式特设工作组一直致力于为国际社会通过在《联合国海洋法公约》框架下缔结一份国际协定的方式解决前述问题建言献策③，前后共召开了九次工作组会议。其中，在 2011 年召开的第四次工作组会议提出一揽子解决海洋遗传资源问题，包括海洋保护区在内的划区管理工具、环境影响评

① Draft text of an agreement under the United Nations Convention on the Law of the Sea on the conservation and sustainable use of marine biological diversity of areas beyond national jurisdiction, Note by the President, UN Doc. A/CONF. 232/2019/6, UN: https://documents-dds-ny. un. org/doc/UNDOC/GEN/N19/146/28/pdf/N1914628. pdf? OpenElement, last visited on 2022-6-27.

② Resolution adopted by the General Assembly on 17 November 2004, UN Doc. A/RES/59/24, UN: https://documents-dds-ny. un. org/doc/UNDOC/GEN/N04/477/64/pdf/N0447764. pdf？Open Element, last visited on 2022-6-29.

③ 查阅联合国官网，搜索有关不限成员名额非正式特设工作组的文件，检索结果高达 300 多条（截至 2022 年 6 月 30 日）。

价、能力建设与海洋技术转让这四个议题的建议①。这为推动 BBNJ 谈判进程发挥了关键作用。直至 2015 年，在不限成员名额非正式特设工作组工作的基础上，联合国大会全体会议通过第 69/292 号决议，采纳该工作组的建议②，决定在举行政府间会议之前成立一个筹备委员会，主要负责根据《联合国海洋法公约》的规定拟订一份具有法律约束力的国际文书草案要点，向联合国大会提出实质性建议③。自此，BBNJ 谈判进入筹备委员会阶段。

第二，筹备委员会阶段（2016~2017）。

在此阶段，筹备委员会召开了四次会议，并于 2017 年召开的第四次会议上提交了报告。该报告决定 BBNJ 草案要素包括 A 节和 B 节，建议联合国大会对这两节进行审议④。在此需要说明，A 节和 B 节的内容并非各方已经形成的共识，A 节代表大多数代表团的意见，B 节则专门强调存在意见分歧的问题。A 节和 B 节并未涵盖讨论过的所有选项，均不妨碍各国在谈判中的立场。总的来说，对于前述提到的四项议题，皆存在含有分歧需要进一步讨论的地方，但各个议题分歧程度有别、草案内容虚实不一。

① Letter dated 30 June 2011 from the Co-Chairs of the Ad Hoc Open-ended Informal Working Group to the President of the General Assembly, UN Doc. A/66/119, UN: https://documents-dds-ny. un. org/doc/UNDOC/GEN/N11/397/64/pdf/N1139764. pdf? OpenElement, last visited on 2022-6-30.

② Letter dated 13 February 2015 from the Co-Chairs of the Ad Hoc Open-ended Informal Working Group to the President of the General Assembly, UN Doc. A/69/780, UN: https://documents-dds-ny. un. org/doc/UNDOC/GEN/N15/041/82/pdf/N1504182. pdf? OpenElement, last visited on 2022-6-29.

③ Resolution adopted by the General Assembly on 19 June 2015, UN Doc. A/RES/69/292, UN: https://documents-dds-ny. un. org/doc/UNDOC/GEN/N15/187/55/pdf/N1518755. pdf? Open Element, last visited on 2022-6-29.

④ Report of the Preparatory Committee established by General Assembly resolution 69/292: Development of an international legally binding instrument under the United Nations Convention on the Law of the Sea on the conservation and sustainable use of marine biological diversity of areas beyond national jurisdiction, UN Doc. A/AC. 287/2017/PC. 4/2, UN: https://documents-dds-ny. un. org/doc/UNDOC/GEN/N17/237/36/pdf/N1723736. pdf? OpenElement, last visited on 2022-6-30.

具体而言，关于海洋遗传资源，各方基本未达成实质性的一致意见，因为无论是术语定义，还是海洋遗传资源的获取、性质及分享惠益，抑或是知识产权问题、监测海洋遗传资源的利用，皆存在严重分歧，需要进一步讨论；关于包括海洋保护区在内的划区管理工具，草案要素较为充分，只是在决策和体制安排方面还需加以探索，以促进合作与协调；关于环境影响评价，各方意见较为一致，普遍认为环境影响评价属于国家程序，尚需进一步讨论的是环境影响评价是否应该"国际化"、文书是否应该处理战略性环境影响评价等；关于能力建设和海洋技术转让，这项议题反映了发达国家与发展中国家发展的不均衡性并需要重视帮助发展中国家，自然在发达国家和发展中国家之间引起激烈博弈，尤其是海洋技术转让的条款和条件需要进一步探讨。除此之外，在人类共同财产、公海自由、争端解决等方面，亦存在需要探讨的问题。另外，值得注意的是，该筹委会第四次会议提交的报告首次增加了跨领域议题，即包括机构安排、信息交换机制、财政资源和财务事项、遵约、争端解决、职责和责任、审查和最后条款等①。这亦是 BBNJ 谈判进程向前迈进的重要一步。

第三，政府间会议阶段（2018~2023）。

2017 年底，联合国大会全体会议通过第 72/249 号决议，决定在联合国主持下召开一次政府间会议。审议筹备委员会关于 BBNJ 草案要素的建议，以尽快制定 BBNJ 文书②。自此，BBNJ 谈判进入政府间会议阶段，亦成为实质性谈判阶段。根据第 72/249 号决议，政府间会议阶段将处理上文提及的 2011 年商定的一揽子事项中确定的四个议题，在 2018 年至 2020 年上半年召开四届政府间会议，即第一届政府间会议拟于 2018 年下半年举行、第二届和第三届政府间会议拟于 2019 年举行，第四届政府间会议

① 施余兵：《国家管辖外区域海洋生物多样性谈判的挑战与中国方案——以海洋命运共同体为研究视角》，《亚太安全与海洋研究》2022 年第 1 期，第 37 页。

② Resolution adopted by the General Assembly on 24 December 2017, UN Doc. A/RES/72/249, UN; https://documents-dds-ny.un.org/doc/UNDOC/GEN/N17/468/77/pdf/N1746877.pdf? OpenElement, last visited on 2022-6-30.

拟于 2020 年上半年举行。

2018 年，第一届政府间会议在联合国总部如期召开，此次会议根据会议主席发布的《主席对讨论的协助》进行谈判。该文件采取问答形式，主要根据议题列出各项问题供谈判方回答①。总体而言，会议谈判主要围绕 2011 年商定的一揽子事项中确定的四个议题展开，并对这四个议题分别以非正式工作组的形式进行讨论。会议主席以讨论中各方提出的观点和建议为依据起草一份不定性的文件，以供第二届政府间会议讨论。另外，第一届政府间会议确定第二届政府间会议和第三届政府间会议的时间分别为 2019 年 3 月和 2019 年 8 月。

2019 年 3 月 25 日至 4 月 5 日，第二届政府间会议召开。本次会议以会议主席发布的《主席协助谈判文件》为依据进行谈判②。该文件采取选择形式，主要是对谈判所涉及的主要问题列出具体选项，由各方作出选择并说明考量因素或依据。

2019 年 8 月 19 日至 30 日，第三届政府间会议召开。本次会议以会议主席李丽娜拟定并发布的协定案文（草案）为依据进行谈判③。与前两届政府间会议相比，此次会议各方第一次在有具体案文的基础上进行磋商，各方的共识进一步增加；并且转变了工作方式，首次增加非正式谈判④。另外，各项议题的谈判进程不平衡，各方在包括海洋保护区在内

---

① President's aid to discussions, UN Doc. A/CONF. 232/2018/3, UN: https://documents-dds-ny. un. org/doc/UNDOC/GEN/N18/197/15/pdf/N1819715. pdf? OpenElement, last visited on 2022-7-1.

② President's aid to negotiations, UN Doc. A/CONF. 232/2019/1, UN: https://documents-dds-ny. un. org/doc/UNDOC/GEN/N18/413/20/pdf/N1841320. pdf? OpenElement, last visited on 2022-7-1.

③ Draft text of an agreement under the United Nations Convention on the Law of the Sea on the conservation and sustainable use of marine biological diversity of areas beyond national jurisdiction, UN Doc. A/CONF. 232/2019/6, UN: https://documents-dds-ny. un. org/doc/UNDOC/GEN/N19/146/28/pdf/N1914628. pdf? OpenElement, last visited on 2022-7-28.

④ 《南海研究院施余兵教授赴纽约联合国总部参加"BBNJ 政府间谈判第三次会议"》，厦门大学南海研究院官网，https://scsi. xmu. edu. cn/info/1093/1845. htm，最后访问日期：2022 年 6 月 30 日。

的划区管理工具和环境影响评价这两项议题上取得了一些共识，但在能力建设与海洋技术转让这两项议题上存在严重分歧。

受新冠疫情影响，第四届政府间会议被推迟，直至 2022 年 3 月才得以召开。本次会议以第三届政府间会议完成后 2020 年 3 月发布的协定案文草案修改稿为依据进行讨论，依然围绕前述四个议题展开，致力于尽快制定具有约束力的国际协定文书①。

突破原定计划，联合国决定召开第五届政府间会议，并于 2022 年 8 月 15 日至 26 日举行。尽管本次会议工作强度极大并取得了一定进展，但由于部分重大关切问题仍存在分歧，BBNJ 草案未能达成一致。于是会议决定暂停本届会议，并向联合国大会秘书长申请在 2023 年 1 月复会，以期尽快就 BBNJ 草案达成一致。

2023 年 2 月 20 日，在纽约联合国总部召开了第五届政府间会议续会（BBNJ ICG5.2），谈判的主要内容包括联大第 72/249 号决议第 1 段和第 2 段提及的议题，并围绕"海洋遗传资源，包括惠益分享""包括海洋保护区在内的划区管理工具等措施""环境影响评价""能力建设和海洋技术转让"以及跨领域问题展开了密集的谈判磋商②。最终，在纽约当地 2023 年 3 月 4 日，经过连续 38 个小时的冲刺谈判，以及之前近 20 年谈判，各国就 BBNJ 的英文文本达成了一致，后续还对英文文本进行编辑并翻译成六种联合国官方语言。BBNJ 最新草案的六种官方语言版本在 2023 年 6 月 19 日和 20 日举行的第五届政府间会议（BBNJ IGC5.2）续会上予以正式公布③。

---

① Revised draft text of an agreement under the United Nations Convention on the Law of the Sea on the conservation and sustainable use of marine biological diversity of areas beyond national jurisdiction, UN Doc. A/CONF. 232/2020/3, UN: https://documents-dds-ny. un. org/doc/ UNDOC/GEN/N19/372/88/pdf/N1937288. pdf?OpenElement, last visited on 2022-7-28.

② 《施余兵教授赴纽约联合国总部参加"BBNJ 政府间谈判第五届会议续会"》，厦门大学南海研究院官网，https://scsi. xmu. edu. cn/info/1093/8327. htm，最后访问日期：2024 年 2 月 21 日。

③ 《BBNJ 第五届政府间会议的进一步续会于纽约当地时间 6 月 19 日召开》，海洋与湿地：https://mp. weixin. qq. com/s/8mDbcko_-xgAhbuWB9EnLw，最后访问日期：2024 年 2 月 21 日。

BBNJ 是近 30 年来对《联合国海洋法公约》的再次补充、修订和完善，为公海和国际海底的海洋活动创建了新法律框架，对当今国际海洋治理格局产生重大而深远的影响。自 2011 年不限成员名额非正式特设工作组会议提出一揽子解决海洋遗传资源问题，包括海洋保护区在内的划区管理工具、环境影响评价、能力建设与海洋技术转让这四个议题的建议起，各项议题的谈判有序推进，同时各项议题的谈判亦面临不同程度的挑战。针对各项议题，政府间会议采取非正式工作组形式进行讨论，即设立海洋遗传资源包括惠益分享问题非正式工作组、包括海洋保护区的划区管理工具等措施非正式工作组、环境影响评价非正式工作组、能力建设和海洋技术转让问题非正式工作组。表 7 列举了政府间会议阶段包含各项议题谈判内容的重要文件。

表 7 政府间会议阶段包含各项议题谈判内容的重要文件

会议名称	文件名称	文件编号
第一届政府间会议	主席对讨论的协助	A/CONF. 232/2018/3
	会议主席在第一会议闭幕式上的发言	A/CONF. 232/2018/7
第二届政府间会议	主席协助谈判文件	A/CONF. 232/2019/1
	会议主席在第二会议闭幕式上的发言	A/CONF. 232/2019/5
第三届政府间会议	根据《联合国海洋法公约》的规定就国家管辖范围以外区域海洋生物多样性的养护和可持续利用问题拟订的协定案文草案	A/CONF. 232/2019/6
	会议主席在第三届会议闭幕式上的发言	A/CONF. 232/2019/10
第四届政府间会议	根据《联合国海洋法公约》的规定就国家管辖范围以外区域海洋生物多样性的养护和可持续利用问题拟订的协定案文草案修改稿	A/CONF. 232/2020/3
	根据《联合国海洋法公约》的规定就国家管辖范围以外区域海洋生物多样性的养护和可持续利用问题拟订一份具有法律约束力的国际文书政府间会议报告（内含会议主席在第四届会议闭幕式上的发言）	A/CONF. 232/2022/4

会议名称	文件名称	文件编号
第五届政府间会议及其续会	《联合国海洋公约》关于养护和可持续利用国家管辖范围以外区域海洋生物多样性的协定	A/CONF.232/2023/L.4
	《联合国海洋法公约》关于国家管辖范围以外区域海洋生物多样性的养护和可持续利用的协定草案	A/CONF.232/2023/L.3
	根据《联合国海洋法公约》的规定就国家管辖范围以外区域海洋生物多样性的养护和可持续利用问题拟订的协定案文草案进一步刷新稿	A/CONF.232/2023/2
	根据《联合国海洋法公约》的规定就国家管辖范围以外区域海洋生物多样性的养护和可持续利用问题拟订的协定案文草案进一步修改稿	A/CONF.232/2022/5

资料来源：联合国官网 BBNJ 专题，https://www.un.org/bbnj/content/documents，最后访问日期：2024 年 2 月 21 日。。

二　BBNJ 主要内容

联合国大会根据一揽子协议授权 BBNJ 对四个主要议题作出规定，即国家管辖范围以外区域海洋生物多样性的保护和可持续利用，特别是作为一个整体的保护和可持续利用：①海洋遗传资源，包括公正和公平分享惠益议题；②划区管理工具等措施，包括海洋保护区；③环境影响评价议题；④能力建设和海洋技术转让议题。其最终达成的 BBNJ 包括一般规定、海洋遗传资源获取及惠益分享，包括公海保护区在内的划区管理工具、环境影响评价、能力建设和海洋技术转让、体制安排、财政资源和财务机制、执行和遵约机制、争端解决和咨询意见等 12 个部分、76 条以及 2 个附件。下文将着重梳理 BBNJ 四大主要议题的具体内容。

（一）海洋遗传资源，包括公正和公平分享惠益议题

BBNJ 第二部分用专章规定了国家管辖范围以外区域（ABNJ）的海洋

遗传资源（MGR）以及公平公正的惠益分享。该部分中的通知和惠益分享要求包括与海洋遗传资源相关的实物材料和相关的数字序列信息。

BBNJ 第 9 条阐述了本议题的目标在于，将 MGR 视为共享资源，并通过共享非货币和货币利益，解决发达国家/发展中国家从 MGR 和数字序列信息开发实际或潜在价值的获取和能力不对称问题。在具体适用上，BBNJ 第 10 条要求，缔约方在收集和生成的国家管辖范围以外区域海洋遗传资源和数字序列信息方面的活动范围扩大到本协定生效前和生效后。BBNJ 第 12 条要求，缔约方制定国内法或政策措施，确保履行与原地收集相关的管理责任。一是开展原地收集前，向信息交换机制通报相关活动信息；在活动结束后，报告遗传资源存放的样本库、数字序列信息存储的信息库，并为其分配统一标识符。二是指定向外界公开的样本库和信息库，为发展中国家的研究人员和科研机构使用提供便利。其信息交换机制是发布从样本采集到商业化的活动通知，也可用于获得自由、事先和知情同意情况下获取原住人民和当地社区的相关传统知识。依据 BBNJ 第 14 条和第 15 条规定，BBNJ 最为重要的成果是成立了缔约方会议（COP），为各国提供定期举行会议、制定政策目标并合作实现这些目标的论坛，还设立了海洋技术获取和惠益分享、能力建设和转让、融资以及实施和合规委员会。COP 的成立为遗传资源收集和利用预留了一定空间，鼓励缔约方报告授予的专利及其来源、开发的产品及其销售等信息，为促进惠益分享创造了条件。

（二）包括海洋保护区在内的划区管理工具等措施议题

BBNJ 第三部分为公海保护区等的划区管理工具设立和运行提供了法律依据，在促进生物多样性养护的同时，并不排斥可持续利用，实现了养护和可持续利用的辩证统一。

BBNJ 第 17 条表明，该部分的目标是通过建立划区管理工具综合系统，包括海洋保护区，以通过国家主导的程序创建公海海洋保护区的互联网络。一个国家或一组国家可以提交关于海洋保护区的提案或限制或协调特定活动的其他措施。BBNJ 第 19 条至第 26 条详细规定了公海保护区的设立程序，公海保护区设立程序分为四个步骤。一是提出提案，由一个或多个缔约方提出提案，并提交秘书处。该提案必须包括要保护的区域的确定、其面临的威胁以及管理计划草案。二是提案公开和审查，秘书处公开提案，并转交科学和技术机构审查，在审查过程中，利益相关者有机会对提案进行审查和评论，提案方能根据收到的意见修改提案后重新公开。三是对提案开展协商和评估，提案方与各国、其他主管机构等利益攸关方，就审查通过的提案开展协商，在考虑利益攸关方、科学和技术机构的意见和信息基础上，修订提案后交由科学和技术机构评估。四是缔约方大会决策。如未协商一致，缔约方大会以3/4多数通过提案。同时，协定为公海保护区运行作出制度性安排，确保缔约方切实履约缔约方大会决定。最后，该部分内容还提供了已建立的海洋保护区的实施、监测和审查指南。

（三）环境影响评价议题

BBNJ第四部分细化了国家管辖外海域活动的环境影响评价程序，并遵循《联合国海洋法公约》的规定，赋予缔约方主导权和决策权。在该议题上，BBNJ以进行环境影响评价的一般国际法义务和《联合国海洋法公约》中的条款为基础，要求缔约方对国家管辖范围以外地区不受管制的活动和新的活动进行环境影响评价，为各国切实履行环评义务提供明确的法律依据与指南。

从具体条文来看，BBNJ第27条至第39条规定了环境影响评价的目标、适用范围、与其他相关法律框架的关系、启动门槛、实施程序、公告和协商要求、环评报告内容、决策、后续活动及其影响的监测和报告及审查、科学和技术机构制定标准和准则、战略运行机制和监督机制等主要内容，以确保各方推进和提供环境影响评估结果。

从环评活动的开展来看，环境影响评价是一项由缔约国推动的国家程序，其完整运行需要依照以下几个步骤。一是环评启动机制，拟开展的活动需要将"造成重大不利环境影响"作为缔约方启动正式环评的门槛。若未达到启动门槛，缔约方则不开展环评，实行公开信息的简易程序。

二是环评运行阶段，缔约方负责界定拟开展环境影响评价活动的时间和空间范围、评估和评价拟开展活动的环境影响，拟定预防、缓解和消除不利影响的管理措施，公告拟开展活动的影响及管理计划，与可能受影响的利益攸关方协商，以及编制并公布环评报告（草案），最后作出是否批准活动的决策并公布其决定。三是环评报告通过后的监督机制，由缔约方负责监测授权活动过程中、结束后的环境影响，审查授权活动的环境监测报告，并有权要求已授权活动采取相关管理措施，甚至暂停或终止活动。

（四）能力建设与海洋技术转让议题

BBNJ第五部分重点关注能力建设和海洋技术转让，旨在协助各方特别是发展中国家，发展其科学技术能力。同时，后续将组建能力建设和海洋技术转让委员会，研究能力建设和海洋技术转让的合作模式，加强并推进相关制度落实。

首先，在适用目标上，BBNJ第40条明确了缔约方在CBTT项下的总体目标，即帮助特别是发展中国家的缔约方能够切实执行BBNJ的规定，能够包容、公平和有效地开展BBNJ的各项活动。此外，该条还特别列举了一系列具体目标，包括提升各缔约方特别是发展中国家BBNJ确定的海洋科学和技术能力以及研究能力，增加、传播和分享有关BBNJ的知识，帮助发展中国家实现BBNJ中其他部分的目标。

其次，关于CBTT合作条款，BBNJ第41条规定了合作的开展、开展的层级与形式。条文规定了三种合作途径，分别是缔约方直接开展合作、通过相关法律文书和框架开展合作，以及通过全球、区域、次区域和领域机构开展合作。BBNJ列举了私营部门、民间社会、原住人民以及当地社区作为利益攸关方，极大扩展了有关CBTT合作利益攸关方范围。而对于CBTT的预期受益者，BBNJ同样列举了一系列发展中国家类型，突出强调对有特殊需要的发展中国家给予特殊考量，符合发展中国家利益。同时，BBNJ也兼顾发达国家的诉求，特别规定不要求发达国家在CBTT活动中提供烦琐的报告。

再次，关于 CBTT 模式，BBNJ 特别强调 CBTT 在合作性质上应由国家驱动，与现有项目不得重复，特别是开展 CBTT 的条件应按照包括减让和优惠条款在内的公平和最有利条款，并根据双方"共同商定"开展相关海洋技术转让。关于 CBTT 类型，BBNJ 在正文中采用非穷尽式列举了若干CBTT 类型，包括人员能力的提升、知识研究的分享以及基础设施建设等。除此之外，BBNJ 还特别在附件二中对 CBTT 的类型列出了极为详细且非穷尽指示性清单，进一步呼应了发展中国家的利益诉求。

最后，关于 CBTT 的监测和审查，BBNJ 规定由缔约方大会设立的CBTT 委员会承担监测和审查职责，并将向 CBTT 委员会"提交报告"作为一项强制性要求，以配合 CBTT 委员会开展相关工作。

三　BBNJ 为中国带来的机遇与挑战

BBNJ 谈判及最终协定的形成，不仅是落实我国"海洋命运共同体"理念的重要平台，亦是推动国内立法维护我国海洋权益的重要一环，为我国海洋法治领域的发展带来新的机遇。同时 BBNJ 的初步达成加剧了各国对海洋资源的竞争，给我国带来诸多挑战。

（一）机遇

第一，理论层面，BBNJ 是落实中国"海洋命运共同体"理念的重要平台[①]。在 BBNJ 谈判层面，中国积极建言运用"海洋命运共同体"理念建构解决方案，"海洋命运共同体"所蕴含的理念和智慧可以为 BBNJ 后续谈判提供解决问题的思路，打破谈判进程中遇到的僵局和难题[②]。反过来，BBNJ 的初步达成展现了"海洋命运共同体"理念，获得了广泛的认可，通过未来对 BBNJ 的实践，"海洋命运共同体"理念也将逐步从话语表达向制度性安排发展，中国也将深入参与国际海洋法律制度改革，展现大国担当和责任。

---

① 王勇：《我国海洋法治与国际海洋法治新公约之接轨》，《检察风云》2024 年第 3 期。
② 薛桂芳：《"海洋命运共同体"理念：从共识性话语到制度性安排——以 BBNJ 协定的磋商为契机》，《法学杂志》2021 年第 9 期。

第二，实践层面，BBNJ 将助推我国相关涉海法律、涉海政策等国内法的修订。一方面，BBNJ 达成一致的国际规则可以为我国海洋法律体系提供丰富的经验，参照相关规则构建国内立法，以确保国内法和国际法的进一步接轨和可操作性。另一方面，对于 BBNJ 谈判过程中存在争议而尚未达成一致的议题，可以在国内法中先行先试，制定有效的国内法律制度，进而通过国际或区域条约的形式推进全球海洋治理。例如，2023 年10 月 24 日，十四届全国人大常委会第六次会议通过了新修订的《海洋环境保护法》，自 2024 年 1 月 1 日起实行。该法总则部分增加了对生态安全和公众健康保障以及人与自然和谐共生的表述，进一步体现了生态文明和可持续发展理念①。无论何种方式，BBNJ 的达成将助推我国国内涉海法律体系的构建与完善。

（二）挑战

第一，BBNJ 的通过对国际政治局势和全球海洋秩序产生重大影响。BBNJ 的通过会对新的利益集团和治理机制形成产生影响，为我国参与海洋治理带来挑战。进入 21 世纪以来，伴随海洋战略地位的不断上升，海洋地缘政治悄然兴起，全球海洋秩序处于不断变化中，国际政治局势亦随之而动。众所周知，BBNJ 谈判过程并不顺利，发展中国家利益集团与新兴发展中沿海国家、发达国家等不同阵营的国家所代表的立场也各不相同，各方立场原则的分歧映射的是其背后政治利益冲突②。利益在短期内无法调和与平衡，为尽快通过 BBNJ 文本，各方经过艰苦磋商，将这些不同立场主张作为"一揽子安排"纳入 BBNJ 的各个部分。可以预见，各缔约方对于 BBNJ 条款内容的解释和执行不可避免地具有倾向性，由此

---

① 《重磅！新修订的〈海洋环境保护法〉自 2024 年 1 月 1 日起施行》，海事局官网，https：//www. msa. gov. cn/page/article. do? articleId = 01375A38 - F97C - 453B - 9763 - A1D8F517B931，最后访问日期：2024 年 3 月 14 日。

② 何志鹏、王艺曌：《BBNJ 国际立法的困境与中国定位》，《哈尔滨工业大学学报》（社会科学版）2021 年第 1 期。

引发争端。欧盟主张建立因地制宜的全球机构、美俄主张区域管理模式、
77 国集团主张全球管理模式，分歧的背后是利益和诉求不同。欧盟一直
担当推动者的角色，其真实目的是利用绿色壁垒限制后发国家对海洋资源
的利用，美国以坚持"公海自由"而主张维持现有的国际海洋秩序，77
国发展中国家则追求利益共享与平等①。可见，欧美国家希望在新时期巩
固其主导世界海洋秩序的地位，从而遏制新兴国家的发展。因此，BBNJ
通过后，欧美国家可以依据对公海和国际海底区域的管理权优势，进一步
固化其主导的世界海洋秩序②。同时，BBNJ 的生效意味着在公海捕捞、深
海采矿、敷设电缆管道领域的活动将受到严格监管。换言之，BBNJ 文本
的达成将在一定程度上削弱中国在国家管辖范围以外区域的活动范围和
能力。

第二，BBNJ 各议题实施带来的法律挑战。尽管 BBNJ 文本已于 2023
年 3 月达成一致，但仍然在少数问题上存在较大争议，在日后的落实和实
践中，可能会因标准不统一、适用规则冲突等引发争端。例如，在 MGR
议题上，主要的争议焦点在于 MGR 的定义、章节适用范围以及货币惠益
问题三个方面。在 ABMT 议题上，主要争议焦点在于 COP 职权及其与 IFB
的关系，以及临时和紧急措施两个方面。在 EIA 议题上，争议焦点主要表
现在 EIA 启动门槛、标准、检测规则等具体内容以及强制性规定等方面。
在 CBTT 议题上，主要争议点包括 CBTT 的强制性和监测审查两方面③。虽
然协定采取了"一揽子"谈判方法和程序性安排，各国在"一揽子"事
项内进行谈判，达成整体性安排，然而目前仍未就部分核心问题完全达成
共识，BBNJ 的生效与实施面临诸多不确定性和挑战。对可能对我国产生
不利影响的义务性规定，应积极寻求有效的应对方式。

---

① 彭飞、王浩然、刘春涛：《人海关系视角下公海保护区海洋地缘环境系统解析》，《自然
资源学报》2023 年第 11 期。

② 郑苗壮：《地缘政治视角下公海保护区的发展与演变》，《世界知识》2021 年第 1 期。

③ 蒋小翼、卢莘文：《BBNJ 国际协定谈判中的主要争议点及各方立场评析》，《中国海洋大
学学报》（社会科学版）2023 年第 3 期。

四 未来展望

自 2004 年至今，BBNJ 谈判已历经近 20 年。其间，BBNJ 谈判先后经历了 2004~2015 年的不限成员名额非正式特设工作组阶段、2016~2017 年的筹备委员会阶段以及 2018~2023 年的政府间会议阶段。总体而言，海洋遗传资源包括海洋保护区在内的划区管理工具、环境影响评价、能力建设与海洋技术转让等各议题皆分别在多个方面达成共识，BBNJ 也得以一致通过。从长远来看，BBNJ 是大势所趋，符合国际社会整体利益和全人类的整体发展需求。因此，作为最大的发展中国家和世界海洋大国，中国亦应顺应潮流，一方面把握好 BBNJ 带来的机遇，坚定以"海洋命运共同体"理念为指引，为 BBNJ 的实施贡献中国智慧和中国方案；另一方面，也要积极采取措施应对 BBNJ 实施带来的挑战，提升在全球海洋治理中的话语权，促进合作共赢。

第十五章 海洋法治发展的前沿问题：美国对中国海运、物流和造船行业提起301调查

第一节 美国301调查

一 美国301调查法律依据

美国于 1974 年颁布的《贸易法》第 301 条赋予美国贸易代表办公室（USTR）调查美国基于贸易协定所获得的权益是否受损，并对他国侵犯美国贸易权益的行为作出回应的职权。从 1995 年世界贸易组织（WTO）成立，直至 2017 年特朗普政府上台前，美国主要将基于 301 条款实施的贸易调查作为向 WTO 提起诉讼的前置程序。

2017 年特朗普政府上台之后，为缩小美国同其他国家长期存在的贸易逆差，美国逐渐试图摆脱 WTO 多边贸易救济机制约束，利用 301 条款的授权，通过单边措施（如对进口商品征收惩罚性关税）实现自身利益诉求。美国认为，WTO 目前的争端解决机制存在巨大缺陷，美国已经无法通过现有的 WTO 争端解决机制应对来自其他国家尤其是中国的贸易竞争①。美国

---

① Congressional Research Service, Section 301 of the Trade Act of 1974: Origin, Evolution, and Use, Updated December 14, 2020。引自 https://crsreports. congress. gov/product/pdf/R/R46604，最后访问日期：2024 年 5 月 11 日。

承认，过去的贸易谈判在市场准入等条款制定方面存在失败，致使其签订的贸易协定无法保障美国公司及工人的利益。因此，美国意图通过301条款实施单边制裁措施，弥补其已经签订的贸易协议损失的利益①。

美国国内对这种做法的态度并不一致：一部分国会议员对特朗普政府利用301条款实施单边制裁措施、维护美国利益的做法表示赞赏，甚至呼吁政府采取更激进的做法；另一些议员则谴责301条款下的单边贸易制裁，认为美国这种贸易政策转变会破坏多边贸易体系，影响美国在国际经贸体系中的领导力②。

301条款授予美国贸易代表非常宽泛的权力，可以根据总统的指示或自行采取行动，应对他国侵害美国贸易利益的行为或政策，以维护美国在任何贸易协定下的权利。虽然301条款没有明确调查范围，但下列四种类型的外国政府行为是301条款的主要调查对象：否认美国根据任何美国贸易协定享有的权利③、给美国商业活动带来"负担或限制"的"不合法"行为④、给美国商业活动带来"负担或限制"的"不合理"行为⑤、给美国商业活动带来"负担或限制"的"歧视性"行为⑥。

二　基于301条款采取措施的步骤

第一步，启动调查。美国贸易代表办公室可以根据申请启动301调查，也可以自行启动调查。迄今为止，60%的301调查都是由私人团体向美国贸易代表办公室提交申请而发起的。不过，1995年以后，美国贸易代表办公室自行发起了74%的调查。

① Office of the USTR, 2018 Trade Policy Agenda and 2017 Annual Report of the President of the United States on the Trade Agreements Program, March 2018.

② Adam Behsudi, "Duffy Finds 18 Co-sponsors for Bill to Increase Trump's Tariff Powers," Politico, January 23, 2019, and Clark Packard and Philip Wallach, "Restraining the President: Congress and Trade Policy," R Street Policy Study No. 158, November 2018.

③ 19 U. S. C. § § 2411(a)(1)(A) and 2411(a)(1)(B)(i).

④ 19 U. S. C. § 2411(a)(1)(B)(ii).

⑤ 19 U. S. C. § 2411(d)(3).

⑥ 19 U. S. C. § 2411(d)(5).

第二步，向被调查国索取信息并进行磋商。当美国贸易代表办公室收到调查申请时，必须先通知外国政府，要求其提供任何必要信息，作为是否启动调查的依据。如果在合理时间内美国贸易代表办公室没有收到相关信息，其可根据掌握的信息自行采取行动。

第三步，作出决定前的咨询。在决定采取何种行动之前，美国贸易代表办公室必须咨询申请人并寻求任何适当的私营部门顾问代表的建议①。此外，美国贸易代表办公室可以（但不是必须）就拟议的报复行动可能对美国经济产生的影响征求美国国际贸易委员会（USITC）的意见。

第四步，作出决定。经过咨询后，美国贸易代表办公室就涉诉行为是否不公平或影响了美国在贸易协定下的权利展开调查，并作出决定②。如果有任何利害关系人的书面请求要求举行公开听证会，美国贸易代表办公室需在作出决定前满足利害关系人的请求③。

第五步，采取报复措施。301 条款授权美国贸易代表办公室以下特权：征收关税或实施其他进口限制④、撤销或暂停贸易协议减让⑤、要求外国政府撤销相关行为，或以令人满意的贸易利益补偿美国⑥。

第六步，监督及改正。美国贸易代表办公室有义务监督外国采取的任何措施或签订协议的实施情况，以便为受 301 条款调查的事项提供令人满意的解决方案。如果美国贸易代表办公室认为他国未能令人满意地执行此类措施或协议，其必须确定将采取哪些进一步行动以实现美国的利益诉求⑦。此外，301 条款授权采取的各种措施将在实施四年后自动终止⑧，除非美国贸易代表办公室收到请求继续对案件进行审查⑨。

---

① 15 C. F. R. § 2006. 11.
② 15 C. F. R. § 2006. 11.
③ 15 C. F. R. § 2006. 7(b).
④ 19 U. S. C. § 2411(c)(1)(B).
⑤ 19 U. S. C. § 2411(c)(1)(A).
⑥ 19 U. S. C. § 2411(c)(1)(D).
⑦ 19 U. S. C. § 2416(b)(1).
⑧ 19 U. S. C. § 2417(c)(1).
⑨ 19 U. S. C. § 2417(c)(3).

三 美国对我国造船业、物流和海运实施的301调查

2024年3月12日，美国五个主要工会根据1974年《贸易法》第301条提交申请，要求美国贸易代表办公室调查我国有关海事、物流和造船行业的某些政策和做法。申请者声称，我国通过非市场手段"抢占市场份额，压低价格，并创建了一个全球港口和物流基础设施网络，威胁歧视美国船舶和航运公司，扰乱供应链并破坏美国的利益，进而严重损害了美国国家安全"①。

为使美国造船业能够恢复竞争力并可持续发展，申请者要求美国贸易代表办公室采取四项措施：对每艘在美国港口停靠、由中国建造的船舶征收费用；设立"造船振兴基金"，对美国国内造船业恢复产能和从业者人数重构供应链提供资金支持；采取措施提升市场对美国制造船舶的需求，并解决中国主导港口和物流基础设施平台和设备的问题；与其他国家进行谈判，协调措施以解决中国的"不公平"做法。

根据美国国会的报告，此次针对我国造船业和海洋政策实施的301调查，需要对中国政府措施对美国公司和工人的影响进行详细审查和分析，并对这些措施是否违反301条款的规定进行法律分析。美国贸易代表办公室可能会在审查申请书时着重解决以下几个问题②。

第一，根据301条款，申请人是否满足作为利害关系人提交申请书所需的"重大利益"门槛。301条款授权采取的各种救济手段中是否包含申请人寻求的具体救济形式。

第二，启动301调查是否能够有效实现申请人的利益诉求，或者说采取单边经济制裁而不是通过多边贸易救济措施的方式是否会适得其反。

---

① Congressional Research Service, Labor Unions Request Section 301 Investigation of China's Shipbuilding and Maritime Policies, March 25, 2024, 引自 https://crsreports.congress.gov/product/pdf/IN/IN12338, 最后访问日期：2024年5月11日。

② Congressional Research Service, Labor Unions Request Section 301 Investigation of China's Shipbuilding and Maritime Policies, March 25, 2024, 引自 https://crsreports.congress.gov/product/pdf/IN/IN12338, 最后访问日期：2024年5月11日。

第三，需评判进行新的调查是否更合适，能否基于已有的针对中国的301调查采取措施解决这些问题。

第四，申请书中提出的指控是否涉及美国根据世贸组织协议享有的权利；如果涉及，美国政府是否应该在 WTO 争端解决机制下请求与中国进行正式磋商，而不是启动 301 调查。

第二节　欧盟被美国多次提起 301 调查的经验启示

美国发起的 301 调查通常针对其认为存在不公平贸易做法的国家，旨在保护美国的商业利益。美国对欧盟多次提起 301 调查，涵盖了多个领域，不仅涉及贸易争端，还反映了美国在全球经济中的策略和立场。例如，20 世纪 80 年代末 90 年代初美国对欧盟因禁止进口激素处理牛肉而启动 301 调查，认为这一禁令违反了国际贸易规则；1993 年针对欧盟对来自拉丁美洲和非洲、加勒比地区香蕉的不同关税政策，美国贸易代表认为此政策歧视了美国公司，特别是奇基塔公司；2004 年涉及欧盟对空中客车的补贴，美国认为这些补贴不公平地影响了波音的竞争地位；2018 年虽然主要针对全球范围内的进口，但包括对来自欧盟的钢铁和铝产品的高额关税，欧盟对此进行了反击并提起了 WTO 诉讼；2020 年及之后美国对法国和其他欧盟国家就其对大型科技公司征收的数字服务税提起 301 调查，认为此税针对美国科技巨头。

一　欧盟被提起 301 调查具体案例分析

美国对数字服务税（DST）的 301 调查。2020 年美国贸易代表办公室发起的数字服务税 301 调查，主要是响应美国科技公司对这些税种的关切。美国认为这些税种可能针对性地瞄准了美国的大型科技企业（如谷歌、亚马逊、脸书），因此可能违反了国际贸易原则：关于针对性税收，许多实施 DST 的国家设计税收的方式可能主要针对收入规模巨大、全球用户基数庞大的美国科技巨头。同时美国认为这些措施可能构成隐藏的贸易壁垒，不利于美国企业在全球市场的自由竞争。

调查执行过程。301调查的执行涉及多个阶段。首先是公开听证。USTR通常会举办公开听证会，允许各方利益相关者表达对调查主题的看法和关切。其次是发布报告。调查完成后，USTR会发布详细报告，概述其发现和可能采取的行动。再次是提出行动建议。基于调查结果，USTR建议实施报复性关税或其他贸易限制措施。最后是调查终止与监控。到2021年底，美国终止了对部分国家的调查，并表示将继续监控这些国家的数字服务税政策变化。

美国对DST的301调查在国际上引起了广泛关注，影响深远。这些调查催生了全球税制改革的讨论，特别是在经济合作与发展组织（OECD）层面上讨论如何对跨国数字企业公平征税。一些国家选择与美国直接谈判，寻求解决方案以避免贸易争端升级。受调查的国家可能需要重新评估和调整其DST政策，以确保它们不会被视为针对特定国家企业的不公平税收。由此可见，301调查不仅是关于贸易壁垒的法律斗争，也是科学、政策和国际外交的交汇点。

二 欧盟的常规应对策略

欧盟在应对美国301调查和其他国际贸易争端中积累了丰富的经验，从中可吸取一些重要的教训和策略。

（一）利用WTO争端解决机制

欧盟通过向世界贸易组织提起诉讼来反对美国的贸易限制措施，寻求通过法律途径解决争端。例如，针对钢铁和铝的关税问题，欧盟向WTO提出了正式的投诉。欧盟向WTO提起的诉讼详细列出了美国措施违反的具体WTO规则，如最惠国待遇原则、关税和贸易总协定（GATT）条款等。在WTO争端解决过程中，欧盟会积极参与所有的法律辩论和听证会，同时也会准备和提交详尽的证据和法律文件，以支持其立场。欧盟拥有一个专业的法律团队，全程参与WTO争端解决过程，这些法律专家负责准备案件文件、代表欧盟出席听证会，以及与其他国家的法律团队进行协商。

欧盟不仅在法律层面上积极应对，还会在欧盟官方网站上发布争端案件的最新进展，提高透明度，让公众和利益相关者了解当前的贸易争端状态和欧盟的应对措施。欧盟利用WTO争端解决机制通常考虑长远利益。这意味着除了争取即时的裁决外，还致力于通过这些案例塑造和维护国际贸易规则，强化多边贸易系统的权威性和效力。在准备WTO案件时，欧盟会收集广泛的证据和法律论据，确保其诉求不限于单一案例，而是具有普遍性和示范性，以影响更广泛的国际贸易法律和实践。

（二）对等和有针对性的反制措施

面对美国的贸易限制，欧盟通常采取对等措施，如对美国产品施加报复性关税。作为对美国对钢铁和铝产品征收关税的直接回应，欧盟对从美国进口的多种产品，包括摩托车、威士忌、牛仔裤等实施了报复性关税。这种措施旨在向美国施加经济压力，迫使其重新考虑贸易政策。

在选择对美加征关税的产品时，欧盟会进行详尽的分析，以确定哪些美国出口产品对其国内政治和经济影响最大。例如，选择那些特定美国州具有重要选举意义的产品，可以最大化施加政治压力，促使美国政府重新考虑其政策。例如，选择摩托车、威士忌等，这些产品往往与美国某些关键州的经济和政治利益密切相关，从而增加其政策调整的压力。欧盟在选择对美加征关税的产品时，不仅考虑政治和经济影响，还会考虑这些措施对欧盟自身经济的反作用力。例如，选择对美国产品征税时，会尽量避免那些欧盟市场上替代品较少或者会影响欧盟消费者的商品。

欧盟设定的关税率通常与美国对其产品施加的关税相当，确保反制措施的力度足以引起美国的重视，同时符合WTO的规定，避免过度反应引起大规模贸易战。欧盟会根据美国的反应、贸易谈判的进展和国际贸易环境的变化，动态调整关税措施。这包括可能的升级或降级关税水平，以及扩展或缩减目标产品列表，以保持策略的有效性和适应性。

（三）经济外交的有效运用

欧盟在应对贸易争端时积极运用经济外交工具，通过直接与美国以及其他重要贸易伙伴进行高级别对话和谈判，寻求解决问题的外交途径，减少贸易摩擦。

欧盟通过与其他国家和区域组织加强合作，形成对美国单边主义行动的国际反制力量。与其他受美国贸易政策影响的国家共同行动，形成更广泛的国际反对联盟，以增加对美施压的力度。这包括与加拿大、日本、中国等国家增强经济和贸易联系。欧盟通过参与国际峰会如 G7、G20 等，以及通过双边会谈，与美国及其他国家讨论贸易政策，试图找到解决方案或缓解措施。利用各种国际和地区论坛，提高其政策的国际可见度和支持度，通过公开和多边的场合对美国施加压力。欧盟还会通过与其他国家或地区的经济合作项目，如基础设施建设、科技创新合作等，增强与这些国家的经济联系，间接增加对美策略的影响力。

（四）贸易多元化策略

欧盟长期致力于与全球各地的经济体建立和维护自由贸易协议，这有助于减少对任何单一市场（包括美国市场）的依赖。这种多元化策略增强了欧盟经济的韧性和全球竞争力。

为降低对美国市场的依赖，欧盟积极推动与其他大市场的自由贸易协议，如与加拿大的 CETA（全面经济和贸易协议）和与日本的经济伙伴关系协议。积极与未充分开发的市场如非洲、拉丁美洲进行贸易谈判，通过减少对单一市场的依赖来分散风险。制定具体的市场开发计划，如通过提供贸易融资、建立贸易促进机构、组织贸易考察团等方式，积极开拓非传统市场。针对潜在的新市场，欧盟会制定具体的市场进入计划，包括贸易促进、投资激励、文化交流等多种方式，确保其企业能快速而有效地进入新市场。

欧盟通过新的或更新现有的自由贸易协议，如与南美共同市场（Mercosur）的谈判，加强与这些区域的贸易联系。充分利用已签署的自由贸易协议，通过降低关税壁垒、简化海关程序等措施，增加与这些国家的贸易量。通过积极实施和完善现有的自由贸易协议，欧盟会推动更深层次的市场整合，如电子商务、服务贸易、知识产权保护等领域的合作。

三　欧盟经验借鉴与启示

从过去几十年的经验看，欧盟在面对美国 301 调查以及其他国际贸易争端中积累了丰富的经验。这些经验不仅对欧盟自身政策的调整、国际关系的处理以及全球经济策略的制定都有深远影响，对其他国家也提供了重要启示。

（一）重视多边机构的作用，并增强话语权和影响力

欧盟的经验强调在国际争端中依靠多边机构特别是世界贸易组织（WTO）的重要性。然而，由于种种外部压力，通过法律途径解决贸易争端也并不是总能实现公正。欧盟也认识到，必须积极参与这些机构的改革，强化话语权，以应对新兴的全球贸易挑战。

1. 强化多边机构的作用与参与度

鉴于现有全球贸易机制面临的挑战，如阻碍决策的政治因素和争端解决体系低效，欧盟积极推动 WTO 的机构和功能改革，包括提高决策效率和透明度。在数字贸易、环境保护和投资政策等新兴领域，欧盟致力于建设性参与国际规则的制定，在国际舞台上塑造和推动公平合理的规则，预防未来可能的贸易争端。

2. 优化利用 WTO 争端解决机制

欧盟经验是在贸易争端正式升级之前，通过预防性的外交和法律策略，尽早介入可能的贸易争端。这包括与可能受影响国家的事先协商，以及在 WTO 框架内提前表达关切和立场。同时可考虑组建一个由贸易法律、国际关系和经济学专家组成的团队，专门应对美国及其他国家的贸易措施。这个团队的任务包括实时监测国际贸易政策变动、评估潜在影响，并提供应对策略，确保在任何法律争议中都能提供专业和精确的支持。

3. 增强法律和技术分析能力

欧盟认为，需要加强对贸易法律的解析和应用能力，尤其是在美国发起 301 调查时，可以快速准确地评估指控的合法性和实际影响。同时加强

对贸易数据和市场动态的分析，确保在与美国的贸易谈判中掌握充分的信息并获得数据支持。

在面对301调查时，欧盟经验是要充分利用国际法律资源，包括寻求世界贸易组织的仲裁和支持。同时可以探讨通过双边或多边协议设定争端解决机制，确保在贸易争端中有更清晰和更公正的处理程序。

（二）警惕对等反制措施的"双刃剑"效应

欧盟在使用对等反制措施时学到的重要一课就是，虽然这种策略可以立即表达不满和施加压力，但也可能损害欧盟内部经济和全球经济的稳定。因此，欧盟在应对美国301调查中一直仔细考量并寻求如何将立即的政治需要与长远的经济利益更好平衡的办法。

1. 对等反制措施的精细管理

欧盟非常关注精确计算和应用关税，通过深入分析影响，确定对美关税措施的最佳应用领域和强度，尽量减少对欧盟自身经济的负面影响。同时灵活调整关税政策，根据与美国的谈判进展和市场反应，欧盟尽量保持关税政策的灵活性，以便能够快速增加或取消某些产品的关税，适应不断变化的国际政治经济环境。

2. 加强经济数据和情报的使用

欧盟主要在经济影响评估和市场敏感性分析上加大力度。欧盟努力进一步发展其经济影响评估工具，这不仅包括对自身经济的影响，还包括对目标国家（如美国）经济的影响预测。这有助于确定哪些关税措施能最有效地影响对方政策，同时将对自身的负面影响最小化。通过对国际市场动态的敏感性分析，确定哪些行业和产品在全球供应链中具有关键地位，以此为基础制定更有针对性的贸易策略。

3. 策略性发展自身的反制措施

欧盟一直非常谨慎地在符合国际贸易法的框架内，准备可能的反制措施。例如，如果美国对欧盟产品加征关税，欧盟也可以在WTO的支持下对等回应。欧盟从以往的应对经验中逐渐发展了一套清晰的反应流程和措施，以便在美国采取行动时能迅速并有序地作出反应。

（三）使贸易政策具备更强的灵活性和预见性

经过与美国的多次贸易争端，欧盟已经意识到需要在贸易政策上保持更大的灵活性和预见性。例如，在与美国的钢铝关税争端中，欧盟学到了如何更好地预测可能的贸易冲突并提前准备应对策略，这包括与其他潜在的贸易伙伴加强联系，以减少对单一市场的依赖。

1. 实现贸易多元化

欧盟主要从加强与新兴经济体的经济关系、推动服务贸易和数字经济发展和采取行业特定支持策略三个方面来实现贸易的多元化。通过与亚洲、非洲和拉丁美洲等新兴市场加强经济合作，降低对传统市场的依赖。在服务贸易和数字经济领域寻求新的增长点和市场机会，以抵御传统制造业和商品贸易的波动影响。针对受 301 调查影响较大的行业，如汽车、钢铁行业等，欧盟可制定特定的支持措施，如技术创新补助、市场多元化援助等，帮助这些行业减轻来自美国关税的影响。

2. 深化与其他经济体的联系

欧盟主要通过战略伙伴关系和多边贸易协议来深化和其他经济体的联系。加强与其他大经济体如中国、印度、巴西等的战略伙伴关系，共同开发新的贸易协议，这不仅可以降低对美国市场的依赖，还可以形成较为均衡的全球贸易力量对比。积极推动和参与多边贸易协议谈判，如继续推动全球环境商品协议等，增强多边贸易体系的作用。

3. 充分利用国际舞台增加话语权

欧盟通过多边外交行动和双边关系建设来增加自己在国际舞台上的华语权。利用国际会议和组织（如 G7、G20 或 OECD）这些平台与其他国家共同讨论和形成对策，形成国际社会对美国单边行动的共同立场。通过在国际场合推动讨论美国 301 调查及其对国际贸易体系的影响，欧盟可以寻求国际社会的支持，形成对抗单边主义的国际共识。加强与其他受影响国家的合作，共同提出解决方案，增加集体谈判的力量。同时欧盟也不放弃与美国保持开放和建设性的对话，以避免误解和不必要的贸易摩擦。这包括定期的高层会议和技术层面的交流，确保双方在贸易政策上的透明度和预见性。

第三节　我国针对此次 301 调查的对策措施

一　国际层面应对美国 301 调查的法律对策

（一）在 WTO 框架下应诉

在 WTO 框架下应诉是中国在国际层面维护国家权益的主要法律渠道。充分收集来自政府部门、行业协会、企业和公众的证据材料，包括美方具体做法、给中方带来的实际损害等，形成完整诉讼材料。准确运用 WTO 相关协定条款，如 GATT、TRIPS 等，指控美方单边措施违反最惠国待遇原则、国民待遇原则、透明度原则等多边贸易规则。邀请利益相关三方成员加入诉讼，增加发言权和影响力，形成共同阵线。安排资深律师团队参与诉讼全程，精心准备应诉策略和言辞，全力捍卫中方立场。如果能够在 WTO 框架下胜诉，除可获得实质性利益外，更将赢得巨大声誉和谈判筹码。

（二）实施反制贸易措施

根据 WTO 规则，我国可酌情对等实施贸易报复措施，但需要关注的是严格遵守相关程序，反制措施也须合理适度。可考虑加征同等税率关税、限制部分产品进口等，向美方施加经贸压力，但不宜过度升级。

1. 反制措施制定的基本原则

严格遵守 WTO 规则和程序，对等实施必要贸易报复措施，如加征关税、限制产品进口等，但不宜过度升级矛盾。反制措施应合法合理、具有针对性，并给予美方一定过渡缓冲期，避免直接激化矛盾。做好风险评估，反制措施不应对自身经济利益带来重大负面影响。与美方保持必要沟通对话，为未来谈判留有余地。必要时可以单独采取反制，也可与其他受影响国家联手采取共同反制行动。

2. 反制措施具体形式

反制措施具体包括关税反制、非关税措施、限制服务贸易和投资三类。

关税反制是对来自美国的商品征收额外关税，特别是针对美国对中国产品加征关税的产品。这种措施是直接且常见的回应方式，旨在平衡贸易影响。目标选择对美国出口至中国市场中具有重要地位且难以找到替代来源的产品征收关税，如大豆、汽车、飞机等，以最大化实现策略影响。注意关税调整，应根据美国的政策变动灵活调整关税率，使用滑动税率制度以响应市场和政策变化。

非关税措施包括数量限制（如配额）、增加进口产品的检验和检疫要求、设立更严格的标准和规范。这些措施可以增加美国出口商的成本和复杂度，减少其在中国市场的竞争力。

可以通过强化产品标准，制定更为严格的安全和环保标准，要求所有进口产品必须进行额外的测试和认证。也可以增强检验检疫，对来自美国的农产品和食品实施更严格的检疫措施，延长清关时间，增加运营成本。或者采取技术和数据限制，对美国科技公司在中国的数据处理和存储活动施加更严格的规制，要求数据在中国境内存储和处理。

限制服务贸易和投资是指限制美国公司在中国的业务活动或新的投资机会，包括限制美国金融服务公司在中国的操作，或对某些高科技和关键领域的美资企业设置更高的审查门槛。加强对美资企业的审查，尤其是在金融、信息技术、高端制造等敏感领域。要求关键行业的美资企业必须与中国企业建立合资企业，以确保技术和利润共享。

（三）国际合作与外交支持

我国可以通过多种举措加强国际合作与外交支持。通过外交渠道争取国际理解和支持，减轻贸易壁垒的影响。加强与其他国家的交通和物流合作，特别是与那些可以形成战略伙伴关系的国家。积极参与多边和区域贸易协定的谈判，寻求为中国造船和海运行业创造更有利的国际贸易环境。加强与主要贸易伙伴的双边关系，特别是与发展中国家的合作，为中国造船企业开辟新的出口渠道等。

二　国家层面的应对措施

（一）加快完善国内法律

全面修订并实施涉及技术转让、知识产权保护、政府采购、反垄断等领域的法律法规，堵塞漏洞，消除"歧视性做法"质疑。

推进法律修订与制定，审查和修订现有的对外贸易法规，确保其提供足够的支持和保护措施，以应对美国的贸易限制。对所要采取的措施进行合法性确认，确保所有反制措施均符合国际法和国内法，避免给对方提供反诉的机会。为受影响的中国企业提供法律咨询和援助，帮助它们了解和利用国内外法律资源，应对美国的限制措施。推进与同盟国合作，与其他受美国贸易政策影响的国家建立合作机制，共同提出法律挑战，增强诉讼的国际影响力和合法性。采取双轨对策，同时在法律和外交两个层面进行策略部署，确保在法律诉讼的同时，通过外交渠道缓和紧张局势，寻求长期和平解决方案。

（二）加强政策支持与行业指导

国家层面出台针对性的财政和税收政策，支持受影响的造船和海运企业，如提供研发补贴、税收减免和出口信贷支持。实施税收优惠政策，如对重点企业和项目给予减税或免税。制定行业发展规划，引导企业向高附加值和技术密集型方向转型。制定和推广行业指导方针，帮助企业提升管理水平和运营效率。参与国际标准制定，确保中国的技术和产品能够符合或引领国际标准。

（三）基础设施与技术升级

国家进行基础设施建设和技术升级，以应对301调查启动后日益严峻的国际市场环境。投资关键物流和交通基础设施，如港口、船坞和运输网络，以提升整体运输效率和吸引更多的国际业务。推广绿色和可持续的运输方式，投资环保技术，如 LNG 和电动推进系统，以应对国际环保标准提高的趋势。

（四）教育和专业人才培养

为应对 301 调查，国家应加大专业人才培养力度，加强与高等院校和研究机构的合作，培养造船和海运行业所需的高技能人才。实施行业人才发展计划，提升从业人员的专业技能和国际竞争力。加大对船舶工程、海洋工程和物流管理等相关专业的教育投资。建立行业人才培养基地和实训中心，提升行业从业人员的专业技能和创新能力。

三　行业层面的应对措施

中国的造船和海运行业面对美国的 301 调查挑战，需要采取针对性措施，不仅要缓解短期的冲击问题，也应计划实施长期的战略调整和技术升级。针对美国 301 调查对中国造船和海运行业的影响，可以从行业层面进一步细化应对措施和策略，以帮助这些行业更有效地应对可能的挑战和变化。

（一）造船行业的应对措施

1. 产业供应链优化

面对 301 调查，尤其是在需要进口关键技术和设备的情况下，可能面临资金和高端技术获取困难。美国措施可能造成中国海运及造船业供应链中断，尤其是高端技术和材料。造船行业应重新评估和优化供应链配置，寻找替代供应商，尤其是那些能提供更有竞争力价格和质量的供应商。想办法增强供应链的灵活性和抗风险能力，如通过多源采购策略减少对单一市场或供应商的依赖。同时通过合作、合资或收购等方式，加强与上下游企业的垂直整合，以降低生产成本和提高供应链的稳定性。

2. 加强成本管理

面对 301 调查，生产成本可能因原材料和组件的关税而增加，尤其是从美国或其他受影响国家进口的材料。造船企业需要采用更高效的生产技术和方法，如精细生产和自动化，以降低生产成本和提高效率。开发和使用更经济的替代材料，同时确保产品质量和性能不受影响。

3. 市场多元化和国际合作

面对 301 调查，受美国及其盟国的贸易限制影响，中国造船企业可能会面临订单减少和市场份额下降，尤其是在高端船舶市场。必须迅速适应政治和经济因素引起的全球贸易模式变化，尤其是主要贸易伙伴之间的关系变动。船企可以加强与非传统市场国家的业务拓展，如非洲和拉丁美洲等地区，这些地区的发展潜力较大，竞争压力相对较小。与国际合作伙伴共同开发项目，通过技术共享和资本合作降低项目风险。企业应适当调整市场战略，寻找新的出口市场和多元化产品线，减少对单一市场的依赖。加强与国际市场的联系，特别是在"一带一路"共建国家，开拓新的商业合作和贸易路线。

（二）海运行业的应对措施

1. 优化航线与提高运营效率

面对 301 调查，因应不同国家的贸易政策变化，可能需要调整国际航线和运输策略，这包括航线的重新规划和货物流向的改变。受制于新的贸易政策和可能的关税，航运成本也可能上升，影响运营效率。海运行业应根据国际贸易流量变化，调整航线和运输策略，优化航运网络，降低运营成本并提高服务质量。利用先进的信息技术，如物流信息系统和自动化设备，提高操作效率和准确性。

2. 增加环保技术投资

面对 301 调查，要遵守更加严格的国际法规，尤其是环保和安全标准，这可能要求增加额外投资以升级船只和设备。投资于环保技术和清洁能源船舶，如 LNG 动力船舶和电力驱动系统，以应对趋严的国际环保法规。实施更加严格的废气排放控制和水质管理措施，提升船舶的环境友好性。

3. 加强风险管理与合规管理

面对 301 调查以及未来可能面临的贸易摩擦和政策风险，航运企业应强化对国际航运法规的监控和遵守，特别是关于安全和环保的新规定。建立全面的风险管理框架，以应对市场波动、政策变化和其他潜在风险。加强对国际法规和市场要求的了解，确保企业运营和产品符合目标市场的法规和标准。实施严格的质量控制，确保产品质量能够满足国际客户的需求。

美国301调查给中国造船业、海运业带来一定压力，但只要采取积极有效的应对措施，坚持改革开放，就一定能够化解风险，实现持续健康发展。

结　语

改革开放以来，中国踏上了一条探索和实践社会主义法治建设的道路。1978 年，党的十一届三中全会提出"健全社会主义民主，加强社会主义法制"的目标。1999 年第九届全国人民代表大会第二次会议通过的《宪法》第 5 条明确规定："中华人民共和国实行依法治国，建设社会主义法治国家。"2012 年党的十八大报告明确指出，要"全面推进依法治国"。从"法制"到"法治"，依法治国方略上升为一项治国理政的基本原则①。

中国海洋法治是中国"实行依法治国，建设社会主义法治国家"的重要组成部分。改革开放以来，海洋立法逐步成为国家立法的重要领域，全国人民代表大会先后通过了《海洋环境保护法》《海上交通安全法》《海商法》《海域使用管理法》《领海及毗连区法》《专属经济区和大陆架法》《海岛法》等 20 多部海洋立法，还有国务院等部门发布的一大批涉海行政法规等。中国海洋法制建设 40 多年取得的成就为中国海洋法治建设和发展奠定了坚实的制度基础。

党的十八大以来，随着"21 世纪海上丝绸之路"倡议、"建设海洋强国"和"海洋命运共同体"等国家战略不断推进，中国海洋法治建设进入了一个全新的发展阶段。海洋法治建设进一步科学化、规范化、体系化和制度化，成为保障国家海洋领土、主权、安全和发展利益，维护国家海

---

① 参见大连海事大学海洋法治发展报告编写组《中国海洋法治发展报告（2023）》，社会科学文献出版社，2023，第 431~433 页。

洋权益，促进海洋事业和海洋经济高质量发展，保护和保全海洋生态环境和资源的法律基础和制度保障，形成了具有中国特色的海洋法治范式。

面对世界百年未有之大变局，全球海洋治理进入了一个新的历史时期，打破旧的海洋地缘政治格局和海洋法律秩序，促进海洋秩序朝着更为公平、合理和可持续的方向发展，构建海洋命运共同体理念为全球海洋治理提供了新的指导原则。党的十九大报告明确提出了第二个百年奋斗目标，到2049年建国一百年时基本实现现代化，建成富强民主文明的社会主义国家。中国正处于实现中华民族伟大复兴历史进程的关键期，也是加快建设海洋强国的关键时期，采取有力措施推动海洋法治建设和提高海洋法治化水平，为提升维护国家海洋安全能力、全面推进国家海洋事业发展提供坚强有力的法治保障。

今后一个时期，中国海洋法治的建设和发展，需要继续在海洋法律的规范体系、执行体系和司法保障体系三个层面进行改革和完善，重点是健全和完善海洋法律体系，包括加快海洋入宪和入法（海洋基本法）的步伐，尽快制定和出台主要海洋立法的配套规则制度和实施细则。

过去一年中国海洋法治发展的主要成就，当数《海洋环境保护法》的全面修订和正式施行。2022年12月，在《海洋环境保护法》正式通过40年之际，全国人大常委会启动了对《海洋环境保护法》的第二次修订①，并最终于2023年10月24日正式通过，自2024年1月1日起正式施行②。

本次修订融入了大量我国推动海洋强国建设、践行"海洋命运共同体"理念的思考和实践。新修订的《海洋环境保护法》第一章"总则"第一条开宗明义地指出：为"维护国家海洋权益，建设海洋强国…制定本法"③。这是中国社会主义法律体系中首次明确将"维护国家海洋权益、

---

① 参见《全国人大常委会2023年度立法工作计划》，《全国人大常务委员会公报》2023年第4期，第479～480页。

② 参见《中华人民共和国海洋环境保护法》（2023年修订），2023年10月24日，https：//www.gov.cn/yaowen/liebiao/202310/content_6911482.htm。

③ 参见《海洋环境保护法》（2023年修订）第1条。

建设海洋强国"作为立法宗旨和目的加以规定的一部重要法律。海洋强国建设从此具有了国家立法的坚实基础和法律约束力。海洋强国建设从此迈进了法治轨道和加速发展的时期。

《海洋环境保护法》修订的重要内容和贡献包括：在总则中正式引入了"风险预防原则"，拓宽了法律"域外适用"的范围，创造性地完善了海洋生态保护和其他分则规定，并针对日本核污染水排海等国际海洋治理热点事件作出了合理的关切和回应。

《海洋环境保护法》的修订具有重要的政治和法律意义[①]。首先，有利于实现"加快建设海洋强国"的目标。党的二十大报告指出：发展海洋经济，保护海洋生态环境，加快建设海洋强国。建设海洋强国，是中国特色社会主义事业的重要组成部分和实现中华民族伟大复兴的必然选择。保护海洋环境是全世界各个国家共同的责任。各国在开展区域性和全球性海洋环境保护合作时，也需要以本国海洋环境保护法律为基础。从这个意义上讲，《海洋环境保护法》的修订正是中国践行"海洋命运共同体"理念的重要组成部分。

其次，有利于践行"海洋命运共同体"的理念。"海洋命运共同体"理念涵盖了世界各国人民对海洋公平、公正的期待与愿景。《海洋环境保护法》的修订正是中国践行海洋命运共同体理念的重要组成部分，很多规定都直接体现"海洋命运共同体"理念，也体现中国海洋环境保护法律的动态发展以及不断丰富"海洋命运共同体"理念的思考和实践。依托《海洋环境保护法》的修订和施行，中国可以实现海洋环境保护的良法善治，达到人类与海洋的和谐共生和可持续发展的美好愿景。

再次，有利于深度参与并引领全球海洋环境治理。海洋环境保护领域依然存在大量的国际法空白，通过国内法对国际法上存在法律空白或权利义务灰色地带先行加以规定，不仅是主动履行海洋环境保护义务的行为，

[①] 参见高寒《海洋环境保护法的修订、完善和适用展望》，《亚太安全与海洋研究》2024年第3期，第73~90页；高之国、刘子珩：《中国海洋环境保护法律的域外适用：国际实践、主要问题与完善建议》，《中国海商法研究》2024年第2期，第39~52页。

而且一些创新性的制度设计也有望为国际社会提供一个国家立法的参照标准。本次《海洋环境保护法》的修订具有规则输出的意义和价值，为未来区域性海洋环境治理条约、全球性海洋治理公约的制定提供了有价值的参考，为今后国际海洋法的发展和国际海洋治理贡献更多的中国智慧和方案。

2023 年《海洋环境保护法》的修订可以称得上近年来我国海洋环境保护领域乃至海洋法领域令人瞩目的立法成就之一。本次《海洋环境保护法》修订调整范围之广，修改幅度之大，与现实需求呼应程度之深，均远超此前历次修订和修正的版本，充分体现了中国积极主动应对复杂海洋环境和海洋治理问题、践行"海洋命运共同体"等核心理念、中国加快建设美丽中国和海洋强国的决心和行动①。

《海洋环境保护法》修法的一大重要突破和鲜明特色，是在总则中把关于"维护海洋权益，建设海洋强国"的党的意志和人民的主张以法律的形式固定下来，这一规定高度契合中国发展目标的设定和现实需要，是中国海洋立法和海洋法治里程碑式的成就。未来中国海洋法律体系的构建、发展和完善，包括海洋入宪和海洋基本法等法律法规的立法实践，都应该贯彻和落实"维护海洋权益，建设海洋强国"这一国家立法的基本原则。

总体来看，《海洋环境保护法》的修订为中国海洋立法和环境立法的改革和创新作出了重要贡献。通过《海洋环境保护法》的修订，中国在制度供给层面实现了质的飞跃。该法有望成为推进国家海洋治理、加快建设海洋强国、践行"海洋命运共同体"理念，以及深度参与并引领未来全球海洋环境治理的重要法律依据。

---

① 参见周誉东《海洋环境保护法修订草案：像对待生命一样关爱海洋》，《中国人大》2023年第 3 期，第 36 页。

附录　中国海洋法治发展大事件

年份	事件名称
1979 年 9 月 18 日	经国务院批准，交通部发布《中华人民共和国对外国籍船舶管理规则》
1982 年 1 月 30 日	国务院颁布《中华人民共和国对外合作开采海洋石油资源条例》
1982 年 12 月 10 日	中国签署《联合国海洋法公约》
1983 年 8 月 23 日	第五届全国人民代表大会常务委员会第 24 次会议通过《中华人民共和国海洋环境保护法》
1983 年 9 月 2 日	第六届全国人民代表大会常务委员会第 2 次会议通过《中华人民共和国海上交通安全法》
1984 年 11 月 14 日	第六届全国人民代表大会常务委员会第 8 次会议通过《关于在沿海港口城市设立海事法院的决定》
1986 年 1 月 20 日	第六届全国人民代表大会常务委员会第 14 次会议通过《中华人民共和国渔业法》
1989 年 10 月 9 日	中国首次当选国际海事组织 A 类理事国
1992 年 2 月 25 日	第七届全国人民代表大会常务委员会第 24 次会议通过《中华人民共和国领海及毗连区法》
1992 年 11 月 7 日	第七届全国人民代表大会常务委员会第 28 次会议通过《中华人民共和国海商法》
1993 年 5 月 31 日	财政部和国家海洋局联合印发《国家海域使用管理暂行规定》

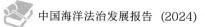

年份	事件名称
1996 年 5 月 15 日	第八届全国人民代表大会常务委员会第 19 次会议批准《联合国海洋法公约》
1996 年 5 月 15 日	中华人民共和国政府发表《中华人民共和国政府关于中华人民共和国领海基线的声明》
1998 年 6 月 26 日	第九届全国人民代表大会常务委员会第 3 次会议通过《中华人民共和国专属经济区和大陆架法》
1999 年 12 月 25 日	第九届全国人民代表大会常务委员会第 13 次会议修订通过《中华人民共和国海洋环境保护法》
1999 年 12 月 25 日	第九届全国人民代表大会常务委员会第 13 次会议通过《中华人民共和国海事诉讼特别程序法》
2000 年 10 月 31 日	第九届全国人民代表大会常务委员会第 18 次会议通过《关于修改〈中华人民共和国渔业法〉的决定》
2001 年 10 月 27 日	第九届全国人民代表大会常务委员会第 24 次会议通过《中华人民共和国海域使用管理法》
2001 年 12 月 5 日	国务院第 49 次常务会议通过《中华人民共和国国际海运条例》
2003 年 6 月 17 日	国家海洋局、民政部和总参谋部联合发布《无居民海岛保护与利用管理规定》
2004 年 6 月 28 日	第十届全国人民代表大会常务委员会第 3 次会议通过《中华人民共和国港口法》
2006 年 8 月 25 日	中国依据《联合国海洋法公约》第 298 条的规定，向联合国秘书长提交书面声明，对于《联合国海洋法公约》第 298 条第 1 款（a）、（b）和（c）项所述的任何争端中国政府不接受《联合国海洋法公约》第十五部分第二节规定的任何国际司法或仲裁管辖
2007 年 3 月 28 日	国务院第 172 次常务会议通过《中华人民共和国船员条例》
2009 年 5 月 11 日	中国常驻联合国代表团向联合国秘书长提交《中华人民共和国关于确定 200 海里以外大陆架外部界限的初步信息》

续表

年份	事件名称
2009 年 9 月 2 日	国务院第 79 次常务会议通过《防治船舶污染海洋环境管理条例》
2009 年 12 月 26 日	第十一届全国人民代表大会常务委员会第 12 次会议通过《中华人民共和国海岛保护法》
2012 年 9 月 10 日	中华人民共和国政府发表《中华人民共和国政府关于钓鱼岛及其附属岛屿领海基线的声明》
2012 年 12 月 14 日	中国常驻联合国代表团向联合国秘书处提交《中国东海部分海域 200 海里以外大陆架外部界限划界案》
2014 年 12 月 7 日	中国外交部受权发表《中华人民共和国政府关于菲律宾共和国所提南海仲裁案管辖权问题的立场文件》
2015 年 8 月 29 日	第十二届全国人民代表大会常务委员会第 16 次会议批准《2006 年海事劳工公约》
2015 年 12 月 28 日	最高人民法院审判委员会第 1674 次会议通过《最高人民法院关于审理发生在我国管辖海域相关案件若干问题的规定（一）》
2016 年 2 月 26 日	第十二届全国人民代表大会常务委员会第 26 次会议通过《中华人民共和国深海海底区域勘探开发法》
2016 年 5 月 9 日	最高人民法院审判委员会第 1682 次会议通过《最高人民法院关于审理发生在我国管辖海域相关案件若干问题的规定（二）》
2016 年 7 月 12 日	中华人民共和国政府发表《中华人民共和国政府关于在南海的领土主权和海洋权益的声明》
2016 年 11 月 11 日	中国向国际海事组织递交《2007 年内罗毕国际船舶残骸清除公约》加入书
2021 年 1 月 22 日	第十三届全国人民代表大会常务委员会第 25 次会议通过《中华人民共和国海警法》
2021 年 4 月 29 日	第十三届全国人民代表大会常务委员会第 28 次会议修订通过《中华人民共和国海上交通安全法》

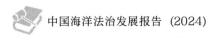

续表

年份	事件名称
2021 年 6 月 10 日	第十三届全国人民代表大会常务委员会第 29 次会议通过《中华人民共和国海南自由贸易港法》
2023 年 7 月 20 日	根据《国务院关于修改和废止部分行政法规的决定》修订《中华人民共和国国际海运条例》和《中华人民共和国船员条例》
2023 年 9 月 5 日	《北京船舶司法出售公约》签约仪式在中国北京举行。
2023 年 10 月 24 日	第十四届全国人民代表大会常务委员会第 6 次会议修订通过《中华人民共和国海洋环境保护法》

图书在版编目（CIP）数据

中国海洋法治发展报告. 2024 / 海洋法治发展报告
编写组主编. -- 北京：社会科学文献出版社，2024.
12. -- （大连海事大学智库丛书）. -- ISBN 978-7-5228-
4735-1

Ⅰ. D922.694

中国国家版本馆 CIP 数据核字第 20240HT444 号

大连海事大学智库丛书

中国海洋法治发展报告（2024）

主　　编 / 海洋法治发展报告编写组

出 版 人 / 冀祥德
责任编辑 / 曹长香
责任印制 / 王京美

出　　版 / 社会科学文献出版社（010）59367162
　　　　　　地址：北京市北三环中路甲 29 号院华龙大厦　邮编：100029
　　　　　　网址：www.ssap.com.cn
发　　行 / 社会科学文献出版社（010）59367028
印　　装 / 三河市龙林印务有限公司

规　　格 / 开　本：787mm×1092mm　1/16
　　　　　　印　张：33.75　字　数：501 千字
版　　次 / 2024 年 12 月第 1 版　2024 年 12 月第 1 次印刷
书　　号 / ISBN 978-7-5228-4735-1
定　　价 / 169.00 元

读者服务电话：4008918866